反腐纪实小说

临危受命

洪与 著

三辰影库音像出版社

图书在版编目（CIP）数据

临危受命 / 洪与著．—北京：三辰影库电子音像出版社，2018.5

ISBN 978-7-83000-333-3

Ⅰ．①临… Ⅱ．①洪… Ⅲ．①长篇小说－中国－当代 Ⅳ．①I247.5

中国版本图书馆CIP数据核字（2018）第053803号

书　　名：临危受命
作　　者：洪　与　著
出版发行：三辰影库音像出版社
地　　址：北京市朝阳区焦化路甲18号中国出版创意产业基地先导区333室
出 版 人：王六一
印　　制：三河市腾飞印务有限公司
开　　本：710毫米×1000毫米　1/16
印　　张：31.5
版　　次：2018年5月第1版
印　　次：2018年5月第1次印刷
印　　数：1—5000
书　　号：ISBN 978-7-83000-333-3
定　　价：49.80元

目录
contents

第一章　风波突起：监狱长被抓了

秋天在大暑的第 10 天就来临了，大暑过后还有处暑，俗话说，“秋裹伏，热得哭”。云层在这个城市的上空压得很低，大街小巷就像被扣了一个大锅，闷热、窒息，热浪从水泥地面上升腾着，仿佛要抽干一切鲜活生命的思维。到了傍晚时分，乌云开始涌动，迅速地聚散分合，幻化成各种奇形怪状的猛兽，在迷离的夜色中显得有点狰狞。

山雨欲来，却没有一丝风。

办公室的座机突然响了起来。

彭家仲很是奇怪，刚参加工作那阵子在办公室加班，座机偶尔还响，但自从有了手机之后，在下班时间座机几乎就没有响过。

他拿起听筒说：“这里是司法厅……”

还没有等他说完，对方一字一顿地说：“双河监狱监狱长汪庆书在青州市嫖小姐被公安局抓走了。”

彭家仲惊诧不已：“你说什么？再说一遍！”

“双河监狱监狱长汪庆书在青州市嫖宿被公安局抓了！”

“你是谁？喂喂，你是谁？请讲明身份，姓名、工作单位、职务……喂喂……”彭家仲发现对方已经挂了电话。

他将听筒从耳边移开，迟疑地在空中挥动了几下，才慢慢放到机座上。

很明显，这是一个很特别的举报电话。

与此同时，双河监狱党委书记、政委王福全接到汪庆书随行司机的电话，说汪庆书被公安局治安大队的人带走了。王福全大吃一惊，厉声问："究竟发生了什么事？"

司机结结巴巴地说："王书记，我们在歌舞厅跳舞，汪监（汪监狱长的简称）在包房里。我肚子不舒服，蹲厕所回来，舞厅场面有点乱，汪监……就不见了，我一问才知道被带走了……"

"你们？你们有几个人？是哪些人？带走了哪些人？熊晓戈呢？"王福全感觉背心在冒汗，一个监狱长在歌舞厅的包房被带走，这可不是闹着玩的。

"我们……我们……熊晓戈……"司机愈加结巴起来。

王福全估计司机是太紧张的缘故，他一下子冷静下来，说："你别太紧张，我问你，熊晓戈被带走没有？"

"没有，但是……他没有在这里……"

"那好，你马上找到熊晓戈，叫他立即给我打电话。"王福全眉间一挑，尽量用平静的口吻说。

他挂断电话，立即给纪委书记马洪扣、副监狱长郑怀远打电话，叫他们立即到他办公室来一趟。王福全本来准备休息了，只穿着背心和短裤，他匆忙套上裤子，老伴把上衣递给他，说："晚上凉，带一件长袖的……跑人了？"

王福全走到门口，停顿了一下，回头望望老伴，似乎想说什么，但最终没有说话，急步而去。

在去办公室的路上，他又给政治处主任顾卫国打了电话，也叫他立即来他办公室。

双河监狱是新中国成立初期建立的劳改队，5 名解放军战士押解着 60 多号人在这里安营扎寨，按照当时的设计，办公楼与住宅楼离得很近，几乎就是挨着的，所以，几分钟之后，马洪扣、郑怀远、顾卫国三人就赶到了政委办公室。

王福全靠在椅子上，右手半托半抓着额头，眯着眼睛不说话。马洪扣等三人不约而同地对望一眼，都意识到出了什么大事，所以都冷着脸沉默着。就这样过了半分钟的样子，三人又不约而同地对望一眼，郑怀远朝马洪扣努努嘴，顾卫国也看着马洪扣悄悄指指王福全，马洪扣从沙发里直起身子，正要询问，不料王福全低沉地说："我们的监狱长在舞厅包房跳舞的时候，被青州市治安大队带走了，你们说怎么办？"

王福全依然保持着原来的姿势，三人虽然齐刷刷地盯着他，却看不清他脸上的表情，这样一来，他的这种姿势给另外三人带来了一些不安的气息。

顾卫国低头盯着自己的皮鞋，虽然表情做得很木然，内心却在剧烈地颤动。在这三人中，马洪扣和郑怀远平常与王福全走得最近，自己作为政治处主任，直接领导应当是王福全，但是，监狱长与政委之间的矛盾日渐显露出来后，涉及人事等敏感问题时，汪庆书往往不与王福全商议而是直接找他商议，而在大多数时候，他听从了监狱长的意见。起初，王福全还过问一下经过他手办理的一些事情，渐渐地，王福全基本上不过问政工上的具体事务了，仅仅出席例行会议，按照上级和监狱的总体部署讲讲话、鼓鼓劲而已。这样一来，在监狱各级领导和普通民警职工的心目中，政工（准确而敏感地讲，是人事上）是他顾卫国说了算，也是接王福全的班的不二人选，只是等待这位老书记干满这一届改任调研员。虽然现在组织不像以前那么关注过问干部的私生活，你就是去包二奶、养情人、找小姐、甚至勾搭同事的老婆，只要不闹出事儿来就无法拿到桌面上来说，但一旦闹出事儿来，这人的政治生涯就算走到了终点。王福全肯定对自己早就有看法了，而汪庆书呢？这次真的完蛋了，看来自己的政治生涯也走到了终点。在王福全的眼里，他是汪庆书的人，他不明白王福全为什么叫他来商议这件事。他寻思着，目光不时从王福全的脸上扫过，试图从他的表情上读出点什么来，然而，他失望了。

郑怀远倒是很平静，无所谓喜也无所谓忧，跷着二郎腿慢悠悠地摇晃着，从怀里摸出一支"中华"点燃，偶尔抽上一口，徐徐吐出，然后看着香烟的燃点出神。

马洪扣坐在靠近窗子边的沙发上，起初把头压得很低，甚至比顾卫国还低，过了一会儿，平常不抽烟的他找郑怀远要了一支烟，点燃，狠狠地吸了一口，然后把窗子推开，静静地站着，不知道是在眺望远处崔嵬的山峦在黑夜中狰狞的面孔，还是在闭目养神。

王福全终于将手从额头上放下来，直起身子，不满地看着他们说："你们倒是发表一下意见，怎么办？"

马洪扣转过身来，目光咄咄，坚定地说："王书记，我认为马上以监狱党委的名义向省厅、局如实报告此事，同时，纪委立即介入，成立专案组，立即赶往青州市公安局，调查了解情况。”

顾卫国感觉心头燥热，直了直身体，似乎想说什么，但犹豫了一下，又坐了回去，恢复了先前木然的表情。

王福全把这一切看在眼里，微微笑着问：“顾主任，你说说看，不要有什么顾虑，啊！”

“王书记，我……我不反对马书记的意见，但是，请您想一想，如果这事闹大了，双河监狱在全省乃至全国就出名了。”顾卫国试探性地说，看到王福全微微点头，便进一步阐述自己的看法，“单位蒙羞，形象受损，这些还是小事，关键是我们党委班子成员有何颜面面对上级领导和地方党政部门？在民警职工心目中威信大减，凝聚力和向心力也将大打折扣……”

马洪扣打断了他的话，语气生硬而铿锵有力：“顾主任，作为纪委书记，我得提醒你，汪庆书事件不是我们这一级党委能处理的，更何况，监狱形象、我们几个班子成员的颜面能大过党纪国法吗？”

顾卫国很不自在，但他清楚地意识到目前的形势，所以任何争辩都是不起任何作用的，于是说：“既然马书记这么说，我就无话可说了。”末了，他呵呵地笑了一下，算是给自己一个台阶下，也借此缓解一下极度焦虑的内心。

在双河监狱，虽然王福全是党委书记、政委，名副其实的一把手，但这些年由于工作重心向经济工作转移，在对监狱班子的考核中经济指标占着绝对的地位，监狱的主要功能实际上变成了一个经济实体，监狱长的权力也随之加重，汪庆书似乎忘记了自己监狱长的角色，更多的是在履行厂长（总经理）的职责，监管安全稳定工作被大大削弱。王福全作为班长，几次主动与汪庆书交换意见，但是汪庆书依然我行我素，他向省厅、局陈述自己的意见，上面则是两面都做工作，仅仅再三强调两人要以大局为重，搞好团结而已。王福全有些绝望，于是向厅、局提出自己退居二线，让年富力强的人来干，但是厅、局就是不同意。他想想自己也顶多干满这一届，也就是再苦熬个三年而已。有了这样的想法之后，他对很多事情都懒得去过问，就由他汪庆书去折腾，但让他始料未及的是，汪庆书几番折腾，变成了实质上的一把手，除了马洪扣和郑怀远还向他汇报工作外，其余的班子成员基本上对他不闻不问了。

“上帝要你灭亡，必先让你疯狂！”王福全的心里突然涌动出一种前所未有的快感，只要再推推汪庆书，这回他死定了。但是转念之间，王福全总觉得这样的想法很不妥当，随即，他自己感到奇怪，为什么会产生这样报复性的念头。他冷静下来，作为党委书记，处理这件事绝不能夹杂个人恩怨，一切要严格按组织程序处理。

这时，郑怀远不紧不慢地说："老书记、马书记，还有顾主任，我与汪监在工作上有很大的分歧，有时候矛盾还很激烈，这，你们都是知道的。监狱的性质是什么？监狱工作的方针是什么？监狱的主要功能又是什么？他汪庆书难道不知道？你们看看他把双河监狱搞成什么样了？一切以经济为中心，一切向'钱'看，监狱不像监狱，企业不像企业，警察不像警察，囚犯不像囚犯，说得难听一点，现在的双河监狱就像一个计划经济时代的生产队，怪胎！哪里像是人民民主专政的工具？哪里还有国家执法机关的样子？前几天我与马书记交换意见，这几年民警违纪案件每年以 20%的速度在递增，但仔细研究一下就会发现，其中近 80%的违纪案件是因为罪犯完不成生产任务而受到民警殴打或者体罚引发的……"

马洪扣有点激动，连连点头插话说："郑监说的对啊，这个数字让我寝食难安啊，但是，耐人寻味的是，这能怪我们基层民警吗？不能！监狱给监区下达高额的经济指标，监区为了完成任务，又加码给分队下达经济指标，完不成，奖金就拿不到，只好采取一些违法手段体罚甚至殴打完不成生产任务的犯人，从而导致违纪。我们应当回归到执法主体地位，科学合理地下达劳动改造任务，我想，这才是问题的关键。"

郑怀远接着说："这样搞法，执法风险必然会进一步加大，最后吃亏的还是我们那些兢兢业业干工作的基层民警！我作为分管监管改造的直接责任人，我能不忧心忡忡吗？从个人感情上讲，我恨不得汪庆书立即下台，但作为班子成员，不容我在处理汪庆书的问题上夹杂个人感情，应当按组织程序办。我在想，组织历来对犯有错误的同志都是本着挽救的原则，如果我们没有做这个工作，那么省厅、局怎么看待以王书记你为首的双河监狱党委？如果此事能控制在极小的范围内解决，党委对汪庆书的错误提出严厉的批评，在王书记的领导下借此纠正他以前工作上的错误，难道不是一件好事么？何况，我们双河监狱在王书记的领导下，也还是取得了一系列的成就的，这些成就来之不易啊。王书记、马书记、顾主任，我们监狱经不起折腾了啊！所以，马书记，我倒是同意顾主任的意见，立即跟青州市公安局协调，我一个同学就在那里担任副局长，我相信事情会圆满解决的。"

郑怀远这一席话，真挚透彻，公私分明，入情入理，说得王福全和顾卫国频频点头。

马洪扣问："如果并不能如我们所愿呢？"

"那也得按照组织程序办，上报省厅、局。"郑怀远说，"我建议，就是能在小范围内解决，本着对同志帮助和对上级负责的态度，都应当向省厅、局报告情况。至于是汪庆书自己去说，还是王书记去说，那是王书记考虑的范畴，王书记，您说是不是？"

王福全见马洪扣也没有什么意见了，终于下了决定，说："顾主任，你随怀远同志去青州市解决此事，随时与我保持联络，随时汇报情况。"然后对马洪扣说，"老马，今晚你得辛苦一下，到各监区去看看，这时候可别再出什么事儿了。"

"我建议纪委去一个同志，跟随郑监和顾主任，全程了解情况。"马洪扣沉思着说。

"同意。"王福全挥挥手，说，"分头行动把，要抓紧时间。"

熊晓戈，双河监狱办公室副科级秘书。他早晨一进办公室，办公室主任马文革就把他叫到自己的办公室，说："上午 9 点半左右，省局生产处和科技处的领导要来我们监狱验收一个技改项目，因为涉及拨款的问题，所以汪监要亲自陪同。你把手头的工作放一放，全程跟随汪监，做好接待工作，并作好记录，明天好出简报。"

熊晓戈很是纳闷。

地球人都知道监狱的接待工作可是一件美差，每年的接待费用大体在 300 万左右，负责接待的人不仅随时随地可以请吃请喝，就连家里人、亲属，甚至要好的朋友也可以跟着沾光，属于很典型那种"自己的钱基本不动、自家的饭基本不吃"的类型。不仅如此，还可以捞点零花钱，至于究竟捞的到多少零花钱，10%还是5%？说法不一，双河监狱的民警职工大体是这样计算的，按 1%计算，也有 3 万，按 5%计算，那就是 15 万，那么马文革的零花钱就在 3 万至 15 万之间选取一个数字。既然是这般的美差，所以马文革是不容许任何人染指的，传闻去年汪监不知怎么地看中了监狱第一美女胡玲玲，准备把她调到办公室任副主任，专门负责接待工作。就在上党委会讨论的头一天晚上，马文革把汪庆书请到青州市待了一晚上，回来后，汪庆书就没有再提胡玲玲的事情。

其实，在许多人看来，马文革天生就生了一副搞接待的模样，1 米 7 左右的架子却瘦得像排骨，瘦长的马脸上架着一付眼镜，那眼镜架也瘦得可怜，细细的，没有一点血色和活力；手上的骨节清晰可见，走起路来一付弱不禁风的样子，让人联想到非洲那些战乱国家的饥民。他不抽烟，也不喜欢喝茶，走到哪里都是一杯淡而无味的白开水。在人们的心目中，他至少每年要为大家节约36条中华、6斤铁观音或者龙井吧。

作为办公室主任的马文革只做接待工作，其余的事情他一概不闻不问，谁的工作上出了差错，他就骂谁，日妈倒娘地乱骂，骂完了，还是叫你去善后，经常搞得办公室人心惶惶。或许是办公室的人感到压力，就多了一份责任，遇事也多长了一个心眼，倒也各尽其职，运行反而有条不紊。

熊晓戈从基层调到办公室，小到一个所在支部开支部会的通知，大到起草汪庆书的工作报告，都是他的事情，整日里文山会海，忙得焦头烂额，没日没夜，没有双休日和年休假。所以，除了在某些很重要的会议上可以见到这位顶头上司外，几年来，他没有跟这位大主任说上几句话。在他的记忆中，好像主任到他办公室来过一次，顶多不超过两次。可以这么说，见这位仁兄还真有比见副监狱长还难的感觉。今天突然安排他去搞接待，还真把他弄糊涂了。

马文革很满意熊晓戈这种不知所措或者叫作受宠若惊的肢体语言，精瘦精瘦的脸上流露出他那特有的招牌式的似笑非笑的表情，说："老弟，别再傻乎乎的了，你这副模样，见到省局领导还不闹出个手脚无处放来？我怎么放心呢？跟你说，任何大领导都是人，是人就好办，几杯酒一下肚，几曲舞一跳，都成生死兄弟了。把你平日里的沉稳和机灵劲儿全部拿出来，好好干，啊！"

熊晓戈连忙点头，小心地问："马主任，我可从来没有搞过接待工作，怎么做，我全听您的。"

马文革坐在大班椅子上左左右右地晃悠着，很满意地点点头，说："我给你安排好了，我把酒店、娱乐城的负责人以及她们的电话号码都写在这里了，我一会儿先给她们打个电话，你出发之前也要打个电话，告诉她们你们大约几点到达，叫她们作好准备工作。这里还有一个电话，领导吃完饭，你把他们安排到娱乐城之后，就打这个电话，叫她把礼品送来，然后找局里来的司机把钥匙拿过来，把礼品放到他们的车子上。办完这些事儿后，如果想玩儿，你就随便玩儿，找个小妹儿陪你也行，哈哈……"

熊晓戈嗫嚅地说："主任，没有您的指示，我哪里敢唷？如果没有其他的事情，那我出去准备了哦。"

这时，郑怀远走了进来，马文革立即从椅子上跃起来，微微躬身，迎了上去，亲热地说：“郑监……郑监早上好啊！”

“听说你小子昨晚又去了凯撒？”郑怀远同马文革打着哈哈，又看看熊晓戈，关切地说，“原来我们监狱的第一支笔也在啊，我说马主任，你可得好好体恤体恤小熊，写材料这事儿，很劳神费力的，可得注意劳逸结合，啊！”

凯撒大酒店是青州市最昂贵的酒店，陈旧的欧式建筑，所有的墙壁上都装饰着文艺复兴时期光屁股女人油画，走廊过道，甚至连厕所里都摆满了充满野性的红玫瑰，艺术氛围很浓，浓得有些煽情。据说，一份家常的炝豆芽都要60元。加之听说是从俄罗斯来的服务小姐，身着很艺术的欧式服饰，该暴露的地方暴露得相当坚决，所以，那里从早到晚都门庭若市。人们也津津乐道，以到这里吃上一顿而光荣，大有当年孙猴子在如来佛祖的手指上拉了一泡尿的那种快感。

马文革听郑怀远这么说，脸上立即绽放出失去了水分的花儿来，抓起桌子上的公文包，拿出几包烟来，说：“是是是，这不，今天我就特意叫熊秘书跟老板去潇洒潇洒……嘿嘿，昨晚一个卖水泥的‘土老二’请汪监，我沾了一下光。不过，我可不敢忘了您郑监哟，瞧，特意给您留了几盒黄鹤楼呢。”

郑怀远毫不客气地拿了过去，边拆烟边说：“还算你小子有良心，还惦记着我这个无权无势的副监狱长……”他又对熊晓戈说，“小熊，写东西不能光坐在屋里，那不成了闭门造车了嘛，还得出去走走看看。我看哪，你马主任还得多给我们监狱的才子创造这样的机会。”

熊晓戈忙说：“感谢郑监的关心，马主任，要是没有其他的事我先出去了。”

郑怀远看着熊晓戈的背影，若有所思。

熊晓戈正襟危坐地陪着领导们吃饭，在汪庆书的提醒下，点头哈腰地给每个人敬酒。领导们倒是很和蔼可亲，都夸奖这小子有出息。当得知他是双河监狱第一支笔杆子时，都叫他才子。只是在喝酒的时候都说我不能再喝了，这样吧，我表示一下，你也随意。熊晓戈知道这时候自己不能按领导们的指示办，自己还得一杯一杯的干了。几轮下来，饶是他有些酒量，也喝得头重脚轻。好不容易挨到饭局结束，屁颠屁颠地把他们请到娱乐城，看着门口站着一排身着古典旗袍、如花似玉的姑娘，看着领导们在漂亮风骚的女经理引领下大大方方地挽着一个中意的姑娘消失在纵横交错的内厅，似乎明白了什么叫接待，什么叫夜生活。末了，娱乐城的女经理挽着他的胳膊，嘤嘤巧巧地说："马哥（马文革）交待过了，说你还没有搞过接待工作，要我好好照顾你，你想干啥，按摩、洗脚、桑拿？还是你自己挑个妹儿？"

熊晓戈使劲挣脱她的手，再左右前后看看，确信没有熟人，才长长地吁了一口气。

那女人被他的举止弄得心神一荡，心里忖道，看来这小子还真没有风月场所的经历。于是又凑上去在他耳边吐气若兰地说："熊哥，别担心，我这堂子谁敢查啊？一百个安全。要不这样，我现在也没有什么事情了，就陪你去楼上找个清静的地方喝喝茶聊聊天吧。"

熊晓戈在酒精的刺激下，哪里经得起她这般折腾，半推半就地随她上了楼。几番折腾之后，熊晓戈迷迷糊糊地沉睡过去，女人在他的身边躺了一会儿，起来穿了一件低胸的睡衣，坐在床边，默默地望着熊晓戈那张很疲倦、有点苍白的脸。望着望着，心里竟然渐渐涌动起一丝柔情，如春水般溢满她的血脉，继而又似乎在荡涤着她心灵深处那块早已尘封的土地。她有些惶恐，这或许是她最后的处女地，而眼前这张脸却是那么的陌生。

她突然感受到一股莫明其妙的恐惧。

18 岁高中毕业她没有考上大学的那年，就被这家娱乐城的主人谭振洋包养，像金丝鸟一样生活了几年，渐渐地，她变得有些神经质，有些歇斯底里。而谭振洋呢，也日渐对她失去了兴趣，于是，把她介绍给生意场上的朋友，介绍给当地乃至省上的官员，作为他在生意和政治上打通关节的工具。她一个弱女子能怎么着？只好默默地接受了这个现实。如今的她，已经从一个纯真无邪的少女变成了一个在各种型号的男人间穿梭迎奉的风月老手，每天香车美食，纸醉金迷，有身份有地位的朋友无以数计。

但是，当她一个人的时候，心绪慢慢宁静下来，心头却塞满了空虚，更感到无聊与无奈，太渴望自由了，太需要可以真心交流的朋友了，然而，她依然像被关着的金丝鸟，风月场所都是嫖客，哪里有朋友？她只好用酒精来麻醉自己，在半梦半醒之间，她觉得自己的灵魂已经死了，剩下的仅仅只是一副空空的躯壳而已。

在她的思维定式中，男人永远像一条疯狗，总是千方百计地想咬你，只要瞅准机会，他们扑上来就咬，咬完了就跑。而且更卑鄙的是，他们不管你的感受怎样，只是图自己咬得痛快。但是，眼前这个男人却是那般的迟疑，那般的羞怯，温顺得像一只绵羊，任由她宰割，任由她蹂躏，她找到了前所未有的满足感，做了一回高傲的公主。

想到这里，她的心头又涌出不可控制的悲哀，等这个男人醒了，她与他依然是嫖客与妓女的关系，甚至，有可能他连她的名字都记不住。但是，即使记住了她的名字又能怎么样？马文革没有见到她时，在电话里口口声声地说如何如何地爱她、思念她，想得连饭都吃不下，那种柔情，胜过海枯石烂，大有“只羡鸳鸯不羡仙”那般情怀。但是，每次一见面，只要机会合适，不管在哪种环境下，就猴急地骑她，像刚才根本没有发生什么事儿一般……

就这般胡思乱想着，从期待到惶恐，又到不安和犹豫，最后又感到无奈与绝望，她的脑海里渐渐混沌起来，没有了想法，没有了思维，就如同一个白痴，只是本本分分地望着熊晓戈，偶尔在她脸上流动着一丝不易觉察到的微笑。

就这样不知坐了多久，娱乐城的领班突然打来电话，惊慌地说刚才公安突然来搜查，带走了很多客人，我们的员工也全部被带走了。等她从 9 楼来到 2 楼娱乐城时，领班还躲在收银柜台下面瑟瑟发抖，娱乐城的大厅、包厢一片狼藉，她连忙给老板谭振洋打电话，谭振洋只是简单而平淡地说了一句“我知道了”就挂了电话。老板的这种态度有点使她回不过神来，谭振洋可是青州市市中区副区长，市、省两级人大代表，今天发生的这事儿，要是在往日，这位人民的公仆怕是要大发雷霆了。不过，老板的这种镇静的态度倒是给她吃了定心丸，她的心也一下子平静下来。这时，汪庆书的随行司机慌慌忙忙地跑过来，拖着哭腔结结巴巴地说：“梅……梅经理，汪监被他们带……带走了，这可……可怎么办？怎么办啊？”

她说：“你们的客人呢？也被带走了吗？”

司机又吓了一跳，脸色愈加苍白，眼泪都要流出来了，要是省局的领导也被带走了，那可怎么得了啊？

领班走了过来，说：“没事的，你们的客人在公安来之前就离开了。”

“你确信？”司机依然不放心地问。

“我确信，他们走之前还要我给你们说一声，他们先走一步。”领班很肯定地说。

“你也别着急，我们老板是谁，你是知道的，他会摆平这事儿的。这样吧，我叫领班先给你开个房间休息休息，一有消息我马上告诉你。”这位梅经理拍拍司机的肩膀，轻描谈写地说。

司机见她一副若无其事的样子，心里稍安，又问：“梅老板，你看见熊秘书没有？我打他手机一直无人接听，马主任在到处找他……”

把司机安顿好之后，她朝 9 楼走去。她没有乘坐电梯，而是慢腾腾地一级一级地爬楼梯。她隐隐约约感觉今天这事有点蹊跷，想理出一点头绪来，但一直磨磨蹭蹭到了 9 楼熊晓戈的房间，依然是一头雾水。熊晓戈还在酣睡，脸上挂着微笑，不时还像婴儿一样满足地咂咂嘴。她轻轻地抚摸着他的脸颊，心里突然酸酸的，她实在不忍心叫醒他，但是她清楚地意识到现在这个时候必须得叫醒他。

她轻柔地推推他，轻柔地在他耳边喊着他的名字，熊晓戈却没有醒来的意思，只好把所有的灯都打开，使劲地把他拉起来坐在床上，大声说：“猪，醒醒，醒醒啦……”

熊晓戈耷拉着脑袋，咕哝了一句，又倒在床上。

她想起以前和汪庆书、马文革他们在一起吃饭的时候讲过的一个真实的笑话，于是对着他的耳朵喊：“跑犯人啦，跑人啦！”

熊晓戈一骨碌坐起来，手忙脚乱地找衣服，抬头看见了她，慌忙又将被子拉过来把裸露的身体盖上，惊慌失措地看着她，张张嘴，却没有吐出一个字来。

“我叫梅开蕊。”她看着他的眼睛说。

熊晓戈机械地点点头，目光散乱，脸上红一阵白一阵。

“别怕，是我……是我自愿的，我……你放心，我不会打扰你的生活的。”梅开蕊心里在流泪，但语气显得十分平静。

熊晓戈依然只是机械地点头，指指沙发上的衣服。

梅开蕊把衣服拿给他，说：“告诉你个不幸的消息，你们的汪监被公安局带走了，马主任叫你给他打个电话……”

熊晓戈愣怔了几秒，也顾不得自己全身裸露，当着梅开蕊的面胡乱地把衣服套在身上就跑。

梅开蕊对着他喊：“我叫梅开蕊……”

熊晓戈没有任何反应，打开门跑了出去。

梅开蕊颓然地坐在床上，两行泪水慢慢地流过面颊。

熊晓戈冲到大街上，才意识到自己压根儿不知道此时应该怎么做，望着满街的霓虹和流水一般的车流，他突然觉得城市的繁华是那么的污浊，充满了矛盾、迷惑、敌意，还有防不胜防的算计，哪像双河监狱所处的那个小镇，闲适、宁静，还有大碗喝酒大块吃肉的义气和快感。他紧紧地握着手机，仿佛害怕被人抢去一样，一个数字一个数字地拨通了四监区监区长蒲忠全办公室的电话。

蒲忠全是和他一起分配到双河监狱的大学同学，找到了蒲忠全，就找到了另外一个同学王亚敏。王亚敏就是党委书记、政委王福全的女儿，一方面想听听他们的意见；另一方面，希望在今晚或者明天，王亚敏能在他父亲面前帮他说上一句好话。然而，不幸的是，办公室没有人接电话。四监区在离监狱机关 9 公里的山上，只有这一部电信安装的电话，其余的还是老掉牙的内部电话，需要总机转，他想了想还是打消了由总机转接到四监区值班室的念头，总机室那些大嫂和大姐们可都是有背景的，不是监狱领导的夫人，就是那些头头脑脑的亲戚。熊晓戈感到了绝望，看来自己的政治生涯就这么可怜兮兮地结束了，他万般无奈地拨通了马文革的电话。

马文革吼道："你他妈的怎么搞的？死到哪里去了？你这个秘书就是这么当的？领导被公安局抓了，我他妈的恭喜你，你马上要名扬全省监狱系统了！算了，老子现在没有功夫跟你耍嘴皮子，你不是有个同学在公安局吗，赶快去找他问问情况，别轻举妄动，等我来处理！"

领导耍耍小姐关我屁事呀，但是现在谁还听你这个呢？熊晓戈欲哭无泪，只好按照马主任的吩咐给高中同学杜萌打电话。

此时已经是 12 点左右，杜萌正准备上床睡觉，见是熊晓戈的电话，嘻笑说："你小子是不是在哪里耍小姐被逮住了啊？要我取钱帮你……"

熊晓戈拖着哭腔把事情简单地讲了一遍，恳求地说："你得救救我，我是走投无路了……"

杜萌大惊，连忙安慰他说："你先别急，那音皇娱乐城后台硬得很，估计是有人举报我们公安才去的，要是没人举报，哪个去惹那瘟神唷？我估计娱乐城的幕后老板此时说不定正坐在哪个地方等我们局里某个领导呢。不过，为了让你安心，我现在就给治安大队的哥们打电话问问，你在哪里？别走开，我来找你。"

"你快打电话，别来找我了。"熊晓戈挂了电话，心下稍安。

一会儿，杜萌就来电话了，熊晓戈迫不及待地嚷嚷："怎么样？怎么样？"

杜萌沉默了一会儿，才说："治安大队的哥们说，今天很不凑巧，省公安厅的人在市里暗访，不知道他们怎么知道这事了，在核实你们汪监的身份后，立即向省公安厅作了汇报，看来这事儿没法捂了，兄弟，你赶快向你们头儿汇报吧。对了，你在哪里？我马上来。"

熊晓戈挂了电话，心头彻底绝望了，木然地拨通了王福全的电话。

王福全还没有听他说完，额头上的汗水就冒出来了，他把手机重重地丢在桌子上，沉思了片刻，用座机拨通了司法厅厅长刘德章的电话。

第二章　目瞪口呆：狱警还是放牛娃？

这是一个初秋的早晨，晨曦从东边的上头秋千一般地荡漾过来，山腰上缠绕着一层浓浓的雾霭，把四监区与监狱机关分隔在两个世界里，在上面的世界里，满山的翠绿之中夹杂着斑斑点点的藕荷色，红彤彤的阳光映照在雾霭上，溅起一片片扑朔迷离的光芒，也溅在蒲忠全那张依然酣睡的脸上。

门外，罪犯张景然在叫蒲忠全起床："报告队长，六分队集合完毕，请您指示。"

过了一会儿，张景然见屋里没有动静，迟疑而轻轻地敲门。

这时，王亚敏正好经过，便走过来把门敲得震天响，高声喊："猪！该起床了！懒猪……太阳都照屁股了，魏老爷子（四监区监区长）来了……"

门吱呀一声打开了，蒲忠全揉揉眼睛，晃晃脑袋，又打了一个哈欠，才咕哝道："身体是革命的本钱嘛，天要下雨，娘要嫁人，由他去吧！我才不管呢……"

"好了，好了，别背毛主席语录了，你不放快点，一会儿监区长看见了，又有你好受的。晚上回来找我，我找几个人一起聚聚。我走了哈，注意安全。"王亚敏挥挥手，大步而去。

"报告队长，六分队集合完毕，请您指示。"张景然又一次报告。

蒲忠全又揉揉惺忪的眼睛，说："你们先走，我一会儿就来。"说完，他走了几步，对着监区值班室喊，"喂，哪个兄弟在值班，先把六分队放了，我马上来签字！”

“我值班！”

监区长魏德安一声怒吼，把蒲忠全吓了一跳，他连忙穿好警服，朝值班室跑去。还没有进屋，就听见监区长在训他了：“好你个蒲忠全，你看看几点了？你再看看你放的牛，一个一个像排骨似的，还有两个月，你娃要是不把牛给老子养得白白胖胖的，看我怎么收拾你！”

蒲忠全又别扭又好笑，讪讪地说：“老大，这任务也太变态了吧，我可以下定决心、不怕牺牲、排除万难，把牛喂养得胖胖的，但是要这些畜生变得嫩白嫩白的，我们这里恐怕没有这技术哟？”

魏德安是个五十几岁的老人，十几岁参加革命工作，参加过解放战争，剿过匪，《监狱志》记载，15 个解放军战士押解着 75 名罪犯步行 100 多公里来到这个地方，双河监狱从此诞生了。魏德安便是这 15 个战士之一，要说资历，比现任监狱党委书记、政委王福全还老。他没有读过几天书，为人正直，是上级路线和方针的忠实践行者，一辈子两袖清风，算得上是一个真正的布尔什维克，民警们私下和当面都叫他魏老爷子。而蒲忠全呢，在大学里学的是政治学专业，主要研究方向是毛泽东思想，所以经常在这个老革命面前背诵几句毛主席语录之类的，魏德安听起来极是受用，所以对蒲忠全不仅另眼相看，而且还很器重他。加之蒲忠全与王亚敏关系在常人看来不同一般，王亚敏的父亲王福全曾经又是这位监区长的下级，所以他总是以一种长辈的眼光看待蒲忠全。

当然，今天他也没有在意蒲忠全的揶揄之词，反而呵呵直笑：“你小子有几点墨水就翘上天了？老子走过的路比你吃的盐巴还多！有我在，你还是规规矩矩、安安心心地放你的牛，中专、专科还是什么大学生管个屁用，现在小学生管着初中生，中专生管着大学生呢，你就慢慢熬吧，哈哈……”

蒲忠全不再跟他罗嗦，签了字，带着张景然等 6 个犯人，6 个犯人赶着 21 头牛，慢悠悠地朝山上走去。

蒲忠全把张景然叫了过来，问：“有吃的没有？”

张景然说：“有，按照老规矩给您留了的。”说完，拿出一个饭盒交给蒲忠全。

蒲忠全打开饭盒，拿出馒头就啃。

这时，一阵儿歌声脆生生地传来：“牛儿还在山坡吃草，放牛的却不知道哪儿去了，原来是他贪玩要丢了牛，那放牛的大学生是蒲二小……”

原来是几个民警的孩子背着书包，看见蒲忠全，就跑过来，一齐对着他唱这首改编的革命儿歌。

蒲忠全不以为意，乐哈哈地跟他们一起唱，唱完也跟着一起笑。

“蒲二小”这个绰号是他参加工作几天后挣得的。

他和熊晓戈、王亚敏都是一个大学的，只是学的专业不一样罢了。熊晓戈学的是经济管理，王亚敏是汉语言文学，蒲忠全是政治系的。熊晓戈和王亚敏是双河监狱子弟，两人打小就认识，蒲忠全是在拿到分配通知书时才认识他俩的。虽然王亚敏是王福全的女儿，但也被分配到监区锻炼，只是她和熊晓戈被分到紧邻监狱机关的一监区，而蒲忠全则被下放到距离监狱机关有 9 公里之远的四监区，四监区是农业监区，主要从事种菜和养殖，养殖又主要是以养猪和养牛为主。蒲忠全到监区报到后，具体工作就是带六分队几个老残犯人放牛。一年之后，熊晓戈的父亲是南下老干部，加之他本来就是学经济管理的，就被调回机关，在办公室任秘书；政治处则安排王亚敏到宣教科，但是王亚敏见蒲忠全没有变动，心里很是不满，出于对蒲忠全的同情，她找父亲王福全理论，王福全只是说，组织上自有组织上的考虑，你可别搀合这事儿。王亚敏很是想不通，也很气愤，她对父亲说：“既然你们喜欢大学生去放牛，那我也去！”

王福全以为这只是女儿一时的气话，就没有放在心上，哪知道王亚敏却坚决要到四监区去，政治处主任顾卫国没法，只好给王福全汇报，征求他的意见。王福全沉思片刻，说：“现在基层不是正缺警力吗？既然她要去，就让她去吧。”

就这样，王亚敏从一监区调到四监区，党委书记的千金被调到最艰苦、经济效益最差的地方，一时之间在双河监狱引起了轰动；另外，蒲忠全这个人一下子凸显在人们的视野里，没有多久，就有小道消息说，其实真正的原因是王亚敏很喜欢蒲忠全，但是老爷子坚决反对，于是，王亚敏一气之下申请去了四监区。

在去四监区报到的那天，蒲忠全的确有些悲哀，自己学习了四年毛泽东思想，却要面临着去养猪放牛，熊晓戈和王亚敏轮番安慰他，说到基层锻炼，这是监狱工作必要而且必须的环节，你想想，如果你不懂得如何管理罪犯，不了解执法的基本程序和手段，怎么在监狱混饭吃？以后怎么能搞管理工作？

蒲忠全一想起自己所学的理论，联系到自己的实践，他深深感到对不起毛主席他老人家，用毛泽东思想指导养猪放牛，怎么能这样说呢？有这种说法吗？这不是把伟大的毛泽东思想庸俗化了吗？他也放弃了打个电话问问大学老师的念头，他估计老师们也说不清楚。

监区长魏德安集合所有的犯人（其实四监区没有多少罪犯，也就100来号人，大多还是老弱病残，与其他监区相比，这个监区的人数仅仅相当于人家的一个分队），大声对他们说："这是我们监区新来的蒲队长，蒲队长可是大学生，是我们四监区第一个也是唯一一个知识分子哟，下面，请蒲队长讲话……哎哎，你们他妈的怎么啦？早上没吃饭？给我拍响堂一些。"

立即，掌声突然在这个寂寞的山坳里潮水般地响起来，把蒲忠全吓了一跳。

在此之前，他没有看到过罪犯。

而现在，100多号光头齐刷刷地站在他面前，而站在他们面前的仅仅是一个五十几岁的赤手空拳的老人和手无缚鸡之力的他，其他就只有值班室还有一个老民警，这可都是无产阶级专政的对象啊，说白了就是阶级敌人，要是他们像渣滓洞江姐那些人的话，估计他和这两位老人要为革命事业光荣牺牲了，而且可以想象得到，他们牺牲的时候还很惨烈。

"你给他们讲几句，完了就解散，等会儿我们去赶集，我去准备一下，你一会儿来办公室找我。"魏德安说完，走了。

蒲忠全脑袋一下子晕了，他甚至可以听见自己突突乱跳的心脏声音，他此刻才真正体会到什么叫无产阶级专政，那是你死我活的斗争啊，毛主席也曾说"群众是真正的英雄"，何况这些人还不是群众，是敌人呀……

"报告政府，我想尿尿！"这时候一个犯人响亮的报告声响起来，随即传来一阵窃窃私语般的笑声。

"好，解散，都去尿尿。"蒲忠全机械地回应了一句，所有罪犯一愣，随即一哄而散，嘲笑声放肆地在山坳里回荡。

蒲忠全当时很感激给他报告要尿尿的犯人，他认为给他解了围，后来才意识到这个叫冉金旺的犯人是故意在作弄他，想出他的丑。一个月之后，他终于逮住了修理这个罪犯的机会。

冉金旺跑到距离他三米左右的地方立正报告："报告队长，我要尿尿。"

看神色，冉金旺真的是尿急了，但是他故意拖着尾音说："你个烂人，又来洗刷我？自己夹着，等会儿再说。"

冉金旺只好耷拉着脑袋在其他罪犯的哄笑声中回去继续扫地。过了一会儿，冉金旺哭丧着脸，双手捂着大腿，低三下四地道歉："蒲政府，蒲队长，蒲警官，我错了，这次我真的想尿……"

"去吧，张景然，你去跟着他，看他尿出来没有。"蒲忠全这才挥挥手，快意地说。

没有想到两人去厕所不久，冉金旺在厕所里大呼小叫，他连忙跑过去喝道："你又在耍什么花样？"

冉金旺哀求说："蒲队长，我错了，我知错了还不行吗？他张景然站在我面前看我，我尿不出来啊……"

蒲忠全强忍住笑，示意张景然和他一起离开。

魏德安叫上张景然和冉金旺两个罪犯，带着蒲忠全去距离四监区三公里远的小镇买猪。没有交通工具，只有步行。走了一阵，蒲忠全发现，就是有小车、拖拉机抑或自行车，在这个鬼地方也只是一个摆设而已，因为，他们走了 10 分钟左右的基耕道（偏远农村的公路）后，就再也没有路了，只好在茂密的树林、灌木丛和一人多高的野草中穿行。

魏德安说，这里是有路的，到了冬天就显露出来了。

终于到了镇上，汗水打湿了他们 4 人的衣服，只不过，他看到监区长那形象，实在有些惨不忍睹：汗水漫过的警服上一轮一轮的盐白色的汗渍清晰可见，他敞胸露乳，挽着裤腿，在猪市上大声地同猪贩子们讲着价格。如果是在省城，估计有人要拨打 110，举报说发现一个假警察了。

蒲忠全有些悲哀，为自己，也为监区长这样的老革命，他不知道自己到了监区长这个年龄是否也是这个样子。

终于把价格谈好，监区长说："我还有点事情，你带他们两个把猪赶回去。"

蒲忠全心里发怵，急忙说："那怎么能行？我都不认识回去的路？何况还带着两个……"他本来想说何况还带着两个专政的敌人，但是看看张景然和冉金旺，却说不出口。

魏德安似乎看出了他的心事，哈哈一笑，说："他俩走惯了的，你跟着就是了。"他把蒲忠全拉到一旁，低声说，"别怕，这两个人不会跑。"然后转身又对冉金旺说，"你小子别在场镇上逗留，把手脚给老子收起来。"

冉金旺咧嘴讨好地说：“在您老人家面前，我就是有一千个胆子也不敢。”

“那就是在蒲队长面前敢喽？”魏德安恨了他一眼。

“不敢不敢，也不敢……”冉金旺连忙主动接过猪贩子手里牵猪的绳索，唯唯诺诺地站在一旁。

魏德安不再说什么，撩起警服擦擦脸上、额头上的汗水，看看日头，索性将警服脱下来，提在手上，走了。

蒲忠全想给父亲打个电话，于是带着两个人走到一个公用电话旁停下来，说：“你们在这里等我，我去打个电话。”

张景然说：“队长，这……把5头猪围在这小街上，恐怕……”

“……”蒲忠全想说什么，但是却找不到合适的词儿来，就懒得理他，拨通了邻居家里的电话，邻居连忙去找他父母，过了好一会儿，他母亲才来接，母亲开口就问：“报到了？工作安顿下来了没有？做什么工作呢？儿子，给妈寄一张穿着警服的照片。”

蒲忠全心里有些酸楚，他不好意思说自己的工作就是养猪放牛，更不敢说现在他正赶着5头猪回单位，于是说：“妈，我很好，这里条件很好，吃国家的，穿国家的，工作很轻松，就是动动嘴皮子而已……”

这时候，几个老乡跟冉金旺吵闹起来了。

蒲忠全忙对着电话说：“妈，代我问候爸，我还有事情，今天先说到这里。再见。”

他撂下电话，转身看发生什么事情了。

冉金旺对一个背着背篓的四十岁左右的老乡直吼：“劳改犯怎么啦？怕你？老子的刑期比你的命都长，你龟儿子有胆量来试试？反正老子这辈子也没有什么活路了，弄几个垫背的，过奈何桥我他妈的不寂寞，哈哈……”

原来这些赶集的老乡被横在这里的5头肥猪给堵住了，进退两难，于是开始抱怨，找冉金旺和张景然理论，哪知语言不顺，冉金旺和他吵了起来。

那老乡闻言有些害怕，努力地退到后面去了，其余的也不再言语，只是恨恨地盯着他们。

蒲忠全忙说：“对不起，老乡们，我们马上走。”

一路上，蒲忠全时刻提醒自己要分清敌我，提高警惕，严防阶级敌人蓄意搞破坏，本着毛主席“凡是敌人拥护的，我们都要反对；凡是敌人反对的，我们都要拥护”的教导，张景然提出在大树浓荫下休息，他却偏要在山梁上开阔地带顶着烈日休息；冉金旺提出找这里的农户家要点水喝，他却要坚持喝山泉水。就这样，别别扭扭地终于赶回监区已经是下午 4 点过了，而监区长从小场镇回到监狱机关办完事，早已回到监区了，正张罗着带人去找他们呢。

魏德安听了冉金旺的报告，把头摇得跟拨浪鼓似的，咕哝道：“怎么这么迂腐？让他去放牛，怕不是牛要弄丢哦？”

果如魏德安所言，第二天蒲忠全就丢了一头牛。

魏德安本来想让六分队原来的队长带蒲忠全几天，哪知他的儿子住院了，他老婆在电话里哭得一把鼻涕一把泪的，只好让他回去看看儿子，于是就让蒲忠全一个人带着犯人去放牛，到了中午，魏德安总觉得有些不妥，就独自一人上山去找他。当他找到他们的时候，发现 20 头牛拴在一起，只有一个犯人在守着，便发火了：“你们就是这个鬼样子放牛的？其余的人呢？”

犯人说：“报告监区长，蒲队长带他们去找牛了。”

“混蛋！”魏德安骂了一句，把那犯人吓了一跳，退了几步，躲在牛背后。

“你，给老子滚出来。把他们喊回来！”魏德安冷冷地说。

那犯人回答一声“是”，然后爬到山坡一块巨石上，扯开嗓门就喊：“蒲队长，监区长来了，叫你回来。”

魏德安厉声说：“老子叫你把他们全部喊回来，你他妈的聋子？！”

那老犯人慌忙又喊：“监区长叫你们全部聋子回来……”

魏德安又气又好笑，也懒得理他，坐在树荫下打盹。

过了将近一个小时，蒲忠全带着其他 5 个人上气不接下气地回来了。

魏德安很奇怪地看着他们，问：“你们一起在找牛？”

冉金旺低声抱怨说：“我说我们分开找，可蒲队长不干……”

魏德安意味深长地望了蒲忠全一眼，没有说什么，在裤袋里摸了一个烟盒出来，发现是空的，于是在手心中揉成一团，扔了。张景然连忙掏出一包红塔山，给他递上，又恭恭敬敬地给他点烟。然后又给蒲忠全递上一支，蒲忠全摇摇头，表示自己不抽烟，张景然这才将红塔山放回衣袋里，又摸出一包廉价的五牛来，自己点了一支。

魏德安问：“牛是哪个丢的？”

冉金旺连忙站起来，身子摇晃了几下，腰板弯曲，呈痛苦状，低声说：“是我管的牛……监区长，我……我昨天中暑，今天又拉肚子，早晨起来就迷糊……”

魏德安看看冉金旺，又看看其他的犯人，最后看看蒲忠全，没有再说话，继续眯着眼打盹。

蒲忠全有些发急，凑过去说：“监区长，我们还是去找牛吧？”

“这么大的太阳，还找个屁呀！只要牛不是被偷了，晚上自己就会回来，要是被偷走了，恐怕早就跑得没影儿了。”冉金旺咕哝着，虽然声音很低，但是在场的所有人都能听见。

蒲忠全脸上红一阵白一阵，只好假装没有听见。

魏德安猛地站起来，指着冉金旺教训道：“你个龟儿子长脸了哈？怎么跟人民政府说话的？这就是你的态度？你就没有责任？”

他来回走了几步，又站到冉金旺面前，瞪着他说：“你不就是要说昨天蒲队长不准你在阴凉处休息，不准你去找开水喝，你中暑了，拉肚子了，是不是?！你给老子说说，你是不是拉肚子拉的要出人命了？拉在哪里的？”

他转身指指其他犯人，厉声问：“你，你，还有你，你们谁看见他拉肚子了？”

张景然等其他犯人都把头压得低低的，没人回答。

“没人看见？冉金旺！”魏德安突然把声音提高了八度。

“到！”冉金旺见监区长看穿了他拉肚子的谎言，立即笔挺地站直了腰板。

“老子不管你用什么办法，在这个月内把牛给老子找回来！”魏德安下了命令。

冉金旺刚才十分害怕的表情一扫而光，恢复到他那惯有的死猪不怕开水烫的神态，献媚地说：“监区长您就放心吧，不就是一头牛吗？还要不要随手给你弄条狗来？等过几个月，把狗养得肥肥的，正好在冬天吃，暖胃呢。”

蒲忠全很是感激眼前这位一点都不像监狱民警，更不像领导的老人。但是他很纳闷，监区长居然下这么一道命令。冉金旺也是个50多岁的老犯人，他到哪里去把牛找回来啊？这不明摆着要冉金旺去偷吗？要是事情败露了怎么办呢？等犯人赶着牛在前面走远了，他拉拉魏德安的衣服，低声说：“魏叔……”

魏德安微微诧异了一下，随即以一个老人的慈祥拍拍他的头，说：“我知道你要说什么，处分了你，牛就回来了吗？但是那是一头牛啊，够咱们监区100多号人改善几天生活，监狱困难啊……还有，小蒲啊，按照书本上说的或者完全按照上面的规定来管理罪犯，他们这帮人不会听你服你的，多留个心眼，多向那些老同志学学，啊！”

蒲忠全突然之间，感觉到这位老人在心里的形象一下子高大起来，他沉思了一会儿，还是说："魏叔，为了一头牛，冒这个险值得吗？我看这样吧，把牛折合成钱，每月在我工资里扣点，您看呢？"

魏德安站定，偏头很认真地看看他，然后背着手走了。

冉金旺没有去偷牛，蒲忠全也没有被扣工资，牛就这么彻底地丢了。但是，这事儿不久就在四监区当成笑话传开来，有好事者居然将儿歌《王二小》改编成《蒲二小》，于是，同事们就再也不叫他蒲忠全，而是叫他"蒲二小"。蒲忠全很无奈，也很恼火这个绰号，但是在山上的日子久了，自己也就习惯了同事们把他叫作"蒲二小"。

不过，冉金旺虽然没有偷牛，但是还是在当年冬天不知道从哪里弄来了一条狗，魏德安果然把狗杀了，同民警们热闹了一晚上。

还有，蒲忠全慢慢发现，在四监区只有一个人没有叫他"蒲二小"，这人就是监区长魏德安。

群山逶迤，山色如黛，清风徐徐，宛如古典婉约的芊芊玉手抚摸着面颊，四周弥散着均匀的、若有若无的清香，沁人心脾；叮叮当当的牛铃声在山林间回荡，与啁啁的鸟叫声一起协奏着大自然原生态的和弦；坠在松针上的露珠儿，睡眼朦胧，懒懒地眨着眼睛，仿佛还在回味昨夜的梦；几朵金黄的小野菊花从路边的草丛中伸展着身姿，高高地扬起头，朝蒲忠全他们微笑……

蒲忠全只是低头走路，对眼前这些难得的景色显得那么的冷漠。一个多小时之后，他们终于来到四监区背后的三道梁上（四监区所处的山有三道相对平坦的地势，当地人称为梁。四监区位于二道梁，而在山脚至监区约三分之一处是一道梁。三道梁到山顶还要爬过一段峭壁悬崖才能到达山顶）。张景然在一棵大松树下平整出一小块空地，手脚利索地把折叠式太师椅摆放在这块空地上，然后提着从监舍背上山的水瓶给蒲忠全冲泡茶水；冉金旺则把一个小方凳子放在太师椅的旁边，又去找了两块比较光滑而平整的石头，用毛巾擦得干干净净，一块放在太师椅的另一边，另外一块则放在椅子的前面。张景然把热茶杯放在小方凳子上，又从口袋里拿出一本《明朝那些事儿》和几本有些破损的《女友》《知音》一类的杂志放在椅子另一边的石头上，最后拿出一个小收录机，按下播放键，一曲充满柔情的《醉清风》立即在松树下荡漾开来……蒲忠全这才慢悠悠地坐在太师椅上，将皮鞋脱了下来，把脚放在前面的石头上，仰面躺下，望望绚丽的红霞，把头一偏，在和煦微凉的山风中游太虚去了。

冉金旺立即把他的皮鞋拿过去，从口袋里拿出刷子和鞋油，忙不迭地刷鞋子，不时对着鞋帮哈一口气，再用金丝绒条仔仔细细地擦拭。不一会儿，满是露水和沾满残草叶子的皮鞋露出了铮亮铮亮的色彩，只是，在这荒山野地显得那么另类和孤单。

张景然见冉金旺还在这里没事找事做地转悠，用手势提醒他去看看自己放的牛。冉金旺则比划着指指蒲忠全，又指指张景然，最后指指山下的尚庆镇。张景然明白这老东西又想下山到集市上去溜达溜达了，自己不敢说，想要他帮着给蒲忠全说说。他摇摇头，指指蒲忠全，又连连摆手，那意思是说今天蒲队长很困的样子，心情肯定不好，别没事找事儿了。冉金旺仍然不死心，还是又比又画地央求着张景然。

蒲忠全突然睁开眼睛，对冉金旺骂道："有事快说，有屁就放，别打扰我清修。"

冉金旺一脸媚笑，低三下四地说："老大，小的想下去溜达一趟，顺便给你老捎带只卤水鸭子，你放心，我保证在一点前赶回来。"

"今天不行，昨晚监区长说了，最近地方要开展严打。"蒲忠全突然嘿嘿奸笑，怪声怪气地说，"毛主席说，时代不同了，男女都一样。我看你呀，是时代不同了，母的都一样！还是好生去放你的牛吧。"

张景然噗哧笑了出来，弄得冉金旺很是尴尬，巴不得此刻地上突然冒出个洞来，好钻进去，恨恨地看了张景然一眼，一溜烟地跑了。

事情是这样的，冉金旺有一次憋不住了，恰好他所放的牛有一头母牛，于是就动了邪念，恰好又被张景然发现了，马上就跟蒲忠全报告了。蒲忠全左右为难，最后把他叫来，意味深长地说："鸡蛋因适当的温度而变化为鸡，但温度不能使石头变为鸡。所以，牛始终还是牛，你小子不要把牛当成了人。"冉金旺当然明白他这话的意思，更害怕他把这事儿说出去让他在同改中抬不起头，但是半年过去了，没有一丁点儿关于牛变成人的传闻，他暗暗感激这位蒲队长，从此，也再没有把牛当成人。

一觉醒来，吃过张景然弄的午饭，翻翻杂志，又睡。到下午 5 点的样子，蒲忠全才觉得头脑清醒，浑身充满了劲儿。吆喝着犯人，点名，清点牛，顶着绚丽的晚霞回监区。

一天就这么过去了。

他基本上就这么黑白颠倒地过着，那颗曾经“长亭外、古道边”的心被这里美丽的风景泯灭了，留在心里隐隐作痛的只剩下那个绰号：“蒲二小”！

然而，令蒲忠全感到无奈和迷茫的远远不只是一个绰号的问题，双河监狱机关所在地虽然乱糟糟、乱哄哄的，但毕竟还是一个小镇。

据老革命讲，双河，顾名思义，就是两条河的交汇之所，从东面而来的叫东溪，由西面而来的叫西溪，两溪在这里交融形成一大片回旋的水湾，当地人称其为亮水凼。双河监狱选择建在这里，就是取其既是终点又是起点之意味。新中国成立初期，他们押着几十个伪特分子、土匪和被俘的国民党下级军官来到这里的时候，涧水潺潺，溪水清清，鱼虾成群，水草依依，古老的双河镇像一位沧桑而诚恳的老者，坐落在这一汪山水里。但是就在近十年以来，十几家水泥厂沿着东西两溪一字型排开，纸厂、炼焦和小煤矿如雨后春笋一般冒出来，河水渐渐混浊，除了冬天，其余季节都弥散着一股刺鼻的臭味，往日蓝晶晶的河面，变得乌黑阴森，如同恶魔张开的巨大的嘴巴，仿佛要吞噬路过这里的一切生命。

而蒲忠全所在的四监区由于在监狱机关北边半山腰以上，以前是监狱的一个小煤矿，十几年前资源枯竭，这个地方就如同鸡肋，食之无肉，弃之可惜，于是就把监狱老弱病残罪犯集中关押在这里，种点坡地，养些猪牛鸡鸭什么的，一方面给这些罪犯提供一个劳动改造的场所，另一方面多多少少会产生一些效益，减轻监狱的一些经济压力。这里什么都缺，在干旱季节连水都缺，就是不缺清新的空气，按照蜗居在钢筋混凝土林立的大城市的人来讲，这里的确是山清水秀、风光迤逦，一副婉约的世外之所，闲适、淡泊而宁静。

从小就在偏远农村长大的蒲忠全始终对自己能够适应任何艰苦的环境充满了自信，但是在他放了几个月牛后，他开始怀疑自己，在怀疑中又滋生的迷茫和失落开始在他的心头汹涌澎湃起来。且不说住的房子是六七十年代修建的平房，阴暗、潮湿，散发出一股诡秘的霉味。没有电脑，甚至连一部通往外界的电话也没有，只有监狱内部电话，而且还只是监区长办公室和监房大门才有这种老掉牙的电话。要打长途或者市话，要么你请假赶 9 公里的路到监狱机关打公用电话，要么你写个报告，监区长签字，然后监区办公室主任给总机室说接什么什么号，最后总机室开一个单子，在下月你的工资中扣掉电话费。如果有同事到监狱机关办事，还可以顺便把报纸捎带回来，如果这个礼拜没人去，那就只好由监狱收发室送，原则上一个礼拜只送两次。

每当站在山头看日头、看完日头又看光头（罪犯）的时候，蒲忠全才明白毛主席老人家那句关于农村的论断是多么的英明、多么的深奥，“中国的秘密在于农村。”蒲忠全有太多的困惑，监狱为什么一定要建在这种地方？在这种环境下改造出来的人能适应现在日新月异的信息社会吗？如果不能适应社会，会是守法的公民吗？长年累月在这种环境里生活的民警本身能适应大山外那光怪陆离的社会吗？每当他迈入监房大门，看见墙体上“你是什么人？为什么来这里？来这里做什么？”那条触目惊心的警示语时，他总是有些迟疑地放慢脚步，不由自主地在心底里询问自己：“你是什么人？为什么来这里？来这里做什么？”

虽然理想与现实的反差使他如此苦闷，但是现实又使他不得不把内心的苦闷生吞活剥掉，老家的父母为了供自己读完大学，为了让妹妹不辍学，已经欠下几万元的债务，母亲有病，本来不能做重体力活，但是为了多挣几个钱，硬是把父亲赶出去打工，自己一个人扛起所有的农活。父亲没有多少文化，连写封信都困难，更谈不上有什么技术了，所以也只能干那些脏苦累险的活儿。大学毕业找到了这份吃国家、穿国家的工作，还是人民警察，着实让全家人吃了定心汤圆，也让那些债主们看到了希望。何况，自己学的这个专业，除了踏踏实实做一个本本分分的公务员之外，还能做什么呢？

所以，还是现实一点，困惑归困惑，日子总还是要过的。起初几个月，他还拿起以前的专业书来看看，或者找一些监管业务方面的书看看，后来什么书也不看了，再后来报纸也懒得看了，因为，他实在是说服不了自己，也说服不了那些同事，按照书本上说的去管理、教育罪犯，那些光头不会听你“蒲二小”的，也不会服你“蒲二小”的，这管理犯人的活儿，就是一个牢头而已，牢头要的是手段，要那么多学问做什么？于是，心情不好了，找个强奸犯进行个别教育，让他深挖犯罪细节；无聊的时候，把冉金旺找来，叫他表演一下摸钱包的技术；心情特别好的时候，自己掏钱叫张景然买一瓶白酒提上山，把冉金旺放出去摸只鸡回来做烧烤；或者在周末约上几个同事，叫食堂的罪犯做几个好菜，喝他个翻江倒海……

这就是刚参加工作的蒲忠全，那个丢了牛的放牛娃“蒲二小”。

但是，现在的蒲忠全可不再是“蒲二小”了，而是四监区堂堂的监区长。

熊晓戈找到汪庆书的司机，却不知道接下来他们该怎么做。司机也懵了，由于紧张，一直显得神经兮兮的，他只好找了一家酒店要了一个双人间，两人也无心说话，无心看电视，就坐在床头一根一根地抽烟。不一会儿，一些平常与他要好的监区长、教导员陆陆续续地来电话询问汪监是不是真的出事了。熊晓戈心里隐隐觉得真要出大事了，汪庆书出事到现在也仅仅一个小时左右，就有监狱中层领导来电话，说明有人已经将消息散播出去了，很明显，这个散播消息的人是故意的，就是要搞垮汪庆书。明天，监狱所有民警和职工，甚至大部分犯人都会知道今夜发生在青州市的事情。那么，监狱领导、那些被汪庆书提拔的人、朋友乃至亲人会怎么看待他这个随行搞接待工作的秘书呢？一想到这个，他的手心在冒汗，额头在冒汗，背心在冒汗。时间似乎一下子凝滞了，一分钟要等待那么久，终于熬到凌晨时候，熊晓戈没有接到任何他希望的消息，监狱没有任何领导给他打电话指示他是留守在这里还是回去，这种状况使他的感觉越来越糟糕，有一种被遗忘的感觉，还有一种人为的负罪感，他开始坐立不安。最终，他决定还是给马文革打个电话请示一下："马主任，您看我们是守在这里还是回监狱？"

马文革说："你看着办。"

熊晓戈听见电话里很吵闹的声音，像是在喝酒，接着就听见挂断电话的嘟嘟声。他心里又添纳闷与不安："这么晚了，监狱出了这么大的事情，作为办公室主任的马文革难道还在喝酒？"

他走到窗子边，推开窗子，一股热浪迎面扑来，他看见天际一道闪电似乎向他劈来，他本能地向后退了一步。

"看来真的要起风了，要下雨了。"他很悲哀的想。

这时，蒲忠全终于打来了电话："你怎么样？"

熊晓戈急需要他的时候找不到他，此时没好气地说："你也是来打听汪监的事吧？！"

"汪监出事不出事关我鸟事？我问你现在怎么样了？"蒲忠全大声说。

他知道蒲忠全是在值班室给他打电话（四监区去年安装了唯一一部能打市话的座机，原先安装在监区长办公室，蒲忠全上任后，为了方便民警和家里联系，也考虑到要保障监区与监狱机关的通信畅通，于是就移到了值班室），那意味着至少还有值班民警在场，此时能这样跟他说话，足见他是真的关心自己，熊晓戈心头一热，先前的不满、愤懑、失落、无助和担忧一扫而光，反而提醒蒲忠全说："你小子现在是监区长，不是‘蒲二小’了，说话注意一下场合和影响，特别是在现在这节骨眼儿上，要是汪监没事，这话传到他耳朵里就有你好果子吃了。”

“你没事就好，我刚回来，就听到汪监的事情……妈的，今天不顺，带人连夜帮老乡抢收包谷，钱没挣到几个，回来的路上有一个犯人摔伤了腿，那家伙一路上叫得跟杀猪似的，我得去看看是不是骨折了。王亚敏在这里，你跟她说几句。”蒲忠全把电话交给王亚敏，匆匆走了。

熊晓戈最后决定还是回家，凌晨3点半左右，他终于回到了家，在掏钥匙开门的那一瞬间，他心里彻底放松了，家里才是属于他自己的天地，没有应酬、逢迎、道貌岸然和口是心非，自己想怎么样就怎么样，想到这里，他不由得笑了笑，肚子咕咕地叫起来，才发现晚上陪领导们吃饭的时候，虽然都是些山珍海味，很多他都没有吃过，但是除了喝了一肚子啤酒以外，他还真没有吃饱。他将钥匙扔在沙发上，先倒了一杯凉水，咕噜咕噜地灌下去，然后泡了两袋方便面，正准备吃，老婆秦亚南起来了，站在卧室门口看着他不说话。

“饿了，好饿……”熊晓戈发现气氛有些沉默，便词不达意地说。

秦亚南哼了一声，抄着手讥讽地说：“堂堂熊秘书怎么弄得这么狼狈？难道汪庆书连饭都没有给你吃？还是只顾着耍小姐忘记了吃饭？”

熊晓戈心头掠过梅开蕊的影子，顿时感到羞愧和歉意，便不吱声埋头吃面。

“怎么？被我说中了？心头有鬼还是有愧？跟我说说，那小姐长得如何？像赵飞燕还是像杨玉环？”秦亚南继续挖苦道。

“你还有完没完？你还嫌现在不够乱吗？”熊晓戈火了，把碗一推，将筷子重重甩在茶几上，靠在沙发上喘粗气。

秦亚南冷笑几声，说：“你还好意思跟我发火，你现在成了名人，跳到黄河里都洗不清了，你说你没有耍小姐，哪个信？你叫我怎么面对同事？你真能啊，不仅丢了你熊家的脸，也把我们家牵扯进去。想当初我嫁给你，就看中你有个破文凭，日后还能有出头的日子，盼着跟着你过几天好日子，你呢？至今还是个副科级秘书，连个副科级实职都没有混到。现在倒好，汪庆书一倒台，你就准备下监区看光头吧。”

“带班怎么了？带犯人就见不得人？那么多带了一辈子犯人的，难道日子就没法过了？”熊晓戈本来想回家得到一丝安慰，不料老婆却这么说，心里说不出是啥滋味。

秦亚南立即抓住他的话茬，说：“日子没法过了，这可是你说的！”

说完，她“砰”地一声把门关了，又将门反锁起来。

熊晓戈呆坐了一会儿，开门却打不开，只好去客房睡觉。迷迷糊糊地睡了一会儿，早早地起来，推开窗，才发现下了一场大雨。窗前那棵高大的榆树宛如痛痛快快地洗了一个澡，尽管还残留着往年的尘垢，但这些日子堆积在叶片上的尘埃被荡涤得干干净净，显得飘逸脱俗，在晨曦中伸展着那一身丰腴的绿。空气中没有了烟尘和硫磺的味道，湿漉漉地直透肌肤，他深深而贪婪地呼吸，心中的烦闷顿时减轻了不少，但目力所及之处，依然是斑驳的灰灰的墙，依然像蒙上一层厚重的灰尘。

“平芜尽处是春山，行人更在春山外。”他的脑海里突然跳出这句词来，随即，梅开蕊的放浪与安静的神态在心间闪现。他微微吃惊，用力拍打自己的脸，不自觉地转身朝卧室看看，然后走过去推推门，门依然反锁着，他敲敲门，里面没有回音，沮丧地站了一会儿，拿起公文包上班去了。

监狱机关笼罩着一种不寻常的气氛，监狱领导们只是在要上班的时候行色匆匆地出现了一下，一会儿便不见了踪影。各科室都无心做事，三五成堆地低声而热烈地议论着，科长们大都神情凝重，那表情好像自家死了亲人一般，面对下属的询问也大都摇摇头，但不时又躲在厕所、走廊尽头和楼梯拐角处低声地打接电话。还有的人端着茶杯，一副扬眉吐气的样子，哼着小调，在科室间东摇西荡，发布着不知从什么渠道得来的消息。更多的办事员们则是一副事不关己高高挂起的态度，邀约着去距离监狱后大门只有几步之遥的农贸市场买菜……

熊晓戈敏感地觉得同事们看他都是一种很异样的眼光，他所在的大办公室断断续续有人来，闲聊几句又走，不管是善意的还是恶意的，都是同一个话题：你小子这副科级秘书算是到头了，以后哪个领导还敢用你？还有，领导要小姐，不信你小子就没有要？！临近中午时，又有传言说汪庆书已经被公安局放回来了，有的说交了五千罚款，有的说县处级罚金加倍，是一万块；有的又信誓旦旦地说马文革在财务上借了 2 万，估计就是去摆平这事儿的；接着有人就骂娘了，说他妈的工资都没有拿齐，很多上面有政策该发的没有发，好多年没有闻过奖金的气味了，还用单位的钱去嫖小姐，真他妈的该枪毙……一会儿又有小道消息说汪庆书写了辞职报告，已经传真到省厅去了。

中午回到家里，秦亚南没有做饭，坐在沙发上看电视，熊晓戈见她脸上阴得可以拧出水来，便到楼下小饭馆炒了两个菜、打了一些米饭回来，将碗筷摆放好，招呼她吃饭。秦亚南还是不搭理他，他便走过去坐下来，看着她说："你怎么了啊？这事真的与我无关，大不了我下基层带班嘛，你也不至于这样吧。"

秦亚南看了看他，良久才说："就算我信你，但是他们信吗？我算是看透了这些人，平日里你在汪庆书面前转悠，他们对我点头哈腰的，一副奴才相，现在呢？一副幸灾乐祸的鬼样，我看到就生气。还有，你就是去基层带犯人本来也没什么的，但问题是现在风险太大了，带犯人哪有一辈子不出事的？一旦出事，哪怕是一点小事，说不定检察院就来了。你没有看局里那些通报吗？有些人辛辛苦苦干到50多岁，老革命，老同志啊，眼看要退休享福了，却跑了犯人，被追究刑事责任，什么都没有了，成了无业人员，你说我能不担心吗？我能甘心吗？"

熊晓戈本来夹了一筷子菜已经送到了嘴边，却又放回盘子里，放下筷子，沉默不语。

秦亚南问："汪监真的打辞职报告了？"

"估计是吧，出了这种事情，不打辞职报告能行吗？"熊晓戈幽幽地说。

秦亚南想了想说："现在说话作数的，恐怕只有王福全和郑怀远了，王福全油盐不进，不好说话，哎，你们马主任跟郑怀远是一伙的，你去找找马主任，求他帮帮忙，说不定就不用下去带班了。"

"别乱说，我怎么不知道？"熊晓戈严肃地说。

"你看看你，就这么个熊样，全监狱人都知道，只有你不知道。"秦亚南别了他一眼，说，"算了，指望你去说，我看太阳怕是要从西边出来了，还是我去找找他。"

熊晓戈忙说："你可别去，我就不相信为这事还真要把我弄到基层去，办公室目前还离不开我。还有，我可不能把我老婆送到狼口里去。"

秦亚南看着他，哼了一声，只顾吃饭，不再言语。

熊晓戈说这话是有考虑的，传闻马文革很好色，见到有点姿色的女人就像猫儿嗅到腥味一样。

下午，熊晓戈不再理会那些小道消息，从家里拿了一本小说坐在办公室看，但有几个平常关系很好的同事给他带来了一条消息，使他再也坐不住了。他寻思了又寻思，最后决定还是去找马文革说说。马文革正窝在大班椅子上养神，眼皮动了动，斜睨了他一眼，问："有事？"

熊晓戈小心地说："马主任，我听有人说汪监出事是因为我去找公安局同学疏通关系时暴露了他监狱长的身份，青州市公安局才上报省里的……"

"喔……"马文革打断了他的话，情绪很低落地说，"我也听到了这种说法，现在谣言四起，说好说歹的都有，还有人说我呢，怕什么？你我都要相信组织，毕竟还是共产党的天下吧？我们还是国家执法机关嘛，兄弟，我告诉你，千万别信谣，也别传谣，要经得起考验，要作好最坏的打算，我呢，大不了不当这个破主任就是了。好了，我还有点事。"

熊晓戈心里像灌了铅一样，步履沉重地回到办公室。这时，蒲忠全来电话说："今晚我们聚聚，我和王亚敏现在就下山。"

"你俩就别下山了，我也想出来走走，这样吧，我一会儿上山来找你们。"熊晓戈充满了感激，现在一些人开始躲瘟神一样躲他，而蒲忠全居然还要在机关请他吃饭。

熊晓戈离开马文革的办公室没有几分钟，秦亚南就走了进来。

马文革立即从椅子上跳起来，满脸堆笑，两只本来很小的眼睛眯成了一条线，迎上去说："呀，我说这屋子怎么一下子亮堂起来了呢，原来是美女大驾光临了。"

秦亚南装成一副不知所措的模样，低声说："马主任，我想找您说点事……"

马文革见她羞答答的样子，恰如刚开的芍药，顿时魂儿丢了一半。其实，他对秦亚南早就垂涎三尺了，只是没有适当的机会，加之熊晓戈毕竟与他在同一个部门，心里多少有些忌惮。现在秦亚南送上门来，他哪能让到嘴边的肥肉又飞走呢？于是拿眼在她的胸脯和臀部扫来扫去，说："秦妹妹是无事不登三宝殿，不过先说好，办公室不谈公事，与你这样的美人儿谈公事，那简直是暴殄天物啊，老天都不会饶恕我；但是也不能谈私事，我们毕竟在执法机关工作，那不是要我徇私枉法呢吗？哈哈……"

秦亚南还没有说出口，就被他堵了嘴，愣了愣，只好说："那我晚上去你家找你吧？"

说完，她转身就走。

马文革嘻笑着拦住她，说："你来不就是为你老公那档子事儿吗？这样吧，我找个既能谈工作、又能说私事的地方，我俩聊聊，怎么样？"

秦亚南犹豫了一下，最后还是点头同意了。

第三章　班子调整：监狱的家族势力

第二天一早，马文革就来到郑怀远的办公室门前候着。不一会儿，郑怀远就出现在楼梯口，迈着轻快的步伐、兴致勃勃地同遇到的人亲热地打着招呼。他看见马文革，抬起手腕看看表，微笑着说："这么早？还没有到上班时间嘛。"

马文革立即回走几步，迎上来，殷勤地说："郑监都这么早，我们哪敢怠慢啊。何况现在是非常时候，按照您的指示，中层领导要起好表率作用，稳定第一啊……"

他随郑怀远走进办公室，又随手把办公室的门掩上，压低声音说："老大，昨晚局里连夜在开会，据说开到12点多……"

郑怀远心里微微吃惊，看来这小子的能耐比想象的还大，他虽然与局里几个局长关系还不错，特别是局长蔡复晨，但是要如此准确掌握局里的动向，恐怕他还不能做到。

在去年春节去给蔡复晨拜年的时候，他就给郑怀远亲口许诺说，你这样的同志是我党监狱事业的不可多得的人才，做个副职不能发挥你的全部才能，我准备下一步把你挪动一下。汪庆书的事情发生后，他第一时间以私人的名义给蔡复晨做了汇报，昨天早晨上班前，蔡复晨给他来电话，要他配合王福全把工作做扎实一些，确保监管安全和监狱民警职工队伍稳定，最后特别提醒他说，你是分管监管改造的，这个时候千万不要发生监管事故。那口气，下一任监狱长就是他郑怀远的了。于是，昨天一上班，他就来到王福全办公室，建议他到监区地走走，找监区长们谈谈话，一方面稳稳这些“诸侯们”的心，另一方面，调整一下工作重心，生产上的一些涉及要在野外或者要脱离监管区的项目，暂时停一停，在监狱班子没有定下来之前，以保安全保稳定为主。王福全采纳了他的意见，于是召集监狱领导开了个短会，最后形成的意见是马上调整工作重心，由王福全带领郑怀远和马洪扣到基层去，其余领导该干嘛就干嘛。一路上，一方面，郑怀远把王福全抬得很高，要求大家紧密团结在以王书记为核心的监狱党委周围，坚决贯彻落实王书记的指示；另外一方面，他又语重心长地告诫这些基层官员们，在非常时期正好能看出一个人的品性和党性，只要搞好了这段时间的稳定工作，就是取得了阶段性的胜利，党委是知道的，能不用这样的同志吗？反之，这个同志的能力和党性就值得怀疑，所以，帽子是捏在自己手里的，大家不要担心。直到昨晚 10 点左右郑怀远他们才走完所有的监区，郑怀远执意把王福全送到家门口才离开。

郑怀远并没有回家休息，而是来到办公室，他对今天的走访还算满意，但是在双河监狱，一个重点生产监区好人坏人好几千，就相当于其他很多监狱一个监狱的规模和架子，监区长的地位举足轻重，一个副监狱长捣捣乱你可以假装没听见没看见，但是一个监区长要是捣捣乱，你的官帽子就要震动几下，所以历来监狱一把手都把自己的心腹安插到这些岗位上，这样一来，监区长基本上就是一方诸侯，有专门的小车，有经营和财务权力，按照《监狱法》的规定在犯人行政刑事奖励方面有绝对的权力，等等，地位盖过监狱如总会计师、工会主席之类的非实职性领导。目前这几个监区长都是汪庆书一手提拔的，如果处理不好同他们的关系，就是以后自己上台，一个一个地拔掉他们，估计也得要几年的时间，何况要是他们联合起来，在省局政治部考察时候来点阴招，那自己就死得不明不白了。所以，他得紧紧地把他们抓在手里，就算成不了自己的人，只要他们不捣乱也就可以了。跟王福全、马洪扣在一起，自己有些看法不好那么明白地表述，所以他要在这个时候给他们通通电话，再给这些监区长们吃个安胎定心丸。

通电话的效果令他很满意，但是又令他有些隐忧，他在向这些监区长通报了监狱如何，特别是他自己如何坚持要尽全力挽救汪庆书之后，这些诸侯们咬定绝对是有人透露了汪庆书的身份才出事的，说这样的人不处理，以后那我们怎么敢再去请那些客户谈工作？把犯人关在监房里要得了，郑监你是我们的主心骨，你说是不是这个理儿？

他看看马文革，心里突然有了主意，于是不动声色地说："怎么？你知道什么消息了？"

"老大，听政治部的兄弟说，蔡局长的意见就是任命您为我们监狱党委书记、监狱长唷，王老爷子改任调研员，已经连夜打了报告，今天一早就要报厅党委。"马文革凑过去，很神秘地说。

"不是还要过厅党委那一关嘛，早着呢。"

"只要局党委研究定了的，厅党委还不就是走走组织程序？形式而已嘛。我呀，我准备重新装修一下，把盆景换成您喜欢的富贵竹，窗帘换成您喜欢的色调，把地板换成松木地板……今天来就是想请示一下，监狱长办公室还需要添置点什么不？"马文革说。

郑怀远听得有些飘飘然，特别是看着他谨小慎微的模样，心里涌出一种莫明其妙的快感来，以前马文革虽然对自己还算恭敬，但是其中夹杂着很重的礼节性成分，而现在却是表里如一的恭敬，看来一把手的分量就是不一样。但是，眼前，说办公室的设施问题还有点过早，于是把话题叉开，问："马主任，这两天传闻说是因为熊秘书透露了汪监的身份才出事的，你怎么看？"

马文革心里一凛，郑怀远以前要么叫他"马大主任"，要么就是直接称"你"，现在突然称他为"马主任"，看来这位未来的监狱长要同自己保持一点距离了，从另外一个侧面也说明他问的这个问题很要害，要通过正式渠道解决。他脑海里一回旋，便有些明白了，郑重地说："这种说法是有道理的，我们行政关系没有在青州市，与青州市党政机关联系不多，青州市公安局知道了汪监的身份后，当然觉得逮到了一条大鱼，现在各个地方政绩观念特别强，他们立即上报省上也在情理之中。"

郑怀远点点头，鼓励他继续说下去。

"关键是，这种说法如果党委不给个说法或者表示一下姿态，下一步谁敢在歌舞厅谈生意？但是现在谁吃不起饭，还在乎你那一顿饭局？没有一点刺激的，你作揖都请不出来那些老板，监狱要发展经济，你还得去请他们，一个一个地拜佛烧香。适当对熊晓戈表示一下，估计就稳定了人心。"马文革依然站着，头头是道地分析着。

郑怀远饶有兴趣地听着，示意他坐下来。这时候有人在门边敲门，郑怀远头也不抬地摆摆手，那意思是现在很忙，没有看见我这里有人吗？

在马文革的记忆中，郑怀远以前是没有这个动作的，看来，他自己绝对知道了消息，已经在无意识之间把自己放在监狱长的位置上了。他坐下来，依然很规矩地直立着身子。

“那么，你说对熊晓戈应该怎么表示一下呢？”郑怀远不紧不慢地问。

马文革陪笑道：“监狱长，这个……这个……我恐怕还没有这个智商……”

郑怀远突然笑笑，说：“你呀，也不要那么紧张，即使我真当了监狱长，在我面前你永远都是我兄弟，你的事情我知道该怎么做，你还不是后备干部吧，那就先后备一下，你还年轻，有的是机会，路还长着呢。不过，熊晓戈这事儿还真需要你造点势头。”

“我马上就去办！”马文革心里像吃了蜜一样，刚走出郑怀远的办公室，一丝忧郁却浮现在心头，昨夜秦亚南那丰满性感的身子在他脑海里连续闪过。

没过多久，郑怀远接到几个主要监区的监区长打来的电话，说领导们应该对某些说法表个态，要不以后谁还会冒着风险去搞经营活动？郑怀远等了一会儿，估计其他监狱领导都接到了同样的电话，于是就去找王福全，刚走到门口，王福全就打来电话，叫他马上去他办公室一趟。

郑怀远暗笑，心情好久没有这么舒畅了，他故意拖了一会儿时间，才慢腾腾地来到王福全的办公室。纪委书记马洪扣、政治处主任顾卫国、分管生产安全的副监狱长杨志刚等都来了。王福全脸色凝重，低沉地说：“想必各位刚才都接到了一些人的电话吧。”

没有人点头，也没有人摇头，都一副凝重的表情。

郑怀远知道在这个时候必须他要先发言，否则如果有人先发言一旦否定了这些电话，那么要处理熊晓戈给那些监区长们一个交待，恐怕就很难了，于是看着王福全说：“既然大家都不好表态，王书记，那我带个头？”

王福全点点头，其实局里的决定他也知道了，想必其他党委成员也都知道了，他这个书记主持全面工作也就几天的事，所以，他只求在郑怀远上任之前能够平安无事就行了，此时，郑怀远能主动发表意见，正是他求之不得的。

“刚才办公室马主任跟我说，我们行政关系没有在青州市，与青州市党政机关联系不多，青州市公安局知道了汪监的身份后，当然觉得逮到了一条大鱼，现在各个地方政绩观念特别强，他们立即上报省上也在情理之中。我虽然觉得他分析得有道理，但是我是不赞同这种观点的，退一步说，就算真是这样，我们能处理熊晓戈吗？凭什么？昨天王书记一个一个监区地走，苦口婆心地给这些‘诸侯’们讲，直到晚上 10 点才回家，而他们今天打这个电话，说明了什么呢？不能说王书记走这么一趟就没有效果，反而，我倒是认为效果很明显，为什么这么说呢？正是党委在汪监这个问题上的正确态度，使这些中坚力量打开了心结，说出了心里的顾虑，说出来总比闷在心里好吧。”

他停顿了一下，眼光扫了一下在座的表情，继续说：“在这种状况下反映出来的问题，也确实是个问题，需要认真对待，否则会影响到监狱经济的发展。就目前的财政保障机制来看，我们监狱只要经济一下去，各方面的连锁反应就会很激烈。我个人认为，看待这件事，要站在全局的高度，要有战略眼光，牺牲个人利益以求得更大的稳定是必要的，所以，对熊晓戈处理一下，表表我们的态度是必要的。”

王福全看看其他人，那意思是如果没有反对意见，就按郑怀远的意见办。

马洪扣脸色沉重起来，说：“王书记，我得提醒您，捕风捉影能处理干部吗？那这个党委成什么了？问题一码归一码，就算是熊晓戈检举的，不仅不应该处理，反而应该奖励！那些监区长什么态度？我看是要挟，竟敢在这种时候要挟党委，党性何在？我建议找他们谈话，如果顽固不化，就给他们处分！”

“老马，你误解我的意思了，我说的是处理不是处分，处理有多种理解嘛，挪动一下工作岗位，从机关到监区，也是处理嘛。现在是多事之秋，你看看我们王书记，这几天白了多少头发，你就不要再把他推在火堆上烤了，息事宁人嘛，就是处理错了，等新任监狱长来了，改过来不就得啦？”郑怀远呵呵一笑，化解了尴尬的气氛。

郑怀远这几句话的隐含意义不言而喻，其他人当然不是傻子，本来有的人准备顺着马洪扣的话说下去，此时也只好不说了。

王福全说：“老马，我看郑怀远的意见值得考虑。卫国，你是政治处主任，你说说怎么挪动一下熊晓戈的岗位，又调谁来接替他的岗位？”

顾卫国没有想到此时王福全还征求他的意见，只好推诿说：“挪动一下熊晓戈，把他暂时放到基层去，我看行，不过这个事情我倒是没思想准备，还是请郑监拿主意吧。”他转头面向郑怀远，语气变得很恳切，“郑监，你就帮帮我解个围吧，你知道我遇到情急的事情脑筋就不灵便了。”

"这……你不是把我放在火堆上烤吗？越俎代庖的事关系到党性问题，这我可不干！"郑怀远口头上虽然这么说，其实对顾卫国的态度还是很受用。

王福全面无表情，说："怀远，既然这样，那你就说说你的意见。"

"既然王书记发话了，那我就说说我的意见，仅供大家参考参考……"郑怀远又扫视了每一个人，说，"把熊晓戈放到二监区去，不任职，也不免带括号的副科级，留有余地嘛。至于谁来接熊晓戈的工作，我看蒲忠全完全能胜任，暂时挂个正科级副主任，怎么样？就是不知道这样处理，符不符合组织人事制度。"

顾卫国马上接过去说："特殊时期特殊处理，组织人事制度也不是一成不变的嘛。"

"你们还有意见没有？……既然没有，那好，卫国，上午找他们谈一下，下午就发文件吧。"王福全说，"这几天大家多往基层跑跑，千万不要再出事了，啊！"

等其他人走了，马洪扣对王福全说："老王，今天这事，我对你有意见。"

王福全走到他身边坐下，不语。

"就算他郑怀远当了监狱长，你也不能这么纵容他吧，像这样下去，这以后的工作还怎么搞？还怎么配合？"马洪扣很气愤，语气很坚决地近乎在批评王福全。

"老马啊，现在这种局势，稳定要紧啊，你也看到的，这些监区长大都是汪庆书一手栽培起来的，他们有点怨气，也是人之常情嘛，何况怀远分析的也不无道理嘛。"王福全重重地叹息一声，情绪明显很低落。

马洪扣不依不饶，一针见血地说："恐怕你心里不仅仅是这么想的吧？你老了，要到退休的年龄了，你一生光明磊落，不求大功，但求无过，你怕监狱再出事，主要还是担心你晚节不保吧？你想在你为党的监狱事业奋斗的一生中划一个圆满的句号，不惜牺牲组织原则，忍让、迁就，甚至低头，这就是你所要保障的晚节吗？"

王福全感觉脸上微微发热，马洪扣确实一语道破他的心思。其实，就在昨晚，司法厅厅长刘德章就打电话征求他关于监狱班子如何搭建的意见，他只是说，根据目前的状况，最好从其他单位派一个来担任监狱长，当然，双河监狱不是没有合适的人选，郑怀远就是一个合适的人选。但是，无论从外面派一个来，还是从监狱内部拔一个，从大局出发，自己不再适合担任党委书记、政委，建议由马洪扣担任党委书记、政委这一职务，请组织上认真考虑马洪扣的职务问题，这涉及监狱的稳定问题！在班子成员中，马洪扣与他共事的时间最长，已经三届了，虽然这个马洪扣从来不给自己留情面，说话总是那么直来直去，有时候近乎刻薄，常常使他下不了台，前些年在在党委会上，也就是跟他争吵的最多，这两年来，有些事懒得去管了，也许是老了，也不想再和他吵，所以两人才在会上和气了很多。尽管如此，在班子成员中就数马洪扣与自己最知心，从政治安全上，他和马洪扣之间是一种鱼与水的关系，所以，在昨晚，他毫不犹豫地极力推荐了马洪扣，他也很清楚，在双河监狱班子搭配问题上，他的意见会起很重要的作用。

王福全想到这里，对马洪扣的严厉指责也一下子释然了，存点私心就私心吧，由他说去，自己坚守最后一班岗，做到问心无愧就够了，于是平静地说："你也未免太敏感了吧，我还是那句话，怀远讲的也不是没有道理嘛，总之一切以大局为重，先渡过这一阶段再说吧。你说的对，我是存了这么一点私心，老马啊，一个行将就木的老人在不违背大的原则下就留这么一点私心，你也不能放过吗？"

马洪扣看着他，相对无言，过了一会儿，说："算了……老书记，我去基层看看。"

"嗯，下去同监区领导们交交心，不过下午上班之前要赶回办公室，厅政治部考察组中午就要到，下午考察完后还要赶回去。"由于监区比较分散，马洪扣经常就在监区食堂同民警们一起吃饭，王福全特意提醒他。

王福全这实质上就是在暗示他去拉拉票，马洪扣心头一热，转身快步而去。

王福全目送他出门，然后给顾卫国打电话："卫国，你准备一下，一会儿随我去接厅政治部考察组的同志。"

秦亚南接到老公熊晓戈的电话，说顾主任（政治处主任顾卫国）刚才找他谈话了，下去到二监区报到，没有任职，但是也没有免掉他的副科级。她愣怔了片刻，屈辱和愤怒充斥着她的心脏，继而在血脉里迅速地膨胀着，她一口气跑回家里，坐在沙发上喘息了一会儿，拨通了马文革的电话，吼道："马文革，你个伪君子，流氓！"

马文革嘻嘻地笑："呀，原来是秦妹妹唷，哪个惹你生这么大的气，你告诉我，我去扁他，虽然我没有什么肌肉，但是为了秦妹妹，我赴汤蹈火也在所不惜。哎呀，你生气的样子一定很性感……"

"你他妈的还装？你要乱来我也乱来，大不了大家都死翘翘！"

"别这么跟你哥哥说话嘛，不就是你老公下二监区的事儿吗？这样吧，我现在有时间，我们找个地方坐坐，听我给你详详细细地解释……”马文革色色地说。

“呸！我警告你，要是你在下午下班之前没有摆平我老公的事情，我就去找马洪扣！”秦亚南气得脸色煞白，气呼呼地又吼。

马文革语气一变，一付无赖的腔调：“你以为你是谁？找马洪扣？你找刘德章也没用。老实告诉你，不怕你乱来。我马文革既不想当监狱长，也不想当政委，就喜欢你这样的女人，哈哈……你如果不怕你们熊家和秦家抬不起头，你就去！哈哈……”

秦亚南再也听不下去了，挂断电话，欲哭无泪，浑身神经质地发抖，恨不得拿起刀捅那个流氓瘪三几刀，再放一把火把他烧成灰烬。

顾卫国接到王福全的电话后，心里有些忐忑，他没有想到厅里的动作这么快，在汪庆书辞职报告递上去的第二天就派考察组来考察监狱领导班子，他的政治经验和政治直觉告诉他，厅局主要领导心目中已有合适的人选，考察组来也只是走走过场，履行一下程序而已。尽管自己很清楚无论如何轮不到自己，但是心里还是习惯性地溅起点点的侥幸。没有当上副处的时候，他时常想这辈子能混个副处就心满意足了，该怎么工作就怎么工作，一切按部就班，本本分分地等到退休，再也不去点头哈腰、曲意迎奉，再也不生活在心计和争斗中，清清白白地做人，勤勤恳恳地做事，做回真正的自己。但是，他当上了副处之后，才发现这种想法太善良而显得多么的幼稚，你就是安安静静地在那里打盹，总有人像虱子一样，冷不防就咬你一口，就是他站在不远处盯着你，并没有要咬你的企图，但是你能安心地打盹吗？人只要有了危机感，谋求生存的欲望就更强烈，要好好地活，就必须扩张自己的权力，这，就是官场的法则。他曾试图把他的这种心态归结于人性的自私，但是怎么也不能接受自己这个推理，因为他认为自己的本性还是好的，所以想来思去，他坚定地认为这是目前的官本位制度造成的。人类就是这么个奇怪的动物，自己创造出制度，然后又不得不成为制度的奴隶，他不是圣人，更不是神仙，所以他理所当然也是奴隶，既然摆脱不了自己奴隶的身份，那就只有面对，只有挺身而出，甚至铤而走险，哪怕前面是惊涛骇浪……

蒲忠全敲门进来，在顾卫国的示意下坐在办公桌的对面。

顾卫国没有说话，脸上翻腾着捉摸不定的表情，这使蒲忠全感到很纳闷，于是问：“顾主任找我有什么指示？”

顾卫国一下子惊醒了，转头看看窗外，脸上立刻恢复了平静自然的表情，说："这几天天气不太好，时晴时雨的，反而弄得很闷热……你呢？怎么样？"

蒲忠全心里嘀咕，大老远地把我急急地叫来，不是跟我谈天气吧！心里这么想，但嘴上却说："顾主任话中有话啊，有什么指示，请主任尽管说，不管公事还是私事，我蒲忠全都当成最高指示办。"

顾卫国微微一笑，说："我受监狱党委的委托找你谈话，党委决定调你到办公室，任正科级副主任。"

蒲忠全估计熊晓戈受到牵连了，虽然他是无辜的。

在很多人的眼里，四监区是最没有效益的监区，一年到头只是眼巴巴地指望监狱可怜他们，能按照机关给他们拨齐工资就谢天谢地了。如果说城里人把双河监狱称为"山上"，把刑满释放人员叫作"从山上下来的人"，那么四监区就是山上的山上了，所以稍微有点门路有点背景的民警都不愿意去四监区。从内心深处来讲，这个调整是他求之不得的，虽然他是四监区监区长，在人们的眼里是一方"诸侯"，但是他这个"诸侯"的含金量很少很少，两三百号人，连别的"诸侯"一个中队都赶不上，何况还是老弱病残；别的监区长每月的招待费都是 1 万，而监狱给他核定的只有 500 元；其他监区长有专车，至少都是桑塔纳 2000，他呢？牛车都没有，他倒是可以叫犯人为他专门做一个牛车，但是坐着这样的专车吱嘎吱嘎地来到监狱机关大楼前，那又是怎么一种风景呢？每次下山要么走路，要么搭农民的拖拉机，记得有个局里的处长问你们怎么不骑自行车？蒲忠全说，是啊，四监区的民警也想骑自行车，从山上下来毫不费力，一路滑行即可，但是回去呢？是人骑车还是车骑人？弄得这位处长脸红红的；待遇就更甭提了，32 个民警，监狱每月拨的工资还不到 70%，其余全靠自己挣，还不要说什么夜班、节假日值班补助了，为了给大伙发齐工资和各种必须的补贴，他既是人民警察，也是农民、工人，还是临时工、短工、农民工……总之哪样能挣到钱，他就是那个行当的角儿。

"党委考虑到你在山上有点屈才，到办公室来更能发挥你的才能，同时也考虑到你在山上辛苦那么多年了，也应当换个好一点的岗位。所以，希望你来办公室后，能尽快转变角色，尽快适应新的岗位。作为我个人的意见，可能职位安排上不太如意，但是这个以后可以解决的，下来后工作上、生活上有什么困难，你尽管来找我，啊！"顾卫国见他不语，饱含个人情感地开导他说。

蒲忠全说："顾主任，我想弄明白，您是在找我谈话，还是在征求意见？"

顾卫国有些愕然，但立即明白了蒲忠全的意思，心里突然有一种柳暗花明的喜悦，但是他不动声色，说："两者皆有吧？"

"那，我的意见是，我不愿意下来任什么副主任，请您充分考虑我的意见。"蒲忠全语速很慢，几乎是一字一顿地在说。

"噢？"顾卫国看着他，沉吟着。

这时候，组干科长常佳微进来，把草拟的熊晓戈和蒲忠全几个人的任免文件放在顾卫国的面前，然后对蒲忠全笑道："蒲监区长，哦了，现在应该叫你蒲主任了，恭喜你，终于下山了。"

实际上，常佳微只是副科长，由于正科长空缺，所以她在主持工作，到现在已经3个年头了，就是没有扳正，很多人对此很不理解，要说常佳微没有能力，不是，在她主持工作的这三年里，组干科虽然没有骄人的业绩，但是却没有出什么差错；要说她原则性不强，那就更说不上了，常佳微讲原则是出了名，就连她身边最好的闺房密友，都甭想从她嘴里套出一丝关于人事上的口风。同事们经常笑话她，说天下人都知道的事，往往在她那里就成了保密的事情。要说人太丑不适合做科长，也不是，虽然她算不上美女，但是还有几分姿色，只是一年四季一身警服，看不出什么特色来罢了。尽管上不去，她倒是很乐观，认为自己在男犯监狱，能这么年轻就做个副科长，那是祖坟葬得好。

蒲忠全苦笑了一下，没有说话。常佳微看到他的表情，有点愕然。

顾卫国指指蒲忠全对常佳微说："你也坐下来听听他的意见吧。"接着问蒲忠全，"那，你总得给我一个理由吧，至少，你得把我说服。"

"我更适合在基层工作，也愿意在基层工作，这个理由够分量吧？"

"还有其他的理由吗？"

"没有了。"

良久，顾卫国突然严肃地问："如果组织上强行发文件硬性调整呢？"

蒲忠全突然笑起来，说："'越是困难的地方越是要去，这才是好同志。'毛主席就是这么说的，我要做一个'好同志'，难道不行吗？"蒲忠全振振有词地背毛主席语录，刻意将"同志"一词咬得很重。

顾卫国和常佳微不约而同地笑起来，不过，顾卫国马上又恢复了严肃的表情，说："常科长，你说说像他这样拒不服从组织安排的，按规定可以给什么处分？"

常佳微看看顾卫国，又看看蒲忠全，慢慢地说："按照《公务员法》的有关规定，无正当理由拒不服从组织调配的，最高可以辞退。不过，像蒲监区长这种情况，要求到基层工作，不能算是无正当理由，我看给处分不合适。”

“假如真给他一个处分，假如是你，你怎么办？”顾卫国继续问。

常佳微明白这是顾主任有意启发蒲忠全，于是说：“那他可要向厅局申诉！”

“结果呢？会怎么样？”蒲忠全忍不住地问。

“厅局肯定会责成监狱党委重新研究，不过，我想没有哪个党委书记犯这种低级的错误吧？这不是很明显地搬起石头砸自己的脚吗？”常佳微语调有力，给了蒲忠全莫大的勇气。

“好了，我也不会犯这种低级的错误，哈哈……”顾卫国一改先前严肃的表情，爽朗地笑起来，把那份任免文件拿起来，摇摇，又重重地丢在桌子上，说，“这文件暂时就放在我这里……”

这时，顾卫国的手机响了起来，打断了他的话，他看看号码，示意蒲忠全他俩不要出声，说：“是郑监啊？嗯……嗯嗯……我正想给您汇报呢，蒲忠全这小子不知道是不是吃错药了，好好的大机关不坐，偏要待在山上……嗯，我马上去找老爷子，不过，估计不太好办唷，他要求在基层工作，这正是厅局所倡导的，监狱也在想办法把机关的民警往下压。对了，刚才老爷子给我电话，说厅政治部考察组的同志中午要到，提前恭喜您啊……哈哈……哪里哪里，那，就这样？我马上去落实，好，再见。”

蒲忠全嘿嘿地笑：“顾主任，谢谢您了，改天您到我那鸟不拉屎的地方，我给你杀头牛！如果没有别的事情，那我就回山上去了。”

顾卫国指指他，又摇头叹息：“你小子，把我推在火堆上烤……不过我很欣赏你！你先别回去，下午要开会，这样吧，常科长，中午你代我陪陪我们这位‘二小’吃顿饭吧。”

“别别，顾主任，我还没有老婆呢，见不得美女，我还是到熊晓戈那里蹭饭吃。”蒲忠全看看常佳微，嘻笑说。

常佳微恨了他一眼，不吱声。

顾卫国脸上掠过一丝不易觉察的笑意，说：“那好吧，以后有什么困难就来找我。”

送走蒲忠全，他叫上常佳微立即到王福全的办公室，将与蒲忠全谈话的情况详详细细地作了汇报，最后说：“王书记，对于一个愿意在基层特别是像四监区这样很艰苦的地方工作的同志，组织上也不好采取强硬措施，何况在目前情况下，调整干部也确实不太适合，您看呢？”

“喔……好吧，那就放一放，你把情况给怀远同志通报一下。”王福全看看墙上的时钟说，“15 分钟后我们在楼下会合，去青州市接考察组的同志，”

这时，郑怀远打来电挂，王福全问：“怀远，有事吗？”

“王书记，我和马文革在青州市看守所协调犯人的事，遇到厅考察组的同志，我顺便代表您在这里接待一下他们，请示一下您的意见，您看可不可以？”郑怀远很恭敬地说。

王福全心里咯噔一下，脸色一下子阴沉起来，说：“好吧，随时与我保持联系，监狱这边好做准备。还有，熊晓戈的事情先放一放，等你回来详谈。”

熊晓戈从顾卫国的办公室出来后，没有心思回办公室，便独自来到双河镇东溪和西溪交汇的亮水凼，在熊晓戈的内心深处，他一直崇尚“仁者乐山，智者乐水”，水这东西，看似柔弱，却能改变自己的形态，包容一切，包容即隐藏，即消灭，正所谓“上善若水”。也许昨夜在东溪的上游下了大雨，混黄黄的河水大有汹涌澎湃之势，与西溪的水在亮水凼不停地交锋，翻滚着企图蚕食对方，抑或想把对方拉进自己的阵营。熊晓戈极目眺望，却看不清亮水凼尽头南去的河水的颜色，似乎有点晦暗，有点黄，或者是青中带褐，他不敢确定，但是他想知道经过交锋后的河水最后融合在一起会是怎样一种状态。

“管它什么颜色，清者自清，浊者自浊吧。”心里这般安慰自己，但是一会儿之后，心里依然很不甘心，监狱党委这种安排实际上就是向所有人宣告他熊晓戈在汪庆书事件上应当承担责任。这样一来，且不说以后再没有领导信任他了，就自己的事儿也不能自圆其说。是啊，人家质问得对，汪监出事的时候你在哪里？你又在干什么？难道老老实实地告诉他们自己喝多了，在和梅开蕊睡觉？既然不敢说也不能说，那就是不明不白了，自己被他们理解为也在做嫖客也没有什么错。

他突然有些怨恨梅开蕊。

恰在这时候，梅开蕊打来电话，熊晓戈挂断，哪知道她就不停地拨打，熊晓戈吼：“你究竟想干什么？”

“本来我早就想给你打电话，但我不敢，我知道你在埋怨我，怨恨我，但是你想想，即使你守着你们的领导又怎么样？难道就不会出事了？你又有能力阻止这事儿吗？我没有做错什么，你也没有，所以我不希望你怨恨我！我……好了，不说这个了，我打电话只是想告诉你一个好消息，刚才我遇到马文革和你们一个姓郑的领导，听他们在议论由于什么‘蒲二小’不想下山，老爷子收回成命，你不用下基层带犯人了。我虽然不全懂他们的意思，但是估计对你是好消息。”

梅开蕊说完，没有挂断电话，熊晓戈也没有挂断，也没有说话，两人就这么无声无息地听着，过了很久，梅开蕊才幽幽地说：“不管你怎么看我，也不管你对我怎么样，我……我依然很想念你！”

手机里没有任何声音，但是熊晓戈依旧把手机紧紧贴在耳朵上，直到另外一个电话打进来，是蒲忠全的，蒲忠全说你小子在跟哪个妞打色情电话？我肚子饿了，要到你家蹭饭呐。

就在梅开蕊给熊晓戈通电话的时候，秦亚南接到马文革的电话，说经过他的百般努力，你老公不用下基层带犯人了，秦亚南又惊又喜，但心里还存着疑虑，说：“你真有那么大的能耐？”

“嘿嘿，信不信由你，反正下午就见分晓了。我告诉你，我虽然瘦是瘦，但有肌肉，你怎么谢我呢？这样吧，我也不要你谢我了，今天我在青州市看到一件今年流行的裙子，质地、款式真他妈的好，贼贵呢，我给你带一件？就算我给你赔罪，宝贝儿，怎么样？”马文革色兮兮地说。

秦亚南心里荡漾起春水搬的涟漪，脸蛋发烫，慌乱地“嗯”了一声，就挂了电话。

受王福全的委托，郑怀远和顾卫国把考察组送到青州市高速公路口，随行的还有办公室主任马文革。郑怀远小心而虔诚地征求他们的意见，是不是在青州逗留逗留，考察一下青州市的风土人情，喝喝夜啤酒，唱唱歌，找个很正规的地方按摩按摩，消除一下疲劳什么的。考察组几乎不约而同地直摇头，考察组组长笑着说，这青州市古来都是兵家必争之地，民风剽悍，一草一木都带有匪气，免得像你们的汪监一样，腥味都没有闻到，却惹了一身臊味儿，我看大家还是回家抱老婆安稳一些。

一行人大笑，都点头称是。

顾卫国说，领导这话很深刻，青州市确实有些匪气。去年我在市里开会，遇到一个政协的老头儿，他在小组讨论会上发言，说工作搞不好的根本原因不外乎三个：一是没关系，二是不稳定，三是不团结。

一行人又是一阵狂笑。

组长说，还是顾主任理论水平高，我看可以当政委，你们说是不是呀？

一行人又点头称是，顾卫国连忙转移话题，说你们恐怕还不知道，郑监还是我的老师呢。

众人来劲了，都要他说一个。

郑怀远本来不想说，但又不好扫他们的兴，只好说了一个关于劳改队的笑话。

众人又笑了一回。

组长说，嗯，不错，怀远同志很注意关注发生在身边的事情，我看可以当监狱长，你们说是不是呀？

……

不知不觉就到了高速公路入口，考察组组长把郑怀远叫到一边，低声说："老郑，你在民主测评中得票率是91%，是我这几年在全省遇到的最高票，祝贺你！根据各个方面的情况看，我们考察组倾向你，当然，这只是我们的意见，最终还得厅党委定。"

"就公就私，我都从心底里感谢领导的关照，请您放心，假如我真能出任双河监狱的监狱长，这里就是您的家，对家里人您就不要客气了，有什么事情您来个电话就是了。"郑怀远诚恳地说。

组长似乎很满意他的态度，把声音压的更低，说："既然郑监把我当自家人，那一家人就不说两家话，告诉你，我得到确切消息，王福全也给刘厅长打了辞职报告……好了，我们得赶回去，刘厅长还在等我们汇报呢。"

郑怀远心里一阵激动。

待考察组的车子消失在茫茫的夜色里，郑怀远坐回车里，还兀自沉浸在一种亢奋中。

霓虹流丽，一些街面的发廊歌厅的门面被装点成暧昧的黄红色调，站在门口的迎宾小姐频频地朝路过的行人和车辆抛着媚眼。马文革讨好地说："郑监，顾主任，今天你们也太累了，要不我找个地方让两位领导轻松轻松？"

郑怀远回过神来，严肃地批评马文革说："马主任，你叫我怎么说你呢？你有很强的沟通能力，亲和力也不错，很适合做办公室主任，但是你致命的弱点就是好色，以后，你要注意一点，汪庆书事件给我们敲响了警钟，我希望你从中也吸取一点教训，反思一下，我们是人民警察，要树立正确的世界观。”

马文革没有想到他这么不给面子，语气也这么严厉，心里满是不高兴，寻思道：“哼，要当监狱长了，就要立牌坊了？”但是嘴上却连声诺诺，说郑监批评的是，我现在就改正，立即改！

顾卫国假装没有听见，抄着手打盹。

回到监狱，已经是深夜 11 点，郑怀远回到办公室喝了几口茶，稍事休息，又把司机叫上，他还要到监区看看。

今晚下去，民警们都争先向他表示祝贺，并且向他汇报说，这几天基层都在说要是郑监当了我们的监狱长，双河监狱就有希望了。虽然从组织原则角度，郑怀远否认并批评了这些说法，但是他的心里确实暖洋洋的，也感到了群众的力量之伟大。想到群众的力量，他不由得想到了蒲忠全，想起了伟大领袖毛主席，蒲忠全说老人家曾说过“不要骂群众，群众是不能骂的呀！”，他不知道毛主席是否真说过还是“蒲二小”杜撰的，但是这话确实给了他启迪，看来真没错。他突然想到四监区去看看这个蒲忠全，于是叫司机上山去。司机有些为难，说刚才下了一阵雨，恐怕上不去。郑怀远说，别怕，恰好这个时候那里更需要我们去看看。

果然被司机言中，在距离四监区大约 3 公里的一个山坳里，轿车深深地陷入泥泞之中，无论司机怎么摆弄，车轮只是在原地打滑，带起的泥浆溅在车窗上，噼里啪啦地闷响。

司机说：“郑监，得叫人来推一下，修修路才行，您在这里等等，我去四监区叫人来。”

“别慌，我到前面垭口上看看手机有没有信号，如果没有，我们一起去四监区。”郑怀远说。

“可……可是这车咋办？还有，这路又烂有滑，我又忘记带手电筒了，前面还要经过一段悬崖，很危险，这条路我熟，还是我去，要不了多久的。”司机阻止郑怀远说。

郑怀远哈哈一笑，说：“这荒郊野地的，谁还会来偷你的车？这段路既然这么危险，你走得，我为什么就不能走？再说，我的命值钱，你的命一样值钱。”

司机心里热乎乎的，见他下了车，一脚踩在没过皮鞋的泥泞里，连忙锁好车门跟了上去，走在他的左边紧紧护着他。

夜风微冷，芊月朦胧，四周很黑，时而几声蟾蜍的叫声打破了山坳里的寂静，使这条弯弯曲曲的路增添了几分鬼魅之气。两人借助手机微弱的光，慢慢前行，来到垭口，郑怀远发现手机居然有一格信号，于是拨打四监区值班室的电话，拨了五次，终于通了，值班民警说，李家兴的女儿小小突然发高烧，蒲监护送她去监狱医院，刚走10来分钟……郑监，要不要……郑怀远没等他说完，就挂了电话，对司机说："你去仔细查看一下路况，看看在什么地方可以调头。"

说完，郑怀远便朝山上深一脚浅一脚地冲。没过多久，远远地看见一束光亮和两个隐约的人影，于是喊："前面可是蒲忠全？我是郑怀远，请回答。"

话音刚落，立即传来蒲忠全又惊又喜的声音："郑监？我是蒲忠全，我们是蒲忠全和李家兴！"

"我的车在这里等你们，别急，注意安全！"郑怀远放慢脚步，大声说。

蒲忠全明显加快了脚步，当他们看到郑怀远时，都齐刷刷地盯着他，眼前这个传闻中下一任监狱长，浑身泥泞，连脸上和头上都是泥巴，明显是跌了几跤，如果不说话，他们绝对分辨不出他就是郑怀远。

郑怀远摸摸趴在蒲忠全背上孩子的额头，焦急地问："孩子怎么样？烧到多少度？"

李家兴嘴唇打哆嗦，或许是激动，抑或是伤心，嗯嗯地说不出话来。

蒲忠全说："监区卫生员测量了一下体温，40度，小小被烧得神志不清，刚才一个劲地说胡话。"

"不要着急，有我在，小小会没事的。"郑怀远拍拍李家兴的肩膀，安慰他说，然后对蒲忠全说，"我们快走，车子就在前面。"

一行人来到车子抛锚的地方，合力将车子从泥泞中推出来，郑怀远亲自指挥调头，然后直奔监狱医院。刚下山，郑怀远又给医院院长打电话，叫他做好急诊准备。

小小被送到急诊室后，蒲忠全和其他人都劝郑怀远回去休息，可郑怀远就是不回去。蒲忠全只好找其他值班医生要了一身干净衣服，打了一桶热水来，叫郑怀远洗洗后换上。这时候，五监区监区长华文虎打来电话："二小，你小子没有在监区？擅自离岗干什么去呢？在'扑奸'还是'匍匐奸'？"

"老虎，这么晚还不睡，你小子准没好事，先说，要钱没有，我'二小'只有牛哈。"蒲忠全上月由于天气太热，怕犯人大面积中暑，所以出去打工的时间减少，没有弄到足够的钱给民警发奖金，只好找华文虎借了1万5千元钱。

“你小子别赖账哈……不过今晚不找你要钱，问个事儿，听说郑监在监区巡查，去你那里没有？你知道他现在在哪个监区了？”

蒲忠全看看郑监，说：“你怎么不给郑监打电话？”

“呸，我要能打，还问你？”

“我可不知道，老兄，你问问其他监区长嘛。”蒲忠全当着郑怀远的面不好透露消息，只好这么说。

华文虎说：“还是其他几个监区长打电话给我的呢，小子，说不定郑监真的要到你那里去，还是别泡妞了，赶紧回去，要是出了问题，你可别怪哥哥我没有提醒你哈。”

蒲忠全挂了电话，看到郑怀远正盯着他，于是只好说实话：“是华文虎打来的，询问您的去向。”

“这么晚了，他有什么事情？”郑怀远迷惑不解地问。

“他听说您今晚要下监区巡查……”

郑怀远皱皱眉头，蒲忠全知道他那表情是什么意思，赶忙解释说：“郑监，这也不能怪他，他还是其他监区长把信息通报给他的呢，估计所有的监区长都在监区候着，等待您去巡查呢。”

“有这等事？”郑怀远语调一下子严厉起来，“你们以前就是这么对付汪庆书的吗？”但是他似乎马上意识到这句话有问题，于是解释说，“我的意思是说，你们这不是合起伙来蒙蔽监狱领导吗？”

蒲忠全嗫嚅地说：“郑监，其实他们也难啊……”

“你呢？难？还是不难？考虑到你在山上辛苦了这么些年了，调你到办公室，你呢？老实告诉你，你和熊晓戈的调整是我提出来的，我今晚哪里也不去了，就想听听你的解释！”郑怀远语调依然很严厉。

监狱第一美女胡玲玲昨天还给他打电话，说王福全可以得罪，马洪扣可以得罪，但是郑怀远是万万得罪不得的，郑怀远从思维、能力、魄力和工作方式上都是一个难得的好领导，但是他最大的缺点就是小气和报复心态，“敌人反对的我们就要拥护，敌人拥护的我们就要反对！”这可是毛老人家革命一辈子的经验之谈，蒲忠全是断然不能说明他不下来的真正原因的，要是真说出是因为替熊晓戈抱不平的话，无异于站到了郑怀远的对立面，对立面是什么东东啊？那可是敌人。我蒲忠全可不能犯这样的低级的错误，要不然，就真的死翘翘了，何况就这么窝囊地死了也不好向毛主席交待。

“怎么？看来你是不想跟我交心了？”郑怀远有点不耐烦了。

“不是，绝对不是，郑监，我向毛主席保证，我绝对什么都想跟您说的。老实说，我很感激您，到大机关吃安胎饭谁不想啊？何况我这个破监区长根本就没有什么含金量，不不，应该是含铁量，说不定连铁元素都没有多少呢……我想来啊，但是，我怕，怕得很。这些年在山上过惯了懒散的生活，要我正经八百地坐在办公室里写写画画，那不要我命呀……”蒲忠全诚惶诚恐地说个没完。

“呵呵……你小子，看不出来，还真不是当年的‘蒲二小’了。”郑怀远突然笑起来，一下子变得和颜悦色，“你不就是替你那哥们熊晓戈抱不平吗？你以为我不知道？不过，我很欣赏这种轻利重义的人，试想一个人连做人都做不好，还能搞好工作吗？所以你别担心什么，更别怕什么。熊晓戈和你都是难得的人才，好好干，啊！好了，我们出去看看小小怎么样了。”

蒲忠全突然觉得胡玲玲的话不可信，眼见为实，耳听为虚嘛，眼前这位郑监的心胸却是如此的宽广与豁达，那么语重心长，哪像她说的那个样子？他心里有些惭愧，也有些内疚，觉得对不起领导。

第二天，郑怀远在深夜深入四监区检查工作和救李小小的事儿在全监狱传得沸沸扬扬，人们才猛然发现，这位已经做了将近10年的副监狱长，其实类似的事情还有很多，在汪庆书大权独揽的时代，他本来就跟王福全走得很近，基本上被认为是王福全的人，那么王福全的人也就是他的人，所以，这部分人迫切地期望他能当上监狱长，跟老爷子搭班子；尽管他一直与汪庆书有矛盾，有时候还表面化，闹得很激烈，但是在汪庆书出事后，却极力维护汪庆书的名誉，并坚决主张处理被监区长为主的一些人认为应当承担责任的熊晓戈，尽管因为种种原因熊晓戈没有得到处理，但他的这种做法却在人们心里烙下了“什么叫气度”的印记。加之不断有小道消息从省上传到这个偏远的地方，双河监狱从中层到基层，大都流露着一种喜悦的气氛，民警和职工们似乎看到了能拿全工资、多少能拿点奖金的曙光。

双河监狱是郑怀远的，郑怀远是我们双河监狱民警职工的，绝大多数人都毫不含糊地这么认为。

于是，在郑怀远的办公室外守候着生产线、财务和行政后勤线，乃至于政工线的科长们，都想瞅着机会给未来的监狱长汇报工作。郑怀远听汇报也不是，不听他们汇报也不是，只好去找王福全。王福全说，这段时间是非常时期，他们要汇报你就多担待一点吧。

既然老爷子都这么说了，郑怀远也就心安了，起初一两天只是听这些人唠叨，就是不发表意见。可这些头头脑脑却不依了，三番五次地来请示他的指示，他只好发表自己的看法。就这样，几天过后，郑怀远实质上就开始履行监狱长的职权了。

一个礼拜过去了，厅里没有动静。

两个礼拜过去了，厅里依然没有动静。

正当双河监狱人大都开始为监狱长人选确定的问题而暗暗担忧和着急的时候，司法厅厅长带着监狱管理局政治部主任、司法厅政治部主任，还有他的秘书彭家仲，在礼拜六上午 11 点左右从省城向双河监狱急急赶来。尽管是在厅党委会刚一结束刘德章就出发，但是在刘德章他们出发两个小时后还是有消息传到了郑怀远耳朵里。

郑怀远昨夜去监区巡查，凌晨 2 点才回来，早上 6 点又被内线电话叫起来，入监队队长报告说，新犯闹伙食，集体拒绝吃饭。他马上赶往入监队，边跑边向王福全作了汇报。他同王福全一起在入监队待到中午 11 点过，总算把事情摆平了。这时候，新犯们不仅吃了可口的早餐，而且正在吃丰盛的午餐。而他呢？连早餐都没有来得及吃。

太阳火辣辣地烤着大地，他感到身体有点虚脱。

回去扒了几口饭菜，实在没有胃口，他实在是太困了，倒在床上就睡着了。

还没有睡一个小时，老婆徐文馨进来把他叫起来说，局里的人来电话说刘德章正赶往我们这里。不过，传递消息的人不是厅党委成员，所以不确定党委会通过的人选就是你。

郑怀远想了又想，在他要好的省上领导中，现在唯一能一口说出谜底的只有蔡复晨，他几次拿起手机，但又犹豫地放下，始终不敢确定这个电话打还是不打。

他的心头掠过一丝忐忑。

不过，他马上安慰自己，这是由于自己太紧张或许还有激动与兴奋造成的心理负荷罢了。

他再也睡不着了，于是起来到客厅看电视。

儿子午休起来，看见电视里正播放着一个长篇累牍胸罩广告，几个仅仅穿着内裤和带着胸罩女人，正挺着巨大的奶子在妖冶地晃动。他好奇地看了郑怀远一眼，凑过去诡秘地问："怎么？想女人了？"

郑怀远一愣，说："去去去……"

儿子指指电视，郑怀远连忙切换了频道。

徐文馨这时也来到客厅，儿子看看她，嘿嘿奸笑几声，跑去冲凉去了。

郑怀远发现徐文馨坐在沙发上，盯着他不说话，于是说："怎么？你也认为我老郑也在想女人？"

徐文馨摇摇头，安慰他说："你也别太在意什么监狱长，我们该找的人都找了，该走的关系都走了，要是真还有什么问题，那是天意了。其实，我到不在乎你当什么监狱长不监狱长的，副的还要好些，风险小嘛，只要我能赚钱，管他正的还是副的。当然，如果你能上，那是最好不过，至少我的生意路子还要顺当一些，不用花那么大的成本……"

"哎哎哎，你有完没完？我给你说哈，不要两眼只瞪着钱，我听说昨天你进的大米掺和了发霉的米，有没有这么一回事？"郑怀远不耐烦地说。

"谁说的？你告诉我，我找他理论去，哼！"徐文馨气呼呼地说，"就是在米里掺了一些陈米而已，又吃不死人。你看看那些受了灾的地区，连这种米都没有呢。你可得注意，我估计有人故意在捣蛋，想整我们。"

郑怀远严厉地说："入监队的犯人都闹起来了，你还说吃不死人？我今天当着王福全和入监队的干部说了，要追查这个事情，你最好……"

这时，王福全打来电话，要他马上去办公室，一个小时后，刘厅长要到监狱宣布新一届领导班子。

郑怀远匆忙换上衣服就走，急急地来到王福全的办公室就问："王书记，您知道确切消息吗？"

"是局政治部主任打来的电话，叫我通知所有的监狱班子候着。我问他监狱长是谁，他说等一下，我估计他们在中途吃午饭，不好当着厅长的面说这事儿。一会儿主任又来电话说刘厅长开完党委会就叫我跟着走，他路上也没说，我也不好问。不过，我们一行只有厅政治部胡主任和厅长的秘书，所以，应该是在你们监狱产生。"王福全微笑着看着他，说，"怀远，以后你的担子可重了唷！"

郑怀远心里的不安一扫而光，立即变得神采奕奕的样子，谦恭地说："有您在，我有信心搞好工作！"

然而，刘德章代表厅党委宣布双河监狱新一届领导班子出乎所有人的意料，王福全依然任党委书记兼政委，他的秘书彭家仲任党委副书记、监狱长，马洪扣升任党委副书记，并继续担任纪委书记，其他成员没有变动。

第四章　第一美女：鲜为人知的群体

按照以往的惯例，刘德章首先要召开监狱班子成员会，然后出席监狱召开的中层领导会议，宣布厅党委的任命，介绍彭家仲同志的情况，提些要求和希望。但是刘德章只是召开监狱班子成员会，说因为工作上的原因要赶回去，这次就不与中层领导见面了。

刘德章谢绝了王福全在双河监狱吃晚饭的邀请，班子调整会议一结束，他就往回赶。彭家仲想送他一程，也被他拒绝了，只好在监狱机关大楼前挥手告别。刘德章看见彭家仲神情黯然，于是摇下车窗的玻璃，招手叫他过来，低声说："辛苦你了，也拜托你了。"

彭家仲泪光闪闪，坚定地点头，只是说不出话来。

送走刘德章他们，已经接近下午 5 点，而 200 多位中层领导已经在大会议室等待了将近两个小时。大会议室位于办公楼的顶楼，又没有安装空调，尽管有十来台吊扇呼呼地高速运转，当彭家仲和王福全一行步入会议室时，他还是感到一股热浪迎面扑来。有几台摆动幅度很大，发出刺耳的嘎嘎声，似乎要掉下来一般。他在主席台前立定，看看这几台吊扇，又看看坐在吊扇下的人，才慢慢走上主席台，在马文革的引导下落座。

坐在他旁边的王福全拿给他一个会议议程，征求他的意见。他立即点头表示没有意见，但是当他看了看议程才发现，几乎每一个监狱领导都要讲话，最后三位分别是马洪扣、他和王福全。副监狱长们讲话很有激情，不仅都表达了支持他的工作，而且还就他们分管的工作存在的问题作了分析，安排部署了下一个阶段的工作。尽管马文革时不时地在会场上走动着要求大家注意会场纪律，但是依然能听到小声说话的嗡嗡声。

在副职讲话的时候，马文革把熊晓戈中午赶出来的稿子放到他面前，他拿起来看了几眼，随手翻了翻，便放在桌子上，眼神不时瞟瞟那几台摇摇欲坠的吊扇和坐在吊扇下面的人，实在是没有心思听这些副监狱长们滔滔不绝的讲话。

终于轮到他讲话了，会场一下子安静下来，他拿出手机看看时间，说："会议已经进行了一个半小时，在这样的高温条件下很不容易，让我看到了双河监狱中层干部的精神面貌，也看到了双河监狱的希望！"

停顿了一下，他看到几百双眼睛还盯着他，于是补充说："我的讲话完了。"

声音不大，更谈不上洪亮，却清晰地在每一位耳鼓里回荡，会场沉默了几秒钟，随即响起潮水般的掌声。

王福全侧过头看了看他，目光中闪现惊喜，还夹杂着赞许。他把手头的稿子放在一旁，双手示意大家安静，说："布置一个任务，你们回去后把对今天的会议的感想写出来，字数多少不论，在下周三以前交到政治处。散会！"

彭家仲站起来，但没有离开座位，而是目送这些中层领导们离开会议室。其他几个班子成员本来都走了几步，见他没有动，只好站在原地等候。等中层领导走完了，他指指那几台嘎嘎作响的吊扇，问分管安全的副监狱长张泽斌："张监，机关的安全由哪个部门负责？"

张泽斌立即明白了，不安地说："按照责任划分，谁管理会议室谁负责。"

马文革脸色陡变，马上接口说："这是我的错，我保证明天就整改。"

说完，一阵小跑去关了吊扇。

彭家仲回到办公室，王福全和马洪扣随即跟了进来，王福全说："其实呢，说起来彭监狱长也算是双河监狱的老熟人，以前没少帮我们，以后就是我们三人搭档了，我呢，快退休的人了，主要是你们两个……"

彭家仲招呼他俩坐，打断王福全的话说："您是老领导，从年龄上讲，算是我的长辈，客套话我们以后就不说了，只要我们三人坦诚相待，就没有过不去的坎儿，你说呢，马书记？"

马洪扣点点头，说："我不是来客套的，我是来请假的……"

“老马！”王福全连忙阻止说。

彭家仲很奇怪，问：“请什么假？”

“按照惯例今晚班子成员要给你接风洗尘，老马家里有点事情，想不参加了……”王福全给马洪扣打圆场说。

这时，马文革走了进来，说：“三位书记，该出发了，其他领导都在楼下等你们呢。”

彭家仲问：“在哪里？”

“县城，不远，就30公里左右。彭监，我们这里没有省城那么多上口的，但是野味倒是省城难以吃到的，又很便宜的……”马文革兴致勃勃地介绍说。

彭家仲没有等他说完，对王福全说：“王书记，马书记，我的意见是班子聚一聚增进一下感情还是可以的，但是没有必要去县城，就在监狱内部食堂，我看今天大家都累了，还有一位副监狱长出差没有回来，推迟一下，怎么样？”

马洪扣立即说：“既然这样，我就不请假了。”

王福全和彭家仲都笑起来，马洪扣也跟着笑起来。

王福全想了想，说：“那好吧。”然后对马文革说，“彭监的住处安排好了没有？”

“我已经给招待所打了电话，彭监，您在办公室等等，我去招待所看看就来。”马文革说完，一溜烟似的跑了。

王福全总觉得有些不妥，看看马洪扣说：“老马，你看我们是不是就在镇上找一家清静的小饭馆……”

“这个我赞成。”马洪扣没等他说完，就表示同意。

彭家仲笑笑，真诚地说：“我们三个就不要这么客套了，你们这些日子也累了，就回家休息休息吧，王书记您是了解我的，我不喜欢饭局，更不喜欢在饭局中讨论和解决什么问题。”

王福全点点头，招呼马洪扣走了。

去县城的省道公路沿着山脚的地势成倒S形蜿蜒而过，监狱大门前有一段10米左右的水泥路与其相连。一进监狱大门，便是机关大楼，主楼7层，左边是个4层的副楼，右边是大礼堂，可以容纳1000余人开会。因地势限制，监狱大门并没有正对着省道，门前那段路与省道公路相交成30度左右的锐角，显得猥琐而小气。在汪庆书出事后，不知是谁将门和路与此联系起来，称为“歪门邪（斜）道”，很快就在全监狱和地方上沸沸扬扬地流传开来，甚至连刘德章都知道了，弄得王福全他们很是尴尬。

彭家仲站在窗前望着“歪门邪（斜）道”，刘德章在与监狱班子成员见面会上的讲话似乎仍在耳边萦绕。

他说，彭家仲同志是我的秘书，所以我很了解，这个同志组织协调能力很强，思路清晰，具有较强的创新意识，考虑问题周到细致，处事积极而又稳妥，很敬业，而且为人正派，谦虚而低调，在全省司法行政系统有一定的威望。我可以告诉在座的各位，全省司法工作总结呀、思路目标呀、还有各种专项整顿活动，等等，基本上都是出自于他的手，在这个意义上，他也是厅长，只不过我在台前他在幕后而已。来咱们双河监狱作监狱长，厅党委经过谨慎研究认为是完全胜任的。

刘德章语重心长，言之切切，彭家仲不禁为之动容。

他话锋一转，语调变得铿锵有力：“最近有一个说法，说咱们双河监狱的大门和门前的路是‘歪门邪道’，这个比喻值得我们深思啊。但是我相信，监狱班子成员一定会坚决拥护厅党委的决定，以实际行动支持监狱党委的工作，支持彭家仲同志的工作，维护好稳定大局，保持监狱经济发展势头，把双河监狱的事办好，让厅党委放心，让监狱民警职工满意！”

彭家仲没有想到刘德章给予他这么高的评价，更没有想到会寄予他这么高的期望。在他的心目中，这位厅长与前几任相比更难伺候，经常在“部署”和“布置”、逗号还是句号之类的问题上纠缠，记得那一次第一稿刘德章把“加强”改成“强化”，第二稿又改了回来，还批评他说做事要用心，特别是搞文字工作的，连字词句都经不起推敲，怎么能写出精品文章来？他写的每一个材料，刘德章总是要在上面圈圈点点，一副不满意的样子，总是要批评他几句，渐渐地，他从内心深处排斥这位领导，甚至在很多时候觉得他不懂装懂。于是，他很悲观地认为，在这一届，要想把括号去掉，混个实职副处级恐怕没戏了。

这个礼拜，厅党委开了三次会，都是在研究双河监狱班子调整问题，礼拜五下午，第三次会议完了后，刘德章把他叫到办公室说：“我刚才跟胡主任（厅政治部主任）交换了一下意见，准备让你去双河监狱任监狱长、党委副书记，你有什么意见，有什么困难，可以直言不讳地给我说。”

他感到太突然了，竟然不知道怎么回答，一时在那里沉吟。

刘德章见他不语，接着说：“那地方很偏远，条件比起省城来讲很艰苦。不过，你正值年富力强的时候，下去锻炼锻炼对你有好处，难道就想这么窝在厅里干一辈子文秘？之所以要你去，是因为我实在不放心那里，双河监狱不能再出事了。下去吧，干满一届，我把你调回来。”

话说到这个份儿上，他也不好说不去，只好说：“我服从组织上的安排。”

“那好，明天上午就提交党委会讨论，如果通过了，会议一完，就去双河监狱，我送你去。你回家与王卿同志沟通一下，有什么问题马上给我说，我给她打电话。”刘德章语气凝重，但很坦诚，满是疲倦的脸上流露出一丝轻松来。

他心里突然有点依依不舍，感激？内疚？还是有些遗憾？他把刘德章杯子里的残茶叶倒掉，给他泡了一杯浓浓的花茶，默默地走了出去。

马文革气喘吁吁地跑进来，打断了他的思路：“彭监，招待所已经安排好了……我的工作没有做好，估计不足，考虑不周，只有请您在招待所委屈几晚上了……”

彭家仲看他那诚惶诚恐的样子，就联想起自己做秘书的某些经历，便说：“这个不怪你。别人能住招待所，我为什么不能住呢？”

“你是我遇到的第一个这么和蔼简朴的领导。”马文革动情地说，“招待所条件有限，住的人员也很复杂，要账的、做小生意的、探监家属……位于后大门外，下面有许多家歌舞厅，晚上很吵……不过，请您放心，我尽快将房子调整打理出来，保证既简约又不失格调，实用而舒适，呵呵，扯远了……彭监，我带您去招待所。”

刚下楼，“歪门邪道”上突起一阵狂风，卷起地上的尘土向办公楼扑来。彭家仲无法躲闪，只好掩面而行，空气中立即弥散着浓烈的粉尘，似乎还夹杂着一股腥味，抑或是硫磺的味儿。狂风来得突然，去得也快，转眼之间就消失得无影无踪。彭家仲从监狱大门望去，省道上来来往往的车辆都扬起漫天的灰尘，将他的视线阻挡，一位身着警服的女民警牵着一个小男孩，捂住鼻子越过公路，向监狱大门小跑。

彭家仲的心一下子变得沉重起来。

办公楼主楼的背后，一条宽宽的水泥路笔直地延向后大门，水泥路两旁是民警职工的住宿楼。马文革边走边介绍说，楼房是从 80 年代开始修建的，在汪庆书任职期间又修建了 8 栋，才形成现在这样的格局。去年为了迎接省级现代化文明监狱验收，监狱用涂料将住宿楼的外墙统一粉刷成粉红色。

水泥路两边是一条绿化带，丁香、杜鹃交替排列，被修剪得整整齐齐，随着地势的起伏，这条大约 1 公里长的绿化带显现出飘逸灵动的韵味来。每栋楼之间都有规格大小大致相等的花园，山茶、红叶李、小叶榕、黄花槐等错落有致地排列在花园里面，地表上绿草茵茵，远远望去，宛如楼宇间镶嵌着块块翡翠。环顾四方，三面群山拥翠，巍峨逶迤，天空因山势而显得愈加深邃高远。东溪和西溪在双河镇相汇之后，从南边的两山之间的峡谷缓缓而去，故得名南溪，而监狱这条水泥路恰好与南溪的流向在同一条线上。

彭家仲停下来，问："马主任，这条路是谁设计的？"

马文革说："是汪庆书亲自设计的，他当时在会上说，文化大革命时期有一部电影叫《金光大道》，虽然它是奉命文学，但是高大泉有一句话却还是有现实意义的，他说：'同志们哪，以后无论遇到什么样的艰难困苦，我们一定要在社会主义的金光大道上闯下去。'只要我们坚定信心，淡泊名利，无私奉献，沿着这条路走下去，不走弯路、岔路，双河监狱一定会走出困境，走向美好的明天。外面世界有的我们有，外面没有的，我们也有。本来这条路叫创业路，但是民警职工一般把它戏称为金光大道。可惜的是，他自己并没有沿着这条路走……"

他突然意识到在新任监狱长面前对前任评头论足很不妥当，于是急忙打住不说了。

彭家仲似乎没有在意，又问："以前这里是什么模样？"

马文革指指前面那几栋新建的住宿楼说："你看，前面有 8 栋住宿楼，第 7、8 栋还没有卖出去呢。原来这地方是密密麻麻的平房，脏乱差，潮湿，根本没有路，到后大门要么走弯弯拐拐的小巷，要么沿围墙小路走。所以，汪庆书一上台，就对这片平房进行改造，到上个月 8 月才竣工，历时 3 年半，才有今天的模样。"

彭家仲"喔"了一声，若有所思，目光突然定格在一处花园里。他走过去，发现在茵茵的绿草地上匍匐着几株南瓜和冬瓜。他又走了几个花园，几乎每个花园靠近围墙一边都种植着丝瓜、苦瓜、空心菜和藤藤菜之类的作物；个别地方的草皮被挖开，埋植着一把一把的香葱苗和蒜苗，一块块黑黄的土散乱在草地上，远看倒是没有什么，一旦走近，本来美丽典雅的花园一下子变得伤痕累累似的。紧靠围墙的排水沟里，随处可见包装纸和塑料袋之类的废弃物，在围墙上还有一条女人用过的卫生巾……这时，一阵嘎嘎嘎的叫声将他的目光引过去，原来五六只鸭子大摇大摆地走了过来，一只鸭子在他的脚边拉了一滩屎，才不慌不忙地走进花园里觅食。接着，他又看到在另外一个花园里，一只狗追赶着一群鸡。一阵微风吹过，阵阵刺鼻的气味扑来，他下意识得捂住鼻子，问：“监狱有没有明确的规定？”

马文革说：“早就有，也强硬执行过几次，但阻力很大。”

彭家仲见他没有说下去，皱皱眉头：“什么阻力？”

“这些大都是老干警的家属和退了休的老革命养的，不过，如果真要解决环境卫生问题也不难，关键看领导的决心。”马文革小心地说。

彭家仲没有再说什么，回到水泥路上，马上又被另外一种情景弄迷糊了：一个农民老大爷牵着一头牛，一个中年农妇赶着两头猪，在这条象征监狱走出困境走向美好明天的康庄大道上旁若无人地走着，彷佛溜达在自家院子里一般。三个从头到脚全副武装的特警从一监区巡查归来，迈着整齐的步伐从牛和猪的旁边走过。牛没有受到任何惊吓，依然跟着主人慢悠悠地走；而那两头猪估计刚从山上下来的，没有见过这阵势，拼命挣脱绳子，一齐朝花园跑去，那妇女连忙追赶过去。特警们没有停下来，继续朝机关大楼走去……

马文革见这位新任监狱长脸色又变了，忙解释说：“这确实不像话，监狱嘛，至少还是国家刑罚执行机关，弄得跟菜市场一样，但是这是历史遗留问题，习惯成自然了，前几任领导都想解决这个问题，但是阻力和困难很大，不让这些村民从监狱路过，就得给他们沿围墙修一条路。围墙边本来就是没有用的荒坡，但是你一旦要在上面修路就成了黄金宝地，村民漫天要价。与镇政府协调，镇政府要价太高，要我们给他们 30 万，他们出面帮我们修；如果强行封闭后大门，但是农贸市场却在镇上，民警职工买菜就要绕很远的路……”

彭家仲没有心情再听下去，摆手叫他别说了，暗暗地吁了一口气，一抬头，陡然发现三面高山是那么险峻，那么巉巇，虎视眈眈地，似乎要扑过来一般，给他一种无形的、巨大的压迫感。他站在汪庆书亲自设计的这条路的中央，遥望雾霭迷离的南溪消失在远山峡谷的尽头，心头掠过一丝异样的感觉，他不知道那感觉是希望还是迷茫。

监狱班子调整会议结束后，蒲忠全与熊晓戈相约去喝啤酒。蒲忠全说把秦亚南叫上。熊晓戈却说有女人在喝酒尽不了兴，说话也放不开，还是我俩去吧。两人刚走几步，熊晓戈接到胡玲玲的电话，问他是不是跟蒲忠全在一起，叫他们到后大门去，她在那里等。他俩快步来到后大门，见胡玲玲身着纯白色针织中袖平肩上衣，穿着白棉休闲库，映衬着脚上的小牛皮花纹中跟凉鞋，在夕阳的余晖下更显得清秀脱俗，只是比以前要黑瘦一些，恰如一朵怒放的刺玫瑰，给人一种只可远观而不可亵玩焉的视角冲击。

蒲忠全看着她笑嘻嘻地对熊晓戈耳语几句，熊晓戈边点头边哈哈地笑。

胡玲玲杏眼一瞪，嗔道："你们俩又在说我什么坏话？"

"好话，绝对好话！蒲忠全他说他想你了，还说他最喜欢你叫他蒲监，哈哈……"熊晓戈看着胡玲玲，坏坏地笑。

胡玲玲不但没有生气，脸上反而如绽开的鲜花一般灿烂，说："是你想我还是他想我哟？人家蒲忠全高矮还叫蒲监，你呢？熊秘，还带括号，怎么着都像别人养的二奶，哈哈……"

"好了好了，我们不要斗嘴了。对了，美女，这几个月你死到哪里去了？给你打手机也打不通，不是关机就是不在服务区。"蒲忠全看看她，关切地问。

胡玲玲神情一下子有点黯淡，但马上又恢复到刚才的表情，说："一言难尽……我回来好几天了，刚才给你们打电话，就是想找你们一起吃顿饭，聊聊。"

蒲忠全说："我俩正好想聚聚，走吧，老地方，那里清净，正好把酒问青天。"

"要不要把王亚敏喊上？"胡玲玲认真地征求蒲忠全的意见。

"不用，还是我们三个人自在些。"蒲忠全说完，大步朝镇上走去。

胡玲玲和熊晓戈对视一下，两人眼里都闪过一丝疑惑。

蒲忠全说的老地方是胡玲玲的二伯开的一个小中餐馆，这个小馆子还是胡玲玲的父亲帮助开起来的。胡玲玲的父亲在双河监狱服刑，在机械维修方面特别在行，刑满后按照当时的政策，他留下来当工人。国家把这部分人称为"就业人员"，双河监狱民警职工们则给他们取了一个带有歧视性的外号——"老就"。虽说是工人，但是同其他没有坐过牢的工人相比，在政治上经济上却有很大的差别。尽管如此，在胡玲玲的父亲看来，比起老家的贫穷来，日子还是要好过一百倍，于是任劳任怨地干了几年，站稳脚跟后就把一家人全部接了过来，全家四口人（奶奶、母亲、父亲和她）挤在不到 20 平方米的阴暗潮湿的平房里，主要靠他一个人的工资度日，母亲没有工作，就拾些破烂卖了补贴家用，又在监狱周围的山坡上开垦了几块坡地，种植点蔬菜，生活虽然比不上干部家庭，倒也比在老家农村好过得多。由于胡玲玲是就业人员的子女，从小就受到歧视，除了跟另外几个同样是"老就"子女要好之外，没有什么朋友。

读高中时，昔日一放学就帮妈妈在垃圾堆里拾荒的丑小鸭变成了白天鹅，水灵灵的脸蛋和高挑多姿的身段让多少人心里痒痒的，一些干部子弟像猫儿追逐腥味一般整天在她身后转，从小就已经烙在心里的自卑一下子变成了一股高傲，高傲中充斥着浓烈的报复心理。她无心读书，成天周旋在这帮干部子弟之间，除了恶意挑逗他们之外，她最大的乐趣就是挑拨他们为了她争风吃醋而打架斗殴，每当这个时候，她骨子里就涌动着一种无比淋漓的快意。子弟校感到头痛，那帮干部子弟的家长就给她父亲施加压力，要求她转学。迫于压力，她转到镇上的中学。那帮家长满以为这样就解决了问题，哪知道却引起了更大的麻烦。镇中学一帮混混学生在她的挑逗下，对那帮干部子弟大打出手，结果有 2 个肋骨被打断了几根，加上其他受伤的一共 8 人进了医院。肋骨断了的这两位的老爹恰好就是当时的监狱领导，监狱派出所和双河镇派出所介入调查，因双方都有损伤，事情就不了了之了。

两位监狱领导私下讨论后，找到她父亲说，我们看你家也很困难，这样吧，胡玲玲就不读书了，我们叫子弟校帮她弄一张高中毕业证，给你女儿办个待业证，下半年招工，当工人得了，但必须保证同我们那两个小子断绝一切往来。人们都说胡玲玲胡来还来对了，天落的馍馍狗喜欢，还当工人了。多少人向她投来嫉妒和不满的眼光，那时候老民警都是多子女家庭，监狱能提供吃饭岗位本来就有限，就业压力很大，子弟校每年高考走不了几个，除了当兵外，就盼星星盼月亮地盼子女能当上工人。要知道，那时候工人也是铁饭碗，而监狱的工人就是铁饭碗中的钢饭碗，当了工人除了有收入以外，还有可能脱掉油腻腻脏兮兮的帆布工作服，穿上制服，摇身变为人民警察，因为那时候招狱警都是从本系统工人中招，不像现在要公开招考。

正是由于这种体制，造成了监狱“近亲繁殖”，在相当长的一段时期内，狱警的来源基本上都是“子弟兵”，于是就有了“献了青春献终生，献了终生献子孙”这种描写监狱警察高贵奉献精神的说法。有一次蒲忠全与熊晓戈、王亚敏、胡玲玲很激烈地争论这个问题，蒲忠全坚定而刻薄地认为这种说法实质上是一种悲壮的讽刺，本来就是为了解决自己的问题而造成的固步自封，反而冠冕堂皇地冠以奉献精神，有既当婊子又立牌坊之嫌，这是新中国监狱史的悲哀。在这个论点上，他高调地认为：“监狱无美女。近亲繁殖是违背自然规律的，哪能有美女？当然，王亚敏、胡玲玲除外。”熊晓戈被他说得有些气馁，只是不满地问：“那我老婆呢？”

胡玲玲上班了，是钳工。一个天仙般的美人儿穿着蓝色帆布工作服，不仅依然是美人儿，而且别有一番风韵，按照毛主席的说法，脱下红妆换武装，那就是一种朴素的、革命的、无产阶级的美。不过，在工人中流传一句话，“车工紧，钳工松，吊儿郎当是电工。”在双河监狱，钳工主要任务是维修与抢修设备，机器没有出故障的时候，钳工懒散得跟神话中的散仙一样，但是，一旦设备出了故障，不管什么时候什么天色，也要马上抢修。除了要有技术外，主要是一些脏兮兮的体力活儿。即使只是跟师傅打打下手，递个扳手，把拆下来的小件搬到离作业点稍远的地方以免妨碍作业等，也会弄得浑身油污，用洗衣粉加肥皂使劲地洗，有时候就是把皮肤搓得差不多要破了也洗不掉，何况像胡玲玲这般肌肤如雪的女子呢？所以，女人做钳工的很少，像她这般妩媚的几乎没有。几天之后，她不干了，把扳手往地上一扔，对组长说打死我也不干了。组长说你不干那干啥？有本事去电工组。没几天，她果然去了电工组，而且是外线电工，一天到晚背着个电工包到处游荡，也没有见她接过什么电线。很快，就有传闻说这女人肯定与哪个领导睡过觉，所以才要风得风；不久，又有谣传说这女人与很多男人睡过觉，活脱脱就是一公共汽车，只要给钱就可以上，到站就撵乘客下车。于是，她又多了一个名字：狐狸精。

胡玲玲似乎并不在意这些绯闻，依旧每日吊儿郎当地背着电工包到处晃，不过，她履行了承诺，真与那两个监狱领导的儿子断绝了一切来往，双方都遵守了游戏规则，大家彼此相安无事，只是偶尔还有关于她又与哪个领导睡觉之类的传闻。传闻多了就不再新鲜了，在人们的心里，总之她就是一个水性杨花的女人罢了。

当她渐渐淡出人们的视线时，她却拿着一张自考专科文凭到组织科备案，一下子又成了焦点人物。因为头一天监狱才宣传了省局的文件，清理并核实工人队伍中有专科以上文凭的，只要身体和外形符合人民警察要求的都可以转干，并且强调说这是省局从优待警的一项重大举措，也是最后一次不用考试转干了，明年开始就要参加考试选升。于是绝大部分人包括组织部门一些人都怀疑她这张文凭的真实性，便组织了几个人专项核实，跑来跑去花了半个月，没有发现文凭有任何问题。然而，就在准备把材料上报局里的关键时候，有人又向组织部门提出质疑，像她这种道德败坏、水性杨花的女人是不是符合人民警察的道德要求？当时组织科已经是常佳微在主持工作，常佳微跟那些人说，你们有证据吗？如果有就马上提供给我们，如果没有那就是捕风捉影了，说得严重一点，就是诬陷诽谤。但个别监狱领导在非正式场合指示说，关于胡玲玲的材料有必要缓缓，待问题查清楚后再上报。但是，这种问题能查清楚吗？何况马上就是年关，就是第二年了，明年才报上去，胡玲玲还可以按今年的政策转干吗？在这个关键时候，党委书记王福全站出来发话了，说也可以一边查一边上报材料嘛，如果真有其事，还可以依照公务员暂行条例取消她的警察身份嘛。

胡玲玲终于心力交瘁地穿上了警服。

关于她道德败坏的举报，组织上由于没有得到比较明确的线索，没有查，也没有作出结论，也就不了了之。但是有又传闻说她跟王福全睡觉了，而且说得有鼻子有眼的，试想王福全平常那么正派，从来都是油盐不进的，她一个“老就”的子女，王福全凭什么帮她说话？

其实，明白人都很清楚，这些传闻是别有用心的。在双河监狱经过几十年的“近亲繁殖”的内循环，裙带关系错综复杂，人与人之间的关系盘根错节，一个很不起眼的、平庸得不能再平庸的、甚至你坚定地认为全世界所有人都可以把他当作出气筒的人，他的身后往往却矗立着一棵大树。这一点蒲忠全很有体会，在他来这里五六年之后，常常在某个饭局中听人提起某个人的家谱才恍然大悟：原来他还是某位现任领导的七大姑八大爷呀！家族势力几乎渗透到监狱政治经济生活的每一个环节。就是在这种背景下，每逢年末岁首，总是有各种各样的关于各级领导班子调整的传闻，拿一把手说事的占很大比重。目的不外乎就是造造舆论，让上头知道，在考核班子时手重一点，最好是被上头撸下来，让自家人坐一轮“天下”。

然而，事情往往出乎意料，就在王福全与胡玲玲的暧昧关系被粉饰得沸沸扬扬的时候，胡玲玲却和正在读大学在家休寒假的王亚敏成了形影不离的朋友，两人如亲姐妹一般在监狱最繁华的地段叽叽喳喳地说个不停。春节刚过，有些人还没有回过神来，胡玲玲与县政府一位科长高调结婚，王亚敏是她的伴娘，王福全则是主婚人。

后来，胡玲玲与蒲忠全、熊晓戈自然也成了无话不谈的死党。

胡玲玲的二伯开的这家小餐馆在镇上靠西的一角，出店门几步就出了镇子，位置很不好。当时她家实在拿不出太多的钱来支援二伯，所以她父亲就建议先找个租金很低的门面把店子开起来，只要能维持一家人的生计，等在镇上站稳脚跟再说。这地方虽然很偏，但是阁楼上临河，从窗户看去，亮水凼尽收眼底，渡船悠悠，水波粼粼，对面山峰苍翠，雾霭迷离，牛羊在河滩上行走，炊烟在村姑的浆洗声中袅袅地升起，道不尽那一派宁静悠闲的农耕文明的气息。正因为如此，在不逢场的时候，这里间或有几个寻求清静的客人，日子也算过得去，于是她二伯就没有再换地方的想法了。

熊晓戈一进店门便问："二伯，今晚清净不？"

二伯二婶见是他们3个，都一齐来迎接。二婶说："你们3个挨千刀的，有几个月没有来照顾生意了吧？来得早不如来得巧，刚收了5斤黄辣丁，河里的，唉……现在不比往年了，这东西越来越少了，也没有以前大，瘦了吧唧的，怪可怜的……"

二伯见二婶唠叨个没完，打断她的话说："哎！我说你别啰嗦了，去给他们沏壶好茶，我弄鱼去。"

二婶不好意思地笑笑，正要转身，熊晓戈又问："今晚清净不？"

"哎呀，我说小二哥（胡玲玲给熊晓戈取的外号，店小二的意思），不是因为汪庆书那档子破事儿你就怕成这样子吧？得得得，看来你天生就是小二哥的命，哈哈……"胡玲玲取笑他说。

熊晓戈自嘲地说："差点把我洗白拧干，还真怕了……"

"放心吧，你们那里的领导哪里看得上我这小店哟，自打我这店开张以来，你们那里连一个股长都没有来过，何况什么监狱领导？呵呵，小蒲算是来这里最大的官了。"二伯说完，进厨房去了。

胡玲玲拿出500元钱，对二婶说："婶，今晚我请客，您去帮我们买一瓶茅台来，其余的算是菜钱。"

蒲忠全等三人都错愕地看着她。

二婶说："玲子，你在外几个月没回来，今晚菜钱就不要给了，酒我帮你去买，但是也用不着喝茅台吧，换换？"

胡玲玲说："就茅台，如果没有茅台，有五粮液也行。"

二婶知道她的脾气，轻微叹息一声就出去了。

气氛一下子变得有点沉闷，蒲忠全和熊晓戈都知道，她家目前还是很困难的，500元，估计她家一个月的生活费顶多就是600元。4个月前，她与在县政府工作的丈夫离了婚，原本在供销公司做核算的她突然做了销售员，销售人员是不领取工资的，而是靠业务费过日子，按货款回笼额的1%提成，还要在完成公司下达的销售任务的前提下才能按照1%提取业务费，连保底的生活费都没有。三人来到临窗的一间雅室坐下，熊晓戈看着她问：“今天怎么这么大方？莫不是又找到如意郎君了？”

“熊嘴里吐不出象牙来，真是的！”胡玲玲瞅了他一眼说，“我给你压压惊不行？我请‘二小’喝酒不行？”接着，她扭头问蒲忠全，“你和王亚敏怎么样了？闹矛盾了？”

蒲忠全立即明白了她什么意思，便笑笑说：“没什么的，革命友谊哪能说背叛就背叛呐？‘小二哥’说得对，有女人在，喝酒说话不尽兴而已。”

“晕，我不是女人？”胡玲玲叫嚷着反驳道。

“你当然不是我们的女人呐！”蒲忠全认真地说，看着熊晓戈惊愕的模样，便对他说，“智商低，唉！我的意思是玲玲是我们的兄弟。”

熊晓戈夸张地擦擦额头上的汗水，对胡玲玲做了一个鬼脸说：“吓我一跳！”

胡玲玲并不在意，嘿嘿地笑：“按照‘二小’的话说，要是在万恶的旧社会，我就娶你们两个又如何？哈哈……”她独自笑了一回，看看熊晓戈，语气一下子变得很关切和沉重，“你这段日子很难吧？现在没事了吧？”

熊晓戈的情绪一下子低沉起来，说：“怎么说呢？唉……你们说他汪监要去休闲娱乐一下，我一个小小的秘书能怎么样？我碍着郑怀远什么事了？怎么出事了就把责任往我头上扣，这什么事儿，这！我现在才知道什么叫政治斗争！我反正都作了思想准备，大不了下监区嘛。”

“郑家没一个好东西！”胡玲玲恨恨地说。

蒲忠全说：“也不能一棍子打死一群人，其实，郑怀远这个领导还是不错的，就老熊这事儿，他也跟我解释了的，他还说熊晓戈是难得的人才……”

“呸！”胡玲玲打断了他的话，说，“你呀，太不了解郑怀远了，太不了解郑家了，太不了解双河监狱那些根根苗苗的事情了。我劝你小心一点，你这回帮了熊晓戈，但是得罪了郑怀远，说不定下一步就给你坡坡坎坎爬，有你受的。”

“不至于吧？”蒲忠全不以为然地说，心里想说你们俩是监狱子弟，别把上一辈的恩恩怨怨拿到这一辈来说事儿，但是他犹豫了一下，没有说出口。

熊晓戈说：“老蒲你还是小心一点为好，郑怀远……”

这时，二婶回来了，似乎还带着一个客人，熊晓戈立即打住不说了，站起来从门缝里往外瞅，却只看到那人的背影。

二婶把酒拿进来，果然是茅台。

“还真买茅台呀？二婶！”蒲忠全话中明显有责备的味儿。

二婶说：“哪想买这个嘛，真不巧，老板说今天新监狱长上任，库存的好酒都卖完了，就剩下这瓶茅台了。这不，在路上拉了个客人来吃饭，他还想买呢，像我们双河镇这样的小地方，要不是你们监狱要这些高档酒，哪个买哟？”

熊晓戈低声问：“那人是谁？要酒做什么？”

二婶撇撇嘴说：“我怎么知道他是哪路神仙嘛？不过看样子像是收账的。对了，你们那里现在怎么这么多收账的？镇上住的尽是些要钱的。”

二叔在外边喊二婶，二婶便出去了。

熊晓戈叹道：“我还听到传闻，说我们监狱要垮了，真是的，八成是这些要账的以讹诈讹，多事之秋啊，我看新监狱长日子难过……”

“你也不要那么悲观，只要把郑怀远那一家势力控制住，双河监狱还是有希望的。”胡玲玲接过他的话说。

蒲忠全定定地看着她，不说话。

“你别拿这种眼光看我，你刚才不是问我在外边干啥去了吗？我告诉你吧。”胡玲玲举起茶杯一饮而尽，把杯子重重地放在桌子上，才继续说，“我离婚后，郑志军那杂碎就把我从核算上撸下来，让他姨妹接我的工作。他给我说，有两个工作由你选，一个是做销售员，去开发西北片区；一个是在办公室，他出差的时候给他提公文包。我说我不在销售上吃这碗饭，你们猜他怎么说，那杂碎说你是人才，我怎么舍得放呢？我不签字，政治处还得听听我的意见吧？就是硬调走你，那也得几个月之后，甚至一年半载之后吧？”

蒲忠全显然很不解，说：“如果是真的，这样的人真他妈的比嫖客还不如，怎么就做了领导呢？”

胡玲玲没有理睬他，继续说：“西北片区前前后后派了三四批人，都灰溜溜地回来了。反正我当时心情不好，去就去，就当出去散散心，于是我就带上孩子出发了……”

熊晓戈奇怪地说：“孩子？你哪来的孩子？你有孩子吗？”

“我借一个小孩带上就说是我的孩子不就得啦？”胡玲玲狡黠而得意地笑。

“不是吧，你自己都照顾不了自己，丢三落四，饱一顿饿一顿的，又没有做妈妈的经验，哪个愿意借给你？莫非你拐了一个？”熊晓戈像捡到了金子一样乐哈哈直笑，坚决表示怀疑。

胡玲玲哼了一声，说：“别小瞧人，小子！告诉你，本小姐可不是花瓶。我有个远房亲戚，他们夫妇在外边打工，把5岁的儿子撂给他父母，嘿嘿，这孩子还真有点我的秉性，机灵着呢，我每天给个棒棒糖什么的，他一口一个妈叫得我都不好意思，哈哈……我便带上他，一家客户一家客户地走，到了就赖在厂长办公室，晚上我就做成可怜兮兮的样子找个女工人搭铺，嗨，西北人又善良又耿直，见我拖儿带母的不容易，不仅争先帮我们在食堂打饭，而且还帮我说话。老蒲说和人民打成一片，那就任何困难也能克服，嘿，还真是这样的……”

“我一个放牛的，哪有这样的理论水平哟，是伟大领袖毛主席说的。”蒲忠全打断她的话说。

胡玲玲嘻嘻地笑：“管他哪个说的，总之舆论站在我这一边，那些厂长们就同我鉴定了意向性合同，我可不管什么意向不意向的，先把机焦生铁发给他，欠我钱了，我就是他大姑奶奶了，哈哈……有些人不怕群众的力量，硬是不同我签合同，我呢，就住下来，天天带着孩子去磨嘴皮子，那孩子左一个叔叔右一个老板，屁颠屁颠地跟着，嚷着你不跟妈妈做生意，我就没钱上学了……加上本小姐美丽端庄，冰雪聪明，那些西北汉子最终都拜倒在我的脚下。”

她越讲越起劲儿，眉宇之间，神采飞扬。

蒲忠全插话问：“这孩子，跟了你4个月？”

胡玲玲闻言，情绪稍稍有点低落，扭头望望对面那片宽宽的河滩，一群孩子正在河滩上追逐，她似乎听见了一阵阵天真无邪的嬉闹声，良久才说：“准确地讲，小家伙跟了我3个月，从陇南到兰州，从兰州到天水再到西安，又原路返回去催收货款，这一来一往就是将近3个月。刚到甘肃定西时是傍晚，下着雨，一下车那个冷呀，我们娘俩直哆嗦。估计到工厂也找不到人了，我便拉着这孩子在街上找旅馆，我不明白这三伏天怎么会这么冷，更不明白定西这个本来就很穷的地方旅馆怎么都那么贵，标间尽是100多一晚上。终于找到一家便宜的旅馆，我就抱着孩子把被子捂住蹲在床上，不敢出门。半夜小家伙发烧，说胡话，我连忙把他送到医院打针。第二天早早起来跑到服装店买了两件棉衣，可到了中午，妈哟，又热得不行，比我们这里气温还高，哈，真晕死我了……不过，辛苦没有白费，你们猜，我收了多少钱回来？150万哟。按照文件提1%，超额完成任务加提0.5%，2.25万就是本小姐的，所以今晚请你们喝茅台！”

胡玲玲说着说着又恢复了先前兴致勃勃的情绪，轻松带有诙谐的语调似乎在给蒲忠全他们讲述一个快乐的旅程。但是蒲忠全和熊晓戈心里明白，一个无依无靠的异乡女子带着一个孩子，在那样的境况下是何等的艰难，就是一个男人也不一定能承受得了，一时之间，两人竟然相对无言。

“喂，你们两个真没劲，瞧你们那张脸，死灰死灰的，跟腐烂了的棺材木头一样，朋友之义，在于分享对方的喜怒哀乐，还说什么朋友兄弟？猪头，两个，哼！”其实胡玲玲明白他俩此时的心境，却故意这般数落他们。

这时，二婶将酸菜黄拉丁端了上来。熊晓戈连忙给胡玲玲斟满酒，又给蒲忠全和他自己斟满酒，说：“我今天收了一条短信，就送给你吧。放风筝的感觉就像对着一个好朋友，虽然隔得很远，甚至看不到对方，但是手中牵着的是一条牵引彼此的友情线，我是不会让风筝断了线的……”

熊晓戈说得很动情，连蒲忠全都被他这种情绪所感染了，不料胡玲玲哈哈大笑，吃了一口酸菜，说：“好酸，好酸……喂，小二哥，你的心情我可以理解，但是老这样，既伤身体又伤感情哟，听说新监狱长是秘书出身的，我想他一定会理解做秘书的苦衷。来来来，今朝有酒今朝醉，我们先共饮三杯。”

熊晓戈本来是有感而发，却被她抢白一顿，倍感无趣，尴尬地笑笑，端起酒杯一饮而尽，将自己的杯子斟满，举着酒瓶子等他俩喝完给他们斟满，正要说话，又被胡玲玲打住：“‘蒲二小’，你今晚成淑女了？”

蒲忠全看着她，说：“胡玲玲是个好同志，她对中国革命和世界革命所作的贡献，是已经下了结论的。”

胡玲玲和熊晓戈都笑起来。胡玲玲说：“这话也是最高指示？”

“当然，所以这第二杯我和老熊敬你。说实话，以前还真不了解你，现在看到了一个完完整整的胡玲玲。‘狐狸’，我看你是因祸得福，我们一个月才 500 来块钱的工资，而你呢？一个月就 6000 多啊，提前过上了资本主义生活，真的应该祝贺。以后我们想茅台了就找你。”蒲忠全举杯将酒灌下去，咂咂嘴，一副陶醉的样子，继续说，“不怕你俩笑话，我还是第一次喝这玩意儿。”

“喝吧，今晚喝个痛快，这里没有了我们去县城喝。”胡玲玲又给他斟满，说，“过了这个村恐怕就没这个店了。”

蒲忠全举杯踌躇，和熊晓戈疑惑地看着她，问：“不会又发生什么事儿了吧？”

“我回来已经 3 天了，之所以今天才给你们联系，就是拜郑志军所赐。我领取业务提成找他签字时，这位仁兄说公司正式成立西北办事处，任命我为主任，另外给我派两个业务员来……”

蒲忠全立即举起杯子，说：“我以为啥事儿呢？吓我一跳，原来是好事呀，来来来，借花献佛，恭喜你一杯，胡主任同志。”

“呸！”胡玲玲摆摆手，示意她不喝这杯敬酒，又气又恼的样子，对蒲忠全说，“‘蒲二小’呀‘蒲二小’，亏你还是监区长，看来你小子的前程也顶多就是个监区长，还不知道守得住不。你想想，如果我接了这个办事处主任，估计最多过半年，我又要失业了，他郑志军打的什么算盘，能瞒得了本小姐？”

蒲忠全依然有些不解，反驳道：“虽然郑志军人品不怎么样，但是只要你业绩摆在那里，他还能怎么样？”

“老蒲，亏你还是研究毛选的（《毛泽东选集》），天天把毛主席他老人家的话挂在嘴上，这都不明白？如果‘狐狸’……”

胡玲玲杏眼一瞪，打断熊晓戈的话：“店小二，‘狐狸’是你叫的？”

胡玲玲最讨厌哪个叫她“狐狸”，只有蒲忠全这样叫她，她不仅不会生气，反而高兴的样子。

熊晓戈立即改口说：“对不起对不起……哦，如果她没有做好工作，郑志军理直气壮地撤；工作做好了，只要他派去的那两个业务员大体掌握了客户情况，他就可以以加强其他片区工作为由把玲玲调走，到头来还不是被撤掉？何况，片区销售工作搞得好与坏，有标准吗？还不是他郑志军一句话，把每个月的任务给你下重一点，到头来看什么货款回笼率、任务完成率等几个百分数，哪个能帮玲玲说她工作完成得好？”

胡玲玲连连点头，伸出大拇指说：“我看‘小二哥’比你‘蒲二小’有前途。”

蒲忠全不服气地说：：“这都是你们的臆测。”

“是的，但是现在臆测变成事实了。”胡玲玲独自喝了一杯酒，理了理耳旁的头发，慢慢说，“我对郑志军表示坚决不当什么狗屁主任，你要再派 2 个业务员也可以，他们跑他们的业务，我干我的，大家井水不犯河水。你们猜郑志军有什么反应？第二天，那杂碎又把我叫到他办公室，呀，公司大大小小的领导都在，他们讨论作出了两个决定，一个是将西北片区一分为二，让我先选；第二个是要我将合同和客户资料交给公司备案，并一再强调这是总支、行政反复讨论集体决定的，要我无条件服从。什么狗屁集体决定，还不是他郑志军的意见？本小姐偏不交，看他怎么办。嗨，他还真来劲了，停止对我的客户发货。我那个急呀，有的客户把其他供应商都推掉了，就等我发货啊。可以自夸地说，要不是我卖出去 3000 吨机焦，恐怕机焦要因积压而限产了。老蒲，你说说，郑家是不是没有一个像样的人？”

“是啊，要不是郑怀远的老婆买了陈米，两次犯人闹伙食的群体性事件就不会发生，唉……”熊晓戈补充一句，然后很担忧地问她，“那你怎么办？”

“怎么办？本小姐不侍候了，我辛辛苦苦跑出来的市场要我拱手交出去，没门！”胡玲玲赌气地说。

蒲忠全沉思了一会儿，劝她说：“犯人群体性事件不是还在调查么？还没有下结论呢。‘狐狸’，你退一步不行吗？退一步海阔天空嘛。你这么赌气，先前的心血不就全部泡汤了啊，对我们监狱也是很大的损失，可惜呀，何况，万一真的是供销公司的战略性调整呢？”

“伸头是一刀，缩头也是一刀，我虽然出身不好，但是我的骨头不贱，下周一我去找那个新监狱长，如果他也不分是非，我一把火把合同烧了，找组织科要求下监区去，大不了把我发配到你蒲监区长那里吃斋念佛嘛。‘蒲二小’，可能你觉得我的看法很偏激，那我们打一个赌怎么样？”

“什么赌？”

胡玲玲很肯定地说：“我猜测下礼拜一，郑怀远就要给新监狱长出难题！”

第五章　新官上任：三把火都灭了

彭家仲到了监狱招待所之后，没有让马文革陪同，独自一个人在小镇上转悠了一圈，找了一家清静的小店吃过晚饭，已是夜色迷茫。彭家仲走在镇上这些七拐八拐的小巷里，一边走一边仔细打量着在省城难以看到的小镇夜色。

凉凉的风不时从小巷里掠过，一阵阵山区早早的秋寒穿透他的胸膛，他不由得紧了紧衬衫的领口。小街上行人很少，偶尔能听到狗叫的声音。他心头萌生一些害怕，回头望望，又朝前面瞅瞅，青石板铺就的小街在他的后面和前面延伸着，很快就隐没在清冷的夜色里，似乎是没有尽头的样子，给人留下一些想象空间。他一下子感到这里的一切是那么的陌生，像是穿越时空来到另外一个时代，没有朋友，没有亲友，没有家人，面临的是一个好人与坏人加起来有 1 万余人的相对封闭的小社会，在这个小社会里，既有你死我活的敌我矛盾，还有错综复杂的内部关系，稍有不慎，这里将会变成埋葬他的“火药桶”。

他仰起头，在幽远的天空找了又找，没有找到北斗星，只好把目光挪到四周的山峦上，但是那些山峦除了如怪兽一般诡秘地横亘在不远处之外，几乎没有别的什么差异。他失望了，有些悲凉的情绪，因为，他连自己的家在哪个方向都分辨不出来，脚步失去了刚才的坚定与从容，变得零碎和踌躇起来，继而，他强烈地感受到自己像是一位异乡客，在这个偏远的、陌生的小巷里踽踽独行。

他开始动摇，开始怀疑自己的选择，开始想念妻子和女儿……

妻子王卿是坚决反对他来双河监狱任职的。

昨天晚上一回去，彭家仲就跟她说刘德章给他谈话的事情，还没有说到一半，她就嚷嚷起来，其他厅、局到基层任职都是挂职锻炼，不仅不会压很大的担子，而且一般都是在省城或者离省城很近的地方，你可倒好，不走就窝在办公室不动，一走就是几百公里，而且还是高危高险的工作，这哪里是提拔重用，跟古代的流放有什么区别？何况我从小体质就不太好，每到冬天就三天两头地感冒，你就忍心把她扔给我一个人？女儿从小就很依赖你，你就忍心把她扔在一边？

王卿的一席话说得彭家仲心里酸酸的，但刘德章那番知心知己的话更使他心神不宁，更重要的是，自己实在是想换个环境，不就是偏远一点艰苦一点吗？说不定艰苦的地方更容易施展自己的才能，更容易体现自己的价值，何况干满一届还是要回省城的。彭家仲想跟她作进一步的沟通，哪知道妻子却马上封住他的口，说："这个事情没有商量的余地，我不同意，趁还没有上党委会，你赶快去找找刘德章，如果你觉得为难，我马上就给他打电话。"

彭家仲知道王卿说这话是有把握的，早几年她就是财政厅预算处的处长，虽说在省城一个处长也算不了什么，但只要是吃财政饭的，她还是可以说得上话的。一般而言，只要不违背大的原则，不管是地方政府还是省局级部门还是要买账的，所以，她要是出面坚决不同意他去双河监狱的话，估计刘德章会充分考虑她的意见的，刘德章在找他谈话时候就充分体现了这一点，所以，彭家仲坚决不同意她给刘德章打电话。

到了这个时候，王卿明白，他是铁了心去那个鸟不拉屎的地方，当着女儿的面她不想跟他吵，便气鼓鼓地睡觉去了，直到第二天早晨彭家仲收拾好简单的行李跟她道别时，她也没有说一句话。彭家仲很是无奈，轻轻推开女儿的卧室门，来到女儿的床前，习惯性地拉拉被子，看着女儿酣睡的样子，心里说不出是什么滋味，他感觉视线模糊起来，连忙起身走了出去，强忍住泪水不让它掉下来。对于女儿，只要是合理的要求，他都会满足她，所以，女儿周末想到哪里去玩，大多时候都是他带着去的。在这个家庭里，他反而像是妈妈，所以女儿从小都依赖他一些。昨晚女儿还缠着他今天要去海洋公园，不知道她今天去了没有。

想到这里，他心里涌动起浓烈的内疚来，他突然在家里消失，不知道女儿会是什么反应。他停下脚步，掏出手机，正要给家里拨个电话，前面一个黑影急匆匆地朝他走来，并在他的面前放慢了脚步，似乎在打量他。他有些诧异，也警惕地打量着这个人。

“呀？彭监，我终于找到你了。”那人语气很惊喜，还夹杂着些微的喘息。

原来是马文革，彭家仲一惊：“出什么事了？”

“没有没有，彭监请放心，没出什么事。我去县城给您办理了一张手机卡，回来在招待所等了一阵，因为这双河镇晚上治安不太好，所以就来找您了。”

彭家仲看到他瘦瘦的身板微微向前躬着，一副彷徨、迟疑、小心翼翼的模样，微微一笑，说：“马主任，完全没有必要这么急嘛，不过还是得感谢你。我们回去吧，明天你也用不着陪我，有要紧的事情我会跟你联系的。”

马文革对彭家仲平淡的语调感到很是失望，他努力回味彭家仲刚才的话，话语中虽然表达了感谢之意，但是他感觉这位新监狱长批评的意味要多一些，一种被遗弃的落寞情绪浮在心头。他发现彭家仲已经走出了好几步，连忙追赶上去，一直保持着和这位新监狱长身边半步的距离，小心谨慎地走在他身边陪护着。又走了10来步，他又意识到他和这位新领导居然没有说话，气氛显得很沉闷，于是努力地想找个话题，但是此时的脑袋却一片混乱，越是想找话题，越是心慌意乱，直到走到招待所的门口，这位可怜的主任依然还在寻思着找个什么样的话题来聊。

彭家仲跟他挥挥手，算是道别，然后径直向自己的房间走去。

马文革机械地挥手，望着彭家仲的身影，心里像放了一块巨大的冰块。原本要给新监狱长留下好印象，却没有想到自己的热情和辛苦换来的却是这般平淡的态度。在马文革的官场理念中，第一印象往往是决定成败的关键，因为现在敢于承认自己错误的领导太少了，不仅不会承认自己的决定有错误，而且就是明知道错了，只要文件发下去了，无论如何也得要下面先执行一段时间，还振振有词地说要保障政令畅通，要不威信就要打折扣，以后就会出现政令不畅，下面执行力就会减弱。正是这种政治气候占了上风，所以一到主要领导变化的时候，有的人就千方百计创造条件，试图给新领导留下一个好印象。其实，官场就是一个博弈的所在，矛盾冲突无时不在，为了适应这种特殊的环境，有的刚直不阿，恪守道义良知；有人见风使舵，消极求得自保；还有人趋炎附势，靠阴谋诡计求得升迁……低调也罢，奴才也罢，用金钱和美女堆积也罢，还是靠真本事也罢，都是一种博弈的手段罢了……

“哟，原来马大主任在这里给新老大站岗？难怪连我的电话都不接！”

马文革被人冷不防从后面推了一下，吓了一跳，从患得患失的心境中醒过来，忙转身一看，原来是供销公司总经理郑志军，忙掏出手机看，3 个未接电话全部是他打来的，就陪着笑脸说："确实没有听见，还请郑总海涵……海涵……"

"看样子你气色不太好啊，这位难伺候？"郑志军指指招待所，很关切地问。

马文革耷拉着脑袋，连连摆手，那意思是说别提了，一言难尽。

郑志军又指指招待所，问："在里面？他那里有人么？"

马文革说："刚回来，现在应该没有人在他那里。"

"兄弟，外来的和尚都难伺候，哪像我哥哥（郑怀远）那么平易近人啊？好了好了，别郁闷了，你在这里等等我，我去给这位新老大请个安就出来，一会儿我请你到县城去消遣消遣，新老大给你加压力，兄弟我给你舒缓舒缓压力，嘿嘿……"郑志军边说边拍拍马文革的后背以示安慰，然后走了进去。

大约 10 分钟左右，郑志军就出来了，亲热地把着马文革的肩膀低声浪荡地说："你是叫你老相好出来陪你呢还是我给你叫个'鲜货'（三陪小姐）呢？"

马文革立即来了精神，和郑志军说说笑笑地钻进供销公司的警车，直奔县城而去。

马文革早早就来到招待所恭候，待彭家仲吃过早饭，陪同他一起到监狱办公楼。远远地看到 20 几个人堆在办公楼一楼的门口和走廊里，三三两两地围在一起，肆无忌惮地高声说话。

他皱皱眉头问："他们是什么人？"

马文革说："是要账的供货商，彭监，您还是躲躲吧……"

彭家仲看了他一眼，加快了脚步。

突然一个人喊了一声："新监狱长来了。"

那些人立即停止了讨论，把目光齐刷刷地盯在彭家仲的身上，随即，都围了过来，七嘴八舌地向彭家仲讨要货款，有诉苦的，有乞求的，有乱骂的，还有威胁的，场面很混乱。此时，正值上班高峰期，刚走到楼下的民警远远地旁观，有的则绕道从后门上楼，有的从窗户伸出脑袋来朝下瞅。

马文革一个一个地把他们推开，想给彭家仲开辟出一条路来，但是他一个人实在是忙不过来，于是抓狂似的挥舞着双手，大声吼："你们是来要账的还是来抢人的？还让不让监狱长解决你们的问题了？你们先到我办公室，然后一个一个地去找彭监，你们看怎么样？"

众人立刻安静下来，让出一条路来，只有个别仍带着煽动和威胁的口气说：“那好嘛，我们也先礼后兵，要是今天再拿不到钱，我们不仅都停止供货，而且把厂里的工人都喊来……”

彭家仲走了几步，慢慢停下脚步，他意识到，就是按照马文革所说的那样做，20几个人一个人说上半个小时，整天都说不完，那他还做不做其他的工作了？一行人见他突然停下来，都纳闷地看着他。

他扫视了一下，然后挨个地迎着这些人的目光看了看他们的眼睛，虽然脸上还是挂着微微的笑意，但给人一种威严感，气氛一下子变得有些压抑，好些人不再瞪着他，把目光挪向别处。过了一会儿，他才不紧不慢地说：“欠债还钱，天经地义！但是我今天是第一天上班，还不了解情况，以前究竟是怎么安排资金的，至少你们得让我了解一下吧。在这个礼拜之内，就礼拜五吧，我会给大家一个交待，所以，今天到礼拜五之前，我不会接待任何一个客户。我感谢你们以前对双河监狱的支持，也希望我们以后合作愉快，如果你们一定要在今天解决，那么我们就没有商量的余地，你们可以拿起法律的武器来维护自己的利益。”

他说完，大踏步上楼去了，众人你看看我，我看看你，在马文革和随后赶来的熊晓戈的连哄带劝下，差不多都散了。

熊晓戈刚走，郑怀远就进来了，说：“彭监不愧是省里下来的，水平就是高。原来汪庆书礼拜一基本上不敢在办公室待，您几句话就把这帮人打发了。”

他边说边坐在彭家仲办公桌对面的椅子上，把手里的一大叠发票放在彭家仲面前，继续说：“彭监，这是上个月省里安排我去南方监狱考察学习的费用，请您签审一下。对了，这次考察学习还是厅里组织的，说不定还是您起草的文件呢，呵呵……我要说明一下，这些费用中有相当一部分是蔡复晨蔡局长和其他几个处长的……”

彭家仲点点头，微笑着说：“嗯，考察学习的事还真是我起草的文件。怀远同志，我对监狱工作可以说是一知半解，你可是老人了，监管工作可得仰仗……”

当他看到总额是7万3千元的时候，脑袋嗡了一声，张着嘴说不出话来，昨晚那个叫胡玲玲的与蒲忠全的打赌一下子清晰地浮现在脑海里。

原来，胡玲玲的二婶在半路上遇见正在边走边看的彭家仲，寻思他是外来的，十有八九是来双河监狱要账的，所以就邀请他到自家的饭店吃晚饭。彭家仲见她提着一瓶茅台，很是惊讶，便很怀疑地问她既然你那里是大众饭馆，怎么还有客人喝这么贵的酒？二婶解释说是自己的侄女这几个月跑销售赚了钱，请几个好朋友吃饭，非要喝这玩意儿。彭家仲便跟着她去了，哪知无意之间把胡玲玲、蒲忠全和熊晓戈三人的谈话大体都听了去，起初他并没有把胡玲玲与蒲忠全打赌的事儿放在心上，但是，眼前这7万多的账单实在是给他出了一个难题。签吧，不签吧，都会造成不小的后果。

郑怀远见他沉吟，便带催促的口吻说："怎么？为难？那您看这样行不行，我先把我的那部分差旅费报销了吧？"

彭家仲回过神来，笑着说："你这么说就见外了，监狱资金很紧张，刚才的事情你也看见了，我答应他们礼拜五给个说法，这样吧，我先了解一下财务状况，如果能够解决，我马上就签字，如果确实有困难，就先缓一缓，等我解决了眼前的危机再说。怀远你可别放在心上闹意见，啊。"

打发走郑怀远，彭家仲立即把财务科长郑宝团叫来，问："总共欠供应商多少钱？目前账上有多少钱？"

郑宝团将近50岁，秃顶，再加上不多的几根头发都灰白灰白的了，看起来像是要退休的人，动作说话都是慢条斯理的，一副忠厚老实的样子，他说："应付账款有500多万，目前账上只有40多万，其中还有13万是承兑汇票呢。"

"上个礼拜西北片区不是回来了100多万吗？"

郑宝团没想到彭家仲还没正式上任就这么清楚，就老老实实地说："是有150万，其中还有我刚才说的13万的承兑汇票，不过，在您来之前，郑监签字支付货款了。"

"你保守估计到礼拜四销售上会回来多少钱？"彭家仲暗暗吃惊，心里泛起一丝忧郁。

郑宝团想了想才小心地说："这个……要销售上才大体知道，不过，按照以前的数额，这是月初，估计不会超过60万吧……"他知道眼前这位监狱长要解决刚才货款的事情，于是吞吞吐吐地提醒说，"监狱长，就是……把所有的资金……全部付货款，也恐怕……"

彭家仲抬起头看着他，鼓励他继续说下去。

"我们的应收账款是3000多万，应付账款才500多万，资金机构严重失调，所以我从财务角度认为销售公司的重点应该是回笼货款而不是支付供应商的货款，况且马上就要发工资了，全监狱工资总额是180万，眼下缺口是140多万啊……"郑宝团担忧地说。

彭家仲有些纳闷，问："这个月省局没有拨付工资吗？"

"拨了，今年省财政按照民警工资总额的60%拨付，我们民警工资约120万，每月有70多万的拨款，都在月初的第一个礼拜到账，也就是上个礼拜到账的，当时炼铁厂、焦化厂、水泥厂、煤矿原辅材料告急，当时主事的郑怀远副监狱长为了保生产，每个单位支付了一点，就这样被挪用了。"郑宝团似乎意识到这种说法欠妥，赶忙补充道，"也不是郑副监狱长才这么做，其实我们监狱挪用工资的事情经常发生，目前还欠着民警职工400多万呢……"

"还有几天就该发工资了？"彭家仲眉头紧锁，意识到问题有些严重。

"还有2天就该发工资了。"郑宝团觉得眼前这位新领导有些可怜，就提醒他说，"当然，推迟到20几号也没有什么关系的。"

"两天？两天……140万……"彭家仲低声说，像是对郑宝团说，又像是在自言自语。

这时，分管生产安全的副监狱长杨志刚风风火火地走了进来，彭家仲望了他一眼，没有什么表情。郑宝团想起昨天宣布班子的时候杨志刚在外边出差，忙给彭家仲介绍，彭家仲站起来，上前几步同杨志刚握手，然后陪着他一同坐在沙发上。

郑宝团说："彭监，您和杨监有事要谈，我先告辞了。"

"郑保长你别走，我汇报的事儿与你有关。"杨志刚说。

郑宝团一直在双河监狱搞财务工作，很坚持原则，爱认个死理儿，要是党委分工监狱长管财务，那么他只认监狱长的签字；如果明确是一位副监狱长管财务，就是监狱长签的字他都不认，一定要管财务的那位副监狱长签字了，他才会办理。其他人别想从他那里透出一个子儿来，于是给人一种一毛不拔的印象。正因为如此，有的人给他取了一个"保长"的外号，可能是取王保长爱财如命之意吧。

郑宝团意识到今天又要挨杨志刚的批了，很不情愿地坐了下来。

胡玲玲刚到供销公司，郑志军就把她叫到办公室说："你昨天怎么不接我电话？"

"单位又没有给我报销电话费，我在星期天凭什么接你电话？"胡玲玲白了他一眼，说。

"公司不报销我给你报销嘛。"郑志军色眯眯地盯着她的胸脯，说，"你去找几百元的招待费票拿来，我给你签字。"

胡玲玲一副吊儿郎当的模样，说："这可是你说的哈，我这里就有，刚好800元。"

说完，她从手提包摸出钱包，从里面拿出几张招待费发票，放到郑志军面前。

郑志军似乎没有想到她来这一手，有些迟疑，胡玲玲哼了一声，说："怎么？连郑总经理也在乎这几个小钱，看来我们双河监狱真没希望了。"

郑志军没法，只好给她签了。胡玲玲抓起发票，樱桃一般的小嘴对着发票吹了一口气，然后嘿嘿地笑着说："小女子谢过郑总了哈，不过办事处的事情嘛，免谈，你爱找哪个去就找哪个，别找我就是了。"

"先不说办事处的事情，你说你要谢我，先说说怎么个谢法儿。"郑志军嬉皮笑脸，看着胡玲玲的小嘴，似乎在咽口水的样子。

胡玲玲诡秘地笑："郑总怎么瞬间记忆这么不好，不会真老了吧？我刚才说的是小女子谢过郑总了哈。"

郑志军一愣，随即把脸拉下来，说："既然这样，办事处的事情由不得你了。老实告诉你吧，我前天晚上就给新来的彭监狱长作了详细的汇报，彭监完全赞同，今天你必须把合同和客户资料交出来，否则别怪我不客气。"

胡玲玲微微一怔，但马上恢复了妩媚的笑脸，美目楚楚，在郑志军脸上游走一番，说："既然你郑总铁了心要弄死我，那我也只好按照你的决定办了哟，不过你说的是今天之内，上午我有事，下午来办。"

"弄死你？我可舍不得，何况我这身板也弄不死你哟，哈哈……"郑志军浪荡地说，话音没落，就伸手来搂她。

胡玲玲迅速转身拉开门，在门口嫣然一笑："郑总挑的可不是时候哈。"

郑志军望着她袅袅婷婷的背影，心里骂道："本来她妈就是个婊子，还给老子装处，哼，我倒要看看你要装到什么时候！"

胡玲玲怕夜长梦多，所以一阵风似的来到财务部，将郑志军签的招待费报销了。她一边数着票子，一边往外走，差点和一个人撞上，她抬头一看，原来是熊晓戈。

"咦？小二……"她觉得在这里叫他"小二哥"不妥当，于是立即改口，"你不侍候监狱长，怎么跑到这里来了？"

熊晓戈见她攥着一把钞票，笑道："你拿这么多钱在手里，显摆呐？不怕被人劫财又劫色？"

胡玲玲连忙把钱塞进手提包，哂笑道：“这大清早的，你说这些？弱智啊你？”

她把他拉到一边，压低声音问，“嗨，彭监在办公室没有？”

熊晓戈看看她，说：“你今天最好别去找他，他正烦着呢。告诉你吧，他吃早饭的时候，一个要账的给他下跪，这不，一上班他就叫我来核实。”

熊晓戈说着，扬扬手中的几张破旧的单子。

胡玲玲一把夺了过去，看了看，撇撇嘴嘲笑地说：“晕乎乎，我吐血！扫把钱，5000 元，还前年买的，本来就是大笑话了，还给监狱长下跪，这要是传出去，哪个供货商还敢供货？”

“所以，我看他的脸色很难看，我劝你这时候最好别去招惹他。”熊晓戈拿过单子说。

胡玲玲大咧咧地说：“就是天王老子，我也要去找找他！你不知道，刚才那姓郑的给我下死命令了，要我今天之内把合同和客户资料交出来。好了，你去忙你的吧，我走了。”

杨志刚接着对彭家仲说：“我是当兵出身，有啥说啥，说话嗓门大，您可别见怪……我是昨晚赶回来的，连家都没有回就想来给您报个到，见那帮小子在您门外排着队，所以就回家睡觉去了。今天刚进办公室，我就听说您把那帮要账的全部赶了回去，而炼铁厂、焦化厂、水泥厂、煤矿都给我打电话说再不进原辅材料就要停产了，炼铁厂的铁矿石只有 5 天的库存了，焦化的洗精煤只能维持 3 天，水泥厂的石头只有 2 天的用量，煤矿因没有原木掘进今天被迫停下来了；电厂因欠运费，那些车主们大都不运渣煤了；而我们自己的车队呢？ 30 辆汽车因无钱加油停了半个月了。那些大宗供应商也接二连三给我打电话，说我们监狱不仅不讲诚信，还像犯人一样对待他们，他们要停止供货。这样下去都要停下来，我这个管生产安全的副监狱长还管个屁的生产安全？”

杨志刚也是“监狱子弟兵”，下过乡，当过炮兵，复员后又回到监狱来，说话办事直来直去，从来不留情面，连老书记王福全也忌惮他三分。虽然杨志刚对彭家仲说话还算心平气和，但话语中对彭家仲把那些供应商堵回去很不满意，认为开罪了他们，将会导致原辅材料供应更加困难，生产面临全面停产的可能。

他对财务科长郑宝团就没有那么客气了，几乎是严厉而硬邦邦的语气批评：“销售上每个月回来几千万，这些钱都用到哪里去了？连简单生产都保不住，你这财神爷是怎么当的？”

他对郑宝团发了一通脾气后又对彭家仲说：“彭监，我看推迟几天发工资，给那些供应商多少支一点，先稳住他们，保住生产再说，您看呢？”

彭家仲看了看一脸委屈的郑宝团，沉思了一会儿才说：“志刚同志，你别着急，我先了解一下情况，在中午下班之前我们再碰头，好么？”

杨志刚站起来，说：“那好吧，我在办公室等着您。”

目送杨志刚匆匆而去的背影，彭家仲感到额头上在冒汗，肩上的担子比他想象的还要沉重得多，到这间为某些人梦寐以求的办公室不到两个小时，遇到的问题全部是牵一发而动全身的大事，此时他顾不了那么多了，他深知他必须解决眼前的问题，否则他将无立足之地。

“你说说目前应当怎么办？”彭家仲看着郑宝团，充满期待地问。

很显然，这位财神爷没有预料到他会这么问自己，满脸的无辜被慌张所替代，不自觉地抓抓脑袋，语无伦次地说：“我……但是……真还没有……想过这个……”

这时，传来一阵轻轻的敲门声，彭家仲一抬头，只见一位衣着时尚而前卫的女子走了进来，大大方方地站在他办公桌的对面，说：“请问您是彭监狱长吧……我叫胡玲玲，是供销公司的业务员，我想打扰您一下，找您反映一个问题，顶多就几分钟，不知道可不可以。”

彭家仲感觉站在他面前的不是一个人，而是一株带着露珠和朝阳的芍药，把办公室的压抑、沉重、郁闷的氛围一扫而光，代之以清新、阳光和愉快的气息，他顿时感觉到清爽起来，朝她点点头，指指郑宝团身边的椅子，示意她坐下来。

郑宝团又正想告辞，却听见彭家仲说：“小胡，你在给我反映问题之前，先给我说说，如果要在两天之内收回140万货款，有没有这个可能？”

郑宝团心想看来这位监狱长是有病乱投医了，这应当问供销公司经理郑志军，怎么问这个颇有争议的胡玲玲呢？她做销售也才几个月，就算是她拿回来150万之多，但是她对整个市场并不知晓呀……

胡玲玲更没想到她与这位新监狱长谈话竟然是这般开始的，她纳闷地扑闪着她那对迷人的狐狸眼睛，在彭家仲脸上慢慢游走，想从他脸上找出一些信息来。然而，又使她没有想到的是，彭家仲并不像其他男人那样回避她的眼神，而是坦然地迎着她的目光，脸上反而露出微笑，对她说：“看来你心里已经有答案了，这里只有我们三个人，你大胆地讲吧。”

胡玲玲心头又是一惊，没想到彭家仲有如此的洞察力，不由得对他肃然起敬，于是很认真地说："理论上是完全可以的。"

"怎么讲？！"彭家仲与郑宝团异口同声地发问。

彭家仲开心地笑起来，说："看来，财神爷跟我一样着急嘛。"

"这么大的摊子，开门一天就要耗费30万，又不能像那些开铺子的，想不开门就可以不开，哪能不着急啊。监狱长，我这财务科长真难当，花钱是你们领导的事，可没钱了反倒成了我的事了！什么钱用到哪里去了啊，资金安排不科学不合理了……唉……小胡，你尽管说，我知道你们那里水很深，一定要知无不言，言无不尽。我与你父亲还是有交情的，相信我吧，啊！"

虽然郑宝团是在发牢骚，但是彭家仲此时很感激他，只是不明白他最后那几句话是什么意思，难道郑宝团也是郑怀远他们家族的？

诚然，郑宝团是郑家子弟之一，胡玲玲本不想多说，但是见他说得如此诚恳，加之先前彭家仲作的保证，于是心下释然，笑道："郑叔叔这么说，好像我真要在彭监面前告状一样，不就是140万的事儿吗？多大的事儿呀，呵呵……我说理论上完全能办到，意思是看彭监要下多大的决心。为什么这么说呢？因为中国的市场经济并不像西方那么重合同守信用，在经营中掺杂的人情因素太浓了，我们的业务员哪个没有几个要好的客户？让他们把应付的资金计划调整一下，先给我们付，完全能做到嘛。郑叔，我们给供应商付款，一定也有这样的情况吧？但是，这要销售上所有的业务员特别是供销公司的领导都要努力才行，所以，只要彭监您给郑志军下个死命令，我拿脑袋担保绝对能完成！何况水泥销售旺季就要来了，他们不是每年都在几千吨几千吨地收预付款吗？"

"嗯，这预付款的事，我有所耳闻，这可是很典型的吃里扒外，需要下决心整顿。"郑宝团插话说。

"你把预付款的事儿说明白一点。"彭家仲心头掠过一丝阴影，对胡玲玲说。

胡玲玲继续说："每年冬季都是水泥销售旺季，旺季当然随行就市要涨价了，有时候每吨比上半年上涨100多元呢。那些与公司领导要好的客户就在旺季到来之前按照淡季的价格购买几千吨水泥，但是不出货，等到了旺季价格涨起来了才出货，就算每吨差价是30元，1000吨是多少？10000吨又是多少？"

彭家仲明白了，心里有些愤怒，但是脸上却看不出来，但是他此时心里有底了，于是对胡玲玲说："谢谢你，小胡，你的事情……"

胡玲玲打断了他的话，说："彭监，郑叔不是要我知无不言言无不尽吗？我还没有说完呢。不过，我得讨口开水喝……"

胡玲玲昨晚与蒲忠全他们喝了些酒，今天早晨起来还觉得口干舌燥的。

郑宝团忙说："玲玲你给监狱长说，我给你倒水。"

"不过，这种死命令的法子用多了就不灵了，最好不用。虽然我们国家现在的市场经济掺杂了太多的人情世故，但是毕竟还是市场经济，也要遵循市场经济规律，所以，在经营上没有永恒的敌人，也没有永恒的朋友。我认为还是按照合同要求对方履行付款义务，如果不按时履行的，就用法律手段解决。我们监狱很多人包括一些监狱领导怕打官司，很多人既怕得罪供应商，也怕得罪购货商，认为会影响到采购和销售，影响到监狱的声誉，作为执法单位，这样的认识简直就是绝对的笑话。其实哪里是这么一回事，合理的利益关系才是稳定供销关系的决定要素。彭监您看看我们的应收账款就明白了。"

胡玲玲说完，端起茶杯一饮而尽，哪知道被呛着了，直咳得脸通红，连忙跑了出去。

郑宝团望着她的身影，喃喃地说："这小妮子，还真有些见地……"

马文革和郑志军好说歹说总算把那四五个大宗原材料供应商安抚住。

马文革低声问："这出戏是你老兄导演的？"

"马主任，这话你可别乱说哈，自从汪庆书出事后，要账的人一下子多了起来，全监狱人都看到的嘛，何况欠债还钱，天经地义。"郑志军坚决否认。

马文革想了想，才说："老兄，论交情我们不浅，我劝你一句，有些事情可不能操之过急，弄不好会搬起石头砸了自己的脚啊。"

"既然你给我讲交情，那好，我也表明我的态度，不管他是哪里来的猛和尚，强龙还压不过地头蛇呢。在双河监狱，你马主任掰着手指头算算，我们郑家有多少人？恐怕你都数不清楚，这些人又有多少担任了中层领导？他彭家仲如果不和我们搞好关系，他这本经也不好念！你和他相处才多久？不就半天时间吗？你就觉得心累，他同你是一路人吗？你省省吧。"

郑志军一席话，说得马文革心惊肉跳，看来自己估计的没有错，这出要账的戏与他有莫大的干系。

郑志军看到他发呆的样子，脸上流露出一丝满意的笑，拍拍他的肩膀说："老兄，别站在这里犯傻了，走吧，我们去给这位彭监狱长汇报一下，要不到星期五以前他恐怕连觉都睡不安稳。”

这时，胡玲玲满面春风地从楼上下来。

马文革立即来劲了，嘻笑着对她说：“哟？我说眼前怎么一亮呢，原来是监狱第一美女驾到，是不是来找你马哥哥我的呀？”

胡玲玲朝他呸了一声，也笑嘻嘻地说：“瞧你这排骨样，一看就是从非洲来的，还是叫你老婆给你炖几十只老母鸡补补身子再说，何况，你不怕我头儿掐死你？嘿嘿。”

说完，她朝郑志军妩媚地笑笑，一阵风似的从他们身边飘过，留下令人陶醉的香。

“你小子真有艳福，搞到手了吧？”马文革羡慕地问。

郑志军苦笑一下，使劲摇头说：“你听她乱说？老子连她的气儿都没有闻到。这小妞浑身带刺，反正我搞不定了，你去试试？”

“真的假的哟？你小子舍得……”马文革看见财务科长郑宝团走了过来，立即住口不说了。

郑志军满不在乎，继续侃道：“古人说女人如衣服，兄弟如手足，我怎么能让我兄弟裸奔呢？哈哈……”

马文革也跟着笑起来。

郑宝团皱眉说：“彭监都急得不行了，你们两个还有心思在这里说笑？彭监叫我来喊你去开会。”

“是叫我开会还是叫马主任开会，老叔你说明白点啊。”郑志军问。

“是叫你，赶快去，他在办公室等呢。”郑宝团对郑志军说了一句，又匆匆走了。

马文革与郑志军对视一眼，心事重重地回到自己办公室。

胡玲玲在外面咳嗽了一阵，好不容易缓解下来，拍着胸口又回到监狱长办公室，彭家仲抬起手腕看看手表。

胡玲玲立即嚷嚷起来：“我的事情还没有跟你说呢，你不会赶我走吧？”

彭家仲说：“你的事情我都知道了，我讲两点意见，仅供参考，一是……”

“等等，彭监，你是不是听郑志军给你说的？”胡玲玲打断他的话。

“不是，是我无意中听见你和熊晓戈和什么‘蒲二小’谈话知道的……”彭家仲脸上露出微笑，“只是可惜，我没有喝成茅台。”

胡玲玲惊讶而兴奋地睁大眼睛，连连点头：“啊……明白了，明白了……下次我请他们喝茅台，也请你。你说，你说，我听你安排。”

“不是安排，也不是指示，仅仅是供你参考的意见，一是西北片区开发不易，你要好好守住，如果公司安排你出任西北片区主任，你愉快地去上任，并且把其他业务员尽快培养起来，至少都能独当一面；二是公司调你离开西北片区的时候，你来找我，那时我给你安排工作。我再强调一次，这仅仅是供你参考的意见。”彭家仲说得很慢，语调很轻，如同兄长般真诚。

“OK!”胡玲玲转身走了出去。

这时，王福全打来电话说这几天县上的四大班子的领导只有今天下午都在，下午你就不要安排其他的工作，我带你去见见面，以后便于开展工作。彭家仲说听您王书记的安排，我正想来您办公室给你汇报一下，我准备马上召集个会议，解决一下眼前生产经营上几件急需处理的事情。王福全说那是你份内具体的工作，你办就是了。一会儿市上综合治理检查组的要来，我还得去应付一下。如果你那里走得开，最好也来一下。彭家仲说我尽量来。

于是，彭家仲就叫郑宝团去通知杨志刚和生产科、供销公司、企管办的科长来他办公室开会。

不一会儿，人都到齐了，彭家仲又把熊晓戈叫来。

他看了看在座的，说：“今天是我上班的第一天，发生了很多事情，相信大家都知道了，我就不多说了。”

他停顿下来，把手里的一份报表扬了扬，说：“这是我今天收到的一份供销公司的月报表，我给大家念几个数字。发出商品 1142 万，回笼货款 872 万，供应各项支出总计 961 万。供应支出比回笼的货款多 91 万，这说明了什么？收支不仅没有平衡，而且监狱还用其他资金多支付了 91 万采购款；另外，到目前为止，我们的债权是 5200 万，而我们欠供应商的是多少呢？ 530 万，这两者又是一个什么概念？郑科长，你把供应资金付款明细拿给志刚同志看看。”

杨志刚接过郑宝团的报表就埋头看，彭家仲端起茶杯，才发现没有水了，熊晓戈连忙接过他手里的被子给他接满开水。

郑志军脸色一下子挂不住了，不停地左右瞄瞄，看看其他科长们的反应。

其他科长则面无表情，像木偶一样。

杨志刚快速地浏览完，一拍大腿，大声责问郑志军：“大宗原燃材料付款达90%，还买不回来？郑大经理，你是干什么吃的？”

郑志军嗫嚅地说了一句，大家却都没有听清楚。

彭家仲表情一下子严肃起来，说：“我刚才和王书记通了一下气，作出一下决定，一是供销公司在3天之内必须回收货款150万；二是从本月起，供应上按照收支平衡制订采购资金计划，由财务科审查后，报志刚同志审核，最后由我批准，财务科执行就是了，如果每一笔都层层签字，我这监狱长还做其他工作不？三是生产科和供销公司联合组成一个考察组，对分承包方的资格按照质量保障体系要求重新审查，不合格的坚决中止合作。我讲话完了，你们有意见现在就提出来，没有意见就马上去落实。”

“这个资金计划是应该整顿整顿了，只有生产上才明白哪些原燃材料是急需的，哪些不是。你们看看，这么高的付款率，那些供应商还闹什么？我完全赞同彭监的决定，也全力完成任务。不过，3天之内要供销公司回收150万，我看有点悬……”杨志刚没有想到彭家仲扩大了他的权力，加之这几条中只有第一条他认为有些偏颇以外，其他还真是切中了问题的要害。

郑志军正愁怎么回复彭家仲，不料杨志刚这么一说，他马上就拈着他的话说：“彭监，我个人完全服从您的指示，但是正如杨监所说，3天……恐怕有些困难……这样做，也不符合市场经济……”

他觉得还是不能顶得过死，于是吞吞吐吐地不说了。

“也不符合市场经济规律，是吧？那么我们的债权债务这个构成难道就符合市场经济规律？他们对我们讲规律，那我们为什么不对他们讲讲规律呢？郑经理，我看你要解放思想。我呢，先把话撂在这里，你回去马上开会动员，如果哪个片区完不成任务，你先撤了那个片区的办事处主任。没有党委的授权我不能随便撤销你的职务，但是作为监狱长，也作为分管供销公司的领导，我有暂停你的职务、让其他人暂时主持供销公司工作的权力。”彭家仲说到这里，又扫视了一下在场的人，特别在郑志军脸上停留了几秒，“熊晓戈马上起草会议纪要，今天就下发到监狱各部门和二级单位。散会。”

虽然这么安排下去了，但是彭家仲心里依然不是很踏实，想了想，便给厅长刘德章打了个电话，将目前面临的困难添油加醋地说了一翻，最后说厅长您放心，我有信心解决经济上的困难，但眼下得先把队伍稳住啊，所以我只有找老领导解决问题了，借给我150万，把民警职工的工资发了，是借，顶多1个月我一定还。刘德章说这钱的事你别找我。彭家仲死缠烂磨地说您是我老领导，我不找您找谁啊？何况你还是我们全省监狱的总书记啊，要不，我还是回来给您当秘书吧。刘德章笑骂说你小子真行啊，才下去一天就学会讨价还价了，你小子还没有被我骂够，还想回来做我的秘书？我可给你提个醒，要不把双河监狱给我治理好了，你就别想回来。

彭家仲深知这位老领导的脾气，知道他同意借钱了，连忙把郑宝团找来，指令他马上去找刘德章，把150万拿回来。他对郑宝团说："郑科长，这事儿关系重大，暂时保密，现在暂时只有你和我知道。我给你派个车，现在就走。"顿了顿，他又补充了一句，"拜托了！"

郑宝团郑重地点点头，转身就走，回家拿了几件衣服和洗漱用品，揣了几百元钱一阵小跑来到机关大楼，小车已经在那里候着。郑宝团一看是监狱长坐的1号奥迪轿车，才感到这次任务的分量非同一般。当车子发动的时候，他才想到一个很关键的问题，难道就这么两手空空地去找厅长借钱？正要下车，熊晓戈大步跑过来，把一份报告和一部手机交给他，说："彭监叫我把他的手机拿给你，卡是他在省城时候用的，如果有电话就叫对方拨打他现在的手机号码。对了，这张纸条上写着他的新号码。"

郑宝团默默地接过手机，心里像打翻了五味瓶，不知道是什么滋味，自参加工作以来，兢兢业业，几十年如一日地干，在自己快要退休的时候终于混上了正科级干部，在人们的印象中，他郑宝团是凭借资历混上去的，死板板地坚持原则，刻板地工作，就如同一个平衡运转的机器，机械而呆板，除了把钱袋子捏的很紧以外，没有做过一件令人们难忘的事情。所以，人们叫他保长，除了说他爱钱如命以外，还隐含另外一层意思，那就是宝里宝气。他心里突然对彭家仲有了一种相遇之恩的感激……想着想着，他原本就浑浊的目光更加模糊起来，把彭家仲的手机像握着一个鲜活的生命一样握在手心里，过了好一阵子，才小心地放在衣袋里，不时还在摸摸衣袋，还是不放心的样子。过了一会儿，将手机拿出来，放到胸前的衣兜里，然后把纽扣扣上，才抄着手养神。

彭家仲安排郑宝团走后，又来到党委副书记、纪委书记马洪扣的办公室。根据昨晚听胡玲玲他们议论和上午发生的一系列的事情，他感到有必要进行清产核资，现在他不敢说存在巨大的潜亏问题，但是他可以断言的是至少没有宣传中说的那样好。无论清理的结果怎么样，他都要还原一个真真实实的双河监狱，对监狱全体民警职工负责，也是对省厅、上一任和自己负责。但是，他不能牵头做这项工作，想来想去，只有马洪扣最适合。然而，这项工作是一个费力不讨好的工作，不知道这位三把手愿意不愿意，便来探探他的口气。哪知马洪扣还没有等他说完就全力赞同，说："这几年我们监狱在监管改造、队伍建设特别是生产经营方面都在省厅捧回来了很多奖杯，监狱也在全省系统里赫赫有名，但不争的事实却是流动资金越来越紧张、生产难以为继、民警职工的生活没有得到改善，是应该摸摸家底了。我知道你的来意，我不入地狱谁入地狱？你说吧，怎么个清理法。"

彭家仲为他的气节所感动，说："马书记言重了，也不必过于担心，不是还有王书记和我嘛，真要下地狱，我彭家仲陪着你。不过，这事儿我还真不便在公共场所发表过多的意见，你牵头进行就是了，有什么问题你请示一下王书记。"

从马洪扣那里回来，熊晓戈已经在办公室门口等他，原来，熊晓戈已经将会议纪要写好，来请他审阅的。他接过纪要文本，埋头认真地看了起来。熊晓戈不安地站着，眼光不时在他脸上偷偷地游动，很紧张地捕捉他的神情，这是他第一次给这位秘书出身的监狱长起草文件，恰好又是一个急件，要是不合他的意，恐怕自己真的要下基层带班了。然而，彭家仲看得很慢，也很仔细，偶尔用笔在上面改动一下。熊晓戈觉得时间似乎停滞了，时钟的秒针发出的嘀嗒声刺激着他的每一根神经，他额头上在冒汗，感觉手心和背心都在发烧……

正在这个时候，马文革带着5个人进来，熊晓戈看见彭家仲抬起头放下纪要，心里立即轻松了许多，他暗自感谢马文革和这几个人。

马文革介绍说："彭监，这5位是我们监狱周边村子的村委会主任，他们今天来要支农费。"

说着，将5张收据双手递给彭家仲。

彭家仲翻翻收据，上面写着"支农费"2万，并盖着村委会的公章，一共10万元。他打量着这5个人，皱着眉头问："什么支农费？"

"就是支援农业生产。"马文革解释说。

很显然，彭家仲对这个解释不满意，他追问："支援农业生产费？"

其中一个40来岁的村主任说："彭监，这支农费历史悠久，是监狱和地方紧密合作的产物，表明了监狱对地方工作的支持，以前我们5个村每个村才1万，现在1万能做什么事情？所以汪庆书监狱长上任后就给我们每个村追加了1万，因此，这几年厂社关系很好，没有发生任何不愉快的事情。不过，这3年来啥都涨了，你是不是多少也给我们多少涨点？”

“你们谁能给我说一下这个支农费的来历？”彭家仲继续问。

马文革看看几位村主任，又一个说：“来历我们都不太清楚了，但是我们同监狱有协议。”

彭家仲纳闷了：“既然有协议，怎么不知道来历呢？”

“是这样的，这个原始的协议是在大跃进超英赶美时期签订的，是一个支农协定。每年春忙和秋忙时期都要支付一定的资金支援当地农业生产，同时，大队保证农民不到监狱来滋事，保障监狱安全稳定。实行联产承包责任制以后，监狱曾中止这个支农协定，但是后来又与这5个村子重新签订了支农协定，这其中有很多原因……”熊晓戈说。

虽然熊晓戈没有把话说完，但是彭家仲弄明白了，对5个村主任说：“请你们先到监狱办公室休息一下，我马上处理这事儿。”

待他们走后，彭家仲把收据还给马文革，说：“这是一笔不明不白的资金，我们有必要支付吗？何况我们作为国家行政执法机关，安全和稳定是他们能够保障的吗？乱弹琴！你去告诉他们，从今年开始，监狱不再支付什么支农费。”

马文革瞄了一眼熊晓戈，闷闷不乐地走了。

彭家仲把纪要交给熊晓戈，说：“你的事情我知道，不要背什么包袱，汪庆书事件与你没有什么关系，安心工作。纪要写的不错，马上印发下去。”

3天之后，郑志军如期完成了彭家仲下达的任务，收回货款150多万，双河监狱民警职工3年来第一次按时领到了工资，成为监狱一大新闻；礼拜五来要钱的只是一些配件、低值易耗品供应商，而那些礼拜一在监狱机关围着追着彭家仲要钱的大宗原燃材料供应商一个都没有来，他们不仅继续为监狱供货，还忙着应付监狱派出的人员对他们分承包方资格的重新评估；人们还没有从惊喜中回过神来，郑宝团在礼拜五下午又从局里带回来150万。人们似乎看到了希望，彭家仲成了茶余饭后被谈论的热点人物，全狱民警职工的精神为之一振，对这位“外来和尚”刮目相看的同时，又在热情地讨论他什么时候会将拖欠的工资补发给大家。

清产核资各个小组在马洪扣的带领下，没日没夜地干了半个月终于完成了，彭家仲原本有思想准备，但是令他万万没有想到的是，摆在他面前的是这样一个摊子：固定资产9200万，流动负债6600万（其中欠银行4500万），长期负债540万，历年潜亏1320万，拖欠民警职工工资和上级有文件的各种补贴1407.7万，负债总额9867.7万，负债率达107.8%，急需要投入的生产性资金缺口达700余万元。更使他震惊的是，全监狱清理出小金库资金达150万，其中五监区最多，竟然有60万之多。五监区不仅小金库问题突出，而且今年虚报增高成本达260万。

彭家仲接到报告后看了一遍又一遍，然后抬起头反复问马洪扣："这是准确的吗？这真的是准确的吗？"

不过，马洪扣觉得他有点大惊小怪了，于是对彭家仲说："彭监，这个结果在我的意料之中，我估计也在其他监狱班子成员的意料之中。"

彭家仲望着王福全，王福全对他点点头。

"那么，为什么去年还上报赢利90多万？"彭家仲发怒了，手指使劲地敲着桌子质问。

王福全和马洪扣都不回答，屋子里一下子出现了可怕的沉默。

其实，作为班长的王福全是很清楚这件事的，在汪庆书刚上任的第一年年底，亏损已成定局，但是汪庆书给他做工作说，今年预计亏损200万左右，如果我们如实上报了，那么局里考核下来，我们监狱班子成员目标奖泡汤之外，其他工作也将陷入被动。像我们这样大的生产规模，亏200万和赢利200万，在盘存上做做文章，都是举手之间的事情。虽然你是班长，但是对经济工作负主要责任的是监狱长，有什么问题我承担就是了。你想想啊，我们在这偏远的山里含辛茹苦没日没夜地干，就算你我不图什么，但是也得名正言顺地给其他班子成员谋点奖金吧。我们明年好好抓一下管理，补回来就是了。

王福全终于打破了沉默，问马洪扣："有烟吗？"

王福全是不抽烟的。

马洪扣摸出一包红塔山，给他发了一支，又掏出打火机给他点上。然后拿出一支朝彭家仲比划几下，彭家仲虎着脸直摆手，他只好自己点了一支陪王福全抽。

抽了一会儿，王福全说："我是要承担责任的，明天，我亲自把报告送到局里厅里……"

马洪扣把烟使劲地在烟缸里摁灭，对王福全说："我不同意你这种说法。"然后转头看着彭家仲，"我们评心而论，这能怪汪庆书吗？能怪老王吗？监狱本来就不是企业，只是为罪犯提供一个劳动改造的场所而已，法律上和执法要求上只有劳动量的规定。但是目前的财政保障呢？今年才60%，以前更低，基本上是监狱自己养活自己，所以，从法律和执法的角度，老王没有什么责任，如果说有问题的话，那只是没有如实向上面报告而已。试想把监狱长政委当成企业老总来考核，合适吗？说句不该说的话，不仅不合适，还不合法！”

王福全好像没有听马洪扣说话，只顾抽烟，烟雾缭绕中，他显得更加苍老和消瘦。

马洪扣看看彭家仲，又拍拍王福全的膀子，接着说：“老彭，我知道你心里急，这副担子压在谁身上，谁都有可能承受不了，1000多民警和2000多工人要吃饭啊，还有几千随时可能会出现突发事情的犯罪分子，而眼前这个摊子呢？按照企业的说法，病入膏肓了，早就该破产了。但是监狱又不能像企业那么洒脱，所以，我们只有团结一心，想办法维持正常运转，不要发生安全事故，把罪犯改造好，达到打击犯罪、预防犯罪的目的，这，我们已经是对国家作出了巨大贡献了，就是因为经济发展问题被撤职了，我也问心无愧，心安理得！”

彭家仲心情慢慢恢复了平静，有些歉意地看了一眼王福全，说：“王书记，我说话有些过了，你别介意。我有两个想法，一个是成立法律事务中心，主要是协助供销公司催收货款；二是把各单位的财务权统一收到监狱来，既可以刹住吃喝之风，又可以集中有限的资金用在刀刃上。把这两个工作做好了，期望能保障工资按月足额发放，我们再也不能欠民警职工的工资了，再欠也欠不起了，再欠我们就是罪人了。”

彭家仲说完，长长地叹了一口气。

王福全把烟头灭了，说：“我完全赞同，目前，监狱工作千头万绪，群众好不容易恢复了一点信心，可不能又夭折了。我这身体也不太好，也老了，你有什么办法，尽管大胆去干，我给你做好后勤工作。”

马洪扣说：“我跟王书记想法一样，支持你。”

黄昏时分，一阵阵狂风在隆隆的雷声中夹着雨点铺天盖地而来，雨点很稀，却如豆子那么大，雨点打在地上，噼里啪啦地闷响，堆积在路上的厚厚尘土四散扬起，空气中顿时弥散着窒息而呛人的气息。正在监狱那条金光大道上散步的人们一阵骚动，有孩子的一把抱起孩子慌乱地寻找可以躲避风雨的地方，叫家里人收衣服的喊叫声，此起彼伏地在风中回荡。当人们跑回家门或者站在楼道、小商店、小饭馆等着风雨来临的时候，雨停了，风住了，愈加闷热的气息夹着呛人的尘土味儿在蔓延。人们又迟迟疑疑地走出来，望着天上的乌云，猜测暴风雨是否还要来临。过了一阵子，乌云渐渐散去，西边的山巅上映射出一抹红霞，人们悬着的心终于落下来，纷纷咒骂这“雷声大雨点小”的鬼天气。

彭家仲从办公室出来，慢慢地走在监狱的金光大道上，听到人们对天气的咒骂，深深地刺痛了他的神经，他低着头，加快了脚步，回到招待所重重地把自己扔在床上，望着天花板出神……

今天上午在生产调度会上，为了使相关部门有个心理准备，也为了让那些卷入三无黑车的个别领导和一些也在经营着黑车的民警职工们有个心理准备，他在总结讲话时，把监狱下决心整顿运输市场的决定作为讲话的重点，阐明了党委、行政的态度，要求与黑车有瓜葛的，不管是领导干部还是普通民警职工、家属都要主动地退出来，否则将按照相关规定予以重处。同时要求相关部门和各监区提前做好准备，在监狱的领导下，根除这个困扰监狱几十年的顽疾，为生产经营工作开创一个良好的外部环境。为了表明他本人的态度，他反复强调说，古人云“新官上任三把火”，整顿运输市场就是他彭家仲烧的第一把火。

与会人员经久不息的掌声使他更加坚定了信心，哪知在下午的监狱长行政办公会议上，这件事却遇到了意想不到的阻力。这次的行政办公会除了王福全到省厅送清产核资报告去了没能参加外，其他监狱级领导都参加了，生产、经营、政工以及后勤线的部门领导和各监区监区长都被叫了来。他刚讲完整顿运输市场的必要性和重要性，郑怀远就发言表示坚决拥护他的这个决定，并表态要全力以赴协助他打赢这场攻坚战。

但是，郑怀远话锋一转，说只是现在整顿运输市场条件尚不具备，难度非常大。为什么历届党委都想规范又无能为力呢？这中间涉及的利益厉害关系的人不仅仅是我们监狱的民警职工和家属，其实我们监狱的人也只是占很小的一部分，大部分是地方村、乡镇干部，甚至县上的领导干部都卷入进来，众所周之，双河镇派出所和交警中队哪个民警不在经营黑车？说句耸人听闻的话，武警的个别干部也在经营着呢。

彭家仲听得有些冒汗，看看其他人，都频频在点头，他心里掠过一丝不祥的预感。

郑怀远继续说，前年，汪庆书下了那么大的决心，终于说动了县上交警大队，派交警来协助整顿，尽管那些黑车主们把各个监区生产区大门堵住，交警大队的人来了又怎么样？他们说这些人没有开车来公路上，他们就爱莫能助了，他们总不能先把人抓起来在审问他们有没有黑车吧？结果呢，不了了之，而且还有人告到市里和省厅，说双河监狱发生了群体性事件。你们说这是个什么事儿？现在，彭监你来了，采取了一些措施，稳定了民心，民警职工的精神风貌刚有起色，如果此事处理不好，可以说就会功亏一篑啊。

郑怀远这么一说，与会人员展开了激烈的讨论，大抵就是以马洪扣为首的一些人坚决主张整顿，以郑怀远为首的一帮人则主张谨慎行事，以免激化矛盾，造成群体性事件。公说公有理，婆说婆有理，彭家仲心里很不是滋味，就是自己拍板坚决整顿，但是在意见思想没有高度统一的前提下，他实在不敢确认整顿是否能达到预期目的；另外，他又很不甘心，自己上午才表态说这是他上任后的第一把火，可是火还没有点燃就这么熄灭了，他以后的表态还有谁信？

会议一直就这么争论着，到了四点半的时候，熊晓戈突然跑进来在他耳边说："彭监，生产监区办公室都打来电话，说不知道为什么那些黑车主们突然罢工，聚集在生产区门口叫嚷着要你给他们一个说法……火车转运站连续打电话告急，说还有 4 个火车皮没有装，怎么没人运输了？火车站可不等人啊……"

彭家仲脑袋一下子就懵了，他意识到整顿是不可能的了，这里还在开会，而那些车主们却都知道了。他与马洪扣低声交换了一下意见，沉着脸宣布："这个工作暂时放一放，郑志军，你去给那些人解释一下，叫他们马上恢复运输。"

彭家仲待众人走出会议室，靠在椅子上，浑身乏力，昏昏欲睡。

此时，他望着单调的天花板，感觉自己很可怜，也很孤单，他突然想回家，于是抓起手机，给妻子王卿打电话，本来想诉诉苦，可到嘴边的话却变成了这样："我刚从办公室回到招待所，工作还顺手，山里的人就是单纯，比城里的人好管理一些，你就放心吧……"

打完电话，他想痛痛快快地大哭一场。

这时候，手机又响起来，他看看号码，便接听说："你好……"

"郑怀远在县城请监区长们吃饭，说是要在半年之内把你赶走！"

第六章　监狱囚歌：民警子女的儿歌

雨下了一天一夜。

彭家仲早晨起来，发现雨停了。推开窗，一阵清冷的风扑面而来，他不由得打了几个冷战，找出夹克穿上，去食堂吃过早饭，便到办公室看书，却怎么也看不进去。

做了不到一个月的监狱长，他几乎被压得喘不过气来，几千人的吃饭问题都让他寝食难安，更不要说还有几千随时都可能闹事的犯罪分子。现在他才深深地体会到什么叫基层，监区分散在方圆 60 公里的群山之中，离监狱机关最远的有 69 公里，就是开车溜达，要跑完每一个二级单位，一天时间恐怕都不够。监狱如同一个缩影的小社会，麻雀虽小，却五脏俱全，医院、小学到高中，还有技校，都像模像样的。人员来自天南地北，构成复杂，风俗习惯和个性脾气相差迥异，民警之间的矛盾、民警与工人的矛盾、好人与坏人的矛盾、囚犯之间的矛盾、老干部与在职人员的矛盾、班子成员之间的矛盾、监狱与地方的矛盾、职工子女教育就业就医的矛盾，等等，说得简单而理论一点，就是人民内部矛盾和敌我矛盾错综复杂。正因为这个社会很小，所以每一个问题都指向他，任何事儿都是他的事情，于是他每时每刻都处在这些矛盾的顶峰，更要命的是，一个刑期在 10 年以上的罪犯逃跑了，不管他在监狱上班还是在外出差，很大的可能他连这个罪犯的姓名、年龄等基本情况都不知道，最终他都要承担经济的和政治的责任。他觉得自己如同大海里一叶扁舟，只要风浪一来，随时都可能葬身鱼腹，而问题是，连天老爷都不知道这风浪究竟什么时候会来。每天深夜，只要电话一响，他都要神经质地从床上弹起来，他现在理解了很多民警为什么抱怨觉得自己比犯人还不如的缘故了，犯人有刑期，刑期满了就解脱了，而这些民警呢？却是一辈子生活在这种压力状态之中。

治理一个监狱，比治理一个县都难。

那个匿名电话使他感到迷茫，他努力地使自己相信这个匿名电话是假的，但是他又不敢找某个监区长确认这件事情，事实上，他也不能去确认这件事，如果真那样做了，无疑是表明与郑怀远决裂，两人的矛盾将公开和表面化，这样做班子的团结就成了大问题，以后的工作将更加艰难。

午饭过后睡了一会儿觉，起来时候已是下午 3 点多，来到阳台发现，竟然是艳阳朗照，天高云淡，广袤而叠嶂的山峦，仿佛在一夜之间，被人用浓重的画笔在苍翠的青色中涂抹上了斑斑点点的藕黄色。一行鸿雁沿山脊滑翔，一群文鸟扑啦啦地飞来飞去，转眼又不见了踪影。蝉声依然高亢，但是在一阵阵微凉的风中戛然而止。

看来，这场雨后，秋天真的来了。

彭家仲想出去走走，遥望苍山，他突然想到蒲忠全，这个关押着老弱病残的非生产监区，他还没有去过。

彭家仲没有叫车，而是在双河镇租了一辆非法拉客的黑长安车。“长安”一听去四监区就直甩脑袋，坚决不去，说刚下过雨，要是陷在山上了，要当一晚上“山大王”不说，明天的生意又泡汤了。彭家仲说，那你要多少钱才去？“长安”说这不是钱多钱少的问题，这样吧，我给你喊个“摩的”（当地农民用摩托车从事非法载人，俗称摩的）。彭家仲心想，摩的就摩的吧，倒也落个轻松自在。

不一会儿，摩的来了，是一个 40 来岁的中年汉子，虽然脸膛黑黝黝的，眉宇之间有一股饱经风霜的气息，但是目光却很坚韧，还夹杂着几分犀利。他上下看了看彭家仲，说 20 元。彭家仲说能不能再少点？他说一口价 15 元。他见彭家仲还在犹豫，就说刚下过雨，路不好走，要不你明天再去，价钱会少一点，也安全一些。何况你现在去，也有点晚了。

彭家仲见他很实诚，于是说，15 就 15，走吧。

那汉子见他执意要去，便发动了摩托车，载着他朝四监区而去。

彭家仲问：“你刚才说现在去有点晚了，是什么意思？”

“看你的穿着，你如果不是去探监，到那鬼地方去干什么？万一你要看的人出去放牛去了，就是派人给你叫回来，估计也要点时间，晚上你怎么下山？”汉子大声说。

彭家仲“哦”了一声，还是有些纳闷，这人怎么对四监区那么了解？但是他又不好再深问。

山势很陡，一条像农村那种机耕道一般的泥巴公路像火车的轨道，很滑，摩托车突突突地嗷嗷直叫，又像是在喘着粗气，醉汉一般地前行。彭家仲看看左边的山崖，心里七上八下的，紧紧抓住那汉子的双肩，手心微微冒汗。到了半山腰的样子，有一条岔路向西而去，那汉子突然停下来说：“你抓紧了，还有3公里就到，但路更不好走。”

摩托车几乎无法前行，那汉子也高度紧张，慢悠悠地在很窄的路上寻找着可以通过地方。

“这条路怎么没人养护？”彭家仲问。

“别说话，专心赶路。”那汉子再次提醒说。

可汉子的声音刚落，摩托车突然熄火了，差点将两人甩下来。

汉子连连抱怨：“你看……一分神就陷进去了……”

他叫彭家仲从摩托车上跳下去站在路边的草上，自己则踩在泥泞里一边发动摩托车，一边推，费了好大的劲儿，才将摩托车弄出来。

彭家仲看看前面的路，说：“就送到这里吧，反正不远了，我自己走过去，给你钱。”

那汉子看看他，说：“谢谢你，一会儿下山我送你吧，减半，只要7块。”

彭家仲点点头，小心朝前走。

前面陡然出现一个山坳，山坳中央的公路旁矗立着一块巨石，石头的顶端很平坦，上面坐着两个老人，一个正吧嗒吧嗒地抽着旱烟。20多只山羊四散在巨石周围吃草，咩咩的叫声在山坳里清脆地回荡。

其中一个老人的话引起了他的注意：“昨天下午我又丢了一只羊，不知道是走失了还是又被他们套了去。”

他边说边朝公路延伸方向指了指，彭家仲不由得在巨石下停了下来。

另外一个老人将旱烟杆在石头上敲了敲，说：“你才没见了一只，算好的了，我那才叫倒霉，上山来放了4次羊，就不见了3只，不是劳改队那些死兔崽子还有哪个哟？”

彭家仲忍不住问：“你的意思是那些劳改犯偷走了你的山羊？”

两位老人吓了一跳，似乎才发现彭家仲在旁边，一齐盯着他不住地打量。那位拿烟杆的老人说：“不是他们还有哪个？”

“那，你们没有去找他们的管教干部？”彭家仲又问。

“找啥哟，找了也等于白找，都是一伙的，就是那些干部叫他们来偷的。他们也养着羊，就是你追到他们那里，只要他们把偷来的山羊往他们的羊堆里一放，哪能分辨得清谁是谁的啊？”老人叹息着说。

彭家仲有点不赞同这种说法，说：“羊就那么容易合群？”

“他们不准你进去，说是监管区，你怎么着？又不敢硬闯，你去找政府找派出所吧，这山路一个往返就几个小时，人家会来？就是来了，他们早就把羊杀了，明目张胆地炖在锅里，你能说那就是我的羊？”老人气呼呼地说，语气中很是无奈。

“是吗？监狱是把罪犯改造成……”他突然意识到面对这样两位朴实的乡民，他不应当用书面语言，于是改口说，“监狱不是把坏人改造成好人吗？怎么还会指使劳改犯又去乱整呢？你们是不是弄错了哦？”

另一位老人说：“听口音你是从外地来看人（探监的意思）的吧？你不知道，这劳改队偷羊的事儿，在这里已经不是什么新鲜事儿了，连小娃娃都知道。”

彭家仲心里一惊，问：“既然这些干部不理睬，那，你们没有去找他们的上级，到监狱去反映一下？”

“哪里没有反映嘛？他们叫我们提供证据，你说这荒山野地的，到哪儿去找什么证据？去年我看到一个劳改犯正在牵我的羊，就偷偷跑过去抓住他的衣服不放，要他跟我去派出所。你猜他怎么着？咳，他反过来一把把我领口封了，还不干不净地叫骂，说哪个龟儿子能证明我偷你羊了？别没事找事儿哈，老子刑期比命都长，早就活腻了，还怕你不成？惹毛了，老子一把火把你房子烧了……我还真有点怕，万一他横起来，真的把我家房子给烧了怎么办？”老人说到气头上，将手在空中舞了几下，然后又无力地垂下，“唉，这里的老百姓不怕穿制服的，就怕那些个光头。”

拿烟杆的老人接口说：“是啊，那些劳改警察倒是没有什么能耐，他们管不着我们，但是那些劳改犯却惹不得，他们才真正是国家人，打了你就挨着，找哪个都不起作用。”

“这，我又不明白了，你们不去告他？”彭家仲越来越感兴趣，追问道。

“告？你告哪个？他们一溜烟跑回牢房躲起来，哪个派出所敢挨个挨个地去清？反正这劳改队的话儿，三天三夜也说不完……”

另外一个老人来劲了，神秘地说：“你不知道啊，当今这犯法的尽是些聪明人，有真本事呢。这劳改队可是藏龙卧虎之地，据说还有飞檐走壁的，厉害着呢。这不，就上个月，我放羊遇到一个劳改犯，岁数跟我差不多，50几岁，他跟我说他可以在半个小时内把我的手表神不知鬼不觉地偷走。我不信，他就跟我打赌，如果我输了，就给他捉一只鸡来。嗨，还没得半个小时，那老头还真把我手表偷了去，我现在还在纳闷呢，我把手表戴在手腕上的，怎么当时就没有一点感觉呢？”

拿烟杆的老人呵呵直笑，说：“你那算什么？我隔壁王麻子家有一条狼狗，平常那个凶呀，谁都不敢接近他的房子。前年夏天一个晚上他赶集回来，见一个人赶着他家的狼狗，那狗平常见到他别提多亲热了，可那时却像被人取了脑子一般，只顾走，根本不搭理他。他一看，赶狗的人是个光头，知道遇到劳改队的高人了，狗也不要了，只顾作揖，想拜他为师。据说那高人倒还豁达，在他耳边说了几句，等王麻子回过神来，高人和他的狗早就不见了。后来，王麻子去了大上海，据说做起了狗肉生意，如今发啦！”

彭家仲笑也不是哭也不是，老乡们以讹传讹，把监狱、把罪犯神秘化了。转念一想，不由得连连喟叹，连监狱周围的老百姓都这么看待监狱，那么社会上对监狱的误解就更深了，于是便顺着他们对自己的猜测，期望更正他们的这种说法：“说实话，我是来看我表弟的，他在四监区劳改。其实呢，我看罪犯也是人，跟我们一样是再普通不过的人，我那表弟文文弱弱，打小到现在，我俩扳手劲，他从来都没有赢过。”

“你表弟没有这本事，并不就说其他人没有这本事嘛。年轻人，这劳改队我们可比你知道的要多得多哟。”老人显然对他的话很不满。

彭家仲不想跟他们在这个问题上再纠缠，于是岔开话题，问：“他们还偷其他东西？”

“偶尔没见了一只鸡鸭什么的，不知道是不是他们干的，其余的东西倒是很少丢失。”

彭家仲听了老人这句话，几乎可以确信，四监区真的有罪犯在偷老乡的山羊。

这时，远远地看见有人从山下走来，像是四监区的民警，彭家仲连忙离开山坳，慢慢地走，待这些民警走近了便背过身子装作看风景，还好没有人注意到他，抑或他们压根儿就没有想到双河监狱堂堂的监狱长此时会走在这崎岖的山路上。

蒲忠全睡得昏天昏地，直到感觉全身酸软，才披了一件衣服，穿了一双拖鞋啪嗒啪嗒地来到监房找罪犯冉金旺下了几盘象棋。冉金旺让了他几盘，估计已经把他让得高兴了，才说："老大，今晚吃羊肉不？这几天我们又弄了几只羊子，膘肥肥的，估计还是今年春上才出来的崽子呢。"

"上个礼拜不是才吃了吗？来来来，再来一盘。"蒲忠全摆着棋子说。

冉金旺一脸媚笑，招呼几个围观的犯人，把马屁拍得山响，说："劳改就要在四监区，世外桃源，又遇上蒲监区长这样的好领导好干部，正好修身养性，把自己的恶习改掉，重新做人。兄弟们都说跟着老大你是上辈子修来的福呢，大块吃肉，大碗喝酒，日子比在外边还逍遥快活呢。兄弟们，你们说是不是？"

几个围观的犯人哪个不想吃羊肉，都热烈地说是。

冉金旺越说越来劲："现在我们监狱不是被摘掉了省级文明监狱的帽子吗？这新监狱长一上来又提出创省级现代化文明监狱，我看呐，要是都是蒲监区长这样的好干部，这双河监狱早就是现代化文明监狱了，还创个鸟啊？"

犯人们都一齐说是，气氛比先前更热烈了。

蒲忠全环视了他们一眼，"你们就那么一点出息？不就是海吃一顿羊肉吗？把老子都要快吹成玉皇大帝了，至于吗？"他将冉金旺的一个车拿掉，"先赢了我再说。"

冉金旺心里立即笑开了花，在他眼里，这位监区长的象棋技艺很不入流，平常让他几盘，他就以为自己的水平很高了。他明白蒲忠全打的算盘，认为自己的技艺本来就比冉金旺高，加上拿掉他一个车，赢这盘棋十拿九稳。但是，他不能把这层意思说破，于是装作很痛苦很无辜地说："老大，你本来就比我水平高，还拿掉我一个车，这棋不下都知道结果了啊……"

蒲忠全被他说得舒坦，把车扔给他，说："少废话，让你先走。"

冉金旺把七星兵拿起来，犹豫了一下，又放回去。

蒲忠全说："摸子不悔，就走这个兵，快点。"

"我知道监区长是言必信，行必果，这盘棋关系到大家的羊肉，所以感到责任重大……"冉金旺哭丧着脸说。

“你还敢在我面前装？告诉你，你那点花花肠子还瞒得了我？愿赌服输，快走七星兵。”蒲忠全笑骂道。

另外一些犯人也围了过来，虽然都在暗暗为冉金旺鼓劲，却大气不敢出地静静地站在那里，眼睛瞪得如铜铃一般，死死地盯着棋盘。他俩都是快棋，你来我往几十个回合下来，蒲忠全这边全士象，还有一匹马；而冉金旺那边残士象，还有一个车和兵。局势很明显，如果不出意外，冉金旺就赢定了，大家都齐刷刷地看着蒲忠全。蒲忠全把棋子一推，问：“还剩几只羊子？”

犯人们一阵欢呼，张罗着杀羊子去了。

四监区休大礼拜的民警陆陆续续地回来了，见犯人又在杀羊子，不管男的还是女的，都围过来看热闹，七嘴八舌地指挥冉金旺他们杀羊刮毛。

蒲忠全走过来看了看，对冉金旺说：“我说兄弟，你不是说肥肥壮壮的吗？你看看这只，瘦得可怜，下次你再给我弄这样的回来，看我不收拾你。”

冉金旺低声说：“老大，现在不好弄了，有就不错了，那些放羊的被我们偷怕了，盯得紧……”

一个民警学着蒲忠全的口吻说：“革命不是请客吃饭，哪里跌倒就在哪里爬起来！”

其他民警一阵嬉笑。

蒲忠全并不在意，也跟着笑。

又一个民警也学着他的口气对冉金旺说：“你老糊涂了？哪个叫你去偷来着？这里是监狱，你是来接受改造的，我们是执法者，怎么能叫你去干违法乱纪的事情呢？这不叫偷，叫弄，知道不？”

冉金旺连声说：“是是是，叫弄，弄……”

众人又是一阵大笑。

这时候，王亚敏也回来了，远远地听到笑声，一进监区门就嚷：“咦！这么热闹……今天又是什么日子啊？这是谁的主意啊？我可有意见了哈，明明知道我们回家都吃了一肚子的油，根本不想吃了，却偏偏要吃羊子，这不是明摆着不想让我们吃吗？”

监区一般吃羊肉都在星期四晚上，蒲忠全不好意思说是下棋赌输了的，只好揶揄地笑笑说：“今天好日子啊，我们中国的情人节呢，现在不是流行这样的说法吗？漫漫人生路，谁不错几步。家庭要照顾，情人也得处。家里有个做饭的，外面……”他意识到在犯人面前玩笑开过了不太好，自己毕竟还是个监区长，看到她鞋子和裤脚上都是泥巴，于是嘿嘿干笑几声，马上改口说，“张景然，你去给王干事打两瓶开水来。”

张景然立即应声小跑而去。

其他民警认为蒲忠全在王亚敏面前说漏嘴了，都跟着起哄说还是监区长想得周到，大伙吃了这顿羊肉，都学学咱们监区长找个织女去。

王亚敏呸了一声，哂道：“这荒山野地的，尽是些光头和尚，你们就美吧。”

张景然已经提了两瓶水过来。王亚敏说：“走，给我提到办公室去。”说完就走，张景然只好跟在后面。

一大群人闹腾了一阵子，几只羊也被刮剥得白白净净的，冉金旺几个人抬着进厨房去了，民警们才渐渐散去。

就在蒲忠全他们指挥犯人杀羊的时候，彭家仲正站在监区背后的小山坡上，目睹了这一切，也隐隐约约地听明白了他们的对话，很想走下去马上宣布撤掉蒲忠全的监区长职务。他压抑住徘徊在内心的怒火，深深地呼吸，试图使自己冷静下来。过了一会儿，他感到这种努力是徒劳的，看来今天是不能到监区去了，他自己都不敢肯定如果此时下去，会作出怎样的激烈的反应。就算此时把火压下去了，一会儿蒲忠全热情地请他吃偷来的羊肉，他能吃得下去吗？他能保证那时候的情绪还很稳定吗？于是，掉头就往山下走。

走了一阵，快到岔路口的时候，一阵歌声隐隐约约地传来，虽然听不清唱的什么，但是调子很熟悉，他一边走，一边仔细听，越听越纳闷，越听越吃惊，原来有人在唱一首所有罪犯必唱的歌，至于歌名，他也还不清楚。对于这首歌，他自从到双河监狱上任以来，每到一个监区，都能听到罪犯们嘹亮地在唱，耳濡目染，他现在也能哼上几句。

但是唱歌的人不是罪犯，咿咿呀呀的童声表明唱歌的人是个孩子。

彭家仲加快了脚步，在通往四监区的公路和乡村公路分岔处，一个约莫四五岁的小女孩正坐在一块石头上玩耍，时而或哼或高声唱几句这首囚歌，童音清脆无邪，让寂寥的山林顿时充满了朝气，只是这样一首囚歌从小女孩的口里唱出来，显得很是不伦不类。他走近一看，原来小女孩正在摆弄几个大蜗牛。

小女孩也发现了他，抬头望了他几眼，继续哼唱着，并不怎么怯生。

彭家仲发现，虽然她头发有点凌乱，衣服很破旧，脸色黝黑，打着一双赤脚，小脸蛋和头发上还有星星点点的泥巴，但是她并不像附近农家的孩子，便蹲在她面前问："小妹妹，你叫什么名字？怎么一个人在这里呢？"

"我叫小小，我在这里等我爸爸。"小小抬起头又看了他一眼，随即低头继续摆弄那几个蜗牛。

"你一个人在这里不害怕吗？"

"这里是我家，我爸爸是警察，怕什么呀？"小小用手指指四监区的方向，骄傲地说，"我家就在那边。"

小小的话勾起了彭家仲的好奇心，问："你等你爸爸呀，爸爸去哪里了呢？"

"爸爸到场上去给小小买棒棒糖去了……哦哈……"小小惊叫一声，原来她的一个蜗牛掉在石头旁边的灌木丛里面去了。她利索地跳下石头，就要去寻找。

那灌木丛的外边就是一个很陡的山坡，彭家仲一把拉住她，把她抱上石头，说："别去，危险，叔叔帮你找。"

他费了好大的劲儿才将蜗牛找到，递给她后，一边拍打身上的水滴和枯草的残片，一边问："小小，这是一首什么歌？怪好听的。"

小小甜甜地笑，说："谢谢叔叔……这是《逃跑无出路》，你喜欢听？那我唱给你听。"接着，她高声唱了起来，"'逃跑无出路，逃跑无出路，逃跑是继续犯罪走绝路；全国人民觉悟高，哪里有你藏身处，危害人民犯了罪，改恶从善才是光明路，悬崖勒马尚未晚……'"

彭家仲有点心酸，监狱民警的子女就是在这样的环境里长大的。

等小小上气不接下气地唱完，彭家仲使劲地拍拍手，连声说小小唱的好，然后问："是你爸爸教你唱的吗？"

"不是，是跟那些光头叔叔学的。"

彭家仲心里咯噔一下，连忙问："你是说是那些罪犯……是那些坏人教你唱的？"

小小站起来，不满地撅撅嘴，说："他们不是坏人，他们对我可好啦！"

彭家仲的心一下子沉重了很多，又问："他们被关在牢房里，你怎么能进去？你不能进去，他们怎么会教你唱歌呢？我不信。"

"谁说我不能进去？我天天都进去跟他们玩呢。"小小有几分得意，说，"不用他们教，他们天天都在唱，我就学会了嘛。"

按照法律规定，民警子女是绝对不允许进入监管区的。彭家仲想起前几天还看到司法部关于某监狱罪犯将进入监管区玩耍的一个民警的小孩劫持为人质的通报，他不禁打了几个寒战。

其实，在双河监狱像这样的严重违规问题很多，找罪犯干私活甚至把警服交给罪犯洗的、民警的家属甚至女性民警职工到监区罪犯洗澡堂洗澡的（这里大部分家庭没有安装热水装置，监区罪犯洗澡堂可以洗热水澡）、叫罪犯给子女辅导功课的、给罪犯捎书带信的、女性民警直接管理罪犯的、工人行使警察职权管理犯人的，如此等等，在这些方面都出过事，有些还是很严重的监管事故，一个又一个的案例使他心惊肉跳、坐立不安。但是其他班子成员却似乎并不上心，都见怪不怪一般。他跟王福全和马洪扣分别都交换过意见，想大刀阔斧、雷厉风行地整改，规范执法行为，但是就连马洪扣这样坚持原则的人都认为积重难返，不能操之过急，加之他上任后的第一把火半途夭折，只好暂且将此事搁置下来。但每每看到这些违法违纪现象，他作为监狱的最高行政长官，却无能为力，心里不由得涌出无限的悲凉来，他才明白什么叫守着“火山口”“炸药库”。不过，更让他感到悲哀的是，他每天一来到办公室，忙忙碌碌所处理的日常事务几乎都是生产和经营方面的问题，有时候连他自己都分辨不清他究竟是监狱长还是厂长，或者说他究竟是执法管理者还是生产组织者……

“叔叔，你是不是生病了？”小小见他发呆，担心地问，接着又说，“你别怕，我们那里有个光头叔叔是医生，听爸爸说还是省城医院的大医生呢。”

小小的话打断了彭家仲的沉思，他摸摸小小的头说：“叔叔没有病……”

小小哦了一声，又开始哼《逃跑无出路》。

彭家仲问：“小小，你还会唱其他歌吗？”

小小摇摇头，说：“会几首，是阿姨们教我唱的，不过，我都唱不完，只有这首我唱得完。”

小小的话像一把刀子，刺痛了他的心，良久又问：“你妈妈呢？难道你妈妈没教你唱歌吗？”

“我没有妈妈……”小小的情绪一下子低落起来，坐在石头上，双手托腮，怔怔地望着西边快要落山的太阳出神。

彭家仲爱怜地拍拍她的头，不知道说什么好。

“妈妈跑了，不要小小了……妈妈……”小小喃喃地说了几句，突然仰起头，眼泪汪汪地望着彭家仲，“爸爸说妈妈跑到青州去了，叔叔，青州远吗？”

彭家仲的心更沉重，竟然找不到合适的语言来安慰这个可爱又可怜的小女孩。

这时，小小却欢呼雀跃起来，指指山下，说：“爸爸回来啦……”

顺着小小所指的方向，彭家仲隐隐约约望见一辆摩托车在弯弯拐拐的山路上像蜗牛一样爬行着，过了好一阵子，小小的爸爸才来到他们跟前。

小小的爸爸跳下车，取下头盔，先跟彭家仲打了个招呼，然后蹲下来把小小搂在怀里，从衣袋里拿出一个棒棒糖，慈爱地说：“小小，爸爸还得送这位叔叔下山，你在这里等我呢还是自己先回家？”

彭家仲大吃一惊，原来小小的爸爸就是送他上山的摩的师傅。

小小麻利地将棒棒糖拆开，放在嘴里美滋滋地吮吸着，说：“我在这里等你。”

小小的爸爸跳上摩托车发动起来，对彭家仲说：“我们走吧。”

彭家仲看看小小，说：“还是叫她回去吧，这里很不安全。”

“都习惯了，没事的。”

由于路况的原因，摩托车比上山还要慢。小小的爸爸一边开车一边说：“你看到人了吧？我叫李家兴，就住在四监区，以后来探监还是坐我的车，要得不？”

彭家仲说：“你是管教干部，警察啊，收入应该很高呀，怎么还开摩托车挣钱呢？”

“收入高？那是你们外头人想当然的，高啥子哟，一月就五六百元钱，要是真有你们那么高，我老婆也不会扔下我们爷儿俩跑了……”李家兴叹息，没有再说下去。

“哦？”彭家仲无语，想了想，问，“你作为一名公务员、监狱警察，却开摩的，你们单位不管你？”

“管？我凭自己双手挣钱，又没有违法乱纪，我违反了哪一条？他们管得了吗？”李家兴说完，停顿了一下，深深地叹息，“你们外头人一听说警察下班后开摩的挣钱，都不可思议，是吧？唉……这也是没有法子的事……”

彭家仲沉默了，如果没有很特殊的原因，他知道李家兴是不会来开摩的的。他很想知道具体是什么原因，但是李家兴突然打住话题，他也不便再问，以免剥夺了这位单亲爸爸作为人民警察最后那一丁点儿尊严。

漫天的晚霞把远山近水染上了一层如梦似幻的色调，静谧的山林透出几分浪漫，在绚丽的霞光中，彭家仲给李家兴 100 块钱，不等他找零，就拐进小巷里大步而去，消失在李家兴的视线里。

一夜无眠。

第二天，彭家仲刚进办公室，就叫熊晓戈给他把《逃跑无出路》的歌词找来。

“逃跑无出路，逃跑无出路，逃跑是继续犯罪走绝路；全国人民觉悟高，哪里有你藏身处，危害人民犯了罪，改恶从善才是光明路，悬崖勒马尚未晚，亲人期盼莫辜负；四化建设无限好，莫把青春再虚度，四化建设无限好，莫把青春再虚度。逃跑无出路，逃跑无出路，逃跑是继续犯罪走绝路，逃跑无出路，逃跑无出路，逃跑是绝路。”

读着读着，他模糊的视线里，小小的身影挥之不去。

过了一会儿，熊晓戈进来提醒他去开生产调度会，他点点头，吩咐熊晓戈马上去把顾卫国和常佳微叫到他办公室，又给分管生产的杨志刚打了个电话，说上午他临时有事要处理一下，叫他主持生产调度会就是了。

政治处主任顾卫国和组织科科长常佳微匆匆赶来，刚坐下，他就说：“四监区监区长蒲忠全指使罪犯偷老乡的山羊，与罪犯称兄道弟，作为领导干部，不关心民警疾苦，你们说按纪律规定应当给予什么处分？”

熊晓戈给顾卫国和常佳微倒了一杯水，便退出监狱长的办公室，刚好走到门口，听到彭家仲这么说，心头一惊，迟疑了一下，立即闪身出去。

第七章　饮食男女：山里来的警察

初秋的晨曦拖着长长的尾翼，拽着一片片湿淋淋的白雾，在山林里轻纱一般地荡漾，突然一阵高亢的歌声传来，惊醒了犹在酣睡的大地。

歌声也惊醒了正在酣睡的李小小，因为那歌声在她出世的那一刻起，一直伴随着她，每天早晨，她总是在这首《逃跑无出路》的歌声中醒来。她轻轻地跟着哼唱，唱完了，又侧身闭上眼睛，不一会儿又进入了梦乡。

歌声也把蒲忠全吵醒，他昏头昏脑地坐起来，含混不清地骂了一句，又倒在床上，将被子捂在脑袋上。一只鸟儿放开嗓门，在蒲忠全窗子外的榆树上啁啁啾啾地唱歌，蒲忠全吼了几声，那鸟儿似乎没有听见一般，依然在使劲地唱，仿佛在呼唤它的终身伴侣。

榆树长在他住的平房的下方的山坡上，树冠仅仅略高于窗户。蒲忠全从床上跃起来，拉开窗帘，随手将桌子上半杯白开水朝树上泼去，随即从茂密的树冠里一前一后飞出两只鸟儿，转眼就消失在山林中。

“妈的，老子还没有老婆呢，卖弄个啥？”蒲忠全认为一定是一只公鸟正在泡一只母鸟，心里很不平衡地乱骂，但他马上又笑起来，跟两只鸟较什么劲儿？呀，今天不是约定去尚庆镇相亲吗？他一下子变得精神抖擞，麻利地洗漱，换衣服，然后哼着小调出门。

刚走几步，一盆水突然从一间屋子里泼出来，蒲忠全连蹦带跳地躲闪，差点泼了他一身，他连忙左右看看上个月托人在青州市买回来的夹克衫，“还好……”他幸庆地抱怨了一句。

这时，王亚敏探出头来，正要道歉，却发现他穿着崭新的蓝色夹克，不由得“咦”了一声，说：“什么时候买的这件衣服？”

在王亚敏的记忆中，几乎没有见过他穿便装，不管严冬酷暑，都是清一色的警服。

“怎么样？帅吧？”蒲忠全拍拍夹克说。

“切，好难得哟！坦白从宽，说，今天你要去干什么坏事？”王亚敏穿着低胸的碎花布裙子，从屋子里走出来，手里提着洗脸盆，靠在门框上似笑非笑地盯着他。

蒲忠全瞄了瞄她身上的敏感部位，说：“坦白从宽，牢房坐穿……你穿得这么性感，想腐蚀我的革命意志呀？我还是闪了为妙。”

说完，他扭头就走。

“哈哈……”王亚敏一把抓住他，又上上下下地一阵猛瞧，弄得蒲忠全很不好意思，左右撇着脸躲闪她的目光。王亚敏看着他那窘样，开心地笑，松开手，说：“莫不是去相亲？不过，你这副打扮，恐怕找不到有品味的姑娘……”

这可是他最值钱的衣服啊，蒲忠全愣愣地问：“怎么说？”

“嘿，你先说你到哪里去相亲？”

“尚庆镇……”

“你想当一辈子山大王？难道再等几年都不行？”王亚敏脱口而出，又似乎发觉声音有点高，下意识地捂住嘴巴，然后前后看看，确信没人，松了一口气。

蒲忠全知道她的意思，四监区距监狱机关 9 公里，距尚庆镇只有 3 公里，从监狱机关沿山脚往尚庆镇还要远些，如果找一个那里的姑娘成家，他不可能将家安在四监区，更不可能安在监狱机关或者附近的监区，只有安在尚庆镇，又要工作，又要照顾家庭，他最好的选择就是一辈子在四监区这山上工作。

“山大王就山大王吧，只要能活得轻松自在一些……”

蒲忠全嘴上虽这么说，但神情还是有些黯然。说完，他转身大步而去，王亚敏在后面喊，绿色的上衣与黄色的警裤很不协调的，你还是换一条便裤吧。蒲忠全好像没有听见一般，转眼就消失在平房墙体的拐角处。

王亚敏久久地望着他消失的墙角，心里很不是滋味。

谁想在这个“世外桃源”生活一辈子啊？就是以后调到其他监区哪怕是离监狱机关有60多公里之遥的五监区，那又怎么样呢？日子还不是要过？双河监狱社会统招的大专毕业生就很少，像蒲忠全这样的本科生掰着手指都数不出来几个，按理说，应当是国宝级的，不存在找不到对象的问题。然而，就是没人看得起蒲忠全，刚报到的时候，还有人给他介绍对象，他的条件说来也不算高，就是要对方有份工作，家庭的经济条件好一些。他清楚地记得给他介绍的第一个对象在监狱医院当护士，虽说是工人身份，但她老爹是个科长，还算是个有头有脸的人物。第一次见面后都很满意，但是蒲忠全把自己家里的情况如实介绍了后，对方一家人都沉默起来，那尴尬和令他窒息的场面好长一段时间都深深地烙在他的心里，时常隐隐作痛。后来被分配到四监区，还是有热心人给他介绍了几个对象，只不过对方的条件越来越差，到最后甚至是待业女子，蒲忠全除了要自己养活自己，还要咬紧牙关帮助老家的父母还债，哪能再去养活一个没有工作的啊。

在那些漫长寂寥的岁月里，蒲忠全还是有关于美丽浪漫爱情的回忆的。

在参加工作的第二年秋天，回老家的路上。

蒲忠全回趟老家很麻烦，天不亮就要去双河镇乘汽车到青州市，再转车去老家的县城，而且必须在下午2点以前赶到，否则就只有在县城住一晚上，要等到第二天下午2点了。那一次从青州市到县城的汽车在路上堵了20分钟，他一下车就以百米冲刺的速度飞奔到售票窗口，买了票，立即又到检票口检票，走到车门口时候才松了一口气。

哪知这神经一放松，问题就来了，原来他早就想尿尿了，如果再不上厕所，恐怕车子开出车站不到10分钟他就要尿到裤裆里了。他看见车门前有一个女子，不管三七二十一，把旅行袋往她面前一放，说帮我看一下，我WC。那女子没有回过神来，他已经跑到候车室了。等他跑回来时，那女孩还站在车门口，她把旅行袋交给他，就走上班车。蒲忠全晃眼瞄了那女孩一眼，心头划过一丝异样的感觉，他有些奇怪，正在脑海里飞速地搜索，司机催促他上车的声音打断了他的沉思。他连忙放好旅行袋，上车找座位，令他很惊喜的是，他和这个女孩竟然是挨着坐。

车厢里乱哄哄的，虽然都是本乡本土的，但是蒲忠全一个都不认识，唯一让他眼熟的是那些村民们油黑油黑的皮肤、额头上饱经沧桑的皱纹和浑浊的眼神，还有弥散着呛人的旱烟和臭汗味……蒲忠全侧头想对那女孩说一声谢谢，可当他的目光在女孩的身上划过时，先前那种异样的感受又升腾起来，眼前这位女子，眉清目秀，宛如出水芙蓉，在这车人里尤显得那么超凡脱俗，令他回想起读初中回家的路上，走累了，就坐在悬崖上望着天上朵朵白云，妄想七仙女的妹妹从朵朵云彩中翩然而至……对了，她，这位在这辆破车里的仙子，好像在哪里见过……

“你怎么连一声谢谢都没有？”

蒲忠全恍然从美梦中醒来，才发现自己的目光是多么的呆滞，这种目光如果停留在一个美丽的女子的脸上，如果是他管教的罪犯，他会毫不含糊地扣他的改造分，外加面壁 2 个小时，或者犒赏 10 警棍，因为这个罪犯不仅亵渎妇女，严重违反监规纪律，而且充分暴露了他劣根很深，如果不加以矫正，难以改造成社会主义的守法公民。他有些脸红，急忙把目光收回来，语无伦次地说：“谢谢谢谢谢谢……”

那女子嫣然一笑，说：“你就不怕我把你行李拿走？”

“你会吗？”蒲忠全又看了她一眼，依旧在脑海里搜索，期望在记忆中能找到一些线索，哪怕是一些记忆的残片也好。

“这次不会，下次我一定拿走。”她语气很肯定，让蒲忠全很错愕。

“我们？我们……在哪里见过？你是……喔……”蒲忠全又变得语无伦次，又转头看她，发现她也在看他，于是连忙回避她的眼睛，还是努力地用眼角的余光扫描着她。

“蒲忠全，你没有变，还是那样衣服，还是浅平头，还是那种不知所措的笑。”她注视着蒲忠全轻轻地说。

“啊？”蒲忠全镇定下来，转头打量着她。

“看来，你认不出我来了……”她似乎有点伤感。

“林楚？”蒲忠全突然惊叫一声，一下子把很多人的目光都吸引过来。

林楚笑靥如花，说：“看来你良心未泯……”

林楚是他初中同班同学，在那个情窦初开的青涩岁月里，他爱躲在远处偷偷地看她的美丽，但是 3 年里，却没有说过一句话。后来，各自上了高中，他在县城的重点学校，她在镇上的普通高中，再后来，她渐渐在记忆中变成了一个美丽的影子，时断时续，像丢在风中的纸屑……

“我还是原来的我，没变。”他嘴角微微地上翘，看着她坏坏地笑，“我不敢变，我怕啊！怕你会认不出我来。”

“真的没变啊？！口音没变，但是没有了羞涩，还甜言蜜语、油嘴滑舌，老实交待，有多少个单纯的女孩被你坑蒙拐骗了呢？”她的眼神闪烁，脸上流露出一丝捉摸不定的表情。

这种表情让他感到很愉快而放松，10 年，相隔 10 年了，这 10 年里有太多的话题，在不知不觉间，车子已经到了镇上。

蒲忠全知道他俩的邂逅要结束了，她住在镇上，她要下车了。

她说：“我要下车了……”

“嗯……”蒲忠全机械地点头，此时心里突然很乱，不敢看她一眼。

“那，我走了哦……”

“嗯。”蒲忠全还是机械地应答一声，依然不敢看她。

直到她站起来，他才把目光锁定在她的背影上。她没有回头，走下车，消失在他的视线里。

他心里空落落的，落寞地蜷缩在椅子上。在车子发动的那一瞬间，林楚突然从外面扔了一个东西进来，然后朝他挥手。

他愣愣地看着她，忘记了挥手。

只是把她扔进来的那团纸一样的东西紧紧地捏在手心里。

车子离开了镇上很远了，他才把手摊开，是一张被揉成团的一块钱的纸币，纸币上，写着她现在的工作单位和联系地址。

她高中毕业那年没有考上大学，托熟人在他就读的重点高中校复读，第二年考上了一个专科学校，毕业后分配到青州地税局工作。对于蒲忠全所在的四监区来讲，青州市就是他心目中的大城市了，自从到山上报到放牛后，他唯一的奢望就是能回到山下小镇上的监狱机关或者散落在机关附近的监区工作，压根儿就没有奢望再回到城市生活工作，想都没有想过在青州这样的城市找个媳妇。蒲忠全犹豫了又犹豫，在返回单位的半个月之后，他还是给林楚写了一封信。从此，他和她之间开始了信件的往来，从每月一封到每半月一封，再到每周一封，后来几乎没隔两三天他都要收到林楚的来信。在山上寒冷的冬天，在每一个寂寥的夜里，给林楚写信成了他最充实最快乐的一件事情。

那是参加工作以来，迄今为止度过的最快乐的冬天。

一切似乎已经水到渠成，林楚多次提出要来他单位看看，也想看看监狱是个什么样子，蒲忠全总是以各种理由搪塞，他要等待第二年春天山上映山红沸沸扬扬地盛开的时候，那是四监区最美丽的时节，他才敢让这位心中的仙子来。

诚然，林楚看见了团团簇簇的杜鹃花，领略了飘渺如仙境一般的四监区。然而，青青的草和满山的野花的香，还有沁人心脾的山风，被夜晚的单调无情地抹杀了。林楚在王亚敏的房间里一夜未眠，第二天眼睛红红的，对蒲忠全说："把工作辞了吧，跟我去青州。我有固定工作，你随便去找份工作，就算一年半载找不到合适的工作，我的收入完全可以供我俩开销。"

蒲忠全沉默了。

一个月之后，林楚打来电话，问他想好了没有，蒲忠全依然沉默，从此，他们之间的通信又开始时断时续，到后来又失去了联系。

谁不想去城市生活啊？蒲忠全不是不想离开这里，但是每次回家，看到才50岁的父母又苍老了许多，还起早摸黑地干着农活，心头总有说不尽的酸楚。他们家三兄妹，弟弟在上大学，妹妹在读高中。为了3个子女读书，家里已欠债3万多元。在现阶段，他的工资是维持家里人温饱的主要收入，他实在不敢冒险，监狱是他，也是他们家最后的屏障，要是他没有了收入，这个家恐怕就难以维持了。记得刚参加工作的那年冬天，妈妈给他送了一些米来，上百斤的大米啊，下车后妈妈舍不得1块钱坐摩的，硬是背着，辗转找到了他。第二天，妈妈就要赶回去，说家里农活太多，他爸爸一个人忙不过来。蒲忠全从自己留的150元生活费抽出100元给她。后来听妈妈说，好多年身上没有揣过这么多钱了，又走那么远的路，怕掉了或者小偷偷了去，就把钱放在脚底，外面穿着袜子，提心吊胆地回到家里，取出那一百块钱一看，百元钞票有一面被磨掉了一半，只好到信用社去换，结果只兑换了70块，心痛了好久……

妈妈的讲述带着一种幽默和自嘲的轻松，蒲忠全却听得酸酸的，从和林楚又失去联系后，他找对象的唯一条件就是能先借给他2万元钱，把家里的账还上大部分，让身体一年不如一年的父母减轻一点心理压力。

当然没人愿意嫁给这样一个家庭了，渐渐地，人们似乎把他给忘记了，很多人压根儿就没在意在那座高高的山林中还窝着一个找不到对象的大学本科生。

直到去年冬天，魏德安找到王福全叫嚷着不当这个监区长，说自己在山上待了大半辈子，也让他到山下享享福。王福全说你下来职位不好解决。魏德安说我都快退休了，还要什么职务啊！只要党委调我回狱部，我不要什么职务。王福全没法，只好把他安排在一监区，保留正科级。一监区也觉得不好安排工作，于是就叫他自己选，随便他想干哪个岗位。魏德安说我守门吧。就这样，双河监狱历史上出现了第一个正科级内看守。

在王福全的坚持下，蒲忠全被破格提拔为监区长，他一下子又跃入了人们的视线，要知道，在双河监狱的历史上，能从分队长一下子被提拔为监区长，仅蒲忠全一人而已。很多人一时之间回不过神来，王福全为什么要帮蒲忠全？要说王福全收了他的什么好处，就凭他蒲忠全那窝囊穷酸相，也拿不出几个子儿来。人们前后联想起来，认定王亚敏看中了他，要不为什么要去四监区那地方，凭她还怕不能待在监狱机关？前年调她去宣教科，她死活不去，不是为了蒲忠全为了什么？

当包括熊晓戈在内的一些平常和蒲忠全要好的人三番五次询问他的时候，他总是笑而不答，而王亚敏呢？也是笑而不答，于是，蒲忠全一下子身价百倍，不管走到哪里，都会受到热情地接待。

顾卫国和常佳微都吃了一惊，这几条都是可轻可重的，都摸不清彭家仲究竟什么意思，但是可以确信一点的是，他至少掌握了蒲忠全偷山羊的证据。顾卫国虽然一直不相信什么传言，但是涉及到了王福全，人世间没有无缘无故的爱，也没有无缘无故的恨，老爷子既然那么下力气地帮助蒲忠全当上了监区长，他不得不三思而行了。顾卫国最爱读一个叫《刺猬与狐狸》的古希腊寓言故事，说的是狐狸设计了无数复杂的策略，偷偷向刺猬发动进攻。但每一次刺猬都蜷缩成一个圆球，浑身的尖刺指向四面八方。其实，人也可以划分成两种基本类型：狐狸和刺猬，狐狸虽然很狡猾，但是思维是凌乱或是扩散的，从来没有使它们的思想集中统一过。而刺猬则把复杂的世界简化成单个有组织性的观点，一条基本原则或一个基本理念，不管世界多么复杂，刺猬面对所有的挑战都会蜷缩成一团，这就是“刺猬理念”。刺猬理念强调深刻思想的本质是简单。达尔文的自然选择思想——物竞天择，马克思主义——大同思想，爱因斯坦之于相对论——$E=MC^2$，亚当·斯密的劳动分工——“看不见的手”，等等，他们正是运用“刺猬理论”将复杂的事件简化了，才揭示了这些有价值、重大的规律。在工作生活中何尝不是呢，以不变应万变，不管多么复杂的局面和事情，只要会装，装傻、装哑巴，甚至装疯，把自己先立于不败之地，就是胜利。正是基于这样的思想，他装做沉思的样子，不吐一个字。

常佳微可没有这般城府，她想了想，憋不住了，大着胆子问：“彭监，你说蒲忠全不关心民警疾苦，是不是指李家兴在镇上开黑摩的的事情？”

“对，就是这事，一个国家公务员，监狱人民警察，居然困难到开黑摩的挣钱，我们且不说什么为官一任造福一方这些大话，但是扶危济困这些最起码的良知都没有了，这样的人还能当领导？”彭家仲很气愤，敲击着桌子说，“我们监狱出了这样的事情光彩吗？”

常佳微略微迟疑了一下，说：“彭监，李家兴这事情我们都知道……”

“噢？”彭家仲见她吞吞吐吐的样子，便问，“究竟是怎么一回事？”

“李家兴是顶他父亲的班在监狱当工人，后来转干。他父亲有严重的风湿关节炎，行动很不方便，退休前连走路都非常困难，退休后就回老家同他母亲住，好有个照应。一家人的生活主要靠他的工资和他母亲种地艰难维持。前些年，他母亲在干农活的时候摔倒，小腿骨折，他又没有其他兄弟姊妹，只好把父母接到单位上来。他妻子在水泥厂上班，收入微薄，两人的收入加起来还不到 900 元，却要维持 5 个人的生活，日子过得相当拮据。他妻子在去年冬天不辞而别，至今都不知道去了哪里，只是传闻说在青州，把一个 5 岁的孩子和两位老人丢给他。他实在没有办法了，就借钱买了一辆二手摩托车，轮休的时候在镇上跑跑车挣点钱。其实呢，在我们监狱因家庭困难而干点其他的人很多，比如向农民要一块撂荒地来种的、养鸡养鸭甚至养猪的、在路边卖油茶油条的、在监狱门口擦皮鞋的、拾破烂的等等，所以我个人认为李家兴去跑跑摩托也没有什么的，只是，他选择在党委宣布蒲忠全任四监区监区长那天开始去开摩的，而且是穿着警服在镇上揽客，把原本很平常的事情弄得复杂了，一下子轰动了整个监狱，并且在当地社会上传得沸沸扬扬的，影响很不好。当时，王书记和汪庆书监狱长，哦，对了，还有顾主任，都很生气，要严肃处理……”说到这里，常佳微突然打住，转头看看顾卫国，因为当时是他牵头调查这件事情的，她觉得还是让他来说要好些。

“喔？”彭家仲本来是靠在椅子上的，这时直起了身体，显然对这件事很感兴趣。

顾卫国知道他不得不说话了，只好接着说下去：“嗯，是这样的，当时我们觉得，且不说李家兴这种行为是对党委的挑战，但是严重损害了监狱形象，在社会上造成了很不好的影响，汪庆书要求我牵头调查核实有关情况，严肃处理。第二天我们在外围把情况核实了才去四监区找李家兴本人，李家兴承认开摩的挣钱，但是坚决否认穿警服揽客，并且很强烈地强调，如果监狱就凭几个人的口述就给他处分，那么他就要上厅、局申诉，必要时提请行政复议。当时我们监狱正处在省级现代化文明监狱验收的关键时候，汪庆书也怕此事扩散到上面，就不了了之了。”

“这里面还有一些情况，恐怕连顾主任都不是很清楚……”常佳微突然插话说。

彭家仲和顾卫国一齐看着她。

“李家兴第一次在镇上跑摩的确实是穿着警服揽客，他的这种逃避处罚的辩词是蒲忠全教他的。”

彭家仲和顾卫国交换一下眼神，都很不解，蒲忠全应该配合监狱严肃处理李家兴才符合常理，可是……

常佳微看看两位领导的表情，心里略微轻松了一些，继续说：“蒲忠全为什么要帮他开脱呢？主要是他了解李家兴的家庭生活确实很困难，他到镇上去跑摩的并不知道那天监狱要去四监区宣布班子，并不存在有的人所说的是出于对监狱党委的决定不满或者对蒲忠全本人有意见。蒲忠全没有强行命令他不准跑摩的，只是要求他注意形象，还给他划了几块地让他种些庄稼蔬菜什么的，轮休的时候还经常帮着他种地。把他家列为监区重点救济对象，特许他可以在监区食堂每一顿免费打两个人的饭菜……当然，这些事情也是我后来逐渐了解到的。”

彭家仲问：“顾主任，监狱没有给予救济吗？”

“彭监，像李家兴这种情况的还有几十户，鉴于监狱的财力状况，也只能把他列为特困民警职工困难补助范畴，到过年的时也就是100到200元的困难补助，说实话，这点钱是解决不了什么问题的，所以解决像李家兴这样的家庭的困难，历来都是依靠监区，也只能依靠监区自己解决。李家兴算是解决得比较好的了……”顾卫国有些无奈地说。

“是啊，监狱从开始建立的那天就先天不足，工作环境和生活环境很差，而自改革开放以来，监狱的收入逐渐同地方上的公务员拉开了距离，工资的涨幅与物价上涨指数不成正比，民警职工的子女上学、就业、就医、成家都面临着很多困难，而这些问题又因为地理环境的限制，监狱自身是不能解决的。每年都有优秀的民警和技术工人流失；我们的民警职工的女儿嫁给满刑的犯人是很普遍的事，甚至还有女民警与满刑的犯人私奔的，我统计了一下，这10年来，我们监狱女民警跟满了刑的犯人跑到城市里去的就有4人之多……”常佳微有些激动，声调有点不规则的颤抖，给人一种悲凉的感染力。

彭家仲眉头紧锁，像是自言自语，又像是在问顾卫国和常佳微：“是这样吗？是这样吗？怎么会……怎么会这样呢？”

他抓起茶杯，咕嘟咕嘟地大口喝水，直到把满满一杯子水喝得精光才缓缓地放下杯子，低头定定地看着桌面出神。

"彭监，我可不是在危言耸听……我们政工思想分析调查表明，我们的民警有90%的人没有职业荣誉感。这几年监狱都想引进一些人才，但是来的人很少。监狱也出台了一些激励措施，动员在职民警参加自考或者党校学习，但是继续深造的人寥寥无几，目前监狱有专科以上文凭的不到民警人数的10%，有本科文凭的更是凤毛麟角了。"常佳微给他接了一杯子开水，轻轻地放在桌子上，忧郁地说。

"从大专院校来的有几个？他们在什么岗位上？"彭家仲心头泛起一阵凉意，问。

顾卫国说："监狱从大专院校引进大专以上学历的毕业生是从熊晓戈他们回来的那年开始的，到现在共来了11名大学生，凭关系调走了4个，什么都不要的走了3个，到目前只留下了4人，一个得了精神病，有2个是本监狱子女，王亚敏和熊晓戈，王亚敏是王书记的女儿，在四监区任管教内勤；最后一个就是任四监区监区长的蒲忠全。究其原因，不外乎是环境太恶劣，收入偏低，上面有政策的补贴没有到位，加之我们很多民警认识上存在误区，认为劳改队的工作很简单，只要把罪犯管住跑不掉就行了，甚至认为只要能数数字就可以当监狱警察了，学习风气和氛围不浓，也影响了我们年轻民警继续深造学习的积极性。"

彭家仲依然定定地盯着桌面，没有说一句话，良久，才摆摆手示意他们去忙自己的事情。

熊晓戈走出彭家仲的办公室，立即给四监区值班室打电话找蒲忠全，值班室的民警找了一圈没有找到，给他回电话说蒲监星期六星期天值班，今天补休，不知道去了哪里。熊晓戈又说找王亚敏，值班民警说刚才我在管教办公室没有看见她，要不要我再去找找？熊晓戈立即放下电话，一路小跑到镇上叫了一辆摩托车，直奔四监区。在四监区大门口刚下车，就远远地看见王亚敏带着一个犯人出来。他撒腿朝她跑去，边跑便问："蒲忠全在哪里？"

后面的摩的司机叫嚷起来，熊晓戈才意识到忘记给他钱了。

"咦？！今天是什么风把大秘书给吹上山来了呢？"王亚敏夸张地前后左右张望，然后嘻嘻地笑，"是不是在家里又受了老婆的欺负，找'蒲二小'诉苦来了哟……"

“说真的，别开玩笑，蒲忠全去了哪里？”熊晓戈有些着急。

王亚敏看了看他的表情，估计真有什么很重要的事情，问：“发生什么事情了？”

“这……”熊晓戈有些迟疑。

“我又不是他肚子里的蛔虫，你自己找去。”王亚敏哼了一声，说，“张景然，我们走！”

熊晓戈连忙拦住她，把她拉到一旁，低声说：“彭监要处分他……”

王亚敏立刻转身对张景然说：“你先回去，下午我叫你。”

张景然应了一声，磨磨蹭蹭地往回走。

熊晓戈目视张景然走远，才说：“彭监对女民警直接管带罪犯很反感，估计要开始整顿了，你以后别再带了，小心点。”

王亚敏心里掠过一丝慌乱，脸上有些烫，忙岔开话题：“先不说这个，蒲忠全究竟出什么事了？”

“你们最近是不是又偷了老乡的山羊？”熊晓戈没有注意到她表情的变化，满脑子只是蒲忠全的事。

“这……好像有几只吧，反正都吃了两回了。怎么，又有人告黑状？”王亚敏吞吞吐吐地说。

熊晓戈责备她说：“你也是，也不管管他？新官上任三把火，第一把火熄灭了，彭监正烦着呢，怎么这时候……”

“嘿，怕什么？又不是没人告过我们！四监区搞这个事儿，又不是从蒲忠全当了监区长才开始的。”王亚敏不以为然地说。

“这回可不一样，听彭监的口气，怕是抓到了真凭实据了，我担心弄不好蒲忠全真要挨处分了。”熊晓戈一脸忧郁，说，“你快说蒲忠全到哪里去了，得尽快通知他。”

听熊晓戈这么一说，王亚敏也急了，脱口而出：“他去尚庆镇相亲去了。”

话刚出口，王亚敏就后悔了，下意识地用眼角的余光瞄瞄熊晓戈，果然，熊晓戈正以一种不可捉摸的眼光盯着她。

“走吧，我们去找他。”王亚敏不敢正视他的目光，大步流星地走。

熊晓戈跟了上来，紧紧跟在她的后面，默默不语。王亚敏也沉默着，除了偶尔的几声鸟儿的叫声以外，就只有他们两人沉闷而急促的脚步声。一条蛇从王亚敏的前面窜过，吓了她一跳，脚步一下子凌乱起来，最后站在那里，朝前张望。熊晓戈抢在她前面，加快了脚步。就这样走着，王亚敏受不了这沉重而压抑的气氛，说：“这荒郊野外的，你还是说句话吧！”

“蒲忠全不是和你在恋爱吗？”熊晓戈头也不回地问。

王亚敏明显感觉到他的语气有些不对，似乎认为这件事又是她的错，她小姐脾气又上来了，执拗地说：“你怎么就认定我们在谈恋爱？切！你知道去尚庆镇的路，自己去吧，我不想走了。”

熊晓戈好像没有听见她说话一般，依然疾步而行，接着开始小跑起来。

王亚敏心里突然有点失落，便找了一块石头坐下来，望着天边的几朵白云出神，往事像电影一般浮现在脑海里。

王亚敏开始对张景然的关注，源于在青州市公安局工作的同学杜萌。3 年前的一天，他突然来双河监狱找熊晓戈、蒲忠全和她，说他接手了张景然的案子，要他们配合做做张景然的工作，看能不能找到一些他这个案子同案犯的线索。

张景然破坏金融管理秩序罪，判处有期徒刑 7 年。

杜萌说他查阅并分析了张景然的所有卷宗，直觉告诉他这案子可能另有隐情，张景然很有可能是受害者，果真这样的话，张景然的案子有可能是冤案。但也只能将另外两名犯罪嫌疑人抓获归案后，才能真相大白，所以希望熊晓戈他们在不违背监管规定的前提下，尽可能地给他一些照顾，并做做工作，看能不能找到一些线索，尽快了结此案。在熊晓戈的协调下，张景然从五监区井下破例调到四监区，由蒲忠全负责管教。

张景然来到四监区的当天晚上，蒲忠全把他叫到管教办公室谈话（四监区没有专门的个别教育室，民警找罪犯谈话或者罪犯约谈一般都在管教办公室），由于是杜萌交待的，所以王亚敏也在场。

门开着，没有打报告，张景然直接走了进来，也没有坐在专门为服刑人员准备的小方凳子上，而是将一把民警工作坐的椅子挪了挪，坐下，东摸西摸摸了好一会儿，才摸出一只烟叼在嘴上，又慢条斯理地摸出打火机，点燃，深深地吸了一口，仰头吐出一串串烟圈，旁若无人地看着那一串串烟圈飘散，才斜睨地看了看蒲忠全和王亚敏，然后双肘支撑在大腿上，弓着背吸烟。

王亚敏最看不惯犯人这种桀骜不顺的吊样，正要喝斥，蒲忠全却朝她摆摆手，她只好将火气压住，恶狠狠地盯着他。

张景然很瘦，很黑，被刮得光光的头在有些明亮的电灯光下很刺眼，灰白相间的宽大的囚服套在他身上显得很不协调，从高处看他，他的身子几乎是蜷缩在椅子上，像一条刚挨了一闷棍的流浪狗，排斥着他身边的任何动静。王亚敏觉得他又可怜又可恨，扭头看看蒲忠全，蒲忠全倒是很平静的样子，只是目不转睛地看着他。

沉默的气息在原本不大的管教办公室里扩散，继而演化成一种扰乱心智的沉寂，张景然似乎明显有些不自在，抬头看看蒲忠全和王亚敏，慌忙回避他们的目光，低头把烟掐灭，将剩下的约三分之一的烟放进上衣口袋里，又把身子略微抬高了一些，虽然依然是弓着的，但是看起来比先前要规矩一些了。

“第十五条？”蒲忠全突然发问。

“第十五条，需要进入警官办公室时，在门外报告，经允许后进入。”张景然“忽”地站起来。立正，脱口而出。

“第三十四条！”蒲忠全没有等他有所反应，立即追问。

“第三十四条，言谈举止文明，不讲粗话、脏话。”张景然又背了出来。

蒲忠全又不说话了，还是像先前那样看着他，并且只是盯着他的眼睛。办公室马上又陷入刚才那种窒息的沉寂。

张景然站也不是，坐也不是，脸上红一阵白一阵，终于，他嗫嚅地说：“蒲政府……”

“你下去吧。”蒲忠全突然说。

张景然一愣，随后闷闷不乐地走了。不过，这一次，他打了报告才离开。

待他走后，王亚敏走到蒲忠全面前，上上下下地审视，弄得蒲忠全莫名其妙，说：“美女，你知不知道，你这种眼神很勾人的哟……”

王亚敏说：“看不出来哈，平日里你懒懒散散的，没想到还真有办法哈，当年的放牛娃长大了。”

“在山上打了这么些年游击了，多少也领会了一点老人家的理论了吧。敌进我退，敌退我进，敌疲我扰，肥的拖瘦，瘦的拖死……”蒲忠全有些得意地说。

“去去去，又是那一套，拜托，来点有创意的好不好？”王亚敏数落道。

蒲忠全一本正经地说：“好啊好啊，就来点有创意的？”

“说说看。”王亚敏以为他要分析刚才这个犯人的心理状态，兴趣盎然地催问。

“不是东风压倒西风，就是西风压倒东风。”蒲忠全嘿嘿地笑。

“晕死，你就在这里背吧，我去看星星了，哈哈……”王亚敏夸张地捂住鼻子，跑了。

第二天，王亚敏整理张景然的档案，发现在他的服刑记录中，除了自我总结，就没有任何值得让人对他产生好感的地方，民警的旁证，同改的证词，都不约而同地指向他违反监规纪律，打架、怠工、装病、闹生活、不认罪、煽风点火……她又给五监区张景然所在的分队打电话核实他以前的表现，对方说档案里有，反正分队有什么异常情况，不用猜，十有八九与张景然有关。又说最近你留意一点，他在给外面一个女高中生写信，把那个女生骗得晕乎乎的，今年以来每个月都给他来信。

王亚敏把他的档案整理好，交给蒲忠全看，担忧地说："你小心点，不要在你手里跑了哟……"

蒲忠全说："嗯，那麻烦你亲自检查他所有的信件。"

果然，那位女中学生这个月又来了一封信，信里全是争吵、冷战、心计、误会和嫉妒之类的江湖般的爱恨情仇，还夹杂着自怨自恋的情调。王亚敏把这封信拿给蒲忠全，问他是不是把这信扣下，要这么发展下去，这位女中学生真要被张景然给祸害了。

蒲忠全却说："给他吧，在这山上，一到节假日，你们几个警花一走，连个背红苕的女人都看不到，不要说他们，就连我都想女人。"

王亚敏呸了一声，红着脸跑开了。

然而，令王亚敏更觉得这个张景然无可救药的是看到他给那个女中学生的回信。

"我不想给你任何压力，也不想你对我有什么承诺。我只是想让你知道，每一棵树都会开花，不只是在春天里，一年四季，在该开花的时候，它自然会开；反之，在不该开花的时候开花，那是拔苗助长，没有力量的积蓄，一时的花哨换来的是永久的悔恨，就像我。每一棵树都会开花，那是它的本能，不为特别的人，也不需要特别的心情。当然，阳光雨露的抚慰滋润会让它开得更顺利一些，而风霜雨雪的侵袭也会激发它的潜能，比如说我们共同喜欢的腊梅……要相信自己是一棵开花的树，在没有长成开花的树的时候，多做些准备吧，别像我。"

整个信都是你呀我的，没有姓名，虽然文字优雅，但是充斥着暧昧的情调，王亚敏感到肉麻与恶心。她把信交给蒲忠全，蒲忠全也觉得有必要找他再谈谈。有了上次的交锋，张景然规矩了很多。蒲忠全问他为什么写信不落姓名，信封上也不写清地址。张景然说，侄女在读高中，怕她同学知道我这个身份；也担心这里的同改知道她的名字给她写信，所以没有写名字。她上高中后，思想上有些包袱，于是我经常写信开导她，现在的孩子逆反心理很重，又不能把话说得那样明白，所以只好很隐晦地开导。

“蒲政府、王管教，你们认为坐牢对她会是什么光荣吗？”最后，张景然问。

王亚敏感到有点自责。

蒲忠全却问：“你的逆反心理重吗？”

王亚敏觉得他不应该在这个时候问这样的问题，忙给他使眼色。

张景然低下头，沉默不语。

蒲忠全看看王亚敏，没有在乎她的暗示，继续问：“你入狱以来，有人来看你吗？”

张景然摇摇头，有些凄然。

“想不想见见你的侄女？”

张景然抬起头，认真地看着蒲忠全。

蒲忠全朝他点点头。

张景然嘴角翕动了几下，却没有吐出一个字来，犹豫了一会儿，点点头。

蒲忠全看着他说：“你也是一棵开花的树！”

停顿了一下，他就叫张景然回监房去。

张景然走了出去，走得很快。

王亚敏问：“你要去找那位女学生？”

“是的，但是她是未成年人，必须征得她的父母同意，不知道行不行，试试吧。”

“我也去。”王亚敏认真地说。

蒲忠全和王亚敏去了一趟青州市，通过杜萌很快找到了张景然的母亲和两个姐姐，考虑到他母亲尚在养病，只是说他们是受张景然的委托来看看老人家的，并说张景然在狱中表现很好，身体也不错，很快就要减刑了。老人很高兴，精神一下子好了很多，张罗着叫两个女儿请蒲忠全他们吃饭，拿出自己平日里积攒的 2000 块钱，说两位为然儿的事辛苦了，也感谢平常的教育，我这老婆子也不知道你们喜欢什么，这 1000 元你们就拿着自己去买点什么东西，还有 1000 希望你们给然儿带去。

蒲忠全说：“这钱我们不能要，也不能带，你们去看张景然的时候再给他吧。”

“大娘，监狱里不缺吃穿，就是有钱也花不出去啊，我看你还是留着吧。”王亚敏握着她的手安慰道，“你好好养病，不要担心张景然，他在里面很好，就是有什么事儿，还有我们呢，啊！”

两人把张景然两位姐姐拉到半边，才把他在监狱的表现和对亲情的渴望详详细细地给她们讲了，希望她们去看看他，配合监狱做做工作。

两个姐姐说什么都不去，还说：“我们没有这个弟弟。”

蒲忠全和王亚敏很纳闷为什么她们不认这个弟弟，便询问原因。原来她们的父亲苦心打拼经营一辈子，才积累了一些资产，但是老人积劳成疾，刚过 55 就离开人世，按照老人的意愿，将文具生意交给张景然打理，哪知这小子正事不做，尽结交些狐朋狗友，交上女朋友后，把财务上的事情全部交给女朋友负责，而把两个姐姐晾在一旁。这次出事后，那女子几乎卷走了所有的现金，加之为了他打官司开支很大，公司不得不倒闭，几百万的家产就败在他手上。

二姐咬牙切齿地说：“最好死在里面！”

蒲忠全和王亚敏也不好再劝，只好无功而返。他俩商量还是继续做做工作，力争她们能谅解张景然，来监狱看看他，要不，估计他这辈子就这么毁了，最后商定每个月由王亚敏给他大姐写一封信，告诉张景然的改造状况，一个季度去青州抽点时间去青州看看老人家，随便也再做做两个姐姐的工作。

就这样一封一封的信按时寄出去，一趟一趟地跑青州，一年之后，大姐终于被他们所打动，便带上母亲和读高中的女儿，一同来到四监区看望张景然。

蒲忠全给监区长魏德安做了汇报，特别批准他们一家子吃一顿饭。在接见过程中张景然的母亲、大姐和侄女都泪流满面，但是他却没有一点眼泪，从脸上的表情也看不出他有一点激动的样子。

蒲忠全和王亚敏感到非常失望，一年来的奔波居然是这样一个结果，心头的心酸和委屈一下子涌动出来，王亚敏颓然地坐在椅子上，眼眶里泪光闪闪。蒲忠全拍拍她的肩膀，默默地久久地眺望逶迤叠嶂的山峦……

送走母亲、大姐和侄女之后，张景然来到管教办公室，突然说：“蒲政府，我可以嚎叫吗？”

“你可以做任何你想做的事，只要不违反法律。”蒲忠全一阵惊喜，连忙说。

张景然趴在管教办公室的窗户上大叫起来，声嘶力竭的嚎叫。

魏德安从警将近 40 年，什么事儿没有遇到过？什么类型的人没有见到过？但这种情景还是第一次碰到，他吓了一跳，给蒲忠全使劲地招手。

蒲忠全说你就 100 个放心吧，我敢保证，从此以后，张景然一定是我们四监区表现最好的。

魏德安还是不放心，暗中召集警力在隔壁待命。

张景然一边叫，眼泪就象开了闸的洪水一样刷刷往下淌。过了大约一刻钟，张景然终于停止了嚎叫，蜷缩在沙发椅里面，眼泪依然汩汩地往下淌。

张景然说，他心里气不顺，感觉很冤枉。他原本在青州市开了一家从事批发零售的文具公司，经营还不错。几年前的一天，他的一个生意上叫姚乐悟的朋友在他那里订购了 13 万的文具，第 3 天却一下子给他的账户上打了 313 万，他连忙打电话询问姚乐悟是怎么一回事。姚乐悟解释说，一位朋友从广州来做生意，异地提款要手续费，本来想借我的银行账户，但是恰好我忘记了自己的银行账户，想到与你是相交多年的老朋友了，于是就借用你的账户过过路，广州的朋友催得急，就没有事先给你说一声。最后姚乐悟开玩笑地说，你不会不认账吧？要是哪样，我可完蛋了，你给我 313 万的文具，那我可要跳楼了。没过几天，姚乐悟叫他将那 300 万转移到另外一个账户上，也没有按照约定的时间来提那 13 万的文具。张景然没有放在心上，因为客户什么时候提货，那是客户自己的事情，在生意中也经常遇到类似的情况。哪知两个月之后，公安局突然逮捕了他，说是涉嫌为走私分子提供资金账户洗钱。姚乐悟跑了，像是人间蒸发了一般，他与姚乐悟之间的生意往来都是口头交易，没有签订任何合同，他又找不出其他证据证明这 13 万是姚乐悟来购买文具的款项，后来，公安机关和检察机关把姚乐悟没有提走的用来订购文具的 13 万元当成他帮助走私分子洗钱的酬劳，被认定破坏金融管理秩序罪，法院最后判处有期徒刑 7 年。他申诉，再申诉，在监狱里每天每月都在写申诉材料，投了无数份申诉材料，可是都石沉大海。他绝望了，对生活失去了信心和兴趣。

张景然一边流泪一边说，蒲忠全和王亚敏认真地倾听者，并不时递给他纸巾。一个小时过后，张景然脸上的表情已经很轻松，给蒲忠全和王亚敏深深地鞠躬，说："谢谢你们……"

说完，他打报告回监房。

蒲忠全说："你现在去把冉金旺替换回来，他这几天腰疼的毛病犯了。"

张景然一下子木然地站在那里，似乎不相信自己的耳朵，好半天才确认地问："蒲政府，你的意思是让我单独一个人去？"

“是的。”蒲忠全肯定地说。

“你不怕我跑了？”张景然满脸的纳闷。

由于他的认罪态度和平常的表现，四监区一直把他列为顽危犯，是绝对不允许单独行动的。

“你不是觉得你的案子冤枉吗？我不相信一个认为自己有冤情的人会傻到逃跑，那样的话，你以前的申诉不是白做了吗？”蒲忠全一阵大笑。

张景然没有笑，依然一本正经地问：“如果我以后还是认为我是冤枉的呢？依然不认罪呢？”

“如果你觉得你冤枉，你尽管申诉，我们会给你提供力所能及的帮助，但是，你要记住，我们是人民警察，绝对只是服从法院的判决，要不，这社会不就乱套了吗？所以，请你也要理解我们的工作。”蒲忠全斩钉截铁地说。

“是！”张景然响亮地回答一声，转身朝山上跑去。

从那天以后，张景然像是一下子变了一个人似的，再也没有写申诉材料。有一次王亚敏问他：“你怎么不申诉了呢？”

“再申诉就对不起你和蒲政府了，出去后慢慢申诉。”

王亚敏发现，张景然说这话的时候，眼睛充满了希望。

随着频繁的接触，王亚敏内心渐渐产生了一些细微的变化，终于，被蒲忠全看了出来，他把她叫到寝室问：“你是不是爱上张景然了？”

王亚敏沉默了很久很久，才点点头。

蒲忠全说：“这是很危险的，你要三思而后行。”

“爱情有界线吗？”王亚敏反问，接着又说，“外界传闻我和你在恋爱，如果可能的话，你帮帮我吧，我不想在这山沟里待一辈子。”

“唉！”蒲忠全深深地叹息，“你好自为之，最好在他满刑之前不要出事，你不为别的，也要为你父亲考虑考虑啊。”

王亚敏点点头，恨不得上去拥抱他。

去年，蒲忠全破格被提拔为监区长，外界对于他俩在恋爱的传闻更盛，本来身价倍增的蒲忠全，却没有人给他介绍对象，他也不敢在监狱内找朋友，所以王亚敏更加感到歉意，私下里跟张景然商量，再等几年张景然出狱后，无论如何在青州市给他介绍一个，每当王亚敏提起这件事的时候，蒲忠全总是不置可否地笑笑。

一阵山风把王亚敏从往事中拉回来，她看看天色，好像又要下雨的样子，于是便急步往前赶，转过一个山嘴，就看见蒲忠全和熊晓戈正在打着赤膊帮李家兴的母亲刨地。她一路小跑过去，嗔怪道：“你不是去相亲么？怎么帮李大娘刨地来了？”

李大娘诧异地站起来，说：“这怎么好？蒲区长，你快去，我这几苗莲花白可不能耽误你的终身大事啊。”

蒲忠全放下锄头，用手刮刮额头上的汗水，招呼李大娘和熊晓戈歇歇，说：“来来来，吃桃子，正宗的蟠桃呢。”

他从一个有点脏的塑料袋里拿出 4 个桃子，给李大娘一个，然后给熊晓戈和王亚敏各扔了一个。

“问你呢？怎么不去了？”王亚敏满脸疑惑。

熊晓戈对王亚敏说：“别问了，他说还是守着你稳当一些。我刚才也批评他了，你就原谅他一次吧，啊。”

“噢？”王亚敏立即反应过来，看来是蒲忠全在熊晓戈面前给他打掩护。

“老蒲，这事儿是你不对哈，追亚敏的排着队呢。亚敏叫你等几年就等几年呗，要是我，等她 10 年也心甘情愿，你可倒好，等不及了。不过，你迷途知返，善莫大焉，去给亚敏认个错。”熊晓戈絮絮叨叨地两面劝。

看他一本正经的样子，蒲忠全心里觉得有些好笑，但是，王亚敏心头却很不好受。

“这桃子真好吃，又甜又脆，你在哪里弄的？莫不是……”王亚敏岔开话题说。

“晕，怎么啥子都想到是我偷的？我在路上遇到一个去镇上卖桃子的老乡，心想去相亲嘛，还是拿点礼物好，于是就买了 3 斤桃子。”蒲忠全辩解说。

“哈哈……”王亚敏和熊晓戈一齐大笑起来。

蒲忠全愣愣地看着他俩，问：“笑什么笑？几个桃就那么好笑？”

“几个桃子有什么好笑？可是如果拿几个桃子去相亲，你把对方当什么？猴子？把别人当猴儿耍？哈哈……”熊晓戈这一解释，连李大娘都跟着笑起来。

“哈哈……”蒲忠全也跟着大笑，笑完了，说，“看来今天不去是明智的，说不定要挨改刀砍呢。”

“挨改刀？”熊晓戈问。

“嘿，媒婆说女方的父亲是个做砖瓦的，母亲有修下水道的技术，以后呀，家里的瓦不用买，下水道堵了……”

蒲忠全还没有说完，几个人已笑得前呼后仰了。

这时候，天飘起了小雨，蒲忠全招呼李大娘说："大娘，我们回去吧，明天叫王亚敏带个犯人来帮你弄，啊！"

下午，蒲忠全叫王亚敏清理一下账目，准备这个月民警的奖金。王亚敏说："按原来每人满勤 500 元考虑，恐怕这个月有点悬，目前账上只有 1 万 3，加上食堂的 2700 元免费餐费用，缺口将近 1 万，离月底只剩下 8 天了，外面欠我们的也只有 3000 元左右，就是全部收回来也不够。"

蒲忠全感到问题有点大，晚饭后把几个副监区长找来分析一下原因，然后把各个中队长找来又开了会，已是将近晚上 9 点，又叫他们先去通知所有值班民警到监房把罪犯集合起来，召开大会讲讲生产上的问题。但是这个月的奖金还是要想办法凑齐，五监区华文虎那里是不能开口了，上月借的 1 万多还没有还，再借，恐怕打死这小子也不会干了，何况现在监狱已经把监区长的财务权收了，就是他那里有钱，也不好弄出来。想来想去，他想到了胡玲玲，于是给她打电话。

"老兄，亏你想得出来，那是监狱的货款哟？挪用货款，可是不是闹着玩的，你是执法者，比我更清楚吧。"胡玲玲叫嚷起来。

蒲忠全说："管他啥子款，又不是我蒲忠全私吞了，怕啥子嘛。就 1 万元，我下个月给你补上。狐狸，美女，江湖救急，你就想想办法吧，你回来我给你叩头还不行吗？"

胡玲玲沉默了一阵，问："你这样做值得吗？"

"啥子值不值得哟，我这里这些民警你又不是不知道，都是其他监区不要的，都没有什么关系，不是老的就是一身病，哪个家庭不困难啊？拜托了哈……"

胡玲玲叹了一口气，说："那好吧，我这个礼拜要回来，到时候我给你打电话。"

这时候，王亚敏来叫他，说所有值班民警都到齐了，犯人也集合好了，就等你。

蒲忠全径直走向主席台。

主席台是几张破旧的长条桌子临时搭建的，其中一个桌子断了一只脚，是犯人用一根小树干支撑起来的，显得特别抢眼。

张景然高声整队，向蒲忠全报告，然后高声喊口令："坐下。"

犯人们动作不那么整齐，张景然又要整队重新来来一遍动作。

蒲忠全说："都是些带残疾的和老人儿，劳累一天了，就不要那些个形式，坐下，都坐下。"

带犯人们坐定，蒲忠全问："这个月你们吃了几次肉？"

犯人们一下子小声议论起来，张景然连忙维持秩序，然后向蒲忠全报告："报告监区长，除了4个雨天在休息外，天天吃肉。"

蒲忠全问："你们说说，是不是这样的？"

"是！"犯人们响亮地回答。

"监狱规定按照标准每隔3天才吃一次肉，你们呢，自己算算，按照国家定额标准超了多少？上月刚调到我们监区的那两个说说，你们在原来的监区吃的有这么好吗？"

马上有两个犯人站起来，说："报告监区长，没有。"

蒲忠全话锋一转，语气严厉，一下子像变了个人似的，凶神恶煞的样子，说："现在有的人不仅要想吃的好，还要想要得好，那以后还吃个屁？你们3中队，同样是80来号人，这个月才完成多少收入？不及2中队一半，他们2中队是爹妈生的，你们就不是？是神仙生的？那天我去你们3中队工地，那个叫什么来着？哦，就是那个'二皮'，尿一泡尿就尿了5分钟，我问他，他说他有前列腺炎，就是有前列腺炎，5分钟也他妈的把你半辈子的尿都尿完了吧，我看你是思想上得了前列腺炎！还有1中队，今年母牛才下了几个崽子？上个月还流产了一个，你们是怎么给我放的牛？毛主席说，'革命不是请客吃饭，不是做文章，不是绘画绣花，不能那样雅致，那样从容不迫，'文质彬彬'，那样'温良恭俭让''哦，你们来这里就是来绣花的？你让公牛那么文质彬彬的，哪来的崽子？"

王亚敏想笑，但是又不好笑，心里天一个"蒲二小"地一个"蒲二小"地乱骂，突然看见身后站着彭家仲和熊晓戈，吓了一跳。彭家仲朝她点点头，示意她不要出声。王亚敏恶狠狠地盯了一眼熊晓戈，然后闭上眼睛祈求上帝，不要让蒲忠全口无遮拦地乱说下去了。

"冉金旺！"蒲忠全吼了一声。

"到！"罪犯冉金旺站起来，低着头。

"我不管你用什么办法，今年母牛的产崽数不得低于去年，年底拿话来说！"蒲忠全还没有说完，下面一阵窃笑，犯人们都偏着脑袋低头瞅冉金旺。

冉金旺几年前对母牛干过那事儿，他自己神侃的时候不小心说漏了嘴，犯人们都知道了。他明白蒲忠全本来也不是揭他的伤疤，但是犯人们却不这么想，他只好把眼瞪得铜铃一般大小，恶狠狠地朝四周扫描，嘴里不停地咕哝着什么。

蒲忠全继续说："你们不是带点残疾，就是些本来该享福的老人，但是来到了这种地方，想都不要想享福的事儿。虽然享不成福，但是我们可以通过自己的双手改善一下生活，人活着第一要务不就是为了一张嘴吗？你们知道毛主席写的第一篇哲学文章的题目叫什么吗？《世界上什么最大，吃饭最大》，你看他老人家说得多好啊。现在国家穷，除了靠监狱外，最主要的还是要靠我们自己。我一贯的思想是，有我们穿制服的一口肉吃，就绝对有你们一口肉吃，不仅如此，其他监区有的，我们也有；其他监区没有的，我们要有。大块吃肉，大碗喝汤，在这山上，乐得逍遥自在，不好么？！"

张景然带头鼓掌，会场上立即响起了热烈的掌声。

待掌声停下来后，蒲忠全突然抬高了声音，声色俱厉地说："从现在开始，凡是完不成生产任务的，晚上取消一切娱乐活动，加班！在野外劳动而不能加班的，面壁！"

会场立刻沉闷起来，很多犯人很不满，但是又没有办法，只好耷拉着脑袋，消极地表达自己的意见。

蒲忠全低声与其他几个监区领导商议了一下，说："鉴于还在飘雨，其他监区领导就不讲话了……不过，大家别急，还有一件喜事要与你们分享。田艺超，到前面来。"

犯人们的目光一下子集中在田艺超的身上，他们很纳闷监区长所谓的喜事怎么会与这个"哑巴"有关呢？

田艺超站起来，踉跄地走向主席台，站在蒲忠全面前。在昏暗的灯光下，他那双眼睛更显得空洞无神，脸上如刀刻般的皱纹却显得特别清晰，他规规矩矩地站着，背很驼，破旧而宽大的囚服上灰白相间的纹路已经被洗得模糊起来，像一尊以暗灰色为基调的雕塑，卑微而茫然。

蒲忠全将桌子移开，站到他身边，轻轻地拍拍他的肩膀，说："田艺超来我们这里时间不长，到今天也就是 1 年 7 个月零 3 天，你们都认识他，但你们不一定了解他。可是我很了解，因为我去过他的老家。"

熊晓戈小声对彭家仲说："我听蒲忠全讲过这个人的情况，盗窃，偷牛，入狱后家里人都看不起他，两个儿子也不认他，没有来探过监，到监狱后跟民警和犯人都没有说过一句话，大家都以为他是哑巴。”

彭家仲“哦”了一声，没有说话，只是很认真地听蒲忠全讲话。

“他那里穷啊，主粮就是土豆。半个月难得吃一次肉。他老伴病了，两个儿子在外面打工，两个儿媳根本不管，没钱治病啊，他没法，偷了邻村的一头牛，还没有换成钱，就被抓了。在看守所里，他老伴病死了，从此，他再也没有说过一句话，2 年多了啊！上次我去他家看了看，房子上的瓦都没有几片了……他的腿有风湿病，行动不方便，但在这里期间，认罪伏法，接受改造，再累再苦都没有吭过一声。大家还记得吧，去年冬天，一头母牛在雪地里产崽，就是他脱去衣服给小牛崽裹上保暖，硬是抱着背着把小牛安全送回监区……他，田艺超，一个老头，苦了一辈子的农村老人……”

他看看手表，继续动情地说：“再过 1 个小时 32 分钟，他不再是罪犯，而是中华人民共和国守法公民了！可是，除了监狱发给他的路费外，他一分钱都没有，除了囚服以外，没有一件衣服。法律无情人有情，我们都给他凑点吧，不论多少，都是心意。”

蒲忠全说完，掏出 100 块钱，放在桌子上。接着，民警们一个接一个地走到主席台，心情沉重地把 20、50、100 块的票子放在桌子上。

冉金旺站起来，举手，高声说：“我捐 50！”

蒲忠全看了他一眼，问：“你账上有 50 块吗？”

“只有 22 块多……”冉金旺低低地说。

“这样，你就捐 10 块吧。”蒲忠全笑道。

其他犯人也跟着一阵哄笑。

“监区长，你借给我 28 块吧……”冉金旺执拗地说，乞求的语气很重。

“好，我借给你 28 块！”蒲忠全宏亮地说。

其他犯人愣了愣，纷纷举手，捐钱的声音此起彼伏，张景然和其他几个积委会成员连忙登记。

彭家仲把所有的钱拿出来，只有 100 多元，于是向熊晓戈借了 100 元，大步走向主席台，把 200 元钱放在桌子上。

第八章　哑巴囚犯：出狱前突然说话了

熊晓戈追赶去尚庆镇相亲的蒲忠全，结果发现他正在帮李家兴的母亲刨地，当他把彭家仲要处分他的情况告诉他之后，蒲忠全却说："多大的一回事儿呀？大不了又是哪个吃饱了没事干的跑去告状，那几条罪状能拿到桌面上来说的，也就是我指使罪犯去偷老乡的羊子，这羊子又不是我亲自去偷的，只要犯人不承认，怎么着也算不到我头上来。就是犯人在偷老乡的羊子时被抓了现行，那又怎么样？把这事儿往犯人身上一推，不就得了？一只羊能值几个钱？远远够不上盗窃罪起诉金额，哪个犯人那么傻敢和我作对？何况，偷来的羊子都吃了的，法不治众，哈哈……"

熊晓戈想了想，觉得他说的很有道理。

熊晓戈从四监区回来，想起这件事，总觉得心神不宁，虽然蒲忠全说的很有道理，并不把这件事放在心上，可明眼人都知道这种说辞很明显有狡辩之嫌，尽管可能会逃脱处罚，但是也有可能因此开罪彭家仲，至少会给这位新监狱长留下很不好的印象。思前想后，他还是不放心，就跑去找常佳微打听彭家仲的态度。常佳微说我刚才给蒲忠全才通了电话，估计这次彭监暂时不会处分他，但是，从这几天彭监的谈话来看，他对目前那些历史形成的习惯性的、习以为常的违纪行为很反感，要进行整顿，据说已经上了党委会。你也告诫他一下，这段时间注意一点，要是撞在枪口上就不划算了。熊晓戈听她这么说，一颗悬着的心才落下。

下午一上班，马文革叫他给郑怀远写个关于罪犯劳动力构成方面的调查报告，明天就要。

熊晓戈叫起来："马主任，这是调查报告啊，又不是'党八股'文章？！"

"那我不管，我只是传达郑监的指示，而且他指名道姓要你操刀。"马文革漫不经心地说，沉思了一下，接着他话锋一转，"熊秘书，虽然说郑监以前提议要处理你一下，你也不至于这么记仇吧？你以前可不是这个态度啊。山不转水转，只有铁打的营盘，这官嘛，不知道在你我这一辈子要换多少茬，你看着办吧。"

熊晓戈气得直咬牙，他明白有些事情越说越说不清楚，只好闷闷不乐地要了辆车下监区去了。他走马观花地跑完监狱机关附近的几个监区，临近下班的时候，他才来到与监狱机关相邻的一监区，叫监区长找了几个人谈了谈，看看时间，已经超过下班时间半个小时了，心想这样闭门造车就是谈一个晚上，也未必会有什么收获，于是就叫大家散了。又和监区长闲聊几句，便起身告辞。

秦亚南身着宽大碎花白布吊带长裙，拿着木梳梳理着湿漉漉的长发，正从监房里出来，一个犯人拿着她的换下来的衣服，紧紧地跟在后面，两人还不时说着什么。

熊晓戈走到监区大门口，对监区长说："以后一定来讨杯酒吃，今晚真不行，你忙你的去吧，我在这里等亚南。"

监区长又客气几句，才走了。

秦亚南好像又和那犯人聊了一会儿，才出来，发现熊晓戈在外面等她，一愣，心头掠过一丝慌乱，但随即恢复了平静的表情。熊晓戈看了看她，心里一沉，头也不回地走了。秦亚南觉察到他表情的变化，寻思着有什么不对劲的地方，惴惴不安地跟在后面。一进屋里，熊晓戈把公文包重重地甩在沙发上，气鼓鼓地坐下不吱声。秦亚南瞅了他一眼，说："你又发什么疯？"

"你瞧瞧你，我都替你害臊……"

秦亚南不依了，把手里的衣服朝地上一扔，大声打断他的话："我怎么了我？你倒是要跟我说清楚！"

"我跟你说了多少遍了，叫你不要到监房里去洗澡，现在家里又不是没法洗，你看看你，穿成什么样子了？，还没有带乳罩，你说你……一个女人家跑到那些罪犯面前亮什么呢？我怎么说你呢……"熊晓戈比划着，情绪有些激动。

秦亚南摸摸自己的胸部，心里明白了，也感到有些不好意思，但是嘴巴却不饶人，说："哼，不就是洗个澡吗？又不是我一个女人在监房里洗，其他女人的老公怎么不说呢？你不就是怕丢你脸吗？一个带括号的秘书，有什么脸可丢的？就算我丢了脸，总比有些人搂着小姐要高贵得多！”

熊晓戈气得直发抖，抓起公文包头也不回地走了。

秦亚南冲着他喊：“走走走，有本事别回来！”

熊晓戈来到办公室，打开电脑，憋了半天没有憋出一个字来，想到郑怀远明天就要调查报告，而自己忙乎一下午却没有一点思路，心头更加心烦意乱，便对着电脑发呆。这时，办公室电话响了起来，他抓起电话，对方说找熊晓戈。是一个女子的声音，似曾相识，似乎很熟悉但是又很陌生，他问：“你是谁？”

“啊？你就是熊晓戈？对，你就是！”对方很惊喜的样子。

梅开蕊？熊晓戈脑海里掠过三个字，同时心头也掠过一丝莫名其妙地慌乱，但他还是很生硬地问：“你是谁？”

“你真的忘记我了吗？”梅开蕊很幽幽地说，接着一声叹息，“我打你的手机，可你不接。我想啊，你一定会在某个时候加班，你是秘书嘛，就在你们下班的时候打这个电话，不知道打了多少次……老天还是可怜我，终于找到你了……”

熊晓戈感到她的叹息似乎要穿透他的心脏，心里不由自主地一颤，但是他马上意识到这样的感觉很危险，冷冰冰地说：“我不是你要找的人，熊晓戈已经死了……”

说完，他毅然挂了电话，长长地舒了一口气。

但是，仅仅过了几秒种后，梅开蕊的电话又打过来了。熊晓戈不接，可电话就不停地响，像一个嗷嗷待哺的婴儿，吵得他不得安宁，于是抓起电话就吼：“你究竟想怎么样？”

“……”

但是，话筒里只有丝丝的电流声，熊晓戈以为这个电话不是梅开蕊打来的，连忙查看电话号码，确认是她打来的后，刚才的烦恼一下子演化成怒火：“我没有见过这么不要脸的，既当婊子又立牌坊，你不要脸我还要啊，你究竟想怎么样？”

“熊晓戈，你……你说我究竟要怎么样？我真想要把你怎么样，我还用得着这么辛苦地找你吗？”梅开蕊说着，低声哭了起来。

熊晓戈觉得自己话有些重了，把语气放缓，说：“那晚我真的是喝醉了，什么也不知道，我求你放过我，别再有事没事地来电话了，好么？”

梅开蕊停止了哭泣，说："我找你只是想告诉你，我打算不在娱乐城干了，算了，还是不说了……也许，我们本来就不该认识……不过，我不后悔，也许你觉得好笑，一个三陪女还有资格这样说吗？请你记住，三陪女跟你们一样有真正的爱情！"

接着，熊晓戈听到她挂断电话的声音，那声音很坚决，这产生了一种安全感，让他如释重负，像梦魇一般困扰了他很久的梅开蕊很有可能在他的生命过程中就这么消失了，他的政治品质丝毫不再会受到影响，他依然是人民的公仆、合格的国家公务员、名副其实的人民警察、国家刑罚执行机关的执法者，说不准以后还是县处级领导干部呢……他心安理得地这么想着，没想到越这么想越觉得自己很渺小，继而一丝又一丝的惆怅、失落和自责慢慢地在他的心灵深处开始蔓延缠绕……

天渐渐黑了下来，夜风如水，吹拂着廉价的蓝色窗帘，也吹得他的心更加冰冷，却没有使他那混沌的大脑清晰起来，依然像一个活死人一样窝在椅子里，觉得自己的身躯开始僵化，有一种腐烂的趋势，甚至他感觉嗅到了腐臭的味道。

他自恋地认为他很可怜，也可悲。

就这样没头没脑地胡思乱想着，直到彭家仲走进来，拍拍他的肩膀，他才倏然醒过来。

彭家仲打量着他，问："你怎么了？是不是闹病了？"

"没……没有没有，彭监还没有休息呀？"熊晓戈连忙从椅子上跳起来。

"真没有？"彭家仲有点不放心的样子。

熊晓戈抱怨说："真没有，只是……下午马主任要我给郑怀远副监狱长写一个关于罪犯劳动力构成的调查报告，明天上午就要，彭监，你是知道的，这调查报告不同于其他材料，总不可以瞎编吧？"

"那就瞎编吧。"彭家仲笑笑说。

熊晓戈没有想到他会这样说，愣愣地不知道怎么回答。

彭家仲又笑笑："你陪我去四监区走一趟。"

"好好，我马上去落实车子。"熊晓戈边说边要打电话。

彭家仲说："我们先看看那个李家兴在没有。"

他们来到镇上，李家兴果然在等客人。

熊晓戈说："李家兴，我们去四监区，你载我们一趟吧。"

李家兴看看他，似乎不相信自己的耳朵："你说什么？熊主任，你去哪儿还缺车？莫拿我消遣哟。"

熊晓戈被他说红了脸，偷偷看了一眼彭家仲，忙说："你小子说啥呢？。"

李家兴这才注意到彭家仲，亲热地打招呼："你好啊，还没回去呀？"

"你们认识？"熊晓戈抢先问。

"昨天下午我就是坐他的摩托上山的，晚上还是他送我下来的呢。走吧，今晚我和熊秘书又要去一趟，还是你送送我？"彭家仲主动同他握握手说。

李家兴狐疑地看看他们，似乎感到眼前这位操外地口音的人有些不一般。

熊晓戈说："彭监坐你的摩托，我再找一个跟在你后面，你开慢点，注意安全！"

"什……什什么？彭监？他就是新……新来的监狱长？"李家兴结结巴巴地问。

彭家仲点点头微笑着说："是的，我现在想到你家里看看，欢迎我吗？"

"欢迎……欢迎，怎么不欢迎呢？彭监，你坐好……"李家兴惊喜而慌乱地说，心里还有些忐忑。

一路无话，熊晓戈犹在回味刚才彭家仲叫他瞎编调查报告的话，前后左右地寻思了又寻思，始终没有想出个所以然来，作为双河监狱的监狱长说出这样的话，他实在搞不懂他究竟是个什么意思，是真的叫他瞎编还是在试探他？是因他也是秘书出身而体恤他这个做秘书的还是另有深意？

彭家仲叫熊晓戈和李家兴不要惊动任何人，在李家兴的带领下，径直朝他住的地方走去。上午的一场纷纷扬扬的秋雨，路上又有些泥泞，一行人深一脚浅一脚地来到李家兴的住的房子，已是满腿泥浆。

李家兴一家住在两间平房里，平房是五六十年代建的，经过烟熏火燎和岁月的侵蚀，已经破败不堪，天花板是用报纸糊的，已经发黄，到处都是漏雨而留下的不规则的痕迹。屋子靠近山岩，只有一面开窗，可以想象白天光线是很暗的，白炽灯泡发出微弱的亮光，屋子里任何东西都是朦朦胧胧的，看不清本来面目。从一间屋子的后墙开了一扇门，靠着石壁自己搭建了一个偏棚子用来做厨房，李家兴的母亲正在做饭，兴许是这几天连续下雨，柴火有些潮湿，烟特别重，满屋子弥漫着呛人的烟味，让人呼吸不畅，睁不开眼睛。李家兴的父亲躺在床上，两眼无神地盯着彭家仲。彭家仲摸摸被子，很潮湿，似乎刚用洗衣机脱过水一般。

彭家仲坐在床沿上，说："老人家，你还好吗？"

李家兴对父亲说："爸，这是我们监狱长，来看你了。"

老人挣扎着要坐起来，彭家仲连忙安慰他躺下别动。可老人还是倔强地坐起来，拉着彭家仲的手，嘴唇剧烈地抖动了好半天，才说："谢谢领导……监狱长就是县长，没有想到我们李家还会来这么大的官，祖上积德了啊……我在这里干了一辈子工人，没什么文化，没多少见识，但是我还是想问问监狱长，你说我们辛辛苦苦创业了几十年，怎么住的房子连我老家的房子都赶不上呢？我们老家也跟这里一样穷，但是房子至少没有这么潮湿呀……我原来住这样的房子嘛，我是工人，还想得通，可李家兴好歹是吃国家粮的，还是警察啊，怎么也住这种房子呢？"

老人似乎百思不解，末了连续追问彭家仲："是不是李家兴犯了什么事儿了啊？"

"爸……"李家兴连忙打断了老人。

彭家仲心情一下子沉重起来，说："老人家，我代表监狱给你道歉了，你放心吧，你的话我记下了，我们会尽快解决的。"

从李家兴房子里出来，彭家仲环顾四周，问："小小呢？"

"那野女娃子，不知道又跑到哪里玩去了。"李家兴说着，拿出一张百元钞票给彭家仲，说，"彭监，昨天我不知道是你……"

彭家仲推了推他的手，说："作为个人，这是我付的摩的钱，作为监狱长，我还欠你和你父亲很多，你就拿着吧。熊秘书，好像他们在开会，我们去看看。"

一阵猛烈的山风吹过，李家兴手里攥着的百元钞票在风中哗哗地响，声音格外清脆。他望着彭家仲在夜色中的背影，心头仿佛看到了一丝亮光。一回头，发现父亲不知道何时也起来了，拄着棍子靠在门框上，眼巴巴地望着彭家仲走的方向……

彭家仲悄悄来到监房，听蒲忠全在罪犯大会上讲话，他感到震撼的是，这位违背了很多监管规定的年轻监区长，居然还在教育感化罪犯上下了这么多功夫，于是，他情不自禁地走上去也给这名犯人捐了200块钱。

蒲忠全看着彭家仲，一下子呆在那里，嘴巴张得老大，却没有吐出一个字来。

熊晓戈连忙推推他，他才清醒过来，高声说："这位就是新来的彭监狱长！"

他很激动，声音有些发颤，带头使劲地鼓掌。

四监区立即响起了雷鸣般的掌声。

掌声余音未了，一阵啜泣声传来，大家寻声望去，原来是即将满刑的田艺超在低低地哭泣。他一下子跪在彭家仲和蒲忠全面前。

蒲忠全连忙把他扶起来，可田艺超老泪纵横，越哭越厉害，站立不稳，继而，哭声中夹杂着含混不清的说话声。大家仔细倾听，原来他说的是“谢谢”两个字。

“哑巴”开口说话了，在场的人无不为之动容，很多老龄罪犯不停地抹泪，还有些罪犯眼睛红红的。

彭家仲大声说：“四监区的服刑人员们，在双河监狱服刑人员中你们是一个特殊的群体，老弱病残集中在一起，这里的生活环境很差，刚才我去你们李家兴警官住的地方看了看，阴暗潮湿，还漏雨，比你们住的地方还差。尽管条件很艰苦，但你们认罪伏法，听管服教，在监区组织下积极投入改造，取得了可喜的成绩，我代表监狱向你们表示祝贺，希望你们继续努力，早日新生，回家与亲人团聚。田艺超这个事，你们蒲监区长做得好，干得漂亮，今后，我们不能把你们送出监狱大门就了事，就撒手不管，还要关注你们出去后的生活、工作状况……”

犯人们又一次情不自禁地鼓掌，打断了他的讲话。

他抬起双手朝下面摇摆了几下，待掌声停下来之后，继续说：“目前，我们监狱也面临着巨大的困难，给田艺超捐款也解决不了根本性问题，也不可能从物质上解决每一个刑满释放人员的生活问题，但是我们可以提供无偿的法律援助。”

他转头对蒲忠全说：“蒲监区长，你明天派人把田艺超送回去，把当地村组织和他的两个儿子喊在一起，开个协调会，争取签订一个赡养协议。”

他转过身来，面向犯人，铿锵有力地说，“如果他两个儿子依然不履行赡养义务，监狱就帮田艺超打这个官司！”

蒲忠全立即立正，响亮地喊了一声：“是！”

全场一下子又爆发出热烈的掌声，掌声经久不息，打破了夜色的寂寥，破败不堪的四监区顿时充满了勃勃生机。

最后，彭家仲握着田艺超的手，深情地说：“你的事我了解了，也记在心里了，你安心回去吧，我希望你从以前的悲伤中解脱出来，安享晚年。”

田艺超激动得浑身发抖，不住地点头，不住地流泪，他朝警官们深深地鞠躬，又向服刑人员们鞠躬，嘴里絮絮叨叨地说着话，但依然只是含混不清的两个字“谢谢”。

彭家仲在蒲忠全和其他几个副职的陪同下去监舍看了看，又到每一个值班室看望了正在执勤的民警，才来到蒲忠全的办公室。

一张老旧的桌子和几把破旧的藤椅很抢眼，桌子乌黑发亮，只不过有很多地方的漆已经脱落，在桌子的一角有很明显的砍刀砍过的痕迹，尤显得古老和厚重，给人一种沉甸甸的感觉；藤椅的把手和后背不少地方的藤条已经断裂，有一把椅子的一只脚上绑着一根短木棍，坐在上面藤椅就咿呀咿呀地唱歌。

然而，更抢眼的是，桌子上摆放着两本书：一本是《毛泽东选集》，另外一本是《犯罪心理学》。

深夜的山上透着浓浓的寒气，山风嗖嗖地从裤脚往上灌，有点刺骨的感觉。彭家仲和熊晓戈本来只穿着单衣，上山时候裤腿、皮鞋和袜子又打湿了，熊晓戈也已瑟瑟发抖，上下牙齿不停地抖动着，他跺着脚要蒲忠全弄点热水，最好弄一盆火来。蒲忠全立即叫张景然打了两瓶开水来，和几个副职七手八脚地给彭家仲兑好热水，又去拿了两件警用棉大衣来给他们披上。

彭家仲烫烫脚，又披上棉大衣，顿时觉得暖和多了。这时，张景然又端来了一盆红彤彤的木炭火，办公室仿佛一下子温暖了许多。

蒲忠全把彭家仲和熊晓戈的皮鞋和袜子交给张景然，说："你去把皮鞋擦干净，把袜子洗了，在一个小时内烤干送到这里来。"

蒲忠全话已说出口，熊晓戈想阻止也来不及了，他懊恼没有提前提醒一下蒲忠全，不由得瞄瞄彭家仲的脸，只见他眉头紧锁，面沉如水。

熊晓戈不禁为蒲忠全暗暗捏了一把汗。

彭家仲毫无表情地对其他几个副职说："我和蒲忠全谈点事，你们回去休息吧。"

其他几个副职告辞走了，彭家仲喝了几口热茶，突然目光灼灼，问蒲忠全："你指使犯人偷老乡的山羊？"

熊晓戈没有想到彭家仲会这么单刀直入，他低头不忍看蒲忠全的表情，只是感觉刚才还很冷的身子似乎在微微冒汗了。

蒲忠全看了看彭家仲，又看看熊晓戈，犹豫了一下，低声说："是……"

彭家仲也似乎没有料到蒲忠全会这样回答，怔了怔，严厉地问："叫犯人帮你擦过皮鞋，洗过袜子吗？"

"擦过皮鞋，没有叫他们洗过袜子，但洗过衣服……"蒲忠全明白了这位监狱行政最高长官问话的含义，但是想狡辩都来不及了，索性老老实实地回答。

"是警服？"彭家仲追问一句。

蒲忠全又犹豫了一下，有气无力地点点头。

“单放过罪犯吗？”

蒲忠全额头开始冒汗，他有点不知所措了。

彭家仲说：“我希望你如实回答。”

“放过……”

“有没有超时超体力劳动？”彭家仲声音都变调了，似乎已经忍无可忍。

“有……”蒲忠全的回答几乎只有自己能听见。

彭家仲盯着他，许久没有说话，气氛顿时沉闷起，蒲忠全几乎能听到自己的心跳，他受不了这压抑的气氛，想冲出去在山野里狂奔，歇斯底里地嚎叫几声。

“彭监，你别问了，还有很多都是违反监管规定的……”蒲忠全实在忍不住了，喃喃地说。

“说说看，为什么这样？”彭家仲此刻平静下来，语气很平和地说。

蒲忠全感到很纳闷，抬起头看看彭家仲。

彭家仲朝他和颜悦色地点点头，说：“今晚我们交交心，知无不言，言无不尽，你大胆说，我听，我不发表意见，也不会因为你说了实话就处分你。”

熊晓戈见他还在迟疑，于是捅捅他。

蒲忠全说：“其实，我压根儿就不想这样做，我也坚信没有几个监区长想这么干。这么做风险很大，弄得不好，小则给处分撤职什么的，大则把自己弄进去，从执法者变成囚犯，我又不是傻子……毛主席说，‘加强纪律性，革命无不胜。’可是，要是都按照省上、监狱的监管规定来办，这四监区的革命怕是真还胜利不了……”

“噢？”彭家仲疑惑地看着他。

蒲忠全接着说：“彭监，现在监狱工作的方针是‘惩罚与改造相结合，以改造人为宗旨’，而新中国第一次提出监狱工作方针是在 1951 年，是‘三个为了’，即‘为了改造他们，为了解决监狱困难，为了不让判处徒刑的反革命分子坐吃闲饭。’1951 年到现在多少年了？ 40 多年了啊，我从参加工作到现在，怎么都觉得我们现在的监狱工作方针不是‘惩罚与改造相结合，以改造人为宗旨’，而是‘三个为了’呢？我们一天到晚，起早摸黑，带领犯人没日没夜地干，仅仅就是为了拿齐工资，能发点值班补贴，说实话，这是多么渺小而卑贱的愿望啊。从这个意义上讲，更多的是为了解决监狱的困难。这，是我作为一名光荣的监狱人民警察的悲哀！”

蒲忠全显得很低沉，眼圈有些红，继续说：“监管犯人最怕的就是两件事，一是群体性事件，二是脱逃，特别是集体脱逃。一旦发生这样的事故，估计就要给处分了，说不定还要被检察院追究刑事责任。但是，就是你是世界顶级心理学专家，拥有世界上顶级的测谎设备，你就能完全掌握犯人们的心理活动吗？不能！所以，我们的民警时常最担心的是什么时候会发生什么样的问题呢？于是，上班时间工作紧张，下班后神经紧张，同志们都说，两眼一闭，提高警惕，所以，很多民警认为，我们虽然是实行的 8 小时工作制，但是却是 12 小时的工作量，24 小时责任心，365 天思想包袱重。但是，我们的民警待遇呢？工资拿不齐不说，执勤还没有值班费，哪个带班民警没加班？可是加班费呢？很多民警以《劳动法》向监狱反映吧，监狱也没有办法，只好说警察加班不适用于《劳动法》。”

彭家仲神情很凝重，但是依然没有说话。

“彭监，你知道我们很多基层民警是怎么说的吗？人世间最痛苦的事莫过于上班，比上班更痛苦的莫过于天天上班，比天天上班痛苦的莫过于加班，比加班痛苦的莫过于天天加班，比天天加班痛苦的莫过于免费加班。他们把上班视为最痛苦的事，说得刺耳一点，这是一种原始人的劳动观念，把工作仅仅当成谋取简单再生产的一种手段而已，我感到困惑……而其他行业的公务员呢？什么菜篮子呀，劳保呀，午餐补贴呀，阳光津贴呀，等等，早已拿得不耐烦了，在我们这里却是海市蜃楼一般，盼啊盼啊，你说阳光怎么就照不到我们这里来呢？毛主席有一句最悲壮的诗：苍山如海，残阳如血！有时候想起来，真是这样的感觉，好像我们这些人是后娘养的一般。”蒲忠全说到这里，情绪很落寞低沉，满脸的彷徨与无奈。

熊晓戈插话说：“本来吧，《监狱法》的颁布，给大家带来了曙光，可如今已过了 6 年，我们的生活状态和工作环境依然没有发生多大的变化，困扰监狱最大的问题依然是吃饭的问题，彭监您到任不到 2 个月，您可能也深深地体会到这一点了吧。”

彭家仲点点头，说：“我们听蒲监区长说。”

蒲忠全抬起头说：“熊晓戈说的是民警们的心里话，就四监区而言，由于关押对象的特殊性，更不为监狱所重视，这里的民警要么是别的监区不要的，要么是没有任何关系的，我常跟常佳微开玩笑，我成了组织科的收容所了。这山上风光确实很绚丽，但就算超过了九寨沟的风景又怎么样呢？民警也是人，光讲奉献是不行的，所以去年我任监区长后，最高目标只有一个，那就是挣钱。帮老乡刨地、挑粪、收割庄稼、修沼气池、修房子……反正只要有人给钱，我们就做。另外，我把四监区诸如养鸡养鸭，种果树、蔬菜等传统项目都取消了，只保留了养牛这一个项目。”

“为什么？”彭家仲不解地问。

蒲忠全说：“您不知道啊，以前，机关科室的、其他监区领导三天两头来这里，那真的是左手一只鸡，右手一只鸭，一年到头鸡鸭都给他们差不多捉光了。现在，我把能种的土地都种着牧草，只养牛，他们总不可能把一头牛牵走吧？”

彭家仲觉得好笑，但怎么也笑不出来。

沉默。

熊晓戈轻轻推了一下蒲忠全说：“你怎么了？”

“我讲完了，就这些。”

熊晓戈干笑：“你小子别打埋伏，我可听说你这儿奖金高，福利好，已经超过了效益最好的二监区，还有人想调到山上来呢。刚才彭监不是说了吗？知无不言言无不尽，又不会给你定罪，还有表现的机会，你要知道，不是每个人都有这样的机会的，有好多人求之不得呢。”

“得得得……说实话，我在山上干了有些年头了，哦，8年了……可有哪个监狱领导这么晚还待在山上？唉……就冲彭监这点，我得说实话，就是真要处分我，我也没有怨言。”蒲忠全望着彭家仲说。

“我先前是表了态的，你大胆说，我听，不发表意见，也不会因为你说了实话就处分你。”彭家仲对他点点头说。

“钱是挣了一些，我们监区有420人，300人在外面找活路做，每月每人大约可以挣到160元，拿出1万元用于犯人生活补贴，再除去1000元左右的工具成本，32名民警每月有900元的打工收入。”

“还没有计算养牛的收入吧？”熊晓戈惊讶地叫起来，“就这900元的收入就相当于两倍的工资了，而监狱效益最好的二监区每月民警也才有150至200元的奖金，看来你这提前进入小康社会了，难怪有人想调到你这山上来。”

接着，他开玩笑地说，“也难怪汪庆书出事后要你代替我的位置，你死活不同意呢。”

“现在你愿意来，只要彭监同意，我们马上换！”蒲忠全瞅了他一眼，闷声闷气地说，“你以为我愿意挣这个钱？外出打工本来就没有得到监狱的明确同意，其中有多大的风险，你知道吗？说不定哪天检察院就来传讯你。监管压力和民警待遇两大问题像两座大山，又是相互矛盾。以目前的情况看，要搬掉这两座大山，难啊，解决掉一座大山势必要增加另外一座山的高度，如同把一座山的土石累积在另外一座山上一般，一旦垮塌，就是天崩地裂。把他们统一起来，更难啊，为什么呢？最近我在读毛主席在中共“七大”作的闭幕词《愚公移山》，他老人家教导我们说，‘我们一定要坚持下去，一定要不断地工作，我们也会感动上帝的。这个上帝不是别人，就是全中国的人民大众。全国人民大众一齐起来和我们一道挖这两座山，有什么挖不平呢？’以前，我拿这句话来激励自己，可干了这么些年，越干越觉得就是全监狱人空前团结起来，勒紧裤腰带使劲的挖，恐怕也挖不掉这两座大山。”

“怎么说？”彭家仲似乎对这个问题很感兴趣。

见监狱长的脸色终于有所缓和，蒲忠全来劲了，说：“因为材料不对呀，尽管我们有战天斗地的革命精神，但是材料不对，木棍磨出来的绝对不是绣花针，只能是牙签。这里现在有什么资源？有什么可持续发展的资源？何况，我一直坚持，监狱经济绝对不是市场经济，也没有能力参与市场竞争，经济学追求的最大也是唯一的目标是利润，而我们呢？还有一个是劳动者的问题，企业用人是择优录用，而我们呢？择劣不说，表现好了，还要开除（减刑提前释放）。就这两个问题，注定监狱经济无论如何是走不出困境的，这也许是《监狱法》没有明确规定监狱能拥有企业的原因吧。但是按照那个智叟的说法，不挖也不行，毕竟劳动改造是一种不可缺少的手段。可是又不能搬家，所以，我很悲观，反正我这一辈子十有八九就这么没有希望地挖，唉……”

愚公移山？挖山？搬家？彭家仲脑子里突然闪现一连串的念头，他站起来，走了出去，站在门口环顾四周，在这大山腰上，四监区的灯光在蒙蒙秋雨中显得很孤单，似乎在瑟瑟发抖……

第九章　反问愚公：挖还是迁

胡玲玲突然接到供销公司经理郑志军的电话，叫她立即到他住的酒店来开会。

风刮着焦黄的落叶掠过黄昏的街道，忽东忽西地地翻滚着，发出沙沙的响声，人们在清冷的风中行色匆匆，都在寻找那扇属于自己的门。

胡玲玲心头掠过一丝不祥的预感，披上一件风衣，走出租来的房子，慢悠悠地走在有些空旷的街道上，任粗狂的风刮打着她那娇柔的脸颊。

胡玲玲赶到郑志军住的酒店房间，办事处其他两个销售人员已经到了。郑志军热情地招呼她落座，上上下下色迷迷地打量着胡玲玲，说："史书上说这西北是苦寒之地，果真如此啊，一个月不见，我们的胡主任黑瘦了不少，有一个形容美女的词儿怎么说？哦，对了，黑牡丹，倒是别有一番滋味，哈哈……"他转头对其他两个人说，"你们可得把你们的主任保护好，这西北汉子彪悍，胡主任可不仅是我们监狱的一朵花，而且是我们公司的形象大使，可别让她受到一丁点儿伤害。"

胡玲玲手下那两个销售员连忙站起来，又点头又哈腰，连声诺诺。

胡玲玲心里冷笑，忖道，这老色狼又开始打她的主意了，哼，你以为老娘还是十七八岁的小姑娘？但嘴上却笑嘻嘻地说："喔？原来我们老板喜欢西北土生土长的黑牡丹哟，等你给我们做完指示，我叫他们两个陪你去考察一下？"

"胡主任这嘴是越来越厉害了……考察就免了，有你在，再靓的也只是庸脂俗粉。扯远了扯远了，言归正传，我们还是先谈工作。你们工作搞得很不错，销售业绩直线上升，辛苦了，今晚我请你们吃顿饭，就算是犒劳犒劳你们吧。”他扭头对那两个业务员说，“你们两个去订一桌，我和胡主任谈谈工作后就来。”

胡玲玲叫住他们，说：“既然郑总要作指示，你们去一个就是了。”

“我这人习惯一级对一级负责，你对我负责，他们对你负责就是了，所以，我只是认你，交待工作当然也只跟你交待了。你们去吧，档次订高点。”郑志军看着胡玲玲说。

那两人相视会意地笑笑，就出去了。

郑志军起身关上门，转身就要抱胡玲玲。

胡玲玲明白了他肯定是抓住了她借给蒲忠全那 1 万元货款的把柄，所以才这么嚣张，也不好过激地反抗，于是把他嘴巴托住，说：“郑总就是这么交待工作的？”

“劳逸结合，劳逸结合嘛……”郑志军死皮赖脸地说着，伸手就要去撩她的裤子。

胡玲玲突然“咯咯”地笑起来，笑声明显夹杂着讥讽，很是怪异，把郑志军笑得莫名其妙。他松开双手，愣愣地看着她：“笑什么？有什么好笑的？”

胡玲玲慢条斯理地整理了一下衣服，坐在沙发上，狐狸眼斜斜地望着他，指指另外一个沙发。待郑志军坐下，她从手包里拿出一包软玉溪，自己先叼了一支，点燃，深深地吸了一口，徐徐吐出，才给郑志军扔了一支，说：“劳逸结合，可以，但总得给个说法？”

“你快活，我舒服，不就得了，还要什么说法哟。”郑志军点燃香烟，飘飘然地说。

“哼，我胡玲玲只认两样东西，一个是我看得起的男人，一个是钱，你要泡我，可以，拿钱来。”胡玲玲看也不看他一眼，满脸的不屑。

“你我就没有一点感情？”

“感情？跟你讲感情？好，就讲感情，你大不了说如何如何爱我，想我，牵挂我，好，我都信，但不能空口说白话吧，总得有个载体！”胡玲玲哼了一声。

郑志军想了想，问：“那你开个条件。”

“先给我 30 万，在省城给我买一套房子，然后每月给我报销 5000 招待费。”胡玲玲莺莺巧巧地说，像变了一个人似的，风情万种地看着他。

“这个……”郑志军沉吟起来。

胡玲玲突然又像变了一个人似的，满脸的鄙夷，居高临下地说：“没钱，你癞蛤蟆啊，哼！”

郑志军被她激怒了，说：“你以为你是什么？女皇还是天使？不就是一辆破公共汽车吗？拽什么拽？”

“老娘就是破公共汽车，就是不让你开我这破车，就是拽，怎么着？”胡玲玲说完，起身就要走。

郑志军一把把她抱起来，重重地丢在床上，饿狼一般扑上去，死死压住她，骂道：“老子今天非要开你这破车，开一趟霸王车，怎么着？！”

胡玲玲略微一慌张，马上镇静下来，一点也不反抗，说：“你有胆就开，老娘告诉你，一个小时内老娘要你到拘留所蹲着，让你哥来保释你，哈哈……”

郑志军拿不准她说的话，以她的社交能力，很有可能在当地和公安某个领导已经勾搭上了，真要是那样，自己怕是插翅也难逃，于是放开她，说：“算你狠，老子倒要看看你狠还是我狠？”

他说完，从公文包里拿出几份文件甩在她身上。

胡玲玲从床上起来，依然慢条斯理地整理好了衣服，才拿起那几份散落在床上和地上的文件看，果然不出她所料，原来这家伙把那家客户的往来账目和她的收款签字都复印了出来，这挪用货款说大就大，说小也小，虽说她对这件事情有心理准备，但是没有想到郑志军动作这么快，使她有些措手不及，心里不免有点慌乱，就愣在那里飞快地思索着该怎么渡过这个坎。

郑志军看着她神情呆滞的样子，暗自得意，说：“我刚才说了，你可是我们监狱的一朵鲜花，我怎么忍心把你一个人丢在大西北呢？岂不暴殄天物，罪过罪过，跟我回去，公司办公室主任就是你的，而且，你去找 1 万元的发票来，我给你签字报了，把货款填上，我当什么事情都没有发生过，怎么样？”

“如果我说不呢？”胡玲玲把那几页材料重重地甩在床上，气呼呼地问。

“那简单啊，我们公事公办，我把这材料交到劳改检察院去，那帮小子正闲着没事呢。”郑志军翘着二郎腿，一副地痞的样子。

“你以为我是被吓大的？”胡玲玲冷笑一声，“就这个数额，还没有超过 3 个月，别丢人现眼了，还冠冕堂皇的警察呢。”

“是啊，检察院是不能把你怎么样，但是移交给马洪扣那是必然的了，就算你跟王福全有非同一般的关系，他也不好把这事压下来了，哈哈……”郑志军撩起衣服使劲地伸手在背心抓痒，“来来来，给哥哥我挠挠……唉，你呀，就是不懂我，我这个人呢，其实很仗义很公平的。不就是一个处分嘛，你胡玲玲是不放在心上，可你心头总还是不爽吧？我就是要让你不爽，你不爽，我心里就偷着乐，怎么着，我们就这么斗下去？那个蒲忠全怎么说来着？与天斗其乐无穷！与地斗其乐无穷！与人斗其乐无穷！哼哼哈哈……”

胡玲玲气得浑身发抖，恨不得冲上去一脚把他踢翻在地，再踩上几脚。就这么耗着也不是个事儿，但是要她委身于他，那是万万不可能的，心想既然是蒲忠全起的事，那也让他来垫垫背，于是柳叶眉一挑，立即媚态万千，笑吟吟地说：“郑总，我胡玲玲可不想与你撕破脸皮啊。那好吧，你想往哪里交就交去吧，我不在乎，反正是蒲忠全的事儿……”

郑志军一下子灰心丧气起来，如果这小丫说的是真的，这个王福全未来的女婿还是得罪不得的，万一这 1 万元是蒲忠全拿去办了公事，到时候王福全站出来说这事是他同意了的，那就真成了偷鸡不着反失一把米了。

“妈的！”郑志军心里暗骂，没想到到嘴边的肥肉又这么飞了，很是不甘心，就说：“尽管我跟蒲忠全关系很好，但是这是原则问题，我是党员，更不能徇私枉法。既然牵涉到他了，我就不往检察院交了，我交给王福全。不过，搞工作嘛，一定要原则性与灵活性相结合，才能把工作做好做实，嘿嘿……”

胡玲玲没有想到这家伙油盐不进，一时又拿不定主意，正在懊恼之际，彭家仲打来电话，她又惊又喜，对郑志军说：“我接个电话，然后我们再好生谈谈。”

说完，她打开门，走了出去，一直走廊的另外一头，才说：“彭监，你好，有什么指示吗？”

“你现在立即赶回来直接去省城，熊晓戈在那里等你，你们两个去考察一下监狱安装局域网的事情。”彭家仲说。

“好，我今晚就动身，可……”胡玲玲犹豫地说。

“有什么困难你说吧，我给你协调。”

“是这样的，四监区这个月收入减少，发不齐民警的补贴，蒲忠全在我这里想借 1 万元货款，下个月还……”胡玲玲试探地说。

“你借给他吧，还有问题吗？”

胡玲玲没有想到他这么爽快，心头的石头一下子落了地，满心欢喜地说：“没有了，你就放心吧，保证完成任务！”

她挂了电话，对着手机亲了一口，哼着歌，蹦蹦跳跳地来到郑志军住的房间门口，给他做了一个飞吻，嗲声嗲气地说了一声拜拜，转身一阵小跑，转眼就消失在楼梯口。

郑志军傻傻地望着她的背影，半天回不过神来。

天终于放晴了，碧空万里，暖暖的阳光把连绵的秋雨带来的一丝肃杀荡涤得干干净净，每家每户的阳台上都晾晒着被单，在和煦的秋风中招展着，于是，一幢幢楼房就像一艘艘挂满旗子的轮船，只是在逶迤如黛的高山环抱下显得有些沉重和苍桑。人们又换上夏装，心儿也随之轻巧起来，这样的天气一般在连续的雨后维持一天，难得的好天气孕育着难得的好心情，机关科室的民警们一上班就邀约着搞工会活动，不到一个小时，机关大楼一下子冷清起来。

彭家仲来到顾卫国的办公室。

顾卫国感到有些突然，连忙站起来招呼他，忙不迭地给他泡茶。

彭家仲说："不用了，我找你了解一件事情。"他看见沙发上做着一位白发苍苍的老人，老人一脸的严肃，气度不凡，端端正正地坐着，双手搭在龙头拐杖上。拐杖乌黑发亮，想来跟老人有些年头了，便问："这位是？"

顾卫国边泡茶边介绍说："这位呀，是我们监狱的老革命、老红军郑三旺同志。哦，郑老红军，这位就是新来的监狱长彭家仲同志。"

彭家仲忙跟他握手，热情地问："老人家好啊？"

郑三旺象征性地握握他的手，斜睨着眼睛瞟了他一眼，把拐杖在地上咚咚地戳了几下，沉着脸说："怎么派一个后生来？难怪嘴上没毛，办事不牢，这样搞法，我们亲手建立起来的双河监狱迟早要毁在你们手上。"

彭家仲满腔热情被他一盆冷水浇灭了，很是郁闷，迷惑不解地看着顾卫国。

顾卫国似乎没有在意彭家仲表情的变化，开玩笑式地对郑三旺说："郑老红军，彭监找我有很重要的事情，我知道你是最革命的，是毛主席最忠诚的战士，当然也最讲组织纪律性了，你说的事情我记下了，回头我们研究后尽快给你答复，怎么样？"

郑三旺乐得像小孩子一般手舞足蹈，随即又沉下脸，严肃地说："既然这样，我就不耽误你们工作了。"说完，他站起来，把拐杖提在手中，昂首阔步地走了出去。

等他走出办公室，顾卫国这才解释说："监狱现在还有很多老革命，其中 3 个老红军、7个解放战士资格最老，这10个人绝大部分是讲道理的，但是个别人，比如刚才这位，就不那么懂理了。监狱为了让这些老革命颐养天年，在距离机关3公里的南溪一个风景秀丽的河湾修建了一个红军院，因为距离监狱医院比较远，为了保障他们生病时能及时就医，还配备了一辆救护车。这个郑三旺没有住在红军院，三天两头地来找我，要监狱再购置一辆救护车，放在他家门口，您说这是个什么事儿？简直就是无理取闹。”

彭家仲不解地说：“让他搬进红军院不就得了吗？”

“可这郑三旺宁愿住在自家老屋里，死活都不肯搬进红军院。他那老房子是解放前搭建的，阴暗潮湿，又不透风，在一个陡坡上，进出上下都不方便。哦，对了，彭监，这位活宝就是郑怀远副监狱长的老爹。”顾卫国连连苦笑着说。

“这又是为何？”彭家仲越听越奇怪。

“这个郑三旺14岁参加了红四方面军，长征时掉了队，就跑回老家，也就是这双河镇继续种地，解放后清查流亡红军，甄别落实政策，他向徐向前元帅写了一封信，说是给徐帅牵过马。徐帅在他的信上批示说好像有这么一个人，于是他一下子变成了受人敬仰的老红军，安置在监狱工作。因为他是流亡红军，常常被那些走完长征的正牌老红军嘲笑，于是平常最讨厌哪个不叫他老红军，也把自己打扮得很有气度的样子。这也就是他不愿意搬进红军院的原因……”顾卫国把泡好茶的茶杯放在彭家仲的面前，指指茶杯说，“您尝尝，这是郑志军送来的，只有2两，据他说是正宗的铁观音，将近一千元一两，我都舍不得喝呢。”

又是郑家的人，彭家仲心里一沉。

虽然只是一次性纸杯，原本青褐色的茶叶颗粒在沸水中渐渐伸展开来，翠绿的叶片均匀而鲜活，飘逸中略带一丝羞怯，如同一个风姿绰约的少女从涅槃中醒来，惺忪忪地在回味重生的那一刻的刻骨铭心，清香四溢，入心入髓，让人倍感怜惜。

彭家仲只是瞟了一眼茶杯，没有动。

顾卫国审视了一下他的表情，一丝意味深长的微笑从嘴角悄然掠过，他坐到彭家仲的对面问：“彭监，您有什么指示吗？”

彭家仲这才慢慢抬起头，良久才问：“今年的转干指标下来了？有多少个？”

“7月就下来了，有7个名额，汪庆书组织召开党委会确定了，早报上去了，估计这两个月就要批下来了吧。我们监狱人多，民警子女也多，符合条件转干的还有160人之多，僧多粥少，很敏感，工作难度也大，民警职工的意见也很大。怎么，有人向您反映这方面的问题？”顾卫国有些无奈地说。

彭家仲说：“没有人给我反映这个方面的问题。我想问问如果我现在去要一个指标给某个人，怎么操作才能说得过去？”

“这样的事以前也不是没有，只要符合转干条件，在党委会上通通气就可以上报了。至于群众的质疑嘛，可以做做解释工作，就说有一些非解决不可的特殊的原因，现在要找这样的理由，在任何人身上都可以找出几条来，所以不会出什么大的问题的。”顾卫国停顿了一下，问，“不知道彭监想给哪个解决呢？”

“郑宝团的儿子，如果可行的话，这事儿就拜托你来操作一下，只是要注意不能突破政策界线，更不要激化矛盾。如果实在不行，也不要强求，等明年再说。”彭家仲嘱咐道。

顾卫国沉思着说：“您客气了，您安排的事情我会尽力办好，只是……”

“有什么顾虑吗？”

“顾虑倒是不存在，郑宝团是郑怀远他们家的，这家可是我们监狱势力最大的家族……最近我可听到一些不好的传闻……”顾卫国试探性地说。

“说说看。”

“前些日子，就是您刚把监区长的财务权收归监狱后不久，据说郑家兄弟召集自己的心腹吃饭……我近段时间下监区，重点就是解释为什么监狱党委要收二级单位的财务权，感觉这些诸侯们嘴上虽然不说，可心里还是很有情绪；还有，刚才在您办公室研究马书记和我对集团奖问题开展调查，可这会儿就连续有人打电话问我有没有这么一回事……彭监，双河监狱历史形成的家族势力不可忽视啊，我有些担心……您在这里为他们解决后顾之忧，说不定有些人在背后正指指点点呢……”顾卫国点到为止，却很真诚。

彭家仲心里明白他所指的“他们”是谁，这段时间，表面上看起来，郑怀远最支持他的工作，给其他班子成员的印象是对他彭家仲言听计从，像一只温顺的羔羊，但是彭家仲隐隐约约地感觉到，每一次的压力似乎都与郑家有关，就像一只无形的手，始终在他面前挡着，使他不能得心应手地干。不过，这仅仅也只是怀疑而已，没有实质性的证据，还真不能拿到桌面上说，何况这个郑宝团的情况明摆在那里，确实应该解决一下，于是说：“卫国，我呢，尽力做到问心无愧，该解决的还是要解决，不论他是哪家的人，我想只要执政为民，老百姓迟早会明白的。以后呀，这民警职工的思想工作，你得多费点心思。”

郑怀远气冲冲地回到办公室，见妻子徐文馨坐在他的大班椅子上正悠哉游哉地转悠，心头的火气一下子窜上来："起来起来……"

郑怀远看着她，没有说话。

"刚才生卫科长来找我，说四监区上午就是不收我卖给他们的大米，说什么成色不好，像是陈米。我给蒲忠全打电话，你猜这小子说什么来着？他说这大米有霉味，正值秋雨季节，山上潮湿，怕犯人吃了拉肚子。这明摆着不买我的账嘛。"

郑怀远说："我跟你说了多少次了，少赚几个就少赚几个，不要把那些发霉变质的东西弄进来，你就是不听……"

徐文馨一下子跳起来，气呼呼地说："你怎么就知道我卖的大米就是发霉变质的呢？你相信一个外人的还是相信我的话？我是你老婆呐，难道我会把你往火坑里推？那些小煤矿的工人都吃得，就犯人吃不得？难道你们那些犯罪分子比那些工人还金贵？说穿了，就是他蒲忠全不买你的账了，你这都看不出来？"

"好了好了，我知道了，你先回去吧……"郑怀远心烦意乱地说。

这时，杨志刚大步走了进来，见他们夫妻二人表情很严肃，便开玩笑说："哈，准是怀远昨晚没有努力，嫂子跑来兴师问罪了，哈哈……"

徐文馨立即笑吟吟地说："不见其人，先闻其声，我怎么当初就没有遇见像你这么雄赳赳气昂昂的人呢？嘻嘻……志刚，你和怀远聊，我有点事，先走了，哦，对了，改天我请你吃饭，啊！"

"老郑，我可是火烧屁股了，所有生产监区都向我要人，你说我哪里去找人？刚才我给彭监请示，他叫我整合劳动力资源，啥叫整合劳动力资源，连我都不明白，怎么个整合？我只有找你了，你跟看守所熟，你打打电话……"杨志刚目送徐文馨出门，迫不及待地说。

郑怀远摆摆手又摇摇头，情绪低落地说："别提了别提了，我亲自找他解释'人头费'的事情，他还是否决了，还被他数落一顿，说我这分管监管的副监狱长法制观念淡薄……从分管工作角度上讲，我还不希望罪犯越少越好？你说我这不是没事找事儿吗？不管了不管了，就是你那里停产了，也不关我的事！"

"这可怎么得了，这样下去，生产怕是真难搞了。煤矿没有原木，掘进已经停了下来；输煤系统改建再不投入资金，估计也支撑不了几天……可这位监狱长宁愿花费几十万元搞什么鸟计算机，就是不给付原材料款，监狱又不是没有钱，真搞不懂他在想什么？怎么就不能把民警职工的工资先往后押几天，保保生产呢？要是生产停摆，我看以后还有没有工资奖金。”杨志刚满口的抱怨，很担忧地说。

“巧妇难为无米之炊嘛，就是停摆，也不关你的事情，不要心急，老弟，免得像我一样，落得个费力不讨好……我算是看透了……”郑怀远安慰他说。

杨志刚急了：“这才几天，你怎么也变得前怕狼后怕虎的？我就不信这监狱就是他一个人说了算，那还要党委做什么？我去找王书记！你去不去？”

郑怀远心里反而平静下来，刚才的满腹怨气顿时化为乌有，说：“你的事就是我的事，怎么不去？何况是为了工作嘛。”

两人来到王福全的办公室，恰好炼铁厂厂长张明德正在那里诉苦。

王福全招呼他们坐下，叫张明德继续说。

张明德同郑怀远他们打过招呼，继续说：“矿石仅仅能维持 3 天了，昨天杨监狱长（杨志刚）你也是到现场查看了的，如果今天不派出车子连夜运输，恐怕要停产。一旦停产，上一个季度才换的价值几十万高炉耐火砖可就要报废了，重新点火要 200 多万。更重要的是工人不生产，按照监狱的考核就只有 200 元的生活费，要是闹起事来，怎么得了。王书记，我可负不起这个责啊，你是我的老领导，以前是你亲手提拔我的，我可得对得住你啊。这个监区长我是没法继续干了，你还是把我调回机关，让我吃几天安心饭吧……”

杨志刚本来就是快人快语，率性而为，说老书记有些事情你应该过问一下了，我觉得彭监的指导思想有问题，起初他叫我参与审批原燃材料资金计划，我还着实看到了一点希望，认为他很重视生产，也懂生产经营，可后来发现资金根本没有按照计划给付，计划等于摆设。像这么下去，炼铁厂一停产，监狱一半的固定资产就死了，再加上其他几个厂半死不活的，就算民警工资有财政保障 60%，犯人生活费全额到位，吃饭没有问题，那工人呢？怎么办？坐吃山空？我们有这个本钱吗？这个监狱长动不动就搬法律法规，我们是执法者，搬法律这没有错，但是目前我们面临的形势不能按部就班嘛，资金这么紧张，他可倒好，要搞什么计算机局域网，王书记你知道这要花多少钱吗？好几十万呀……

王福全很意外，插话问你从哪里听到的消息？我怎么不知道要搞什么计算机呢？

杨志刚说，刚才顾主任还带着他的指示来同我衔接，马上要举办培训班呢。他这样只会把监狱搞死。搞死了，他倒是可以拍拍屁股走人，可我们呢，还得留在这里继续战斗，收拾这烂摊子。其他工作出一点纰漏，还可以整改，也不费什么力气，可这生产要是下去了，那损失的可就是钱啊。没有钱，工人就没有饭吃，那可就要出大问题了……

郑怀远也说，我听说彭家仲监狱长要取消集团奖，老书记你看，收了各二级单位的财务权后，本来矛盾就很突出了，现在再取消集团奖的话，谁还会愿意拼死亡命地干？本来，一任新领导，应该考虑的是在以前的基础上如何给大家谋取点福利，可他倒好，还大刀阔斧地砍福利，你说这人心怎么会不涣散？工人队伍不稳定，再加上中层不稳定，那真要出大事了。我知道老书记你工作一辈子没出什么大事的，在我们监狱发展史上算是功德圆满，可要是由他这么折腾下去，那就难说了。还有，现在监狱资金这么紧张，计算机那档子事情有必要缓一缓吧，监狱从建立到现在都几十年了，没有计算机还不是运转得好好的吗？我赞成志刚的意见，他这个人指导思想有点问题，老书记你再不站出来说说话，我们这工作真没法搞了……

三个人你一言我一语，把王福全说得忧心忡忡的，他越听越觉得问题严重，心里也越烦躁，于是说："好了好了，我知道了，你们先回去该干吗就干吗吧……"

王福全抓起电话拨彭家仲办公室的电话号码，拨了几个数字，他犹豫了一下，最后放下电话，靠在椅子上闭上眼睑，整个身体随着椅子晃动了片刻，终于拿定主意，到彭家仲的办公室去谈谈，这样显得主动而且使彭家仲感到他并不是以党委书记来压人，双方沟通起来也要容易一些。

刚要出门，郑志军风风火火地赶来，在门口喊报告。

王福全问："有事？"

"老爷子……我找您汇报一点事……"郑志军迟疑地说。

"噢？你找我汇报？这可是大姑娘上轿子，头一回唷……我们边走边说。"王福全有些意外，这个郑志军当了几年的经理了，从来没有找他汇报工作，所以有些好奇。

郑志军忙说："我这事有点……那，我下午上班时来找您，你看呢？"

"急不急？"

"有点急，但是再怎么急，也不能耽误老爷子你的事……"郑志军满脸堆笑，献媚地说。

王福全本来已经走到门口，只好回去坐到椅子上，看着郑志军说："你说吧。"

“老爷子，胡玲玲挪用了1万多元的货款，彭监上个月才强调财经纪律，她可倒好，顶风作案……对了，这是相关证据。”郑志军把一叠材料放在他面前。

王福全翻看了一下，扔给他，不悦地说：“既然彭监已经强调了，该怎么处理就怎么处理，你来我这说什么事儿？”

“是是是……只是这事儿据胡玲玲交待说牵涉到蒲忠全，我听说他和亚敏在谈朋友，我也很棘手……不过，我想了半个月，还是觉得先给您汇报一下，我坚决按照你的指示办！”郑志军站在王福全的办公桌面前，讨好地说。

王福全震怒，盯着他说：“啥？他和王亚敏在谈朋友？我怎么不知道？就算他和我女儿真的在谈朋友，也得按照监狱纪律规定处理！”

郑志军虽然挨了一顿批，但是至少知道蒲忠全没有跟王亚敏谈朋友，没有王福全这座山，他一个蒲忠全算个鸟？胡玲玲就更是长着翅膀的鸟人了，他心里一阵窃喜，忙说：“老爷子息怒，息怒，我错了，保证以后不犯这种低级的错误！立即改正，立即改正！”

王福全见他态度很诚恳，毕竟主观上是为他考虑，心头的气也消了，语重心长地说：“以后把心思多用点在工作上，你那里搞好了，监狱的整体工作就好做一些，担子不轻啊。你很年轻，这几年把供销公司管理得也不错，好好干，有的是前途，啊！”

王福全没有找到彭家仲，问马文革，马文革也说不知道。

他一下子火了：“你这个办公室主任是怎么当的？你已经丢了……”他想说“你已经丢了一个监狱长了”，但马上意识到这样说有些不妥，于是立即改口道，“你马上问问其他人知道不？”

马文革是何等聪明的人，当然明白王福全的意思，他有些心寒，有些心灰意冷，对于这位新来的监狱长，他扪心自问是鞍前马后地在伺候，可不知道为什么，彭家仲似乎不喜欢他，他感觉自己现在好像是多余的一样，而熊晓戈呢，却整天抛头露面，忙得不亦乐乎，满脸风光……

王福全见他发呆的样子，心头更生气，扭头便走。

马文革这才意识到自己失态了，连忙追上去说：“老爷子，您稍等，您一训斥，我就六神无主了……我1分钟之内完成您交待的任务……”他话还没有说完，就转身跑回监狱办公室。

王福全看着他的背影，刚才的火气一下子消了，满意地点点头。

果然，马文革不到 1 分钟就出来了，说彭监在二监区生产现场，并请示说要不要把他叫回来。王福全说："我自己去找，你忙你的吧。"

马文革连忙安排小车，亲自给他关上车门，看着小车消失在监狱大门口，心里道不尽的彷徨。

王福全一个人来到二监区生产现场，在原料堆放场找到了彭家仲，刚才在他办公室诉苦的杨志刚也在。二监区一位副职发现了他，正要敬礼，被他摇手制止了。

彭家仲站在青石堆上，查看了一下原材料的储备情况，详细询问了供货商和运输状况。二监区汇报说，马上要进入冬季，原煤就要涨价了，从成本角度考虑，是不是多储备一点原煤。彭家仲问："你这场地还能堆放多少原煤？"

"2 万吨没有问题。"

"那就采购 2 万吨，要抓紧时间。"彭家仲毫不犹豫地说。

彭家仲的回答令在场的人很意外，都有些诧异地看了看他。

彭家仲没有觉察到在场的人表情的变化，只是问随行的财务科长郑宝团："你在这个礼拜内无论如何给供销公司准备 2 万吨原煤款，有困难吗？"

郑宝团沉思了一下，说："困难是有，但是我一定按你说的办。"

彭家仲接着对杨志刚说："我们去三监区看看那里的洗精煤储备情况吧。"

杨志刚忍不住提醒他说："彭监，一监区（炼铁厂）和五监区（煤矿）要停产了……"

彭家仲说："我知道。如果五监区的煤炭运到二监区的价格与地方上小煤矿的价格持平，我就保……呀，王书记也来了……"他转身看见王福全，连忙走上去同他握手。

王福全也很纳闷，彭家仲并不像杨志刚和郑怀远说的那样不重视生产嘛，不过，他同样也有跟杨志刚一样的疑问：二监区和三监区并不缺原材料，他怎么花那么多钱去储备原材料而不保其他两个厂的生产呢？王福全说："你下午去三监区吧，我们找个地方聊聊如何？"

彭家仲说："好好，我也正想找你议一个事儿呢。"他转身对杨志刚说，"志刚，你再了解一下水泥生产情况，回头我们再交换意见。"

杨志刚望着他的背影，目光中充满了困惑。

两人走到门口的小车前，王福全说：“办公室也不清净，我们就边走边聊，怎么样？”

彭家仲说好，听书记你的。

王福全打发司机把车子开回去，和彭家仲沿着公路往回走。

时近中午，天空虽然依然蔚蓝高远，强烈的阳光白晃晃的，公路上没有树木的遮挡，照得人睁不开眼，有点目眩的感觉。公路两旁被雨水凝结的的尘土被太阳一烤，又变成了细细的粉末，车辆过处又开始四处乱窜，两人不得不掩面而行。也许这样的环境实在不适合谈论工作，两人走了一段，虽然各怀心事，但谁也没有开口说话，就这么沉默地走，像是陌生人一般。

两个犯人拉着板车慢悠悠地走过来，一个光头，一个头发已经长起来了，像是平头，灰衣灰裤，上面镶嵌的黄色条纹很抢眼。板车上装了一些蔬菜，一看就知道是二监区某个中队伙食团上街买菜的罪犯。

板车在他们不远处停了下来，那个平头犯人蹲在公路边，对在公路边的农田里干活的一个农妇说：“喂，过来呀。”

妇女站起来，看着他说：“过来做啥子哟？”

“你说做啥子嘛……”“平头”坏坏地大笑，“给你东西，要不？”

“啥子东西嘛？”那妇女走了过来。

犯人指着板车上的蔬菜说：“你想要啥子就拿嘛。”

“我以为啥子宝贝，你想得出来哟！谁稀罕呢？”那妇女看看他，满脸不屑。

“那这个怎么样？”“平头”突然把手伸进裤裆里，拿出一张整百。

那妇女扭动了一下腰肢，两眼盯着钱，满脸堆笑，朝远离公路的一片树林指指说：“这还差不多，走，去那边。”

“平头”喜滋滋地对另外一个犯人说：“你先守着，一会儿我来换你，嘿嘿……”

彭家仲疾步走过去，看看他们衣服上镶嵌的黄布条，上面印着双河监狱的数字代码，心头火气蹭蹭地往上窜，喝道：“你们是哪个监区的？”

两个犯人吓了一跳，转身看着彭家仲，见他一身便装，就镇静下来。

“平头”低声问同伴：“你认识不？”

“不认识。”“光头”比“平头”显得惊慌一些，说，“老大，今天就算了吧……”

“你是哪个？”“平头”站在彭家仲面前，满不在乎地问。

“我是双河监狱的监狱长！”彭家仲道明身份后，威严地说，“你们……”

“平头”突然哈哈笑起来，以嘲弄的口吻对“光头”说：“老弟，这位老兄脑筋有问题，别理睬他。你说现在而今眼目下，哪个监狱长不是警车来警车去？跟他妈的阎罗王一样威风，还像我们这样吃灰？妈的，编嘛也整得有逻辑一些嘛，吹牛也不打草稿！”

“光头”也跟着笑了一回，说：“老大你去快活吧，我给你盯梢。”

彭家仲喝道：“站住！把你们的干部叫来！”

“平头”本来已走了几步，听见他这么一说，转身恶狠狠地说：“老子的刑期比命长，识相的给老子爬远点，要是打搅了爷爷的好事，老子阉了你！”

说罢，他挥挥拳头。

彭家仲没有想到他如此嚣张，冲上去就要抓他。

蒲忠全正好坐摩的走到这里，见状叫摩的停下来，抢在彭家仲之前冲上去就给了“平头”几耳光，喝道：“你他妈的给老子站好！”

“平头”一看他穿着制服，没敢还手，捂着脸恨恨地说：“你是哪个？我又没惹你。”

“老子是四监区监区长蒲忠全，站好站好！”蒲忠全见他没有立正，又踢了他几脚。

“平头”嗷嗷直叫，说：“你不就是个监区长吗？有郑怀远监狱长大么？哼哼……”

蒲忠全最见不得犯人仗势压人，又扇了他一耳光，喝道：“老子今天就替郑监教育教育你，让你长长记性，知道这是什么地方，来这里做什么！”

王福全此时走了过来，目光阴沉，扫了两个犯人一眼。

“光头”看了他一眼，两腿不停地打战，把持不住身体，摊软在地上，语无伦次地说：“王……王政委……”

“平头”吃了一惊，愣了几秒，一下子反应过来，摸出一包“中华”来，点头哈腰地给王福全和彭家仲递烟，口里不停地说：“我狗眼不识泰山，狗眼看人低，我知道错了，辜负了人民政府，请两位大政府原谅，一定改正，马上改正……请你们千万不要告诉郑监狱长，要不然我可就惨了……”

这时，二监区监区长伍直玮带领几个民警飞快地跑来，将两名罪犯控制起来。

伍直玮低声在彭家仲的耳边说：“那个光头叫姚远，以前在我们监区服刑，今年1月调到一监区去了，郑副监狱长也曾给我打过招呼，说这犯人和他家是亲戚关系……”

“先关在二监区禁闭室，不准通知一监区，让他们找去！”彭家仲冷冷地命令。

伍直玮看看王福全，有些为难的样子：“这……”

彭家仲火了，说：“你不愿意关，那好，蒲忠全，把他们关在你那里！”

蒲忠全立即响亮地回答一声“是”！

伍直玮立即陪笑说：“彭监，您误解我的意思了……”他立即命令几个二监区的民警，“按照监狱长的命令，把他们关押在禁闭室，立即执行！”

几个民警冲上去利索的解下两个犯人的裤带，将二人反剪着手捆起来，押着走了。

伍直玮又给彭家仲陪笑说：“监狱长，我也是一片好心啊，请您千万别放在心里……”

彭家仲看也没看他一眼，大踏步走了。

王福全看了他们一眼，追了上去。

伍直玮垂头丧气地对蒲忠全说：“有好戏看了……吃亏的可是我们哦，唉……老弟，你也小心点。”

“家仲，来，先喝点水……”王福全把一杯水递给彭家仲，拍拍他的肩膀，搬了一把椅子坐在他对面，有些无奈地说，“监狱在这里几十年了，有些不符合监管法规的事情，有主观上的原因，也有历史的原因，积重难返啊。虽然马列主义对环境决定论持否定态度，但是有些事情还真与环境因素有决定性的关系，比如女民警带罪犯这个问题吧，你知道监狱很分散，8 个监区分散在方圆几十公里的范围内，最远的距监狱机关有 69 公里之遥，这种状况造成大量的警力放在守门上，看守大门的警察就达 310 人之多，占了总警力的四分之一左右，虽然按照押犯人数配备的警力够了，但是守门的多了，其他警力就显得很紧张，于是就出现女民警直接带男性犯人的状况。我想，今后随着国家财政保障的力度不断加强，我们的狱政设施不断完善，民警队伍素质的整体提高，这些问题也将会得到有效的解决，所以，有些事情不能一口就吃掉，慢慢来，在保障其他工作不受影响的前提下，一步一步地纠正，啊！”

彭家仲喝了几口水，心情平静了很多，点点头说：“嗯，王书记你说的对，我是有点心急了……噢，对了，你不是说要给我说事儿吗？”

“家仲同志，你来双河监狱之前，刘德章厅长征求我的意见时，我是赞成的；

你来了后我也表过态，全力支持你的工作，绝不束缚你的手脚。到现在这个想法依然没有动摇，但是作为党委书记，我想了解一下你对有些问题的真实想法，毕竟牵扯到稳定问题，我不得不找你谈谈。”

王福全说完，看着他。

彭家仲笑笑说：“王书记，我们是一个战壕里的同志，目前监狱这种情况，说得通俗一点，就是一根绳子上的蚂蚱，有什么就说什么吧，我想只要我们两个开诚布公，就能维护班子的团结，那么就是遇到再大的困难，我们都有办法战胜的。”末了，他似乎意识到什么，问，“是不是有人对我的工作不满意？”

“你真要取消集团奖？”王福全单刀直入地问。

彭家仲沉思了一下，忧心忡忡地说：“监狱今年上半年除了工资之外发的各种补贴、奖金包括集团奖在内一共 35 万，你知道集团奖占了多少吗？ 17 万之多，这是个什么概念呢？就这个集团奖，全监狱 210 多个中层干部就占了将近一半，加上平常领的值班之类的补贴，估计要超过一半。我们是多少民警职工？ 1000 多民警，1700 多工人啊，210 人才占多大的比列？你说这个集团奖合理吗？”

王福全点点头，低头沉思起来，表情渐渐变得凝重。

彭家仲接着郑重地说：“作为监狱长，在目前财政保障不到位的状况下，要维持监狱运转，保障民警职工的福利待遇，我的主要工作要放在发展生产经济上。但是再怎么强调经济工作的重要性，也不能把监狱变成真正意义上的企业，何况也不可能把监狱企业化，所以，我认为无论如何，监狱里不能实行什么年薪制！”

“这几天杨志刚和郑怀远两位副监狱长以及三监区、五监区连续不断地给我说，这两个厂眼看原材料都没有了，五监区的掘进和输煤系统改建已经停了下来，而炼铁厂高炉用的铁矿石也只能维持 3 天，你要知道，高炉一旦停产，上一个季度才换的价值几十万高炉耐火砖就要报废，重新点火要 200 多万，这笔损失你算过没有？更重要的是，在炼铁厂工作的不仅仅只是犯人，有几百号工人呀，一旦停产，这些人的吃饭问题怎么解决？炼铁厂的资产几乎占到了监狱固定资产的一半，要是这盘棋死了，监狱不稳定的因素就会加倍增长，你考虑过没有？”王福全语气中充满了焦急，还有几分责备，说完，他还是不放心，语气放重，一字一句地说，“家仲同志，牵一发而动全身啊！”

彭家仲没有正面回答，却说：“这段日子以来，我一直在思考一个问题，我们生产的生铁不仅通过了 ISO 2000 质量体系认证，而且是省名优产品，为什么这几年都还亏损上千万？监狱是不是应该参与市场竞争？监狱经济到底是不是真正意义上的市场经济？有没有必要建立现代企业制度？如果都回答否的话，那么我们就只是把所有的生产项目当成罪犯劳动改造的手段。既然只是劳动改造的手段，那么采用这种手段与采用那种手段，其效果都是一样的……”

“你究竟想对我说什么？”王福全听他滔滔不绝地说，就是没有一句话落到当前问题上，心里有些不悦，打断了他的话。

王福全现在不需要什么理论和说教，而是实实在在的解决当前问题的办法。

彭家仲端起杯子，慢慢地喝了几口水，似乎在犹豫什么，过了一会儿，他把杯子放在桌子上，一只手搭在茶杯上面，似乎下了决心，目光闪烁着光芒，望着王福全说：“王书记，要从根本上解决双河监狱的面临的各种问题，只有一条路，那就是监企分离，搬迁！”

王福全正好喝了一口茶，一下子喷出来，一手拿着茶杯的盖子，一手端着茶杯，错愕地看着他，问：“什么？你……你说清楚一点……你说什么？”

第十章 好事多磨：招待费去哪儿了?

郑志军欢天喜地地回到供销公司，立即把几个副总召唤到自己办公室，研究对胡玲玲的处理意见，说是研究，其实就是他一个人说了算，只是走走形式罢了。

会议很快形成一致意见，给胡玲玲记大过一次，撤销西北办事处主任职务，调回公司重新安排工作，责令她在两天内将挪用的货款交到财务上。最后，他又令办公室中午就把公司的处理意见拟出来，下午一上班就上报政治处审批，等政治处批下来，马上就胡玲玲事件发一期简报，要求写明公司非常重视，立即研究处理意见，召回所有的营销人员开会，整顿纪律，组织人力进行财务对账云云。

办公室主任也是个女的，姓南，30来岁，郑志军刚当上总经理没几天就睡了她。在公司里，她比几个副总说话还管用，加之她个性张扬，对一般办事员飞扬跋扈，因而大家背地里叫她人妖，就是取“男主任”之意。后来又隐晦地叫她任主任，亦是取“人妖”的“人”字的谐音。她早就听说胡玲玲要取代她的位置，心里对胡玲玲很不满意，今天对胡玲玲的处理决定，使那块压在她心头的石头终于落了下来，试想一个记大过的人还有什么资本跟她抢主任的位置？便乐哈哈地问：“郑总，那我下午就通知所有营销人员回来开会？”

“他们在外边收款，通知个屁呀，你就不晓得按照我的意思编几句？”郑志军看看时间，夹起公文包，招呼几个副总，“好了，今天耽误哥儿几个吃饭了，好久也没有跟大家联络感情了，走，我请客。”

接着，他给一个洗精煤供应商打了一个电话，要他马上去县城安排安排。

彭家仲也没有料到王福全会是这么一种表情，感到很意外，心头掠过一丝忧郁，他起身拿了一张毛巾帮王福全擦桌子，也借此调整一下自己的心态。

王福全放下杯子，硬是抢过毛巾，胡乱擦了几下，就将毛巾扔在一旁，恢复了一贯沉稳的神态，说："你说说看……"

"我初步设想分两步走，第一步实行监企分离，把效益非常好的焦化厂和水泥厂交给工人做，建立两个纯工人厂，把监狱所有的工人集中在这两个厂，并逐步过渡到工人管理工人企业，一是解决工人就业问题，二是把工人和民警、和犯人混岗问题彻底解决；第二步搬迁，将监狱搬迁到交通、经济相对发达的中等城市。停炼铁厂，争取破产；在 3 年内分步骤退出煤矿这个高风险行业；把炼铁厂和煤矿的资产资源进行置换，盘活资产和资源。同时为了解决罪犯劳动改造的问题，有意识地先派出一个监区到青州市打工，建立外劳点，探探路子。"

彭家仲语气很坚定。

基于省厅局的要求，关于监企分离的事情，王福全只是在党委会上提过，但由于省局没有明确的时间表，加之这其中牵扯到的利益关系很复杂，就搁置在那里。至于彭家仲提出的其他问题，他想都没有想过，从出生到学习、参加工作，都在这大山沟里，退休后养老，到入土，也将在这大山沟里，压根儿就没有想过要离开这个地方，到城市里去生活工作。何况停炼铁厂、破产、资产置换、外劳打工等等，对于双河监狱来讲，都是空白，一个事情比一个事情大，一件事情比一件事情难……

他的头有点晕，他不敢再想下去，双手支撑在办公桌上使劲地揉着太阳穴，过了好一阵子才说："家仲同志，你放心，在保持监狱稳定的前提下，我会全力支持你的工作的。今天你提的这些事儿，说实话，我想都没有想过，让我好生想想，然后我们再交换意见，怎么样？"

彭家仲见他这么说，也就不好再说什么了，于是便起身告辞。

郑志军和几个副总刚下楼，意外碰上了胡玲玲。

胡玲玲也觉得诧异，一则是公司几个巨头都齐刷刷地看着她，二则他们的眼神怪怪的，就像在观察一个突然出现在他们面前的未知的物种一样。特别是郑志军，诡异的眼神中夹杂着几分得意和几分放浪，高昂着头，那神情活脱脱就是一只荷尔蒙分泌过剩的公鸡，眼光就如同一把剪刀，似乎要剪掉她的乳罩。胡玲玲第一次被几个男人用这种眼神看，饶是经历过大风大浪，也不禁脸红心跳，不过，这种局促不安的表情让她陡增了几分羞涩，更使她像一朵细雨靡靡中盛开的红芍……

郑志军的目光扫来扫去，最后停在她的臀部上，浪荡地笑着，说："你还知道回来？半个月不见你的踪影，我们刚才还在研究是不是要登寻人启示……有一句古话怎么说来着？跑得了尼姑跑不了庙，我刚才还在这么想呢，这古人就是比我们聪明哈，说到我心坎里去了，哈哈……"

其他几位副总也跟着一阵笑，先后钻进小车，一溜烟似的跑了。

胡玲玲正在揣摩郑志军的话的含义，一阵大风刮过，二楼走道外边悬挂的标语一端被大风吹落，摇摇晃晃地打在胡玲玲的头上。胡玲玲往外走了几步，盯了好一阵子，才看清这是一幅廉政标语："廉洁方能聚人，律己方能服人，身正方能带人，无私方能感人。"

南主任在楼上发现了胡玲玲，便指手画脚地叫她把标语又挂上。

胡玲玲挂好标语，来到她办公室问："怎么挂这玩意儿，监狱搞整顿了？"

"前几天郑总叫我挂的，我又不是他肚子里的蛔虫，怎么知道他为什么要挂，我正式通知你，刚才公司召开了总支会，对你的问题作出了处理决定……"南主任幸灾乐祸地说。

"啥？处理我？凭什么？"胡玲玲打断了她，虽然提前有思想准备，但还是感到意外。

"装，你就装吧，再怎么装无辜也等于零。郑总说你挪用货款，不假外出，叫你回来开会你也不回来，目无组织纪律，记过，撤职，回办公室重新安排工作，等政治处把处分批下来，还要发通报……从现在起，你就是我办公室的一员，郑总要求下午一上班就要上报，我打字不行，我写好稿子你来打！"南主任卖弄起权威来，连讯带命令地对胡玲玲说。

胡玲玲定定地看着她不说一句话。

"怎么？不习惯？慢慢就习惯了。其实呢，我这人还是很好说话的，都是女人嘛，女人不就是那点本钱吗？你知我知，大家心知肚明，只要以后你我井水不犯河水，我们依然是好姐妹。"她边说边从手提包里拿出一面小镜子，皱眉咧嘴地瞧着。

"我觉得你很可怜！"

“你说什么？”那女人把镜子重重地压在桌子上，恼怒地质问。

胡玲玲几乎凑到她脸上，一字一句地大声说：“你好可怜！”

说完，乐哈哈一阵笑，转身走了。

那女人脸上红一阵白一阵，半天都没有缓过神来，也没有心思写报告了，想了想，就给郑志军打电话诉苦。

彭家仲下午一到办公室，王福全就打来电话问：“听说你准备耗资几十万元安装什么电脑？”

“王书记，有这个设想，半个月前我派熊晓戈和胡玲玲去考察，他们中午回来了，本来我打算听听他们的考察情况后再给你汇报，既然你已经知道了，那请你下午 3 点到我办公室来听听汇报。”彭家仲说。

王福全沉默了一会儿，才说：“现在供应这么紧张，我看这事暂时缓一缓，先把这笔资金拿出来保保生产再说吧。我下午要参加党支部的学习，就不来了。”

他说完，就挂了电话。

彭家仲看看手中的话筒，心情突然有些沉重。

这时，胡玲玲敲了两下门，径直走了进来，见彭家仲拿着电话沉思，笑着说：“八成是嫂子打来的电话，嘿嘿……”

彭家仲回过神来，放下话筒，招呼她坐下，看了看她说：“怎么样？这次出去有什么感受？”

“一句话，别有洞天！以前在销售上跑跑跳跳，也算行了万里路，自认为还不像监狱的大部分人不知人间岁月，至少在观念上跟得上社会发展的步调，这次出去，在网络面前，我才知道世界如此之大，又如此之小，颠覆了很多传统意义上的观念……哎呀，我现在也是一知半解，反正，我提了一台电脑回来，这可是我最大的一次账单呀，花掉了我 7000 块钱啊……”胡玲玲比划着兴奋地说。

彭家仲笑笑：“有这种认识已经不错了，对了，你说我们监狱要是搬迁到大城市，会发生什么变化呢？”

胡玲玲不由自主地站了起来，死死地盯着他，似乎不相信他说的话，正要发问，熊晓戈陪着顾卫国和杨志刚走了进来。

彭家仲见人到齐了，便说：“前些日子，我派熊晓戈和胡玲玲去考察局域网的事情，想必志刚和卫国都知道了吧，我把你们二位请来就是一起听听他们的考察汇报。熊秘书，小胡，你们谁先说？”

杨志刚心里嘀咕，你怎么就认定我知道你派他们出去考察的事呢？你又没有给我通气……

顾卫国却在想，干嘛派胡玲玲去考察？

熊晓戈说：“营销上的事，胡玲玲比我要熟悉些，她主要汇报，我补充吧。”

胡玲玲便将这次出去考察的情况详详细细地说了一遍，强调考察的 4 家电脑公司已经安装的局域网运行情况和最后的报价，按照监狱的地域特点拟定了 3 套方案，其中花钱最少的一套方案只是在监狱机关和同监狱机关在一起的一监区、医院、小学、中学、出入监队安装局域网，也要 36 万。最后，她建议说最好搞个招投标，可能价格还会有所降低，但是降幅也不是很大了。

熊晓戈则从办公系统无纸化和提高工作效率这个角度谈了这次考察期的感受，建议监狱在今后的进人中要有意识的引进一些计算机人才，并加大力度培养在职民警职工。

等他们汇报完毕，彭家仲说：“胡玲玲你这个招投标建议非常好，现在大城市都是这么运作的。我看这样吧，小胡你就同熊晓戈一起草拟个招投标意见书，经过党委研究后实行招投标。你们两个一定要高度重视这次招投标工作，我的意思呢，也算是非正式地吹吹风吧，通过这次招投标，摸索出一些经验来，以后，招投标要在供应采购上逐步推广，规范我们监狱的采购行为。”

胡玲玲说：“老大，我可是供销公司的人呐？”

“嗯，卫国，你下去给郑志军说一声。好了，你们今下午就回去休息吧，明天开始集中精力写招投标意见书，争取这个礼拜拿出来。”彭家仲说。

等他们出去，彭家仲问：“你们二位觉得怎么样？”

杨志刚一副不以为然的样子，反问：“彭监，王书记说给你打了电话……”

彭家仲不说话，他的沉默给了杨志刚一种无形的压力。顾卫国偷偷瞧瞧彭家仲，拉着杨志刚站起来，说：“彭监，要是没其他的事儿，我们……”

“你等等……”彭家仲叫住他，又沉默了好一阵子，才缓缓地说，“我知道你们对我热衷于建立局域网有看法，其实呢，刚才熊秘书说的作用也只是局域网的一个方面，而我的主要心思却不是他说的那些……你们知道我们一年的招待费是多少吗？去年是 310 多万，今年上半年是 170 多万，这是个什么概念，我不用说你们都清楚。光今年纪委出台关于控制招待费的文件就达 3 个之多，结果怎么样？不但没有刹住这股吃喝之风，反而还有愈演愈烈的趋势。但这并不是说马书记他们工作不力，这是监督不到位引起的。我们班子成员可以监督基层，但是谁又能监督我们呢？我、王书记、马书记三个人能监督班子成员吗？现在实行的是一支笔，那以后就是我的责任，客观上，这责任我也背不起……”

杨志刚和顾卫国疑惑地望着他，不知道他究竟要表达什么，这与局域网有什么关系呢？八竿子打不着的事情嘛。

彭家仲发现了他们的异样的表情，自嘲地笑笑：“扯远了，扯远了……局域网一旦建立起来，我就要财务科把每天的报账情况公布在上面，第二天，你们，乃至于监狱所有人只要点击一下鼠标，就能知道我彭家仲报销了多少招待费……”

“原来如此！”顾卫国突然自言自语地说，打断了彭家仲的话。接着，他转头看看杨志刚说，“你想想啊，你找彭监签招待费，彭监不给你签面子上也过不去，但是次数多了，金额大了，群众怎么看你？我看这几十万花得值，说不定年底就能节约出来。”

杨志刚也茅塞顿开，但依然还是说：“局域网的事情，我赞同，也支持，还有招投标的事我也举双手赞同，但是生产还是要保，彭监你说是吧？”

彭家仲看着他无可奈何地笑笑，说：“那好吧，志刚你马上去落实一下资金计划，卫国你那里征求集团奖和计算机操作培训这两件事情都抓紧落实，啊！”

顾卫国回到办公室刚坐下，供销公司经理郑志军就进来了。

郑志军满脸通红，浑身的酒气，把一份文件放在顾卫国面前，然后坐在沙发上，翘起二郎腿问：“顾主任，那铁观音还合你的口味吧？”

顾卫国看他那副德行，心头掠过一丝不快，但是脸上却没有流露出一丁点来，说：“还真谢谢你还记挂着我这个小小的主任，就凭我这点收入，不要说喝铁观音，就是闻闻味儿怕也是下辈子的事儿，呵呵……”

“哎呀，看你说的，你要是喜欢，改天我再送一些来就是了。以后要是请了亲朋好友的，如果监狱报销有困难，你尽管把发票交给我，你我啥关系啊，兄弟！”郑志军打了一个酒嗝，大咧咧地说。

顾卫国笑笑说：“那我就先谢过，怎么，老弟，喝多了吧，酒这东西，伤身体，还是适可而止的好啊，我知道你们干经营的离不开酒文化，但是身体还是自己的嘛。”

“还是你顾主任理解我们，你说有些人怎么就没有你这种境界呢？吃点喝点，还给你扣帽子，打棍子，说什么搞腐败，简直是鼠目寸光！他们好像觉得我不吃不喝就不能活了似的，我想吃想喝啊？喝坏了党风伤了胃，喝得老婆背靠背，这理儿哪个不明白？你说人家客户大老远地给你送钱来了，不请人家吃一顿饭，像话吗？孔夫子几千年前就教导我们：'有朋自远方来，不亦悦乎？'如果哪一天我郑志军不吃不喝了，估计监狱也就要死翘翘了，没顾客来呀！所以，我还是觉得汪庆书监狱长说得好，你们销售上要是天天吃天天喝，监狱的经济就不困难了，因为有客户来嘛。你看看，说得多好，一针见血，高屋建瓴……"郑志军虽然喝多了一点，话多了一点，但思维却很清晰。

顾卫国心里在骂，你不是天天在吃天天在喝么，这监狱经济怎么没有一点好转呢？一派胡言！他随手拿起那份文件，原来是供销公司提请监狱处分胡玲玲的报告，他心里一惊，连忙一字一句地读了一遍，又从头开始看了一遍，然后目光在那份报告上胡乱地扫着。

郑志军见他拿着报告不吱声，不知道他为什么那么犹豫，就说："胡玲玲这件事情虽然看起来很小，但是反映出一些不良的苗头，要是不坚决果断地处理，恐怕我们的销售队伍还会出更大的事，到那时就不好收拾了，所以，请顾主任尽快审批一下。王书记和你经常在讲，这队伍建设很重要，关系到工作的成败，我是供销公司的经理，要是真出了大事，我可承担不起这个责任啊，因而从这个方面讲，你也算是帮了我个人的忙，我会记住的……"

"老弟客气了，只要证据确凿，我处理一个普通民警的权力还是有的，只不过……"

郑志军以为他碍于胡玲玲与王福全关系而犹豫不决，打断他的话说："你放心，我提前给王书记作了汇报，王书记指示，该怎么处理就怎么处理。还有他也否认了蒲忠全与王亚敏……"

郑志军意识到话多了，暗自骂了一句我这张臭嘴，同时习惯性地打了一下自己的嘴巴，但是马上知道自己更露馅儿了，心头暗暗叫苦。

果然，顾卫国立即追问："这事跟蒲忠全有关系？"

郑志军本来自己不想把蒲忠全牵扯进来，自己犯不着得罪一个监区长，就算王福全事后追问起来，就说仅仅是胡玲玲一面之词，他也不好给纪委反映；更重要的是把蒲忠全这个麻烦推给胡玲玲，让她去折腾好了。没想到自己多喝了几杯，在顾卫国面前说漏嘴了，但事已至此，他只好说："胡玲玲说她挪用的货款是蒲忠全向她借的，但是这只是一面之词，何况蒲忠全跟我平级，我也不好说三道四的。”

“原来如此。”顾卫国心不在焉地应了一句。

郑志军见他反应平平，松了一口气，便问：“你看这报告……”

“我没有意见，只是就在你进来之前，彭家仲监狱长叫我通知你，胡玲玲暂时借调到办公室，老弟，这个忙我怕是帮不上了哦。”顾卫国边说边拉开抽屉，把那份报告放了进去。

郑志军本来红润的脸一下子变成了猪肝色，像是喃喃自语，又像是在跟顾卫国说：“这……监狱长也不能凌驾于纪律制度之上吧？”

顾卫国心里暗暗发笑，嘴上却安慰说：“老弟，你也要理解我的难处啊……我看你也消消气儿，这报告先搁在我这里，你回去想想，如果她胡玲玲真那么着了，你要是下决心处分她，你给我来个电话，我上报监狱党委集体研究；如果你觉得多一事不如少一事，随时来取这份报告。我呢，全听你的，怎么样？”

顾卫国这几句话说得滴水不漏，但郑志军心里却把他祖宗八代都骂了一个遍，他妈的既然是这么一种情况，我一来你就告诉我不就得了，明摆着套老子的话，我日你先人祖宗。但是他明白顾卫国这话是给他台阶下，也不好现在就把报告要回来，只好说：“多谢顾主任关照了，哎呀，想不到这胡玲玲还真是一条狐狸……那我先走了，改天我们哥儿俩去喝茶。”

郑志军一走，顾卫国便把报告送到彭家仲那里。

一直忙到晚上 7 点 30 分左右，彭家仲才离开办公室。

自从到这个山沟沟来，白天总是有做不完的工作，但是一到晚上，他就感到寂寞，想家，想女儿，想老婆，想省城那五光十色的霓虹……

妻子依然不理解他到这里来工作，每次打电话回去，说不上几句就和他吵，一会儿要他马上打报告回省城，一会儿又要他马上回家，抑或下最后的通牒，叫他最迟在年底前必须回城，否则就拜拜云云，所以只有估摸着礼拜六女儿从学校回到家里的时候，才打电话回去，跟女儿聊聊天竟成了他最大的乐趣和安慰。

一抹夕照从西边的山头后面射向天空，点点霞光在银灰色的天际煞是夺目，但一转眼就黯淡下来，夜色便如潮水般汹涌而来，天与地便闭上了眼睛，只是给人的心里烙下一点凄美而沉重的回忆……

彭家仲朝宿舍走，心情有点沮丧，脚步有些迟疑。

他心里还没有认同在双河监狱的这个家，只不过是睡觉的房子罢了，“一个用来睡觉的房子怎么能叫作家呢？”他总是这么想。

房子在3楼，就在那条“金光大道”末端，三室一厅，家具、家电一应俱全，就连手纸都是马文革买好了并装在厕所里的滚筒纸盒里的，连王福全家里都还是烧蜂窝煤，但是他的厨房里用的是液化气，也是马文革用那台只有省上领导来视察的时候才开出来的皇冠轿车从县城里拉回来的。

彭家仲起初没有在意这些，他也觉得理当如此，因为在省城市民都是用煤气，用液化气的尽是些从偏远农村来的打工的人，买一罐液化气，再买一个二三十块钱的液化气灶，在城市的某个角落随便那么一放，就开始一家人或者几个工友的生活，所以一般市民都不屑于用烧液化气的人。然而，在双河监狱，用液化气的就只有他彭家仲，这事儿一下子便成了热点话题，引来了很多议论，更有传闻说彭家仲一个人住着两家人的空间不说，就连厕所里都铺了地毯。当这些议论传到他耳朵里时，他才引起了重视，把马文革叫到办公室狠狠地批评了一顿，说我不知道监狱一般民警职工的生活环境水平，你应该知道嘛，怎么就把房子装修了呢？这不是没事儿找事儿吗？让老百姓戳我的脊梁骨吗？我不管你想什么办法，你去给我找一间旧房子，就是平房也可以。马文革满脸的委屈，说关于你房子的安排，我是请示了王书记的，装修是比预算超了一点，但是这液化气的事情算个什么事儿啊？当时王书记说要是给你打个蜂窝煤灶台，估计你烧都烧不来，何况一个人烧蜂窝煤既费力又不划算，就安装个液化气吧。不信，你问问王书记啊？

彭家仲果然问了王福全，王福全说安装液化气的事情真是他的安排，紧接着王福全在一个中层会议上专门为这液化气的事情做了说明，要求大家回去给民警职工作个说明，不要见风就是雨的。话都说到这份儿上，彭家仲也就没有坚持要马文革重新找房子。

其实，彭家仲并不是为液化气的事情让马文革重新找房子的，他还真的不想住在这装修得很讲究的三室一厅里，因为，这栋楼每晚就只有他这一户亮着灯，准确地说他一个人住了一栋楼，无形之中，加剧了他心头的孤单，到了深夜无缘无故的凭添了几分害怕。

原来，他住的这栋楼房就是今年8月才完工的第8栋楼，如今，这栋住宿楼成了他的一块心病，倒不是因为自己一个人住在这里有些孤单害怕的缘故，一方面，监狱自建立以来到现在都没有科学合理的规划过，由于住房紧张，私搭乱建的随处可见，部分监管区以囚房墙体代替围墙，犯人从窗户就可以对民警职工的生活情况一览无余，生活区与监管区相互交叉，不仅显得杂乱无章，更重要的是存在很大的监管隐患；另一方面，监狱目前大部分依然是平房，或者两三层高的俄式建筑，年久失修，危楼很多，说实话，汪庆书在任期间咬牙修建的这 8 栋住宿楼，只是基本上能满足监狱机关民警住房的需要，但是远远不能缓解监区住宿紧张的问题。

因为 8 号楼设计的初衷是为监狱领导住的，所以面积相对较大，都是 130 平方米以上，房间采光也相对较好。当然，其他人也可以来买，当时还专门制定了一个购买 8 号楼的打分细则，凭资历、职务等进行打分，然后依次认购。分数还没打出来，汪庆书就出事了，这事情就这么耽搁下来。彭家仲来了后，王福全首先表态说他不打算买 8 号楼的房子，也买不起。彭家仲当然也不会买，班子里面本来还有几个想买的也就不买了，这事儿说大就大，连当了三界政委的王福全都买不起，你才当了几年，哪里那么多钱？说不定你刚装修好，还在开着窗子散甲醛，就有几封信飞到省纪委。

何况，在修建这座楼的时候，民警职工们就把这座楼叫“棺材楼”，尽管意思是指当官的和有钱的住的楼房，但是听起来无论如何都不爽。当然，彭家仲并不清楚这栋 8 号楼叫作“棺材楼”，也许是因为他住在里面，都忌讳告诉他吧，何况这种事儿都是些捕风捉影的玄学妙道，说不清道不明的。

楼房一直是公开出售的，可监区的民警职工来买的不多，就连 7 号楼入住也还不到二分之一。几百万资金就这么压在那里，彭家仲一直想把它变现，在他来之前，党委会研究了多次，他来了之后，又研究了两次，就是拿不出办法来。

他曾想特批给四监区李家兴一套，房款可以分期支付，但是李家兴就是不愿意来，说现在的房子虽然破旧了一些，但是住在山上可以种点地补贴家用，在机关来住好房子，好是好，但开销大。李家兴的这种想法实际上也是大多数基层民警的想法，监区离机关都有点距离，最远的五监区就有 60 公里之遥，上班很不方便。在监区家里缺个什么东西叫犯人在工地上拿出来就是了，要做个什么东西就叫犯人做，要搬个什么大件就叫几个犯人来搬，可一旦来到监狱机关住，就没有这么方便了。

没办法，他又提出廉价租给监狱特困户，一个平方米只收 5 角钱，可李家兴他们还是不愿意，130 平方米，一个月也还得 65 块钱，够一家人吃好几天呢。

空空的一座楼摆在那里也不是个事儿，降价是不太现实的，涉及面太广，彭家仲与王福全几次沟通，在党委会上也议过好几次，都没能拿出一个很恰当的方案来。

一个2岁大的小孩突然跑过来，差点撞在他腿上。

“狗儿，别往‘棺材楼’里跑！”

一个呵斥的声音传来，彭家仲感到很刺耳，他寻着声音转身看，是一个五十来岁的人，头发花白，身子微微有点佝偻，古铜色的脸上布满了皱纹，脸颊上的络腮胡子不仅有点长了，还很杂乱，像秋天山脊上的荒草，一身老式中山装黄警服，挽着袖子，左边高右边低，两只裤腿也挽起来，露出洗的发白的春秋裤。

老人也看了一眼彭家仲，嘿嘿憨笑：“是彭监狱长啊？”

说着，他把孩子抱了起来。

狗儿叫嚷指向前面的楼道：“爷爷，梯梯……”

“老人家，你刚才说什么？这楼在修建的时候出过事？”彭家仲问。

“没有没有……监狱长你别多心，大家这么叫可不是针对你的……”老人神色有点歉意，但是依然很平静。

狗儿依然在闹，他把他放下来，俯身说：“你自己去爬，小心哈。”

老人直起身子接着说：“‘棺材楼’，意思是指当官的和有钱的住的楼房，也许很多百姓对当时的监狱班子不满，所以就取其谐音叫‘棺材楼’。”

“官财……‘棺材楼’……”彭家仲有感而发，自语道。

“监狱长你别多心，大家这么叫可不是针对你的。”老人立即再次强调说。

彭家仲笑笑：“你别安慰我了，我知道民警职工对我的工作还有意见……你去告诉他们，我会跟大家同甘苦共命运，把双河监狱建设好，努力改善大家的生活、工作环境。”

“你是一个好监狱长！”老人眼眶有些潮湿。

“你叫什么名字？退休了？”彭家仲知道他说的是真心话，这可是一个素不相识的老人第一次对他说这样的话，心头很是感动。

“魏德安，原四监区监区长，去年退了下来，让给年轻人干，现在在一监区守门。再守4年门，我就退休了，呵呵……”

这时，楼道里传来狗儿的哭声，彭家仲和老人几乎同时跑过去，原来狗儿跌了一跤，幸好没什么大碍。

魏德安，听蒲忠全多次提起过他，彭家仲有印象，当时王福全坚持破格提拔蒲忠全，人们以为他在帮未来的女婿铺路子，其实这压根儿就是误解，主要原因是魏德安在王福全面前极力推举了他。

狗儿在魏德安的安抚下停止了哭叫，彭家仲一直把他们送到大楼一侧的拐角处，才挥手告别。

彭家仲望着他的背影，心里突然充满了信心和希望，也感到一丝欣慰。

他突然想起一监区的两个罪犯上午就关在二监区，但是到现在他都没有接到一监区的报告，便追上去叫住魏德安问："老魏，一监区今天发生什么事没有？"

魏德安有些奇怪，说："没有听说有什么异常情况呀，怎么，出什么事了？"

"噢？没什么，我随便问问。"彭家仲说完快步走了。

魏德安疑惑地望着他的身影，估计肯定出什么事了，看见老伴正在前面不远处，于是走了过去，把孙子交给她，急忙往监区赶去。

彭家仲边走边掏出手机，打电话叫司机马上把车开到监狱机关大楼前，他要到二监区去看看这两个关押的罪犯，按照他当时的命令，二监区没有把消息透露给一监区，那么到现在已经 9 个小时了，一监区居然还没有发现少了两个人！要是真的发生了脱逃，很难想象这两名罪犯已经跑了多远，能在短时间内抓捕回来的可能性又有多大？

魏德安小跑来到值班室，问有没有什么情况，值班民警说监内秩序正常，没有什么情况。多年的经验告诉他，监狱长不可能无缘无故这么问他，一定是发生了什么事情，只是他们还没有觉察到罢了。他想了想，连忙拿起出入监登记薄一一核对出监犯人收监情况，最后，他定格在 7 中队两名伙房犯人头上。这两名犯人上午 8 点 20 分钟出监，事由是上街买菜，可到现在都没有回来，而签字的是熊晓戈的老婆秦亚南。他跑步到 7 中队，核实他的判断，果然，这两人至今未归。

7 中队中队长在值班，正巧也在值班室吹牛，见他十分焦急的样子，不以为然地说："我说魏老爷子，你一辈子都是天不怕地不怕的，怎么到了这把年纪反倒还怕了？不就两个伙房的犯人吗？有什么大惊小怪的？你就是喊这些'红毛'（监狱通常把有关系的犯人称为'红毛犯'，一般都安排在食堂、积委会改造）跑，他们都不会跑！"

魏德安看着他说："我估计今晚这两'红毛'回不来了，你小子这次能躲过算你娃福大命大。"

中队长见他说得认真，一下子有些慌张，但还是有点将信将疑，说："你可别吓我哟，到底出啥事了？"

彭家仲径直来到二监区禁闭室，二监区监区长伍直玮远远地就迎了上来。

"咦？你知道我要来？"彭家仲诧异地问。

伍直玮苦笑道："老大，一整天都没有什么动静，连小孩都猜得到你要来嘛……"

"什么老大不老大的？你当我是黑社会的？！"彭家仲一下子又火了。

"彭监，对不起，对不起……我错了，以前就这么叫监狱长，叫习惯了，管不住嘴巴……我以后坚决不这么叫你了。你看，我今天都惹你发两次火了，该死，真是该死！"紧接着，他一个立正，举手向彭家仲敬礼，大声报告，"监狱长同志，二监区监区长伍直玮正在禁闭室值班，请你指示！"

彭家仲又气又好笑，感觉这位监区长在对他挑衅，但是在这种场合，不好发作，只好按照规定还礼说："继续值班。"

伍直玮近似吼地回答道："是！"

然后，伍直玮马上恢复了先前笑嘻嘻的老油子表情，恭恭敬敬地说："监狱长你别多心，我以前懒散惯了，见到领导也不敬礼报告了，从此刻起，你要是以后听说我伍直玮还是吊儿郎当，你就毙了我！"

这几句话听起来很受用，彭家仲心头的气一下子消了，不由得有几分喜欢这位中年汉子，点头说："嗯……还不错，至少你还执行我的命令，没有将消息透露给一监区。好了，你去吃饭吧，不用陪我了，我随便看看。"

伍直玮心里暗暗佩服这位监狱长，连自己还没有吃饭都能看出来，看来他并不是像有的人说的那样拍拍马屁加上哄哄就不知道东南西北了，以后自己得小心点，也暗自行幸庆没有把这事儿透露给一监区监区长，要不然首当其冲的恐怕就是他了……

他想到这些，于是说："我现在的职责就是陪同你，倾听你对我们工作的意见，好落实你的指示，把工作做得更好。饭嘛，早吃晚吃还不都一样？"

彭家仲颇为无奈，心思一转，说："看来我是不走不行了……这样吧，我也还没有吃饭，你回家弄两个热菜，我呢，先去一监区看看，等会儿我顺便带几两卤菜来，在你那里蹭一顿，怎么样？"

“好好好！我这就去。”伍直玮有点受宠若惊，说完转身就一阵小跑。

彭家仲驱车来到一监区，刚进监房大门，见监区班子齐刷刷地站在那里，似乎也在等他。他目光扫视了一下，发现魏德安站在最后边，心里一下子明白了。于是走过去，伸手握住他的手，使劲地摇了摇，就转身回到车里，开车走了。

在场的人都有些莫名其妙地盯着魏德安，眼神里写满疑惑和惊奇，他们弄不清彭家仲为什么一句话都不说，而只是格外看中魏德安，他究竟想表达什么意思呢？

魏德安也感到莫名其妙，看到大家都盯着他，就说：“你们别问我，我也不知道……”

一监区监区长把他拉到一旁问：“老魏，看来你的猜测没错，这两犯人估计是被监狱长关起来了，你是老领导，你说我该怎么办？”

彭家仲刚走进伍直玮的家门，一监区监区长便打来电话请罪，问他在哪里，他要当面检讨。

“你又没有犯错误，检讨什么？”彭家仲故意问。

一监区监区长见他装傻，只好说：“彭监，7中队两名伙房犯人早上8点20分钟由秦亚南签带出去买菜，现在还没有回来，我想当面给你报告并作检讨……”

“那你的意思是向我要人啰？你管辖的人不见了，找我？乱弹琴！按照程序，你也不应该先就给我报告，连起码的程序都没有搞懂，你不明白你是怎么当上这个监区长的！”彭家仲终于憋不住了，对着电话吼，然后就挂了电话。

不一会儿，伍直玮的手机响了起来，他一看号码，对彭家仲说：“是郑怀远副监狱长打来的，你看我接不接？”

彭家仲沉吟着说：“你就跟他说，一监区那两名罪犯是我和王书记抓的，告诉他，我在你家里吃饭。”

“一监区两名罪犯是不是关在你那里？这么大的事儿，连我都瞒，你眼里还有没有我郑怀远？”

伍直玮一接通电话，郑怀远就在那边吼。

“郑监啊，这你可冤枉我了啊……彭监叫我告诉你，一监区那两个伙房犯人是王书记和他亲自抓的，彭监他现在就在我家里吃饭。”

伍直玮刚说完，就听到嘟嘟挂断电话的声音，他疑惑不解地看看手机，又看看彭家仲。

彭家仲笑笑说：“我们开饭吧，边吃边等。”

伍直玮恍然大悟，连忙叫老婆再去搬3件啤酒上来。

伍直玮的老婆心里咕哝，就你们两个人能喝多少？还要3件？

啤酒还没有搬回来，郑怀远带着狱政科长谢本川和一监区正副几个监区长就来了。

熊晓戈回到家里，屋子里很乱，几双脏袜子和几件脏衣服胡乱丢在沙发上，家具上布满灰尘，天花板上几处蜘蛛网特别刺眼，像是很久没有住人的样子。他来到卧室，被盖也没有折叠，床铺乱得像鸡窝，他心里一沉，不知道秦亚南搞什么，以前她可不是这个样子的，难道出了什么事情？

尽管家里是这般光景，但连日来奔波的疲惫在他回到这个家的那一刻悉数释放出来，浓浓的睡意一下子席卷而来，于是洗了个澡，倒在床上就睡。他挪动了一下枕头，发现枕头下有一盒什么东西，拿出来一看，是一盒避孕套。他心里咯噔一下，他和秦亚南结婚以来，都没有把这东西放在枕头下面的习惯，这可……坐起来，看着那盒避孕套出神。

目光散乱之间，他发现屋角有一团手纸，他跳下床捡起来，展开，竟然一个皱巴巴的避孕套，套子里还遗留着男人的精液……

他心头打了一个冷战，刚才的倦意一扫而光，厌恶的看了看这张他们结婚的床，愤怒地踹了几脚，转身来到客厅沙发上，把上面的脏袜子和衣服扔到客厅中央，躺在上面，脑海里突然冒出梅开蕊穿着睡衣的样子来，心里愈加烦躁。他起身又跑到客房，倒在客房那张小床上，心里稍微安定了一些，于是闭上眼睛，心里催促自己赶快入睡，只要睡着了就好，就什么都不知道了。可心头越是这么想，越是睡不着，他想给蒲忠全打个电话，又不知道该怎么对他说，又想给梅开蕊打个电话，也不知道给她说什么……

就这么辗转反侧，折腾了又折腾，直感到自己筋疲力尽的时候，依然还是无法入睡，最后决定起来去办公室去写彭监布置的招标采购计划书，说不定还可以暂时解脱解脱。

起来时已是黄昏时分，他发现自己竟然折腾了一个下午，一抹残阳从窗户上斜斜地照进来，在地板上留下一个椭圆形的光晕，地板上的肮脏无处可逃，被映照得一览无遗。

“妈的！”熊晓戈咒骂了一句，连他自己都不知道在骂谁，秦亚南还是那个男人？

办公楼很静，敲击键盘的声音清脆，像一串串跳动的没有韵律的音符，尽管不成节拍，熊晓戈却觉得就像在上帝面前做着虔诚的祷告一般，那颗浮躁的心因此而得到安宁，不知不觉，他忘记了那凌乱的沙发，肮脏的床，还有那令他作呕的避孕套……直到彭家仲走进来，他依然没有察觉。

彭家仲站在他后面看了一会儿，为他这种聚精会神的精神所打动，原本想悄悄地退出去，不忍心打扰他，但是这件事情必须得跟他谈谈，所以犹豫了一会儿，还是轻轻地拍拍他的肩膀，有一句没一句地说：“还没有休息？”

熊晓戈这才发现了他，转身站起来笑笑说：“彭监你还不是没有休息嘛？我睡了一下午，想到监狱从来没有招过标，也没有制定过标书，心头没底，怕达不到你的要求，反正也睡不着，所以……”

“喔……我刚才看了几段，第一次能做成这样，不错不错……”他很欣赏地认真地看了他一眼说，“你坐下，我有事情跟你谈谈……”

熊晓戈很规矩地坐下来，望着他，一副准备聆听指示或教诲的模样。

“你老婆的事，你知道了吧？”

“啊？”熊晓戈一惊，难道她和别的男人鬼混的事情已经在监狱传开来了？

彭家仲没有想到他是这样一种表情，疑惑地问：“你还不知道？”

熊晓戈有一种屈辱的感觉，低头不说话。

“小熊啊，我理解你此刻的心情，说实话，我也不想处分一个干部，但是这股风不刹住，依法治监从何谈起？所以，你要做好思想准备，给秦亚南同志处分是必然的，我现在能做的就是告诉你，叫你老婆写一份深刻的检查来，给每一个党委成员送一份，或许明天在党委会上大家会降低一个档次处理。注意，不要讲客观原因，主要从主观上剖析自己的执法观念问题。当然，这其中也有监区的责任，按照监狱法的规定，女性民警不能直接管理男性罪犯，监狱的监管相关文件也做了规定，但是监区没有认真执行……”

“彭监……”熊晓戈这下子疑惑了，原来彭家仲所指的并不是他想象的那件事，于是打断他的话，急迫地问，“秦亚南带出来的犯人跑了？”

“看来你真还不知道这事儿……”彭家仲对伍直玮的保密工作颇为满意，说，“跑到没有跑，据目前调查，秦亚南同志签带两名罪犯出监后，叫他们自行上街买菜，而自己则去参加工会活动……”

“哦！彭监，你别做我的思想工作了，我能理解你的良苦用心。”熊晓戈明白了他的意思，打断他的话。

顿了顿，熊晓戈又说：“我表个态，请你按照监狱的有关规定从重顶格处理，古人说，乱世须用重典，顽疾须用猛药。我知道你一直想扭转我们监狱历史形成的习惯性违反监管制度的行为习惯，这让我想起一个故事，一个美国教授在北京，每天热衷于去中关村选购盗版光碟，声称非常便宜，在美国是很难买到的。这个故事告诉我两个道理，一个是人的素质很难高到领导在与不在一个样，在兼管很严的美国，买卖盗版软件很困难，并使人养成了一个习惯。但到了无人管理的中国盗版软件市场，这种习惯和素质在利益的诱惑下不见了踪影。另外一个道理是习惯是可以轻而易举地改变的，但是要保持某种良好的习惯，就要不断地强化，对违反者采取强有力的处罚，用严格的管理制度，规范人的行为。”

最后，熊晓戈站起来，激动地说：“如果处分我老婆能对监狱规范执法行为起到一点推动作用，我的这种牺牲是值得的。”

彭家仲认真地看看他，心里感到一些安慰，如果双河监狱的民警职工都能像他这样，何须像愚公那样蛮干，何愁搬不出大山？彭家仲拍拍他的肩膀说：“你有这种境界，我就放心了。已经很晚了，工作重要，但是身体更重要，你也回去休息，啊！”

熊晓戈说：“我写完这一个子项就回去。”

熊晓戈把彭家仲送到门口，目送他的身影消失在扑朔迷离的走廊上，才转身回到办公室，看看那台嗡嗡作响的电脑，看看那把已经脱落了一些漆的椅子，若有所思地来到窗前，高耸入云的山峦在黑夜里只留下鬼魅一样的轮廓，给人一种强烈的压迫和死寂感，唯有山脚河谷地带的点点稀疏的灯光，在这深秋的夜里还泛着一点活力……

熊晓戈感到自己的心脏很空，像监狱那座年久失修的防空洞。

第二天上午，在王福全和彭家仲的主持下，关于一监区两名罪犯脱管事件的处理很快在监狱长办公会议上形成决议：给予秦亚南行政记过处分，给予七中队中队长、分管改造的副中队长行政警告处分，给予一监区领导班子集体行政告诫一次，监区长和分管改造的副监区长在下午召开的监管安全专题会议上作书面检查。会议还决定在监狱开展为期两个月的警示教育，将这次事件编写成警示教育资料，下发到每一个民警，要求每一个民警都要发言，围绕“脱管事件中秦亚南有哪些失职行为？一监区班子和七中队班子有哪些责任？我们平常的工作中还有那些习惯性违纪违法行为？怎么纠正这些习惯性违纪违法行为？如何保障监管制度的落实”等问题开展大讨论，每个民警都要写出心得体会。同时开展“查隐患、强意识、反违规、严监管”专项活动，等等。

蒲忠全是在中午 12 点时候接到马文革的电话，通知他下午 2 点 30 分准时到监狱参加一个紧急会。马文革亲自打电话通知开会本已不寻常，但令他更加奇怪的是，四监区所有的领导都得参加，连值班的都不留一个，而且马文革是一个一个地通知，非得要本人接电话。蒲忠全判断监狱可能出什么大事了，便打电话询问熊晓戈，熊晓戈却只是淡淡地说了一句“别问了，你下午开会就知道了”，便挂了电话。

蒲忠全明显感觉到熊晓戈说话的语气很低沉，“他出什么事了？”脑海里闪电般地冒出这个念头来，愣怔了几秒，连忙给胡玲玲打电话。

胡玲玲说：“熊晓戈没有出事，但他老婆出事了。”

蒲忠全忙问：“秦亚南出什么事了？”

“这事儿你应该知道，当时你也在场呀！”

“哦，一监区那两个伙房犯人？是秦亚南带出来的？彭监真要给她处分？”蒲忠全恍然大悟地问。

“据说，彭监他们开了一上午的会，不仅要给处分，而且处分还很重，处分面也比较大，连一监区的工会主席都没有跑脱！但具体给了什么处分，我也不太清楚，小道消息说会上争论也不少，但彭监坚持按上限处分，看来，他要开始整顿监管秩序了，这次秦亚南是撞在枪口上了，唉……你以后可得要注意了，就连我都知道你经常放犯人单飞，还偷老百姓的羊子呀鸡呀什么的……”

“好了好了……”蒲忠全突然有点心烦意乱，挂了电话，一个箭步冲出办公室，对着冉金旺吼，“我给你说了多少次了，别再偷羊子了，你是不是想蹲小号？死性不改！去去去，把这羊子丢到大门外去！”

原来，胡玲玲正说到偷羊的事，他正好看见罪犯冉金旺和另外一个犯人抬着一只羊子从窗前走过，于是火气就上来了。

几个副职和其他几个民警看到他这样，都感到莫名其妙，上午把冉金旺放出去偷羊子还是他安排的呢，但此时也不好说什么，都沉默着望着他。

冉金旺被他吼懵了，站在那里没有动，不满地嘀咕："我这犯了哪出了？"

王亚敏见冉金旺没有动，于是喝斥道："监区长的命令你们没有听到？快去，把羊子放了！"

冉金旺和另外一个犯人这才回过神来，把羊子抬到大门口，七手八脚地解开绳子。

王亚敏把蒲忠全拽进办公室，关切地问："出什么事了？"

蒲忠全坐在椅子上，有些颓然地说："秦亚南要挨处分了……"停顿了一下，接着说，"亚敏，你下午通知轮休的同志立即赶回来，晚上监区开会，任何人不得缺席！"

他说完感到屋子里有点闷，便又走出来，看见冉金旺他们哭丧着脸还蹲在监区大门口，于是走了过去。

冉金旺看见他走了过来，连忙规规矩矩地立正报告："报告蒲监区长，这羊子腿断了，我怎么赶它都不走……"

蒲忠全觉得好笑，也觉得刚才自己的态度有点过分了，于是说："你个老东西，它腿都被你龟儿子打断了，它能走吗？"

冉金旺摸准了蒲忠全的脾气，处理人的时候从来不带脏话，一本正经，现在骂他，知道这位监区长已经不生气了，于是嬉皮笑脸地说："那我把这羊子抬回去医治医治？"

蒲忠全笑笑，没有说话，转身走了。

冉金旺和另外一个犯人又七手八脚地将羊子捆了起来，乐颠颠地抬回去。

下午的监管安全专题会议由彭家仲亲自主持，不仅所有的监狱领导都端坐在主席台上，而且还将当地的检察院的领导都请了来。下面各单位200多个头头脑脑们把监狱最大的会议室挤得满满的，还有十几个没有座位，马文革连忙指挥办公室的人员在会议室的最后安放了一排凳子，虽然因为准备不充分乱糟糟了一阵子，但是很快被一开始就充满火药味的会议压了下去。往日开这样的会议，马文革总是要不时在会场上巡视一番，小声提醒注意会场纪律，可是今天的会场出奇地安静，沉闷、紧张、揣度的气氛弥散在每一个参会人员的心里。他们压根儿没有想到一个平常看来不值一提的脱管事件会使监狱党委如此大动干戈，作出如此严厉的处分。

蒲忠全跟大多数人一样，目光不时追随着熊晓戈和一监区几个头头的脸，想到监区目前的固有的、惯性的管理模式，心里泛起一阵阵不安来，一下子就这么严格管理起来，不仅民警和罪犯都存在一个适应的过程，关键还是目前监区的生产作业方式是那么的分散，一个带班民警往往要监管 3 到 4 个作业点，有时候甚至要监管更多的作业点，如果作业点之间需要进行劳动力调配，没有民警带就给犯人开个路条，上面写着年月日几点几分，什么事情需要到哪里去，如果遇到监狱民警盘查请予放心等内容，签上民警的名字，让罪犯自己拿着去就是了，颇有点像抗战时期根据地的味道。如果现在每个作业点至少需要两个民警监管的话，警力将会严重不足，势必不敢在外边接很多的活儿，收入也将会锐减，民警的补贴和罪犯的生活补贴也将不得不大幅度减少。如果收入在锐减的情况下，又如此严格地管理民警队伍，这往后的工作就难做了……

对于这次脱管事件的处理，蒲忠全心里也很不是滋味，说不清究竟是赞同还是反对，但是抵触情绪肯定是有的，当然不仅仅是因为秦亚南是熊晓戈的老婆的缘故，试想一下，这往后你就是严格按照监管规定认真去组织实施了，如果你手下的民警违法违纪，你还是得承担连带责任，你说这是个什么事儿？

参加工作这么些年来，他像看破红尘一样看清了监狱存在的尴尬，本来是国家执法机关，而国家对监狱呢？监狱就像后娘养的，说得更确切一些，就像婊子养的一般，说什么监狱自己有企业，有造血功能，居然要监狱自己养活监狱，维持监狱的基本运行。从职业上看，不仅与地方上的公务员收入、地位逐渐拉开了距离，而且在这种境遇下，试问哪位民警能认真按照有关法律规定进行履职？在这种气候下，很难想象会将那些犯罪分子改造成社会主义的守法公民。

但是扪心自问，这是谁的错？国家没有按照《监狱法》的规定建立健全财政保障体制，在更多的时候犹在强调监狱的造血功能。既然要监狱造血，监狱就只能强迫罪犯加班加点的劳动，于是客观上必然形成了生产大于改造的局面和思想，放松了监管，在生产与改造发生冲突的时候，监管必然要给改造让路，于是诸如脱管一类的违法违纪事件就不是一个什么事儿。而现在，彭家仲要规范执法行为，净化执法环境，把秦亚南和一监区班子当鸡杀了给猴子看，这是不是有点不公平呢？

按照会议要求各监区在晚上就要召开动员会，传达会议精神，部署警示教育活动，监狱领导和机关科室领导也被分成 4 个组，分片包干，挂钩联系、检查指导监区的警示教育活动。

郑怀远很窝火，彭家仲按监管规定严厉处理秦亚南和一监区班子，他没有意见；提出规范执法行为、净化执法环境，他更没有意见，但是作为分管监管改造的副监狱长，下午这个会议理应由他来主持，而彭家仲呢，大包大揽，不仅亲自主持会议，而且还把对警示教育活动安排部署也揽了过去，自己呢？却只有10分钟的发言时间，连顾卫国都比不上，顾卫国至少还宣读了那份很有重量的处分决定，给人的感觉好像这次活动与他这个分管领导无关一般，这不是明摆着否定他的工作吗？且不说面子问题，如果给中层们这么一种信号，那以后在监管工作方面还有他说话的份儿吗？往后的工作还怎么搞？散会后，他患得患失地回到办公室。

马文革走了进来，说："彭监要我通知你，明天上午9点开会。"

"不去，明天我得去法院。"郑怀远阴沉地说。

马文革说："王书记要参加，你不去不太好吧？"

"哦……既然王书记要参加，那我参加一下。"郑怀远抬起头，直视着马文革问，"会议主题是什么？"

马文革立即把头凑了过去，小声说："我听见彭家仲打电话要马书记和顾主任准备汇报材料，八成是要研究取消年薪制和集团奖的问题。"

停顿了一下，他又抱怨说："要是真取消了，这每年上万元的奖金不就没了，现在监狱中层反响很大，这当领导的与普通民警没有区别，却要承担更大的责任，这中层领导当起来也没啥意思，有些人还说如果他彭家仲要是真的取消年薪制和集团奖，就辞职不干了……郑监，你可是最注重从优待警的了，可得为我们这些中层们说句话啊！"

"我现在这处境，还能说上话？"郑怀远苦笑一下，一副很无奈的神情。

"哎呀，你是为今天会议议程安排的事情烦心吧？彭家仲大包大揽，变相否定了你的工作，这负面影响是有的，但是只要你站在监狱中层这一边，这种负面影响就会变成正面导向，对于一个外来入侵者，最好的办法就是坚壁清野，你说呢？"马文革侃侃而谈，一脸顺从与谦恭。

郑怀远很满意他这种态度，先前的烦躁消退了一些，说："你小子不愧是办公室主任，看问题还真一针见血……不过，现在马洪扣坚决支持彭家仲，他又是副书记，而其他人呢，王书记态度不明朗；顾卫国是个城府极深的人，不可交；杨志刚呢，是个没有头脑的人，什么事儿都敢出头，但什么事儿也办不成……难呀……"

马文革说：“这个你不必担心。”说着走了过去，在郑怀远耳边说了几句，郑怀远连连点头，立即流露出不可名状的笑意来。

彭家仲早上刚准备起床，就接到女儿打来的电话，要他今天回家，女儿说着说着就哭了起来，哭得他心里酸酸的。

他将昨晚买的馒头在微波炉里热了一下，冲了一杯豆奶，这时，电话突然响了起来，心头一紧：“难道出什么事了？”连忙跑到座机边，先低头看看电话号码，见是顾卫国家里的座机号码，才稍稍宽心，拿起话筒问：“卫国，有什么事吗？”

“彭监，我接到消息说，工人们听说今天监狱要研究搬迁的事，误认为监狱要是搬走了，他们就没有活路了，于是组织串联起来计划到监狱闹事，你看怎么办？”顾卫国语气很急地说。

“喔……”彭家仲眉头一下子锁紧了。

顾卫国见他沉吟不语，心里愈加着急，建议说：“这个消息应该是准确的，你看今天的会议是不是先不忙召开？”

“不管消息是真是假，会议照常开！”彭家仲犹豫了一阵后，斩钉截铁地说，“只要我们的工作符合国家的路线政策，符合大多数人的意愿；只要我们坚持公开公正公平的原则，决策的任何事情都经得起批判，都可以拿到阳光下晒一晒，我想，我们就有信心坦然面那些持有不同意见的民警职工，也有能力处理任何突发事件！”

彭家仲有些激动，他深深地呼吸，平复自己的情绪，然后说：“当然，我们也得做好应对准备……卫国，你的工作做得很不错，就公就私，我都得感谢你。”

彭家仲放下电话，胡乱地啃了一个馒头，把豆奶灌下肚子，匆匆赶到办公室。今天上午开会的事情虽然各位监狱领导都知道，但是他考虑到会议主题比较敏感，所以他叫马文革只是通知开会，并没有告诉他开什么会。王福全在这个问题上的态度一直很暧昧，取消年薪制和集团奖，这涉及监狱中干的利益，如果这些人的工作积极性受到影响，监狱的各项工作各个环节都将会产生连锁反应，监管安全和监狱的政治安全也将面临一些新问题，更重要的是，这些人都拥有对监狱领导考核的评估权利，要是在年末监狱管理局对监狱领导的测评表上多勾画几个不合格，自己的政治声誉将会受到严重的影响。作为党委书记，王福全站在稳定的立场上思考问题，他是可以理解的。尽管王福全态度不很明确，但是他坚信这位党委书记绝对不会不顾大局，授意在工人中散布这样的谣言，引发破坏稳定大局的事件。

那么又是谁呢？他百思不得其解。

想了想，把熊晓戈、胡玲玲叫到办公室，吩咐他们如果遇到工人来监狱闹事，就马上把他们请到监狱最大的 3 号会议室。

熊晓戈心思一动，意味深长地说：“彭监，我建议干脆叫蒲忠全送点广柑金橘之类的水果下来，再买些香烟、瓜子、糖果什么的，顺水推舟地把这次闹事化解成一次座谈会。”

彭家仲哈哈笑了起来，赞赏地看着他说：“好，好一个顺水推舟！就这么办，你立即去落实！”

胡玲玲接口说：“彭监，我当过 5 年的工人，很了解这个群体的心态，他们其实要求很低，干了活能养家糊口就满足了。”

“嗯……”彭家仲若有所思地应了一声。

监狱长办公会在 9 点准时开始，彭家仲为了好让熊晓戈有更多的准备时间，便临时加了一个学习厅、局几份文件的议程。

郑怀远低声对顾卫国嘀咕：“这文件不是都转发了的吗？怎么还在会上念？”

顾卫国笑笑，没有搭腔。

文件念完了，彭家仲才说：“今天的行政办公会主要研究两件事，一个是关于取消年薪制和集团奖的问题，另外一个是关于监狱体制改革的问题。第一个问题我在相关会议上都讲过了，马书记和顾主任牵头也作了大规模地调研，我在这里就不多说了，下面我重点说一下监狱体制改革这个问题。”

彭家仲停顿了一下，目光在屋子里游动了一周，才说：“这个问题涉及两个方面，一个方面是建立纯工人单位，将监狱优良资剥离出来交给工人做，就目前来看，水泥厂和三监区的焦化车间效益都不错，可以组建两个工人单位，这样做有两个好处，一个是工人的待遇将会大幅度提高；另一方面是可以彻底解决困扰我们执法工作的以工代警、工人罪犯混岗的问题，进一步规范执法环境和执法行为；监狱体制改革的另外一个方面就是监狱搬迁，把我们监狱搬迁到大中城市或者大中城市的周边。”

说到这里，彭家仲又停顿了一下，强调说：“这个问题很重要，涉及监狱发展的方向性问题和全体民警职工的切身利益，我多次与王书记交换过意见，昨天我再次给王书记作了汇报，认为时机已经成熟，可以提交监狱长办公会讨论。下面，我们先议一议第一件事情，请马书记和顾主任把纪检、政工联合调研的关于年薪制和集团奖的报告作个汇报，这样吧，马书记作汇报，顾主任补充。”

郑怀远又低声问他另一边的杨志刚：“志刚，这都是天大的事啊，开会前通知你了么？”

杨志刚摇摇头。

“不会吧？办公会和党委会召开不是定了一个程序么？要先征求各条线的意见，然后形成议题，通知参会人员，提前做好准备，也只有这样才能保证会议决定的科学性，这样捂着盖着，我们没有思考的时间，还怎么发表意见啊？”郑怀远又小声抱怨。

杨志刚连连点头，便问坐在他另外一边的王福全：“老书记，这都是天大的事，怎么没有提前通知我们？没有思考的时间，还怎么发表意见？”

杨志刚的声音尽管不大，但是在座的都能听见。正在汇报的马洪扣显然也被打断，习惯性地停下来，抬头看他。

彭家仲心里暗暗着急，正要制止杨志刚，马洪扣却抢先说：“连我们的杨大炮都学会思考了，好事好事，值得庆贺，说明我们今天会议质量一定很高，做出的决议一定是科学的。你先听听我的报告，等会儿你第一个发言，怎么样？”

马洪扣给人的印象是不苟言笑，严肃，雷厉风行，执法不打折扣，开始任纪委书记时，班子成员有和他开玩笑的，不管是善意的还是带点讽刺意味的，他都一脸木然地不予回答，搞得开玩笑的人反倒不好意思，于是便没有人再在跟他开玩笑了。杨志刚呢？从来也只认死理儿，军人出身的他在执行文件规定上跟马洪扣一样不折不扣，或许是两人性格相投，经常在一起交流。交流的时间长了，杨志刚对他产生了一种敬重感；而马洪扣受到他那豪放的性格的影响，在他面前也就随意起来。

十来个人都看着杨志刚一阵窃笑。

杨志刚觉得无趣，揶揄地说：“你知道我说不出个道道来，还让我第一个发言？得得得，你念你的报告，我不冒杂音就是了。”

调研工作做得很扎实，也很细致，发放了 2000 多份的调查问卷，几乎是每个民警职工都有一份，回收 1900 多份，95% 的人表示年薪制和集团奖拉开了干部与群众的距离，干群关系进一步紧张；82% 的人认为弱化了监狱的基本功能，片面追求经济效益而忽略了监管执法。调研报告最后做出的结论是取消年薪制和集团奖，建立科学合理的、相对公正的激励机制。

彭家仲问顾卫国有什么补充的没有，顾卫国说我的意见在马书记刚才所讲的联合调研报告里，没有什么补充的了。

彭家仲就说大家议一议吧。

气氛一下子变得紧张起来，没有人发言。

其实每个人都心知肚明，现在不管是党委会还是监狱长办公会，只要与会人员跨出这会议室的门，说不定会议的内容就会很快在监狱传开来，赞同吧，得罪一大批中干，反对吧，又在群众心里落下个不好的口碑，就是非要表态赞同或者反对，自己也不能当出头鸟。虽说马洪扣和顾卫国牵头进行了调研工作，但是他们还可以为自己开脱，说这是彭家仲的授意，不得已而为之。

从形势上看，傻子都很清楚他这个监狱长是赞同取消年薪制和集团奖的，再加上马洪扣和顾卫国的态度，很明显在这个班子里只需要有一个人赞同，就按照少数服从多数的原则，也就通过了，可这些人就是不发言，不表明态度就是一种无声的抵抗，彭家仲颇为无奈，与马洪扣不约而同地对视了一下，对王福全说："王书记，你看呢？"

彭家仲心想，只要王福全一表态，这个事情他就可以马上定下来。

哪知王福全却说："家仲同志，我还是不先发表意见为好，先听听他们的。"接着，他在扫视了一下整个屋子后，平淡无味地说，"这事牵扯到方方面面，要把正反方面的问题议透彻，凡是往坏处多想想，我们的决策才不会失误，你们说是不是？"

大家都说是。

郑怀远呷了一口茶，直了直身姿，环顾一番，说："我本不想说什么的，但是既然老书记这么说了，那我就说几句。这事儿涉及的厉害关系谁都清楚，说白了就是有顾虑。其实有顾虑也不见得就是一件坏事儿，至少它要我们在决策上更加小心谨慎嘛。我呢，毫不怀疑马书记和顾主任这份报告的真实性和科学性，不管是从工作上还是个人感情上，我也觉得年薪制和集团奖是很多不稳定因素的源头之一，但问题的症结是，这个制度已经在运行，而且已经运行了两年，起初执行的时候监狱也有些好事分子上告过，局里也调查过，最后给出的结论是可以试行……"

他看了看彭家仲，感觉他脸上有些挂不住了，于是话锋一转，说："当然，请大家特别是彭监不要误会，我说这些并没有其他意思，我只是觉得是不是采取一些更加稳妥的办法，逐步废除这项考核制度？”

他话音刚落，马洪扣立即接口说：“怀远同志，我不赞同你的意见，逐步？怎么个逐步法？逐年减少？哪不成了五十步笑百步？明知道不合理不正确的，不彻底纠正，群众怎么看我们这一届党委？”

“马书记别激动嘛，你的意见代表了一部分群众的意愿，但我的意见也是一部分群众的意愿嘛，我们这不是在讨论吗？刚才王书记也说了，凡是往坏处多想想，你说是不是？”郑怀远一反常态，把马洪扣顶了回去。

彭家仲怕马洪扣与郑怀远争吵起来，于是抢在马洪扣开口之前说：“怀远同志说得对，他的意见的确也代表了一部分同志的意愿，他们也意识到集团奖和年薪制不合理，只是怕引发不稳定的事件，所以主张逐步取消这个奖励机制。看来，我们的同志的头脑还是清醒的、理性的，出发点都是建立在和谐监狱和谐社会这个基点上的！”

他话锋突然一变，转头看着郑怀远问：“怀远同志，你说是不是？”

郑怀远没有想到他抓住他的话就题发挥，把他的本意曲解而后又来反问他，这不是强盗逻辑吗？但是在和谐监狱和谐社会这个高帽子下，他能说什么呢？只好机械地点头。

“我看这个问题可以定下来了，从明年起取消这两项奖励。如果还有哪个中干想不通，可以来找我，我来做工作。”彭家仲说完，又转头看看王福全和马洪扣，以征求意见的语气问，“王书记，马书记，你们看呢？”

马洪扣立即说：“我同意。”

外面突然传来一阵喧哗声，接着从走廊里也传来骚动声，除了彭家仲和顾卫国以外，所有的人都面面相觑，不知道发生了什么事情。

王福全立即警觉起来，说：“外边发生了什么事？马文革，你快去看看。”

马文革正中下怀，应了一声，转身跑了出去，就在转身的那一瞬间，他朝郑怀远瞄了一眼，郑怀远也在看着他，似乎还在朝他点头。

“我们继续开会。”彭家仲虽然事先知道将要出事，但是究竟有多少人来，熊晓戈能否控制住局面，他心里没有底，可是就差一步就可以把这个事儿定下来，他有点不甘心，于是若无其事地组织大家继续开会。

他的这种表情是郑怀远很纳闷，也使王福全心里有些不满。王福全觉得这位监狱长敏锐性不是很高，不过，他也能够理解，这位监狱长毕竟是省上下来的，没有基层工作经验，看来只有自己多费些心思了，他马上说："家仲同志，估计出什么事件了，我们暂停开会，先弄清情况再说。"

顾卫国站起来说："我去看看。"

王福全挥挥手说："先不忙，等马文革回来再说。"

马文革没有敲门就跑了进来，气喘吁吁地说："王书记，出事了……"

第十一章　工人闹事：几双看不见的黑手

王福全朝他摆摆手，说："别急，慢慢说，是什么人在喧闹？"

"好几百工人在闹事……"

"什么？！"王福全不由自主地站了起来，"什么原因？你问没有？"

"他们不知道从哪里听说监狱要搬走了，没有活路了，所以找你和彭监讨个说法……"

虽然每个人心理和表情都不一样，但是所有的目光都不约而同地停留在彭家仲的脸上。

王福全脸色一变，心里咯噔一下，几百人闹起来，如果不能迅速平息，可又是震惊全省的群体性事件！更令他气愤的是，监狱体制改革的事情刚提到会议上，就有人通风报信，引起不必要的混乱，但是他现在没有时间来思考班子团结的问题，缓缓地抬起头，一字一句地问："你们说怎么办？"

彭家仲说："王书记，我已经安排熊晓戈把他们安排到 3 号会议室……"

王福全和其他人都盯着他，脸上充满疑惑。

"哦，是这么一回事，早上顾主任给我说他接到消息今天可能有工人来……"

"什么？！"王福全震怒了，一拳砸在桌子上，严厉地说，"这么大的事情怎么不给我通通气？顾主任，我这个党委书记是不是你的直接领导？"

顾卫国看了他一眼，低头不语。

“王书记，你别生气，是我叫顾主任暂时不给你汇报的，因为今天的会议也很重要，我怕延期影响下一步的工作……这样吧，我提议我们班子集体去见见这些工人们，听听他们的诉求，怎么样？”彭家仲说。

王福全看了他一眼，对他的这种态度似乎很满意，火气也消减了不少，点点头说：“马文革，你去把几个监区长都给我叫来，也来听听工人的意见。”

蒲忠全把广柑、金橘之类的水果运到监狱机关的时候，已将近9点，熊晓戈说：“二小，你不忙回去，叫你的人协助我们布置一下会场。”

“你先把字给我签了。”蒲忠全把单子递给熊晓戈。

熊晓戈一看，就叫嚷起来：“你黑到我头上来了，这点就56斤？广柑市场上才卖5角一斤，你要我1块？还有……”

“哎呀，小二哥，你这可是急货，随便那个做生意的都得涨点价吧？何况我这是绿色食品，还是精挑细选的，羊毛出在羊身上，你就签了吧，我那地儿你又不是不知道，这个月就眼巴巴望着你这几个橘子钱发值班费呢！”蒲忠全掏出一只笔，递给他。

胡玲玲在旁边咯咯地笑，说：“你这‘蒲二小’，按照你这奸狡虚猾的智商，怎么就把牛丢了呢？想不通，想不通。”

“切！要想不通就永远不要结婚。别再这里落井下石，小心下次潇洒不叫你哈。”蒲忠全瞅了她一眼，又催促熊晓戈说，“签吧，签吧，签了我亲自给你把橘子扛上去，保证给你摆放好，服务到家。”

熊晓戈看看胡玲玲，哈哈大笑，接过笔就签了。

胡玲玲举起拳头打了蒲忠全一下，哂道：“狗嘴里吐不出象牙……”说着就帮着搬运水果去了。

蒲忠全见熊晓戈匆匆走了，遂走到胡玲玲的身边，抢过她手头的一箱广柑，说：“还是我来吧，监狱第一号美女干这活儿，要是传出去还说我‘蒲二小’不懂得怜香惜玉呢，以后哪个女子还敢要我哟？”

胡玲玲咯咯地又笑起来，美目在他身上流转不停，说：“别人不要，我要啊，娶个抗战小英雄回家，和当年送郎上前线一样光荣呢，嘿嘿……”

蒲忠全指指监狱机关大门上方巨大的国徽，一本正经地说：“别开玩笑，我们要对得起党，对得起国家……嘿嘿……对了，今天要开什么会？要这么多水果？”

胡玲玲凑上来，低声说："今天党委要研究监狱搬迁的大事……"

"真的？！"蒲忠全叫起来。

在场的人都看着他俩。

胡玲玲连忙拉拉他的衣服，蒲忠全自嘲地笑，边走边低声说："你可别吓我哟，我虽然是毛爷爷的信徒，却没有学到他老人家那种在风吹浪打里闲庭信步的气度。"

"哪个在吓你嘛，真的。但是不知道是哪个监狱领导把这消息透露了出去，工人们坐不住了，要是监狱真搬走了，他们怎么办？于是要在今天来讨个说法。彭监接到这个消息后，叫熊晓戈准备开个座谈会。"胡玲玲紧紧跟在蒲忠全的身边说。

"要是真能把监狱搬迁到大中城市，彭监就为双河监狱办了一件惊天动地的大好事。"蒲忠全兴奋地说，接着又叹息，"还以为这辈子就是山大王的命，没有想到，真没有想到……这段时间，很多人对彭监颇有微词，说走了个教书的（前任监狱长汪庆书是教师出身），来了个养猪的，认为他到我们监狱来了这么久，没见他做几件惠民的实事，反而挖空心思地降低民警职工的收入……"

"说这些话的还不是你们这些中干们？不就是要取消年薪制和集团奖吗？我认为彭监做得对，你说你们这些人平日里游手好闲，想来就来，想走就走，比我们这些平头百姓又多做了多少事情？凭什么就要拿那么高的奖励？"胡玲玲气哼哼地抱怨道。

"话也不是你这么说的，不过，这种激励机制确实不公正，有把监狱完全企业化的倾向，影响了执法环节……"

两人说着来到 3 号会议室，一边帮着布置会场，一边又低声讨论起城市里的房价来。

熊晓戈带着一大帮工人吵吵嚷嚷地走了进来。

一个工人高声说："呀呀……'蒲二小'，你又在给哪些腐败分子送广柑哟？"

蒲忠全笑道："给你这腐败分子啊，这可是我们山上品质最好的金橘，连我这放牛娃都舍不得偷吃呢。"

"鬼才相信他的话，给我们摆的广柑，除非太阳从西边出来！"

"是啊是啊，只不过我们碰巧遇上了罢了。"

"管他给哪个腐败分子摆的，我们先吃了再说。"

……

工人们七嘴八舌地议论着，三三两两地围坐在一起，大咧咧地吃了起来。

"蒲老大，你不会在这广柑里下毒药吧？"一个工人高声开玩笑说。

"我就是毒我老妈，也不敢毒你们哟，我是党员，你们可是我的领导哟。"蒲忠全开着玩笑回应。

"哈，我们成你领导？我们闹起事来，就成了你们的领导了？"

工人们一阵哄笑。

蒲忠全说："党章里不是说了吗？工人阶级是领导阶级嘛……"

"呸，说的比唱的好听，那你们这些当官的年底几万几万地拿，我们呢？一分钱都没有，就他妈的每月三五百块，连婆娘都养不起，还领导阶级……"

"就是就是，你还有个婆娘，老子连婆娘都找不到，一月的工资连自己都不够花，哪个还跟你？想去找个婆娘呢，贵死人，除非你挨得起半个月的饿……"另外一个工人高声说。

众人又是一阵大笑。

不知谁说了一句："熊秘书，你是那个彭家仲的红人，你说他今天会来见我们吗？"

熊晓戈走到主席台下方，说："请你们放心，彭监今天会来见你们的。"

"我看不一定，说不定一会儿又叫那个马流氓来把我们打发了……"

蒲忠全也来到熊晓戈的身边，大声说："我们来赌一下，我拿 10 块作底，赌彭监要来，赌彭监来的和赌他不来的，都交 10 块，我们叫监狱第一美女作登记，一会儿分钱，怎么样？来来来，交钱交钱……"

工人们情绪一下子高涨起来，推波助澜地叫嚷着。

他扭头问熊晓戈："你赌他来还是不来？"

熊晓戈觉得蒲忠全太不严肃了，便沉吟不语。

"看嘛，他都不敢赌，我们还赌个屁呀，那个彭家仲八成不敢来了！"一个工人大声说。

"谁说我不敢来？"宏亮的声音从门口突然传来，所有人的目光一下子被吸引过去。

彭家仲和王福全并肩走了进来，随后一大帮子监狱领导相继走了进来，会场顿时鸦雀无声，有的工人回到自己座位上，于是，所有的人都很自觉地回到座位上坐着。

彭家仲一行人来到主席台，见大家都坐好了，才说：“刚才有人说有工人闹事，我不信，现在看到大家这么安静，说明我的判断没有错，不是闹事，是正常反映问题！其实，刚才马主任已经把你们心里的疑问给我说了，那么我先来给大伙儿说说，你们一边吃瓜子，一边听我说，等我说完了，还有问题的话，尽管提，你们说好不好？”

工人们听他这么定性，心里舒坦多了，不约而同地说好。

“好，那我先问问，你们每月收入超过600元的请举手……喔，不多，只有13个；那么300元以下的有吗？没有，300到400元之间的有吗？喔，还很多……我大概数了一下有40多个，那么绝大部分收入都在300到600元之间，我们取个中间数，450吧，如果一个三口之家，两口子都是工人的话，总收入就900元钱，每人生活费算200元，只剩下300元了。这300元能做什么呢？如果孩子在读高中大学，连学费都不够……”彭家仲掰着手指不厌其烦地算着。

下面一片议论声，都说彭监说的是实情。

郑怀远有些不以为然，这个时候给工人算收入账，这不是愈加激化矛盾吗？于是小声提醒坐在旁边的王福全：“老书记，这个时候讲这些，不太合适吧？”

王福全也有同感，但是他不好在这么多工人面前制止彭家仲，心想走一步看一步吧。

彭家仲突然提高了声音：“我们今天开会，其中一个议题就是取消年薪制和集团奖，你们说该不该取消？”

下面异口同声地说：“该！”

“我算了一笔账，年薪制和集团奖一年累计发放在300万左右，如果人均平摊下来，每人每年可以增加1100多元，每月将增加100元……”

下面突然爆发出热烈的掌声。

等掌声停息下来，他话锋一转：“但是这100元也使我们的民警职工摆脱不了贫穷，怎么办？所以这是我们今天研究的第二个问题，进行监狱体制改革。怎么改？就是想把监狱目前能产生效益的水泥和焦化两个产业交给你们做，组建纯工人单位！这两个产业目前效益怎么样呢？我这里有这3年的统计数据，水泥平均每年纯利润是450万元、焦化430万，合计880万，我们目前有多少工人？你们算算，一年能增加多少收入？”

会场一下子热烈起来，大家都在算账。

彭家仲笑笑："你们不用算了，我都给你们算好了，每人每年增加 5000 多元的收入，每月将近 500 元。"

工人们又情不自禁地鼓起掌来。

"当然，按照企业运转方式，这些钱不能分完分尽，企业还要扩大在生产嘛。但是，大部分可以发给你们！所以，在现有的基础上，增加 300 到 400 元是没有问题的，这样一来，你们不就和干部的工资一样了吗？"彭家仲接着说。

"是不是啊？那你们干部没有意见？"一个工人站起来说。

"你提的这个问题很尖锐，也很有全局观念！"彭家仲赞许地说，"所以，监狱体制改革的另外一个方面，就是搬迁！"

终于触及到这个敏感的问题，全场一下子又安静下来。

"为什么呢？目前，国家保障了大部分的民警、罪犯的相关费用，今年大体上是 63% 左右，剩余的部分靠自己挣。把效益好的产业交给了你们，民警这一块的经费不足部分从哪里来？唯一的出路就是发展劳务加工，说明白一点，就是打工。我从省城来的，对于劳务加工很清楚，劳务加工有交通制约瓶颈，所以监狱要发展，必须施行搬迁。这对你们和规范监狱执法都有好处。如果大家依然裹在一起，监企不分，我们的收入将永远跟不上地方类似行业的收入，我们依然会一直贫困下去。"

彭家仲铿锵有力的声音激荡着每一个人的心神，很多人不由自主地点头。

"那么，监狱以后还管我们了吗？"一个工人问。

"管，但是也不管！"彭家仲说，"以后，监狱在宏观上也就是在产业结构调整上进行指导和监管，其他的严格按照市场经济要求运行，监狱不过多干预，更不会从你们那里拿走一分钱。我一直认为，罪犯是国家的，就应该由国家来养；而你们呢？绝大多数是我们老一代干部的子女，凭什么罪犯来抢你们的资源、饭碗？我在这里给你们立个军令状，如果明年你们的收入还不增加，或者增长幅度没有今天我给你算的这么多，我辞职走人！"

会场欢呼起来，掌声经久不息。

"还有，王书记和我多次研究，监狱再穷，也不能对不起全狱的民警职工，党委下决心在今年春节前把以前拖欠你们的 3 个月工资全部补发给你们，让大家热热闹闹地过个红红火火的新年！"

掌声又一次响起！

王福全很纳闷，什么时候研究过这个问题？但是既然彭家仲能说出来，就说明他有办法，不过，看来他还真把自己放在心上。这么一想，先前对他的意见也就没有了，跟着工人们鼓起掌来。

“下面，如果你们还有什么问题，尽管提，今天就是一个座谈会，一个交心会，一个倾听民意的大会，不要顾忌，我们班子成员都在，我想只要大家同舟共济，没有跨不过去的坎儿，你们说对不对？”

工人们使劲地喊：“对！”

王福全也颇受感染，接口说：“你们监狱长说得好，一个座谈会，一个交心会，一个倾听民意的大会，我看以后形成一个制度，每个季度召开一次这样的会议！”

彭家仲带头鼓掌，会场上又是一阵暴风骤雨的掌声。

接下来就是工人们提问，班子成员作答，会议友好而热烈，一直到 11 点 30 分左右才散会，办公会只好等到下午继续开。

彭家仲把熊晓戈和胡玲玲叫到办公室，说：“今天的事，我得感谢你们……”

熊晓戈忙说：“彭监言重了，归根到底还是你的思路和决策解决了根本性问题，说实话，以前监狱把工人闹事视为洪水猛兽，心理上怕，虽然也采取了一些疏导措施，但更多的是压，所以工人问题一直像块恶性肿瘤，说不定哪天又痛起来。现在好了，监狱体制改革把这个问题彻底给解决了，更激动人心的是，广大民警连做梦都没有想到的是，能在不久的将来会过上都市生活……”

“前途是光明的，道路是曲折的……”彭家仲听了熊晓戈的话，心里很受用，他拿出那份关于安装局域网的招标计划书说，“这个计划书做得很好，很有点专业水平……”

这时，手机突然响了起来，他一看电话号码，马上对他们摇摇手，示意安静，对着手机说：“是蔡局长啊，蔡局长有什么指示啊？”

是监狱管理局局长蔡复晨。

熊晓戈和胡玲玲发现，彭家仲脸上的微笑消失了，神色也渐渐凝固起来，还夹杂着一丝愤懑和无奈。

等他放下手机，熊晓戈小心地问：“彭监，你看我们是不是按照计划确定招标时间，好通知供应商提供标书……”

“还投个屁的标！”彭家仲突然骂了一句，站起来在屋子里走了几个来回，“这个蔡局长也是，连我们监狱一个小小的局域网也要干预，你们说这算什么？这是什么事儿嘛？”

熊晓戈和胡玲玲一下子明白了，也意味着他们这些天的辛苦打水漂了。

胡玲玲给他接了一杯热水，递给他，说：“彭监，你也不要为这事儿生气，这是中国式的官场潜规则，我看……”

“但是，这口子一开，以后迁建那么大的工程，可怎么得了？”熊晓戈打断了胡玲玲的话。

这正是彭家仲所担忧的。

“这个徐文馨办的是一个什么样的公司？怎么和蔡局长挂起勾来了？”彭家仲坐回到椅子上，脸色有些颓然。

“皮包公司呗！”胡玲玲不屑地说，“传闻说她把好几个监狱的米面油什么的都垄断了，不仅仅与蔡复晨有关系，还和厅里面一些领导有瓜葛，这些领导还有她公司的股份呢。”

“不是传闻，事实上就是这样，最近听说把我们监狱医院的药品也垄断了。彭监，今年发生的三起罪犯不吃饭事件，主要原因就是她供应的大米是陈米，据说把粮站的陈米再在大米机里过一道，加点什么原料，就像白花花的新米……”

熊晓戈还没有说完，徐文馨就推门进来，一串哈哈说：“彭监，听说你今天的讲话很精彩，很有水平，现在全监狱都在夸你啊。刚才我还跟老郑要你的讲话稿，想好生学习学习呢……”

彭家仲态度有些冷淡地问：“你来是为局域网的事？”

“彭监做事开门见山，讲究效率，我们监狱百姓有望了，佩服佩服！”她看看熊晓戈和胡玲玲，说，“熊秘书、小胡，你们回避一下，我找彭监谈……”

“不用了，我知道你要说什么事情。”彭家仲没有想到她以一种命令的口气对熊晓戈和胡玲玲说话，心头更加不爽，“刚才蔡局长给我电话了，就给你做这个工程，我只是希望你在下个月之内完成。”

徐文馨又是一串哈哈：“爽快，既然你还有工作，我就不打扰了，等工程竣工的时候再来拜访你。”

说完，她就退了出去。

“彭监，你别担心，有我和小二在，保证她不敢偷工减料！”胡玲玲说。

“你们两个不要参与此事，我想到一个更合适的人来监督她……”彭家仲的脸上突然流露出笑意。

“噢？”熊晓戈和胡玲玲都不解地望着他。

“郑宝团，怎么样？”彭家仲有些得意地说。

熊晓戈和胡玲玲会意地笑起来，彭家仲也跟着笑起来。

“那，我回供销公司？”胡玲玲试探地问。

彭家仲点点头，正要说什么，座机电话又响了起来。

“彭哥，我是小卢……”

这个小卢就是卢川，是继彭家仲之后刘德章的新任秘书。

“是小卢呀，厅长身体可好？”彭家仲突然感到很亲切，像接到家里人的电话一样。

“厅长要给你通话，你小心点，他老人家正发火呢？”卢川说。

“你知道什么原因吗？”

“这个我不清楚……他来了。”

“彭家仲同志，你那里又发生群体性事件了？事态怎么样？”刘德章语气很僵硬。

彭家仲心头一凉，忙解释说：“已经平息了……不对，这哪里是群体性事件呀？老领导……”

“你马上到我这里来，现在就走，我等着听你解释。”刘德章说完就啪地一声挂了电话。

彭家仲看着话筒发呆，咕哝道：“这老头子，还是这么大的脾气……”

他扔下话筒，匆匆走了出去。

熊晓戈和胡玲玲对视一眼，也默默无言地走了出去。

胡玲玲问：“我看到那个郑志军就发呕，实在是不想回去，小二哥，你说咋办？”紧接着又抱怨道，“彭监也是，看在我这些天辛辛苦苦的份儿上，也不该叫我回去嘛。”

熊晓戈说：“我估计彭监心里早就有安排，只是时机没有成熟罢了。”

“是不是哟？”胡玲玲有点不相信地问。

“你呀，看别人一目了然，怎么涉及自己的问题就看不清楚了呢？你想想，搬迁监狱这么大的事情，正需要你这样的又漂亮又擅长社交的人才，我估计，只要搬迁工作一旦动起来，你就会到新的岗位上去，而且，还是领导岗位。”熊晓戈笑着说，“到时候你得好好请我们‘两个二’吃一顿哈。”

“哈哈……”胡玲玲心情一下子爽朗起来，说，“‘蒲二小’，‘店小二’，‘两个二’还是‘两个儿’哟？哈哈……还真有创意！”

熊晓戈瞥了她一眼，哼哼道：“只要你受得起……你要是有两个我和‘蒲二小’这般大的儿子，你不就成黑山老妖了吗？”

胡玲玲又是一阵大笑，笑完了，似乎想起了什么，问：“说真的，听说‘蒲二小’和王亚敏在谈朋友，但有的人说两人根本不是那么一回事，那究竟怎么一回事，你应该知道吧。”

“怎么？我们监狱第一美人真看上那个放牛娃了？”熊晓戈故意用一种戏谑的眼神看着她说。

“你说什么呢？什么监狱第一美人？还不是你们胡编乱造的？半老徐娘了……”胡玲玲幽幽地说。

熊晓戈见她伤感的样子，心里不忍，于是说：“你也别这么作贱自己……说真的，这蒲忠全还真不错，我倒是觉得你俩很般配……至于他与王亚敏之间的传闻，我也觉得很纳闷，每次问他，他都吞吞吐吐的，等有机会我们也给他来一个坦白从宽，怎么样？”

胡玲玲心里一动，正要说什么，马文革走了进来，看看他俩说：“美女，我刚才请示彭监，他说让你回供销公司上班，你下午就回去。熊秘书，你把局域网的所有资料都交给我。”

“马主任，这资料我不能交。”熊晓戈直接就顶了回去。

“你说什么？才几天功夫，翅膀就长硬了？”马文革火了。

“彭监给我打过招呼，要保密，除了他不能让任何人看。”熊晓戈不紧不慢地说。

马文革语气提高了八度：“彭监已经同意让徐总来做，所以从现在开始，我来负责这个工作。”

“哦？是吗？我怎么不知道呢？文件呢？没有文件也该有个会议纪要吧？马主任，等我请示了彭监再说。”熊晓戈丝毫没有让步的意思。

本来已到了下班时间，但办公室其他人躲得远远的看这出戏。马文革没有想到一向温顺如绵羊的熊晓戈会给他来这一套，让他在下属面前下不了台，于是只好抬出郑怀远来压他：“这是郑监吩咐的，你究竟交不交？”

“你的直接领导是彭监狱长，你是听郑监的还是听彭监的？”熊晓戈冷笑。

马文革一时语塞，只好说："好好好，你有种，我们走着瞧！"

说完，怒气冲冲地走了出去。

走到楼梯口，差点和郑志军撞上，郑志军笑道："你小子又在想哪家的妞儿了？这么魂不守舍？"

"屁，哪还有心思想那玩意儿？"马文革苦笑。

"怎么？老兄，那个尿盆盆（指彭家仲）又给你脸色了？"

"他高矮是领导，给我脸色很正常，但我的那些下属开始给老子脸色，我这个主任越来越难当了。你嫂子不是接了监狱局域网工程吗？她叫我协助她，把熊晓戈那里的资料拿出来，可这小子不给不说，还数落老子……"

"嘿嘿，你小子征服不了他，就征服他老婆嘛，今晚就把他老婆喊出来，压她个三百次，哈哈……"

马文革慌忙把他拉到一旁，低声说："你小子要祸害我呀？！"

"你也别郁闷，现在就有个机会收拾他。"郑志军拍拍他的肩膀安慰说。

"噢？是不是哟？"马文革来劲了。

"今晚'蒲二小'要请他和胡玲玲那婆娘吃饭……"郑志军在马文革耳边说了一阵。

马文革听得一惊一愣的，半响说不出话来，只是看着他。

郑志军脸上流露出一丝奸笑，恶狠狠地说："到时候叫他们吃不了兜着走，看彭家仲还怎么维护他们。嘿嘿，到时候老子有机会搞定那个骚狐狸了……"

他说着，夸张地吞咽口水。

他见马文革还愣怔在那里，于是推推他："怎么呢？你小子也在打那个骚狐狸的主意？嘿嘿……要不，你吃肉，我喝汤？"

"朋友妻不可欺，不可欺……我马文革虽然好那么一口，但是最起码的道德还是有的。"马文革惊醒过来，连忙说。

郑志军打了个哈哈，快步而去。

马文革看着他的背影，若有所思。

夜幕将西边最后一点光亮遮挡起来，彭家仲透过车窗远远望去，偶尔可以看见在崇山峻岭间弯弯曲曲的公路上移动的车灯，像蜗牛，像游魂，时隐时现，孤单而又落寞。拐过一个山弯，夜雨悄然而至，挡风玻璃上立即堆起了密密麻麻的雨滴，尽管雨刮器在拼命的来回扫动，依然迷糊了他的视线，看不清前面的路……

那天接到厅长刘德章的电话后，他去给王福全通报了一下，就匆忙往省城赶，心想这次回去除了去给刘德章汇报、解释最近监狱发生的一些事情之外，也利用大礼拜好好陪陪女儿和老婆，便没有带上司机。现在，他没有想到从青州市到双河监狱这段路这么难走，很后悔没有带上司机，他实在是没有信心在这样的夜里开车，于是将车子停在路边，趴在方向盘上使劲地朝前面张望。

这时，熊晓戈打来电话，询问他走到哪里了？并说雨已经下了好几天了，从青州市到监狱这段路在夜间不好走，就是有经验的老司机都有点忌惮，需不需要我来接你？

彭家仲心头一热，他调整了一下呼吸，才说："没事，我大约……喔喔……大约 2 个小时到，你通知蒲忠全和胡玲玲在办公室等我。"

"嗯好，那你小心点。"熊晓戈说完就挂了电话。

"这条路确实不好走，搞不好就车毁人亡、粉身碎骨……"彭家仲若有所思，又朝前方看了看，毅然发动了车子。

上个礼拜五，他匆匆忙忙往省城赶，就在这一段发生了车祸，交通也因此被中断了整整 3 个小时，到达省城的时候已经 6 点过，这距司法厅下班时间已过了 1 个多小时。

刘德章还在办公室等他。

要知道一个基层的监狱长要见厅长，如果没有突发事件，不是说想见就随便能够见到的，更不用说厅长放弃休息时间专门等一个监狱长了。

彭家仲把监狱近期出现的问题作了详细地汇报，而对于他去了之后所做的一些成绩只字未提。在说今天发生的工人集体到监狱机关闹事的时候，就把上午召开监狱长办公会议的前因后果详详细细地作了汇报。他发现，厅长严肃的神情渐渐缓和起来，听到关于推行体制改革和取消年薪制集团奖的时候，马上把秘书卢川也叫了进来，让彭家仲重新讲一遍，并吩咐卢川做好记录，给厅党委成员看看，并表态下个礼拜派一个工作组到双河监狱待几天，协助彭家仲的工作。

彭家仲心里一喜，虽然这些人根本协助不了什么工作，但是这样一来，就给监狱各级人员一个强烈的信号：厅局是支持他彭家仲的工作的，那么以后在推行监狱体制改革上就容易多了，正想说一些感谢领导关怀之类的客套话，手机却响了起来。

他拿出手机，看都没有看来电号码便挂了机，可刚把手机放回衣袋，手机又响了起来，他有些歉意地看了看刘德章，准备直接关了手机。

刘德章笑笑说："你接吧。"

是马洪扣打来的。

马洪扣很焦急地说："四监区出事了……"

第十二章　突围序曲：几百名罪犯睡在荒郊野外

昏暗的路灯下，二监区磅称房愈加显得矮小和卑微。几天的小雨后，磅称房的外围已经有一层积水，黑乎乎的，坐在磅称房的工作台上望去，恰似恶魔的嘴，阴森森的不知道究竟有多深，抑或像一只巨大的眼睛，傻乎乎地瞪着你，使人浑身不畅快。

二监区的生产区原本是一个城隍庙，据一些老犯人讲，在夜深人静的时候这里经常闹鬼。前年，一名犯人在一个月黑风高的深夜到生料库巡查，大呼小叫地从简易的铁梯子上滚下来，摔得头破血流，带班民警和其他犯人闻讯赶来把他救起，他指着上面语无伦次地说他看见一个没有脸的女人。从那以后，这里闹鬼的事就悄悄地在犯人群中传开来，所有上夜班的罪犯都有一种恐慌的情绪，都不敢再去那个地方巡查，为此，监狱教育科在二监区还开展了为期一个礼拜的科普知识教育。教育归教育，宣传归宣传，闹鬼的情结像瘟疫一样烙印在犯人们的心里，不时传闻又在某个地方看见一个长发女鬼，或一动不动地坐在那里，或离地一尺在游荡。不管民警怎么说这世界上没有什么鬼神之类的科学道理，但是罪犯们打死也不单独上生料库巡视了，民警也没有办法，只好每次派出两个人同行。

从磅称房小窗口望去，一个女子一手托腮，正专注地看着什么，长长的黑发如瀑布一般从头上飘洒下来，正好遮挡住半边脸。雨夜清寒，孤灯幽韵，道不尽世间凄美，说不完前世今生……

两个罪犯统计员一前一后地走了过来，走在前面的罪犯朝磅称房一瞧，便两股颤颤，浑身乏力，嘴里胡乱地叫：“鬼……鬼……”

另一个罪犯显然胆子要大一些，警觉地四处搜寻，问：“在哪里？是男的还是女的？”

“女的……女鬼……”前面的罪犯似乎回过神来，撒腿就跑。

后面的犯人也跟着跑，边跑还边问：“在哪里，在哪里，漂不漂亮？”

外面的动静引起了磅称房那名女子的注意，她从窗口上探出头来，骂道：“你个烂犯人，你妈才是鬼呢。”

但是两名犯人已经跑远了，根本听不见她的骂声。

那女子嘀咕一句，刚坐下，一辆装满青石的翻斗车像蜗牛一样从国道上拐进二监区磅称房，突突轰油门的声音像怪兽在嘶叫，汽车排出的废气四散弥漫，飘进磅称房，令人有些窒息。那女子捂着鼻子站起来，又探出头来吆喝：“哪个不长脑子的，跑魂呢？”

从车上下来一个穿着已磨破皮了的皮夹克的男人，一头蓬乱的头发和一张似乎永远洗不干净的脸，在浑噩的灯光下活脱脱就是一个野鬼。他眼睛滴溜溜地转了几下，目光在那女子的脸上和胸脯上不停地游走，喉咙发出吞咽口水的声音……

“看什么看？没有见过女人？！”那女子训斥说。

男人又使劲吞咽了一下口水，油腔滑调地说：“见过，见过……只是没有见过你这样的……我横看竖看怎么都像章子怡呢？”

“10个司机9个坏，还有1个在作怪……”那女子嘻嘻一笑，埋头填写过磅单子。

“他们说水泥厂磅称房来了个极品美女，我才不信呢，双河监狱有个把美女还说得过去，要说有极品美女，那就八竿子打不着了。就我们这地儿的水土能出美女？你看看这天道，一年四季有几天没有灰尘？河里的水没有一天是清的……你看我这张脸，用立白洗衣粉都洗不出来，这水土能出个极品美女来，我看这美女八成是怪物……”那司机靠在窗子上絮絮叨叨地说。

“啥怪物？你什么逻辑哟？瞧你那熊样，能分辨出男的和女的就不错了，还美女美女的！”那女子显然不满意他的论调，讥讽说。

“能抗这污染啊！在污染这么严重的环境里能出一个极品来，你说是不是怪物？不是怪物，那就是神仙妹妹，根骨长得好……”

“去去去，什么奇谈怪论。”那女子一阵乱笑，恍若花枝在月夜里招摇，她把填写好的磅单扔在窗台上，“给，磅单。”

“不急不急……不急嘛，这长夜漫漫的，你一个人在这里这么寂寞，我怎么忍心把你一个人丢下呢……”

这时，后面传来一声声喇叭的嗷叫，打断了那司机的调侃，他恼怒地扭头，朝那边吼：“你叫魂？急啥急？没见我正在过磅吗？”

“你过个啥的磅，你小子在这里泡磅房公主，你以为我不知道？”声音刚落，一个人从黑夜里冒了出来，站在小窗子前，对那女子说，“妹儿，你可别听这小子瞎编，他呀，是我们这方圆几十里出了名的‘土耳其’。”

“土耳其？什么意思？”女子一下子来了兴致。

“西门庆呀，这位西门大哥能泡上潘金莲，至少是个财主吧？不过，顶多也只是个土财主，所以不叫‘土耳其’叫什么？”后来的司机见那女子两只蓝汪汪的眼睛看着他，周身舒坦，很是得意。

先前那个司机叫了起来：“你龟儿不要诋毁我的形象，谁不知道你？‘阮小二’一个？老子……”

那女子的手机响了起来，接完电话，立即走出来把磅称房的门关上，说：“两位帅哥慢慢吵，我不陪你们了。”

“嗨嗨嗨，你走了我怎么过磅？”

“一会儿又要来一个美女，哈哈……”那女子转眼就消失在昏暗的灯光下。

这女子就是胡玲玲，今天水泥厂青石告急，连夜突击运输，所以她晚上加班。

电话是熊晓戈打来的，叫她立即回监狱办公室。

风似乎一阵比一阵紧，伞根本无法撑开，小雨打在她脸上有些刺痛，随即就是一阵一阵的寒冷，侵蚀着她的裸露在外面的肌肤，渗透到她的血脉里，她下意识地裹紧风衣，低头迎着风摇摇晃晃地走在公路上。一辆卡车迎面冲来，强烈地车灯射得她睁不开眼睛，她本能地举起手遮挡住半边脑袋。汽车从她身边呼啸而过，公路上的污水四散开来，溅了她一身。等她回过神来，卡车已经无影无踪，一切又归于死寂，唯有诡异的风声和雨声。她前后看看，心头一下子涌出莫名其妙的悲哀，从水泥厂到监狱机关，她不知道走了多少回了，此刻她感觉却是那么遥远……

上个礼拜五彭家仲被厅长刘德章紧急召回省城后，她原本打算无论如何赖在办公室，等彭家仲回来再说，她实在是讨厌供销公司经理郑志军那张嘴脸。哪知彭家仲前脚刚走，马文革就来下逐客令，她下午只好回供销公司报到。这次郑志军一改往日的态度，要么做他的生活秘书，出任供销公司办公室副主任，要么就到水泥厂磅称房去当司磅员，根本没有商量的余地，并涎着脸说："我也不想这么暴殄天物啊，但是你不听话，我也没有办法，是不是？谁叫你是我们监狱第一美女呢？如果我郑志军连自己的手下都搞不定，以后还怎么开展工作？你去司几天磅，也称一称我的话分量究竟有多重，称一称我们这个家族在双河监狱有多重，啊！如果想通了，你随时都可以给我打电话，我这几天心情很好，所以专门为你提供服务，24小时开机……"

胡玲玲实在听不下去了，鄙夷地瞧着他说我听着你的教导怎么像嫖客说的话？你还是经理呢。郑志军嘿嘿一笑说你知道啥叫经理？经理经理，就是你们月经来了我可以理也可以不理。胡玲玲心里升腾起一股无名火来，沉着脸说那你还是党总支书记，这个又怎么说？郑志军愈加得意，哈哈大笑说这个就更好说了，书记书记，就是一手拿书加强理论学习一手写"日"记，书记只是人的社会属性，书记也是人嘛，所以书记的自然属性更为重要。胡玲玲说所以你只是在乎我胡玲玲的自然属性？郑志军夸张地伸出大拇指说孺子……不不，应该是美女可教也，美女可教也，所以我没有看错，你只要跟了我，前途无量，前途无可限量。胡玲玲突然哈哈大笑，说你郑志军要是有能耐，就来磅称房找姑奶奶我。说完，头也不回地走了出去。

胡玲玲越想心头越不是滋味，不由自主地给蒲忠全拨了电话。蒲忠全说我正想给你电话呢，今天不是立冬吗？晚上你和"小二哥"到我这里吃羊肉。下班后飘起了小雨，她跟熊晓戈赶到四监区，天空灰蒙蒙的，不知道是乌云还是黑雾，似乎要塌下来一般，寒风没头没脑地呜呜地刮着，灌进袖口和裤腿，周身一下子像跌进冰窟窿一般。两人缩手缩脚地走进蒲忠全的办公室，一股热流迎面而来，蒲忠全早已叫犯人在办公室把北京炉子烧得暖烘烘的，让犯人在食堂把羊肉炖好了，正在炉子上煨着，一张破旧的长条桌子与他的办公桌拼凑在一起，上面密密麻麻地排放着碗和筷子，桌子上放置着一桶10来斤的包谷酒。

四监区值班的男男女女十几个都围着火炉闲谈，见他们俩进来，都齐刷刷地站起来，七手八脚地张罗着倒酒开饭，喧闹声、嬉笑声在屋子里回荡。蒲忠全高声叫冉金旺给值班民警都送一碗羊肉去，然后招呼大家端酒。大家刚端起酒，郑怀远带着管教四科的人突然走了进来，蒲忠全一愣，立即放下盛了半碗酒的碗，热情地招呼郑怀远他们落座。其他人也都放下酒碗，自动退让到一边，让开座位。郑怀远阴沉着脸，目光像刀子一样在屋子里扫视了一番，然后揭开火炉上铝锅的锅盖，用勺子在里面搅动了几下，才问："哪里来的羊肉？"

蒲忠全显然被他的话弄得措手不及，一时不知道如何回答才好。就在这时候，外面传来吵闹声，值班民警来报告说，几十个老乡把大门堵上了。

第二天，流言蜚语便在监狱像瘟疫一样蔓延开来，说监狱要赔偿村民们 100 只山羊，4 万多元钱呢，监狱不会出这个钱，郑怀远要四监区出；又说党委连夜召开了党委会，不仅要撤"蒲二小"的职，还要给他记大过处分，胡玲玲和熊晓戈参与了此事，也要给他们处分；还说这次四监区这档子事，要不是郑怀远监狱长出面，恐怕监狱搁不平，真要出大事儿，看来还是郑监能耐要大些，镇得住事儿；有人断言说彭家仲这下可有好看的了，他看重的三个人，都卷入这次事件中，不知道他还能在双河监狱待多久；有人理性地分析说以前这种事情又不是没有发生过，多大的事儿呀，这次却搞得风声鹤唳的，何况那些照片和录像，不是一般普通相机能拍摄的，那些村民有吗？我看这事情很蹊跷；还有些不怕事的人说这次事件实质上是监狱领导之间的斗争，郑怀远向彭家仲开炮了，只不过"蒲二小"他们成了牺牲品罢了。

一时之间，众说纷纭，从机关到监区再到中队，都在猜测，都在分析，都在观望，虽然还有的人在心里暗自替彭家仲惋惜，但更多的声音似乎都对彭家仲不利，郑怀远反而被看成平息这次事件的功臣。

胡玲玲原本不打算到磅称房上班，同郑志军对抗到底，但是在这种情势下，她意识到不能再给彭家仲添乱了，于是第二天便规规矩矩地到肮脏杂乱、像关犯人禁闭的小间一样的磅秤房报到，认认真真地学习起称重量的业务来。下午，郑志军破天荒地来到磅秤房，满脸通红，满嘴酒气，站在磅秤房的小窗子口似笑非笑地看着她说："怎么样？这里的环境还不错吧？"

带胡玲玲的师傅从来没有见过他来磅秤房，有点手慌脚乱，站起来说："谢谢领导关心，还不错，就是……就是有点冷……"

郑志军瞪了她一眼，然后色眯眯地把目光定在胡玲玲的脸上，关切地说："冷呀，这好办，胡玲玲你下班的时候写个报告，送到我办公室来，我特事特办，马上给你们解决。"

师傅脸上流露出满足的笑，连声说："感谢领导关怀，玲玲你现在就写，写完就送给郑总，就不用来上班了，这儿有我顶着呢……"

"关怀？狗屁，他把你关在怀里还差不多……"胡玲玲拿起扫把在窗台上扫，灰尘立即四散扬起，郑志军连连后退，用手使劲地扑打着。

师傅一脸茫然地看着她。

一个驾驶员走了过来，问：“美女，他是谁？是不是想打你的主意？要不要我去打他一顿？”

胡玲玲心情大好，嘻嘻笑道：“好啊好啊，不过，不要在这里打，要不然我又说不清楚了，以后啊，你要是在其他的地方比方说歌舞厅遇到他，给姑奶奶我狠狠地扁。”

郑志军闻言，灰溜溜地跑了。

要下班的时候，胡玲玲接到消息说参与偷山羊的三个罪犯被调往二监区，还有消息说监狱管理局局长蔡复晨不知怎么知道了这次群体性事件，蔡局长要求监狱严肃处理相关责任人，并尽快将处理意见上报省局，都说这次蒲忠全把火玩大了，在劫难逃。她有些着急，今天是礼拜六，蒲忠全的处分最迟在下周礼拜一就要下来，她想到给彭家仲打个电话，但是心里嘀咕就是打了她又能说什么呢？权衡了一下，决定给熊晓戈商量一下，等明天彭家仲回来，他们一起去找彭家仲说说。熊晓戈却说玲玲，他现在在省上很被动，这事儿你我就不要再给彭监添乱了。

胡玲玲很失望，鼓起勇气给彭家仲打了电话，把监狱这两天的各种议论给他详详细细地说了一遍，最后说：“彭监，我不是在为蒲忠全开脱，也不是为我和熊晓戈开脱，但是整个事件有两点值得注意，一是村民哪里来的那么高品质的相机？监狱内部有些人有没有预谋？二是整个事件是不是有故意夸大和扩大影响的动机？”

彭家仲听完后只是说了一句“我知道了”，便挂了电话。

一抹残阳泛着冷冷的红色，在西边的山巅徘徊，孤独而又落寞。

她朝四监区所在的那座山望了望，把风衣的领口紧了紧，失魂落魄地朝家里走去。

第二天，彭家仲没有回来，周一也没有回来，不过，监狱在礼拜天召开党委会研究对蒲忠全的处理决定也没有在周一宣布，胡玲玲有些不解，给蒲忠全打电话呢，蒲忠全依然是那副死猪不怕开水烫的态度，于是跑去找熊晓戈，熊晓戈说彭监之所以没有回来，是因为局里召开一个很重要的会议，估计周三会回来，至于蒲忠全处分的事情，他也不是很清楚，也不好去打听。胡玲玲发怒了，嚷嚷道：“蒲忠全已经是案板上的肉了，你还这么漠不关心？连我这个小女子都看得出这次事件有些猫腻，我不信你就是猪脑子？！”熊晓戈连忙把她拉到一边说你小声点儿，你以为就你能看出问题，这些监狱领导都是白吃干饭的？你就别四处瞎嚷嚷，别在给彭监添乱，我们要相信组织，要相信大多数监狱领导是正直的，更要相信彭监不会被某些表面现象所迷惑，会客观地处理这次事件。

尽管熊晓戈这么说，胡玲玲心里依然有些怀疑，但仔细一想，似乎熊晓戈这么说还是有些道理，说不定郑怀远想借这件事打击彭家仲，动作太大，反而弄巧成拙了呢？

手机突然响了起来，打断了胡玲玲的思绪。

是郑志军打来的。

郑志军说："狐狸妹妹，我知道你今晚加夜班，这天寒地冻的，冷不冷啊？要不要哥哥我来接你，我这里空调可是呼啦啦地吹哟，浑身那个燥热呀，我脱得只剩下内裤了，哈哈……"

胡玲玲很清晰地乱哄哄的劝酒声音，便说："原来是郑大官人啊，我这里本来好冷哦，冷得我脚都不听使唤了，可是刚才一个驾驶员给了我一本书，看着看着就热血沸腾了……"

"啥子书？是不是《春宫图》《玉女心经》？"郑志军淫荡地说。

"你类人猿？你说那些老掉牙的书我还感兴趣吗？你也太小瞧你姑奶奶我了，哈哈……"

胡玲玲挑逗的笑声让郑志军魂不守舍，浪荡地说："那是什么书啊？比《玉女心经》还厉害？"

"《水浒传》，鲁提辖拳打郑关西！"胡玲玲收住笑声，冷冷地说了一句，就挂了电话，步履轻盈地朝监狱机关走去。

彭家仲并没有在省上开什么会，而是躲在家里，像是在避难。

其实，在胡玲玲给彭家仲打电话之前，熊晓戈早就把情况给他作了汇报。果然不出他所料，四监区这次事件，局里厅里相关领导都相继得到了消息，虽然最后刘德章都意识到一些人在这件事情上别有用心，但是桥归桥路归路，事件责任人总得要受到处理才有所交代，所以彭家仲思考再三，采纳了熊晓戈的建议，在省城滞留几天，能让王福全牵头在他回来之前作出处理决定最好，便给王福全打电话说厅里有个会议要参加一下，推迟几天回来。

王福全当然明白他的心思，心里又增添了几分担忧。

在事发当天的监狱党委成员碰头会上，马洪扣和郑怀远坚决主张从重从快处理相关责任民警和罪犯，郑怀远还提出，熊晓戈和胡玲玲参与此事，影响极坏，也应当给予相应处理。他考虑当时只是个情况通报和研究对村民的善后问题，加之还没有来得及与彭家仲交换意见，所以他把马洪扣和郑怀远的意见压了下来，只是叫马洪扣做进一步的调查，按照相关纪律规定提出处理意见，提交党委会研究。本来与村民业已达成协议，事态就此平息，但出乎他意料的是，这事情很快就传到监狱管理局和司法厅，蔡复晨局长还打电话过问这件事，质问他发生这么大的群体性事件为什么不报告？他才意识到问题的复杂性和严重性。把四监区这件事往省局捅，不用猜测就知道是郑怀远他们干的，其用心显而易见。郑怀远之所以敢跟彭家仲叫板，就是因为蔡复晨的缘故，按照民间通俗的说法，郑怀远是蔡复晨的人，而彭家仲则是刘德章的人。

为官多年，磨砺出他沉稳寡言的性格，他总结出一条百战不殆的经验，那就是淡于名利之争，该迎的迎，该奉的奉，该实的实，该虚的虚，与上级党委保持高度一致。就凭借这一条，尽管不时有惊涛骇浪，但总是有惊无险，做个政委虽然不及监狱长风光，却是稳如泰山，最后走上党委书记这个名副其实一把手的岗位；也是靠这条法宝，他在汪庆书事件中镇定自若，处置有方，受到省厅局主要领导的充分肯定。

然而，摆在面前的这件事，却使他寝食难安，这条法宝似乎一下子失去了功效，这两天他的心态总是在蔡复晨和刘德章之间游离，思前想后，总是找不到一个折中的方案。实事求是地讲，像四监区发生的偷羊事件，只要处在偏远的山区，哪个监狱没有发生过？就双河监狱而言，这也算是一种习惯性违纪，除了处于狱部的一监区鲜有机会外，哪个监区的犯人没有偷过？这件事本来可以就控制在监狱内部处理，却引发一起很敏感的群体性事件。如果按照群体性事件来处理蒲忠全，不仅对蒲忠全不公正，而且也对彭家仲不公正。更严重的是，彭家仲以后在监狱开展工作将会遇到更大的阻力，监狱班子也将处在四分五裂的边缘，如果真出现这样一种局面，那么他这个班长如何向省局交待？

礼拜六，各种谣言和民警的议论猜测让他再也坐不住了，他到附近的单位转悠了一圈，左右权衡，便把马洪扣叫到办公室商议对策，看能不能说服他不按照群体性事件来处理蒲忠全他们，还没有等他开口，马洪扣就说：“王书记，你注意到那些谣言没有？这是某些别有用心的人挑战我们双河监狱党委，要警惕啊，如果任其发展下去，不知道这些人还会闹出什么事端来。从法纪上我不能容许蒲忠全他们的行为，但是从大局上讲，我建议从轻处理，同时以纪委和党委的名义向省局说明真相，澄清事实！这是我们纪委的处理意见。”

王福全接过他的材料，详细地看了一遍，心里松了一口气，说：“好，我们明天上午召开党委会研究你这个报告。老马，我们好久没有喝酒了，这样吧，中午到我家里喝几杯？我那里可有泡了三四年的大枣枸杞酒哟……”

第二天党委会上，马洪扣将纪委的处理意见刚陈述完，不料郑怀远一改先前的态度，说虽然这是一起很严重的、给监狱造成恶劣影响的群体性事件，但从维护班子团结的大局出发，这三个人都是彭家仲监狱长所倚重的人，还是等他回来再说。这话说得合情合理，其他人也就不好发表反对意见。但每个人都知道他又给彭家仲出了一道难题，处理与否，处理得轻重如何，不仅关系到彭家仲在双河监狱的声望，而且关系到在半个月前由他主张的“规范执法行为、净化执法环境”专项整顿活动的成败。郑怀远的态度使王福全有点措手不及，他意识到问题比想象的更严重，就与彭家仲沟通，建议他立即回来。

彭家仲没有立即回来，而是不停地同王福全、马洪扣和顾卫国进行电话沟通，直到礼拜三下午，几个人才达成比较一致的意见，于是彭家仲连夜赶了回来，并吩咐熊晓戈叫蒲忠全和胡玲玲在监狱办公室等他。在他的请求下，刘德章同意在这个礼拜派出工作组，临走的时候，他还在刘德章的秘书卢川那里把给厅局领导传阅的刘德章跟他的谈话纪要要了一份。

胡玲玲赶到监狱办公室时，蒲忠全正拿着毛巾擦头发，傍边的椅子上放着一件湿漉漉的雨衣，看样子也是刚从山上下来，正要说话，却发现蒲忠全和熊晓戈瞪着自己，从他们那一脸惊讶的表情上看，仿佛不认识她一般，抑或像陡然遇到了孤魂野鬼。胡玲玲虽然见过各种各样的人色迷迷的眼神，但是却没有经历过被好朋友以这样的眼神直视过，心里有些发虚，迷茫地看看他们。

“你怎么把自己搞成这样？是不是遇到色狼了？”熊晓戈问。

胡玲玲回过神来，连忙低头看看自己的周身，才发现浑身上下满是泥浆，那双皮鞋已经分辨不出究竟是什么颜色了，她估计脸上头发上也可能有泥浆，这才想起一定是在公路上走的时候，那些卡车从身边过的时候带起的泥浆溅到身上的，只是当时心思沉重，没有引起她的注意。

她的手机又响了起来，她看看来电号码，嘻嘻笑道："这色狼又来了……"

"我在哪里？鲁提辖请我喝茶呢，你来不来？……你少给姑奶奶我来这一套，我警告你，你要是再乱来，大家都乱来，我一个过磅的，已经是基层中的基层了，还顾忌什么？你要泡你姑奶奶我，先打一盆子水照照自己，先瞧瞧自己是哪一把夜壶！我看你连你那个卖肉的老祖宗都不如……"胡玲玲气呼呼地乱骂一通，突然浪荡地笑起来说，"好了，你就慢慢过磅，我要去会情郎了，哈哈……"

"啥子鲁提辖？又什么卖肉的老祖宗？柳如是？"蒲忠全擦完头发，把雨衣挂在办公室后，哈哈大笑，"没想到这么一个大美人，原来也这般出口成脏。"

胡玲玲瞥了他一眼，刚才气愤之下当着蒲忠全他们破口大骂，本来心里有些懊恼，见蒲忠全说她出口成脏，于是气呼呼地说："柳你个头！"

"美女，我蒲二小可没有得罪你哈。"蒲忠全气短地说，"不过，你要是有气，尽管冲着我来。"

熊晓戈也笑起来："要是北大张教授听到你蒲二小这番言论，他可不管你是什么抗日英雄，估计要给你拼命了。"

"罪过，罪过，这位教授一辈子研究柳如是，是她的铁杆粉丝，倒是对不起这老先生了……"蒲忠全附和道，然后郑重地问胡玲玲，"狐狸，究竟发生什么事情了？"

"还不是拜郑家所赐！我这两天在磅称房上班，你们都不知道？电话都不打一个，还朋友呢？"胡玲玲心里有些委屈地说。

"我这几天闭门思过，等候处分，我向毛主席保证，还真不知道。"蒲忠全举起右手说，"不过，你也够损的了哈，把郑关西说成郑志军的祖宗，而且还特别强调是卖肉的老祖宗，听起来怎么着都像是妓女，哈哈……"

胡玲玲和熊晓戈也一起笑了起来。

熊晓戈等他们笑完，郑重地说："玲玲，你到磅称房我是知道的，也给彭监汇报了，彭监虽然没有说什么，但是我感觉得到，他很气愤。所以，你也不要怨天尤人，有时候后退几步，反而觉得海阔天空，对吗？"

"所以嘛，我还是去上班了，要是按我原来的脾气，我早就闹翻天了。"胡玲玲感慨地说，"说实话，心里还是不好受……"

"能够理解你的心情，我相信彭监也一定能够理解。对了，刚才是郑志军打来的？听口气好像是他在给你顶班？"熊晓戈问。

"嘿嘿……是的，你给我打了电话后，我摔门就走，那些车子见没人过磅，还不叫嚷起来？哼！”胡玲玲一下子变得像个小孩子一般，乐颠颠地。

“我给他打电话，这小子不接，我就给供销公司办公室主任打了电话，叫她安排人接替你……”熊晓戈不解地说。

胡玲玲瘪瘪嘴说：“熊秘书，你待机关待久了吧？在磅称房工作的是什么人？最底层的！他们一家人生活都艰难，哪里还有钱安装电话或者玩手机嘛，所以找人可不是那么好找的。你一个电话，我们供销公司办公室主任就辛苦了，要跑到过磅员家里去找，找到了，过磅员步行到磅称房也要一点时间吧？估计就在这个当儿，司机闹起来，八成是闹到郑志军那里，公司办公室普通办事员家里都没有电话，他不去谁去，哈哈……”

蒲忠全一下子又大笑起来，说：“让这个小关西吃个哑巴亏，高！不过，你可把你们办公室主任害惨了，不知道郑志军……”

“切！那个半老徐娘也不是损油的灯，惹急了，是个要在他办公室脱裤子的角色，他敢！”胡玲玲不屑地说，“前几天她还来找我，说了一推郑志军的不是，绝情啦，势利啦，穿上裤子不认人啦……笑死我了。”

“唉，要是在解放前就好了，我就趁这月黑风高，装扮成鲁和尚，采用毛主席的游击战术，摸到磅称房揍他一顿，帮你出出这口恶气，哈哈……”蒲忠全觉得自己的笑话很好笑，于是自己先笑起来，笑了几声，发现他俩并没有笑，诧异地问，“怎么，不好笑吗？”

“笑你个头！你一天到晚研究毛主席的游击，反而挨了别人的冷枪……”胡玲玲数落说。

熊晓戈也颇有同感，看着蒲忠全。

蒲忠全挠挠脑袋，咕哝说：“业务不熟，看来还没有领会到他老人家的精神，今晚回去我抱着毛选狂读……”

胡玲玲和熊晓戈大笑起来，蒲忠全也跟着自嘲地笑起来。

笑声中，彭家仲走了进来，笑声戛然而止，三人不约而同地站起来。

“笑什么呢？说说，给我也分享一下……”彭家仲微笑着说，从他的脸上一点也看不出因四监区群体性事件带来的不快。

一轮弯弯的月亮挂在深邃的天空，星星稀稀拉拉地镶嵌在银灰色的夜幕上，像一粒粒宝石，闪烁着或明或暗的光，偶尔一颗流星托着长长的尾翼划破天际，灿烂而神秘，给在这个寂寥的夜里无法入睡的人们留下丝丝寒意，也遗留下无尽的遐想。

蒲忠全巡视了一转，清点了一下人数，给几个脚露在外边的囚犯盖上被子，然后使劲地搓搓手，感觉手心有点发热了，便使劲地在脸上搓，最后用力揉揉眼睛，脑袋便没有那么昏沉，视力也清晰了很多。

他站的这个位置是西郊的一个山坡，朝东望去，青州市的夜景一览无余，嘉陵江在这里略微回旋，穿城而去，宛如虬龙。两岸的街灯如长虹卧波，逶迤交错，倒影在江水中，绚烂靡丽，几幢高楼拔地而起，孤傲地耸立在江边，俯视着这个城市的每一个角落。透过朦朦胧胧的灯光，大街上依然是车水马龙，一派繁忙的景象，似乎在城市里没有黑夜与白昼，只有工作，只有夜生活。

“几年后，我们搬到这里，那时我在做什么呢？”蒲忠全拿出手机看看时间，已经将近零点，心头立即画出这个问号。

突然一阵寒风，有些刮脸，裸露在外的皮肤有刺痛感，他冷战连连，不由自主地拉紧棉大衣的领口，然后将手抄起来，放进棉大衣的袖口里，弓着腰原地踏步。凛冽的寒风打断了他对未来的想象，他的身后是看守所的围墙，围墙上的哨兵不时走来走去，朝下面张望。围墙下面是一片草地，他所带领的 30 个囚犯的外劳先遣队就临时睡在这片枯黄的草地上，随行来的还有魏德安、李家兴、王亚敏和另外 3 名民警。

寒风过后，雾霭浩浩荡荡而来，湿漉漉地带着冰凌的凛冽，渐渐地，天上的月亮星星没有了踪影，城市的灯光幻化成一片模模糊糊的光影，一下变得如鬼魅一般，张牙舞爪地在眼前晃来晃去，仿佛要将一切鲜活的东西吞噬。在寒风中的雾气似乎要带走所有的温暖，时间似乎越来越慢了，仿佛停滞下来，蒲忠全感觉没多大一会儿自己像没有穿衣物一般，此时传来几声咳嗽，他连忙跑过去，在捂着嘴咳嗽的犯人地铺前蹲下来，轻轻地拍拍他，轻声问：“怎么样？没事吧？”

“没事……”犯人回答有些苍白无力。

蒲忠全看到摸摸他的头，再摸摸被子，全是湿漉漉的，他心里涌动着刺痛，咬咬牙安慰他说：“明天我们就有住房了，到时候我放你们两天假，把你们家里人叫来，好好聊聊……”

犯人惊喜地说：“真的？！”

蒲忠全点点头。

犯人甜甜地笑了，翻身睡去。

魏德安走了过来，轻声说：“你去眯一会儿吧，这里有我呢。”

“魏叔……辛苦你了，要不是我，你哪能遭这个罪……”蒲忠全十分歉意地说。

“来都来了，还说这些做什么？去吧，去吧，啊！”魏德安推推他说，“这人老了就是没啥意思，就是睡不着……怎么，你还信不过我？”

蒲忠全知道他的脾气，只好搬了一个凳子，放在看守所的围墙边，坐在上面靠着冰冷的墙，闭上眼睛睡觉。刚才睡意朦胧，可一闭上眼睛却怎么也睡不着……

熊晓戈打电话说彭家仲要他下山到监狱办公室，估计也就是彭家仲例行公事地找他谈谈话，让他在心理上有个准备，叮嘱几句，不要灰心丧气，等风声过了找个机会重新启用云云。其实，蒲忠全已经做好了心理准备，他压根儿就没有想到这次在双河监狱原本再普通不过的偷羊事件会引起这么大的反应，产生这么大的不良后果，不仅全监狱、地方政府和老百姓都在关注这件事，而且省厅局相关领导还作出了批示，严肃查处责任人。处理就处理吧，大不了就是记过、撤职，老老实实地回到原点当一名带班队长，上一天班再值一晚上班就清清静静地睡一天懒觉，再也不用为民警的工资、补助什么的发愁了，也更不会担心罪犯打架斗殴、逃跑、闹伙食了，说不定自己都要多活 10 年呢……这么一想，这几天他反而觉得轻松一些。

但是出乎他意料的是，彭家仲当晚找他们三人谈话，开始只字未提处理的事情，而是讲他这次到省城给厅局领导汇报监狱体制改革的情况，而且讲得很详细，并把刘德章的秘书卢川整理的谈话材料让他们传阅。蒲忠全越听越纳闷，这些情况他应该首先在党委会上作汇报，怎么先给我们讲呢？

终于逮住个插话的缝隙说彭监你就直说怎么处分我吧，我已经做好了思想准备。彭家仲笑笑说怎么等不及了，那你先说说党委应该给你什么处分比较合适？但是不等蒲忠全回答，马上又将话题转到监狱体制改革，特别是搬迁上，说他已经与王福全、马洪扣沟通，准备拟提胡玲玲任监狱办公室副主任兼监狱驻省城办事处主任，熊晓戈任监狱办公室副主任，组建外劳监区，由蒲忠全任监区长。

直到最后临走的时候，彭家仲才语重心长地说你们都是监狱不可多得的人才，监狱需要你们，要一个人一辈子不犯错误是不可能，所以我允许你们说错话，做错事，但是如果连续犯低级的错误那就是自己在毁自己。

第二天，蒲忠全的处分就下来了，行政记过，给予四监区领导班子通报批评。

尽管四监区事件给监狱造成的不良影响很大，但普通民警职工却不这么看，大多数依然认为四监区这事儿本来算不了什么，其他监区也在偷，蒲忠全只是监狱领导们争权夺利的牺牲品，打击蒲忠全，就是给彭家仲难堪，双河监狱这块地盘究竟是谁的，现在很难说，看来好戏还在后面。

就在人们议论纷纷的时候，厅局关于监狱体制改革的调研组突然来到监狱，紧接着党委又宣布胡玲玲任监狱办公室副主任兼监狱驻省城办事处主任，熊晓戈任监狱办公室副主任。这个任命一宣布，人们似乎明白了什么，总觉得有点出乎意料，但也有点在意料之中的感觉。

省厅局调研组高调走后，监狱决定炼铁厂停产，组建水泥厂和焦化厂、余热电厂三个纯工人单位。接二连三的新鲜事儿连续不断地撞击着双河监狱所有人的视觉，也给人们带来前所未有的心理体验，怀疑、迟疑、担忧、焦虑、憧憬、希望交织在一起，在吵吵闹闹中，工人单位终于在短短的半个月内组建完毕，除了水泥厂装包、发运等脏苦累的工序依旧由犯人承担外，其余岗位全部由工人操作。监狱的氛围似乎一下子也发生了变化，以前懒懒散散的工人们生活、工作的节奏明显快了起来，像一曲沉寂了很久的交响乐，终于在这个寒冷寂寥冬天，娓娓响了起来。

除了四监区之外，所有的监区都在这次大变革中充当了极其重要的角色，就在人们开始遗忘四监区那次群体性事件的时候，又开始遗忘蒲忠全这个监区长存在的时候，蒲忠全的名字意外出现在监狱迁建筹备小组成员名单之中，而其他监区长没有一个能进入这个名单。紧接着，监狱党委又作出决定，组建外劳监区，由蒲忠全出任监区长，蒲忠全一下子又成为全监狱瞩目的人物。但蒲忠全纳闷的是，党委也没有免去他四监区监区长的职务。

按照监狱要求，蒲忠全可以在所有监区挑选罪犯，彭家仲并点名狱政科长谢本川协助，凡是被选中的，各监区要无条件放人。然而蒲忠全去找郑怀远的时候，郑怀远说这个事儿是个大事，我们监狱没有从事过外劳，首要问题是防脱逃，你对各监区罪犯不了解，怎么选？这样吧，我叫他们把表现好的报上来，你就在中间挑。三天之后，谢本川叫蒲忠全到狱政科挑人，蒲忠全看了一下这些人的基本情况，刑期基本上都是在 10 年以下，但都有违纪记录，绝大多数还有处分记录。蒲忠全很纳闷，问谢本川这些人怎么大都受到过处分？谢本川轻描淡写地说枉你当了这么多年的监区长，罪犯嘛，表现再好，也好不过你我吧？挑吧，别挑三拣四的啦，说实话，你看看这些人，身体强壮得像公牛一样，一个劳动力顶两三个农民工，你说你不挑这些人，难道还要挑那些老弱病残？蒲忠全想想也对，于是就挑了 50 个人。

从狱政科出来，蒲忠全就接到华文虎的电话，说“蒲二小”你可得睁大眼睛，这次狱政上要我们上报的都是表现一般或者较差的罪犯，其中有几个监区上报的尽都是顽危分子。蒲忠全心头咯噔一下，还没有等华文虎说完就往狱政科跑，要谢本川暂停调动罪犯。谢本川阴阴一笑说车子已经出发，你赶快回去准备接人吧。蒲忠全哑巴吃黄连，有口难言，也不好找彭家仲反映情况，按照彭家仲的话说，这次组建外劳监区实际上就是监狱突围的序曲，是要在城市建立一个支点，就像毛主席在井冈山建立根据地一样，根据地建立得怎么样，直接关系到监狱搬迁工作进展的快慢，情急之下，便去找老领导魏德安。

魏德安却说没事，四监区还是有一些身体相对较好的犯人，以这些人为基础编排互监组，然后挑选刑期在 5 年以下的，家住在青州市的，只要在监管上把弦绷紧点，一般不会出事。蒲忠全一下子明白了，选家住在青州市的，给这些人在回家探亲、接见等方面提供一些便利，对于这些犯人来讲，服刑改造带来的焦虑和压抑会在很大程度上得到缓解，出事的概率就相应减少一些。但是这样做的话，面临的问题和风险也很多，最主要的就要违反很多监管制度，在目前这种情势下，有可能将受到狱政上严厉的处罚，同时，要是在违反监管制度的情况下发生了罪犯脱逃，还要面临着检察院的刑事责任的追究。魏德安看出了他的心思，便说只要控制住脱逃，其他的没事，狱政上那几爷子你又不是不知道，像一条喂不饱的狗，只要你定时喂他一点，就大事化小，小事化了。

事已至此，蒲忠全也不得不下决心，非常时候采取非常手段，也是情理之中的事情，大不了跟狱政上那些人打游击。他请魏德安再次出山，帮助他开创监狱这块在青州市的根据地。魏德安想都没有想就满口答应了，当即就跟他一起来到山上，当晚就组织所有的男性民警找调来的这 50 名罪犯一一谈话，摸清他们的思想状况。几天之后，蒲忠全和魏德安在调来的罪犯中确定了 40 名罪犯，在本监区又选了 60 名罪犯，组成了 100 人的外劳队伍。

正要准备开拔的时候，狱政上通知说他们要对外劳住宿点进行再次评估，于是又陪着他们去查看住宿点。结果被不符合监管要求而被否定。蒲忠全又连续联系了 4 个住宿的地方，狱政上就一句话不符合监管要求。几来几往，劳神费时，蒲忠全无奈，只好找彭家仲，彭家仲想了想，沉吟着说，外劳点住宿要具备什么样的条件才符合监管要求，省局和监狱都没有具体的规定，不过这事儿我不好干预过多，主要还要靠你去协调……这样吧，你就去找谢本川，要他们狱政上出面帮你考察一下，你告诉他，这是我的意思，而且必须要在一个礼拜之内落实下来。

有了彭家仲的指示，谢本川一下子规矩了很多，很快确定在青州市西郊看守所附近一个废弃的工厂里租房子，并且跟对方谈妥了价格。蒲忠全又带领魏德安和李家兴在市里各大工地奔波了几天，青州市建筑市场劳动力不是很饱和，特别是一些脏苦累的重体力活不好找工人，但令蒲忠全他们没有想到的是，那些建筑公司的老总们一听说是劳改犯，马上就避而远之，并以一种琢磨不透的目光在蒲忠全他们身上扫来扫去，最后，在一个二道贩子那里终于揽到一个鱼塘清淤的活儿，蒲忠全叫李家兴留在青州市继续跑跑工地，争取再揽些活儿，自己则和魏德安回到监狱准备开拔。

临行的前一天晚上，王亚敏找到蒲忠全坚决要求去外劳点，蒲忠全当然很体谅她的心情，因偷羊事件，罪犯张景然和冉金旺因此被调往二监区，没有了张景然，王亚敏也没有心情留在这荒凉寂寥的山上，这一个月以来，她的情绪一直很低落，时常一个人孤零零地站在荒山野地里望着天际发呆，有几次他走到她身边陪她的时候，他发现她脸上泪痕斑斑。他知道这种时候她需要的不是安慰，而是一个可以倾诉的朋友，外劳工作一旦展开，就意味着在这山上她将失去唯一可以倾诉的朋友。虽然一个女孩子在现有的条件下到外劳点不太合适，但她是王福全的女儿，也会给他的工作上带来不可估量的便利。

看到她脸色蜡黄，一副萎靡不振的样子，蒲忠全心里很不是滋味，也不忍心拒绝她，就说："换个环境也好，转移一下注意力，对你的身心都有好处，等到了合适的时候，我把张景然再调回来就是了。"

王亚敏立即像变了一个人一样，脸上泛起涟漪，说："我早就想给你说这个事了，没想到你先提出来了，真够义气！等张景然满刑了，到时候我们在青州市给你找个女朋友，嘻嘻……"

"怎么，你真的要和他走？"蒲忠全警觉起来。

王亚敏说："说实话，是有这个想法……"

"再过几年，监狱不是就搬迁到了青州市了吗？你这样做，值得吗？你要三思啊。"

"搬迁？老实跟你说吧，连我家老爷子心里都没有谱，那是好遥远的事啊！就是搬迁了又怎么样？教科书上说我们是国家公务员，是警察，是一只带枪的队伍，是维护国家、社会安全稳定的不可缺少的力量，但实际情况呢？每年人大考察监狱后都在高声呼吁，要关心监狱，关心监狱民警，让他们享受国家公务员待遇。”王亚敏激动地说。

蒲忠全默然。

停顿了一会儿，王亚敏有些伤感地说：“你回过头去审视一下你走过的路，你有过职业荣誉感吗？你在监狱里学到了什么？知识更新了多少？我算是看透了，也不想像老爷子那样一辈子就窝在这个封闭、压抑的小社会里。”

蒲忠全也跟着伤感起来，头脑有点迟缓，隔了好一会儿才找到话题说：“亚敏，我们不说这个了，但是作为朋友，我还是希望你好好权衡一下再作出决定，这可是一辈子的事情……对了，你在走之前，把李家兴父母和女儿安顿好，有什么困难由我来协调。”

这些天由于他把李家兴带到了青州市，是王亚敏在照看李小小他们，王亚敏想了想建议说：“要是李家兴不在，这二老一小的生活还真有点问题，不如你就在市里给他们租一套房子吧。”

蒲忠全觉得现在不太可能这么做，迟疑了一会儿说：“让他们在食堂吃饭，伙食费挂在你头上，每个月你拿来报账。”

想起张景然，蒲忠全自然而然想到冉金旺，思前想后，迟疑了又迟疑，实在是放心不下，最后还是下决心去找彭家仲，刚到监狱机关大楼前，遇到熊晓戈夹着公文包站在彭家仲平常坐的小车前，蒲忠全忙问：“小二哥……呀，现在可不能这么叫了，应该叫熊主任了……怎么，彭监要出去？”

“你怎么也俗套起来了？跟我来这个，哼哼！对了，彭监要去青州市找市领导协调监狱搬迁的有关事项，怎么？你找他？现在恐怕不行，那边等着呢，刚才还打电话催。”熊晓戈说，“等这阵子忙过了，我们找个机会聚聚……”

蒲忠全一听彭家仲真要走，不等熊晓戈说完，三步并作一步地朝楼上跑。在三楼拐角处，差点和彭家仲撞在一起。

彭家仲一看是他，虽然没有停下来，但明显放慢了脚步，问：“有事？”

蒲忠全立即跟了上去说：“彭监，我下午就要带罪犯去青州了……”

蒲忠全突然又觉得为一个违了规受到处罚的犯人在这个时候打扰他有点不合适，于是有点犹豫起来。

“嗯，还有什么困难？”彭家仲似乎觉察到他的心里，停下来问。

“困难肯定是有的，但是我们有信心克服……”蒲忠全说。

“嗯，有这种精神就好，但是也要做好各种心理准备，按照邓小平的话说，要杀出一条血路来，你这个先遣队能不能在青州市扎下根来，经济和政治上意义都非常重大。我本来打算不要你再担任四监区监区长，免得担子过重，但党委最终考虑到外劳现在在起步探索阶段，等外劳打开了局面，再考虑给你卸担子。所以，你不仅要尽快打开外劳工作局面，还要注意两头兼顾，担子不轻啊。”彭家仲语调很沉重，让蒲忠全顿时感到肩上的重担。

彭家仲又继续下楼，边走边说：“有什么困难，你尽管给我提，我尽量给你们创造一个好的外部环境。不过话又说回来，现在监狱面临的各种困难你也是知道的，之所以我看中你，让你去做这个外劳监区监区长，就是因为你没有等靠要的思想，你一定要清楚这一点。”

“彭监你放心，我们就是排除万难，也要杀出一条血路，去争取胜利，不到万不得已，我蒲忠全不会给你给监狱增加负担和麻烦！”蒲忠全铿锵有力地说。

彭家仲点头笑笑，加快了脚步。

蒲忠全也加快脚步跟上去，迟疑地说：“只是……只是还有一件事情我实在放心不下……”

这时候已经到了楼下，熊晓戈打开车门说：“彭监，杨志刚副监狱长他们已经出发，市里安排在9点，我们得赶紧点。”

彭家仲点点头，正要上车，突然又想起蒲忠全刚才的话，转头问：“什么要紧的事情？”

“就是上个月偷羊事件中受到处罚而被调往二监区的罪犯冉金旺，我担心他会闹出什么事……”蒲忠全说。

“哦？回头再说吧……”彭家仲心不在焉地应了一句，钻进车里。

熊晓戈关上车门，迅速坐到后排的位置上，拿眼扫视蒲忠全，那神情分明是在责备，这等小事也来麻烦监狱长？

望着蓝白相间的警车消失在浓烈的雾中，蒲忠全感觉自己是冒失了一点，有点后悔，但是心里总像是放了一把镰刀，隐隐感觉很沉重。

下午，在狱政科科长谢本川的组织指挥下，四监区首批30名罪犯浩浩荡荡地开往青州市外劳点。

按照郑怀远的指示，为了确保路途中的安全，由武警、监狱处置突发事件的特警以及从各单位抽调上来的民警组成了庞大的押解组。开动员会、检查、搜身、编组……等一切准备停当，已经是下午 4 点过。蒲忠全算了一下，如果算上司机，押解组的人数几乎接近罪犯的人数，这给他心理上带来强烈的安全感，可是这种安全感没有维持多久，就在车队到达废弃的仓库那一刻被肢解了，变得那么苍白无力。谢本川在清点人数之后，要他在一式两份的花名册上签字，说："老弟，从这一刻开始，这 30 个人就交给你了。"

废弃的仓库锈迹斑斑的大门紧锁着，蒲忠全没有看到租赁方的人，于是拦住他说："谢科长，我们连门都进不去，你们是不是再等一会儿？"

"哦……"谢本川恍然大悟似的，从手机里翻了老半天才说，"你打这个电话号码，他就在附近。"

说罢，招呼其他人一窝蜂地走了。

蒲忠全感觉心里冰凉，愣怔在那里，望着车队卷起的尘土发呆。

魏德安轻轻地推推他，然后开始给罪犯宣讲纪律。

蒲忠全清醒过来，忙给租赁方联系，哪知租赁人却不在青州市，最快要在明天下午赶回来。蒲忠全快步走到距离罪犯远一点的地方，对着手机直吼："我这有 30 号犯人，要是出了问题你来负责？！"

那人却说："能怪我吗？你们又没有说今天要来。你凶谁？我负个什么责，租金给那么一点，还说要我请客吃饭，爱租不租，哼！"

那人回敬了一句就挂了电话。

蒲忠全马上联系以前找过的那三家，有两家已经租了出去，还有一家的到重庆进货去了，找临时居住点怕是来不及了。

天色已经晦暗下来，蒲忠全不由自主地哆嗦起来。

"怎么回事？"魏德安走过来问。

"出租人不在青州市，我联系了先前那几家，别人也都租出去了，这个该死的谢本川，今天上午我还提醒他落实租房的事情，他满口说没有问题，几天前都已经落实好了……"蒲忠全回头看看在寒风中拧着行李的 30 个光头，这中间有 10 个是其他监区调来的，几个干部对他们都不是很了解，要是没有找到临时住宿点，究竟会不会发生监管事故，他心里实在是没有底，刚才的盘桓在心头的冰凉转化成怒火，低声吼道，"妈的，要乱来大家都乱来，我栽了，也要把你谢本川抓来垫背……"

魏德安见他边说边在拨号，便问："你给彭监打电话？"

蒲忠全点点头，愤愤不平地说："彭监当时明确指示要我和谢本川一起负责落实租房的事情，哼，把我撂在一边，现在弄成这样，既然他不把我蒲忠全放在眼里，我也就管不了那么多了，我这就给彭监打电话，看他谢本川有几个胆子……”

蒲忠全愤怒之中拨错了号码，又重新拨号，魏德安连忙按住他手机说：“小蒲，你冷静一点……”

蒲忠全愕然地看着他。

“你想想这些天联系罪犯临时住宿的过程，看来狱政上特别是郑怀远那里对外劳很不支持，说白了，就是对彭监狱长的工作不支持……”魏德安慢慢地说，似乎在思考什么。

“妈的，他与彭监有矛盾，就该拿我们出气！要真是出了什么事故，这也是监狱的损失……”蒲忠全情更加激动起来，开始骂人。

“我猜测有的人巴不得外劳出事呢……这就是当官的打仗，百姓遭殃。彭监这个电话你不能打，要是打了，谢本川他们肯定要挨批评，我估计呀，他们早就想好了解决的办法，那就是调转车头把犯人又拉回四监区……”

蒲忠全又吃了一惊，极度不相信地说：“不会吧？天方夜谭吧？”

“说不定这小子在路上磨蹭了又磨蹭，在等你的电话呢。而且更要命的是，以后今天来检查，明天又来检查，搞外劳，你又不是不知道，如果按照法律条款和监狱要求来管理犯人，你还能挣什么钱？没有效益，你能在青州站住脚吗？……”魏德安依旧一副沉思的模样。

蒲忠全想想也是，情绪渐渐平静下来，频频点头。

“好了，这些是他们当官的事情，我们不要去想了，想也没有用，我们还是解决眼前的事情吧。”魏德安说。

蒲忠全说：“那我们怎么办？难道要露宿？”

“对，以前你我带着罪犯又不是没有在外边睡过，你不就是担心这里面从其他监区调来的 10 个犯人吗？有什么好担心的？毕竟我们民警了解的人占了大多数，大不了跟犯人许点诺，放宽会见、休假甚至探亲什么的，再多加几个监改员，我们辛苦一晚上，大不了不合眼，怕什么？你小子这点困难就吓倒了，亏你还是研究毛主席的，要是他老人家知道了，说不准要煽你几耳光，哈哈……”魏德安说着就大笑起来。

蒲忠全被他豪迈的情绪所感染，心头的疙瘩一下子解开了，呼吸也舒畅多了，于是也跟着笑起来：“外劳外劳，不捞几个钱儿，我对不起兄弟们，管他东风还是西风，老子先扎下根来再说。魏叔，今晚可要辛苦你了，我先去和看守所衔接一下，看能不能到看守所去住一晚上，如果不行，就跟看守所的武警协商一下，他们的哨兵也帮我们盯几眼。”

看守所只有一个副所长在，他说要是平时他就可以作主让你们搬进来，但现在他作不了主，就是所长在也作不了主，这里关押有几个异地犯了事的官员，出于安全考虑，这么大的事，没有公安局主管局长点头，恐怕很难办。武警说帮着警戒可以，但是要给 500 元钱。蒲忠全讨价还价，最后给了 50 元。

蒲忠全组织罪犯就在看守所围墙下面就地露宿，一个互监组铺一个铺，罪犯相互挨着睡。

蒲忠全自己都不知道是什么时候睡着的，醒来的时候已是黎明时分，他看见其他几名民警都蜷缩着身体坐在石头上打盹，魏德安在外围来回地走动，心头说不出的感激，也流淌着一股温暖，快步走过去。

魏德安也发现了他，迎了上来说：“你怎么不多睡一会儿？”

蒲忠全看见他头发和眉毛上满是露珠，在晨曦中白茫茫的一片，不过目光依旧是那么的警觉锐利，乍看起来，宛如白眉大侠。

蒲忠全突然大笑起来，说：“你小子，怎么变成白眉大侠了？哈哈……”

豪爽的笑声把其他民警和罪犯都惊醒了，大家你看看我，我看看你，也都相继笑起来。

魏德安说：“小的们，既然醒了，就别赖床了，起来，都起来，穿上衣服，我们一起跑几圈。”

还有一个罪犯犹在半梦半醒之间，魏德安走了过去，轻轻踢了他一脚，大声说：“小子，起来起来，又不是你和新媳妇在睡，赖什么床嘛……”

所有人都一起大笑起来，围墙上的哨兵走出哨房，探头探脑地朝下面盯。

蒲忠全可笑不出来。

这时候，王亚敏走了过来。

她也是随他们一起来的，只是她要去看看张景然的父母，便在市区就下了车，蒲忠全怕她知道住宿的事情给老爷子说，引起不必要的麻烦，于是便叫她就在市里住下，联系一家餐馆提供早餐和午餐，哪知道她这么早就来了。

王亚敏看看眼前的一切，最后盯着蒲忠全。

蒲忠全连忙把她拉到一边，把昨天的事情说了个大概。

这时，蒲忠全的电话响了起来，是胡玲玲打来的。

胡玲玲说："'二小'，外劳第一天感觉怎么样啊？呀，你声音怎么了？是不是被大城市的花花世界迷住了，在外边晃了一晚上？"

蒲忠全苦笑说："胡大主任，我哪能跟你比，你就别洗我脑袋了，我昨夜实践毛主席他老人家的游击理论呢，唉，这革命初期还真难受，风餐露宿不说，还要提防阶级敌人搞破坏……"

"怎么一回事？"胡玲玲急急地问，语气中充满关切。

"一言难尽……好了，改天再聊。"蒲忠全见王亚敏在拨电话号码，估计是给她父亲王福全打电话，于是匆忙挂断胡玲玲的电话。

"你给谁打电话？为了不激化矛盾，便于以后好开展工作，这个事情先不忙跟你父亲说。"蒲忠全拉拉王亚敏的胳膊说。

"你看看你们，像什么？这是已经解放了几十年的新中国，不是闹革命的游击时代！我不相信双河监狱就是他们狱政上的天下……"王亚敏情绪很激动，电话已经接通，"你知不知道我们监区外劳分队昨晚没有地方住，30几号人在野外冻了一晚上？爸，双河监狱是谁的？是党委的还是他们狱政上的？"

蒲忠全暗忖，一味忍让也不是办法，让王福全知道也好，有理有利有节嘛，至少以后他们不会这样肆无忌惮地把国家利益当成个人在某些利益格局上的筹码。他没有继续阻止王亚敏，走过去跟魏德安说："我现在就去联系住的地方，你就在这里组织罪犯吃饭，等我消息。"

蒲忠全在一个公共汽车站旁的广告栏前浏览着租房信息，一边和还没有租出去房子的那一家联系，可就是联系不上，估摸着这么早兴许他还没有起床，于是安心看起广告来，看了一遍又一遍，始终没有找到中意的。

一阵寒风像无头的苍蝇，呼啸着刮过公共汽车站台，业已干枯的梧桐树叶子哗啦啦地响，那声音有点呜咽，也有点像在呻吟，在空中打了几个旋，像找不到家的孩子，无力地跌落在街面上，一辆卡车呼呼地吐着白气，奔驰而来，蒲忠全的眼光追随的那片梧桐树叶子被卡车辗碎，转眼就消失在冷冷清清的街上，似乎没有留下任何痕迹……

寒风一阵比一阵紧，蒲忠全缩着脖子，又冷又困，还有点饿，他靠在广告栏的柱子上，感觉自己就像个流浪汉，眼光迷离间，他真的看到一个流浪汉裹着一床肮脏不堪的破被子正在酣睡。寒风不知道从哪里吹来一张报纸，恰好就落在流浪汉的身边，从花花绿绿的排版上看，八成是那种专门刊载小广告的信息小报，他连忙走过去，把报纸捡起来，刚转身，从后边传来一声尖叫，接着一个娇滴滴的呵斥声从后面传来：“死乞丐，还不快滚，想找打吗？”

蒲忠全回头一看，一个女子推开玻璃门走了出来，差点踩在流浪汉的身上，那女子身着一件V字型的大衣，里面是一件V字型紧身衣服，白嫩嫩的乳沟清晰可见，很是撩拨人，粉红色的围巾胡乱搭在颈子上，愈加显得妖冶娇艳。蒲忠全微微一愣怔，里面冲出来几个保安，对着流浪汉就是一阵拳脚，绕是蒲忠全退得快，也被推搡了几下。他本来就很郁闷，见这几个人如狼似虎的样子，怒火一下子升腾起来，喝道：“住手，我是警察！”

几个保安微微一怔，流浪汉趁机抱起被盖卷儿，一溜烟地跑了。

那女子正准备离开，听蒲忠全这么一说，便停下脚步，一双媚眼在他身上扫了一眼，流露出鄙夷的神色。几个保安也看看他，见他头发眉毛上全是露水，有些陈旧的衣服湿漉漉的，脚上和裤腿上还有斑斑点点的泥巴，都一起嘲笑起来，其中一个保安瘪瘪嘴对他说：“哈，你装什么不好偏要说是警察？你以为装警察就不敢打你？”

说着，几个保安就慢慢朝他逼过来。

蒲忠全哼了一声，掏出警官证晃晃说：“我是人民警察，你们……”

其中一个保安一下子把警官证夺了过去，翻翻说：“你小子还真是个警察，不过只是个监狱警察！咦，监区长是什么玩意儿？带了个长字，八成是个小官儿？”

其他保安马上凑过去看。

“监狱警察怎么了？难道不是警察？”蒲忠全厉声道，“把警官证还给我！”

“想要警官证？叫你们领导来取！”抢他警官证的保安嘿嘿奸笑，“要不就拿几个小钱儿来，哥们儿几个喝喝酒……”

“你们有权扣押我的证件？拿来，要不别怪我不客气！”蒲忠全怒火冲天，摸摸腰间的手枪。

“嘿嘿，我们是没有权利扣你的警官证，但是你小子在这里耍了小姐不给钱，所以要你们领导来取该可以吧？老实告诉你，小子，就是这里的派出所的哥们都要礼让我们几分，你一个劳改队的警察算老几？也来管我们的闲事？拿钱来，800元，要不我们把你扭送到派出所！”依然是抢他证件的保安叫嚷着。

蒲忠全没有料到他们来这么一招，就算最后派出所核实了情况，还他一个清白，但是这事儿要是传到监狱，估计又有人要夸夸其谈了。心想这几个保安实在是太猖狂了，但转念一想自己是监狱警察，他们不怕你，你又能怎么样呢？看来只有找同学杜萌了，便不再言语，拿出手机给杜萌打电话。

那女子本来已经招手叫到了出租车，隐约听到什么监狱警察，立即疾步走了回来问："什么监狱警察？"

那保安立刻将蒲忠全的警官证双手送了上去，很是恭敬地说："梅小姐，遇到一个不知死活的条子……"

这位梅小姐看看警官证，本来无神的眼睛突然绽放出光彩来，打量了一下蒲忠全，把警官证递给他。

蒲忠全正在拨号，见她把警官证还给了自己，就停止了拨号，也打量着她。

她转身对几个保安训斥道："你们猪脑子？简直是胡闹，别小看监狱警察，要是哪天你们进去了，不叫你半死不活的，我不姓梅！"

那几个保安被她训得一惊一乍的，愣愣地看蒲忠全，仿佛要重新认识他一样，免得以后结下梁子。

这位梅小姐说完，又看看蒲忠全，嘴唇动了动，似乎想说什么，但却没有吐出一个字来，扭头走了。

蒲忠全望着她的背影，脚步声有些沉闷，他能体会到这位女子内心又一种迟疑的情绪，于是对她喊："梅小姐请留步。"

这位女子显然也没有想到他会喊自己，转身惊讶地看着他。

话音刚落，蒲忠全就后悔了，叫她干吗？

"我叫梅开蕊，你好……"梅开蕊见他局促不安的样子，嫣然一笑，大大方方地伸出手来同他握手。

蒲忠全看到她像葱白一样修长的手指，慌乱地握了一下她手指，与其说握，还不如说碰了一下她的指尖更准确些。

"你认识熊晓戈吗？"她好像没有注意到蒲忠全的慌乱，问了一句，但马上解释说，"哦哦……我和他是同学……"

"噢？"蒲忠全情绪一下子安定下来，又打量了眼前这位性感十足的女子，"同学？我和他也是同学呢。"

"哦？是吗……"梅开蕊脸上掠过一丝不易觉察的慌张，马上岔开话题，"你怎么搞成这样？在追逃守卡？”

蒲忠全见她说出追逃守卡这个词，陡然对她增添了几分亲切感，说话便轻松起来：“不是，我们有几十个犯人在这里，要执勤嘛，哪知昨晚雾这么大，就成这样了，哈哈，是不是像游击队员？”

“不像不像，倒像被老婆赶出门来的，嘻嘻……对了，这是我的电话，你给我拨一个过来，我好记下你的手机号码，对了，你叫什么？”

“蒲忠全，蒲公英那个‘蒲’，忠诚的忠，安全的全。”蒲忠全一边很详细地描述自己的名字，一边拨打她的手机。

“嗯……好了，我还有点事情，多联系，啊！拜……”

蒲忠全本来还想再聊几句，但见她急匆匆的样子，也只好道别，心里嘀咕道，熊晓戈这小子，有这么漂亮的同学，居然不介绍给我“蒲二小”，哼哼……

他回头望望，“音皇娱乐城”几个烫金的、周围绕着霓虹灯管的大字一下子刺入他的眼帘，刺得他心头有点莫名其妙。走了几步，又回头望望，有几分惋惜，亦有几分纳闷。

在街上漫无目的地游走了一会儿，雾好像越来越浓烈了，远处的车灯像鬼火一般显得幽冥幽暗，除了公共汽车站挤满人外，街道上的行人很少，间或几个，要么带着口罩，要么将围巾将嘴巴捂住，还将衣领高高地竖起来将颈子围得严严实实的，看不清他们的眼神，这让蒲忠全想起在初中学过的契诃夫写的《装在套子里的人》，也让他感到些许的慰藉，毕竟自己还算有点精神，不是装在套子里，想起梅开蕊刚才说他像是被老婆赶出来的人，不由自主地高高扬起头，尽量做出有点趾高气扬的姿势。但一阵寒风过后，又胡思乱想起来，自己没有老婆，哪种姿态才不像被老婆赶出来的呢？他哑然失笑，头一缩，双手抄在袖口里，又宛如刚出洞的老鼠，在街道上孤单地游荡……

房东终于打来电话，说既然你们这么急，我下午3点以前一定赶回来，如果你们实在等不及了，我就给我老婆打电话，叫她陪着你们去把锁子砸开，只是里面有一些东西需要你们帮着搬出来一下。蒲忠全说如果里面的东西不多，那就等你回来，搬东西嘛，很简单，我们可以出劳力，免费帮你搬出来。房东说那好，我现在就马上往回赶，下午3点半准时在房子那里等你们。

落实了租房的事情，蒲忠全一下子轻松起来，肚子便叽里咕噜地叫起来，晃眼间瞅见一家米粉店，看见那大碗大碗的米粉冒出的热气，馋得直流口水。急步走过去，正要叫米粉，手机又响了起来：“‘二小’，醒了没有？究竟怎么回事呀？”

是胡玲玲打来的。

蒲忠全大声叫老板烫一碗米粉后，才把昨天发生的事情简略地说了个大概，最后抱怨说：“你说关我蒲忠全屁事？就算我与彭监关系过密，但关这些犯人啥事？这不是神仙打仗，凡人遭殃吗？”

“我早就提醒过你，有的人为了达到自己的目的，什么事儿都干得出来的，你就是不信，现在清醒了吧？彭监推行监狱体制改革，虽然得到大多数人的理解、支持和拥护，但是也触及一些人的利益，这些人大部分是监狱元老子弟，很多又是中干，甚至是监狱领导，就拿郑怀远来说，她老婆的那家公司要不是我们监狱给她养着，她能开下去？……”

“哎呀，我可没工夫听你对时局的高论哈，你在省城待了一个多月了，有什么好消息没有？我们监狱搬迁立项跑下来没有？唉，离开了大本营，这日子不好过啊，连住的地方都不好找。”蒲忠全打断她的话说。

这时，老板娘端着一碗米粉走过来对蒲忠全说：“你的粉。”

蒲忠全看到她那烟熏火燎的拇指已伸进了米粉里面，不满地说：“你的手指……”

老板娘一愣，立即明白他的意思，就笑起来说：“没关系，不烫不烫……”

蒲忠全哭笑不得，只好接过碗。

“什么？什么手指？”胡玲玲疑惑的声音连续传来。

蒲忠全笑笑说：“不管你的事情，我说米粉店老板呢……好了，我吃饭了。”

他四处瞅瞅，小餐馆屋子里和街沿上摆放着十来张小方桌旁都坐满了人，只好拿了一双筷子蹲在街边吃了起来。

蒲忠全狼吞虎咽地吃起来，不到一分钟，一大碗米粉就下肚了，就连蹲在他身边的一个农民工模样的人都好奇地看着他，眼神中充满了怜悯。

手机又响了起来，他拿出来一看号码，又是胡玲玲，于是对着手机喊：“喂喂，我说胡大小姐，又有什么事嘛？有完没完？”

“怎么？多打几个电话就不耐烦了？哼，没事就不能给你打电话？本小姐昨夜做了个美梦，今儿个高兴，偏要打给你，切……”胡玲玲霸道地说。

蒲忠全只好让步：“哎哟，好吧，你说，你说，我听着呢，做了什么美梦？是不是有一大群帅哥来泡你呀？”

“呸！”胡玲玲骂道，“你要我说我偏不说！”

听她的语气，好像真的生气了，蒲忠全连忙说：“那我投诚还不行吗？我向伟大领袖毛主席保证，绝对听从你的教导……”

“得了得了……”胡玲玲咯咯地笑起来，说，“哎，说真的，你给彭监汇报没有？……喔……嗯，魏德安分析的不错，你呀，功亏一篑，王福全这个人我很了解，他虽然对彭监推行的监狱体制改革还有不同意见，但是要是谁触及安全这根红线，他是不会放过的，我估计这会儿郑怀远他们正在挨王福全的批评，很有可能谢本川还要面临行政处理，所以，以后你得多长个心眼儿，不知道哪天他们会来找你的麻烦。对了，告诉你个好消息，搬迁的事儿基本确定下来了，现在正在准备同省发改委接触。”

停顿了一下，胡玲玲接着说：“‘二小’，现在监狱处在十字路口，触及很多人的利益，何去何从，很多人都在观望，矛盾错综复杂，你现在就是一个探路石，这石头打在水里，虽然会泛起涟漪，但也会沉到水里，如果你不会游泳就要被淹死……”

蒲忠全听得有些莫名其妙，但从语气中深深地感觉到她的关切之情，感动地说：“玲玲，谢谢，我会注意的，你就放心吧。什么时候回来啊？回来的时候提前说一声，我好接你，我们好好聊聊，啊！”

果然不出魏德安所料，就在蒲忠全与胡玲玲通话不久，熊晓戈就打来电话，问蒲忠全今天能不能找到住房。

蒲忠全故意问：“你怎么也关心起这事儿来了？”

熊晓戈说：“你别装傻，你心里有几个花花肠子我还清楚？王书记一大早就把几个头头叫到办公室，对狱政上大发雷霆，是你蒲忠全故意让王亚敏出面说的吧？不过，这事儿你还办得真不赖，让老爷子来处理这事，而没有把这个烧红了的炭圆推给彭监。”

“老爷子怎么处理这事的？”

熊晓戈说：“老爷子要郑怀远牵头必须在今天解决外劳关押点的问题，要纪委调查此事，尽快向党委提交对谢本川的处理意见。”

“善有善报，恶有恶报，我看阶级斗争就是要天天讲月月讲。”蒲忠全愤愤地说。

熊晓戈笑道：“你小子也别得意，老爷子说发生这么大的事情，你作为监区长居然不汇报，难辞其咎，要不是王亚敏给他说，他还蒙在鼓里，要政治处找你作一次诫勉谈话。”

“谈个屁，他们那些头头脑脑打仗，我们当‘店小二’的遭殃！噢噢，你别误解，我不是在说你哈……这不是阶级斗争扩大化吗？”蒲忠全不满地叫嚷。

“别口无遮拦！”熊晓戈压低声音说，“这是老爷子在保护你，别把好心当成驴肝肺。扯远了，扯远了，言归正传。郑怀远一听要处理谢本川，也不好为他辩解，就说他马上出发尽力找到合适的关押点，但是一天之内要找到合适的关押点不现实，就算找到了比较理想的，但总得稍微改造一下吧，比如窗子上防护栏什么的，才基本符合防逃要求，如果一时半会达不到王书记这个要求，只有先把罪犯押解回来，马上到年底了，防逃是第一要务，这个时期发生脱逃事故可是要加倍追究责任的。”

“老爷子怎么说？彭监又是怎么说的？”蒲忠全急急地问。

“涉及防逃，老爷子能怎么说？彭监当然也没有表态。”

“那你还说个屁，老子马上组织人准备撤退！”蒲忠全有点失望说。

熊晓戈知道这家伙说得出来就做得出来，连忙说：“你先别急，彭监会上没有表态，但是下来马上就给我说，要我打电话给你，问问你能不能在今天找到一个合适的关押点，并且确保监管安全！”

“那他怎么不亲自给我说？”蒲忠全赌气地说。

“你小子，才出去一天，就大爷起来了？这事儿彭监能亲口给你说吗？他是监管安全第一责任人，让监狱回归执法主体地位，是他来我们监狱提得最响也是最多的，你让他亲口给你说，这不是自己打自己耳光？你小子自己打自己耳光试试？那种感觉很好？少废话，说，能做到吗？”熊晓戈连讥带讽地说。

“……”蒲忠全想说这简直就是在推卸责任，说白了就是出了问题叫我老蒲一个人扛嘛，但是他没有说出口。

熊晓戈见他不语，便说：“我就在彭监办公室，既然这样，那我把手机交给他，让他给你说？”

“别别……”蒲忠全一惊，连忙说，“你告诉彭监，我能做到！”

熊晓戈挂了电话，狡黠地笑笑，朝彭家仲办公室走去。

郑怀远带领谢本川他们狱政上的人，和顾卫国、常佳微几乎是同时赶到蒲忠全他们在看守所围墙外的营地。郑怀远虎着的脸可以拧出水来，一下车便劈头盖脑地训斥蒲忠全。顾卫国远远地看见郑怀远，猜想他正在发怒，便吩咐司机在距离他们较远的地方停车，步行走过来，好让他早早知道自己也来了。郑怀远看了他一眼，似乎没有受到什么影响，继续声色俱厉地训斥蒲忠全。

顾卫国心里很不舒服，便词不达意地笑道："郑监狱长行动还真迅速啊……"不待郑怀远搭话，接着说，"强将手下无弱兵，想必蒲监区长已经找好了临时关押点了吧？"

蒲忠全连忙立正敬礼，向顾卫国报告说："是的，我们已经找好了临时关押点，下午 3 点半就搬过去。"

"我哪敢称强将哟，看看，你顾主任来了，蒲监区长就立正敬礼，他眼里哪还有我郑怀远？"郑怀远揶揄地笑道。

顾卫国故作正色地对蒲忠全说："这就是你的不对了，还不给郑监报告？"

蒲忠全立即立正，转向郑怀远。

郑怀远摆摆手说："罢了罢了……顾主任，还是你先落实王书记的指示？"

"我怎么能站在你前面呢？这不是又坏了规矩？还是你先来，你先来。"顾卫国语气很诚恳，还夹杂着一点恭维意味。

郑怀远知道他言不由衷，但心里还是很受用，特别是当着这么多罪犯和民警，一个政治处主任对他这个开始走下坡路的副监狱长能有这个态度，也算是破天荒了，只好说："那我们就一起吧，只是这找关押点苦差事恐怕要耽搁你不少时间。"

接着，他把顾卫国拉到一边，低声抱怨说："卫国，我并不是不支持彭监的工作，我一直都是赞成推行监狱体制改革的，但是这外劳，说实话，我看不出与体制改革有什么必然的联系，改革的目标是强化监狱的基本功能，让监狱回归执法主体地位，这外劳嘛，其实大家心里都明白，明摆着就是削弱监管执法，我这个态度你是知道的，就算刘德章厅长来了，我也要阐明这个态度。"

"郑监，从职务上、经历资历上，你是我领导，从个人感情上，我私下里一直称你为老哥，你说得在理，但是彭家仲是监狱长，行政一把手，就连老爷子也不好过多干预，何况我们呢？一把手是一层天，副职是另外一层天，压死人啊，何况他后面还有个刘德章！你我只有执行的份儿，做好了，是他的，出事了，你我是直接责任人，他呢，间接责任，性质不一样啊，你我判刑，他大不了撤职，所以呀，慢慢熬吧，大不了就是辛苦一点，多检查督促，尽可能不出事或者少出事，自己的政治安全比什么都重要，你说是不是这个理儿？”顾卫国沉稳而又真挚地开导他说。

“所以，我宁愿违背他彭家仲的指令，也要坚持原则，就比如说找关押点，今天要是找不到合适的，我就是把四监区的罪犯再押解回去，要是搁在这里，我连瞌睡都睡不安稳！”郑怀远望望那30个规规矩矩坐在草地上的犯人，冷峻地说。

“坏了……”顾卫国暗暗叫苦，他本意想规劝他服从彭家仲的领导，多支持一把手的工作，没有想到效果适得其反。

“怎么？我的做法不合适？”郑怀远见他凝视远方不语，便问。

“嗯……”顾卫国转过头来，依然沉思着。

“哦？说说看……”

“你想过没有，外劳工作虽然是彭家仲提出来的，但是老爷子和马书记也是同意了的。”顾卫国显得有些迟疑的样子，“不管他们是勉强同意还是被迫同意的，总之是在一级党委形成决议了的……”

郑怀远沉默了一下，然后叫蒲忠全带路去看看他找的那处房子。

顾卫国从郑怀远的表情上看得出他心里似乎很沉重的样子，便暗自松了一口气。

蒲忠全又给房东电话，说监狱领导马上要看房子，要他老婆去把门打开。

那地方叫江村坝，所谓江村，其实并不临江。蒲忠全找的是一处废弃的小学校，3层楼房，每层都带长长的走廊，墙体发黑，很多地方表层已经脱落，没有门，想必是村民取走了，窗子大都已经腐烂，悬吊着，在风中摇摇欲坠，个别窗子上坠着几小块布满厚厚灰尘的玻璃，已经无法准确描述它们的形状，尤其显得破败不堪。站在楼前泥巴路上，可以看见一楼屋子里满地的大便。四周已经被村民们种上豌豆、胡豆和油菜什么的，要到楼里去，无论从哪个方向，都得穿过菜地。南边不远处是一个砖厂，从低矮而衰败的房子传来刺耳的机器声，房顶堆积了一层厚厚的黄土，很难分辨出这些房子究竟用什么材料盖的了。向北不到10米，是村上办的养鸡场，一麻袋一麻袋的鸡粪便就堆积在这座楼与养鸡场之间，即使在这样寒冷的季节，也隐隐能感觉到空气中有点异味。靠近养鸡场，便是砖厂取土的地方，山体已被挖得遍体鳞伤。

房东其实就是本地的村主任，他老婆费了好大一会儿才打开一楼锈迹斑斑的铁门，郑怀远捂住鼻子和顾卫国他们一起走把房子大致看了一下，谢本川提出了20多项监管安全隐患，郑怀远就问蒲忠全：“你的意见呢？”

蒲忠全本来心里就不平衡，谢本川提出的这些所谓的监管隐患，在他出面联系的靠近看守所的关押点也都存在，但是在那里这些隐患就不是隐患，在这里就统统成了否定性隐患，还有些根本就是吹毛求疵，就连监狱本部都达不到，这不是明摆着把以后所有的责任推给他吗？

谢本川见他沉吟不答，阴阴笑道："我知道蒲监区长善于打硬仗，但是我要提醒各位领导，这可是离开监狱 100 多公里的地方啊，万一出事，就是监狱有直升飞机也没有办法，所以，我建议暂时撤回监狱，待找到符合监管要求的关押点再来。"

顾卫国见郑怀远有意无意地在瞄他，于是故意仰头看看天色，然后对蒲忠全说："郑监狱长的意见很重要，也很明白，就是看你蒲忠全有没有决心在几天之内整改这些隐患，你说能，就可以确定下来。不过，表这个态你要慎重，用个不恰当的词，可以说涉及你的身家性命，就像谢科长说的，这是一块硬骨头，啃不下来就不要扛，要不又要闹出放牛娃把牛丢了的笑话！"

蒲忠全听出了顾卫国的话外之音，也激发了他心中不服输的豪气，于是立正，大声说："下定决心，不怕牺牲，排除万难，坚决完成隐患整改，确保监管安全！"

"既然你这样有决心，那就这么着吧……"郑怀远撂下这句话，一头钻进小轿车里。

谢本川愣了愣，也钻进郑怀远那辆小车里。

顾卫国彻底松了一口气，低声对蒲忠全说："组织上要我给你作个诫勉谈话，我们已经谈完了，你好自为之，多长个心眼，啊！"

随后，走到郑怀远车子前说："郑监，我今天中午可得要蹭你一顿饭吃哈……"

常佳微看到眼前这一切，脑海里浮现几个身着威严警服的民警在这里执行刑罚，执行国家所赋予的光荣而神圣的对罪犯的改造任务，心里酸酸的，拉开车门，回头看看蒲忠全，给他挥挥手，沮丧地钻进车里，眼光却依然望着这座像搁浅的破旧的轮船一般的废弃的楼房，下意识地拿出手机，想给他发个短信，却不知道说什么好，犹豫了一阵，只好又打消了这个念头，心里感觉更加落寞。

两辆小汽车突突地吐了一阵白气，转眼就消失在雾中。

雾，似乎越发浓烈了，在阵阵寒风中剧烈地翻滚着，目力所及之处，一片混沌，像一座无形的囚笼，迷失了行人的双眼，也禁锢了人们的心灵，任何的思想一下子变得如此不堪一击，蒲忠全久久地望着两辆小车消失的方向，愣怔地回味顾卫国刚才跟他说的话。

这时，一片银杏叶晃晃悠悠地飘落在蒲忠全的脚下，他拾起叶片，叶子黄黄的，缀满晶莹剔透的水滴，脉络清晰可见，四散延伸，泛着最后一丝绿意，灵动而丰韵，似乎在诉说着轮回的美好……

他心念一动，侧身望望满地杂乱的枯草和破败不堪的墙体，轻轻地抚摸着这片银杏叶，“新监狱会是什么样子呢？”他在心里反复地问，然后像孩子一般天真地笑起来。

两天后，关押点总算有了基本的生活、监管保障，他便开始亲自去揽活儿，但是跑了几天下来，那些老板们尽管对他们客客气气，但是真正成交的也不多。魏德安建议发动青州市籍的罪犯帮着找工程，蒲忠全权衡了又权衡，还是没有同意，只是同意要罪犯们动员家属帮着找活儿，在减刑上给予适当倾斜。青州籍罪犯热情很高，但是短时间内似乎收效不大，要么是民工不愿意干的，要么就是一些零敲碎打的活儿，不仅不好派工，而且督促着犯人亡命地干一整天还不见进度。但是，不做又不行，总不能让这些人睡大觉吧？蒲忠全盘算着，只要不赔钱就干，一方面让这里的商人们对使用罪犯劳动力有个认识，另一方面呢，多少也能挣几个钱儿，把生活先维持下去，先站稳脚跟。

接了这样的活儿，工地很零散，但是不管派几个工，哪怕是一个工，总得跟一个民警吧，警力和劳动力明显不足，蒲忠全就从四监区调人过来，渐渐地，外劳点罪犯扩大到 150 多人，民警达 20 人之多。

转眼就到了冬至，蒲忠全叫王亚敏买了十几头羊，正和民警、罪犯们大块吃肉，不料彭家仲打来了电话。

“是彭监啊，我正想找你汇报工作呢……是啊，就叫冉金旺……啊？……嗯……是！”

“出什么事了？”魏德安见他神情有些异样，担忧地问。

“冉金旺出事了，绝食 3 天了，彭监叫我立即回去，协助做做工作。魏叔，这里就拜托你了……”蒲忠全说完，连衣服都没有换，匆忙走了。

第十三章　燃眉之急：自己给自己挖坑

人们对于改革带来的撞击渐渐适应后，很多人猛然发现，改革对于民警来讲似乎没受到有多大冲击，特别是对于领导基层，压根儿没有起什么作用，他们照常忙着在应酬，每天晚上都有十几个小车等放在县城的大酒店门口，灯红酒绿的传闻甚至是绯闻依旧不时出现在茶余饭后……

不过，作为国家公务员，作为讲政治、讲纪律的人民警察，你面对上级面对领导，你又能怎么样呢？弄不好处处给你穿小鞋不说，年底给你签审个不合格，影响你一辈子。前几年有一个从部队转业下来的营长为奖金分配问题去找一位领导反映问题，还没有等他说完，这位领导说要讲公平，哪有绝对的公平？北京好不好，好吧？纽约好不好？更好吧？那你怎么不出生在北京或者纽约呢？你到我们这穷山沟里来，那是你命不好，所以人一生下来就是不公平的，认命吧。我给你推荐一本书叫《增广贤文》，书上有一句话说“各自打扫门前雪，休管他人瓦上霜”，就很有哲理，我看你要加强学习，提高政治觉悟。

一席话，把这位营长说得目瞪口呆。

所以，人们也只是说说罢了，顶多就是抱怨一阵，或者义愤填膺地乱骂几句，发泄心中的不满，之后又归于平静。于是无论是基层还是机关，日子似乎又开始变得平淡而乏味，一如既往地按照固有的模式迟缓地运转着，就像一架老掉牙的马车，迟钝、木讷、毫无生气。

开始落霜了，白白的，像一层薄薄的雪，覆盖在那些低矮的瓦房上，在有些冷清灰白的晨曦中显得特别张扬，有些孤傲，在凛冽的晨风中还有些飞扬跋扈的意味。

今天是局域网开通的第一天，上班不到半个小时，局域网上的消息像炸弹一样首先在机关各科室爆裂开来，然后迅速辐射到安装了局域网的二级单位，紧接着在没有安装局域网单位传开来，科室、二级单位办公室的电话响个不停，大家放下手头的工作，三五成群地讨论着，脸上洋溢着春天的气息。

原来，局域网上把昨天在监狱财务上报账的人员与金额，货款支付情况详详细细地公布了出来，在报销招待费这个栏目里，列在第一个的是彭家仲，报销招待费452.70元，事由是接待省局办公室一行3人，陪同人员有杨志刚和胡玲玲。郑怀远报销的招待费最多，两笔合计3247.60元，事由是接待中级人民法院和看守所，陪同人员不详。从数据上看，监区长除了蒲忠全为0外，其他都在1200元以上，最高的达到7600元；在货款支付这一栏，除了大宗远燃材料外，支付最多的是徐温馨的公司，局域网安装费用25万元，大米15万元，面5万元，菜油6万元，盐1万元，合计47万元。

其实，局域网的安装费用远远不止这个数，按照熊晓戈和胡玲玲的考察，局域网报价最少的是36万元，但在监狱管理局局长蔡复晨的干预下，彭家仲只好交给徐温馨的公司做。但是做到一半的时候就停下来，找出各种理由说资金不够，要求监狱追加资金，徐温馨还有意无意地在彭家仲面前提蔡复晨的名字，搞得彭家仲很无奈，思前想后，把利害关系权衡了又权衡，只好同意。几次折腾后，耗费了52万元多才将局域网建立起来。

彭家仲心想，52万元就52万元吧，以后把这些财务数据公布出来，我看你徐温馨怎么面对双河监狱的民警职工。局域网刚刚调试完毕验收后，他立即组织财务科科长郑宝团、熊晓戈和信息中心两个主任连夜将当天报账和货款支付情况分门别类地公布在局域网上。

郑怀远来到办公室，坐在椅子上还有点轻飘飘的感觉，眼睛红红的，很倦怠的样子。昨晚被几个监区长拉去喝酒，到凌晨2点才醉醺醺地回来，所以上班迟到了半个小时。

谢本川迟疑地走了进来，坐在他对面，嘴角动了动，却一句话都没有说，站起来在屋子里走了几步，停顿片刻，坐到离他较远的沙发上，摸出一支烟来抽。

郑怀远虽然眯着眼睛在养神，但这一切逃不过他的眼睛，见他期期艾艾的样子，便直起身子警觉地问：“你干吗呢？”

这时，他的手机响了起来，便旁若无人地接听电话。

领导接电话，就是天大的事也要放下，跟随他多年的谢本川当然知道这个规矩，也严守着这个规矩。

郑怀远听了几句，把手机“啪”地撂在桌子上，目光灼灼地看着谢本川：“你把局域网给我打开！”

谢本川明白刚才有人给他说了局域网公布的报销招待费的事儿，恭敬而小心地说：“我刚才就是想给你汇报……电脑这玩意儿，我弄不来……我们办公室只有小吴会……”

“你……你说你一个堂堂的狱政科长不懂电脑，叫我怎么说你呢？我经常强调要加强学习，更新知识，要不然我们就要被这些新式玩意儿打倒，要被消灭的……你还愣在哪里做什么？还不去叫她来？”郑怀远显然是急火攻心，一贯说话讲究逻辑的他，此刻有点混乱了。

谢本川直冒冷汗，连忙小跑出去。

郑怀远使劲地瞅着屏幕，看了一会儿，脸色变得铁青，想看下面的，却不知道怎么移动屏幕，便问：“就这些？”

小吴边操作边细声细气地说：“把鼠标的滚轮按住，就这样往下拖一下……”

郑怀远看了下面的，又想看看上面的内容，自己便学着小吴的样子摆弄鼠标，可光标就是不听他指挥，一下子就来气了，把鼠标重重地朝桌子上一扔，骂道：“这妈的什么乱七八糟的，这好好的纸笔不用，却用这玩意儿！”

小吴扑哧一下笑了起来，但是马上又强行把笑声压住，憋得有几颗雀斑的脸蛋有些红。

谢本川连忙给她使个眼色，示意她出去。

其实不光小吴觉得好笑，就是谢本川也觉得好笑，刚才还在批评他不懂电脑，这下倒好，五十步笑百步嘛。一想到这个，谢本川心里多少泛起一些快意，脸上却不动声色，依然愤愤不平地说：“这算什么？我就不信他彭家仲就报销那么一点，不是打了埋伏，就是在昨天之前就报销了。”

郑怀远虎着脸，似乎没有听他说话。

谢本川接着抱怨说：“这不是明摆着冲着你来的吗？破坏你的名声，降低你在民警职工心目中的威信，巩固他彭家仲的地位嘛……”

郑怀远听得心烦意乱，吼道：“你跟我说这些有个屁用？有本事你跟彭家仲说去！”接着他低声咕哝，“妈的，一天都在强调班子团结团结，这算什么？我陪酒陪笑脸陪人格帮监狱协调关系，到头来全落个我郑怀远的不是了？好像只有我一个人是腐败分子，其他的都是清教徒，两袖清风……”

与其说他在抱怨，还不如说像困兽一般在歇斯底里地怒吼。

谢本川听不清他后面说些什么，只是发现他的嘴唇还在不停地动，喉咙里发出一种奇怪的含糊不清的声音，像是在痛苦地呻吟，他走也不是，不走也不是，只好呆呆地站在那里。

熊晓戈一上班就例行到彭家仲办公室给他说今天的安排，上午 8 点半有个民警职工思想分析会，9 点召开水泥产品质量认证复查首次会议，10 点左右县政法委书记带领司法局和公安局要来检查春节前维稳保安工作，下午 3 点老干部座谈会，还有就是这个月包教的两个危顽犯也该进行个别教育谈话了，再过两天就是下一个月了。刚才小学校长来电话，说下午他们要开一个老师座谈会，也想请你去和老师们见见面，说你什么时候有时间他们就什么时候开始，我先征求一下你的意见，好通知他们。

彭家仲笑道：“一切听从熊主任的安排。”

熊晓戈慌忙说：“这，我可受不起……彭监，是不是我的工作没有做好？……”

“太敏感了吧？”彭家仲很理解他的这种反应，一般情况下，如果领导这么说话，就意味着对下属的工作不很满意，于是温和地说。

其实熊晓戈还没有说完就意识到是自己敏感了，今天彭家仲的心情确实很好，八成是因为局域网的事情，于是说：“是是是……科室里都在热议局域网的事情，我想公开领导招待费一定会成为这几天监狱的热点话题……”

“有什么反应？”彭家仲果然很感兴趣。

“刚才到各个科室转悠了一下，很多人对我伸出大拇指，当然他们不是对我伸的，而是对彭监你伸的！不过……”熊晓戈说到这里，有些犹豫。

彭家仲朝他点点头，鼓励他说下去。

“几家欢喜几家愁，老百姓当然高兴了，但这次公布的招待费很高的监狱领导是郑怀远，监区除了蒲忠全之外，其余的都很高，这些人大多与郑怀远走得很近，都是一方诸侯，我担心生出什么事端来……”熊晓戈既担忧又意犹未尽的样子。

“什么叫为官一任，造福一方？群众满意与否，是最好的检验！毛主席不是说过吗？从群众中来，到群众中去。对付这些人的最好武器也是群众。你组织信息中心的人马上印制些调查表，对局域网做个全方位的调查，然后以简报形式上报，下发到股室中队一级。”彭家仲表情严肃起来，继续说，“当然，对这些监区长的疏导工作还是要及时，我明天到各单位走一走，把马洪扣、顾卫国、杨志刚叫上，喔……也把郑怀远叫上。”

其实熊晓戈早就想好了这种办法，但是他恪守下属在领导面前不能表现得过分睿智的真理，所以刚才没有说。

“嗯，我马上去落实。彭监，民警职工思想分析会要开始了。”熊晓戈提醒说。

这时，胡玲玲打来了电话。

彭家仲接完电话，脸色愈加愉悦，说：“你把我下午的所有事务全部推掉，省工行分管贷款的副行长一行 8 人今天要来，队伍庞大，看样子我们的破产动作起作用了，哈哈……”

银行的意思很明确，不能破产，但鉴于沙河监狱的困难，就挂账停息，至于几年，可以协商。

就连胡玲玲都感到意外，她在路上只是对这个副行长暗示如果工行考虑挂账停息，有可能监狱会停止破产的运作，当时这位行长也没有明确的态度。

彭家仲愣怔了几秒，立即带头鼓掌。

会议室热烈的掌声留住了民警们下班匆忙的脚步，都莫名其妙地四处张望，相互小声打听又有什么喜事。

郑怀远还没有走，听到这掌声，他不安地在屋子里来回地踱步，脑子里有些混沌。上午马洪扣找他谈了耐火材料的事情，两人话不投机，争吵了几句，最后马洪扣以党委副书记和纪委书记的名义告诫他在这件事情上注意自己的身份，以大局为重。他实在想不通几十万元的合格的耐火材料就值得马洪扣出面找他谈？何况这事儿与他有多大的关系？彭家仲这不是在向他宣战吗？

下午，彭家仲带副行长在附近几个监区转悠了一下，特别把他带到四监区山上看了看，看得这位从省上来的副行长感慨万千，连声说几个没想到，平常只是听人说监狱使用的是不给酬劳的劳动力，很富有，哪里知道境况这么差，回去后一定把你们的情况给行长书记说说，争取多给你们几年挂账停息。临行之前，彭家仲把他拉到一旁，塞给他一个红包。副行长却说你们穿着警服却没有享受到国家公务员的待遇，但依然坚守岗位，这种精神在银行系统恐怕找不到了，我哪里还好意思收这个，老弟，不怕你生气，这几个钱我还没有打在眼里呢。

送走副行长一行，已经是傍晚时候，来到办公室，回想起来，依然像梦一般，原本想是一场艰难的谈判，却这么轻轻松松地达到了目的。

徐温馨走了进来，笑嘻嘻地说："彭监又为我们监狱办了一件惊天动地的大好事，全监狱老老少少都在交口称颂呢，可喜可贺……"

"你不是专程来恭喜我的吧？"彭家仲不冷不热地说。

"看来彭监对我有意见，这可冤枉我了，我可是经常敲打我那口子要支持你的工作哟，我徐温馨呢，做生意有个原则，就是在监狱规定许可的范围内就做，从来不过分，不为难。说实话吧，我这公司呢，也不是我一个人的，我可不能给那些合伙人脸上抹黑，你说是吧？"徐温馨依旧一副笑嘻嘻的样子，但是话语之中隐含着目空一切的意味。

彭家仲当然知道她的来意，却故意装傻，问："徐总是在暗示我什么吧？那我也表个态，在监狱规定许可的范围内，我一定给你开绿灯，说吧，什么事？"

"蔡局长不是给你通了电话了吗？"徐温馨也故作惊愕地说。

"蔡局长并没有说徐总什么事呀？"彭家仲依旧装作诧异地说。

徐温馨知道他在推诿，不仅这笔货款估计没戏了，就连对她丈夫郑怀远的芥蒂也没有消减，心里骂了一句，只好硬着头皮说："就是……就是耐火材料……"

"哦，我当什么事情呢，原来是耐火材料的事儿！把发票拿来，我马上就签。"彭家仲爽快地说。

徐温馨一下子就懵了，上午郑怀远还给她说与银行挂账停息谈妥后，炼铁厂就要租赁出去，以彭家仲的风格，一定会把耐火材料作为库存物资转移到租赁方，收回这笔债务恐怕要费些周折。马洪扣拿耐火材料找郑怀远说事儿，明眼人都知道这是彭家仲的意思，他不可能自己打自己的耳光的。原本她是来探口风的，以缓解一下丈夫与他之间的紧张关系，也想暗示他们家与局里厅里有些领导有着某种特殊的关系，哪知他却不冷不热，这会儿又变得这么爽快，她不由自主地打量着眼前这个文文弱弱书生气十足的人。

彭家仲笑笑，说："我刚才说了，无论是哪个来和监狱做生意，都不能损害监狱的利益，都必须在监狱规定许可的范围内。前段时间监狱全力搞炼铁厂破产工作，面对那么多债权人，我怎么能支付这笔货款呢？今天与银行达成了挂账停息协议，你的问题就好解决了，你说是不是这个理儿？”

徐温馨连忙将一叠发票放在彭家仲面前，彭家仲看都没看，拿起笔就签了。

“不过，话又说回来，要是这批耐火材料用了，我也不可能支付你的货款。”彭家仲把发票递给她，补充说。

徐温馨脑子又迷糊起来，问：“这话怎么说？”

“没有使用，那就是库存物资，炼铁厂马上要租赁出去，我可以转移给租赁方，但是要是用了，就得排队，等我们把外面的欠账收回来才能支付。我搞经济可是半路出家的，徐总在这方面比我强，不会不知道这个道理吧？”彭家仲显然心情特好，不厌其烦地接待这个讨厌的女人。

徐温馨不得不承认眼前这个她曾经嗤之以鼻的监狱长彻底把她给说服了，于是诚恳地说：“彭监，关起门来其实我们就是一家人，老郑这人啥都好，就是脾气有时候不对，你可别往心里去，我呢，回去好生说说他……”

彭家仲很热情地说：“我对老郑没意见，一切以大局为重，监狱要发展，离不开你们这些民营公司的支持。你想想，监狱要是真的搬迁了，以后全部是来料加工，要是你以后把公司的业务拓展到加工业务上，你我合作的空间有多大？”

“那是那是……”徐温馨眼睛一亮。

“如果有好的加工项目，我得拜托你留意一下，帮我们拉几个，先在这里做起来，积累一些经验，到时候搬迁了，我们的路子也会走得平坦一些。”

“嗯嗯，我一定按彭监的指示办！”徐温馨态度一下子转变成对待蔡复晨的那种态度，“那我就不影响你休息了，改天我请你喝茶。”

说完，轻手轻脚地退了出去。

彭家仲望着她的背影，满脸的无奈。

马洪扣走了进来，坐在沙发上不言语。

彭家仲笑笑说：“老马，挂账停息后，监狱每年增加效益近千万元，你首当其功，应该高兴嘛，怎么脸色那么难看？”

“我是很高兴，说实话，我现在都没有回过神来。老彭，今天上午我态度不好，你可别往心里去……”马洪扣真诚地说。

“你我就别客气了，都是为了工作嘛。我也感到意外，没有想到这么顺利，看来是胡玲玲前期工作做得很充分，在使用胡玲玲这个问题上，我知道你有看法，人无完人，主要是用其所长，我的意思是有时间你找她谈谈，也给她一些鼓励。上面部门情况我知道，哪怕你穷得无法保障正常运转，只要你不跑不叫，他们都会装聋作哑；尽管你很富有，钱多得花不完，只要你装穷，装可怜，成天扭着他们嗷嗷叫，他们也会给你划拨资金。每年预算外资金就那么多，不给你就给他，就看哪个叫得凶，跑得勤，所以，跑步前进，跑步‘钱’进，国家三令五申禁止这种行为，但效果怎么样？下面的还不是照样在跑！所以，监狱拖欠民警职工的 3 个月工资，我还寄托她能要回来……”彭家仲很是无奈地说。

“可是，派一个女子去跑？合适吗？”马洪扣不以为然，似乎还有些担忧地问。

彭家仲笑笑，说：“我知道你担心什么，现在不是流行美女效益吗？或者叫美女经济，据我所知，前几年省上某些领导来双河监狱，你们也不是叫了些长相俊俏的女民警陪他们跳舞吗？那时候你是什么来着？对，办公室主任，是吧？”

“哈哈……我记起来了，你陪厅里领导来过一次，当时就是胡玲玲陪你跳舞的，对吧？”马洪扣笑了起来，但他马上又敛住笑，“嗯，这次表彰破产工作时，给她一个先进吧……不过，老彭，我可对你有意见，我上午才找郑怀远谈了，明确说不能支付他老婆那笔耐火材料款，可你……”

“我也没有想到与银行谈判这么顺利，老马，你就委屈一点，我也是迫于压力。我想尽快完善招标采购机制，以后就不会为这么麻烦事儿操心了，唉……”彭家仲说到这里沉思了一下，“先成立个招标采购领导小组，我和王书记来任组长，你来任常务副组长，其他监狱领导为成员，你看怎么样？”

“你这不是又把我放在火上烤？”

这时，郑怀远和狱政科长谢本川急匆匆地走了进来。

郑怀远焦急地说：“彭监，二监区罪犯……”他转头问谢本川那名罪犯叫什么名字，但是他并没有等谢本川回答又立即说，“已经绝食 3 天了，医院刚才给我打电话，如果再不进食，随时有可能出现意外……”

谢本川这时候才说：“这个罪犯叫冉金旺，盗窃罪，8 进宫，现年 52 岁，以前在四监区服刑。这个罪犯反改造意识很强，反改造经验很丰富，在四监区服刑期间，由于四监区监管制度执行不力，规范意识和行为没有养成，到二监区后不服管教，顶撞民警，经常煽动他犯对抗政府，寻衅滋事，殴打其他罪犯，二监区报请监狱同意给予 7 天的禁闭处罚。在禁闭室开始不吃饭，第 4 天把他送到医院救治，靠输液维持生命……”

彭家仲没等谢本川说完，就站起来往外走，边走边说：“去医院。”

郑怀远和谢本川立即跟了出去，马洪扣把彭家仲办公室的灯关了，把门拉上，又推了推，确定锁好了，也跟了过去。

医院距离监狱机关有 3 公里，郑怀远平常坐的桑塔纳 2000 已经在那里等候。郑怀远拉开前车门招呼彭家仲坐前排副驾驶的位置，彭家仲摇摇手，自己拉开车门坐在了后排。

副驾驶的位置本来是留给随行人员比如秘书、保镖坐的，但在双河监狱，不管是当官的还是老百姓总是认为谁的官大，谁就坐这个位置。

谢本川迟疑了一下，小跑到车的另外一边，拉开车门小心翼翼地坐在彭家仲的身边。郑怀远发现马洪扣也跟了来，略微一怔，只好侧身也招呼他上车。马洪扣见副驾驶的位置空着，就大咧咧地坐了上去。郑怀远看他那副当仁不让的模样，想在几个月前，他马洪扣还是个见到我还得让座的主儿，如今却比我高出半截，心里有些不是滋味，何况现在只是去医院了解那名罪犯的情况，干他纪委书记什么事？他来凑什么热闹？要是让其他人看见了，好像我郑怀远在这个罪犯绝食事件中脱不了干系呢……郑怀远心里拉拉杂杂地这么想，也没有帮马洪扣关车门，就走到车的另外一边。

谢本川忙不迭地开车门，然后坐到后排座位中间去。车子刚发动，他感到有些拥挤，怕挤着两位领导，又笨拙地扭动着身体向前倾，两手抓住前排的靠背，坐在座位的前沿上。

彭家仲笑笑说：“不碍事，安全第一。”

马洪扣回头一看说：“你来坐这里。”

“不敢不敢，那可是郑监的位置……”谢本川连忙摇手。

“喔？郑监，我把你的位置坐了，你没有意见吧？”马洪扣语调像是在调侃，又像是一本正经。

谢本川本来是言者无心，哪知道马洪扣这么借题发挥，又慌忙说：“我不是那个意思……马书记，我是说……我的意思是……”

“马书记怎么看得起我这位置呢？一天到晚心惊胆战的，这不，又出事了！哪个要来坐，我可是解脱了，阿弥陀佛！”郑怀远很不自在，拿眼瞟了一下谢本川。

马洪扣又说：“这位置好，是为彭监保驾的，不像我，只是护航。彭监坐得稳还是坐不稳，就看你郑监的了。”

“……”郑怀远心头的火气一下子冒出来，双手不由自主地紧握成拳头，但他还是压抑住了火气，扭头把目光投向窗外。

“谢科长，这个绝食的罪犯是不是因为偷老百姓的山羊而调到二监区的？”马洪扣紧接着问。

“是的，据我们狱政科调查，这名罪犯偷老百姓的羊子也不是一次两次了，如果折合成金额，严格按照刑法规定，够得上加刑……”谢本川一下子来了精神说。

“加不加刑我不管，是你们狱政上的事，但是据我所知，这个罪犯在四监区服刑期间还是劳积（劳改积极分子），到了二监区就成了顽危犯。这次绝食事件起因是不是闹伙食？”马洪扣接续追问。

“是……”谢本川情绪一下子变得低落，怏怏地回答。

“什么？究竟怎么一回事？”彭家仲警觉起来，抬高声音问。

郑怀远知道不得不说话了：“彭监，据二监区说这个罪犯带头闹伙食，说是米饭有问题，但是我叫生卫科去调查，生卫科调查回来说没有问题，而且食品留样还在那里，我已经叫他们在必要的时候送检。”

马洪扣突然笑道：“饭菜质量不好和饭菜质量有问题，这是两个概念吧？”

“马书记，你什么意思？如果你认为我郑怀远有责任，你尽管带着显微镜来调查！”郑怀远再也按捺不住了，情绪激动地说。

马洪扣没有让步的意思，不冷不热地说：“怀远同志，你别激动嘛，陈米和糙米做出来的米饭我昨天还在监区吃过，究竟是什么味儿我知道，如果是我，我也要闹。罪犯闹伙食在今年已经发生了 3 次，采购这些大米是你管辖的生卫科，你作为分管领导就没有一点责任？而这些米的价格和今年的新米却是一样的价格，你说我这个纪委书记该怎么办？”

彭家仲生怕他俩闹起来，连忙阻止他们说：“马书记，现在当务之急是不能让那个罪犯死亡，至于我们工作中存在的问题，下一步再调查。”

郑怀远打了个冷颤，头脑一下子清醒起来，马洪扣原本就是个得理不饶人的主儿，要是与他较上劲，恐怕自己也占不到什么便宜，何况他还是党委副书记呢？于是把语气放缓说：“既然马书记提出来了，我明天就叫生卫科清理整顿。”

马洪扣也不再言语，车子里一下沉闷起来，只有发动机在乡间凹凸不平的公路上发出突突的叫声，有些嘶哑，在几个人心间萦回激荡。

监狱医院坐落在监狱东北那座山脚下，都是清一色的平房，几点浑浊的灯光在寒冷的夜色中闪烁着，孤单而又冷清，在巍峨的山下显得很可怜，宛如一个瘦骨嶙峋的婴儿被遗落在荒郊野外，绝望而漠然。

医院院长已在门口等候，彭家仲下车就问："病犯情况怎么样？"

"相当危险！"院长说。

"不惜一切代价都要抢救，确保病犯的生命安全！"彭家仲以不容置疑的口气命令说，"如果我们这里的医疗条件和水平有限，就转院。"

院长愣愣地看着他，没有说话，这是他从医20年来第一个监狱长给他下的这样一道命令。

刚参加工作时，监狱领导、医院领导每每在开会的时候强调的最多的是"罪犯医疗费用绝不能超标"，要做到不能招标，就是外行都知道该怎么做，不到万不得已不用药，就是用药，都是很廉价的药品，曾有一段时间，监狱医院为了控制罪犯医疗费用，还使用国家明令禁止的淘汰药品，比如土霉素等，这里对待生命的态度与他从事的医生这个职业的道德要求格格不入，罪犯的健康和生命在这里变得那么苍白无力。

有时候监狱要求诊断某个罪犯是不是在装病，怎么诊断？采用中医望闻问切？他是学习西医的；按照西医手段来诊断？可有没有相关检查设备，就是有，也不会轻易用在罪犯身上。其实呢，监区要求诊断，往往希望的结果是无病或者小毛病，总之就是下个结论说这个罪犯还是可以参加劳动的。于是只好没有凭自己经验作出让监区满意的结论。就是现在在监区巡回接诊的时候，医生们并不是像社会上医院门诊那样一个一个地接待患者，而是叫患病的罪犯们站成一排甚至几排，在监区操场上或走或跑几圈，然后就开始开药，连问都不问一声，处方基本上都一样，大多就是一些常见的抗感冒的药物，抑或加点廉价的抗生素之类，只是从表面上看病情十分严重的，才叫过来询问几句，万不得已才叫监区把他送到监狱医院去输点液。如果病犯情况恶化，监狱医院实在没有办法了，就马上联系病犯家属，问他们怎么办。

起初的时候，他内心也强烈地挣扎过，但随着时间的推移，他跟其他医生一样麻木了，这不是他这个做医生的错，错在哪里？他不想去想，也不敢去思考。按理，医生这个职业是越老经验越丰富，医疗技艺也就越高，但是他却恰恰相反，几十年如一日用这种心态和方式接诊病犯，不仅没有积累很丰富的经验，相反觉得自己的医疗技术退步了不少，与自己的那些在社会上工作的同学相比，他觉得他这个主任医师还不如一个主治医师……

马洪扣捅了院长一下：“怎么？你没有听见彭监的命令？”

“不不……哦，不是……我听见了，只是病犯年龄偏大，还患有哮喘，几天没有进食，现在体质很虚弱，已处在半昏迷状态，转院怕要出意外。”院长连忙说。

彭家仲朝病犯监舍走去，沉闷的脚步声让刚回过神来的院长有些不知所措，他机械地跟了上去，犹在琢磨彭家仲刚才那道命令。

谢本川望着彭家仲，对郑怀远嘀咕说：“不惜一切代价？一个犯人就值得那么关注？”

郑怀远没有理会他，跟了上去。

谢本川也连忙跟在郑怀远身后，依然在咕哝：“小题大做嘛……监狱里死个犯人，说句不好听的，就像死了一条狗一样……”

郑怀远低声喝道：“你不说话没有人当你是哑巴！”

病犯监舍依山岩而建，山岩笔直，被抹上一层光溜溜的水泥，成为一道天然的防逃屏障。从一道小铁门进去，平房与山岩之间有一个 2 米宽的狭长带，再除去屋檐下的水沟，整个病犯监舍的活动就限制在这个长约 10 来米宽 1 米多的空间里。紧靠小铁门是值班室，随后就是一间医生和护士公用的办公室。接着又是一道大铁门，与其说是铁门，还不如说是闸门更贴切一些。进入病犯监舍必须要经过这道闸门，除了打针输液的时候，护士在值班民警的陪同下进入这道门之外，其余时候都是紧锁着的。能够在这里来修养住院的罪犯，病情一般都很严重了，不过只要病情稍有好转，无论是什么天色，总有三三两两的罪犯或蹲或站在大闸门边，或望着头上的那一尺见方的天空，或木然地盯着值班室这边。只有当护士出现在他们的视线内时，他们的眼光里才闪现一些不可名状的惊喜，然后追逐着护士的身影，直到消失在办公室的门口。

往日冷冷清清的罪犯监舍民警值班室这时一下子热闹起来，二监区监区长伍直玮带着分管改造的副监区长和几个民警刚刚赶到这里，他们接到郑怀远的电话，要他们抢在彭家仲之前火速赶往医院病犯监舍候着。二监区磨机车间今天在检修，伍直玮一直守在工地上，很晚才回家，正在吃晚饭，接到电话，他把饭碗一丢，一阵小跑，边跑边打电话叫分管改造的副监区长和冉金旺所在中队的中队长和指导员，驱车直奔监狱医院。他们在医生护士值班室正在了解冉金旺的情况，一个罪犯夹杂着呻吟的喊声从外边传来："护士，护士……哎哟，唉……我的妈呀……我痛得不行了，快来看看……"

医院差3名护士，前些日子，监狱便选调了3个年轻女工，经过简单的打针输液培训，就先分配在病犯住院部上班，今天值班护士就是抽调的3名女工之一，她在门口朝外瞅了一眼，便走了过去。

那名喊痛的罪犯双手捂住肚子佝偻着身子站在住院监管区的铁门前，一脸痛苦的表情。护士问："哪里不舒服？"

"这里，这里……"那罪犯朝肚子、大腿、胸口乱指。

"究竟哪里？"护士提高声音问。

罪犯说："反正浑身都痛，你进来给我检查检查嘛。"

"回去卧床休息！"护士冷冷地说，转身欲走。

"我肚子痛，肚子痛！你看嘛，帮我看看嘛……"罪犯把棉衣撩起来。

护士回头看了他一眼，蹲下来把手伸进铁门在他肚子上按压了一下，问："这里？"

"不是……"罪犯含混不清地说。

"那是这里？"

"不是……哎哟……"罪犯脸上流露出快感。

几乎把腹部所有的地方都按压过了，罪犯依然说不是哪里痛。这时候，有很多罪犯都站在门口往这边瞅，不时窃窃私语。

值班医生感觉到异样，走过来看了看那罪犯色色的表情，喝道："你他妈的又在装屌？"

那罪犯吓了一跳，连忙把衣服放下来，厚着脸皮说："我就是痛……"

医生走过去把铁门踢了一下，吼道："你狗日的皮痒痒了？"

监改员闻声跑了出来。

伍直玮等人也闻讯出来，其中一名民警对监改员喝道："你刚才死哪里去了？"

监改员忙立正然后低头说："报告政府，我……我刚才尿尿去了……"

护士一下子明白了，狠狠地盯了罪犯一眼，红着脸跑回了值班室。

监改员朝那罪犯劈头就是一拳，又狠狠地煽了几耳光，然后一手把他耳朵拧住，另一只手使劲地把头往地下按。那罪犯立即杀猪叫娘地喊起来："报告政府，监改员打死人了……哎哟，哎哟……"

病犯住院部的值班民警嘿嘿笑，问："肚子还痛不？要不要我给你按摩按摩？"

"不痛了，不痛了……报告政府，我不敢了，再也不敢了……"那罪犯哭丧着脸叫道。

"面壁 2 小时，明天送回监区！"值班民警下达了最后处理决定。

监改员立即拧着他的耳朵拉到山岩前。

"报告警官，我病还没有好，别把我送回去，多面壁一小时行不？"那罪犯扭头说。

监改员朝他腿部臀部踢了几脚："站直，挺胸，鼻子靠着墙！"

这一幕正好被彭家仲看见，他皱皱眉头问医院院长："鉴定住院病犯是否好了，是医生说了算还是监管值班民警说了算？"

医院院长愣了一下，但马上明白他的意思，于是说："当然是医生说了算，但是像这个情况，很明显是已经好了但仍然在装病，监管值班民警也可以处理。"

"这也不能由监管值班民警说了算！刚才这个罪犯调戏我们女民警，按改造条例该怎么处理就怎么处理，但是鉴定还是由医生来作。什么叫依法？什么叫科学管理？作为中层领导应当首先树立这个观念。"彭家仲说。

"是是是，我明天就落实彭监的指示。"院长连忙说。

"我不希望你言不由衷，希望你从思想上认识到这一点！"彭家仲放缓语调说。

院长感触地说："彭监，作为监狱长给我下达不惜代价抢救罪犯生命的命令，说实话，从我参加工作以来，你是第一个！"

彭家仲诧异地看了他一眼。

"我们先去看看那个绝食的罪犯吧。"院长叫值班民警把铁门打开，随后又吩咐值班医生通知医院几个相关科室主任和其他几个医疗技术较好的医生，马上赶回医院，给冉金旺会诊。

冉金旺被安排在一个单间，屋子很潮湿和阴暗，弥散着淡淡的屎尿味。在昏暗的灯光下，他的脸苍白，毫无血色，颧骨很高，眼窝很深，这副模样把彭家仲吓了一跳。

伍直玮推推冉金旺说："冉金旺，我是伍直玮，彭监狱长、马书记和郑副监狱长来看望你了！"

冉金旺像是没有听见一般，毫无反应。

彭家仲俯身下去，轻声说："我是监狱长彭家仲，你能听见吗？"

冉金旺依然没有任何反应。

“如果你受到不公正的对待，我会严肃处理的。但你现在很虚弱，必须配合医生治疗，等你好些了，我再来听你说，好吗？”彭家仲语气虽然依旧很轻，却很坚定。

冉金旺费力地眨眨眼睛，两眼空洞地望望天花板，又紧紧闭上。

不管彭家仲和其他民警怎么说，冉金旺再也没有任何反应，彭家仲一行人只好回到值班室。

“情况看起来很糟糕，是不是，院长？”彭家仲低声沉思说。

“只要挂着液体，在短期内维持生命应该是没有问题的，但这个罪犯年纪大，本来就有哮喘，还有没有其他疾病，现在尚不清楚，如果出现并发症，那就很难预测……我们马上给他会诊，重新确定治疗方案，评估转院风险，做好转院准备，实在不行，待情况稍有好转，就立刻转到县医院或者青州市医院去，但最关键的还是要他尽快进食。”院长说。

大家都面面相觑，连彭家仲来劝慰，冉金旺都不理，其他人谁还有这个能耐？彭家仲突然隐约想起蒲忠全去青州前给他提到一个罪犯的名字，好像就叫冉金旺，他就电话给蒲忠全核实，并叫他立即赶回监狱，协助做冉金旺的工作。

蒲忠全临走的时候就料想冉金旺会闹出什么事情来，这个罪犯给他留下的印象太深太深了，有 8 次犯罪记录，除一次抢劫罪外，其余都是盗窃罪。他父亲冒着生命危险贩私盐，好不容易积累了一些资本，刚买了十几亩田地，哪知全国就解放了，被划为地主。接着就是没完没了的批斗和歧视，没几年他父亲就郁郁而死，那一年他 14 岁。也就在那一年秋天，生产队分稻谷，母亲带着他去领稻谷，生产队队长说你们是倒找户（工分没有挣够，要拿钱给生产队买稻谷），没有谷子。眼看家里就要断炊了，母亲一把鼻涕一把泪地给队长下跪。队长说你就是跪死在这里也不行，连我们贫下中农都吃不饱，哪里还有谷子养你们这些地富反坏右？那晚冉金旺脑海里全是队长那副幸灾乐祸的表情，翻来覆去睡不着，磨蹭到半夜，偷偷起来，摸到队长住的房子外面，一把火把房子烧了，躲在远处看到熊熊大火烧得队长一家哭爹叫娘的，他心头涌动着前所未有的快感。他不敢回家，也不敢再待在这里，于是一个人跑到重庆去，在大街小巷游荡。就在那年冬天快饿死冻死的时候，一个从民国偷到新中国的惯偷收留了他，教他摸包包的技术。他师父收留像他这样的几个流浪儿有四五个，训练了一段时间，师父就带着他们在车站码头公共汽车上偷。冉金旺憨厚，每次偷到的钱都如数上缴，不久便赢得师父的格外亲睐，便纳为嫡传弟子，将自己一身本事如数传授给他。第二年，他被反扒民警抓住，由于之前有几次摸包包的记录，便被法院判了 2 年劳教。这是他第一次服刑。出来后，没有活路，只好又去找师父。后来师父死了，其他人推举他为头头，他不干，只身北上，从此浪迹江湖。

在他讲述这一段的时候，蒲忠全问他："你怎么不当头头呢？"

"当头头是好，不用自己操刀，就坐地分赃，但风险也大，被抓了，判得更重，我可是坐过牢房的，那滋味不好受。哪像我一个人，一人吃饱，全家不饿。就是抓进来，顶多判个一年半载的，一晃又出来了，嘿嘿……再者我大字不识几个，就这门手艺，三天不练手生嘛，我可不能为了当官而丢下吃饭的家伙。"冉金旺颇为得意地说。

冉金旺几乎每隔两三年就要坐一次牢，从 14 岁开始，一半时间在监狱里或者看守所里渡过的。他很自豪地对蒲忠全说："不怕你生气，我坐过的监狱比你读过的学校还多。东南西北的，啥监狱我没有坐过？连清朝留下的监狱我都坐过！"

有一次在山上放羊，蒲忠全叫他展示一下摸包包的技艺。冉金旺想了想说那我就摸你的口袋里的东西吧。于是朝蒲忠全走去，把蒲忠全撞了一下，然后说你看看你少啥东西没有？蒲忠全把衣袋翻了翻说还真有两下子，拿来，我的手表。冉金旺得意地说这算什么？你给我个刮胡子的刀片，我到尚庆镇转悠一圈，保证我们这个月天天吃烤鸭子。蒲忠全不信，第二天便找人要了一个刀片，叫他演示。冉金旺把其他几个犯人的衣服垫在一起，总共有五六层。冉金旺说你说划到第几层我就划到第几层。试了几次，果然如此，蒲忠全问："你小子老实交代，最多一次偷了多少？"

冉金旺把其他罪犯轰得远远的，才凑过来对蒲忠全神秘地伸出两个手指："这个数。"

"2000 元？"

"切！"冉金旺不屑地回应。

"八不成是 2 万元？"蒲忠全吃惊地说。

冉金旺点点头，抬头遥望天上的白云，一副陶醉的样子，似乎犹在回味当时的快感。

"你个老东西，这么好的技术，怎么没有存点钱？"蒲忠全有些惋惜地骂。

"嗨，干我们这一行的，没老没小，存啥钱哟？有钱就大碗喝酒，大块吃肉呗。好过的时候老子比县长操得好，偷不到钱的时候，妈的，只好在垃圾桶里翻吃的……”冉金旺装成一副大侠风度，雄赳赳地说。

“啥没老没小？你老娘呢？还有个妹妹吧？”蒲忠全追问。

冉金旺像漏气的皮球，一下子怏怏的，嘴里咕哝着，却听不清他说什么。

其实，冉金旺还不止这两个亲人，在 40 岁时，他和一个二十八九岁的女人正儿八经地相好过，两人住在一起有大半年，这段时间他老实了很多，再也没有去偷过，他每天去当搬运工，女人就到附近的小餐馆打短工，日子虽然很清苦，但很充实和快乐。女人怀上了他的孩子，想吃蛋糕，他买不起，又去偷，不料刚出手就被逮了个正着，进了看守所。关了几个月回来后，女人不见了，他找啊找，找了很多地方，边找边偷，还省吃俭用地存了一笔钱，想找到后两人好好过下半生。一晃过了 4 年，存折上的数字都上 6 位数了，可依旧没有女人和孩子的消息，但是他没有绝望，找不到就意味着有希望，总比见到尸体或者坟头强，他每天就这么想着，给自己动力。流浪到青州市行窃时，哪知又被抓了，这一次他没有那么幸运，被判了 13 年半，存的钱也被作为赃款没收了……

冉金旺说到这里，只是哭，像狼嚎。

哭累了，冉金旺躺在地上断断续续地咕哝：就是那存折害了我，要不我怎么会被判这么重呢？要不我早就把女人找到了……

至今，冉金旺只知道这个女人叫胡琼花。

蒲忠全把这件事记在心里，不管是认识的还是不认识的，他都委托他们帮忙打听、寻找这个叫胡琼花的女人。

冉金旺一到监狱就是“名人”，不仅民警和罪犯都知道他的案情，就连工人和很多小孩都知道有这么一个 8 进宫的罪犯。他刚被送进来时，狱政科就把他列为顽危犯，在入监队时，由 3 个监改员 24 小时监控，每天都要向管教汇报他的一言一行。每半个月的监狱狱情分析会上，都要专题汇报冉金旺的情况。三个月入监教育结束后，并没有发现他的任何异动，尚算认罪伏法的那一类，但是狱政科警告说从犯罪经历上说，冉金旺可算得上是我狱罪犯第一人，这种人反改造经验特别丰富，隐藏也最深，不能解除他的顽危犯监控。分配到监区，一样被列为顽危犯重点监控。事实上狱政科的分析还是不无道理，冉金旺在接下来的两三年里，相继换了几个监区，都是因为他带头哄监闹事，造成不良影响而调换监区的，他成了禁闭室、集训队的常客。他也因此先后成为狱政科长谢本川、副监狱长郑怀远、前任监狱长汪庆书的包教对象，但是收效甚微，依然时不时生出什么事端来，让这些领导脸上无光，让所有管理他的民警都感到头痛。

蒲忠全有一次问他："我看你就这么个熊样，怎么会闹出那么多事儿来？"

"我也纳闷呢，你说那些同改怎么就听我的话呢？我有时候随口抱怨几句，发点牢骚，他们就当真了，就撺掇起来闹，最后我却成了主谋，你说我冤不冤？"冉金旺一脸的无辜，愤愤不平地叫嚷。

蒲忠全明白了，主要是这个人的犯罪经历让他成了罪犯们心目中的老大，或者叫作"英雄"，而每一次监狱对他采取的强制措施反而成了加重他在其他罪犯心里分量的砝码，所以必须要改变管教策略。如果顽危犯监控不取消，就没有减刑的资格，连减刑的资格都没有，你说服刑还有什么希望？所以第二天就做魏德安的工作解除他的危顽犯监控，魏德安找冉金旺谈了几次后，便向监狱打了报告。狱政科当然没有批准，魏德安就每个月打一次报告，在一年之后，冉金旺的顽危犯监控才终于被取消了。

其实，蒲忠全刚参加工作时，冉金旺压根儿没有把他放在眼里，有时候还捉弄他。就在蒲忠全丢牛后没几天，冉金旺在山上放牛时哮喘发作，这一次特别厉害，脸膛憋得青紫，满地打滚，双手撕开衣服，在胸口上乱抓乱打，嘴巴剧烈一张一合的，却说不出一句话来……当时他和冉金旺在三道梁子，而其他几个罪犯分散在二道梁和三道梁之间，蒲忠全喊了几声，却没有其他罪犯回应，又见冉金旺情况紧急，二话没说就背着他往山下跑，边跑边吆喝其犯人。跑下三道梁子，张景然和另外一个犯人才赶到，蒲忠全叫张景然跑回去叫卫生员，自己则和另外一个犯人轮流背着他下山。

冉金旺命保住了，但是他当时大小便失禁，拉了蒲忠全一身。

打那以后，他再也不敢在蒲忠全面前装大，老老实实地伺候着，像个忠诚的仆人。而蒲忠全呢，也多多少少学了一些"恶习"，有时候连背毛主席语录都带着肮脏的粗话。三字经说性相近习相远，抑或叫作近朱者赤，更关键的是蒲忠全没有私心，对任何人都不偏不倚，冉金旺觉得在他手下改造觉得安心，没有多少压力，所以无形之中，冉金旺就把蒲忠全当成了无话不谈的朋友。

蒲忠全赶到医院时，已经是晚上 9 点过，他见彭家仲还坐在医生值班室里，有些诧异。

彭家仲不待他开口就说："刚才医院组织医生会诊，情况很不好，现在最关键的问题是要说服他配合医生治疗，马上进食。"

“有饭吗？”蒲忠全问。

“已经准备好了。”院长说。

其他人齐刷刷地盯着蒲忠全，目光很复杂。

一行人又来到冉金旺的床前，蒲忠全说：“冉金旺，我是蒲忠全，你听见了就眨眨眼。”

冉金旺吃力地睁开眼睛，看了看他，随后又合上。

“先吃饭，来……”蒲忠全把一汤匙稀饭送到他嘴唇边。

冉金旺又睁开眼睛看了看，费力地把头扭到一边，等蒲忠全把汤匙移开才把头又扭过来，张大嘴巴对着蒲忠全他们，然后含混不清地说：“牙齿……都被他们打……打掉了……”说完，猛地睁开眼睛，扫视着在场的每一个民警，目光里充满了怨恨。

在场的人都看见了，冉金旺没有门牙。

屋子里气氛一下子变得异常压抑，令人感到有些窒息。

蒲忠全心头一凛，心里泛酸，顿了顿，把语气放缓说：“你受到不公正的对待，你可以申诉，就算你不相信二监区、不相信我蒲忠全，难道连代表一级党委的彭监狱长也不信任？你扪心自问，前 7 次进牢房，你也住过院吧？有这么多民警关心你吗？你看看，监狱长、纪委书记、副监狱长都来了，在这里守侯了几个小时了，实话实说吧，我蒲忠全住院都没有享受到这样的待遇！”

冉金旺就像没有听见他的话一样，两眼直愣愣地望着天花板。突然，他转头又怒视着屋子里的人，说：“你们有本事把……把……输液……器拔掉……”

声音很小，很嘶哑，像是从喉咙里发出来的，但那种歇斯底里的对立情绪让人不寒而栗。

蒲忠全火气噌噌地冒了出来，生硬地大声说：“你吃不吃？不吃拉到！”

其他人吓了一跳。

蒲忠全哼哼地说：“想饿死？你以为你绝食而死我们监狱就会蒙羞？我们警察就会受到法律处罚？老子告诉你，你不过是一个阶级敌人，按照毛主席的话说，对待敌人要实行无产阶级专政，啥叫专政？形象一点，你死在监狱里，就像你家死一条狗！就算国家有法律要追究当事人的责任，大多是检讨、通报，顶天就是降职撤职，你以为还会怎么样？值得吗？你猪脑子？！”

蒲忠全接着说：“你死了不要紧，我只是有点惋惜，为什么呢？因为我们一直在帮助你打探你的女人和孩子的下落，算起来那个你还没有见过面的孩子有 13 岁了吧？要是哪一天我们找到了，我就带他去找他婆婆和姑姑，把你这副熊样添油加醋说给他们听，我看你在黄泉下听了都会嗷嗷叫。”

“13 岁……13 岁……”冉金旺喃喃地说，泪水哗哗地涌出来。

蒲忠全连忙掏出纸巾给他擦泪水。

他直挺挺地抬起上半身，看着蒲忠全依旧喃喃地问：“能找到吗？能找……”

一阵剧烈的咳嗽打断了他说话，他只好无力的垂下身体，不住地喘息。

“我们都努力，你不是说只要没有见到尸体或者坟头，就有希望，是吧？”蒲忠全按住他的肩膀，示意他不要乱动，然后转身对彭家仲请示，“监狱长，我请求解开他的手铐。”

彭家仲点点头说：“解开！”

值班民警连忙找来钥匙把手铐打开。

冉金旺说：“我要吃饭……”

蒲忠全连忙给他喂饭，哪知他连连摇头。

蒲忠全笑骂道：“你个老东西，屎尿都在老子身上拉过，还害什么羞？”

冉金旺流露出不好意思地笑，还是摇头。

蒲忠全就叫监改员过来给他喂饭，然后请彭家仲他们退了出去。

来到医生办公室，谢本川说：“把手铐打开会不会出问题？”

本来已经很轻松的气氛又变得沉闷起来，但没有人回应他，他尴尬地笑笑，退到屋子一角，默不作声。

蒲忠全与冉金旺的对话令彭家仲很感慨，他虽然觉得蒲忠全说话的方式欠妥，但是他对罪犯社会关系的了解程度感到吃惊，本想现场了解一下他是如何感化、教育冉金旺的，给这些人上一课，让他们受到启迪，但是目前的氛围打消了这个念头，便沉着脸说：“接下来该怎么做，我想不用我多说了吧？”

说完，径自走了出去。

这话像是说给郑怀远听的，又像是说给伍直玮和医院院长听的，也像是说给大家听的，但无论是说给哪个听，语气中不满的意味表露无遗，在场的人心头都像搁置了一块生铁，沉甸甸的。

愣怔了几秒，马洪扣也走了出去，郑怀远虎着脸，他本想下令调查冉金旺的门牙被打掉的事情，转念一想马洪扣都没有发言，自己多什么事？于是也走了出去。

蒲忠全见监狱头头都走了，便对直玮笑道："老伍，我还没有吃饭呢？今晚你得包吃包住哈。"

伍直玮苦笑："我还不是没有吃饭？不过，请你吃饭还轮不到我……"

"咦！"蒲忠全不满地说，"你小子是不是犯神经了？怎么针对起我来了？"

这时候，蒲忠全电话响了起来，他接了电话，连声说马上到。

伍直玮笑道："我说中了吧？"

"等会儿我到你那里住一宿……"蒲忠全说完，就匆匆走了出去。

"我们也撤吧……"伍直玮情绪很低落，转眼看见谢本川，就说，"谢科长，先送你回家吧。"

谢本川心里添堵，心想一起来的，就是挤一点，彭家仲也得把他捎回监狱部，一个蒲忠全就把他挤掉了，把他孤零零地留在这里，就算二监区有车，也应该蒲忠全来坐。郁闷归郁闷，总归要回家的，于是闷闷不乐地走了出去。

要到监狱机关时，郑怀远问："彭监，我们要不要现在议一议？"

"议什么？"马洪扣反问。

郑怀远便不言语，车子一停便回家去了。

"老马？"彭家仲看着郑怀远的背影，低声说。

"我明白你的意思……"马洪扣头也不回地朝楼上走，但并没有回自己的办公室，而是径直走到彭家仲办公室的门口。

彭家仲和马洪扣坐在沙发上，这才发现蒲忠全裤脚上泥点斑斑，一双皮鞋被泥巴裹住，只有系鞋带的部分才隐约分辨出那是一双皮鞋，与乳白色的地面形成强烈的对比。

蒲忠全发现两位领导盯着自己的皮鞋看，有点不好意思，说："走得匆忙，来不及擦，把彭监办公室弄脏了……"

彭家仲有些心酸，感觉眼眶有些潮湿，便把目光投向窗外。

马洪扣说："听说你在搞罪犯生活物资招标采购？"

"也没有严格按照招标采购程序办，就是找几个供应商报价，在质量相当的前提下，按最低价中标。马书记，我们目前工作局面还没有打开，也是逼着我这么做，估计得罪了一些人……"

"不要怕，以后有人问，你就说是我马洪扣要求这么做的。你要把这事好好抓一下，为监狱推行招标采购探索一些经验。过几天我来看看，了解一下具体情况。"

马洪扣鼓励中带着赞许。

“你谈谈冉金旺这个人吧。”彭家仲说。

蒲忠全便将冉金旺的情况大体讲了一遍，最后说：“冉金旺是八进宫，如果他一进来我们就戴着变色眼镜来看待，就会出现偏差。毛主席说看菜吃饭，量体裁衣，想来真的很有道理。”

“这些经验值得总结。”马洪扣说。

“彭书记、马书记，等冉金旺病好了，还是让他回我们监区吧，对了，还有那个叫张景然的……”蒲忠全抓住机会提出了这个问题。

“可以。”彭家仲说。

“听说你的外劳队伍里很多都是青州籍罪犯？”马洪扣问。

蒲忠全感到他问这话有些突然，迟疑地说：“是的……考虑到监管压力和接揽工程，我们……”

“注意监管规定，注意影响，特殊时期采用一些特殊手段是必要的，但是绝对不要超越法律许可的界限，最大限度地降低民警的风险。”马洪扣虽然很严肃，但语气中透露出浓浓的关切。

蒲忠全很感动，一时之间说不出话来。

“想办法把那个女人和孩子找到。”彭家仲坚定地说，“我们能把一个八进宫的罪犯改造好，就是最大的胜利，比搬迁的意义还要重大。”

蒲忠全很困，到第二天上午 9 点犹在睡。

熊晓戈打来电话：“你小子回来也不打个招呼？好久走？中午来我请你吃饭。”

“不了，我马上赶回去。”蒲忠全看看天色，跳起来。

“好吧，以后回来到我家来睡。对了，昨晚的事我恭喜你，但你得有个心理准备，今天早上有传言说现在民警的命没有犯人的命值钱，我清楚这是针对彭监来的……”

“这关我啥事？我要有心理准备？”蒲忠全不解地问。

“问题是，有传闻说是你蒲忠全说的。”

“妈的！老子……算……算了……”蒲忠全气愤地把手机扔在床上，望着窗外灰暗的天空出神。

“看样子要下雪了……”他咕哝说。

第十四章　雪上加霜：风尘女子的心思

今年冬天对于林楚来说是个特别难过的季节。

自从与蒲忠全分手之后，林楚并没有感到失落，生活按照以往的轨迹，上班、逛街、吃饭、上网、睡觉、偶尔邀约几个朋友在迪吧里疯，但过一段时间之后，她偶尔做梦，梦里是满山的杜鹃花。醒了，不自觉地想起那座山，那满座山上的杜鹃花，但她极力不让自己去想那座山上的那个人，强迫自己不想，可往往在不经意间偏偏又想起他，就这么闹腾了几个月，她才意识到这个人从初中开始就在她心灵深处的庭院里烙下了深深的印痕。

在接下来的几个月里，她不停地给蒲忠全打电话要他放弃那座山，可蒲忠全始终保持沉默，这种态度让她倍感迷惑，老爸是自来水公司的头头；大爸曾经任过市委领导，现在虽然在省人大闲着，但是能量还是有的；二爸自己搞了个建筑公司，虽然规模不是很大，但在青州建筑行业里还是有点名气的。而她呢？在交通局工作，收入不菲，她的收入足可以供他俩生活，如果他要面子不要她老爸的钱来买房子，他们可以去按揭一套，经济上如果实在紧张，她还可以打报告去高速公路收费站上班，就算他找不到工作也无所谓，何况怎么会找不到工作呢？就在二爸的建筑公司里随便找个工作，都比他在那山上收入高。

她也想过通过家族的社会背景把他调到市里来，但是她很清楚蒲忠全那样的家庭背景，家里是不会接受的，所以很多次话到嘴边了她都没有勇气说出来，心里盘算只有生米煮成熟饭，他们不认可也得认可。

她开始怀疑蒲忠全对她的感情，直到现在她还清楚地记得最后一次跟他通电话的情景，她说："我最后一次问你，来还是不来？"

"……"

"如果是男人就吱唔一声。"

"……"

她再也控制不住自己的情绪，挖苦地说，边说边冷笑："不就是个劳改警察吗？现在还等着每个月那几百元的劳改工资吃饭吧？你有银行卡吗？你存折上的钱有我皮包里的零花钱多吗？你就慢慢奋斗吧，守着那些臭烘烘的光头，每天看着荒芜的山头，为光荣而伟大的劳改事业奋斗终生，再找一个村姑，生一个儿子，等你死了，接你的班……"

说到这里，她听到一阵刺耳的警报声。

"出事了……"蒲忠全话音刚落，就挂了电话。

"去死吧，你！"她神经质地对着手机吼。

她从此再也不给蒲忠全打电话，蒲忠全倒是来过几次电话，但她都没有接听，后来，蒲忠全再也没有来过电话。她绝望了，一天到晚失魂落魄的样子，对什么都提不起精神来，她感觉自己像是在棺材里沉睡了几千年刚刚醒过来一般，除了吃饭就是睡觉。家里人也颇感奇怪，每每问她，她什么也不说，只是摇头。家里人急了，就带她去医院检查，跑了很多家医院，可就是没有检查出什么毛病来，就以为她中了邪，请阴阳师来家里勘察，票子花了不少，可她还是那样。上班也懒懒散散起来，想去就去，想走就走。交通局局长碍于情面不好处理，就委婉地给她父亲带信，家人苦口婆心地劝，劝急了，她表示好好上班，可依旧是我行我素。交通局长没办法，干脆放她半年假，工资照发，让她在家里休息。眼看半年假期将满，可她没有一点改观，这个样子怎么能去交通局上班？但是就像这么待在家里也不是个事儿，女儿早已到了谈婚论嫁的年龄，原本有几桩不错的婚事，对方不是官宦世家就是经商世家，可她总是说不急，等过几年再说。就这样一拖再拖，做父母的急了，就给她定下了一家亲事，她很无奈，只好表面上应付着。现在，未来的亲家见她老是这个样子，也就渐渐疏远了，这门亲事就吹了。家人商议来商议去，还是觉得给她找个事情做，对她的身心有好处。这时候恰好有个游泳池要出售，父亲便想给她买下来，可发愁的是，要是万一她不去怎么办？令他没有想到的是，女儿一口就答应了下来，第二天早早起来，催促他去游泳池看看。从此，女儿居然像变了一个人一样，起早摸黑，全身心地放在游泳池经营上，脸上又时常绽放着开心的笑。

“病好了？真没事了？真没事了？”有一次她父亲异样地看着她问。

林楚笑而不语。

“究竟是咋回事？就不能给我说说吗？”父亲特别纳闷，就算林楚不想待在单位上，大可不必采用这种方式呀！

“爸，你就放心吧，我一点毛病都没有。”林楚说，眼睛里突然涌出一丝忧郁，“只是……只是……我不想按部就班地在单位上……”

“言不由衷！”父亲不满意地说。

游泳池生意季节性很强，秋天刚过就关门歇业了，林楚又回到以前的状态，除了上网、邀约几个朋友在迪吧里疯，通宵不归，甚至几天几夜不回家，一回到家呢？就哈欠连天，一副无精打采的样子，对什么也提不起精神来。家里人又担心起来，父亲找她谈了两次，跟以前一样，没有问出个什么由头来，也没有起到任何作用。母亲看在眼里急在心里，却束手无策，只好每天在她面前念叨，林楚听得烦了，便歇斯底里地叫，弄得一家人紧紧张张的。母亲怕刺激她出什么问题，便不再唠叨，而林楚呢，似乎也意识到了什么，便不再那么疯狂地在外边玩耍了，偶尔出去一下，也会在零点以前回家。再后来，天气渐渐冷起来，干脆就不出门，整天昏睡。

下雪了，林楚站在那座山上，目光在荒草中穿梭，却看不到一个像人一样的影子，也听不到一点声音，唯有那一片片雪花，没有飘逸的姿态，没有灵动的气息，只是平直地落下来，落寞而孤单。她像狼一样地嚎叫，凄厉的声音中夹杂着说不清的悲怆，继而，她绝望了，没有人理会她，山野依然是那么冷冰冰的，连一点回声都没有传来，叫累了，她蜷缩着身子坐在地上，泪水滑过脸庞，卑微地消散在枯草丛中。她感到了害怕，继而又感到了莫大的恐惧，四周的山林里似乎有无数眼睛在瞪着她，贪婪的、嘲弄的、色色的，她开始往山下跑，跑着跑着感觉后面有什么东西悉悉索索地追赶过来，于是就慌不择路地狂奔起来。突然，她两脚踩空，向深不见底的山崖坠落，她伸出手想抓住什么，绝望地尖叫……

她感到头很痛，大汗淋漓，惊恐地睁开眼睛，才发现是一场梦。

从窗帘缝隙透进来的微弱的光亮，很快让她平静下来，她起身拉开窗帘，果真下雪了，纷纷扬扬的雪花，在黎明还很微弱的晨曦中，如同从漫漫长夜里走出来的精灵，疲惫、惊喜，倦怠、灵动……她推开窗户，一阵凛冽的寒意猛然袭来，直入血脉，她连忙关上窗户，连蹦带跳地钻钻进被窝，瑟瑟发抖。

抖了一阵，才发现自己是有意识在抖，实际上并没有想象中的那么冷，不禁失笑，也许是因为第一次遭遇到这个无聊的冬季，也许是心里还残留着昨晚那个离奇的梦，也许压根儿没有想到今年的雪来得这么令人措手不及……

这时，梅开蕊打来电话，说死妮子，都中午了，还懒觉呐？下雪了，大雪，呼啦啦的，到处都是白茫茫的，你不是说你最喜欢雪了吗？快起来，我们去郊外看雪。

梅开蕊是她在酒吧认识的。

在与蒲忠全闹别扭的那段日子里，她常常在深夜十分到滨江路一个很偏僻但是很安静的酒吧喝酒，一喝就喝到深夜，然后默默地望着黑漆漆的江面。后来她发现有一个女子跟她一样，也总是在深夜来喝酒，然后也默默地盯着黑漆漆的江面。与众不同的是，这个女子虽然衣着时尚而且前卫，但没有丝毫的修饰，没有涂口红，没有描眉，没有带耳环，她估计也没有在脸上擦什么保湿增白霜之类的，头发披在肩上，总是湿漉漉的样子。她几次想端详那张脸，但酒吧红红绿绿的暧昧的灯光，阻止了她的企图。然而，与她不同的是这位女子并不像她天天都来，而是隔三岔五来一次，不过待的时间比她久，听老板说通常是到第二天黎明才离开。后来，她发现她的手机不时有电话来，手机在桌子上震动的忽忽声在寂寥的夜色里很清晰，宛如一个嗷嗷待哺的婴儿。不过，这个女子只是拿起手机看一眼屏幕，又放回桌子上，从来没有见过她接过一次电话。再后来，她们便认识了，两个在深夜里游荡的雌鸟儿，说着一些不着边际的无聊话，从此海阔天空，大有相见恨晚的遗憾。

那女子只是告诉她自己的名字叫梅开蕊，她什么都谈，爱情、人生观、家庭、甚至连在公共厕所里手淫，就是对于自己的职业缄口不提。林楚觉得自己现在的职业也上不了厅堂，特别是在这种场合所说自己在经营一个小小的游泳池也不是很得体的事情，于是两人在这个方面都保持着戒备，都小心地维持着一定的距离。但是林楚估摸着她可能是二奶甚至三奶之类的，除此之外，还有可能还维持着几个性伙伴。

但是这些并不妨碍她们成为朋友。

但是她们这种朋友关系显得很特殊，都是在深夜见面，还从来没有在白天见过面，有点千呼万呼始出来的意味。

林楚接到梅开蕊的电话，很诧异，也有点兴奋，于是说在哪里会合？

漫天的风雪并没有湮灭这个城市往日的喧闹，人行道上堆积了一层薄薄的雪，把这个城市的尘埃掩盖起来，花圃里伸出积雪的枯黄的草尖亦显得那么楚楚动人，一切的一切都陡然变得干净起来，让人浮想到仙女般的清雅脱俗；汽车如流水一般淌过街心，被车轮辗过的雪花立即变得泥泞不堪，偶尔两三个行色匆匆的人，都竖起衣领裹住颈子，低着头盯着路面一阵小跑，一只流浪狗一动不动地卷缩在肯德基快餐店的屋檐下，不知道是死了还是在睡觉……

林楚边开车边打量着那只狗，“好像是德国牧羊犬……”她咕哝说。

这种狗有着狼的野性基因，也有德国土狗高贵的基因，大多是用来作警犬的，就是和大多数人相比，都算是很高贵的职业，怎么会流落到这样的境地？

林楚很纳闷。

“那只狗有什么好看的？莫不是爱上那只狗了吧？”

接着传来一阵咯咯的笑声。

林楚回过神来，原来自己不知不觉已经将车子停靠在街边，梅开蕊站在车窗前，正端详着她，一脸坏坏地笑。

梅开蕊今天一改夜间装束，火红的风衣在风雪中舞动，袅袅婷婷，像燃烧的火焰，一件低胸薄薄的浅绿色毛衣，紧紧地裹在腰肢上，胸脯立即高高耸立起来，雪花花的乳沟神秘而幽深，让人浮想联翩；大红的口红，拳头大的耳环，胸脯上坠掉着亮晶晶的项链……

林楚看了她几眼，突然嘿嘿地笑起来。

梅开蕊钻进汽车，诧异地问：“你笑什么？”随后发现她的目光在自己的脸上扫来扫去，一副不怀好意的样子，于是便前后左右地检查自己的衣着是不是有什么破绽。

林楚愈加放肆地大笑，笑够来，才喘息着说：“女人打扮不是给丈夫看的，这话真没错……我要是男人，今天保准把你打起吃了……哈哈……”

“丈夫？一丈之内为夫，一丈之外就是野公狗，给他看什么看？”梅开蕊语调低沉而愤懑。

林楚见她这般，便不再言语，扭头看看那只流浪狗，缓缓地朝前驶去。

“好像是一只警犬……”梅开蕊突然说，像是自言自语。

林楚惊愕地看了她一眼，内心像是被什么东西刺来一下，隐隐地痛。

“我问你呢，你说那只流浪狗是不是一只警犬？”梅开蕊问。

“是警犬呢？还是野公狗呢？”林楚坏坏地笑。

“唉，管他呢，都是一个吊样……”梅开蕊轻微叹息，躲闪着林楚的目光。

沉默，一会儿便有些沉闷。

“你怎么不问我的职业？”梅开蕊突然问。

林楚淡淡地说：“这很重要吗？友情还分职业？”

“可有些人不这么想……”梅开蕊声音很小，像是从喉咙里发出的呻吟。

“噢……”林楚明显感到了这声音蕴含的痛苦，顿了顿故作轻松地说，“让我猜猜这个人是谁呢？”

“哦？你能猜到？不可能吧？”梅开蕊好奇心一下子被激发出来，情绪也好多了。

林楚笑笑：“你深爱的是一个警察，他却不爱你……”

“老天？！你是个危险分子……”梅开蕊尖叫起来，紧接着追问究竟是怎么看出来的。

“好像是一只警犬。”林楚学着她刚才自言自语的音调说。

梅开蕊一怔，随即明白过来，和林楚一起笑起来。

“那么，你认为这是一条什么犬呢？”梅开蕊扭头看着她。

“反正不是警犬……”林楚说。

两人又是一阵大笑。

突然，林楚紧急刹车，目光直勾勾地盯着前方。

梅开蕊吓了一跳，顺着她的目光望去，前面不远处是一个建筑工地，一群人正蹲在地上吃饭，光头，穿着灰衣灰裤，浑身泥泞。在这群人中间，有三个穿着警服的人格外抢眼，与其他人不同的是，他们没有蹲在地上吃饭，而是坐在一条长木头凳子上，每个人前面放置了一个沾满污泥的箩筐，箩筐是倒着放置的，他们就把饭盒放在筐底上……

不远的街道上，一些居民探头探脑地朝工地那边张望，偶尔有路过的行人，也放慢了脚步，审视着这群人……

风刮得更紧了，密密麻麻的雪花像无头的苍蝇，在小巷中乱窜，打在车窗的玻璃上噼里啪啦地响。在模糊的视线里，林楚很清楚地看到一个警察仰头望了一下天空，用手在脸上抹了抹，又埋头吃饭。

那是一张似曾相识的脸，林楚心里一阵莫名其妙的冲动。她不由自主地打开车门，走了过去，站在那三个吃饭的警察面前，怔怔地看着他们。

梅开蕊见林楚表情很不正常，于是也连忙跟了过去。

所有人的目光都齐刷刷地凝结在这两个女子身上，特别是那些光头们。

一个警察最先发现了她们，立即站起来回头对那群光头喝道："看什么看？没见过女人？"

所有的光头立即埋头吃饭，不时偏着脑袋朝林楚她们瞅瞅。

另外两个警察相继站了起来。

先前那个警察似乎很不满意她们这种行为，生硬地说："看什么看？有什么好看的？没见过……"正想赶她们走，晃眼间发现林楚眼神有些不对劲，犹豫中又看见站在他们中间的那位同事眼神也有些不对劲，于是便打住了。

中间的这位就是蒲忠全。

寒风刮着雪花，打在脸上隐隐作痛，蒲忠全没有想到在这个时候、在这种场所遇到林楚，他迎着她的目光对视了一下，立刻把眼光投向别处，散乱间不知所措。

"是你？"梅开蕊惊叫起来。

蒲忠全把目光聚敛在梅开蕊的脸上，打量了半天，也没有认出这位宛若仙子的红衣女子是谁，便问："请问你是？……"

"噢？忘了？"梅开蕊有些失望。

林楚瞟了他俩一眼，转身一阵小跑。

梅开蕊敏感地想起了什么，对蒲忠全说："改天我来找你……"话音未落，便朝车子奔去，拦下已发动的车子。

蒲忠全望着车子消失在片片雪花中，眼睛里满是迷茫。

"头儿，咋回事呀？"一个民警问。

"我怎么知道？"蒲忠全脑海里满是梅开蕊的影子，但是依然回想不起她究竟是谁。

"晕死，怎么无缘无故跳出俩美女来？又无缘无故地消失，可惜可惜……"另外一个民警不停地咕哝。

蒲忠全的电话响了起来，是狱政科科长谢本川打来的，说郑怀远副监狱长正在临时关押点检查，叫他马上赶回去。

蒲忠全心头一凛，对其他两位民警吩咐了几句，便拦了个的士往临时关押点赶。到了关押点，却没有见到郑怀远他们，魏德安、王亚敏和其他几个内看守民警满脸沮丧。

蒲忠全问："人呢？"

魏德安说："走了，拉都拉不住……我看这次惨了……"

"什么意思？"蒲忠全打断他的话。

"到处都是问题，这外劳点的监管条件怎么样，监狱哪个不知道，怎么能按照监狱本部的考核标准来进行考核呢？总共查出35项，要被扣掉90多分，就是3万多元的罚款，问题是这些所谓的隐患大部分都是监管硬件方面的问题，你说这不是存心找茬吗？"魏德安本来是很沉稳的一个人，此时也发起牢骚来。

接着，他把蒲忠全拉到一边，低声说："小蒲，恐怕要勾兑勾兑……"

王亚敏走了过来，愤愤不平地说："监区最近几个月收不抵支，监狱连一分钱都没有给我们拿，郑怀远还这么折腾我们，这不是要把我们卡死吗？要不我给老爷子说一下？"

蒲忠全正在权衡他俩的话，手机又响了起来，又是谢本川打来的，说郑监在城西那个加油站外劳点，叫他快去。蒲忠全挂了电话王亚敏说："先不忙惊动老爷子，我去摸摸情况再说。"

蒲忠全风风火火地赶到城西加油站外劳点，带班民警说郑怀远他们刚走。蒲忠全就给谢本川打电话，谢本川说他们在另外一个外劳点，还酸溜溜地说你老兄怎么搞的？这么慢，郑监可不是来游山玩水的哟。蒲忠全只好唯唯诺诺地表决心马上到，就这么游走了几个外劳点，始终追不上郑怀远他们，最后谢本川来电话说郑监已经出发回监狱了，我给你通报一下检查情况吧，查出监管隐患41起，按照监管考核扣112分，罚款多少你自己算得出来吧？我就不说了，至于是哪些隐患，随后我们会给你发通报的。蒲忠全叫起来说我都没有签字确认你就扣分？这算什么？谢本川嘿嘿阴笑说你没有签字，但是当事民警签字了的啊，老兄，常言说得好，骂是心痛打是爱嘛，郑监也一贯强调，扣分不是目的，把隐患整改了才是目的，四监区现在其他工作都走在监狱的前面，按照彭监的话说有不少的亮点，我们帮你推动一下监管工作，说不定就真还成了监狱的一面红旗，到时候庆功别忘记了我们，哈哈……

刚挂电话，一个外劳点的民警打来电话小心翼翼地说郑监刚从这离开，给我一张44000多元的罚单，我不敢接，郑监叫我转给你，我没办法……

蒲忠全哭都哭不出来，一阵寒风卷着雪花打在脸上，一下子迷糊了他的双眼。他木然地迎风而立，4万多元的罚款创下监狱之最，撇开自己将成为监狱反面的焦点不说，对于目前的四监区来讲，这确实不是小数字，民警过年的奖金现在都没有着落，要是再拿走4万元，这个年冬那就太寒冷了。他下意识地拿出手机，那些熟悉的名字在脑海里一一闪过，却拿不定主意究竟要打给谁。

“妈的，老子没钱，要命有一条！”蒲忠全咆哮道，像一头愤怒的狮子。

他感到头有点晕，还隐隐作痛，于是将头高高仰起，任凛冽的风穿过胸膛，任由冰冷的雪花刮打在脸上。

“妈妈，警察叔叔想跳河……”一个幼稚的声音传来。

蒲忠全立即用警觉的目光四处观察。

“那不是警察叔叔，是保安叔叔。”妈妈说。

“噢？”小女孩显然很疑惑。

母女俩已经走了过来，妈妈俯身小声说：“你看他鞋子和裤子上满是泥巴，哪像个警察？所以一定是个建筑工地的保安。”

蒲忠全这才意识到她们说的就是他自己，再看看自己的皮鞋和裤子，确实感觉这形象对不起党，对不起毛主席，不过转念一想，自外劳以来，从一个人民政府监区长摇身一变成为一个包工头，从一个执法者变成一个到处漂流的农民工，他望着母女俩在风雪中渐行渐远的身影，骨子里一下子涌动着躁动的悲凉。

手机响了起来，“‘二小’，你怎么了？什么没钱要命的？”

听声音是胡玲玲，蒲忠全一惊，脑袋一下子清醒起来：“你怎么知道？”

“咦？你刚才不是给我打电话吗？我喂了无数声，你就是不说话。喂，究竟出了什么事情？”

蒲忠全又吃了一惊，原来是自己刚才下意识想找个人聊聊，在犹豫之间却不料拨了胡玲玲的手机号码，他暗叫惭愧，于是便把今天检查的事情大体说了。

“原来是这事呀？就这么垂头丧气的？我说‘二小’，你也太经不起革命考验了吧？要是把那你关在渣滓洞，保准你比甫志高还甫志高……”

“我的姑奶奶，那可是4万多元啊，我手下还有一帮兄弟等着钱过年呐？这监狱又不给拨付一分钱，我现在可是山穷水尽了，毛主席在三湾改编的时候说党领导一切，可在遵义会议上又说枪杆子里面出政权，你说我现在是找党还是找枪杆子？”

胡玲玲银铃般地笑起来：“不管你找王福全还是彭监狱长，都明摆着向郑怀远宣战，那你以后的工作还怎么搞？下个月的罚单又来了，你又去找？人与人之间就是那么一回事，还是不要捅破这层窗户纸为好，不就4万元钱吗？又不是你自己掏腰包，我不相信你堂堂一个监区长，这4万元钱就把你埋葬了。”

胡玲玲说完就挂了电话，这令蒲忠全感到纳闷，按照以往的惯例，她说完正事总还要天一句地一句地闲侃。

虽然胡玲玲的话使他对这件事的处理有个基本的态度，但是心里头的疙瘩却丝毫没有消除，于是埋着头郁闷地走，走了一段，才发现自己根本就没有方向，不知道究竟到前面去干什么。

这时，一辆奶油色的轿车紧急地停靠在他身边，刺耳的刹车声盖过了呼呼的风声，他下意识的往后退了几步，恶狠狠地瞪着车门。

从车子钻出两个人，一个是林楚，另一个是梅开蕊。

蒲忠全恶狠狠的目光立刻变成了愣愣痴痴的，站在那里不知所措。

林楚看见梅开蕊与蒲忠全亲热的样子，醋意大发，联想到她刚才说也喜欢一个警察，就认为梅开蕊所爱的人就是蒲忠全，心乱如麻，扭头就跑回车子上，刚发动车子准备离开，不料梅开蕊也跑了过来。

梅开蕊看了看她的表情，沉默了一会儿，说：“你喜欢的是他？”

林楚虎着脸，没有说话，只是把车开得飞快。

“你如果想听我的故事，就慢慢开，我还没有结婚呢，可不想缺胳膊断腿的……”梅开蕊认真地说。

林楚还是没有说话，但是车速明显慢了下来。

梅开蕊又看看林楚，深深地吸了一口气，屏在肺里过了好一会才慢慢吐出，似乎在下什么决心。

林楚觉得她的目光散乱，明显犹豫不定的样子，便更加坚定了自己的推断，毫无表情地说：“回吧，你要在哪里下？”

“说实话，有些事，我真的难以启齿……”梅开蕊扭头看着窗外。

“我理解，尽管我恨你。感情这东西就像四不像，似是而非的，看重一点，叫浪漫，可以定义为不分国界种族年龄什么的；说得俗一点，赤裸裸的感性意识，华而不实，变化无常，今天是这个，明天就可能是另外一个人了。结婚的，试婚的，离婚的，单身的，都一个调门……”林楚忧伤地说，不过她意识到这么说有些不妥，也有点失态，于是自嘲带歉意地解释，“我干吗说这些，没头没脑的，呵，你别见笑，我没有其他意思，我……我祝福你们。”

梅开蕊幽幽叹息一声，说：“你误会了，我爱的人不是你说的那个叫蒲忠全的……”

林楚突然刹车，诧异地看着她。

后面的司机也只好跟着紧急刹车，幸亏是风雪天，车速都不是很快，没出什么事情，但也把后面的司机吓了一跳，伸出头来朝她们直吼。

林楚伸伸舌头，连忙开动车子。

“我原本不想告诉你我是做什么的……”梅开蕊一脸幽怨，似乎没有感觉到林楚的危险行为，“我在音皇歌城上班，就是你们嘴里所说的三陪小姐……”

林楚心里咯噔了一下，想看看她，却忍住了这个念头，眼光直勾勾地盯着前面显得很肮脏的路。

“那天，他张罗着一帮从省里来的客人，我是领班，我把他的客人安排好以后，可他却没有叫小姐作陪，而是一个人坐在墙角默默地抽烟，我第一次遇到像他这样的，于是就过去和他攀谈，不知道为什么，谈着谈着我鬼神差使把他带到我住的房间……”

林楚扭头看看她，她脸上泛出红晕，还有一丝羞怯。

“这可是我第一次主动把一个男人带到我住的地方啊！”梅开蕊又伤感起来，“我们在这种场合相遇，注定没有什么好结果的……”

梅开蕊长长的叹息，让林楚想起昨夜那个梦。

“不瞒你说，我接待过那么多客人，都像那露水，太阳一出来，就无踪无影，没有留下多少记忆的痕迹，可就是他，却让我魂不守舍。我给他打了无数次电话，可他总是冷冰冰的……”梅开蕊呜呜地哭了起来，哭了一会儿，又断断续续地说，“从那晚之后，我就没有再接待过男人……”

突然，她情绪激动起来，愤懑地说：“你说，干我们这行的，现在在中国哪个地方不是公开的？怎么就得不到理解呢？就像他们管理的犯人，难道犯了罪，就一辈子受到歧视吗？何况，来吃喝玩乐的，大都就是党政部门的，他们一手高高举起大棒，时不时喊打，一手却高举着糖果，肉麻地喂养着我们这群人，做了婊子，还堂而皇之地立牌坊，这世道怎么变成这样？真他妈的乱……”

林楚想安慰她几句，但一时找不到什么话题，只好问：“你的那个他叫什么名字？和蒲忠全熟吗？”

“他们很熟悉，还是朋友。”梅开蕊又回到先前低落的状态，“我认识蒲忠全是在 3 个月前，当时他差点和我们音皇歌城的保安打起来。”

“咋回事呀？”林楚急急地问。

梅开蕊看她那样子，笑起来了，卖关子说：“看你急的，走，我们现在去找他，你自己问他。”

林楚迟疑地说：“不太好吧？”

“哎呀，有啥不好的？走吧，把他拉上一起赏雪去。”

“你这么积极，是不是想打听你的那个他的情况呀？”林楚看着他坏坏地笑道。

梅开蕊一下子又变得低沉起来：“没戏了，不用打听了……”

“我不信，我要蒲忠全帮你忙……”林楚边说边掉转车头。

到了先前遇到蒲忠全的地方，工地民警却说监狱领导来检查，他去另外一个工地迎接去了。林楚打听了工地的具体位置，就奔了过去。就像谢本川跟蒲忠全打游击战一样，蒲忠全也跟林楚她们玩起捉迷藏来，最后竟然失去了寻找的方向。她们向工地民警要了电话，可要么蒲忠全不接，要么就是占线，就在林楚失望的时候，蒲忠全竟然奇迹般地映入她的眼帘。

林楚看他皮鞋和裤腿满是泥浆、浑身湿漉漉的模样，有些心酸，也不知道说什么好。两人就这样互相凝视着对方，梅开蕊不忍打搅，知趣地退在一边，时间似乎凝固了，周围的一切的一切像流水一样，悄然而去，就留下他们两个人……

蒲忠全的手机响了起来，打破了沉默气息。

电话里传来熊晓戈低低的声音：“‘二小’，我和彭监马上从省城返回，估计要到你那里看看，你小子看着办……”

蒲忠全喂了几声，知道是他瞅空子给他通风报信，但他一时揣摩不透他说看着办的意思，便给胡玲玲打电话：“熊晓戈说彭监要来我这里看看，他要我看着办，你说这啥意思呀？”

一听到熊晓戈三个字，梅开蕊不由自主地走了过来，像一条哈巴狗一样眼巴巴地望着蒲忠全。

林楚看在眼里，心里更加酸楚。

胡玲玲咯咯地笑："莫不是他叫你也安排个妹儿？又上演一出汪庆书的戏？"

蒲忠全见梅开蕊走了过来，于是也装作漫不经心地往旁边走了走，声音压低了一些："别开玩笑，你和彭监接触多，了解他的秉性，说真的，你说我怎么接待？规格多高？"蒲忠全认真地说。

"一切从简。"胡玲玲说，"别搞复杂了，他不喜欢。"

"那我在工地上接待他？然后出个什么监狱长在工地上晚餐之类的简报，你看如何？"

"哈哈……有意思，有意思，双河监狱一个监狱长在青州市住豪华宾馆嫖宿，一个却在天寒地冻的工地上与民警罪犯一起用餐……还是你们读书人花花肠子多，看来我这个老师该退休了……"

蒲忠全觉得胡玲玲的话带有讽刺的意味，有些不好意思，说："你要是觉得不妥，就不那么办……"

"别别，这主意不错，真的。"胡玲玲说，"他要你说，你就实事求是地说，特别是困难，要说到位。"

蒲忠全突然意识到什么，问："我今天给你说郑怀远的事情，你和彭监他们在一起？"

胡玲玲又是一阵咯咯地笑，然后什么都没有说就挂机了。

蒲忠全心头涌动出一股感激，他不好向彭监汇报的事情，居然让胡玲玲这么巧妙地办到了。

"说什么呢？"林楚拿眼瞄着他，像在观看一个奇形怪状的东西。

蒲忠全以为她听到自己说的话，认为她在讥讽自己趋炎附势，便干笑几声，揶揄地说："没办法，生存法则如此……"

林楚见他如是说，一时愣住了："啥意思？莫名其妙的？"

蒲忠全看见她那模样，心想她八成没有听到自己刚才的对胡玲玲说的话，心里不由得松了一口气。

梅开蕊轻轻碰碰林楚，林楚便对他说："上车，问你个事儿。"

蒲忠全打开车门，看看里面，又看看自己的双脚，有些迟疑。

林楚已经坐在驾驶位置上，看他样子，心里暗笑，催促说："快上来呀！"

蒲忠全抬起脚又放下，不好意思地说："弄脏这么漂亮的车子，我都不好意思。”

“车子是死的，人是活的，一会儿你找几个犯人帮我洗了不就得啦？嘿……”林楚说。

蒲忠全只好上车坐下，暖气迎面而来，这才感觉到双脚已经麻木了，似乎失去了知觉，他边搓搓手跺跺脚，边问：“你要问什么事儿？”

“是我姐妹要问事儿，不是我。”林楚说。

蒲忠全回头看着梅开蕊：“有亲戚犯了事儿在我们监狱？”

“晕，你没有干几年，怎么就这么职业化了？”林楚瞥别了他一眼，“难怪越来越榆木疙瘩了，到青州这么久了也不来找我……”

蒲忠全也不知道怎么回答林楚的责怪，一时无语。

梅开蕊此刻却不说话，眼睛望着窗外，不知道在想些什么。

“哎呀，我说姐妹，平常你那么大胆，这会儿怎么了？算了算了，还是我帮你问吧……忠全，你那里有个叫什么熊晓戈的？”

“有啊，怎么了？”

“没怎么，我这姐妹喜欢他，你得撮合撮合。”林楚说。

蒲忠全“啊”了一声，突然想起那次在音皇歌城前她问过关于熊晓戈的事。

“啊什么啊，你帮还是不帮？”林楚追问。

“这个……这个不好办，熊晓戈三年前就结婚了……你说我怎么帮？”蒲忠全为难地说。

“啊？”林楚惊叫一声，回头看着梅开蕊，“你跟他相好的时候，他没说？”然后目光灼灼地瞪着蒲忠全，牙齿咬得咯咯作响，从牙缝里冒出几个字来：“王八蛋，骗子，骗子！”

林楚的话令他一头雾水，但隐隐约约还是感觉到了什么，见林楚瞪着自己，便说：“你瞪着我干什么？这事儿我第一次听到，也与我无关。”

梅开蕊插话说：“林楚，这也不能怪他，他没有说，可我也没有问……”

话还没有说完，竟然嘤嘤地抽泣起来。

林楚幽幽地叹息了一声，不再言语，专心地开车。

蒲忠全看看梅开蕊，又看看林楚，他虽然不敢确定熊晓戈和梅开蕊究竟是什么关系，朋友？婚外恋？一夜情？还是其他某种交易类的性关系？但通过林楚的言语中完全可以判断他们之间的关系一定非比寻常。

蒲忠全是见不得女人哭泣的，女人的泪会让他手足无措。梅开蕊如同一枝带泪的梨花，他心里油然而生一种悠悠怜惜，伤心的啜泣声又使他感到不安，心里又突然有了一种隐隐的痛楚，于是想安慰她几句，但是绞尽脑汁却找不出合适的语句来，越想越感到脑海里一片空白，心头越发感到痛，这痛来得有点莫名其妙，令他有些心慌意乱。

林楚也被梅开蕊的哭泣搅扰得心烦意乱，便责备地说："别哭了，哭有什么用？今晚他不是要来吗？你当面问问他不就得了？"

蒲忠全忙说："今晚不行！"

"怎么不行？"林楚反问。

"……"蒲忠全寻思要是明说了，万一这个梅开蕊在彭家仲面前不依不饶，那对熊晓戈可是致命的打击，就算彭家仲有意保护他，可要是传到监狱本部，熊晓戈不仅仅面临家庭危机，对他将来政治前途都会有不同程度的影响。

"莫不是做贼心虚？又不是你，你心虚什么？就这么说定了，你也别提前给你那个朋友通风报信哈。"林楚的语气很坚决，没有商量的余地。

蒲忠全也拿不出其他很合适的理由，而且他也最看不惯的就是林楚蛮横、傲慢、好指挥人的态度，于是也强硬地说："不行就是不行！"

"嗨，你哪根筋又得癌症了？这么个语气？你别维护你朋友哈，有些事必须要说明白，作个了断，把我惹急了，对你有什么好处？"林楚把车子靠边停下，生气地大声说。

梅开蕊忙打圆场说："虽然我想见到他，但是忠全说今晚不行，那必定事出有因，那就改天吧，不要因我的事情影响了你们的感情……"

"以后吧，我尽快约他到青州来，怎么样？"蒲忠全语气一下子缓和起来，像漏气的皮球。

"今晚为什么不行，你得给我们一个合适的理由。你如果不说个理由，那就今晚。"林楚依然不依不饶。

"不行就是不行，哪有那么多理由？"蒲忠全哼了一声，打开车门走了出去。

林楚气得嘴巴都变形了，怨恨地盯着他。

梅开蕊连忙下车，拦住蒲忠全，正要说话，蒲忠全的手机响了起来。

蒲忠全一接电话，脸色唰地变了，急急地说："冷静处理，我马上来。"

挂断电话后，他看着梅开蕊急急地说："我不是不想帮你，以后吧，我保证，嗯！”

梅开蕊点点头：“嗯，我信……出什么事了？那你去忙吧。噢，送你过去……”她一把拉住蒲忠全，把他拉到车门边，然后打开车门，对他点点头。

蒲忠全迟疑了一下，坐到副驾驶位置上。

梅开蕊问：“去哪里？”

蒲忠全说：“城北那个加油站。”

梅开蕊见林楚没有动，便说：“林楚，蒲哥的人好像出事了……”

原来，二分队完成了城北加油站的挖土方，准备转移到另外一个工地，监区租来的客车把一个路过的妇女擦挂了一下，那妇女没有跌倒，除了手擦破了皮以外，并没有其他的外伤，可这她却拦住车不让走。二分队分队长李家兴带着冉金旺、张景然劝说了一阵，但是那妇女就是不让路，冉金旺便把她往路边拉了拉，她便顺势倒在地上，呼天喊地，说什么犯人打死人啦，还打电话邀约了10几个人来，将车子团团围住，引来无数市民旁观。

远远地看见一大群人围在一起，蒲忠全叫林楚停车，一声不响地走过去。他挤进人群，只见一个妇女浑身泥泞，披头散发，坐在客车前，正指指点点朝周围的市民说着什么，其余十几个人摩拳擦掌地围着李家兴和冉金旺、张景然，一些不明真相的市民也开始起哄。

蒲忠全有些迟疑，他知道这件事要是处理不好，很有可能引发群体性事件，正在寻思应对之策，李家兴远远地望见他，像遇到救星一样高声喊：“蒲监区长，蒲监区长……”

蒲忠全只好大步走了过去，阴沉着脸看看那妇女，又把那十几个人扫视一遍，才问：“怎么一回事？”

那妇女立即哭叫起来：“犯人打死人了……”

“打死人了？死人在哪里？”蒲忠全立即打断她，高声问。

那女人一愣，一时搭不上话来，人群迟疑了几秒才反应过来，都哄堂大笑起来。

蒲忠全趁机对市民说：“我们是双河监狱民警，带领罪犯在这里劳动，这辆客车是我们租来的，我们与客车车主有合同，安全事故由对方负责，所以这件事与我们无关，当事人应该找车主协商或者报警，你们说我说的是不是这个理儿？”

市民立即议论纷纷，有的则开始离去。

那妇女一个虎跳，指着冉金旺说：“他，就是他，打了我！”

“他是我们监狱的一名罪犯，他现在是光头，看不到他头发，你们知道他有多大年纪了吗？毛主席说，没有调查研究就没有发言权，我告诉你们，这个罪犯真实的年龄是62岁，试想一个62岁的老人会打得赢她吗？我们来之前，就有朋友介绍说青州市民风淳朴，讲道德，讲风格，讲法制，市民素质很高，但是我今天看到的却令我很遗憾……”

人群又像炸了锅一样，开始纷纷指责这个妇女来。

蒲忠全朝冉金旺使使眼色，冉金旺立刻颤巍巍地走到市民面前，边咳边说：“我实在是冤枉啊，咳咳……就算我诚心打她，我把她打得痛吗？”接着，他提高声音对蒲忠全喊，“蒲政府，我劝解的时候就拉了她一下，她就说我打她，我知道我是犯人，在场的老少爷们不会同情我，没人给我作证，我是跳进黄河都脱不了干系，你就把我交给他们吧，由他们处置，反正我没儿没女，早就不想活在这世上了，大不了抛尸荒野，但是，我做鬼也不放过冤枉我的人！”

说完，冉金旺捂着嘴巴一阵剧烈地咳嗽，脸色变得猪肝色，面目痛苦可怜，又有些狰狞。

场面立即安静下来，一个上了年纪的市民走过来对那妇女说：“闺女，我一直在场，他确实没有打你，得饶人处且饶人，算了吧，啊！”

那女人面带犹豫，有些不甘，她叫来的其他人都看着她，表情开始沮丧起来。

蒲忠全走过去对那妇女说：“既然这样，人我就交给你了，你想怎么处理就怎么处理。”

然后转身对李家兴下命令：“李家兴，集合犯人，步行！”

民警的命令声、罪犯监改员的吆喝声、报数声此起彼伏，市民纷纷让开一条道来。

这时，一个中年男子走到蒲忠全跟前，局促地说：“领导同志，我是她二哥，你看这个事儿闹得……人，我们不要，你带走吧，可这客车司机总得多多少少赔偿点吧？”

“你这话我爱听，在理！司机，你来一下。”蒲忠全对司机说。

司机走了过来。

蒲忠全对司机说：“人家也不是无缘无故地闹，就算事情很小，但毕竟还是一件事儿，对吧？我建议你们协商一下，要么一次性给点茶钱，要么报警让交警来……”

“哎呀，交警来好是好，就是费事儿，我看就这样，给她 100 元，算是给个台阶让她下，怎么样？”那男人看看他妹妹，为难地说。

司机立即掏了 100 元交给他。

他立即走到那女人面前，附耳说了几句，那女人似乎还不满意，他便训斥说：“还不见好就收？人家是监狱，你能怎么样？那犯人没儿没女没牵挂，要是耍起横来，那是要出人命的。”

那女人跟她二哥走了，市民们也一哄而散，已经集合好准备步行的犯人们又有序地上车。

蒲忠全长长地吁了一口气，有人从后面在他肩膀上重重地拍了一下，他吓了一跳，刚刚松弛下来的神经又高度紧张起来，回头一看，原来是熊晓戈，边说：“我的妈呀，我当是谁呢？咦，你……”

“‘二小’，干得漂亮！”熊晓戈笑嘻嘻地说。

“彭监呢？你们怎么来得这么快？”

“小声点……”熊晓戈压低声音说，随即朝后面指指。

蒲忠全望去，彭家仲正微笑着看着他，连忙迎了上去。彭家仲也紧走几步，主动握住他的手说：“辛苦了！”

蒲忠全待彭家仲松开手后，还是不忘敬礼，彭家仲心里满是喜欢，嘴里却说：“罢了罢了，就不必讲究那么多礼数了。”

“彭监，这里不是说话的地方，我们找个小茶馆，喝点热茶，暖暖身子。”蒲忠全说。

彭家仲点点头，招呼司机把车子开过来。

一行人正要上车，林楚站在不远处喊：“蒲忠全，你还没有叫犯人帮我洗车呢！”

彭家仲一愣，看看林楚，又看看蒲忠全。

蒲忠全连忙跑过去，低声问：“梅开蕊呢？”

林楚朝右边指指，原来梅开蕊正凝视着熊晓戈。

“我的姑奶奶，你就饶了我吧，你知道那个人是谁吗？是我的老大，监狱长，监狱长你懂吗？”蒲忠全边稽首作揖边哀求道。

林楚意味深长地瞧了他一眼，嘴角流露出一丝浅笑，没有理会他，直接走到彭家仲面前，大大方方地伸手同他握手，说：“我叫林楚，是蒲忠全的同学。你是他的最高领导，我要告他的状。”

彭家仲十分意外，也十分感兴趣，笑着说：“哦？既然是同学，就一起去喝茶吧，等会儿再听你说。”随即对熊晓戈吩咐道，“熊主任，蒲忠全和林楚坐我的车，你打个的。”

“不用，不用，我有车。”林楚说完，乐颠颠地招呼梅开蕊上车。

熊晓戈晃眼间看见了梅开蕊，背心立即冒出了冷汗，他看了看蒲忠全，蒲忠全似乎有意回避他的目光，心里暗暗着急。

第十五章　暗流汹涌：应酬的学问

雪后初霁，碧空万里，红晃晃的阳光洒满大地，白雪覆盖的城市笼罩在一片霞光之中，更显得澈明、洁净，宛如一个纤尘不染的仙子，文静地凝视着来来往往的行人。午后的滨江大道，没有风，阳光似乎依然没有温度，树上的积雪开始融化，到处都是滴滴答答的音声，在突突的车流中有些含混，但细细听来，像春天的夜雨打在瓦房上，轻柔而富有韵味，直透肺腑，荡涤着内心深处那些肮脏的欲念，让人不由自主地想把心思掏出来在阳光下晾晒一下……

一个女乞丐裹着一条破烂的棉絮，靠着亭子的围栏一动不动地坐着，混浊的目光在来往如织的车流中游动，像是在寻找什么，抑或在等待某个人，偶尔嘴角上流露出笑，那笑，很特别，不知道是天真还是痴傻？是苦涩还是无奈？

蒲忠全刚检查完一个外劳工地，来到滨江大道，满脚的泥巴。经过几个月的意志的考验，虽然在意识中早已把自尊这个词抹去了，也没有了自惭形秽的感觉，他看看鞋子上的泥巴，但还是觉得自己的鞋子与这里精致的美景很不协调，于是想找一个树枝打扫一下鞋子，不料在亭子的拐角处踩到了乞丐的身上，蒲忠全吓了一跳，正要询问乞丐要不要紧，不料那乞丐却斜睨着眼神，坏坏地笑："要干那事？也不用这么猴急嘛……"

蒲忠全脑袋嗡嗡作响，转身就走，那乞丐一下跳起来，拦住他。

蒲忠全见她四十来岁，衣着光鲜，惊讶地问："你不是乞丐？"

女人把自己衣服撸了撸，不满地说："我是乞丐吗？"

"那你在这里干什么？"

"你不管我干什么，你把我踩到了，想走？"

蒲忠全说："你想怎么样？"

"给钱，要不我就大声喊你踩了我。"女人蛮横地说，她瞧瞧蒲忠全，语气放缓，"不过嘛，看你像李逵那么健壮，来一下，给你打个八折，也行。"

蒲忠全哭笑不得，不过这女人在这么寒冷的天气里还在营生，想必家里发生了重大变故，寻思着要不要给他一点零花钱。

那女人见他不言语，猜测他在犹豫，便说："看你这模样，是刚出门打工的吧，也没挣什么钱……一口价，20 块。"

蒲忠全没有想到他把自己当成了一个刚出门的农民工，心头有些来气，但转念一想，何必跟一个卖身子的老女人计较这些呢？农民工就农民工吧，反正祖辈也是农民出身，于是说："我给你 30 元，你回家吧。"

说完，他掏出 30 元递给她。

这时，一对老年妇女手挽手路过这里，老人对视一眼，脸上露出鄙夷的神情。

"那就给 50 元！"那女人迅速把 30 元钱抓过去，又伸出手来，"还有 20 元！"

"你这人怎么这样？"蒲忠全想自己堂堂一个警察，却被一个乞丐般的卖身女人欺负，一下子来气了。

"有胆子做，就得给钱。"女人声音一下子提高了八度。

蒲忠全火了，骂道："真他妈的婊子，老子做啥了？"

"婊子怎么了？婊子就不是人？给钱给钱，20 元！"那女人一把揪住蒲忠全。

"不就 20 元钱吗？给她吧，你们在这里吵什么吵？光彩呀？"老头忍不住发话了，其他几个散步的人也似乎注意到发生了什么事情，都朝这边走了过来。

蒲忠全一看情势不对，尽管再拿 20 元他实在有点不甘心，但是总比丢人现眼的好，只好又扔给她 20 元，然后以百米冲刺的速度逃离现场。

跑了一阵，回头看看已经距现场很远了，便坐在石凳上喘气。

他脑子里突然觉得这女人好像在哪里见过！

他努力地搜索着，却依然只是些破碎的记忆。

他苦笑了一下，起身习惯性地拍拍屁股，哪知屁股上却湿漉漉一片。原来石凳上满是融化的雪水，他低低地骂了一句，连自己都不清楚究竟在骂什么。

蒲忠全觉得很是郁闷，正想找个人聊聊，胡玲玲就打来电话，弄得蒲忠全心神一阵荡漾，他心想要是她现在在青州市……

“喂喂喂，怎么不说话，在干什么坏事吧？小子！”胡玲玲喂了几声，不见他回答，声音提高了八度。

蒲忠全回过神来，忙说：“我现在哪有心情干坏事哟……唉，晦气晦气……”

他把刚才发生的事情大体说了一遍，电话里传来胡玲玲排山倒海的笑声：“哎哟，笑死我了……”好一会儿，胡玲玲才喘过起来，“给你通报一个信儿，郑怀远昨天来省城开会，现在启程回监狱了。”

“你的意思要我和他沟通一下？”蒲忠全有些不情愿地问。

“不是沟通，是勾兑。”

“勾兑？啥意思？”蒲忠全又问。

“你是不是在装傻哟？”胡玲玲有些不高兴了，认为蒲忠全是在戏弄她。

“要给钱？要不是你，我还真不知道怎么过这个年呢？还送钱给他？哦，他开给我罚单，我还给他钱，走遍天下也没有这个理吧！”蒲忠全一提起罚单的事，火气就忍不住噌噌地往上蹿。

胡玲玲知道蒲忠全一贯是个很沉稳的人，可以在他人面前肆无忌惮地抱怨，发泄对监狱领导的不满，估计除了她，再也没有第二个人，说明这小子把她当成知心朋友，这么一想，心里也就没有芥蒂了，反倒十分开怀，于是开导说：“毛老人家（毛主席）还讲统一战线，讲国共合作呢，何况你和他之间又没有阶级仇恨，我只是觉得你没有必要树这个敌人，人家毕竟是监狱领导，官大一级压死人，你即使有天大的抱负，有立竿见影的措施，要是得不到他的支持，到头来还是什么事情都干不了，还弄得自己灰头土脸的，对吧？”

蒲忠全虽然认可她的话，但心里还是有些不甘，沮丧地说：“好吧，这世道，吃屎的比拉屎的还凶……”

“喂，这种态度你怎么去协调好关系？打起精神来，我的同志哥，我给你说，郑怀远不仅贪财而且很好色，怎么接待，你看着办，但你可别犯傻，也去泡小姐哈。”胡玲玲说完，想起他遇到“野鸡”的事，不由得又笑起来，但她突然打住笑，说：“你刚才说什么来着？你对那个‘野鸡’似乎有点印象？”

“别哪壶不开提哪壶，我今天可够倒霉的了，现在一提到小姐呀野鸡呀都想吐，一个郑怀远都把我搞得焦头烂额了，哪还有那心思。”蒲忠全叫苦连天。

“既然有点印象，你何不去用手机偷拍一张照片呢？”

“你什么意思？”蒲忠全有些恼火。

胡玲玲没有在乎他的情绪，继续入木三分地分析说：“你想想，你在双河那穷山恶水的地方一待就是若干年，顶多就是回老家离开几天，没有机会接触其他人，你说说怎么会对一个半老徐娘有印象，你不觉得奇怪吗？”

“你究竟想说什么？”蒲忠全忍不住发火了。

“嘿嘿……我没有其他意思，别乱想哈……只是觉得很奇怪，所以想让你拍张照片，过年我回来瞧瞧，我这人啥都好，就是有一个毛病，那就是好奇心太重，嘿嘿……”

胡玲玲调皮地笑声让蒲忠全火气一下子消了，他说：“好吧好吧，我一会儿去看看那娘们儿还在不。对了，多久回来？我们有半年没有见面了……”

“怎么呢？一日不见，如隔三秋？”胡玲玲嘻嘻地笑。

“哪个不想美女？何况我还是童子呢！”蒲忠全也坏坏地笑。

“童子可以当饭吃？哼！”胡玲玲撂下一句，就挂了电话。

蒲忠全盯着手机，愣愣了好一会儿，才想起她是离了婚的，自己说这句话可能刺激了她，心里有些懊恼。

正在这时候，远远地看见先前那个卖身妇人慢悠悠地朝这边走，心念一动，便躲在隐蔽处，待她走近了，偷拍了两张相片，再端详了一会儿，依然是那种似曾相识的感觉，但始终想不起究竟在哪里见过。

蒲忠全边走边给谢本川打电话说：“是谢科长呀，现在在哪里潇洒？我怎么听到娇滴滴的音声，是不是有个金丝鸟儿在你身上哟？哎呀，没事就不能给你打电话呀？今晚我请你吃饭……喔，我可是诚心诚意的啊，只是请你和郑监，人少好说话嘛，你说是不是？嗯……嗯，好，就这么说定了。你叫司机把车子开回去就是了，你先找个地方洗洗头搓搓脚什么的，晚上我给你算账就是了。好，一会儿我给你电话，我现在去接郑监。”

蒲忠全看看时间，估计郑怀远到达高速公路口还要 1 个小时左右，想来想去，只好找梅开蕊帮忙。

他想起前几天与林楚、梅开蕊不期而遇，又与彭家仲、熊晓戈一起吃饭聊天的情景，心里不免有一份担忧。

熊晓戈按照彭家仲的吩咐，忐忑不安地找了一家酒店，坐定之后，林楚给彭家仲介绍梅开蕊说："监狱长，这位是梅开蕊，我的朋友，梅子的梅，开花的开，花蕊的蕊，很有诗意吧？"

"喔？"彭家仲看看林楚，又看看梅开蕊，似乎在沉思着什么？

"怎么？大领导不这么认为？"林楚直白地问。

彭家仲笑笑说："嗯，很有诗意，我只是在想，既然梅花初放，露出花蕊，你为什么理解成梅子，而不是梅花呢？"

"哈哈……"林楚两眼放光，忍不住手舞足蹈起来，转头对蒲忠全说，"蒲同学，我看你这领导睿智非凡，你跟着他没错。"

蒲忠全和熊晓戈都诧异地看着林楚，不知所措。

彭家仲没有反对，也没有否定，还是笑笑问："怎么说？难道这里面还有典故？"

林楚指指蒲忠全和熊晓戈说："领导就是领导，思维就比你们两个敏捷！"然后说，"《诗经》里不是说，'摽有梅，其实七兮。求我庶士，迨其吉兮！'所以，我的这位朋友，是梅子，而不是梅花。"

说完，转头看着彭家仲，目光里明显带着挑衅。

熊晓戈知道现在的领导干部，八成连刘亮成都不太了解，更不用说什么《诗经》了，很想为彭家仲解围，但自己对林楚的话连听都没有听说过，急得背心冒汗，情急之下，想到蒲忠全和她是同学，应该搞得懂这诗歌是什么意思，便用脚踢他。

蒲忠全明白他的意思，面带难色，朝他使眼色，然后低下头去把玩茶杯。

彭家仲对《诗经》是熟悉的，意味深长地看看蒲忠全，又看看熊晓戈，目光最后定格在蒲忠全的脸上，不紧不慢地说："林小姐莫不是要我做个媒人？"

"是呀，我这个朋友，特喜欢狱警，愿意奉献终身献此生，呵呵……可是，有的人就是榆木疙瘩，或者说装傻，不知道是居心不良，还是自卑羞怯。"林楚语气中带着讥讽，目光不经意地在熊晓戈脸上掠过。

熊晓戈大体猜出了她说的这首诗歌的意思，目光恰好与林楚相遇，心里立即像打鼓，叮叮咚咚地乱响，慌忙低下头。

蒲忠全当然明白林楚并不是针对自己的，而恰好彭家仲理解错了，认为林楚要他给梅开蕊当媒人，嫁给蒲忠全，于是岔开话题说："林楚你别胡闹，我还得给彭监汇报工作呢。”

“什么胡闹？我也在给领导汇报工作。从现在起，彭监狱长也是我和梅姐姐的领导，我俩要是受了冤枉，就找领导汇报！”林楚振振有词地说。

彭家仲哈哈大笑，说：“做你俩的领导？我可不敢当，不过，要是蒲忠全欺负你，你尽管给我说。”

“那万一是熊晓戈熊主任欺负我们呢？”林楚追问。

“噢？”彭家仲心里疑云顿起。

蒲忠全狠狠地瞪了她一眼。

“彭监，你不知道，他俩穿同一条裤子，难兄难弟呢！”林楚解释说。

彭家仲疑惑尽散，笑道：“一样一样，看我不撤了他们。”

熊晓戈心里一凛，两股颤颤。

“好啦，好啦，不耽误你汇报工作了。”林楚拍拍蒲忠全的肩膀说。

熊晓戈和蒲忠全都暗自长长地舒了一口气。

这时，服务员再次推门进来，询问点菜。林楚不耐烦地挥挥手说：“等会儿我来叫你，你没见我们正谈事吗？”随后对蒲忠全说，“青州有句话，在上酒之前谈事，免得彭监说的酒话，事后不作数，嘿……”

“伶牙俐齿！”彭家仲欣赏地说，然后问蒲忠全，“什么事情？是不是郑监他们罚款的事情？”

蒲忠全心想，果然不出自己所料，胡玲玲与他通话，彭监是听到了的，那么前后始末他也应该清楚了，于是直接叫苦说：“我承认我们监区做得不够，还有很多漏洞，我们一定努力整改，但眼下马上就要过年了，这4万多元要是没了，我手下那帮弟兄怎么过年啊？我是黔驴技穷了，只好斗胆向彭监你借钱了，等我们监区开春有盈余了立即还。”

“你有大局意识，能正确认识罚款的事情，我很欣慰。”彭家仲赞许地说，他话锋一转，“不过，我听说你小子一贯是赵巧送灯台，一去永不还，我借给你4万元，是不是也打算赖账？”

蒲忠全早就盘算好赖掉这笔钱，嘴上却连声说：“不敢，不敢，就是借给我千个胆万个胆子，我也不敢赖彭监的钱。”

“熊主任，你想办法在财务上借4万元交给他。”彭家仲接着说，“尽管你们目前的工作有悖于监狱回归主体地位，但非常时期嘛，而且在青州市站稳了脚跟，给我们监狱开辟了一个根据地，给全监狱民警树立了信心，你们也很辛苦，年终奖金你尽管给大家发，我不过问，告诉民警们，大年三十我来跟他们一起过。”

“好好好，我今晚就传达彭监的指示。”蒲忠全激动地站起来，端起茶杯，“彭监，我以茶代酒，代表四监区全体民警敬你一杯。请你放心，我们开辟的这块根据地不仅不会丢失，而且会一天比一天大，星星之火，可以燎原，有你这样的领导，我们很快就会把青州市全部赤化。”

“怎么听起来像是在闹革命？”林楚插话说。

所有人都笑起来，唯独梅开蕊没有笑，把目光投向窗外。

“蒲忠全啊蒲忠全，叫我怎么说你呢？”彭家仲指指他，才端起茶杯。

吃过饭，要结束的时候，蒲忠全趁着酒兴低声问林楚：“你说的那《诗经》是什么意思？”

这话恰好被梅开蕊听到，便说：“这首诗叫《摽有梅》，意思是树上的梅子纷纷落下，枝桠上只剩下七成了，那些追求我的小伙子，不要错过良辰。唉，‘摽有梅，其实三兮’！”

说完，独自匆匆而去。

她的幽怨感染了所有人，等大家回过神来，梅开蕊已经散失在灯红酒绿之中。

林楚说：“她喝了酒，我得送她回去。”说完，匆匆与彭家仲辞别，开车追了过去。

彭家仲拍拍蒲忠全的肩膀，语重心长地说：“你的恋爱婚姻我本不该说什么，但像梅开蕊这样难得的才女，说实话，监狱警察目前的社会地位不高，人家能看得起我们，很难得了，你可不要错过机会。”

蒲忠全一阵错愕，不知说什么好。

熊晓戈把他拉到一旁，低声说：“这事儿你知我知天知地知，梅开蕊这件事情我就拜托你了，千万不要生什么事端来。我现在很后悔，你知道的，搞不好这事儿要毁我政治前途，兄弟，拜托了，拜托了。”

彭家仲走后，蒲忠全坐在街边上，垂头丧气地盯着车流出神。

第二天，熊晓戈专门给他送钱过来，实际上送钱只是幌子，他是不放心蒲忠全的同学林楚掺和梅开蕊跟他的事情而来找蒲忠全的。蒲忠全从他那里知道了事情的始末，熊晓戈糊里糊涂地就与她上了床，这事儿要他来负责，倒是有点过了，何况梅开蕊本来就是干这个营生的，于是对熊晓戈保证说服林楚不要掺和这事儿，在适当的时候与林楚一起劝劝梅开蕊，把影响控制在极小的范围内。

想到梅开蕊特殊的身份，如果她愿意帮忙，找两三个标致、有修养的，而且口风紧的小姐易如反掌，但蒲忠全很犹豫，求助与她，会不会伤害到她呢？眼看时间一分一秒地过去，蒲忠全最后还是拨通了梅开蕊的电话。

“是蒲哥呀？怎么想起给我打电话来着？呵呵……”

梅开蕊声音很甜，很清脆，充满磁性，让蒲忠全想起老家晨曦中变幻莫测的雾……

“说话呀？出什么事情了吗？”梅开蕊语调一下变得关切起来，还带有几分焦急。

“哦哦哦……”蒲忠全这才回过神来，但说出的话显得语无伦次，“也没……没什么大事，就是……就是打个电话……”

他自己都听不下去了，暗骂自己贱。

“我知道你要我做什么事情……”梅开蕊停顿了一下，继续说，“要几个小妹？是在音皇娱乐城来玩还是带出去？”

“梅小姐……啊，不不不……小梅……也不是……开蕊……”蒲忠全一时之间不知道称呼对方什么好。

梅开蕊扑哧笑起来：“林楚说你是大老粗，我看呀，你十足一个文人，要不怎么这么酸呢？梅小姐、小梅、开蕊，都可以叫，无所谓的。”

“那我以后就叫你开蕊吧？”蒲忠全不由自主地说。

“嗯，好。你说吧，需要我帮什么？”

“是这样的，我们监狱一个副监狱长罚了我4万多元的款，那天我给彭监汇报时，你在场呢，应该还有印象吧？嗯，对，就是就是，今天他要从省城返回来，我想请他吃顿饭，再找个小姐陪他唱唱歌跳跳舞什么的，可我没有经历过，所以只好求助与你了，如果有什么不对的地方，请你多包涵……”

梅开蕊那种幽怨的声音传来：“其实我很感激你了，至少你顾及我的感受，谢谢你，蒲哥。”接着她说，“那就到我们音皇娱乐城来吧，我在这里做领班，唱歌跳舞开房都很方便，也很安全的。”

“你那里才发生了汪庆书事件，估计他心里还有芥蒂，我的意思是能不能带她们来宾馆？到时候我来接她们，费用好说。”蒲忠全犹犹豫豫地说。

梅开蕊很爽快地说："好，到时候给我电话，你也不用来接，我送她们过来就是了。"

梅开蕊又给他介绍了一家酒店，这家酒店不仅床位便宜，标准间才150元，在酒店餐厅吃饭还可以打9折，餐费也不贵，更重要的是，酒店老板有后台，是青州市唯一一家住宿可以不提供任何证件的酒店。

"有这种事？哪不是专门为那些嫖宿的人开的酒店吗？"蒲忠全惊愕地叫。

梅开蕊笑道："我不信你一点都不了解？"

"还真不知道，真的，像天方夜谭。"蒲忠全感叹说，"你说我离开城市才几年，怎么一下子变成这样子呢？要是毛主席还活着，你说他老人家会是怎样的反应？"

"哈哈……"梅开蕊纵情地笑，"青州市不是流传一个顺口溜吗？毛主席向后看，下岗工人满街窜；毛主席向右看，全国劳模在要饭；毛主席向左看，大小官员齐向钱；毛主席向前看，警察小偷肩并肩。"

"深刻，深刻，有哲理！"蒲忠全佩服地说。

"深刻？依我看，要是毛主席他老人家还在，说不定跟你们一样，满口仁义道德，暗地里……也说不准哈，说不定他把你们全部拉出去先游街示众，然后枪毙……"梅开蕊说到一半，感觉不对，马上变换了口吻，"说远了，呵呵……对了，我也给你选一个？怎么样？说说，你喜欢什么类型的？文静的还是活泼的？"

"你这话说远了，这哪儿跟哪儿呀？不过，你批评得对，现在这社会就这样，满口仁义道德，暗地里却男盗女娼，既当婊子又立牌坊，政府呢，做什么事情好像都朦朦胧胧的，违法的不违法的，好像都交织在一起，把人的眼睛都迷糊了……我是适应不了，你说要是我们监狱真搬到这花花世界，还真不知道会闹出多少事儿来。想起来还是大山沟里好，我以前在那山上，日出而作，日落而息，虽然清贫单调，但是却闲云野鹤一般自由自在，现在呢？好像我是淘金老板，淘到金子了，什么部门什么人都想来捞一把……"蒲忠全絮絮叨叨地诉苦。

梅开蕊的心跳了一下，有点痛的感觉，她很后悔刚才说的那些话，于是静静地听他说完，才说："我就知道监狱里还是一块相对纯正的土地，不过你也别担心搬迁过来会出什么大事儿，毕竟和你一样想法单纯的人还是少数，你看很多人不是都认为你赚钱了吗？都想捞一把吗？就说明在利害关系上，普天之下莫非王土……呀，一个客人在大吵大闹，我去看看……"

蒲忠全看看手机，用手捏捏，好像是拿着一个宝贝似的，怕掉了，又怕捏坏了，心里有些枉然失落，落魄之间晃然看见自己满是黄泥巴的鞋子，心想要是这个样子走进酒店，估计保安是绝对不会让他进去的，就是自己把警官证来出来，对方说不定还要报警说有假警察呢。看看时间，还有 40 来分钟的样子，于是就在街边擦皮鞋地摊的椅子上坐下来。

擦鞋的是个 50 来岁的老年人，瞧了瞧蒲忠全的鞋子，伸出两个手指头。

“涨价了？”蒲忠全问。

老人摇摇头。

“那为什么收我两元？”

老人指指他的鞋子，又比又划，嘴里呜哩哇啦地。

蒲忠全想是个哑巴，心想连哑巴都欺负我，便来气了，站起来就走，四周望望，附近却没有其他擦鞋的，只好又坐回去，拍拍胸口，伸出一个指头，使劲地晃晃，那意思说就是一元，多一分也不给。

老人嘿嘿直笑，也拍拍胸膛，伸出大拇指比划，那得意的劲儿表明就是我的地盘我作主。

蒲忠全无奈，便说两元就两元吧。

老人又看看他的鞋子，转身在街道边的绿化带折了一节丁香树枝，麻利地刮去皮鞋上的泥巴，然后把一方块泡沫在小水桶里浸了一下，擦洗残留的泥巴，再用牙刷将皮鞋边缝隐藏的泥巴刷干净，上油、擦拭，最后用一块丝绒抛光，一双铿亮铿亮的皮鞋终于重见天日，露出了它本来的面目。

老头摸摸鞋帮，把皮子翻过来看了又看，又看看蒲忠全，脸上既有惊讶也有疑惑。

“怎么地？”蒲忠全被他那表情弄迷糊了，“哎，算了，问你也是别问。”他掏出两元钱扔给他，站了起来。

“真好的牛皮！”老人赞叹道。

说完，他又打量着蒲忠全。

蒲忠全错愕：“你不是哑巴？”

“我说过我是哑巴了吗？哼哼，这年月啥都假，像这样的皮鞋很少了，也贼贵，贵死人呐，穿这种鞋的人，不是当官的就是暴发户……”老人瞥了他一眼，把两元钱捡起来，随手就丢在身边的纸盒里。

“那你说我是当官的还是暴发户？”蒲忠全觉得很有趣。

“不像，不像……两样都不像……”老人弓着身子整理他的东西，头也没有抬。

“那按照你的逻辑，我怎么会穿这真资格的牛皮鞋呢？”蒲忠全更加来了兴趣，追问道。

老人突然抬起头，伸出一个手指头，热情地说：“老弟，以后有货给我也弄一双来，我给你出这个数。”

“他把我当成小偷了！”蒲忠全暗骂一句，气呼呼地说：“你个老东西，狗眼看人低，我看你也不是什么善类！”他从盒子里拿了一块钱，继续骂，“我手下随便抓一个来都比你还妖怪，敢在老子面前装？”

老头大呼小叫起来：“不是，不是，刚才你那啥东西我都不清楚……”

“你活腻了，敢骂人，小心老子揍你！”蒲忠全轮轮拳头。

“不是……我不是那个意思，我是说你这个东西……哎哎……泥巴包着的啥东西……”老头越激动越语无伦次，指指水桶说，“你看……看，都耗我一桶水，我从来没有见过这么脏的皮鞋……”

蒲忠全咧嘴笑起来，把那一块钱扔了回去，哼着小调招的士。

老头愣愣地看着他，直到蒲忠全坐的出租车消失在茫茫的暮色里，才晃着脑袋嘟嘟囔囔地说：“这年月，越活越迷糊了……”

蒲忠全来到高速路口，看看时间，估计还有 20 分钟的样子，便给郑怀远打了个电话，只是说有重要的事要给他做个汇报，郑怀远只是嗯嗯哼哼了几声，没说同意还是不同意，这让蒲忠全感到不安，他担心要是郑怀远不给他这个机会，那该怎么办？于是又给胡玲玲打电话，胡玲玲说：“领导永远是忙的，也永远是大闲人，就看你找他什么事情。”

“你说我这事会让他变得闲还是忙？”蒲忠全问。

胡玲玲笑：“你喜欢 69？”

“什么 69？”

“人的智商正常标准值是 70，这么幼稚的问题你也提得出来，I 服了 YOU！”胡玲玲又是一阵大笑。

“我在你面前经常处于 69 状态……管他呢，69 就 69 吧，你帮我分析分析，我这心里没有底儿。”蒲忠全说。

“好好，看在你经常在我面前处于 69 状态的份儿上，我告诉你，你就跟郑怀远说心里闷得慌，想找领导说说心里话，工作上的事儿一点儿都不要提。你的明白？”胡玲玲美滋滋地说。

“哎呀，我的姑奶奶，我跟他说什么心里话哟？毛主席说道不同不相为谋，这不是为难我吗？”蒲忠全直叫苦。

“我晕倒，毛主席什么时候说起文言文来了？是不是他老人家说的哟？”胡玲玲大笑。

这时，他看见谢本川走了过来，忙说，“谢本川来了，我挂了哈，晚上再向你汇报……”

“怎么请个客就像过大堂？我这不是自己给自己找事儿吗？”蒲忠全心里直骂，但笑脸迎上去说：“谢哥？你怎么来了？”

谢本川打量了他几眼，笑道：“蒲大监区长怎么想起请我们来着？太阳莫不是从西边出来了？”

“呀，看来谢哥对我又有意见，成见，成见！所以嘛，我们得沟通沟通。”蒲忠全说着，把提前准备好的红包塞进他衣袋。

谢本川伸手进去摸了摸，估摸了一下红包的厚度，眉开眼笑地说：“邓爷爷不是说关系也是生产力吗？什么是关系？沟通沟通就关系了嘛。”

“典型的厚颜无耻！”蒲忠全心里这样说，嘴上却是另外一番话，“就是就是，我只研究毛爷爷的话，没有研究邓爷爷的话，所以没能与时俱进，以前得罪了你，多担待，多担待。”

谢本川大笑：“言重了，言重了，我哪敢在毛爷爷、邓爷爷面前要弯刀哟……以后有什么事，尽管说，尽管说，老哥我办得到的立即给办，办不到的我拐着弯儿给你办。”

“眼前就有一桩，我刚才给郑监电话，可他没说同意还是不同意，我这心里打鼓呢？老哥你得帮我说个好话儿。”蒲忠全故意装出一副焦急的样子。

“没事，包在我身上。我跟郑监十几年了，他的脾气我最了解。”谢本川拍拍他的肩膀说。

说话间，远远地看见郑怀远的车子出现在高速公路收费口，两人挥手示意，见车子直奔他们过来，便不约而同地拉紧脸，肃立，目视着警车。蒲忠全朝车窗敬了一个很不规范的礼，郑怀远打开车窗，半靠半躺在椅子上，目无表情地问：“什么事情，简短点！”

蒲忠全俯身，拼命挤出满脸的笑，低声说：“郑监，能不能借一步说话。”

郑怀远迟疑了一下，打开车门走了出来。

蒲忠全说："郑监很劳顿，本不该打搅你，但我这心里很憋闷，想找人聊聊，想来想去，想起你步行到我们四监区看望民警，亲自送李小小到医院的事，便想找你说说话……"

郑怀远显然有些意外，转头瞄了他一眼，又把目光投向别处。

谢本川凑过来说："老大，按照你的指示，我今天检查了他们的隐患整改情况，从检查来看，改进很大，相对于他们这里的监管硬件来讲，确实已经尽了最大的努力，看来他们眼里还是把你看得很重。我看你也累了，我们就找个地方聊聊，舒缓舒缓压力，你看……"

"嗯……"郑怀远又拿眼瞄瞄蒲忠全，沉默了一下，才说，"那好吧，你俩上车。"

蒲忠全俯身在他耳边低声说："郑监，我们打个的士，怎么样？"

郑怀远想了一下，便走过去对司机说："你先回去，我在这里有个事情要办。"

蒲忠全屁颠屁颠地跑过去，塞给司机一包玉溪。

司机打量着他，笑笑："'蒲二小'长大了哇？"

"在战火中重生，钢铁就是这么练成的，嘿……老哥，改天我请你喝茶。"蒲忠全笑嘻嘻地说。

司机拍拍他，不知道是同情还是挖苦："玉溪我收下了，喝茶嘛，就算了，把领导陪好，司机也就是这么练成的，理解理解。"

打发司机走后，谢本川戏说："下面安排什么节目，就看你'蒲二小'的啦。"

"我们安顿下来，洗漱一下，再吃饭，郑监你看怎么样？"蒲忠全征求郑怀远的意见。

"郑副监狱长现在一切听蒲监区长的安排。"郑怀远笑道。

"就是毛主席给我壮胆，我也不敢安排郑监你呐，不敢，不敢……"蒲忠全又摇头又挥手。

谢本川大笑。

郑怀远没有笑，表情变得木然，问："既然毛主席都给你撑腰了，你为何不敢？"

谢本川打住笑声，看看郑怀远，又看看蒲忠全。

蒲忠全正色说："我蒲忠全虽然在参加革命工作时丢过脸，但经过这些年的战火的考验，已经成长为忠诚的无产阶级革命战士，取得了宝贵的革命经验，那就是现官不如现管嘛。”

郑怀远哈哈笑起来，拍拍他的后背，说：“孺子可教也，你小子，有前途。”

郑怀远洗了个澡出来，看到桌子上放了个信封，打开一看，里面有一叠百元大钞，便把蒲忠全叫进来，指指信封：“你别给我来这个。”

蒲忠全不知道他这话究竟是什么意思，是嫌少了，还是？一时不知如何回答。

“你找我聊聊，说说心里话，就是这么说的？”郑怀远坐下来，把一只烟叼在嘴上。

蒲忠全连忙给他点火，慌张地说：“我我……一点小意思……没别的意思……”

“嗯，你坐。”郑怀远指指床说，“你老实告诉我，你可能听到其他监狱长收监区拜年费，或者其他什么费用，你可听到传闻说我郑怀远收过？”

蒲忠全想想，确实不仅不曾听到关于他收礼金之类的传闻，相反传闻说双河监狱就郑怀远不收这些，顿时汗颜，内疚地说：“郑监，我错了……”

“钱这玩意儿，是个好东西，有人把钱比喻成跳水的跳板，垒得越高，做动作的空间就越大，这也就是人们常说的有钱能使鬼推磨的原因。我郑怀远也喜欢钱，但是就是把全世界的钱全部给我，我郑怀远还是郑怀远，总不能就像牛顿说的，给我一个杠杆，我就能把地球撬起来吧？所以，钱这东西，够用就行，何况君子爱财，取之有道？话又说回来，我郑怀远差你这几个钱？”郑怀远侃侃而谈，语气像老实，像学者，更像兄弟。

蒲忠全听得心里直翻腾。

他接着说：“你这钱，是你们风餐露宿挣回来的，既算是你们的，也算是监狱的，国家的，我能收吗？就是你私人的，我又凭什么收？收了我算什么？那跟强盗小偷有何区别？你蒲忠全我是了解的，我是看着你成长起来的，在监狱中层里面，还算得上洁身自好这一类，现在这种人很少了，正因为很少，所以更有发展的潜力和空间，我不希望你到了青州，到了城市，就被外面物欲横流所传染，甚至被同化，都这样下去，我们监狱以后就没有了精英分子，监狱还怎么发展？《监狱法》还怎么能不折不扣地被执行？”

一席话，说得蒲忠全热血沸腾，他打心眼里感到遇到了知音，心想胡玲玲他们可能对郑怀远有偏见。

“听你一席话，就像重读了十遍《毛泽东选集》，郑监，我为我的行为打心里向你道歉！”蒲忠全激动地说。

“言重了……呵呵……”郑怀远微笑着带着欣赏的眼神看着蒲忠全，说：“食色，性也，毛主席也不例外，我肚子在喊冤了，那我们就去吃点什么？简单点，够吃就成。”

按照原来的计划，吃晚饭叫梅开蕊带两个小姐来给他们做个“保健”，此刻，蒲忠全犹豫了，对郑怀远的看法又回到起点，甚至坚定地认为郑怀远并不是熊晓戈、胡玲玲他们说的那样，所以，到了餐厅，他征求郑怀远的意见之后，就简单的点了几个菜，然后要了一瓶30年窖龄长城干红。郑怀远说，总书记说我们还处在社会主义初级阶段，30年有点长，就一年两年的吧。蒲忠全乐颠颠地跑去换了一瓶15元的来，心里觉得对郑怀远更加了解了，于是拿定主意不再安排梅开蕊带小姐过来。

蒲忠全给郑怀远和谢本川斟满酒，举杯刚要说话，被谢本川按住：“老弟，虽然说酒后吐真言，但郑监呢，不喜欢酒后话，酒过三巡，白的成了黑的，称兄道弟，没头没脑，没大没小，谁知道究竟是真是假？所以，我这个做下属的，从来都不酒后汇报思想。”

蒲忠全点点头，放下酒杯，一副恭恭敬敬的样子，这会儿倒不是做作给郑怀远看，而是从心底里佩服这位领导。

谢本川接着说：“你是外来户，虽说你在我们监狱工作有好些年头了，但是监狱的事情还是我们这些监狱子弟了解得深刻些，我就开肠破肚说几句，你听得进去呢，就算我们投缘，听不进去呢，就算我什么都没说。”

蒲忠全使劲点头。

“我今儿个收了你的红包，但我敢肯定，郑监没有收。”

蒲忠全错愕地看着谢本川。

谢本川笑笑：“你很困惑我为什么敢这么说吧？呵呵……就是因为郑监是个好领导，他懂得体恤下属，所以我在他面前是无所不谈。他在乎你这几个钱吗？说实话，徐总的公司赚得就够他们花了，可我们呢？就几个死工资，老婆娃儿还得养，所以郑监他体谅这一点，不时还接济我们。只是他经常告诫我们，不是啥钱都能收的，不要见钱眼开，把自己弄进去，从警察变成囚犯。你说这样的领导天底下有几个？”

蒲忠全向郑怀远报以由衷敬佩的目光。

“我知道你跟彭家仲关系不错，常言说铁打的营盘流水的兵，哪个是营盘？郑监、你和我，他不过是来镀金的，几年之后还是要回去的，就算是搬迁到了青州市，对于省会城市来讲，一样也是个山沟沟而已，人这东西，不会在意自己生存环境的恶劣，而在意生存环境越来越差，你说是不是这个理儿？留下的，死守营盘的，还不是你我这些人？”谢本川继续说。

蒲忠全也觉得他说的不是没有道理，而实际上这种议论在他的朋友、同事圈子也不是没有出现过。

“你呢，我们都知道你很能干，又很年轻，监狱未来的接班人，说具体一点，就是要接郑监他们的班……”

蒲忠全忙说：“这话过了一点，我哪有那……”

“你别打断我，我说的是掏心窝子的话！”谢本川一脸严肃，看着他说，“我说这些话图啥？我今年都将近50的人了，只有个不值钱的党校文凭，上上不去，下来又不甘心，就私而言，不就是想跟着郑监这样的好领导图个安心吗？要是将来你真上去了，想起我谢本川来，也不至于为难我，把我发配去守门吧？”

谢本川说完，笑起来。

蒲忠全寻思如果自己说不会为难他，那就等于自己承认自己有做监狱领导的野心，于是跟着一起笑：“谢哥言重了，你把宝压在一个丢过牛的放牛娃身上，风险太大……”

“我没有摔碎过碗，不是因为我洗碗洗得好，而是我没有洗过碗；我在带班的时候跑过犯人，但并不意味着我就管理不好监狱。”郑怀远这时候插话了，“小蒲，当初党委讨论你任职时，有人提出过丢牛的事情，我当时就是这个态度！我呢，无意与谁，特别是彭监争什么，但是我是监狱子弟，我最了解监狱，凭心而论，失去了监狱这个平台，你我能干什么？你是本科生，有学历有文凭，糊口可能没有问题，但是像你这样的毕竟是少数，大多数监狱子弟将面临着什么？或者，换个角度说，你现在还年轻，你要是再在监狱待十几年，你还能适应社会吗？能在社会上取得好的谋生手段吗？所以，在监狱发展这个问题上，我们必须要有自己的主见。”

郑怀远叹息一声，情绪突然波动起来，提高了声音：“几十年的沉淀下来的抱负，监狱实在是不堪重负，如果我们再把赖以生存的那一点点资源卖了，我们一无所有地来到大城市，来这里看别人花天酒地？”

“我算了一笔账，按照目前青州市郊区的房价，我们就算自己修建，按照成本卖给我们的民警，每个家庭要欠债务6万多元，当然，我们可以申请办理按揭，但就目前的收入水平，民警平均也就是970多元，扣去每个月按揭300元到400元，考虑到城市里的高消费因素，横向比较，我们的民警生活状况将大幅度下降，这支队伍还稳定吗？何况搬迁到城市里后，究竟从事什么产业，谁心里也没有底！”郑怀远接着说，语调中充满担忧。

蒲忠全明白他所指，就在上个月，彭家仲提出资产置换方案，要把煤矿转让出去变现，着手进行青州市民警生活小区建设。方案一出，监狱反响不一，反对者居多，目前还尚在论证之中。

“是啊，与其守着别墅过苦行僧一般的日子，我宁愿在那山沟沟里住潮湿的瓦房。”谢本川感慨地说。

搬迁与不搬迁，在蒲忠全眼里其实也并没有那么重要，他也没有认真思考过这个问题，但是如今没个态度又不行，毕竟郑怀远还看着自己的，于是嗫嗫嚅嚅地说：“郑监，这搬迁的事儿我还真没有寻思过，我一个王老五,一人吃饱全家不饿，随便到哪里都一样，这是你和彭监他们思考的大政方针，我懒得去想，这几百号人吃饭问题都把我烤得焦头烂额，也没工夫去想，我只是觉得，你发布命令，我马上执行，你说打哪个，我就带领犯人打哪个，我的工作就算做好了，呵呵……”

郑怀远爽朗大笑：“你这个蒲忠全，有人说你是彭家仲的人，我看不是。”

“污蔑，典型的污蔑！”蒲忠全站起来，信誓旦旦地说，“我现在这个境地，卖身的想法都有了，哪还有心思关心监狱大事嘛。”

他转头对谢本川苦笑说：“谢哥，你不罚我款，我就是你的人！”

“有奶便是娘，这真是传言中的‘蒲二小’吗？”谢本川大笑。

“谢科长，上次那个考核你回去调整一下，鉴于四监区的实际情况，款就不罚了。”郑怀远说。

蒲忠全朝郑怀远敬礼：“那我就是郑监的人！”

“哈哈……”三人一起大笑起来。

在郑怀远的眼里，蒲忠全还是可以争取的，虽说四监区只是个麻雀，同其他监区相比地位、分量很轻，但现在却不一样了，在外劳这一块上，他说话举足轻重，罚款与不罚款，反正都是监狱的钱，只不过是变换了一种流动方式，能够让这种流动方式活起来，多争取一个支持者，何乐而不为呢？

蒲忠全更加开心，郑怀远这里不罚款了，而又在彭家仲那里借到4万元，算起来白捡了8万元不说，还把四监区与狱政线的关系理顺，这个结局是他没有意料到的，所以一下子兴奋起来，于是诚诚恳恳地陪郑怀远、谢本川吃饭，虽然没有闹酒，但郑怀远也着实喝了不少，按照谢本川的说法，他很少看到郑监这么喝酒了，这更让蒲忠全有一种受宠若惊的感觉。

吃饭间，梅开蕊打来电话："好久把小姐带来？"

蒲忠全当着郑怀远的面不好说，便说一会儿给她电话。

谢本川猫着醉醺醺的眼说："老弟，这酒就不喝了，我实在是不行了……"

"谢哥，你才四十几，三十如狼四十如虎，怎么说不行呢？来来来，我俩再端三杯。"蒲忠全也打着酒嗝说。

"岁月不饶人啰，想行也行不起来。前一段时间不是有个副厅长来讲廉政，他说人一辈子干那事总量欧洲人可以到达7000次，亚洲人就只有5000次，要我们这些领导干部节制一点，不要把自己当成欧洲人，为了爱惜自己的身体也不能去嫖小姐要情人。可我算来算去，也还没有到5000次嘛？"谢本川嘟囔说。

在监狱领导面前说这些，蒲忠全暗暗为谢本川担心，偷偷瞄了一眼郑怀远。

郑怀远脸上不仅没有丝毫的愠色，反而哈哈大笑："听说你小学二年级时候连1到10都数不准确，是不是数学底子差，没算准确，怕是早就成了欧洲人啰。"

"郑监，这可冤枉我了，怎么可能嘛，以前行头厉害的时候，政策形势不好；现在政策形势好了，可行头又不行了，我恐怕连原始人的标准都没有达到。你看现在这些年轻人，动不动就闹待遇低，说什么遇上改革开放，没有赶上国家的很多福利政策，是新中国最没落的一代，其实呢，我们才是新中国最没落的一代……"谢本川继续抱怨。

"……"蒲忠全看看他，又看看郑怀远。

"老弟，你这地盘上有正规的保健按摩店没有？这酒喝多了，不醒醒酒，明天怎么继续干革命哟？"谢本川摇摇晃晃地站起来，独自举杯一饮而尽，然后问蒲忠全。

蒲忠全不知道怎么回答，只好看看郑怀远。

"哎呀，你就别扭扭捏捏的了，做个正规的保健按摩，又不算违纪违法，郑监也坐了一天车了，早就腰酸背疼的，不去放松放松一下，缓解释放一下心理压力，明天怎么为党和国家工作，为监狱、为我们谋取福利？"谢本川毫不避讳地说。

谢本川是郑怀远圈子里的核心人物之一，蒲忠全见他这么说，又见郑怀远没有反对的态度，心里便明白了，于是对郑怀远说："郑监，我认识个正规保健按摩院的老板，她那里有几个刚从医学院保健专业毕业的，技术一流。"

"噢？"郑怀远没有直接表示同意。

"她那里陈设虽然不错，但人多嘴杂，我叫她送过来两个，就在这酒店给你们做个医学保健，怎么样？"

"嗯，老弟你考虑得周到，比我有前途。喂，你可别只顾我们，你自己呢？也得来一个，有福同享嘛，嘿嘿……"谢本川拍拍他的肩膀说。

蒲忠全点点头说："当然，当然……"然后看着郑怀远，"那，我就打电话了？"

"医学院毕业的？嗯，不错，不错，那就放松放松？"郑怀远说。

今天是大年三十，蒲忠全原本打算美美地睡到中午，迷糊间看到窗外透进来的一丝微弱的光亮，怎么也睡不着了，于是起床，裹上大衣，慢慢朝监区走去。

昨晚蒲忠全组织召开了监区全体民警大会，安排春节期间的值班，每人发了6000元的奖金，监狱规定民警从初一到初七放假，罪犯则从初一休息到初三，由于连日来的风雪，蒲忠全决定从大年三十开始放假，安排单身汉和家住在市里的民警值班，让那些两地分居的民警提前一天回家与家人团圆，所以今天早晨监区没有了往日出工前的吵闹，显得异常宁静。

肆虐了一夜的大风雪，在黎明十分变得倦怠起来，风停了，雪花直直地落到地上，似乎只是想找个地方美美地睡觉。踩在积雪上释放出的嘎吱嘎吱声音，脆生生的，有一种超然脱俗的韵味，雪花掩盖了砖厂的凌乱与粉尘，埋葬了养鸡场鸡粪，也掩没了进出这里那条窄窄的公路的泥泞，放眼望去，江村坝一下子变得清雅起来，洋溢着少女般的情怀，文静而带一丝羞涩，让人涌动着莫名其妙的欲望。

蒲忠全尽量伸长脖子，从天空到地平线，再到自己的脚下，慢慢地挪动着目光，似乎才发现这个地方同它的名字一样美丽，在他的思维中，江村应该是一个宁静、烟雾缭绕、飘渺婉约的地方，旅人放下沉重的背包，恬静地躺在地上肆意沉睡；抑或在夕阳如血的时候浅唱着心中的恋歌，在芦苇摇曳的河滩渐行渐远……

"最好还有个等待你的的女人……"

蒲忠全脑海里一闪，随即自嘲地笑笑。

虽然自己在嘲笑自己，但脑海里依旧闪过几个名字：胡玲玲、林楚、常佳薇、梅开蕊……

胡玲玲和林楚倒是没有什么问题，可常佳薇和梅开蕊怎么会闪现在脑子里呢？常佳薇是结了婚的，人家恩恩爱爱，海枯石烂的，梅开蕊明摆着就是一个卖身的女子，而且还是和自己最好的朋友好过的……

蒲忠全暗骂自己贱，拍拍脑袋，收敛心思，快步朝监区走去。

“今年春节谁先来看我，我就娶谁……”蒲忠全似乎中了魔咒，不由自主地继续妄想，“不过，得把林楚排开……”

就在他和林楚在市里偶遇之后，林楚咬定这是她一生中最美丽的邂逅，认定这个人就是她寻找的可以陪伴她一生的人，一个礼拜之后，她很狂热地把他按在床上。蒲忠全也显得很疯狂，可一觉醒来，他却倍感后悔。冷静下来，他寻思为什么会产生这种悔意，可想来想去，总是漫无边际，抓不到脉络，有时候感到就要抓住了，突然之间像薄雾一般飘渺。快感、后悔、愧疚、渴望，就像一季的轮回，如同被诅咒了一般，周而复始，再后来，彷徨替代了愧疚，再后来，渴望消失了，再后来，只剩下渴望和快感……

“奶奶的，今儿个这是怎么了？”

“咦？！老大，你起这么早干吗？又要出工？”

蒲忠全抬头看是李家兴，便笑笑：“平常想睡得很，可今儿个怎么也睡不着……对了，你把你父母接过来没有？”

前几天他放了李家兴两天假，让他租房子，把一家老小全部接过来，并给李小小联系了学校，春节过后就在市里读书。

“昨天接过来了，离这里不远，喔，你瞧，就在那里，五楼，三室一厅，一年租金 2600 元，这不，两个老人还念叨着请你吃饭呢，小小也闹着要找你……明天是大年初一，我先预定了，你可别答应其他人。”李家兴揉揉眼睛，虽然显得很疲惫，但眼睛里闪烁着光亮。

“呵呵……好，好，我也好久没有见到他们了，怪想念的。回去休息吧，然后领老人和小小出去好生转转，啊！”

李家兴连声诺诺，走了几步，转身又疾步走了回来，问：“老大，你说我们监狱真会搬迁到青州市？”

说实话，蒲忠全对于这个问题心里也没有底，按照胡玲玲的话说，目前虽然前期准备工作还算顺利，厅局主要领导意向性同意了监狱的搬迁动议，但毕竟没有形成决议，加之监狱班子意见特别是两个主要领导意见没有统一，民警中特别是有些老革命对这个问题持反对态度，所以不确定因素还很多。

“我想会的……”蒲忠全说。

“那我就放心了。”李家兴笑起来，满足地走了。

昨晚蒲忠全叮嘱监区值班室，今早推迟到 8 点打起床铃，让犯人们好生休息，没想到一到监区，犯人们三三两两地站在走廊上，叽叽喳喳地说话。

“怎么一回事？”蒲忠全走进去问值班民警。

值班民警说犯人们睡不着，想打亲情电话。

“那就打吧。”蒲忠全想了想说。

谁不想家啊？蒲忠全已经连续 4 年没有回家了，好不容易给父母通一次电话，母亲总是说家里的账减少了多少，估计再过三五年，就彻底还清了，别老往家里寄钱，留着钱找个媳妇，多久把媳妇带回来给妈瞧瞧？今年夏天，老妈问急了，说你不找我们可给你物色一个。蒲忠全还真怕她托媒人给他找个对象，到时候带到单位上来可怎么办？只好说找到了对象。在一个摄影店看见一张张柏芝的广告相片，于是跟老板讨价 2 元钱买下来，给父亲寄回去。没过多久，母亲乐颠颠地打来电话说这姑娘不赖，还可以，好久带回来看看，就是不知道她嫌弃咱们农村的环境不？而父亲呢？嘴上虽不直接说，但总是告诉他，在他刚出生时给他栽种的那棵松树又长高了多少多少。说得他心头酸酸的。昨天蒲忠全就在王亚敏那里领了 6000 元给父母寄回去，他寄出去的时候给乡政府一位朋友打了个电话，叫他无论如何在明天之前转告父母，给他们寄了 6000 元，今年春节又回不了家。虽然这笔钱年前他们是收不到了，但有了这笔钱，讨债的人也会心里安稳一些，不会在家里吵闹着不走。

值班民警大声喊：“一中队打亲情电话。”

犯人们山呼雀跃，一中队的犯人呼啦啦一下子在值班室门口排起了长队。

按照规定，只有表现好的罪犯可以享受在春节期间打亲情电话的，而且限时 3 分钟。蒲忠全考虑到外劳的特殊性，变通决定每个人都可以打，表现好的增加 1 分钟，其他不符合条件的则限时 2 分钟。虽然这个决定在班子中受到一些质疑，但却受到犯人们的强烈欢迎。

蒲忠全转悠了一圈，来到厨房。

十几个做厨的犯人正忙忙碌碌准备中午的大餐，突然见他到来，都放下手中的工具，垂手站立在原地。值班民警立即跑了过来，满脸堆笑地招呼他。

蒲忠全见他睡意朦胧的样子，不高兴地问："准备得怎么样了？"

"没问题，保证吃熟、吃热、吃够标准！"值班民警习惯性地回答。

"我问的是大年三十的菜品！"蒲忠全加重了语气。

值班民警愣愣地看着他，似乎不知道该如何回答。

这时，厨房罪犯组长走过来报告说，所有的厨房罪犯昨夜 3 点就起床，到目前为止，除了还有 30 只鸡 12 只鸭子没有宰以外，18 道菜的材料都已准备好了，请监区长放心，我们保证完成任务，让监区罪犯过一个丰盛的大年三十。

蒲忠全满意地点点头，朝其他犯人招手说："你们都过来……"他的目光从每个人脸上慢慢掠过，"今天哪些人主厨？"

有几个犯人立即举手。

"我看你们这群人应该是监区技能最高的，连打杂的都是三级厨师，主厨的都是二级以上厨师，还有一个是特技厨师，真是不看不知道，一看吓一跳！喔，就是在青州市最豪华的饭店都没有你们这等豪华的阵容……"

犯人们都笑起来。

蒲忠全刚从监管区大门出来，见王亚敏站在一楼，便问："这么早？马上要回去了吗？"

王亚敏说："准备晚上回去……"

"怎么？有事？"蒲忠全见她犹豫的神情，便关切地问。

"也没啥事……就是……"王亚敏吞吞吐吐地说。

蒲忠全奇怪地看着她："往日风风火火的，今儿是怎么啦？说吧，你我还有什么不能说的？"

王亚敏受到鼓舞，点点头，隔了一会儿，才鼓起勇气说："我想去见见他的父母……"

"你的意思是要张景然回家？"蒲忠全皱皱眉头。

"我知道我的要求过分了……"王亚敏忧郁地说。

蒲忠全端详着她，她立即避开他的目光，嗫嗫嚅嚅地说："我……唉……如果你为难，那就算了吧。"

说完，转身低头就走。

"亚敏……"

王亚敏立即转身，眼睛里闪烁着惊喜的光芒。

蒲忠全清楚，他是没有批准罪犯离监探亲的权力的，且不说出什么事他要承担全部责任，就是不出事，万一被当地公安机关或者检察机关盘查到了，他至少得受到很严厉的处分，原本想解释几句，安慰几句，劝她早点回家，可看见她这样热切期盼的眼神，再也说不出一个字儿来。

“下午 5 点以前必须归队……”蒲忠全低声说，声音小得几乎连自己都听不到。

王亚敏眼圈一下子潮湿了，抓住他的肩膀使劲地点点头。

蒲忠全把二楼的值班民警叫下来说，你把张景然叫出来，到市里去一趟，我签带。值班民警问事由怎么写。蒲忠全说就写采购。

不一会儿，张景然从楼上下来，蒲忠全便往公路上走，王亚敏连忙跟上，张景然也紧紧跟在他俩的后面。

三人来到大街上，张景然朝蒲忠全深深地鞠躬。

蒲忠全没有理会张景然，扭头便往回走。

“监区长……”

“走吧……”蒲忠全头也不回地朝后摇摇手。

张景然连忙跑过来，说：“冉金旺情绪不大对劲，问他也不说，我估计是想他老妈了……”

蒲忠全没有吱声，只是脚步加快了，转眼就消失在茫茫的大雪中。刚走到监区外的那条小公路上，就听到冉金旺怪叫声，他跑步上二楼，犯人们纷纷朝两边让开，他径直跑到冉金旺住的三楼。

冉金旺正抓住一个瘦子罪犯的领口，把他抵在墙上，面目狰狞地对值班民警和其他罪犯咆哮道：“你们别过来，过来老子就掐死他，老子今天就是要收拾他，怎么着？”

“你又发什么疯？”蒲忠全喝道。

冉金旺见到蒲忠全，立即像霜打的茄子，放开瘦子，整个身子萎缩到地上，低头喘粗气。

“怎么一回事？”蒲忠全虎着脸问。

“你说，怎么回事？”值班民警指着瘦子。

“轮到他给家里打电话，管教叫我去喊他，喊了几声，他不应，我以为他睡着了，就推他，他起来就把我领口封了，我也没做错什么呀？”瘦子委屈地说。

蒲忠全拍拍瘦子的肩膀说：“这里没你的事儿了，你去吧。”

“监区长，我真没有还手，要是还手，我还能让他一直封我领口？要是扣了我的改造分，那我就冤枉死了。”瘦子接着解释说。

“扣不扣分，政府还要你来教？”蒲忠全不耐烦地说。

瘦子吐吐舌头，快步跑开，远远地站着朝这里张望。

一大早，彭家仲就来到办公室。

突然传来几声鞭炮，把彭家仲的目光从窗外拉回到办公桌上。

这半个月以来，省局领导带队春节前安全大检查，省厅慰问困难职工、监狱慰问困难职工、给市县镇领导和相关的公检法司部门领导拜年，没完没了的应酬，让他浑身像散了架一般，感觉自己的关节像生了锈的破铜烂铁，僵硬，隐隐作痛。身体上的痛到没有什么，心灵之痛才令他不得安宁。按照他自己总结，自从他来到双河监狱将近半年时间里，至少他做了推行监企分离、规范执法行为、调整分配政策、推进监狱搬迁等几件在监狱历史上前所未有的大事，可很多人特别是中层干部却不买这个账，今年监狱经济状况并没有好转，反而还稍微有所下滑，总体亏损同去年相比增加了 80 多万元，下半年同上半年相比亏损依然增加 50 多万元，无论从哪个角度来讲，似乎他这个监狱长连汪庆书都不如。

汪庆书在位期间，尽管经济很困难，但是每年发给监狱中干们的集团奖最少都在 8000 元，最多的可以领到 25000 元，而几个生产监区的监区长年薪可以达到 5 万元到 7 万元，监狱领导班子总收入也在 6 万元左右。而他给了这些人什么了呢？除了工资之外，加上工会发的、值班补贴、烤火费等杂七杂八的，也就在 2000 多元，监狱班子以及几个享受副县级的监狱领导顶多也就在 3000 元左右。

于是，关于集团奖的问题又被郑怀远联合杨志刚变更为年终奖提到监狱党委会上，而王福全呢？在会上不表态，其他班子成员呢？尽管有的在认真读文件，有的在本子上写写画画，有的望着天花板养神，但脸上的表情却如出一辙，严肃，近乎木纳。彭家仲断然否决了郑怀远的提议，但也不得不做出让步，监狱领导自己找发票报销一些费用作为补偿，监狱党委成员每月按照 3000 元、其他副职和享受副县级的领导按每月 2500 元报销，以后每月按照这个标准报销，明目就是招待费。

彭家仲心里隐隐作痛，按照这个标准报销，每年他的名正言顺的灰色收入就在 36000 元，而一般民警呢？平均就只在 1 万元钱样子，然而，除了马洪扣反对这个提议外，其他党委成员都没有提出反对意见，就是一点怀疑的意思也没有流露出来，给人的感觉是不仅该拿，而且与以前相比还大幅度减少了，好像在廉政建设上起到了表率作用，为国家的廉政建设做出了巨大贡献似的，所以拿得理直气壮，心安理得。

尽管平衡了监狱领导阶层，可春节前监狱还是出人意料地弥散着浮躁而低沉的情绪，关于彭家仲要灰溜溜离开双河监狱的言论在民警职工特别是中层干部之间流传，之所以要灰溜溜下课，是因为这个人连汪庆书都不如，民警职工收入大幅度减少，队伍极度不稳定，很多有责任感的民警职工都在写信给省局党委，不仅如此，据说省局还接到大量举报彭家仲的信件，一说有老干部亲自到省厅上访，要求撤掉彭家仲……

"咦？彭监……"

彭家仲回过神来，看见胡玲玲站在门口，表情有点诧异。

"呵呵……"彭家仲笑笑，一下子恢复到工作状态。

胡玲玲款款地坐在他对面的椅子上，关切地问："怎么？你生病了？"

"我刚才的样子很吓人？"彭家仲反问。

"有点点……"

"唉……"彭家仲叹息一声，座机响了起来，他抓起话筒嗯了一声，接着说了声你好，然后静静地听了一会儿，才说："谢谢你的关心，我相信上级党委，你也要相信监狱党委，认真履行职责，确保春节期间监狱安全稳定，你们辛苦了，我代表监狱党委感谢你们，也请你转达我个人对你和你的同事的问候，谢谢。"

他放下话筒，无奈地说："瞧，这几天我都接了20几个这样的电话了，都是基层民警和工人打来的，问我是不是要调回省城。"停顿了一下，他突然问："你怎么看？"

"其实没什么大不了的，每年年关前后，不管是谁来主政双河监狱，就是邓小平来，一样会有这样的传言，有人说这是我们双河监狱的陋习，我可不这么认为。"

"喔？怎么说？"彭家仲很感兴趣地问。

"其他监狱大多也是如此。这主要是上级考评制度造成的，厅局不是每年年底就是来年年初总是要调整一批领导，监狱大多也在同一时段调整中层干部，本来有很多是出于工作需要再正常不过的调整，也被百姓当成买官卖官、跑官保官，周而复始。我不知道这是不是我们中国监狱系统的一个特色，如果是，那就是中国特色的监狱式升迁制度。"胡玲玲说着说着就笑起来。

彭家仲听他这么说，心里稍许安定了一些。

胡玲玲继续说："当然这种风气不可纵容，要是无限制地滋长，还是会产生很大的副作用的，特别是对监狱班子和民警队伍的稳定造成冲击，影响到厅局对你们班子的考评，也影响到你们对监区班子的考评，一句话就是，不能客观地评价年度工作业绩，这样一来，升迁调动调整就不那么科学公正了，从而让一些别有用心的人有机可乘。就算厅局继续让你坐在这个位置上，可他们对你的信任度大打折扣不说，你在监狱百姓中的威信也大打折扣，以后工作的难度就升级了，很多监狱一把手就是这么被撸下来的，这倒不是我危言耸听，你在监狱工作久了，自然而然就会感受到这一点。"

彭家仲没有说话，眉间微皱，似乎在沉思着什么。

"其实呢，只要看淡一点，撸下来也没啥，关键是被撸的人有一种强烈的不甘心，举个不恰当的例子，比如……仅仅是假设哈……这次真的把你撸下来，就算你回到省城官复原职，你甘心吗？兢兢业业，如履薄冰，含辛茹苦地干了半年，自己的思路还没有全面推开，就这么不明不白地被撸下来？"

彭家仲警觉起来，问："小胡，你听到什么了？"

"这……其实也没什么……只不过……"口齿伶俐的胡玲玲突然变得结结巴巴，想说但又顾忌什么。

"不管是道听途说还是真凭实据，你都说来听听！"彭家仲直起身子严肃地说。

胡玲玲依旧吞吞吐吐："道听途说，纯属道听途说……你们监狱班子……是不是可以……可以报销……"

"你从哪里得来的消息？"彭家仲吓了一跳，背心嗖嗖地发凉。

胡玲玲从他的语气里已经证实确有其事，担忧地说："昨天下午开始，机关都在议论，估计消息已经到了一般民警职工这个层面……彭监，我担心对你不利啊！"

彭家仲明白她的意思，说实话提出这个建议的是郑怀远，他当时是持反对意见的，但是多数班子成员都赞同，加之王福全也表态说可以采取适当的方式给监狱级领导增加点收入，他也就不好坚持下去，最终形成了监狱级领导招待费用报销方案以替代集团奖，为了稳妥起见，他和王福全都分别强调了纪律，每一个班子成员都表了态。关于监狱级领导每月定额报销招待费是昨天上午开党委会议定的，消息怎么这么快就散布出去了呢？又是谁散布出去的？这种事情想都不用想都是针对他来的……

彭家仲越想越后怕，额头上浸出细细的汗珠。

这时候，手机响了起来，是卢川打来的："师兄，我刚才看见了你的考评，监狱 210 个中干投票，优秀 35 票，称职 85 票，不称职 90 票。厅长把你的统计表拿在手里盯了很久，你最好给他打个电话……"

有 90 不称职票！彭家仲放下电话，心脏像被蜜蜂蜇了一下，剧烈地疼痛，他不由自主的捂住胸口，微微喘息。他知道这个数字意味着什么，在他的职业生涯中，所见过最多的不称职票也只有 40 多一点，在全省监狱系统一把手测评中，他绝对是倒数第一！

在他做出决定要取消集团奖的时候，顾卫国提醒过他，胡玲玲也提醒过他，他当时就是不信，不相信双河监狱的中干会那样没有原则，他只是想，只要符合大多数群众的利益，他会得赢得双河监狱民警职工的心，只要群众支持他，他怕什么呢？可摆在眼前的结果实实在在就是这样，他心里一下子填满了郁闷、疑惑、愤懑，还有沮丧。

"彭监，你怎么了？"胡玲玲的声音明显有点焦急。

"没怎么！我怎么了？"彭家仲自己都感觉到语气有点慌乱。

"你也别着急，好在你在春节前夕把拖欠民警职工的工资补发了，大家正欢天喜地呢，就算有些居心叵测的人要把责任推到你一个人头上，也不会产生大的不良后果。"胡玲玲见他脸色比刚才更难看，便安慰说。

彭家仲看看眼前这个在监狱颇受争议的胡玲玲，心底里充满感激之情。

在胡玲玲游说下，厅局相关领导和部门同意解决监狱拖欠民警职工的工资，并在 11 月拿到拨款，当时他很激动，准备马上补发工资，但就是她极力劝阻他延期到春节前夕，在省局考评组到来之前，也就大约是在 2 月初补发，并说这样做可以冲抵年关例行的流言蜚语。他当时不信，还征求了马洪扣和顾卫国的意见，最后才决定让财务科长郑宝团想办法做好这笔资金的保密工作，能拖多久就拖多久，最好拖到来年二月初。郑宝团到省城财务处活动，财务处答应资金暂时放在他们那里，延缓到来年二月初下拨。尽管在春节前夕补发了拖欠的工资，整个监狱一片欢腾，但流言蜚语照样还是出来了，只是就像胡玲玲说的，在这种背景之下，这些流言的杀伤力就大打折扣了。

如果没有补发拖欠的工资，如果不是在考评之前发的，他的不称职票数又该是多少呢？

而眼前最棘手的问题是，要是监狱级领导报销事件真的爆发了，他这个监狱长如何向厅局党委交代？自己怎么去面对老领导刘德章？他又如何面对监狱的普通民警和工人呢？

虽然胡玲玲传递的信息仅仅只是道听途说，但是直觉告诉他必须马上采取措施，他倏然站起来，快步走了出去。

刚出门，差点与郑宝团撞上，不待郑宝团开口，把他拉到一边，轻声问："郑监他们的账报销了没有？"

昨天下午，他在郑怀远、杨志刚以及监狱总工程师拿来发票上签了字，

郑宝团愣了一下，立刻明白了他的意思，说："应该还没有吧？昨天下午我去了一趟县上，回来都要下班了，没审核报销单据。"

"你立即去核实一下，我现在去王书记办公室，一会儿你直接过来。"

郑宝团这才注意到他语气有点不对劲，隐隐感到出什么事了。

王福全也刚到办公室，正在泡茶，见彭家仲来，他知道这个监狱长是无事不登三宝殿，来则有大事，便把杯子放下，问："出什么事了？"

"王书记，昨天我们开会研究的监狱领导每月定额报销招待费的事情被透了出去……"

"哦。"王福全漫不经心地应了一句，端起茶杯走到开水器那儿接水，见水还没有烧开，便站在那里等。

彭家仲很诧异地看着他。

"你坐你坐……这是郑志军昨天送来的西湖龙井，嗯，很香，给你也冲一杯？"

"郑志军？龙井？也给我冲一杯？"彭家仲心里嘀咕，感觉很是不爽，便没有理会他的问话，加重语气强调说："王书记，我们得采取一些措施，要不后果将是很严重的。"

"什么后果？"王福全接满开水后回到座位上坐下来，反问。

在他看来，眼前这个监狱长毕竟没有在基层待过，经验和处置问题的应变能力欠缺了一点。这件事就算是透露了出去，那又算得了什么呢？监狱领导报销一点招待费，从制度层面上讲，没有违反任何规定，至于是不是虚报，只有监狱班子心知肚明，群众永远是不知晓的，顶多就只是怀疑，就算或许财务科经办人员真真切切了解内幕，他们没有资格也没有权力来处置，最多就是私下说说，发表一下心里的

不满而已，有什么后果？但这些，只有靠自己在实际工作中慢慢积累总结，他这个党委书记总不能赤裸裸地说出来吧？

至于党委会研究的事情，不管是决定了的还是未决定的，群众很快就会知道，这也不值得大惊小怪的，在他的记忆里，好像自改革开放以来，所谓党委会便失去了保密属性，为此，他彷徨过，反思过，在主政双河监狱之后，也想到过改变这种格局，但是都是无疾而终。久而久之，政治敏锐性也降低了，迟钝了，麻木了。

彭家仲没有想到王福全会是这个态度，一时之间竟然不知道应该怎么回答。

王福全也觉察到他的表情，觉得自己是过了一点，于是微笑说："当然，既然已经传到了你那里，我们也得想一些对策是有必要的，这样吧，你去跟马洪扣商议一下，回头给我通个气就是了。对了，你好久回去？如果没有特别的事，你今天就回去吧，这里有我守着呢。"

今年春节值班，按规定，彭家仲得值班两天，王福全在会上说今年他帮他值班，要他回去好生陪陪老婆孩子，如果再这样一年半载地守在双河监狱，孩子恐怕认不出他这个爸爸来了。王福全这么一表态，其他副职哪能不表态？纷纷说王书记你年纪这么大，哪能让你值班？我们来顶着吧。

说实话，彭家仲对王福全很是感激，但从年龄上考虑，总不能真让一个大他将近 18 岁的书记来替他值班吧？也就婉言谢绝了。最后王福全不得不拿出书记的架子压他，并说这是党委会决定的，你是副书记，得带头执行党委会的决定。他没法，只好同意，最后决定由郑怀远和顾卫国帮他顶两天。

"好吧，就按你的意思办。"彭家仲起身告辞。

出门就遇到小跑而来的郑宝团。

郑宝团小声说："已经有 3 个领导按标准报销了招待费。"

"你不在，谁审核的？"彭家仲不悦地问。

"按照工作职责，我不在由副科长审核啊……"郑宝团错愕地看着他。

彭家仲也意识到他这句话是多余的，听起来还犯了常识性的错误，边走边说："我的意思是，今后除非你离开本市，副科长才能审核！老郑，财务管理你比我懂，要是没有个限制，你上个厕所开个短会，副科长就代行你的职权，你这个财务科长不就是摆设了吗？回去开个会，宣布一下，就说是我说的。"

郑宝团点头说我下午就开会传达你的指示。

"还有，暂停报销所有招待费，就说监狱资金紧张，过了春节再说。"

“王书记马书记的也不报？”郑宝团小心地问。

“也不忙报销，他们由我来协调。”彭家仲说完，大步走了。

郑宝团望着他的背影，心里嘟囔：“难道真出什么事情了？”

马洪扣听完彭家仲的担忧，沉思着说：“理论上不用担心，除非……”接着他使劲摇头，“不会，我相信不至于……”

“老马，究竟啥意思？”彭家仲被他弄迷糊了。

马洪扣说：“我的意思是这样，从制度层面，或者说钻制度的空子，监狱领导报销招待费，只要不突破上级规定的总额，是不会出什么问题的；万一逼不得已还可以纳入经营费用项目的，按目前的政策，经营费用是不受审计的。”

“那么，最坏的预料呢？”

“除非有人故意造事，把这件事闹大，让群众实实在在知道确有监狱领导虚报招待费这事，那就不好办了，但，这种情况不会发生，因为就算有班子成员想这么做，操作起来也很难。何况这样做，明显就是要你来背这个黑锅，这无异于就是向你宣战，但这种假设不成立。”马洪扣很肯定地分析说，随后话锋一转，“你怎么不在会上坚持意见？如果我们两个副书记坚决反对，就不会有这档子事情，现在好了，我们得实惠，你和王书记来背黑锅。我心里不安呐，你说我这个纪委书记在财务上每月虚报3000元，这……这算啥事儿！但是不报销吧，怎么同其他班子成员相处？你也是，我可以肯定地说，这是你来双河监狱工作上最大的败笔！”

“老马，事已至此，我们要做好最坏的对策，你说该怎么办？”彭家仲忧心忡忡。

“就两个字：纠正！而且还要立即纠正！”马洪扣坚决地说。

彭家仲未置可否，沉默。

“作为行政一把手，我明白你的处境和难处，但是你想想，以党委名义开会，做出集体虚报招待费的决议，这事儿要是捅到社会上去了，弄不好出一个‘报销门’，恐怕我们这个党委要扬名全国！这件事如果不纠正，就像一个定时炸弹，现在不爆炸，并不意味着以后也不会爆炸。现在纠正还来得及，如果走远了，到时候想纠正都难。”马洪扣有点激动，走到窗口，拉开窗，屋子里立即寒流暗涌。

彭家仲说：“我指令财务科，暂时停止报销所有的招待费，一切等到春节后，你看怎么样？”

马洪扣点点头，说：“嗯……对，先以稳定大局为重。至于王书记那里，我去说。他是党委书记，这个事又是党委会做出的决定，无论从哪个角度说，他都是第一责任人。”

马文革突然闯了进来，把彭家仲和马洪扣吓了一跳。

马洪扣训斥说：“马主任，做了这么多年的办公室主任，连基本的礼节规范都没有学会？”

马文革连忙点头哈腰地承认错误，说我出去重新来一次。

马洪扣摆摆手说：“算了算了，你找彭监还是找我？”

“都找，都找……”马文革很规矩地站在那里连声说。

彭家仲问：“什么事？”

“彭监，老红军郑三旺邀约了几个老干部，在办公室闹，要求见彭监，我们怎么劝都劝不走，我问他什么事，他说我没有资格跟他说话。老干部还在陆陆续续地来，我急了，去办公室找你，没找着，就去找王书记，王书记说你在马书记这里，一时心急，所以就……”马文革陈诉很有技巧，既汇报了工作，又解释了刚才失礼的客观原因。

“王书记怎么说？”彭家仲问。

“你是我的直接领导，得先给你汇报，这是工作原则，所以我没有给他说这事儿。”马文革说。

马洪扣对马文革说：“这个郑三旺，又要做什么？你去找郑怀远，让他出面。”

马文革看看彭家仲，不言语。

“按马书记的意见办。”彭家仲说。

马文革应了一声，跑步而去。

黎明过后，北风又开始呼啸起来，密密麻麻的雪花随风打在脸上，让人睁不开眼睛，近在咫尺的景致变得模糊起来，所有的一切一下子混沌起来，让人想起山海经里天地初开的情景。街道上几乎没有行人，平日里的流浪汉都不知道躲到哪里去了，蒲忠全站在街道上，不一会儿头上肩上就堆积了一层雪，远远望去，就像一个穿上了外套的雪人。

一辆车慢慢开过来，蒲忠全举手半遮着脸面躲避着车灯仔细地辨认车子的型号和牌照，然后使劲地挥手。

林楚打开车门说：“真是笨蛋，猪变的？不知道在屋子里等？”

蒲忠全钻进来，哈着手说："哇哇，好暖和……今天我值班，临时出去办事，和其他同事换了手机，所以只有等啰。"

"说你猪，还真猪！换手机？我直接怀疑你怎么管住那些人的……要去哪里？"

蒲忠全拿出一个小本子，在上面翻了翻，然后指着地址说："这里，五道口梁子。"

林楚瞟了一眼，惊叫起来："这么大的雪，你到那么偏远的地方？不要命？"

"所以嘛，才把手机跟同事换了，免得到了那里没有信号，监狱领导万一打我的手机却不能接通。"蒲忠全嘿嘿地笑。

"那你现在的手机号是多少？等等……你拨一下我的手机……你说那啥……啥地方？不去哈，不去！"林楚说。

"为什么？"蒲忠全叫起来。

"你叫啥呢？不去，你把毛大爷请来，我都不去，你不要命，我还要命呢。你死了是牺牲，我呢？那叫枉死。"林楚把头摇得跟拨浪鼓一样。

"什么枉死？大不了我们合葬在一起，碑文写上蒲忠全烈士之妻，哈哈……"

"切！我更不干了，本小姐郑重声明，本小姐才不守寡呢，绝不做封建礼教的牺牲品。你现在跟我回家见见我老爸老妈，等天气放晴了，我们再去，就这样。"林楚说完就开动了车子。

蒲忠全很不悦，说："我就讨厌你这样子，什么都自以为是。"

"我啥样子了？蒲忠全同志，我是为你好。"林楚也不高兴了。

"真的不去？"蒲忠全生硬地问。

"不去！"

"那停车。"

"干什么？"

"不去拉到，这青州市就你一辆车？哼！"

"你……"林楚把车子靠边缓缓停下来，"那地方我曾经去过，平常就不好走，这样的天气，简直就等于自杀。"

蒲忠全没有理会她，打开车门下车，头也不回地走。

林楚放下玻璃，喊："你要是能找一辆愿意去那里的车，我就不姓林！"

蒲忠全没有回头，只管走。

"蒲忠全，你个猪，疯子，白痴，要自杀就在这里，好歹有人知道，你想曝尸荒野，你就去……给你最后一个机会，要是你今天不跟我走，你永远没有机会！”林楚歇斯底里地喊。

蒲忠全很快消失在大雪中。

一行清泪从林楚的脸庞划过，她伏在方向盘上低低地啜泣，过了一会儿，她用手使劲擦擦眼泪，咬咬牙，开动了车子。

蒲忠全向在公安局工作的同学杜萌求援，杜萌说今儿个是大年三十，我女友死活让我去她家团年，我只能借给你车子。蒲忠全不会开车，监区民警是没有一个会开车的，只有在罪犯中找找看了，于是给李家兴打电话，要他马上去监区问问哪个会开车，不管是民警还是罪犯，尽量能找一个技术好的。

这时候，林楚打来电话，蒲忠全任由手机响，却不接。

这段时间以来，林楚隔三差五都来监区找他，在人们心目中，她就是蒲忠全的女朋友。这些天林楚也暗示说她父母听说监狱要搬迁到市里，也就没有表示反对，还要林楚带蒲忠全到家里，让他们看看。

前几天林楚明确地要蒲忠全在春节期间到她家里去拜会她的父母，蒲忠全不表态，追问急了，才说我春节要值班。林楚问你究竟对我是个啥态度？蒲忠全想了想说现在没态度。林楚问为什么。蒲忠全说我不想在一个不和谐的家庭里生活。林楚来气了说我家怎么不和谐了？蒲忠全说现在是和谐的，我以后来了就不和谐了。林楚说我父母不是同意了嘛。蒲忠全说那是建立在我们监狱搬迁到青州市的基础上，要是搬迁不了呢？林楚说你是不是有外遇了哦。蒲忠全说我还没有结婚呢。林楚说蒲忠全你不要不要脸，我可是啥都给了你，你现在想一脚把我踢开，没门！蒲忠全说我又费马达又费电，我得到了啥？林楚威胁说你怎么变得这么无耻？跟那些犯人学的？你要是不跟我结婚，我就到你们单位闹，让你身败名裂。蒲忠全满不在乎地说我的地盘我做主，闹你的，谁也不能安排我的人生轨迹……

就这么你一句我一句，很多时候找的理由或者借口都是牵强附会，没完没了，每次都不欢而散。说蒲忠全对林楚没有一点儿感情，可要是林楚几天不去江村看他，他都要打电话叫她来，谈天说地、散步逛街、亲嘴上床都可以，就是不谈结婚。以前还让着林楚一点儿，自从上了床后，蒲忠全似乎不太在意林楚的感受，爱怎么样就怎么样，于是两人开始争吵。

手机不停地在响，像一个饥饿的婴儿，搅扰得蒲忠全心神不宁，于是接通电话吼：“你有完没完，说不去你家就不去！”

“那，我现在送你到那个鬼地方，然后再去我家如何？”林楚以少有的商量的口吻说，还有点低三下四的意味。

“我已经出发了，就这样。”蒲忠全说完就挂了电话。

不过，他挂完电话马上就后悔了，还不知道李家兴能不能找到能开车的犯人呢，何况，一个人带着一个犯人到路况可能真的很糟糕的地方去，无论如何都存在一些危险的因素。

“怎么？你们吵架了？”一个温润的声音从后边传来。

蒲忠全吓了一跳，回头一看，原来是梅开蕊。

“远远地看见你，就过来给你打个招呼，却不料听到你们……不好意思，我不是故意的……”梅开蕊微笑着解释。

梅开蕊一身雪白，传统样式的纯白棉衣棉裤，领口和扣缘都镶嵌着雪白的兔毛，靴子也是纯白的，一样也镶嵌着雪白的细毛，围巾很长，像哈达一样挂在脖子上，在风中来回飘动，像是在迎接某个人。眼睛像一汪澈静的清泉，深邃、高贵，让人望而却步……

蒲忠全的目光与她的目光刚接触，就像百万大军溃逃一般的混乱，他把目光投向天空，投向地上，再平视远方，都觉得不自在，最后把目光停留在梅开蕊的脚尖，心慌意乱，竟然说不出一个字来。

“你们究竟发生了什么事？”梅开蕊见他神色怪怪的，关切地问。

“没什么，我想去一个地方，她不陪我去。”蒲忠全深深地呼吸，努力调节情绪后，淡淡地说。

梅开蕊笑起来：“我还以为出什么大事了呢？原来就这事呀？你也是，她不陪你去，自己去呗，男子汉还要小女人陪？”

“可我不会开车……”蒲忠全喃喃地说，似乎是在沉思。

“打个的士嘛……”梅开蕊话音未落就后悔了，他又不是傻子，连这个都不懂？于是话锋一转，“瞧，我怎么说话的呢？呵呵……难道的士不愿意去？那是个偏远的地方？”

蒲忠全说：“五道口梁子……”

梅开蕊睫毛一闪，眼光落在蒲忠全的脸上，继而把目光移到江面上，似凝固了一般。

“没听说吧？”蒲忠全没有注意到她的表情，嘿嘿笑起来，很是得意。

"我给你开车。"梅开蕊突然说。

"什么？你说什么？"蒲忠全显然怕是听错了，重复问。

"我给你开车……怎么，不相信我的技术？"梅开蕊见他打量自己，便挑衅地说，"如果不怕死，你就让我开车，嘿嘿……"

"好，就这么办，走，我们去接车。"

"对了，是什么车？"

"长安小面的。"

"不行，这车根本去不了，你在这里等我，我去弄一辆来。"梅开蕊说完，招的士走了。

不一会儿，梅开蕊开着一辆美国吉普过来。

蒲忠全问："你的车？"

"借的。"

"你似乎很了解那地方？"蒲忠全试探地问。

"额。"梅开蕊模棱两可地说。

蒲忠全又问了几句，见她不是嗯就是哦，于是便住口不问了。

马文革走后不久，彭家仲和马洪扣都感觉到整个办公大楼都躁动起来，他俩对视一眼，异口同声地说："我们去看看？"

言毕，两人会意地笑起来。

彭家仲感触地说："有你这个纪委书记在，我睡觉都安稳一些。"

马洪扣却生硬地说："你这话我不爱听。"

"心里话。"

"即使是心里话，也不中听。"

彭家仲笑笑，不再说什么，同他一起来到二楼。

二楼监狱办公室几乎被老干部们占领了，每来一个老干部，熊晓戈便同办公室其他人给他搬一张椅子，二楼所有部门的椅子基本上都借完了，还有老干部陆陆续续地来，他请他们到会议室，可郑三旺说你这屁孩凑什么热闹，自己到一边耍去，不要妨碍我们办正事儿。

老干部听郑三旺这么说，都哈哈笑起来，还有的大声应和说郑老红军这话有水平。

郑三旺得意地说："我们打江山的时候，这些娃娃还没有生出来呢，敢在我们面前耍弯刀？那不是反了？话又说回来，要不是我们把脑壳当球踢，拼死拼活地把江山打下来，这些娃娃怕早就是地主的长工了，还能在这里坐办公室？"

老干部们一听就更来劲了，七嘴八舌地回忆起那战火纷飞的岁月，没说几句，有两个老干部争吵起来，一个说那一仗他干掉了 10 个敌人，另一个说不是 10 个，只有 9 个。一个说连同敌人的一个家属，不是 10 个？另一个说连家属是 10 个，可这个家属成了你的战利品，现在还在你家里好端端地活着，怎么能算是干掉 10 个呢？一个说我把一个阶级敌人的老婆娶回家，改造成自食其力的社会主义新人，与反动思想彻底决裂，脱胎换骨，能不算是干掉？另一个说你娃就别吹了，这也算干掉？见人家貌美如花，就违反纪律，不上交战利品，哈哈……要说是干掉人家身体，还说得过去。

两人争得面红耳赤，互不相让，其他老革命也就不再谈那些烽火岁月，转而对这两个人关于干掉敌人家属的话题嘻嘻哈哈地发表看法，起哄的、侃笑的、刁难的、刻薄的，什么态度都有，办公室一下子变成了集市，抑或像是街边茶馆，闹闹嚷嚷，三教九流，不一而足。

机关一些胆子大的民警都纷纷跑来看热闹，于是走道楼道都站满了人。

熊晓戈急得团团转，但也是干着急，这伙人连王福全都拿他们没有办法，更不用说他一个小小的办公室副主任，但这大年三十任由他们闹，也不是个事儿，弄不好双河监狱又要在全省出名了。正在焦头烂额之际，见马文革陪着郑怀远走过来，便像抓到救命稻草一般，迎了上去说："郑监，你可来了……"

郑怀远没有理会他，甚至连看都没有看他一眼，径直朝办公室走去，边走边很客气地招呼站在外边的老干部。

熊晓戈有些失落，也很懊恼，自己怎么没有想到去请郑怀远来解围呢？

老干部们见郑怀远走了进来，都不约而同地安静下来，看看他，又看看郑三旺。

郑怀远左右点点头，算是给老干部们问好，然后走到郑三旺面前，以责备的口吻说："爹，你出哪门子头？有事情可以通过正常渠道向监狱党委反映嘛。别闹了，跟我回家。"

郑三旺脸色一下子拉下来，反问："你是以副监狱长的身份跟我说话呢？还是以儿子的身份给老子说话？"

郑怀远似乎没有料到他爹这么一问，愣了一下，心想周围都是些老人，便含糊其辞地说："当然我首先是你的儿子。"

"老子告诉你，你就是当了联合国主席，你依然是我儿子！土话说得好，人前教子，屋里教妻，各位革命战友，我今天就要教育一下我这不成器的儿子，为双河监狱百姓讨个说法，讨个公道。"郑三旺边说边挥舞着手臂，像是在临战前作动员报告一样。

大家都看着郑三旺，虽然没有欢呼声，但眼睛里充满了惊奇与敬意。

郑三旺很满足老干部们这种目光，扫视了一下，指着郑怀远问："你当着大伙儿面说说，你们党委成员是不是每月定额报销招待费，以供自己挥霍？"

郑怀远严厉地说："你听谁说的？别听见风就是雨，这个可不能乱说。"

"听谁说的？！哼！听你说的。"郑三旺敲着桌子说。

老干部们都交头接耳地议论开来。站在走廊上的，听郑三旺这么一说，都朝屋子里拥，引起一阵骚动。

"我说的？老爹，你是不是喝多了哦？"郑怀远瞪大眼睛望着他，像是在注视一个不明生物一般。

"你小子昨晚喝得醉醺醺的，回家来把一叠钱甩在我面前，我问你怎么今年过年给我这么多钱？你说什么你儿子现在有钱了，党委做出决定增加党委成员的收入，每月可以多报销招待费。我批评你说这是违法乱纪的，你说叫你拿着就拿着，管那么多干什么？我说咱们郑家从来就没有干过对不起党对不起人民的事情。你说什么自己不拿在班子里不好处。我说不好处跟党性比起来哪个大？老子批评你，你倒还来劲了，反而跟我火气来，说我是老糊涂了。"郑三旺从怀里拿出一叠钞票，高高举起，"同志们，这就是我这逆子给我的钱，你们知道多少？3000元，整整3000元，相当于我们两个月的工资啊！"

屋子里一片哗然，群情激动起来，叫骂声此起彼伏。

郑三旺试着要站在椅子上，身子晃动了几下，没有成功，旁边立即有几个人搀扶着他站到椅子上。他挥挥手，示意大家安静。老干部们已经把他当成心中的英雄，场面一下安静下来。郑三旺又把目光傲视了一圈，才铿锵有力地说："我痛心呀，我们用鲜血和生命换来的美好河山，你们就这么折腾？迟早有一天，会毁在你们手里的！那些为革命光荣牺牲的战友不会答应，我们这些还活着的人更不能眼睁睁看着你们胡来，你们说是不是？"

众人高声说："是。"

喊声在机关大楼里震荡，夺人心魄。

郑怀远耷拉着脑袋，慢慢往外边退。

郑三旺指着他喝道："你别想跑！今天不跟这些革命前辈们说清楚，你就别想走！"

郑怀远很是尴尬，赔笑说："酒后乱说，叔叔大爷们不要当真……"

这时，一个老干部站出来说："乱说？郑怀远这小子我是看着长大的，从来一就是一，二就是二，原则性很强，不过他还是个副监狱长，有难处，我们就不要为难他了，为难他也起不了好大的作用，是不是？我们找彭家仲讨个说法！"

大家说这话在理，就饶了郑怀远这细娃子吧。

郑怀远连忙团团作揖，说："各位前辈，我看今天这事儿有点误会，千万别去找监狱长，要不我可是跳进黄河里都洗不清了，以后还怎么一起共事？都回家吧，我会通过正常渠道在党委会上提出来的，我相信党委一定会给大家一个答复。"说完，他以祈求的口气对郑三旺说，"爹，你带个头回家吧，儿子求你了。"

郑三旺瞥了他一眼，振振有词地说："回家？江山都要被你们毁了，回什么家？你，去把彭什么……那个监狱长给我叫过来。"

"我是党委书记，你找彭监狱长做什么？"王福全突然走了进来。

屋子里一下沉静起来，都看着王福全。

王福全盯着郑三旺看，就是不说话。

郑三旺被他看得心头发毛，叫旁边的人扶着从椅子上下来，说："你盯我干什么？"

"你究竟什么目的？"王福全突然发问。

郑三旺一下子有点慌乱，说话也不像先前那么利索："啥……啥……目的？"

"先找彭什么监狱长，再找你，这是程序问题，我们都是毛主席的好战士，比你们懂得组织程序，彭家仲归你管就该找你？那你归谁管？我们应该找总理主席？你们说荒不荒唐？你王福全还嫩着呐，哼！你说啥目的？你还问我啥目的？我还要问你啥态度？就你这态度，要是在以前打仗的时候，我都可以枪毙你！"郑三旺似乎越说越清醒起来，越说越来劲，他转身问老干部，"你们说是不是？"

有人说："就是就是，王福全你算个啥？作威作福作到我们老革命头上来了，有人说双河监狱这一届党委是混账党委，党委书记就这德性，哪能不混账？"

本来很多人顾虑自己的儿女还在岗，没敢说什么，见有人这么说，也就七嘴八舌地声讨起王福全来。

“什么混账党委，我看就一群腐败分子。”

“明知道是违法违纪的事，还要上党委会，天下奇闻呐！”

“大好河山就这么给毁了，痛心哪！”

“是啊，我们倒要去问问厅局，他们是怎么考察干部的？”

“你王福全今天不给我们一个说法，我们上省城！”

……

王福全直觉这件事有点蹊跷。

由于郑三旺是从半路上跑回来的，没有完成二万五千里长征，在其他红军的眼中根本不入流，也不屑与其为伍，就连八路、解放品牌的战士都没把他放在眼里，这也是他坚持不在红军院或者监狱其他地方居住的原因，明白人都知道他的这种心态，既然你瞧不起我，我远离你还不行吗？在他儿子郑怀远还没有当上副监狱长以前，人们很难看见他在监狱机关露面。

从表象上看，事情是郑怀远酒后失言引起的，但就郑三旺本人的性格特征而言，如果没有人出谋划策，这个人是不可能带头闹事的。

这个幕后人是谁？

所以，王福全想一针见血地指出他的目的，以期敲山震虎，不料却被郑三旺抓住话柄，招来老干部的攻击。

彭家仲和马洪扣走下来，马洪扣见走廊、楼梯间都站满了民警，沉声说：“你们是不是没事干？要是没事干，明天就下基层去。”

男男女女一听，都纷纷跑回办公室，还有几个胆儿大的走到远一点的地方张望，被马洪扣瞄了回去。

彭家仲见王福全被老干部们弄得下不了台，就要前去解围。

马洪扣拦住他说：“你别去，现在去只会乱上加乱。”

“那怎么办？”

马洪扣把他拽到 3 楼，从 3 楼侧边楼梯走到 1 楼，才说：“郑怀远在那里，王书记没事。”

“老马，你这话……话中有话啊？”彭家仲有些迷惑。

“走吧，现在你爱到哪里就到哪里去，我以纪委书记担保，王书记没事的。”马洪扣强调说。

彭家仲依旧担心："马书记，这可不是闹着玩的，今天是大年三十，事情要是闹上去了，可不是小事！"

这时，马洪扣看见胡玲玲搀扶着何德才下车，便指指胡玲玲他们笑道："你也不用走了，我们去看看。"

彭家仲认识这个老红军何德才，在监狱现在还活着的几个老红军中，他的资历是最老的，也最有威望，胡玲玲把他请来，正是时候，心里一下明白了几分，连忙迎上去给他打招呼。

"小彭，我知道啦，什么都别说了，我们去看看。"何德才说完在胡玲玲的搀扶下，颤巍巍地朝楼上走去，彭家仲和马洪扣紧随左右，做保护状。

老干部见彭家仲和马洪扣陪着何德才来了，纷纷让开一条道来。

何德才走到郑三旺面前，看着他不说话。

郑三旺显然有些害怕的样子，垂着头不敢与他的目光相对。

"立正！"何德才突然喊了一声口令。

郑三旺条件反射地立正，其他大部分老干部都齐刷刷地立正。

"收腹，抬头，两腿夹紧！"何德才挑剔地说，"年龄大了，就忘记自己是毛主席的战士了？毛主席的战士连立正都立不好，还算是好战士吗？"

"郑三旺！"何德才又突然大声叫了一声。

"到！"郑三旺也大声回答。

彭家仲突然想笑，却不敢笑，余光中发现几乎所有的老革命都面色庄重地立正站在那里，不由得心里肃然。

"你说监狱党委研究决定给党委成员虚报什么费发钱，你看到文件了？还是看到会议记录了？"何德才问。

"没有看到。"

"那你带头闹什么闹？"何德才质问。

"……"郑三旺嘴角动了动，没有说话，把头低下，但马上又昂首挺胸保持立正姿势。

"郑三旺！"

"到！"

"向右转，便步走，回家，好生反省！"何德才下达命令。

郑三旺有因年龄问题动作有点不伦不类了，倒也做得有板有眼。

“现在，请王福全书记给我们澄清一下，究竟有没有这事儿，他是党委书记，我们都是党员，从组织原则上讲，要相信党，那么首先要信任我们的书记，所以，他说有……就有，他说没有，我们就要……就要坚信没有这回事。”何德才说到这里，有点喘息，胡玲玲连忙拉过椅子要他坐下，他却摇摇头。

大家眼光齐刷刷地盯着王福全的脸。

王福全说：“没这回事。当然，至于有个别监狱领导是不是以接待为名虚报招待费，我以党委书记保证，马上调查，尽快给你们一个答复！”

王福全说完，何德才转身就走，在人们让出来的那条道上慢慢地走，脚步虽然很轻，此时却清晰而又笃定，就像当年坚定的长征脚步声一样，震撼着每个人的心灵。

老干部们自发地送他下楼，然后三三两两地回家，不一会儿，都消失在鹅毛般的大雪中。

彭家仲马洪扣还有胡玲玲送何德才回家。

快到红军院的时候，何德才坚持要下车，说要走回去。

大雪迎风打在脸上，让人睁不开眼睛，到处白茫茫一片，几乎辨不清道路。

何德才甩开胡玲玲的手，说：“你们回去吧。”

“老爷子……”彭家仲又上去搀扶着他。

何德才也不让他搀扶，说：“什么天气没见过？”接着叹息一声，“死不了……死了好，也该死了……”

说完他拄着拐杖，慢慢试探前行，佝偻的身躯，在大雪中显得异常渺小。

“彭监，马书记，去年刘老红军孙老红军去世后，这里就剩下何老红军，红军院越来越寂静了……”胡玲玲心酸地说。

彭家仲却感觉从来没有看到过如此高大的身影，他快步走上去，紧紧挽着他的手，动情地说：“其实，我们党委的确研究过那事……我心里有愧啊……不过，我向你、向毛主席保证，我会马上改正过来。”

何德才转头看着他，目光熠熠生辉，良久才说：“其实，小胡已经告诉我了，要不然我才不管你们那档子事呢……小胡说你跟其他领导不一样，嗯，我看行，有你，我放心啰。”

说完，他甩开他的手，依旧慢慢前行，像一只蜗牛。

车子行进了 2 个多小时，蒲忠全开始频繁更换体位，以减轻沉闷和压抑感。

梅开蕊突然停车，说："前面去不了啦，只能在这里下。过了这个山嘴就是你说的那地方。"

蒲忠全下车，走了几步，想到前面张望一下，饶是他打小在山野长大，深不见底的悬崖还是令他直冒冷汗，于是连忙往后退，哪知却绊上一块被雪盖着的石头，摔了个四脚朝天，手慌脚乱地爬起来，很是狼狈。

梅开蕊银铃般地笑起来。

"你还笑？要是往前倒一点点，我就曝尸荒野了……"蒲忠全拍打着衣裤上的雪，抱怨说。

"死不了，前面也就是两丈多宽的坎儿。"

"咦？"蒲忠全打量着梅开蕊，"你怎么知道得这么清楚？"

梅开蕊转身朝山下凝视，良久才问："你来这里干什么？"

"我那里有个犯人，已经有好几年没有家里人的消息了，今天早上我发现他情绪很不对，今天反正值班，就想来他老家找找看，能不能找到他的家人。"

梅开蕊转身定定地看了看他说："我们走吧，到前面去找个人家问问。"

"那车子怎么办？难道你放在这里？"

"不放在这里放在哪里啊？看来你不了解乡村，就是平日里也没人动，何况还是这恶劣的天气呢？"

蒲忠全不好意思地说："惭愧惭愧……"

"怎么呢？"梅开蕊不太明白他的表情。

"我也是农民后代，却忘记了这一点，看来我的革命本色已经淡化了，要向你学习学习……"

梅开蕊扑哧笑起来，说："我听这话感觉我像江姐一样。"接着又自言自语地说，"一个风尘女子怎么能像江姐呢？"

蒲忠全默然，此时说什么都不恰当。

两人一前一后地走，在山坳里找到一户人家询问冉金旺家人，说就在前面山腰处，沿着这条公路走，过了前面那道山梁就是。

走了一段，他们感到路越来越难走，很多地方被积雪覆盖，根本找不到路的方向，好几次踩空，幸运的是都是些小坎小坑，只是跌倒在地上，没什么大碍。好在梅开蕊对这里似乎很熟悉，两人手挽手摸索着前行。尽管这么小心翼翼，梅开蕊最终还是害怕了，站定说："我实在不敢往前走了……"

"万里长征都要到吴起镇了，就这么前功尽弃？无论如何都要将革命进行到底！"蒲忠全望着前面说。

"不成，我实在没有信心了，这样吧，我们暂回刚才那农户那儿，请他给我们做向导。"

蒲忠全拿出手机看看时间说："这么一小段路我们都走了将近半个小时，这样来回折腾，又要耽搁一个小时，怕是中午回不去了。"

"你不是说你今天值班吗？非得要这么急赶回去？"

"正因为值班，才要急着赶回去呢，我们这破工作，不出事你就是到爪哇岛去转悠一圈也没事，但要是出了事，你又不在岗，恐怕我就要蹲监狱了。何况今天是年三十，彭监曾说他今天要来，就算他不来，八成有监狱领导来视察，要是我不在，就算平安无事，这些当官的恐怕也要对我开展肃反运动。"蒲忠全解释说。

"喔，是这样子的……"梅开蕊心不在焉地应了一声，若有所思的样子。

"这样，我们沿着山体走，就算是沟沟坎坎，也摔不着，我探路，你跟着我。"

梅开蕊无奈，只好同意。

两人跌跌撞撞地前行，速度虽然加快了，但是走几步都要摔一跤，好在蒲忠全在前面先跌跤子，梅开蕊就格外小心，尽管如此，梅开蕊也不时跌倒，到了冉金旺家的时候，两人都头发散乱，衣冠不整，特别是梅开蕊那身洁白的衣服，这时候都沾满了泥土、枯草，斑斑驳驳。

蒲忠全笑道："你看我们两个，像不像山鬼？"

在凛冽呼啸的北风中，大雪更加猛烈起来，像无头的苍蝇一样狂舞乱窜，仿佛要将大地上的一切都吞噬一样，红军院变得扑朔迷离，像沉睡中的千年古堡，陈旧、低矮，亦像一个行将就木的老者，孤寂、落寞。何德才模糊的身影消失在红军院那道斑驳沧桑的大门里，彭家仲依然久久地凝视着大门，他转身突然问："如果监狱搬迁到青州，红军院怎么办？我担心何德才老红军……"

语气像是在询问，但更像是自言自语，马洪扣和胡玲玲都愣怔地看着他，没有说话。

良久，马洪扣才问："你确信我们一定能搬迁成功？"

彭家仲把目光从天际收敛回来，看了看他，没有言语，钻进车里，砰地一声关上车门。

胡玲玲用眼角的余光瞥了他一眼，走过去把车门打开，示意马洪扣上车。

“老马，我突然想起你今天给我说的那句话……”彭家仲意味深长地说，但他似乎意识到在这样的场合这么说不太妥当，便急忙打住。

马洪扣见彭家仲没有说下去，便问：“你我今天说的话多了，哪句话？”

彭家仲无意之间用余光瞟了一眼司机，没有说话。

这个细微的动作被胡玲玲捕捉到了，她对司机说你别忙开车，跟我去红军院拿个东西。司机下车，紧跟在胡玲玲后边，巴结地说胡主任，你说搬什么东西，我去搬就是了，外头多冷，你回到车里去吧。胡玲玲笑笑，没有吱声，走了一段，说我们就在这里待 10 分钟再回去。司机疑惑地望着他。胡玲玲笑道你是领导的司机，久经沙场，这还看不出来？司机一脸茫然，傻傻地看着她。胡玲玲不再理会他，独自一个人低着头在雪地里踩来踩去，刻意聆听那吱吱嘎嘎的声音。

10 分钟之后，胡玲玲回到车上，看见彭家仲目视前方，似乎在沉思，马洪扣表情像一张白纸，看不出他在想什么，气氛显得很沉闷，于是想找个话题，转念又觉得不妥，两人正在气头上，弄不好他们都拿她当出气筒，于是把目光投向窗外，装作看风景的样子。

车子快到监狱机关大门时，胡玲玲才说：“两位领导，前几天我跟厅里面几个领导吃饭时，他们聊了一个笑话……”

彭家仲和马洪扣似乎都没有什么反应。

“空姐走向正高声抗议的男人，男人喊，我要向这家航空公司抗议，我每次搭机都坐同一个座位，没电影看，甚至没有窗帘，害我连觉都睡不着！空姐说，算了吧，机长，别闹了！”

彭家仲笑了一下，也戏言问：“你是空姐，那谁是机长呢？是王书记还是我？”

“王书记是正机长，你和马书记是副机长。”胡玲玲说。

彭家仲一怔，立刻明白了她的意思，心里也一下子豁达起来，回头对马洪扣说：“老马，我们俩副机长别闹了，再闹就让小胡笑话了。”

马洪扣恍然大悟，看看胡玲玲说：“看不出来你这小丫头还鬼灵精怪的，哈哈……”

“老马，上个月我说过在春节期间去看看外劳点的民警，我到蒲忠全那里蹭饭吃，下午回家，你呢？回办公室还是回家？”彭家仲抬起手腕看看手表说。

“那走吧，我也去看看。”马洪扣说。

彭家仲便对司机说：“你回家好生与家里人聚聚吧，车子我来开。”

胡玲玲说：“哪能让领导开车，我也要到蒲忠全那里去，我来开。”

“你别开，你还有重要任务。”彭家仲说着，就下车坐到驾驶位置上。

“怎么？名花有主了？”马洪扣笑着问。

“我得向组织汇报吗？”胡玲玲反问。

马洪扣呵呵地笑：“如果你要汇报，我也乐意听听。”

“那等会儿我提醒一下蒲忠全，叫他在给你们汇报中加上这一条。”胡玲玲咯咯地笑，边说边拿出手机给蒲忠全打电话。

接电话的是李家兴。

“怎么是你？‘二小’呢？”胡玲玲诧异地问，然后打开车门，走了几步，才追问道，“是不是出啥事了？”

李家兴说：“一切正常，蒲老大只是说要出去一趟，把手机交给我，说有领导电话来就解释一下。”

“出去一趟？也不至于换手机吧？难道……难道要去的地方没有手机信号？”胡玲玲脑筋飞速地运转，感觉很不寻常，便问：“他到哪里去了？”

“这个……他没说。不过，他说要赶上回来吃中午饭。”

胡玲玲这才把悬着的心放下来。

彭家仲问：“蒲忠全没在监区？”

“在，在……只是这会儿出去办点事，临时的……”胡玲玲连忙说，她不想监狱长追问这个问题，怕造成对蒲忠全不好的印象，马上转移话题，“你刚才说我有更重要的事？”

“嗯，你把协调搬迁的事情给马书记汇报汇报。”彭家仲说完，就发动了车子。

“哎呀，两位领导，我平常说话就天一句地一句的，要我汇报，我还真怕说得颠三倒四的，马书记，你问我答，你看这样行不行？”胡玲玲很为难地说，脸上的表情有些夸张。

马洪扣恢复了先前的表情，想了想问：“厅局主要领导是什么意见？哦，不包括刘德章厅长。”

“全国监狱布局调整，我们省没有列为试点，所以没有被提到厅局的议事日程，领导对双河监狱的态度有两种，一种是支持，另一种是暂缓。虽然存在这两种态度，但我可以负责任地说，大多数领导是持支持态度的，至于还有少数领导持反对态度，这很好办，只要彭监去同他们见见面，私下沟通沟通，厅局党委一定会在票面上 100% 支持的。”

“私下沟通沟通是什么意思？你说明确一点！”马洪扣依然毫无表情，语气直板板的。

胡玲玲看看彭家仲，又看看马洪扣，突然笑起来：“嗨，马书记，我不相信你不明白，要不，你就是业务不熟悉，嘿嘿……”

彭家仲笑了一下，没有回头，也没有说话，继续开车。

马洪扣似乎没有听见胡玲玲的话，按照他的思路接着问：“票面上 100% 的支持，又是什么意思？”

胡玲玲立即止住笑声，怪异地瞧着马洪扣，不知道怎么回答，心里抱怨道：“你这不是明知故问吗？”

“如果只是票面上的支持，关键不落实资金，要是我们贸然动起来，最后成了半拉子工程，怎么办？”马洪扣眉头紧锁，无限担忧地说，“我们监狱产业结构本来就很脆弱，经济运行本来就很不稳定，抗市场经济风险的能力很差，到那时，监狱本部大伤元气，民警职工生活不可避免地受到影响，不仅我们这一届落得个劳民伤财的恶名，而且老百姓会猜忌这里面的腐败问题，你彭家仲就是跳到黄河里都洗不清……”

“你又来了！”彭家仲突然冒了一句，语气中责备的意味很浓。

“你不想听，我还是要说，我是纪委书记，这是我的职责！现在你知道群众怎么议论吗？说你彭家仲拿着他们的福利搞什么搬迁，耗费了 200 多万元了，就像石头打到大海里，泡儿都没有冒一个。”

胡玲玲感觉到彭家仲明显减速了。

马洪扣接着说：“这次你的考评结果和今天的老干部集体讨说法，我认为并不是偶然的，我这么多年在基层工作，很了解群众的心态，人不患贫穷，患的是生存条件每况愈下，患的是不均、不公正。摸不着看不见的事情，就算你说得口干舌燥，他们是不会相信的。就拿今天的事儿说吧，正是别有用心的人利用了这种心态，说白了，就是逼宫，让你知趣地离开。”

彭家仲突然把车停靠在路边，双手紧握方向盘，目视前方，低沉地问：“这个人是谁？”

车内默然，一片死寂，北风的吼叫隔着玻璃传来，好像穿越千年的呜咽，隐约而犀利。

胡玲玲感觉头很涨，还有点痛，这种气氛压抑得她透不过气来，她摇下玻璃，北风呼啦啦地灌进来，心里一下子明晰起来。

“马书记，如果彭监不搞搬迁，这些事儿就不会发生吗？”她问。

马洪扣看看她，若有所思，良久才说：“这个……这个我不能肯定。”

“我在双河监狱出生，在这里长大，从懂事那天起，我都知道某某……某某是不能惹的，惹了他们，你一辈子就甭想顺当。在我的记忆中，这里好像不是共产党说了算，而是几个大家族说了算，就一个芝麻大的事儿，他们在半个小时内就可以集结上百人来闹。马书记，你当年刚当上纪委书记的时候，不是也有人邀约了几十号人在机关闹，扬言要去省城上访吗？”

马洪扣下意识地点头，胡玲玲的话似乎勾起了他那些不愿意回忆的往事。

“彭监来了仅仅半年，我们的收入是增长了还是减少了，其实是很简单的一个算术题，只需学会加减法就能算得清楚，小部分人收入减少了，这部分人的声音就成了主流？上半年我们办公室统计的招待费是 257 万元，下半年呢？138 万元，减了多少？彭监前几天还对马文革强调，明年招待费还要压缩。就算不压缩，一年也要节约 200 多万元。有人说，彭监搞搬迁耗费了 200 多万元，就算这 200 万元白白打了水漂，也同往年相比持平吧？”胡玲玲越说越激动。

马洪扣插话：“你说慢点，别激动，我听着呢。”

胡玲玲缓了一口气，语速放慢：“我大体知道这 200 万元怎么花的，给省设计院预付了 50 万元，争取改扩建专项资金花了 10 万元，与地方政府协调选址花了 15 万元，预付民警住宅征地费用 100 万元，与省发改委、厅局等部门协调花费一些，其他还有逢年过节拜年等。目前进展是，青州市委市府大力支持我们搬迁，尽管我们考察的民警住宅用地就在 2 环路内，他们表态特事特办，按照农村土地征用标准收取我们的征地费用，这样算起来，每亩就 5 万多元，70 亩也就是 350 万元。监管区用地属于划拨，他们已经研究了好几次，决定在距离我们考察的住宅区 3 公里的地方给我们调剂，那地方彭监多次去看过，你也去看过。说实话，现在只待监狱向发改委打报告，只要发改委一批，我们就可以动工了。”

彭家仲插话说：“之所以现在我没有在班子会上提出向发改委打报告，是担忧资金问题。我先考虑的是民警住宅，我们可以招标，让开发商来修，这样我们只需要支付大约总造价 40% 的资金，民警交得起房款的就交，交不起的，单位担保用房产作抵押到住房公积金中心按揭贷款，按照 80 平方米均价计算，每户每月承担的按揭大抵就是 350 元，就按照现在的工资水平，民警也是承担得起的。”

接着他忧郁地说：“目前，我唯一担心的是，修建监管区需要 7500 万元资金问题，就算煤矿资产处置变现，保守估计可以拿到 3000 万元，拖欠建筑商 1000 万元，那么还有 3500 万元缺口怎么办？监狱不能像社会企业那样募集资金，还得靠上面，还得靠跑步‘钱’进，所以，胡主任你的工作至关重要……”

他突然提高了声音：“我们的工作一定不能为少数既得利益的家族势力所左右，再困难，再艰难，就是丢了乌纱帽，我都要带领双河监狱冲出重围，这，不是我彭家仲在捞政绩，而是监狱大多数民警的心声！”

“我们的工作一定不能为少数既得利益的家族势力所左右！”这句话深深地撼着马洪扣，在他心里久久回荡，激昂，铿锵有力，也震得他的心脏隐隐作痛。

“老马，我们一定不要被有些事、有些人的言论所蒙蔽，一叶障目啊，比如胡主任刚才讲的这些情况，我在党委会和行政会上都通报过，为什么连你都视而不见呢？这样我们会很被动，任何矛盾都是此消彼长，我想，只要我们的工作符合大多数人的利益，代表大多数人的心愿，只要我们三个书记坚定了信念，那些既得利益小集团就会自然消亡……好了好了，扯远了，今儿是大年三十，还是不提不爽心的事情。”彭家仲话锋一转，轻松地笑了一下，又开车前行。

“你都不怕丢乌纱，我作为纪委书记，怕什么？！”马洪扣动情地说，“看来我们今天这一架吵得值得，可谓不打不相识啊！”

“我们早就相识，谈何不打不相识？这叫君子之交！”彭家仲心绪大好。

“好一个君子之交！”胡玲玲热烈地说，“那你们今天就是君子协定了啊？谁不遵守，就是小狗！”

三人一起笑起来。

彭家仲说：“胡主任这话有点不严肃了，听你这话，我们两个像小孩一样？”

“我们不是在拉小帮派，你要是背离党的利益，我一样要跟你作对！”马洪扣认真地对彭家仲说，接着他转头又对胡玲玲说，“你这丫头，平常说话倒真是颠三倒四的，关键时候却有板有眼的，看来，彭监坚持用你是用对了。”

“传闻说马书记表扬的中干不超过 7 人，小女子真三生有幸，三生有幸！”胡玲玲神采飞扬，模仿京剧的腔调说。

“尾巴别翘到天上去了，我还指望你拿回那 3500 多万元呢。”彭家仲说。

胡玲玲吐吐舌头，马上收敛笑容。

“你怎么去争取？心里有没有数？有多大把握？”马洪扣问。

“这个……不好在马书记面前讨论，总之我尽力就是了，总之我不会让你们两位领导失望，总之……”胡玲玲觉得说话到头了，补充了一句，“没有了……”

马洪扣说：“我得提醒你，不要采取违法乱纪的手段，为了这几千万元把自己填进去，也把别人拉进去，那就得不偿失了。”

“是是是，我一定牢记马书记的教导！”胡玲玲眨眨眼说。

彭家仲笑笑，开始一心一意地开车。

将近 12 点，彭家仲一行抵达外劳点。

外劳点前面那条小公路上的积雪在进进出出的车子辗压下，小公路已变得泥泞不堪，难以落脚，彭家仲他们只好踩着路边菜地边的积雪晃晃悠悠地前行。

李家兴在公路边迎接，胡玲玲明白蒲忠全还没有回来，心里暗暗着急。

“今天值班监区领导是谁？”胡玲玲对他使使眼色，假装问。

“是蒲监区长，他出去办事去了。”李家兴老老实实地回答。

胡玲玲无奈，只好照实询问：“那他带手机没有？”

“他和我交换了手机……”

彭家仲和马洪扣交换了一下眼神，都没有插话。

“号码是……嗯……”胡玲玲要了号码，随手就拨，然后摇头，“手机不在服务区……”

彭家仲问：“他去了哪里？”

“报告监狱长，蒲老大……哦哦……蒲监区长没有给我说他去哪里，只是说尽量在中午开饭之前赶回来。”李家兴似乎也意识到问题有些严重，小心翼翼地报告，态度极为恭敬。

“身为监区主要负责人，又在值班期间，走哪里去不请示不汇报，还像话吗？”马洪扣眉头一下子锁起来。

其他监区副职都回家了，所以蒲忠全让李家兴临时帮他守一下。李家兴一年半载连监狱领导的面都难得见上一次，本来都显得有些慌张，见马洪扣发怒，一下子慌了神，不知所措地站在那里。

胡玲玲见状，忙说："彭监、马书记，蒲忠全八成遇到啥紧急事儿了……这样吧，我们先到监区去看看？李家兴，你还不带路？"

李家兴忙不迭地前面走，脚下一滑，摔了个大跟头，手慌脚乱地爬起来，浑身是泥，发现帽子滚到菜地里，又一步一滑地捡起帽子，扣在头上，也不管帽子上的泥巴，样子很是狼狈。

犯人们正在进餐，8个人一组，在走廊、监舍、楼道拐角处就地围成一圈，闹闹嚷嚷，遍地狼藉。若想上楼，除非踩着犯人们的碗筷、菜肴。犯人们在民警的吆喝下，都齐刷刷地站起来，随即，碗碟打碎的声音陆陆续续地传来，余音未了，楼上一个混浊的音声传来："有啥子了嘛？老子偏不站！"

李家兴听出又是冉金旺在撒野，于是喝道："冉金旺，给我滚下来！"

半响，冉金旺才从二楼上探出头来，瞧了瞧，揉揉眼睛，又瞧瞧，一副二百五的样子，说："李政府，下屁股的地方都没得，我怎么滚下来？要不，我从这跳下来？"

彭家仲和马洪扣脸上一下子挂不住了。

胡玲玲知道，这两位领导度量再大，也忍受不了在犯人面前难堪，忙说："彭监、马书记，我们先在办公室坐坐？"

"你就给老子跳下来！"远处突然传来一声断喝，把彭家仲和马洪扣都吓了一跳。

所有的人都知道是蒲忠全回来了，放眼望去，蒲忠全拧着一袋什么东西，正摇摇摆摆地跑过来，浑身泥泞，身后不远处停着一辆越野吉普，吉普车斑斑点点，已看不出车身究竟是什么颜色。待他走近，彭家仲他们发现，脸上和头发上隐约还有青褐色的痕迹。

蒲忠全给彭家仲和马洪扣敬礼，然后仰起头，吼道："冉金旺，你不是说要跳下来吗？有种你就跳下来给我看看。"

冉金旺畏畏缩缩地探头，揶揄地说："老大，真跳呀？"

"叫他们继续开饭，叫冉金旺下来！"蒲忠全吩咐李家兴说，然后招呼彭家仲一行到办公室。刚进屋，突然想起什么来，于是把胡玲玲拉到一旁，"狐狸，请你去把车子那位招呼一下。"

"你究竟到哪里去了？"马洪扣虎着脸问。

"我无组织无纪律，我接受批评……事情是这样的……"

“报告！”冉金旺在门外叫。

“在一边先待着！”蒲忠全命令说。

“你先处理这事儿。”彭家仲想看看他的处置能力，于是说。

蒲忠全立即站起来说“是！”然后对门外喊，“冉金旺你进来。”

冉金旺慢慢走进来，瞧瞧屋子里的人，不安地站在那里。

蒲忠全把先前拧的那个袋子递给他，说：“你先打开看看。”

冉金旺有些疑惑，也有些迟疑，打开袋子，一样一样地拿出来，一包红枣、一包年糕、一小段香肠、一条天下秀牌香烟、两件新衣服和一件新棉袄。他一屁股坐在地上，抱着这些东西，目光慢慢变得呆滞，直勾勾地瞪着，像是捡到宝贝一样，抑或是找回了失散多年的孩子。

彭家仲和马洪扣也流露出不解的神色。

蒲忠全把手机录音打开：“旺狗子，妈好好的，好好的……呜呜……”

苍老而凄凉哭泣声，像从遥远的地方飘来，脆弱得让人战栗，恍若一个母亲在奈何桥上回望乡里，呼唤儿子的乳名。

冉金旺哆嗦了一下，泪水哗哗地流过脸膛，他突然用力拍打胸膛，号啕大哭，嘴里含糊不清地叫着妈妈。

待他哭了一会儿，情绪稍稍平静一些，蒲忠全说：“你母亲的身体并不好，腿痛，走路很不方便。我照了几张相片，等我冲洗出来给你。”

冉金旺转向蒲忠全，一下跪在地上，把头磕得咚咚响。

蒲忠全一把拉起他，说：“你小子要是还有孝心就别在这磕头！”

冉金旺擦干眼泪，给彭家仲和马洪扣深深鞠躬，然后拾起散落在地上的东西，转身就走。

“这人就是前次闹绝食的那个罪犯？怎么一回事？”彭家仲问。

蒲忠全说：“冉金旺情况两位领导都知道，从小流落江湖……不不不是……是流落社会，从第一次进监狱起，他自感没脸回家，如今都30几个年头了，都没有光明正大地回去过，听他说只是在10年前晚上偷偷摸摸回去看过一眼老母亲。今天早上看到别的罪犯打亲情电话，与往年相比，他情绪波动很大，这个心结不给他解开，以后恐怕不好管了，我就找了一辆车子，去了他的老家……也不远，就80公里路的样子，本想来回顶多就3个小时，哪知这鬼天气……”

“这事干得漂亮！但你身为监区值班领导，不假外出，要是出事怎么办？就像刚才，如果发展成群体性事件，后果会是什么，你想过没有？”马洪扣先肯定后批评，语气甚是严厉。

“是是是……我一定听马书记的话，加强纪律性，做一个合格的战士。”蒲忠全恭恭敬敬地站在那里，点头哈腰地说。

“瞧你这熊样，哪像个人民警察的样子？人，只要遵纪守法，廉洁从政，就无愧于心，在任何人面前都不需要作汉奸相，都可以理直气壮地挺起腰杆。”马洪扣继续教训说。

“是！”蒲忠全立即立正。

“嗯，这才像话嘛。”马洪扣满意地点点头，转头对彭家仲说，“我说完了，监狱长怎么处置他，我听你的。”

“孺子可教也。”彭家仲笑笑说。

“既然如此，我就再给你一个机会，我招呼先打在前头，要是你下次再犯这种低级错误，那我就不客气了。”马洪扣说。

“是是是……我一定牢记马书记的教导，改正错误，做个好同志。”

“你就别先表决心了，两位领导就算是铁打的，我俩可不是。”胡玲玲挽着梅开蕊的手走了进来。

彭家仲和马洪扣扫了一眼梅开蕊。

“那你俩是金的还是铜的？”蒲忠全嬉笑。

胡玲玲“切”了一声：“你没有听说过女人是水做的吗？别贫嘴了，找个地方吃饭吧。”

一行人刚出门，哪知林楚却赶了来。

蒲忠全假装没有看见她，招呼大家上车。

梅开蕊只好走到林楚身边说：“我们一起吧。”

“你陪他去的？”林楚拉着脸问。

“嗯？”梅开蕊点点头，“怎么了？”

“怎么了？问你自己！”林楚指着蒲忠全说。

“林大小姐，我现在有客人，你要是还没吃饭，就一起去吃，要是不愿意呢，请你别挡着路。”蒲忠全说。

“我还以为你哑巴了呢？我今天就挡着路，怎么着？有本事把我关在里面？！”林楚指指监管区，挑衅地说。

蒲忠全没法，只好恶狠狠地盯着她。

“林楚，别这样，你们换个地方说话，怎么样？”梅开蕊觉得她这样胡搅蛮缠下去，蒲忠全颜面将放不下去，两人关系可能会更僵，于是劝说林楚。

林楚异样地看看她，讥讽道：“你算什么？凭什么来干涉我的事？”

梅开蕊明白她有所指，便默默地退开。

胡玲玲冷眼看着，脸上表情阴晴不定。

彭家仲和马洪扣对视一眼，不约而同地钻进了小车。

蒲忠全走到林楚身边，低声央求说：“别闹了，有天大的事，也要等我把客人送走再说，好吗？”

林楚哼哼地说：“她也是你客人？”

蒲忠全明白她指的是梅开蕊，心里一下来气了：“你讲点道理好不好？”

“我不讲理？！不就一个婊子吗？你就这么护着她？究竟她是你的客人还是你是她的客人？”林楚挖苦地说。

“冉金旺！”蒲忠全突然吼了一声。

“到！”随着一声断喝，冉金旺从楼梯口跃出。

“你找几个人，把那辆车给我推到一边。”蒲忠全命令道。

“是！”冉金旺一招呼，呼啦啦来了 10 来个人，一声号子，林楚的车子被推到路边，架在小沟上。

梅开蕊立即发动车子，走了。

蒲忠全只好上了彭家仲那辆车。

蒲忠全给梅开蕊打电话，没接，又给杜萌电话：“老兄，我叫人把林楚的车子掀翻了，麻烦你去画个句号……喂，具体情况你去问她……我可不是土匪，要真是土匪，那也是共匪、红匪，是干革命的土匪……好了，不跟你啰唆了，我领导在场呢。”

挂了电话，他对胡玲玲说：“狐狸，你说个地方吧。”

胡玲玲就说了个地方，然后不再言语。

都不说话，蒲忠全感觉气氛不对劲，于是对胡玲玲说：“有什么新笑话没有？讲一个来听听？”

胡玲玲假装没有听见，把目光投向窗外。

“你和你同学咋回事？”彭家仲问。

“我在监区那山上时，书信往来谈过朋友，后来她来过一次，回去就没有音讯。现在听说我们要搬迁到市里，又想找我，哼，没门儿。”

“哦？搬迁把我们民警的身份地位提高了。”彭家仲情绪一下好起来，“老马，看来我们得重视这个问题，现在与工人组成家庭的民警有很多，如果不加强引导，将来搬迁了，离婚率怕要大幅度上升，这也是一个不稳定的因素啊。”

马洪扣说：“这个……我可是外行，不过还真得要重视。”

“马书记这么潇洒，当年不知道后面排着多少女子呢，还外行？”胡玲玲笑道。

“你个小妮子，别耍嘴皮子。我们这一代先结婚后恋爱，不像现在的年轻人，管他三七二十一，先睡了再说，还美其名曰试婚。这婚姻是可以试的？纯粹扯蛋，就是道德问题，找借口而已。”马洪扣说到这里，问蒲忠全，“你蒲忠全是不是先睡了人家？”

“没有……没有……我还是处长……”蒲忠全自感底气有些不足。

“哼，处长？你们男人不管不分老嫩，回家洗个澡，又都变成处长了！”胡玲玲不满地说。

几个人都笑起来。

“还是胡主任理论水平高，把质量互变规律用活了。”蒲忠全说。

大家又是一阵笑。

“笑话归笑话，蒲忠全你的爱情婚姻生活我们不干涉，但是作为国家公务员、人民警察，还是不要赶潮流为好，要端正爱情婚姻家庭观念，冷静正确处理恋爱过程中的矛盾，不要造成不好的影响。”彭家仲说。

蒲忠全听监狱长这么一说，心里愈加发虚，只是说：“是是是……”恍眼间看见梅开蕊站在街道中间，连忙喊停车。

胡玲玲把车停靠在路边，问：“啥事儿？”

蒲忠全下车，直奔梅开蕊。

与梅开蕊争执的，是马文革。

原来梅开蕊的吉普把他开的车擦了一下，马文革是认识梅开蕊的，为了逗逗她，于是故意刁难。

“噢？原来是马主任？”蒲忠全打哈哈说。

马文革看是蒲忠全，也亲热地过来握手：“你小子发财了，就忘记了你马哥哈。怎么？又要到哪里去潇洒？”

“我连毛主席都敢忘，就是不敢忘了你马哥哟……啥事儿，你们？哦，这是我朋友。”蒲忠全指指梅开蕊说。

“哦哦，我说呢，她现在怎么那么拽，原来有你撑腰哈……既然这样，那就算了，不用赔了。”马文革瞄瞄梅开蕊，又看看蒲忠全，坏坏地笑着说。

“马主任，言重了言重了……我们正好要去吃饭，一起去。”蒲忠全说。

马文革大不满地说：“你小子没把我放在眼里吧？好像我是来蹭饭的样。你的饭局难吃，算了，我还是去找个路边馆子将就一下。”

胡玲玲走过来：“咦？我说放牛娃怎么跑这么快，原来是梅小姐在这里呢。”

马文革看到胡玲玲，心里一惊。

“哟？马大主任也在！怎么一回事？原来撞车了呀？”她围着车子转悠了一圈，“真撞了呀……”

“是呀，相见不如撞见，既然撞上了，大家就是缘分，我正请马主任一起会师呢。”蒲忠全知道他俩心里有芥蒂，连忙接过话来。

“马主任是何等人物，我们这旗子能打多久？怎么愿意与我们会师呢？”胡玲玲连讽带讥地说。

蒲忠全越发觉得她说话过头了，连忙打圆场：“你怎么说话越来越像我了？”

“这叫近墨者黑，嘿嘿……”

“嘿嘿，嘿嘿，看你那个得意劲儿，好像捡到了金娃娃……管他是红还是黑，先解决温饱问题。马主任，走吧，走吧，我可是真心实意的。”蒲忠全说。

马洪扣大概是等不及了，把头伸出车窗外喊：“蒲忠全，出什么事了？”

蒲忠全回头大声说：“就来，马上。”

马文革一看有马书记，便推想彭家仲肯定也在，于是干笑道：“那走吧，要不然好像我马文革真的举的是另外一面旗子。”

“开蕊，走吧，别扫大家的兴，好吗？”蒲忠全很真诚地说。

梅开蕊犹豫了一下，点点头。

第十六章　骑虎难下：流言蜚语像瘟疫般蔓延

春节前流言蜚语带来的浮躁被湮没在与家人团聚的氛围中，双河监狱在鞭炮声中又恢复了一贯的宁静，值班、喝酒、打麻将、打理着被附近农民遗弃的那些很小块土地，在晴好的天气里带上小孩去登山……亦工亦农，像古代的书生，一手读书，一手养猪，两手抓，两手都不误，人们似乎忘记了这是以市场经济为主体的社会主义社会，忘记了距离我们党提出的实现共产主义社会的终极目标还很遥远，按部就班，平淡而闲适。

其实，这才是这里应有的风土人情，充满农耕文化的古朴味儿。

然而，很多人不喜欢也不适应这种平淡无味的生活，就连土生土长的监狱上一代民警的子女们。他们不像父辈那样热爱工作，更不屑与在几平方米贫瘠的土地上刨来刨去地种些葱葱蒜苗，总想干点事情，可碍于客观条件，总是迟迟疑疑的，成天做着黄粱美梦，几月、几年过去了，总是一事无成，于是开始彷徨无聊起来，一副失意、落魄的样子，好像这社会亏欠他们很多很多。心烦了，就到监舍里转悠一圈，看见不顺眼的，耀武扬威地发泄一下，心情便舒畅起来。喝酒、相互发牢骚，然后便盯着为数不多的女人。

但是这些子弟们自视却很高，看不起外来人，把监狱的各项工作分得很细，哪些工作是下等警察干的，哪些又是上流警察干的，哪些岗位好干但又失颜面，哪些虽然很风光但很辛苦，就连内看守究竟是守卫第一道、第二道还是第三道大门都有不同的评价。到了省城打不着方向，缩手缩脚，跟王老五进城一个样，但是一回到监狱这块地儿上，就是老子天下第一。

与父辈们相比，他们显得很另类，没有责任感、道德水准下滑、浮躁、工作态度不端正、没有目标，更没有生活热情。

蒲忠全用毛泽东思想来分析这种现象，归结为山大王的堕落主义，党的利益与家族利益紧密结合在一起的两难心态，说得简单明了一些，就像一个良家妇女成天在QQ上乱晃，心底里极度想找一夜情之类的刺激，但是如果你明确地发出邀请，她又要装出一副很淑女的样子，仿佛她的贞节比命重要一般。

熊晓戈曾问，那为什么这些女人会强烈的持有这种两难心态呢？

蒲忠全说，她不这样做，你会觉得她是良家妇女吗？装的目的就是想让你确信她是个良家妇女。

胡玲玲说，谬论！我怎么没有这种心态？

蒲忠全说，有些女人表象上给人一种放荡不羁的感觉，其实她就是良家妇女，比如你。

胡玲玲呸了一声说，我怎么了？我给人的印象不是良家妇女？我勾引你来的？

熊晓戈说，我和你从小一起长大，还不知道你？其实蒲忠全说得对，玲玲你是那种玩世不恭的性格决定了人们对你的评价，但实际上你是一个很循规蹈矩的女子。不过，蒲忠全能看出这一点，很难得。

胡玲玲默然。

蒲忠全继续说，你们看嘛，男人都会在乎自己的女人是不是在外边乱晃，而女人则不那么在乎自己的男人是不是有外遇。

胡玲玲说，又是谬论！

熊晓戈问，这怎么说？

蒲忠全分析说，举个例子，假如你熊晓戈在外面有女人，被秦亚南发现了，你只要承认错误，她百分之百会原谅你；要是她有外遇，你会谅解她吗？

胡玲玲瞪了他一眼说，你别胡说。

熊晓戈说，没事，我和梅开蕊的事情你们都知道，没关系……嗯，有道理。

蒲忠全得意扬扬地说，你们知道为什么吗？这是人的原始生理或者说原始本能所决定的，女人不管和谁睡觉，生的后代都是自己的，而男性呢？为了保证自己后代的纯种性，他必须花大精力大力气来监视女人，所以他不能容忍女人有越轨行为。这种原始本能在古代表现得淋漓尽致，虽然现在人们的思想观念在演化，但至少努力保证自己所养育的那个孩子的纯种性，不是这样吗？

熊晓戈哈哈大笑说，高见高见。

胡玲玲则说，我们在讨论监狱文化，怎么扯到这些乱七八糟的事儿上来了？

蒲忠全说，这也是监狱文化的一部分嘛，现在的监狱子弟就像剔除了社会性的男人。学识、思维、观念与社会上相差一大截，可就是做出一副雄赳赳气昂昂的样子，神圣不可侵犯，整天的生活心态就像那首歌，要是朋友来了有美酒，要是敌人，对准他的是猎枪。你们说这多没意思？

准确地讲，这样的话题并不仅仅在蒲忠全的朋友圈子流行，而是盛行在监狱的每一个阶层，包括犯人。在文化生活很匮乏的地域或者年代，男女问题就是大家津津乐道的议题。

蒲忠全挑剔女友林楚的事像旋风一般在监狱本部刮过，给很多人留下了想象的空间，加之从外劳点回来过年的民警那财大气粗的架式，让很多年轻民警跃跃欲试，想调到外劳监区。春节期间，蒲忠全的电话不断，都是想调到他那里的。很多人甚至通过各种各样的关系，从不同层面给他施压。蒲忠全没法，只好一个都不答应，以监狱组织科有严格编制为名，将责任推到组织部门。一夜之间，政治处主任顾卫国、组织科副科长常佳微成了人们公关的对象。开始他们都没在意，哪知道后来居然有退休的监狱老领导、还有在职的监狱领导给他们打招呼，这才让他们警觉起来。顾卫国春节值班期间，带上常佳微专门跑了一趟青州市外劳点，听完蒲忠全的汇报，立即明白了个中的缘由，笑道："你蒲忠全总是在不经意间放一颗卫星，现在找我们的踏破门槛，你们说这是好事还是坏事呢？"

"说明外劳正冲击着人们传统观念，如果加以引导，将对监狱搬迁起到推动作用。"常佳微说，"不过，我们的工作难做啰。"

蒲忠全说："顾主任，常科长，这外劳像革命初期，很辛苦的，可不是一般人能干得了的，特别是那些八旗子弟来了，我这工作可难做了。"

顾卫国把情况给王福全作了汇报，王福全颇感恼火，说："这个蒲忠全，挣了几个钱就了不得？大手大脚的，发奖金也不是这个发放法儿嘛，本来监狱取消了集团奖，前几天刚出了老干部质疑党委虚报招待费这档子事儿，就在这眼骨节儿上，他又来放个卫星，这不是雪上加霜吗？我看，你们组织部门有必要找他谈谈。"

作为政治处主任，平常一般民警调动都由他负责，换言之，就是他签字就成，尽管党委这么授权给他，但他是党委成员中地位最低的，所以平常一般人事变动他都要征求分管领导的意见，尽量兼顾到方方面面，维持各个方面的平衡，何况这次涉及面很大，他本想建议王福全在党委会上给定出个到外劳点工作的章程，加一些限制条件，他以后选调人的时候就有理有据，但见他这么一说，也就不好开口了，只好说："那我先压着，等年后班子拿出意见来再说。"

从王福全那里出来，顾卫国左思右想，还是觉得有必要给彭家仲作个汇报，让他春节过后回来心里有数，免得造成被动。

刚说完，彭家仲反问："你怎么看这事？"

顾卫国没想到他会这么问，边想边谨慎地说："王书记从全局稳定着想，是对的，但是事情往往具有两面性……就像常佳微说的，说明外劳正冲击着人们传统观念，如果加以引导，让民警从自身利益上认识到搬迁的重大意义，将对监狱搬迁起到推动作用，我看是好事。"

"你的这个想法，我很赞同，卫国，你费心了，思想政治工作这块，有你在，我睡觉都安稳一些。这样吧，调动的事情，你先压着，等年后班子开会定个调子。还有，给你通个气，我准备在今年适当时候调整一下中层领导，至于方案呢，你先打打腹稿，成熟了同我和王书记交换一下意见，啊！"

挂了电话，顾卫国心里一阵激动，调整中层可不是件小事，以前都是一把手说了算，哪轮得到他这个政治处主任拿方案。拿方案可不是小事，不仅要定调，而且具体到每个岗位的人选安排都要涵盖，就算监狱主要领导变更一些岗位人选，那也是极少数，这意味着他拥有绝大多数岗位的人事决定权。这个决定权最大的作用将会大大提高他的地位和威信，直接的好处是对于他以后考核中的民意测评很有帮助，或许，他的政治生涯由此改写。

"看来这个监狱长心里是亮堂的……"顾卫国反复这么想。

春节假期转眼就到了，在零零星星的鞭炮声中，人们懒懒散散地开始运转起来。

蒲忠全接到通知，要他赶回监狱参加春节后的第一个狱情分析会。

一提到狱情分析会，他的头皮就发麻。

自前任监狱长汪庆书出事后，四监区就没有在郑怀远那里落个好，每次狱情分析会，就像去参加成绩很差又经常打架的孩子的家长会，从开头到结尾，四监区都是郑怀远和管教四个科室批判的对象，在他们那里，四监区似乎被妖魔化了，不仅犯人不像犯人，民警不像民警，而且领导不像领导，意思很明白，就是蒲忠全根本就不是做领导特别是做监区长的那块料。面对这样的批评与责难，蒲忠全有口难言，他所能做的，除了检讨还是检讨。于是蒲忠全想躲开，派副职去参加，哪知狱政科却指名道姓要他参加，所以，每次去参加狱情分析会，他心理压力跟上刑场没什么两样。

天还没有亮，蒲忠全就往双河镇赶，赶到监狱时候，距开会时间还有半个小时，便去找熊晓戈。熊晓戈正和胡玲玲在说什么事情，见他进来，都看着他不说话。

蒲忠全笑道："你俩在密谋什么呢？有阶级斗争新动向？"

"马文革怎么会认识她？"熊晓戈问。

"他？哪个她？"蒲忠全被问得莫名其妙。

"就是梅开蕊。"胡玲玲说。

蒲忠全很奇怪，看了看他才问："什么个情况？"

"马文革他把梅开蕊的事儿给我老婆讲了……你也真是的，请梅开蕊吃饭怎么把姓马的搭上？这下好了，我可没好日子过了。"熊晓戈一脸无奈地说，接着他看着蒲忠全问，"马文革是不是向你打探过梅开蕊？"

"你这不是废话吗？他们本来就认识。"蒲忠全有点不高兴。

"按照蒲忠全的理论，你回去好好检讨检讨，认个错，秦亚南就会原谅你的。"胡玲玲劝慰说。

熊晓戈气呼呼地说："狗屁，我都试过了，一点都不行。"

"那她要你怎么的？"胡玲玲看看蒲忠全，问熊晓戈。

"她要离婚。"

"态度很坚决？"胡玲玲脸上掠过一丝不易被人觉察的忧郁。

"嗯，都闹了一个礼拜了，你说这样没完没了地闹下去，怎么得了？"

胡玲玲不再言语，不时摇头。

"你们总得给我拿个主意嘛！"熊晓戈有些急了，"连你俩都帮不上我，我看我是死定了。"

"离就离呗，鲁迅不是说过吗？横眉冷对秋波，俯首甘为和尚。何况，天涯何处无芳草？像我蒲忠全，王老五一个，不愁吃穿，也无羁绊，自由自在，多好！"蒲忠全手舞足蹈地说。

“懒得跟你说，去开你的批斗会。”熊晓戈瞥了他一眼，哼哼地说。

胡玲玲接过话题，讥讽他：“‘小二哥’，你不知道呐，现在的蒲忠全已不是山上那个‘蒲二小’了，在青州这个大城市染了一水，很潮流很前卫的呢！”

蒲忠全脸上发烫，讪讪地说：“好好……你们继续商量，如果有用的着我的地方，尽管吩咐。”

说完，闪身出去。

刚出门，不料撞上狱政科长谢本川，谢本川亲热地攀着他的肩膀说：“老弟，几天不见，怪想你的，中午不忙走，我请客。”

蒲忠全忙说：“不敢不敢，在会上少批判我两句，我就感激不尽啦。”

“你那里工作搞得有声有色的，怎么会批评你呢？老弟多虑了。”谢本川打着哈哈说。

“是不是哟？老哥你在笑话我吧？”蒲忠全诧异地问。

“你们啥关系？笑话你做什么？老实给你说吧，郑监说了，在那样艰难的条件下，四监区的监管工作没有出事，就是最大的成绩，应该好好总结。这不，我这把减刑指标向你那里倾斜了呢，多给了你5个指标，怎么样？老哥没有忘记老弟吧？”

蒲忠全连声道谢说：“有你老哥罩着，我就踏实了，以后路过青州可别忘了给我个电话。”

“嘿嘿……你老弟果然是明白人，春节期间我们和郑监聚会时候，郑监还说你有前途呢……对了，你那个女人不错，她叫什么？”谢本川两眼冒出贪婪的光。

蒲忠全一惊，知道他说的是梅开蕊。

那晚梅开蕊送小姐过来，蒲忠全在酒店外接的，没让梅开蕊同郑怀远见面。他安顿好以后，就和梅开蕊坐在酒店外的街道树下聊天，不知道这谢本川怎么看见了她。他故意装作不明白他的话，反问：“谢哥，你是不是看错了哟？”

“哎呀，跟你在树下聊天那个不是你女人？如果真不是，那就好办，好久给老哥我介绍介绍……嘿……”谢本川有点亢奋的样子。

蒲忠全心里作呕，努力控制自己的情绪，说：“这个……恐怕难找，我也是临时找的，我们完事后感觉屋子里闷，就出来坐坐，胡乱说说话，也没有打听她的名字什么的……”

“再说，再说……好了，要到会议室了，中午可不许走哈，我请客。”谢本川说完，加快脚步，走进了会场。

望着他的背影，蒲忠全有点自责，感觉对不起梅开蕊，玷污了她的名声，那晚，他和梅开蕊就在街边坐，她连宾馆的门都没有进。

蒲忠全刚进会议室，坐在第二排的二监区监区长伍直玮、五监区监区长华文虎都招呼他过去坐，他摇摇头，在后排角落处找了一个位置坐下。

伍直玮和华文虎便都走过来，挨着他坐。

“你老弟心不在焉哟，昨晚把哪个妞儿给办了？”伍直玮笑道。

蒲忠全苦笑：“你就别拿我开心了，我开这狱情会，比上刑场都难受。”

“你小子在我们面前还装处？”伍直玮不满地说。

“我装处？我本来就是处的。”

“洗个澡就成了处的还差不多！你跟彭监关系那么铁，我不相信你就没有听说一点风声？人家‘老虎’（华文虎）就比你耿直。”伍直玮哼哼地说。

蒲忠全一脸诧异：“‘老虎’，怎么个情况？”

华文虎压低声音说：“小道消息说，彭监有个想法，要我们五监区自己想办法销售库存的煤炭，你来协助我。”

“啊？！”蒲忠全吃了一惊，接着摇摇头，“乱说，胡说的，我不信，打死我也不信……”

“看来这小子真没有听到风声，这几天监狱里都传遍了……”华文虎说。

“都传遍了？”蒲忠全嘟囔了一句。

这时候，谢本川宣布会议开始，华文虎和伍直玮便不再说话。

“怎么没给我个讯息？”蒲忠全心里感到困惑，如此重大的变动，熊晓戈和胡玲玲不会都不知道，就算熊晓戈被他老婆闹得不可开交，也不至于把他的事情不放在心上吧？胡玲玲呢？一想到她，蒲忠全心头打鼓，多年建立起来的对她的信心变得脆弱起来。

年三十中午饭后，一行人送彭家仲到车站，换乘大巴回家，胡玲玲说还有点事情，让马文革送马洪扣回去。该走的都走了，只剩下蒲忠全和胡玲玲。

胡玲玲问：“你们上床了？”

蒲忠全虽然明白她是指他和林楚，但还是感觉神经有点错乱，手心背心在冒虚汗，他极力掩饰内心的慌乱和不安，装作不明白的样子说：“你这话什么意思？”

“你装什么装？是不是要我把她叫来和你再辩论一番？”

“睡了她又怎么样？”蒲忠全本来很不好意思，所以慌乱，这会儿听胡玲玲的语气，好像他犯下了滔天大罪，心里便来气了，随口就来了这么一句，那意思很明白：“我睡了她，管你屁事，你还不是离了婚的，就算以后我俩结婚，谁也不亏欠谁。”

胡玲玲以异样的眼神看着他，似笑非笑、似怒非怒的样子。

“喂，别这么看我，我不是怪物，我是无产阶级革命战士。”蒲忠全说了这话就后悔了，他知道凭胡玲玲的智商，她不会揣度出他这话隐含的意思。

“一切反对派都是纸老虎！哼！”胡玲玲气呼呼地骂，“才到青州市几天，就变得这么前卫？下车，下车！”

“喂，不至于吧？”蒲忠全抗议道。

“下车下车！恶心！”胡玲玲丝毫没有改变立场，语气愈加生硬，好像对一个流氓在吼。

蒲忠全没法，只好下车。

胡玲玲发动车子，车轮卷起的积雪，遮挡了他的视线，等视线明晰起来的时候，前方一片苍茫，早已没有了胡玲玲的影子。

他怔怔地站在那里，心里掠过一丝落寞。

“嗨，你小子上电视了！”伍直玮用到肘拐拐他。

蒲忠全条件反射地站起来，耷拉着脑袋，一副诚惶诚恐的样子。

郑怀远正在讲话，见他站起来，便问：“蒲监区长有什么问题吗？”

华文虎和伍直玮都拉他坐下，他挣扎着保持站立，机械地回答：“我检讨，我工作没有做好，回去立即整改……”

全场哄然笑起来。

其实，郑怀远对四监区的工作才讲了一句，说四监区工作做得不错。大家都认为蒲忠全在狱情会上经常要被点名批判，是挨批挨害怕了，这种反应出自于本能。

郑怀远暗中瞟了一眼彭家仲，宽容地笑笑，似乎很欣赏蒲忠全这种态度，和颜悦色地叫他坐下。

蒲忠全坐下，一副茫然无措的样子。

“郑监在表扬你呢，你站起来认错干什么，你小子魂不守舍的样子，莫不是真做了什么坏事？”华文虎低声说。

“你们不要笑，蒲忠全监区长这种态度就值得你们学习。什么叫谦虚谨慎？什么叫如履薄冰？什么叫戒骄戒躁？蒲忠全这种态度就是。有了这样的态度，工作自然而然就搞得好，你们知道四监区的硬件条件吗？没有围墙，没有防逃铁丝网，门是木门，干警睡的床都发霉了，生活用水很多时候都带黄颜色，在那么艰苦的条件下，监管秩序正常，不仅没有发生大的安全事故，而且罪犯违纪率都比其他监区低，规范意识比以前有重大改观，可以这么说，四监区为我狱监管改造工作做出了重大贡献！”郑怀远边说边比划，声音也提高了很多。

会场异常的安静，郑怀远的声音越发显得铿锵有力。

郑怀远喝了一口茶，继续说：“四监区的经验值得总结，其他监区都要立足自身，特别是那些跑了人的监区，向四监区学习取经，夯实监管基础工作……”

很多人都侧目窥视蒲忠全。

蒲忠全感觉脸上发烫，思维一直处于懵懵懂懂的状态，不停地喝水。

拉拉杂杂的会议在 11 点终于结束，很多人都来向蒲忠全道贺。他苦苦一笑，从侧门快步离开，像逃离刑场一样。

他想了又想，终于鼓起勇气，到办公室去找胡玲玲。

胡玲玲正和其他人嬉笑，见他进来，随手抓起一张报纸看。其他人见状，都借故走了，蒲忠全坐在她对面，嘴角动了又动，始终没有吐出一个字来。

“有事？”胡玲玲放下报纸问。

“没……没……”蒲忠全结结巴巴地回答。

“真没事？”

“没……”

“没事你不去管犯人，转悠啥呢？蒲忠全同志！”

“噢……喔喔……玲玲，我想……”

“别那么亲热，我们还没有达到那一步。”

“胡主任……我想问个事？”

“啥事？”

“听说煤炭销售要交给五监区，要我来协助……”

“我没有看到文件！”胡玲玲一副公事公办的口气说。

蒲忠全抬头看看她，仿佛不认识一般，沉默了一会儿，他又问：“熊晓戈和他老婆究竟出什么事了？”

胡玲玲说：“不知道秦亚南从什么渠道知道他和梅开蕊的事，要坚决与熊晓戈离婚。”

这时候熊晓戈走了进来，看看蒲忠全，没有说话，闷闷不乐地坐下来抽烟。

“真没有挽回的余地？”蒲忠全问。

熊晓戈沉默了一会儿才说：“她态度很坚决。”他突然抬起头，看着蒲忠全，气哼哼地样子，“你那啥？什么纯种论，女人能够宽容男人有外遇，我好话说尽，都成龟儿子了，她还是不原谅我，啥狗屁理论！”

“那不是我说的，是专家说的，唉，是啊，我们都上了专家的当！”蒲忠全瞟了一眼胡玲玲，迅疾挪开目光，无可奈何地叹气。

胡玲玲笑起来，格外开心的样子。

“我都成这样了，你还笑？”熊晓戈疑惑地望着她。

“我为什么不能笑？我支持秦亚南，她就是有骨气，她至少还给你留了一间屋子睡觉，要是我，我会比她做得更绝，叫你裸奔出门！”胡玲玲越说越来气，一副愤愤不平的样子。

“算了，懒得跟你们说。”熊晓戈站起来就要走。

蒲忠全一把拉住他说：“好久没看见二婶了，我们去那里喝一杯吧。”

“我不去哈！”胡玲玲说。

熊晓戈诧异地看着她，蒲忠全在他耳边说了几句，他一改先前的愁容，笑起来，拍拍蒲忠全的肩说：“走走走，她不去，我俩去。”

胡玲玲望着他们的背影，心头不知道是什么滋味。

原计划10点召开党委会，可狱情会将近11点才结束，马文革来问彭家仲党委会还开不开，彭家仲打电话征求王福全的意见。王福全说下午市政法委书记要来，明天他要出去学习考察，还是把几件大事议议。

刚要出门，生产科和企业管理科两个科长拿着一份报告走了进来，生产科长说这份是急件，请彭监签审一下。

彭家仲接过报告粗粗浏览了一下，就扔在桌子上，不悦地说：“我不是叫你们应付一下吗？怎么还打报告要这么多钱？”

企业管理科长急忙说：“彭监，这怎么应付啊？验收指标都是实实在在的，很多就是造假都造不出来，杨监（杨志刚）叫我们实事求是地测算，然后打报告给你，我们都是精打细算了的。省局在本月中旬就要来验收，只剩下不到一个礼拜的时间了。”

彭家仲点点头说：“我知道，我都不急，你们急什么？下午再说。”

今天的党委会按惯例由王福全主持，但王福全说：“明天我要出去学习考察，大约半个月，我离开期间由彭家仲同志负责行政，马洪扣同志负责党务政工，所以，今天会议就由马洪扣主持吧。”

党委成员们心里都一凛，以前他出差了，都是彭家仲主持工作，按理也应该彭家仲来主持，现在要马洪扣分一半权力，究竟是什么意思？难道他和彭家仲有重大矛盾？

其实傻子都知道，监狱的主要是行政工作含金量重，党务和政工可长可短，说重要就重要，说不重要也就不重要，就是马洪扣主持这方面的工作，要说与彭家仲抗衡，那只是华而不实罢了。但官场可不一样，丁点儿的分管工作的变化，就会让人产生失落感，让中层们产生联想，让那些雄心勃勃的人跃跃欲试。

马洪扣对马文革说：“把议题给每个领导一份。”

党委会一般是这样练成的：

办公室主任先逐个征求监狱领导的意见，然后汇总，写出报告，先由党委副书记马洪扣审查，如果他觉得某些可以不提交党委会，就划掉；然后送给彭家仲审，同样，彭家仲也可以划去某些议题；最后由王福全拍板，他可以把前面两个领导划掉的重新纳入议题，当然也可以再划掉或者加上一些。办公室根据王福全的意思重新整理，交给他审查签字后，复印 3 份，一份备案，书记副书记各一份，其他委员则没有。所以，就算其他委员所管事情再急再重要，要是开罪了书记，就有可能上不了党委会。这种情况在工作上一般不会出现，但是在科级领导任免上就充分体现出来了。所以，委员想提拔一个人，如果书记不同意，连党委会都上不了，谈何提拔？但是，既然已经混到了党委委员这份儿上，谁不想提拔几个人？

按照党管一切的原则，党委会还有一个功能，就是可以否定行政会的决定。在行政上，彭家仲拥有最终拍板权，也就是说，党委会是少数服从多数，但行政会不一样，就算王福全和其他所有的人都反对，理论上彭家仲一样可以拍板。看起来监狱长行驶权力要便利一些，给人感觉比党委书记都大，其实不然，要是把书记开罪了，他可以把行政会的决定拿到党委会上来，从而否定这个决议。在实践中，往往会出现党委成员刚刚在行政会上表态同意，而第二天又在党委会上按照书记的意思举手表示反对。不过，这种行为不会对他们的品行人格产生不良影响，因为党有一条人品保障准则：我们党优良品质就是敢于改正错误，有错就改，有错就纠。

彭家仲看看议题，关于建立现代企业制度赫然写在议题中，他在审定议题时把这一项划去了，看来是王福全加了上去，心里琢磨一会儿怎么讲这个议题。在他看来，按照《监狱法》规定的监狱的基本功能，监狱经济不是市场经济，而从理论上讲，监狱经济也不可能是市场经济，所以建立什么现代企业制度根本就没有必要，劳民伤财而已。何况这个事情他给杨志刚沟通交代了的，怎么又会捅到王福全那里呢？

然而，他更关心的而且担心的不是这个，而是第一个议题关于五监区煤矿结构性调整和资产处置问题。去年煤矿亏损严重，库存煤炭达到 7 万吨之多。由于掘进进尺被拉下，今年将会亏损更多，若要彻底改变煤矿的被动局面，必须进行深部开采，这需要 8000 余万元的投资。如果监狱要搬迁，根本无力来跑这个资金。虽然在这个问题上，他多次与分管生产的杨志刚交换过意见，至于这个副监狱长是不是真正理解了他的良苦用心，心里实在没有底。

因为这是杨志刚所分管的，他首先发言，果然不出彭家仲所料，杨志刚力主追加投资，搞深部开采。或许是杨志刚也不愿意与他为敌，或者碍于情面，最后补充了一句，说："当然，还有一条路子可以考虑，就是放弃煤矿，进行资产变现处置。"

彭家仲觉得必须先入为主，这会儿不抓住这个机会发言，这个问题有可能又将被搁置起来，马上接过话题："刚才志刚同志介绍了煤矿生产经营的情况，我只是补充一点，去年掘进进尺被落下 500 米，那是个什么概念呢？今年的生产成本将会大幅上升，预计今年亏损将达到 1500 万元左右。"

他说到这里稍微停顿了一下才接着说："探明的深部煤炭储量很丰富，但深部开采需要投入资金 8 千多万元，钱从哪里来？从银行贷款？还是期望上面投入？我想听听各位的意见。"

马洪扣接口说："大家就彭监的问题说说。"

沉默……

先前听了杨志刚的分析还频频点头的委员们，现在都作凝思状，有的靠在椅子望着天花板，有的则眯着眼睛像是在养神，有的则盯着笔记本，可就是没人发言。

马洪扣扫视了一圈，突然笑道："没人说话？看来彭监给大家出难题了。那么我们议议志刚同志提出的第二个建议，放弃深部开采，进行资产变现处置。"

除彭家仲之外，所有人都有意无意地或瞟或打量了他一眼，显然他这话出人意料。

杨志刚心里嘀咕这哪里是我的意见？这个马洪扣……可刚才明明是自己说了的，但要是真要进行资产处置，把这么好一块资源白白丢掉，不知道有多少人会咒骂他是卖国贼，于是不由自主地说："不是我的意见，是其他同志的意见。"但话刚说出，就后悔了，很是尴尬。

"不管是你的还是其他同志的意见，都是意见嘛，我们是在开会，在讨论嘛，志刚同志，你说是不是？"马洪扣说。

"是是是……"杨志刚素来从心里有点怕他，他这话无异于在给他解围，消除他的尴尬。

"那么，你有什么看法？"马洪扣追问。

"这个……这个……说实话，我重点考虑的是第一种方案，这个我真还没有思考过。不过……不过……我直觉丢掉这么好的一块资源，很可惜……"杨志刚显得有点失措。

说完，他的目光投向郑怀远，哪知郑怀远却装作没有看见他的暗示，一副事不关己高高挂起的样子。

"食之艰难，弃之可惜。"彭家仲说，"我是这样的心态，相信大家都是这种心态，这个煤矿在监狱发展的历史上曾经创造过辉煌，这一点是众所周知的，但我们不能仅看到这一点，还要看另外一面。我统计了一下，从开矿至去年 40 年里，瓦斯爆炸 12 次，透水 5 次，垮塌 9 次，共死亡 657 人，平均每年死亡 16 人之多，直接经济损失 7800 多万元，这还不是按照当时现有不变价计算的。目前国家对煤矿的政策我相信大家都清楚，现在像我们年产 20 万吨的小型煤矿死不起人了，一旦发生像以往那样的安全事故，王书记、马书记、杨志刚副监狱长、还有分管安全的张泽斌副监狱长，还有我，都脱不了干系，恐怕免职都是最小的处罚。就私而言，这样的高危高风险的行业，我们作为监狱人民警察，是不是一定要承担？"

彭家仲见有的人开始点头，于是呷了一口茶，继续说："就公而言，我更加反对进行这样的投资。深部开采，就是上面同意立项，这8千多万元资金要到位，不知要等到猴年马月。银行？我就不说了，在我来监狱之前都贷不到款了。在社会上募集资金？这倒是个好办法，上面会同意吗？这个月我们把炼铁厂租赁出去，每年监狱可收400多万元的租金，可双河监狱有人想不通，说我是卖国贼，出卖了双河监民警职工几十年奋斗拼出来的血汗。而且局里厅里也有领导想不通，说我彭家仲有碍于监狱工作方针，弱化监狱执法功能。民警职工有意见好办，我们去做政治思想工作，那厅里的领导呢？我们也去一个一个地做思想政治工作？何况，投资方会相信你一个负债率达到120%的企业吗？所以，我的意见是拍卖煤矿。”

“怀远同志、泽斌同志，作为监管安全、生产安全的直接责任人，你们有什么意见？”马洪扣问。

郑怀远模棱两可地说：“从安全角度考虑，彭监对煤矿的安全形势分析得很透彻。”

张泽斌也点头表示同意。

“大家还有没有意见？如果没有什么意见，我们就表决。”马洪扣环顾了一下说，然后征求王福全的意见，“王书记，你看呢？”

王福全并没有立即说话，而是端起青花瓷器杯子，慢悠悠地揭开盖子，慢悠悠地吹了吹热气，慢悠悠地呷了一口茶，慢悠悠地放下，看了看在场的所有人才慢悠悠地说：“我听明白了，这个问题有两种意见，一个是进行深部开采，另一个是拍卖，对吧？”

既然行政一把手都表明了态度，其他人一般都不会发表反面意见，只是补充完善或论证他的观点，这一点大家都心知肚明。但是如果书记和监狱长有了分歧，党委会的决定在很多时候并不是根据工作实际做出的，而是相互妥协的结果。而现在，王福全虽然没有明确支持哪一方，但他这样态度所表达的意思大家都很清楚。

郑怀远冷眼看看其他人，似笑非笑。

马洪扣当然明白，在这个时候他这个主持人不可能让大家举手表决的，但如果继续讨论下去，不仅不会产生什么结果，而且很可能把矛盾表面化，那以后的工作就不好开展了，于是说：“我提个建议，我们两条腿走路，成立两个小组，一个小组负责深部开采事宜，一个小组负责资产处置，各自形成可行性报告再提交党委会讨论。组长嘛，深部开采就由志刚同志负责，资产处置我来负责。”

“可以先这么办。”王福全立即表态说。

“既然大家没有意见，那我们就进行下一个议题……”

马洪扣接着说：“下一个议题是，关于建立现代企业制度的问题。”

说到这里他就不说了，大家都看着他。

他这才打趣地说：“我这门外汉就不说了，还是彭监、志刚和泽斌他们发表看法。”

杨志刚看看彭家仲，见他脸上毫无表情，本来彭家仲不主张认真搞，可他又拿不准怎么个应付法，所以就在王福全那里汇报了一下，本意是请书记跟监狱长沟通一下，定个调子，以后就是出了问题，也不是他一个人抗着。哪知道王福全提出在党委会上议议，尽管他是个粗人，但是毕竟有几十年的官场经验，他感觉到这样一来他就很被动了，说不定在王福全和彭家仲那里落得个两头不讨好。他心里本来就虚，见彭家仲马脸一张，也就不敢抢先发言。

杨志刚不发言，分管安全的张泽斌也就不便先说，于是会场一下冷清起来。

“那，我纠正一下我刚才说的，门外汉也可以发言。”马洪扣严肃地说，一副自我批判的样子。

一阵窃笑。

“这是党委会，不是农贸市场！”王福全忍不住发话了，“我要纠正一下马洪扣同志的话，在这里讨论的都是关于监狱发展的大计方针，每个人都有充分的发言权，只有党委委员，没有门外汉。”

大家见王福全发火了，立即摆出一副正襟危坐的样子。

还是沉默。

马洪扣想到今天毕竟自己是主持人，便说：“刚才王书记批评得对，那我这个门外汉……不不，我这个委员先发个言……这个事情的来龙去脉，我在省局文件上有所了解，但是还是很困惑，像我们双河监狱，一个实际上已经破产了的企业，花几十万元搞现代企业制度有没有必要？值不值？何况我们的基本政治目标不是发展经济，而是改造人，教育人。”

郑怀远突然插话说：“马书记说得不错，我整天做梦都在想监狱能按照《监狱法》来运行，我这个分管副监狱长就可以多活几年了，可现实的情况是监狱自身必须承担很大以部分改造所需要的费用，这些费用从哪里来？只有靠发展生产。就拿今年来说吧，财政保障才 63%，我们每天所需要的 30 万元维持运转的费用有 10 万元多都是自己挣的。从这个角度上讲，加强一下企业管理，对于我们节约成本、增加效益是有好处的。”

又没人发表意见。

马洪扣只好依次点名要求他们发言。

大家开始一个一个地发言，拉拉杂杂地说了半天，都不清楚究竟是反对还是赞成。

党委会决定一般是这么练成的：

只要有一个人首先发表了意见，除书记之外，其他人都不会明显持反对态度的。如果首先发言的人的意见不合书记的意，那么书记可以加以引导，只需要稍稍暗示，后来的人会顺着书记的意思表态。如果一开始两个人就开始打架，书记也觉得这个问题无关大局，于是也和稀泥，把问题搁置起来，以后再议。

这种情况在讨论人事任免上显得特别敏感，如果某个党委成员死心塌地地帮你，他就会第一个发言，把你的德、能、勤、绩如实或者略带夸张地说给其他人听，最后明确表态你是个人才，能胜任新的领导工作岗位；其他党委成员一般都会做个顺水人情，那么恭喜你，你明天可以上任了。

但是如果你开罪了某位党委成员，或者说你们两家从祖上开始就是宿敌，那么他一定会抢先发言，主要说你的缺点，甚至放大你的缺点，而你的成绩、才能会在他嘴里一笔带过，那么你就郁闷吧，你的提拔或许会无限期搁置起来，除非这位任委员的仁兄另谋高就，离开了双河监狱。

你没有开罪任何人，祖上也和所有的党委成员没有宿怨，你四平八稳的处事态度是出了名的，民意 100% 认为你这次一定能上，甚至认为，要是你都不能上，那双河监狱就不是共产党的天了！但是你最后就是没能上，原因很简单，党委成员里有两个矛盾很深，一个支持你，另一个必然会反对他的意见，加上书记袖手旁观，那么你就委屈地哭吧，只有再熬几年再说。

魏德安曾经给蒲忠全讲这样一个事，1988 年年底调整中干，当时党委书记兼政委是青州人，要讨论的候选人从第 1 位到第 27 位都是青州人，他排在第 26 位。前 25 个都通过了，正准备讨论他的时候，一个党委成员抱怨了一句“怎么都是青州人？”党委书记也不好解释，于是说那就讨论第 27 位吧。就这样，他当年被拉下来了。后来，在一次饭局上，他给书记敬酒，书记喝高兴了，说上次是个意外，你不会放在心里吧。他说工作就是图个愉快，能在你直管的部门干事，当官不当官都一样。书记说这样的态度就说明你政治上很成熟了，这样吧，你到基层去挂个职，去哪里呢？对了，四监区，就去那里。旁边的政治处主任说那里职数是满的啊。书记说那里条件很苦，不能加强一下班子？主任忙说那我明天就列进这个礼拜的党委会议程。就这样，他被派往四监区。

所以，说党委会就是党委书记一个人说了算，但是好像委员们都发表了意见，最后都举手表决了的；如果说是民主决策呢，但个别人的意见往往起着关键作用，甚至是决定性作用。问题是，起主导作用的个人意见在很多时候又往往是极端的，带着情绪化。表面上会议很和谐团结的样子，但就内心而言，之间夹杂这争执、妥协，甚至是人身攻击。所以有人说，党委会就是一个在书记意愿控制下的妥协的会议，所谓民主决策，不过是一句华而不实的私房话而已。

最后剩下彭家仲和王福全没有发言，按照官场程序，王福全最后一个发言，可彭家仲稳坐在那里，右手把玩着茶杯，眼睛像是盯着在茶水里被煎熬得有气无力的茶叶，没有要发言的意思。

马洪扣颇为难，他是不能点名叫彭家仲发言的。

于是会场又冷清下来，气氛很是尴尬，很多人都显得有点烦躁，不时拿起手机看看时间。

王福全心里明白彭家仲在闹意见，于是说："我听了半天，除洪扣和怀远同志有明确的态度外，闹不清楚你们究竟是反对还是赞同，这发的什么言？和稀泥？这样吧，这个问题先放一放，时间不早了，大家抓紧时间，下一个议题！"

杨志刚急了："王书记，这问题不能放，只有半个月省局就要来检查。"

蒲忠全和熊晓戈正在喝酒，华文虎打电话来叫他马上到监狱长办公室。

蒲忠全小跑到彭家仲办公室，华文虎也刚好赶到，也是上气不接下气的样子。

彭家仲看着两位爱将，满意地点点头，微笑说："你们先坐下喘喘气。"

这时，杨志刚带着企管科长和生产科长走了进来。

原来，党委会上彭家仲对于建立现代企业制度的事不发言不表态，其他成员的意见也很含糊，王福全就拍板放一放，杨志刚却以省局要检查验收为由不能拖，必须要做出决定。王福全就顺势推给彭家仲，要彭家仲牵头办理。这样一来，皮球又踢给了彭家仲，给双方一个台阶下。可这却苦了杨志刚，但时间紧任务重，责任又重大，只好硬着头皮带着两个科长来找他。

“你们下午来。”彭家仲下了逐客令。

杨志刚赔笑说：“老板你还在生气呀？我这人是个老粗，看到工作搞不走，总得要应付上面那帮人吧，这不是急嘛。”

彭家仲见他当着几个下级的面这么说，反倒不好意思，语气也缓和了不少，说：“你的心情我理解，这样吧，你先去吃饭，回头我们再商量。”

杨志刚无奈，只好说：“那下午，一上班我就来。”

待杨志刚他们离开，彭家仲才说：“还没有吃饭吧？我也没有吃，党委会刚刚开完。找你们来，就是给你传达一下党委会决定的一件大事。五监区现在库存煤炭达到 7 万吨，监狱流动资金非常紧张，正常运转都很困难，所以这 7 万吨煤炭就由华文虎你们五监区组织人力全力销售，主要目标是省内几个电厂。销售考核按照监狱对供销公司考核执行，只是销售业务费用在供销公司的基点上上浮 2 个百分点。蒲忠全你全力协助他们做好青州电厂的销售工作。”

蒲忠全插话说：“我只是协助华监区长在青州电厂的销售工作，其他的我就不管了吧？”

“嗯，是这个意思。这个事很重大，你们俩都是我点的将，响鼓不用重锤，我相信你们能完成任务。”彭家仲说，“今天党委会终于将搬迁的事情定了下来，马上成立筹备小组，以后的事情会更多，更艰巨，你们要做好充分的思想准备，一切围绕搬迁大局开展工作，苦战三年，建设一个现代化的双河监狱。”

蒲忠全和华文虎对视了一下，连声诺诺。

郑怀远也还没有去吃中午饭，一散会便去了王福全的办公室，一进门就抱怨：“老书记，你说这搬迁对彭家仲就那么重要？明显就是拿双河监狱的身家性命捞政绩嘛，国家不投入，我们有那个能耐吗？就算把双河监狱卖了，我看也不一定能搬迁，这不是劳民伤财吗？哦，到时候他拍拍屁股一走，依旧回到省城坐大机关，我们呢？面临这个烂摊子怎么办？”

说到这里，郑怀远看着王福全。

王福全眉头紧锁，示意他继续说下来。

“我们监狱当务之急是建立现代企业制度，强化管理，狠抓成本控制，增加效益，这个老书记你看到了，我们都看到了，就他彭家仲没有看到？不是他看不到这一点，而是怕花钱，一门心思搞搬迁，这样的思路是很危险的。五监区不就是库存了点煤炭吗？把担子压给供销公司不就成了嘛，另外组建一只销售队伍，这不是搞山头主义吗？成立什么搬迁筹备小组，现在连正常运转都很困难，哪里还有力量搞那些虚无缥缈的事情嘛。”郑怀远说到这里，长长叹息。

王福全眉头一挑，低头沉思。

“这几天我听到一些传闻，说他要调整中层干部……”

王福全立即直起身子问：“你听谁说的？”

“中干们都在议论，队伍中产生了一些不稳定因素，我看无风不起浪，老书记，双河监狱的掌舵人可是你，这稳定可是压倒一切的大事啊。”郑怀远担忧地说。

接着他表态说：“不过，老书记你放心，我是你一手提拔起来的，你说什么我都坚决执行，有我在，我相信有你、有我，他也不敢为所欲为。”

“喔……”王福全站起来，“我是知道你的，你办事，我放心，该干吗就干吗，还有我呢，双河监狱不会走错方向。”

这时，狱政科长谢本川地跑进来，急急地说：“出事了，出事了……”

“什么事？”王福全和郑怀远异口同声地问。

“门卫打电话说几个村民抬了一具尸体放在监狱大门口……”

第十七章　祸不单行：煮熟的鸭子飞了

蒲忠全赶到李家兴所管中队的外劳工地时，冉金旺正赤身在齐腰的水里捞潜水泵。

蒲忠全叫冉金旺起来，冉金旺说："老大，等我把潜水泵捞起来吧。"

"你马上起来跟我走。"蒲忠全低沉地说。

冉金旺兴奋地大叫："找到了，我找到了。"说完，蹲下去捞潜水泵，混浊而寒冷的水几乎要没过他的嘴巴。其他犯人七手八脚地把他和潜水泵拽上来，冉金旺冻得浑身打颤，他穿上棉衣，牙齿还磕得瑟瑟地响。

蒲忠全有些心酸，转身调节了一下呼吸，然后以责备的口吻对李家兴说："以后这些事情不要让年纪大的去。"

"老大，是我主动下水的，我熟练些，要是叫那些贼娃子下去，耽搁时间。"冉金旺哈着气，乐呵呵地说。

这时，随同而来的狱政科的民警拿出手铐。

蒲忠全喝道："你干什么？"

那位民警一愣，不知所措地看着蒲忠全。

冉金旺惊愕地问："老大，我犯啥事了？"

"你没有犯事儿，跟我走。"蒲忠全边说边大步走向警车。

其他罪犯都停下来看着他们，窃窃私语。

冉金旺迟疑地走，不时回头看看紧跟在他后面的狱政科民警。

立春了，青州市却没有春天的气息，山巅上残雪点点，放眼望去，原野里一片苍茫间或夹杂着星星点点的墨绿，干冷的风不时刮过，发出低沉的呜咽声，偶尔的一座新坟上，白幡飘动，让人心神不宁……

尽管公路上车辆很少，但警车还是响着刺耳的警报，一路狂奔。这样的阵势加剧了车子里紧张的气氛，冉金旺知道出大事了，而且这事百分之百跟自己有关，他极力让脑子飞速转动，一点一滴地回忆最近几个月，甚至近几年发生的事情，企图从中找出一些蛛丝马迹，接着又把几十年人生裁剪成数不清的、杂乱无章的片段。然而，除了头昏脑涨之外，他一无所获。他失望地看看蒲忠全，几次都想问问，但话到嘴边总也开不了口，蒲忠全那张极不平常的死灰色的脸就像监狱的围墙一样，冷冰冰的，让人望而却步。

其实，蒲忠全心里也是五味杂陈。

彭家仲正在给他和华文虎说党委会决定成立搬迁筹备小组的事情，马文革突然跑进来报告说几个村民抬着一具尸体放在了监狱大门口。

彭家仲条件反射地跳起来，迟疑了几秒钟，疾步出门。

马文革立即跟了上去。

蒲忠全和华文虎对视了一眼，也追了出去。

一行人在楼梯口遇上了步履匆匆的王福全和郑怀远，彭家仲停下来，正想打招呼，但王福全没有停留，只是朝彭家仲点点头。郑怀远紧紧跟着王福全，刚从彭家仲身旁迈过，似乎感觉有些不对劲，马上闪在一边，让彭家仲先行。其他人见郑怀远如此，都紧急刹车，规规矩矩地站在彭家仲的身后。蒲忠全已经跑到了前面，回头看见一行人停在那里，疑惑地问："咦？！怎么不走了？"

彭家仲似乎很尴尬，便说："都什么时候了？还讲这些？"

大楼里立即响起了杂乱无章的脚步声。

蒲忠全小声问华文虎："刚才是怎么一个情况？"

"你装傻还是损我？"华文虎说。

"说啥呢？郑监在给彭监说什么事？"蒲忠全一脸茫然。

华文虎看他的表情，好像真没有弄明白，于是说："郑怀远都给彭监让路，我们能不给郑怀远让路？"

“我靠，都死人了，还这样？讲文明树新风，也不该在这个时候吧？”

“老弟，你真不懂还是假不懂？‘遇到要让路，同行少半步’，官场潜规则……”华文虎低声说。

蒲忠全眼珠骨溜溜转，突然嘿嘿直笑：“喂，要是你在厕所刚掏出那个东东拉尿，领导进来了，又恰好没有了位置，他就站在你身后，你让还是不让？”

华文虎也笑了起来，反问：“你小子让还是不让？”

“你说我会让呢还是不让呢？”蒲忠全也反问。

“你说我是让还是不让呢？”华文虎模仿他的腔调说。

蒲忠全朝他伸出大拇指：“你小子有前途，是个党委书记的料。”

华文虎抱拳道：“彼此，彼此……”

两人又低声笑了一阵，远远看见那具盖着一块灰白色被单的尸体，在监狱大门上矗立的巨大而庄严的国徽下，显得特别刺眼，都不由自主地收敛笑容，换成一副僵直的表情。

监狱门口围了一大群人，蹬三轮的、面的师傅、附近小商店的老板、一些买菜的农民，还有一些身着制服的民警，乱哄哄的，像临时的货物集散地。

门口守卫严阵以待，不断地劝告那些踩到了警戒线的人退回去，突然看见王福全他们，连忙跑上去报告。

人们也许被一群身着警服的人所震慑，本能地四散退开，监狱大门通向省级公路的大道立即亮堂起来，仿佛一下子为死者让开一条通往天堂的道路，然而，死者还是静静地躺在那里，显得有些孤单。

“怎么一回事？”王福全沉声问门卫。

“据老乡说，她是来探监的……咦，刚才那几个老乡呢？喂，你们，过来过来，过来一下，我们政委要问话……就是你，过来过来……”门卫的目光在两边的人群里搜索，终于发现了一两个刚才抬尸体的人。

一个老头犹犹豫豫地走过来，局促不安的样子。

“老人家，这是怎么回事呀？”王福全语气放缓，看着老头问。

“昨晚掌灯时候，我放羊回来，看见我家外的路上躺着一个人，我吓了一跳，喊了几声，没有应，以为她死了，摸摸她鼻子，还有一口气，于是就把她背到屋里，额头很烫，像是得了伤风，不多久就醒过来了，喂了些水，吃了两碗稀饭，还是高烧，不过精神还很好。她说她来看她娃，第一次来，不晓得路，一路走，一路问，走走停停，都七八天了。我问她娃在哪里？她说几十年都没有音讯了，今年冬上终于有了消息，说是在双河监狱，说起来丢人，在那劳改，尽管是国家的罪人，但还是我的娃，怪想念的。我说，双河监狱就在山下，离这里不远，也就是 30 多里地。我们聊了一阵，我看她还是烧得厉害，问她需不需要请医生。她说没事，就是感冒，出一身汗就好了。哪知道第二天一早，她就没气儿了……”

在场的人心里一下子变得沉甸甸的。

王福全问：“她的儿子叫什么名字？”

老人说：“这个我没问，她也没说，自家出了个劳改犯，哪个愿意多说？”

彭家仲上前握住老人的手，说：“老人家，谢谢你！还没有吃饭吧？这样，我安排你们先吃饭，然后配合我们做个笔录，完了我们派车送你们回去，怎么样？”

老人不好意思地说：“打搅你们，那多不好……”

彭家仲吩咐马文革把几个村民带到民警食堂吃饭，然后对狱政科科长谢本川说：“尸体先存放在医院殡仪馆，通知派出所，一起做好笔录，并迅速查明死者的身份。”

蒲忠全听到老人的叙述，心里隐隐觉得不对劲，迟疑了一会儿，走过去揭开死者脸上的白布，目光停留在死者的脸上，久久没有移开。

在场的人都惊讶地看着他。

彭家仲走过来，看看死者，又看看蒲忠全，良久才问：“怎么一回事？你认识她？”

“嗯……”蒲忠全站起来，长长地吁了一口气，“她是冉金旺的母亲，我在春节前去过她家，哦，对了，彭监，就是大年三十你来我们监区的那天……我给她说了，在今年某个时候会去接她来看她儿子的，这春节刚过……唉……从她家到我们这里，整整 100 多公里啊！一个七十多岁的老人，徒步七八天，山高路险，这……都怪我，没给她说清楚……我只说冉金旺在双河监狱服刑……唉……”

蒲忠全声音呜咽，再也说不下去了。

所有人心头更加沉重，像放了一块铁锌。

蒲忠全意识到，在冉金旺看到他母亲的遗体前，必须要告诉他究竟是怎么一回事，心理上有个准备。他几次想说，但始终是开不了口，也不知道从哪里说起。寻思了又寻思，犹豫了又犹豫，眼看离监狱越来越近，心头暗暗着急，越急越想不出怎么做他的思想工作，只好对司机说：“老兄，开慢点……”

司机用一种很奇怪的眼神看看他：“先前你不是一直在催我快点吗？我还在纳闷呢，一个烂犯人的家事，你们就这么上心？我们哪个家里没有一点事儿？怎么也没见你们这些当官的这么上心过，唉！现在这世道，守法公民反倒没有犯罪分子的政治地位高……”

蒲忠全怕他越说越离谱，忙打断他：“喂，宰相门前七品官，你可是机关的，你才是领导呢。”

“我们算哪门子官哟？也就是你这放牛娃把我放在眼里。虽然说跟你一样穿了一身警服，但我心里清楚，以工代干嘛，假的！所以领导放个屁，我们都要折腾几个小时。领导要是心情不好，还得陪笑脸，挖空心思地找个荤段子笑话什么的，逗他开心；一门心思开车把安全放在第一位吧，领导说你沟通协调能力有问题，说不定哪天我们就失业了呢，灰溜溜回去当工人。说我们这些以工代干的是狗腿子，那是抬举我们，事实上我们这个群体连狗腿子都不如，顶多就是一个屁颠屁颠的跟班儿……”司机不知道哪里来的那么大的怨气，越说越离谱。

冉金旺碍于自己的身份，也是出于监规纪律，等这个穿警服的司机把话说完后再询问究竟家里出了什么事，可司机没完没了，于是急了：“蒲老大，我家里出事了？”

都到这个骨节眼儿上了，蒲忠全不得不说了：“你母亲去世了……”

出乎蒲忠全的意料，冉金旺的情绪没有他想象中反应那么激烈，从表面上看，或者可以说没有什么反应，蒲忠全很奇怪，回头看他。冉金旺依旧是一副很拘谨的身姿，头转向了窗外，蒲忠全只能看到半边一小块脸。

这时，王福全打来电话，询问是不是跟冉金旺说了这事，情绪怎么样？蒲忠全说刚刚说了，目前还算稳定。王福全说虽然这事儿与监狱没有多大的关系，但是处置不好，将会对整个监狱罪犯的情绪产生不良影响，所以你要做好思想工作，确保他的情绪稳定，要确保，明白吗？不要目前稳定，到时候却不稳定！

蒲忠全嘴上虽然唯唯诺诺，但心里却不以为然，确保？可能吗？人的思想要是能为我所控制，我就成上帝了，哪还有你说话下命令的机会……

不过，冉金旺的反应也太失常，于是好奇地问：“你怎么不问问我究竟是怎么一回事儿呢？”

“不用问，我都知道，她一定是来看我的……”冉金旺低沉的声音，像是在呻吟。

蒲忠全想起大年三十那天从他老家回来，告诉他今年在适当的时候去把他母亲接来让他们母子聚聚，以他的社会阅历能推测出他母亲死于探监的路上，是很顺理成章的事，于是心头稍宽，但也充满内疚，便直截了当地问："你有什么想法？"

冉金旺愣愣地不知如何回答，过了一会儿才说："我一个烂犯人，能有啥想法？母亲在世的时候我没有尽孝心，死了也不能为她掩把土，我……"

冉金旺越说声音越低，最后抱着头哭起来。

蒲忠全见他这么说，心里一下子有了谱，便安慰说："我跟领导请示，让你送你母亲回家，料理后事。"

"真的？"冉金旺抬起头。

"你个死犯人，待遇比老子还高，前年我老爸去世时，三监区跑犯人，我奉命追逃，七天七夜啊，连家都没有回，也没法给他老人家送终，奶奶个熊！哪像你，连政委和监狱长都出动了，亲自给你料理……我老爸干了一辈子革命，开追悼会时就来了个政治处主任，这年月，穿警服的没有穿囚服的地位高！"司机嘟嘟囔囔地抱怨起来。

冉金旺母亲的遗体被安放在监狱医院的殡仪馆。

殡仪馆是专门为去世的民警职工设立的，第一次存放犯人家属的遗体，工作人员还真一时转不过弯来，带着抵触情绪，叫搬运的罪犯把担架放在地上，也没有去打理。没有花圈，没有挽联，也没有播放哀乐。

王福全和彭家仲在医院院长的陪同下，来到殡仪馆等蒲忠全。

工作人员压根儿没有想到一个罪犯的家属会让双河监狱两个头头都出面，抑或是很久没有看到监狱一把手光临殡仪馆了，愣愣地看着他们。

彭家仲皱皱眉头说："就是布置简单一点，也应该要像个灵堂的样子吧？"

医院院长似乎也很不理解，嘟囔道："这……我们医院可没有这笔费用……"

"赶快去布置，哪里来的这么多废话？！"王福全厉声说。

王福全突然发火，让在场的人始料不及，都吓了一跳。

院长更是噤若寒蝉，脑袋嗡嗡作响。

王福全又给蒲忠全打电话，询问他走到哪里了，随后又吩咐走慢点，15 分钟后直接把冉金旺带到殡仪馆来。

郑怀远心里沉甸甸的，他没有想到王福全与彭家仲在关键时刻这么心有灵犀。尽管如此，他的头脑却异常清晰，在这种时候，作为分管领导不能不有所表示，于是推推还在懵懂之中的院长：“还不去布置？ 15分钟之内，必须布置完毕！”

院长回过神来，一溜烟地跑了。

王福全的火气似乎还没有发泄完，接着以教训的口气对在场的大大小小的官员说：“身为领导干部，没有一点大局意识，关键时候跟党委讲条件，这样的领导合格吗？既然你跟党委讲条件，那党委也跟你讲讲条件，我给你们吹吹风，有这种思想的人自己要主动转变观念，不换观念就换人！”

稍微停顿了一下，他的语气又变得语重心长：“做人做事，从宏观上讲，要坚持党性；从微观上讲，要将心比心。你们不是大会小会地讲要依法科学文明管理罪犯吗？什么叫科学文明管理？你们说就是人性化。啥叫人性化？一个人，不管他是守法公民还是罪大恶极的罪犯，看到自己的母亲就那样躺在那里，心里怎么想？无形之中就产生了抵触情绪，这种情绪在特定时候会演化成敌对情绪。一位母亲死在探监的路上，目前我们还不清楚这件事对罪犯的心理会产生多大的影响，但是可以肯定的是，消极影响肯定是有的……”

这时候，彭家仲的手机响起来，他没看号码，随口问：“你好，哪位？”

“什么？！”彭家仲的惊叫声打断了王福全的讲话。

大家的目光一下子都转向彭家仲。

王福全正在兴头上，有些不满地看着彭家仲。

彭家仲把他拉到一边，低声说：“王书记，出事了，五监区发生塌方，伤亡人数尚不清楚，我现在立即赶过去……”

夜色清冷，风不大，却漫无头绪、持续不断地刮着，烟雾一般的粉尘像无头的苍蝇，起起落落，笼罩着金光大道明亮的灯光，一排笔直的路灯一下子像闪烁着的鬼火。平常这个时候喧嚣热闹的金光大道，此刻却看不到一个人，间或有一两个人的身影，哪怕是擦肩而过，都来不及打招呼，掩面奔走，躲避着四面八方袭来的灰尘，旋即，在你不经意之间消失，让人联想起那些只有在小说里才有的幽灵……

天幕压得很低，像是要下雨。

彭家仲站在办公室的窗前，任由带着呛人的烟尘迎面刮来，凝视着黑漆漆的天幕。

熊晓戈出现在门口，迟疑了一下，便站在那里，没有惊扰他。

蒲忠全是临近5点接到办公室通知，要他马上赶回来，晚上8点开会。蒲忠全喂了几声，才发现对方已挂断了，怅然而狐疑地看看手机，忖道："不会又出事了吧？"

正在心神不定地猜想，彭家仲亲自打来电话，要他好好准备一下，晚上给党委汇报外劳情况。

蒲忠全一下子感到前所未有的压力，监狱长亲自打电话来不仅仅只是告诉他汇报外劳情况，这里边必定还有更深的含义。他猜度不出究竟今晚彭家仲要主持讨论什么大事，只是隐隐约约地觉得与外劳有关，究竟关联到哪种程度，他前前后后寻思了一阵，却越想越没有个谱儿。

坐在的士上，想打打腹稿，可怎么也静不下来，他感觉思维有些混乱，于是把车窗打开，灌了一阵风，脑袋倒是清醒了不少，但是风刮在脸上，很疼，于是只好又关上窗子，蜷缩在座椅上，直勾勾地盯着前面弯弯曲曲的公路出神，不一会儿竟然浑浑噩噩地睡着了。

彭家仲转身看见熊晓戈，便问："都到齐了吗？王书记也到了吗？"

"王书记也到了，除杨志刚副监狱长在省上开会外，其他都到齐了。"熊晓戈说。

"那你怎么不叫我？"彭家仲责备说，然后匆匆忙忙地往党委会议室走去，走到门口，回头对熊晓戈说，"你再联系一下蒲忠全。"

彭家仲走到自己的座位旁边，朝王福全点点头，似乎是想表示一下迟到的歉意，然后坐下来，目光从每一位党委成员的脸上逐一扫过，然后才说："大家都很辛苦，刘德章厅长说得好，有些问题不解决，日积月累，以后恐怕不仅仅只是辛苦的问题。我听了很惶恐，如果我们下决心退出煤炭这个高危险行业，能有今天的事情吗？5名罪犯死亡，直接经济损失500多万。"

他停顿了一下，又看看大家，接着说："双河监狱曾经创造的辉煌，这些领导不知道，我一个同学在省驻京办工作，他给我打电话说，监狱系统在全省出名了，在全国出名了，连司法部很多领导现在都知道有个双河监狱，他们就知道这个监狱死了人，罪犯家属探监死在路上，井下发生安全事故死了人。我前天跟来调查的司法部一位处长说，我们监狱一位从炮火硝烟中走过来的南下干部，当时也是副监狱长，为了给增收节支，他亲自带人去捡拾破旧，以至于铅中毒，因延误了治疗，落得个双手发抖的后遗症，连签发文件都拿不起笔。处长很诧异，良久没有说一句话。昨天晚上，我和王书记给他送红包和一些土特产，他说：‘我如果收了你们的红包和礼品，叫我心里如何面对那位副监狱长？’今天下午临走的时候他对我说，这次安全事故的原因很复杂，你们的情况我会如实向部里领导汇报，双河监狱出名了，或许也是发展的一次契机，你们要好好把握。但是你们要充分意识到一个问题，那就是所有人都要为以这样的方式出名付出代价，如果不调整思路，恐怕以后将是血的代价。”

会场很静，每个人表情都很严肃，几乎可以形容成僵直而呆板。

“我们怎么办？”彭家仲提高了声音，“退出煤炭行业！”

出租车突然紧急刹车，蒲忠全差点撞在前面的挡风玻璃上，他惊出一身冷汗，以为发生车祸了，心里暗叫一声完了。等车子停稳当，刺耳的刹车声仿佛犹在耳边狂响。

他睁开眼睛，发现没事，便问：“你老兄搞什么搞？”

这时，一位警察走过来，朝车里探视。

蒲忠全连忙下车，问：“马主任，莫不是又跑了人？”

马文革立即小跑过来，对着他胸口就是一拳，笑骂道：“你奶奶的，手机也不开，害得我只好在这里拦车！”

“……”蒲忠全莫名其妙地望着他。

马文革嘿嘿笑了几声，给出租车司机扔了100元钱，然后对他说：“上车说话。”

办公室主任虽然也是中层领导，但是从含金量上讲却远远比其他中干要重，说话办事几乎与监狱副职平起平坐，显然，马文革是来接他的，蒲忠全觉得有点不合常规。

蒲忠全纳闷地上了他的车。

可马文革只是专心地开车，却不说话。

蒲忠全急了：“喂，我说总管大人，你这葫芦里究竟卖的什么药？监狱不会又出了大事？”

“这个嘛……”马文革慢悠悠地说，似乎在思索什么。

“哟呵，你这大内总管何时变得这么稳重了？”

“你小子，绕着弯儿骂我呢？我平常就不稳重了？郑怀远监狱长就叫我来接你，其他什么都没有交待，我能说什么？说实话吧，我还纳闷呢。”

“哦……”蒲忠全心里掠过一丝不安。

“此时无声胜有声，呵，你应该明白郑监的意思。”马文革过了好一会儿才补充道。

蒲忠全被他这话搅扰得更加烦乱，隐隐约约地意识到，他今天去参加的这个会议很重要，至少他的意见对于党委的决策分量很重，一个是彭家仲亲自打电话要他做好准备给党委汇报外劳状况；一个是郑怀远叫办公室主任马文革亲自来接。而办公室归彭家仲直管，而郑怀远叫马文革来接，意思不言而喻，就是装傻都不成了。

“我一个放牛的，太抬举我了吧？”蒲忠全试探地问。

“你小子现在是要风得风，要雨得雨……”马文革说。

“我怎么没觉得呢？说真的，监狱是不是要有什么大动作？”

“这个……我真不知道。何况我知道的，你小子怕是早就知道了。”

“你看你，这不生分了吗？你这大内总管都不知道？那谁还知道？刚才问熊晓戈，这小子也给我装傻……”蒲忠全故意把熊晓戈抬出来。

果然，马文革来劲了：“你这人吧，没背景，实在，不弯弯曲曲的，地球人都知道你和熊晓戈是铁杆哥们，地球人也都知道我和熊晓戈这小子不和，但难得的是，你从来没有在他面前说过我一句坏话，我呢，就佩服你小子这点。所以，桥归桥，路归路，你和他是兄弟，不妨碍我们也是朋友，是吧？”

他压低声音说：“这次开会，估计怕是关系到监狱方向性问题，是走还是继续留守，我分析今晚肯定有个定论，所以你的汇报很重要。”

“那我该怎么办？”蒲忠全看着他问。

“你说呢？这双河监狱哪个不晓得你蒲忠全已不是当年的放牛娃了！你问我怎么办，你是抬举我呢，还是……”马文革漫不经心地说。

蒲忠全忙说：“马主任你多心了，在你面前我哪敢舞刀弄枪？我怎么说？说外劳如何如何好？可现在吧，我这个外劳监区收入真还不怎么样，连自保都成问题；说外劳没有前途，也不妥吧。本来汇报就汇报吧，可听你这样一说，似乎我蒲忠全的汇报关系到监狱的布局调整，这问题就大了，我一个小小的监区长，怎么又被挤到风口浪尖上了呢？今年真他妈的背！”蒲忠全抱怨道。

马文革侧头看看他，目光在他脸上扫描，确信他满脸真诚后，才慢慢说：“老弟，现在不仅仅是你，任何人都处在风口浪尖上，就说我吧，我马文革为人怎么样？领导布置的哪一项工作不是兢兢业业地完成了的？而且还是出色地完成了的。工作上不仅兢兢业业，而且谨小慎微，连踩死一只蚂蚁都左右权衡，思前顾后。自从彭监来了以后，有些人就郑和彭划成两个阵营，好像不是你死就是我活什么的，把同志之间的矛盾硬说成是阶级矛盾，更可恨的是，有些人就给我扣上一顶阶级成分的帽子，说我是郑怀远副监狱长的死党。我不就是爱跟郑监的弟弟郑志军一起耍么？就算他郑家军是特务，我接触一下我就成特务了？我们的民警天天接触罪犯，都成罪犯了？真他妈的强盗逻辑！何况郑监他们还不是什么敌特分子！”

蒲忠全从来没有跟马文革交过心，乍听他这么说，恻隐之心油然而生。

马文革停顿了一下，接着继续发牢骚：“我呢，也反省过，唉，不怕你老弟见笑，我就一个毛病，见到漂亮一点的女人就心欠欠的，几天不摸女人，心里也空落落的，干什么都没劲。有人说自己的老婆基本不动，真他妈的入木三分。彭监没来之前，我这个大内总管还可以搞到几个钱儿，现在……唉！郑志军是销售公司的经理，手里有的是业务费，洗脚、搓背、泡妞，档次比我以前都高，还比我阔气，你说我不跟他耍跟谁耍？”

“老哥，你这毛病要是改一改，说不定前途无量呢。”蒲忠全打断他的话说。

马文革苦笑：“我给自己算了命的，这辈子甭想再混什么副处正处，一个人在提拔之前，如果女人和钱这两项任何一项过不了关，你都别费劲儿了。所以，把这位置坐稳当，我这辈子就不错了。”

“你就不怕在女人问题上翻船？”

马文革突然笑了一下：“亏你还是党的干部！我们党的用人政策你不知道？党看重的是政治立场，泡妞要小姐是道德问题，你看看那些落马的贪官，宁可承认自己包二奶要小姐，也不愿意承认贪污受贿，知道为什么吗？这些高官都明白，作风问题是小事，属于批评教育范畴，而贪污受贿是犯罪，那是要蹲监狱的。就算哪天我被曝光了，大不了不干这个办公室主任，受组织教育之后，到其他中干岗位上去。所以，在中国，升上来之后，只要你不犯罪，一般是不会被免职的，当然除非你跟老板们对着干。你说我敢跟彭监对着干吗？但是我也不敢跟郑监对着干呀？比如今天的事，郑监要我来接你，我敢不听吗？”

蒲忠全有些心寒，想起秦国的丞相李斯：一个楚国的愤青，当上了秦国的丞相；一个寒门学子，成了位高权重的帝国要人。这个人就是李斯。公元前 208 年，他被处以极刑，罪名是谋反。他没有谋反，但无处申辩，只能含冤而死。

“时代不同了吧？不会……李斯……”他嗫嗫嚅嚅地说。

“什么李四？还张三呢？”

“没啥没啥……要是彭监与郑监能同舟共济，我们监狱的事就好办了……”蒲忠全感慨地说。

“我看难……”

“真是不可调和？”

“权力这东西很奇怪，它像是上帝，可以左右你。加上观念上的冲突，一个要让监狱丢弃所有离开，一个要坚守故土，就更加复杂化了。”马文革也感叹说，“除非……除非……但……这不可能！”

“怎么，涉密？还是不愿意跟老弟我说？”

“哈哈……”马文革笑起来，“涉密？你真会说事儿，现在双河监狱就这样了，党委会还没有结束，消息就传出去了，有个球的秘密……我是说，除非彭监把迁建指挥部指挥长这位置让给郑监，但这怎么可能？”

蒲忠全沉默起来。

这时，马文革手机响起来，他接听了一下，递给蒲忠全：“找你的。”

“我？”蒲忠全迟疑地接过来听电话。

“老弟，散会后我们去聚一聚，好久没有聊天了，心里怪想念的，嘿，你想怎么耍，给我说说……”

“你是？”蒲忠全纳闷地打断了他的话。

“咦？连我的声音都听不出来？我是郑志军。”

“哦，原来是郑总啊？”

“哈哈……就这么说定了，一会儿我来接你。节目我来安排，保准你身心健康，明天精神百倍地为党的监狱事业工作，哈哈……”

蒲忠全拿着手机，一直紧贴在耳朵上，久久没有放下，尽管对方早已挂断。

“彭监，我可以提个问题吗？”郑怀远突然插话。

彭家仲尽管提前预料到了今天会议可能还会有意外，心头还是一凛，看了他一眼不客气地说："等我把话说完，你再补充意见。"

大家听了这句带火药味的话，也暗暗捏了一把汗，都有意无意地瞟瞟王福全。

王福全在明亮的灯光下，显得格外疲惫，微闭着眼睛养神，一副昏昏欲睡的样子，似乎根本没有在意今天这个会议的重要性。

彭家仲继续说："退出煤炭这个行业主要工作有两个，一个是五监区人员分流，一个是资产处置。资产处置我想就委托给省里的资产处置公司，按照国家相关程序和政策进行拍卖。所以，我们需要解决的主要是人员分流问题。我与王书记、洪扣商议了个初步意见，再建立一个外劳监区，五监区是个大监区，押犯将近 2000 人，考虑到监管因素，老弱病残罪犯依旧分流到四监区，其余的再分流一半到其他监区，留大约 700 人到 900 人到青州市从事外劳。"

彭家仲感觉口有些干，端起茶杯猛喝了一口，不料呛着了，连声咳嗽，好一会才缓过来，但是依旧喘息连连，脸色有些发青，看起来有些恐怖。

马洪扣关切地问："家仲，需不需要休息一会儿再开会？"

彭家仲就说："我发言完毕，你们都说说看法。"

没人发言。

马洪扣对郑怀远说："怀远同志，你不是有话要说吗？"

"你们三个书记都议定好了，我还有什么话说？"郑怀远盯着天花板，生硬地说。

王福全突然睁开眼睛，坐直身子说："郑怀远同志，你怎么说话的？我们三人的意见并不是党委的意见，只是提交党委讨论，有话就说，不要有情绪。"

"既然王书记叫我说，那我就说几句。"郑怀远立即换成一副严肃的身姿，"我们的父辈乃至爷辈们当年押着 100 来号国民党战俘，跋山涉水，来到这里，白手起家，发展到现在这个规模，在全省乃至于全国都有名气，不容易呀。我们离退休老干部有 1000 多人，其中大部分都是从枪林弹雨中走过来，和死人打过交道的，他们在这里生活了几十年，早已把这里视作故乡。今天上午还有老革命来找我，质问我们是不是真的决定要搬走了，还说真要搬，他们就去省局上访。说实话，我是监狱子弟，我很理解他们，故土难离嘛。"

一提到上访，每个人心里就像横了一条铁链。

马洪扣皱皱眉头插话道："怀远同志，没这么严重吧？"

"怀远同志，你说具体点。"王福全突然问。

郑怀远朝他点点头，说："眼下什么是大局，大局就是稳定，稳定人心，稳定生产，稳定两个安全，其他都是次要的。退出煤炭这个高风险行业，我基本上是持开明的态度，为什么这样讲呢？我们从事监管改造罪犯的工作，原本就是高风险的职业，就算退出煤炭产业，也改变不了这个职业的风险性。再说五监区是我们监狱最大的监区，好人坏人占监狱总人数的三分之一还多一点，如此规模的人员分流在我们监狱历史上还从未有过，难度可想而知，就罪犯而言，要让这些人融入新的群体，都将要花费几倍甚至几十倍的精力，无疑增加了基层民警的工作量和压力，很难保证不出问题。煤矿死几个人，分管安全的领导说几句，我们就要放弃这个产业，我怎么着都觉得有些不甘心，那么大一块资源，心痛呀。现在市场经济条件下，监狱发展靠什么？谁占有资源，谁就是市场的老大，何况我们占有的是国家紧缺的煤炭资源！煤矿的安全事故不是必然的吧？只要我们加强管理，安全事故是可以避免的嘛。通过这次事故，我们好好总结经验教训，按照有关规定严肃处理责任人，整顿五监区班子，如果触犯刑法的，坚决支持劳检院（劳改检察院，与当地县检察院同级，专门监督双河监狱执法工作）依法追究刑事责任，我想，煤矿的安全问题是可以解决的。"

彭家仲感到空气冷冰冰的，周身寒意。

大家都在等郑怀远继续发言，可他这个时候却不说话，只是把玩着保温杯，像是一切与他无关一般。

王福全只好说："今天是监狱长办公会，大家都说说意见。"

彭家仲明白，这个王福全开始打退堂鼓了。本来在开这个会之前，他与他和马洪扣经过充分酝酿了的，按照党委会的惯例，也只是过过堂子，走走样子罢了，但郑怀远发言却字字不离稳定二字，每句话都切中王福全的心病。王福全定为监狱长办公会，这明摆着两方面都不想得罪，把决定权交给他，让他和郑怀远处在矛盾的焦点，他则超然置身事外；另一方面，如果自己最后拍板，出了问题他也可以全身而退。

他突然有一种力不从心的感觉，看看每个人的木然的表情，他感到前所未有的孤单。

郑怀远愕然地问："不是通知说是开党委会吗？"

王福全严肃地问正在做记录的熊晓戈："你们通知的？"

熊晓戈也是满脸惊愕，紧张地说："我下来就去……"

就去干什么？熊晓戈不知道，所以话也就噎在这里。

马洪扣见熊晓戈一副窘迫相，马上接过话茬："我来说几句……"

所有的目光都齐刷刷地盯在他脸上，无疑，他的话将是决定这个会议的命运，也将决定彭家仲在监狱党委班子里的威信和地位。

可他没有立即发言，似乎在思考什么，抑或在权衡什么。

过了好一会儿，他才慢慢说："同志们，我们首先要端正一种思想，那就是监狱的基本功能是什么？"

郑怀远笑笑："马书记在批评我了。"

马洪扣严肃地说："我强调一句，我现在是以党委副书记的名义发言，你如果视我的发言是对你的批评，那我告诉你，你可以这么理解。"

屋子里的气氛更加紧张起来。

郑怀远尴尬地笑笑，摸出一支中华烟，低声问旁边的顾卫国和张泽斌抽不抽。

"在这个问题上我不想多说，家仲同志曾说监狱经济永远都不是也不可能是真正意义上的市场经济，我开始有些怀疑，但是现在我实实在在地认为这话是真理。既然监狱经济不是真正意义上的市场经济，我们为什么坚守呢？有意义吗？坚守市场经济理念，就意味着削弱监狱的基本功能。就像刚才怀远同志讲的，我们的民警从事的本来就已经是高风险职业，为什么还要承担其他诸如产业上的一些风险呢？"马洪扣语速依然很慢，但字字如珠，叮叮当当地落在每个人的心里。

他接着说："不破不立，舍不得坛坛罐罐，怎么打胜仗？毛主席在几十年前说的这话今天看来依旧很有生命力。当然，我们也要意识到，破和弃，必然会触及到一部分人的利益，否则那就不叫改革。只要我们的举措符合大多数人的意愿，我们就坚决地朝前走。至于少部分人，我们可以做做思想工作，加以引导来解决问题。"

"当然，怀远同志顾虑到的问题，也很重要，稳定任何时候都是压倒一切的大事。这项工作就由我和卫国同志来做。"马洪扣说到这里，转头问顾卫国，"卫国，你没意见吧？"

顾卫国说："本来就是我分内的事，马书记言重了，有你掌舵，我更有信心了。"

马洪扣点点头，突然提高声音，语速也明显加快："今天这会尽管是监狱长办公会，虽然最后拍板是家仲同志，但是做出的决定不是家仲同志一个人的事情，是双河监狱的事！就算有人去上访，你们都不去，我和卫国去接他们回来！"

蒲忠全刚打开车门，一阵寒气迎面扑来，他哆嗦了一下，头脑一下清醒了不少。

下雨了，星星点点地飘落在脸上，思绪刚要去追寻飘落在身上的雨点，却恍然不知所踪，甚至感觉不到它遗留下什么印痕，全然给人一种清雅脱俗的感觉，若有若无的，让人浮想。只是，风依旧有些刮脸。于是乎，在斜风细雨中，让人分不清究竟是冬天还是春天……

他抬头望望这幢双河监狱权力中心大楼，三楼的灯火格外明亮，给蒲忠全又增加几分压力。不远处似乎有人在走动，或三三两两地驻足在讨论什么，不时朝三楼那间灯火通明的会议室望望。

蒲忠全虽然看不清究竟是些什么人，但他不用问也不用想，那一定是监狱的民警职工，看来他们很关切这次会议。由此推测，不知道有多少人都在关注今晚的会议。

想到这里，蒲忠全额头微微冒汗。

马文革招呼他到办公室等待。

走过党委会议室，隐隐约约传出像是争吵的声音。

监狱办公室没有开灯，当马文革把所有的灯都打开后，发现屋子里坐着一个女人，吓了一跳，下意识地退了一步："你……你谁……"

语气明显很慌乱。

蒲忠全闻讯冲进来，看是胡玲玲，便笑道："马哥，亏你还自称是怜香惜玉之人，这么一个大美人，又不是鬼，把你吓成那样？"

"哎呀，我打小就胆小怕事，你瞧我这身子骨就知道啦……只要是鬼，管她多像西施赵飞燕的，我都怕得要命。"马文革见是胡玲玲，便笑道。

"你们两个一唱一和地挤兑我呢？！"胡玲玲站起来，生气地说。

"呀呀呀，美人发怒，比鬼都可怕，我还是去会议室看看，你们两个聊……老弟，别光顾着打望望，正事也要紧啊。"马文革说完，匆匆走了。

胡玲玲上上下下地打量蒲忠全问："咦？你们两个从什么时候开始称兄道弟了？"

"这个……刚开始……先别说这个，你什么时候回来的？是不是也紧急赶回来开会的？"

胡玲玲点点头："怎么啦？"

蒲忠全压低声音把彭家仲亲自打电话要他做好汇报准备、郑怀远派马文革来接他和郑志军请他吃饭的事简要说了一下，然后问："你说该怎么办？"

"怎么办？！凉拌！"胡玲玲不满地回敬了一句，然后说，"司马昭之心，路人皆知，我不相信你还是以前的放牛娃？"

"我咋这么命苦哪？你说监狱这么大的事，怎么就牵连到我呢？好事怎么就没有我的份呢？这是什么理儿……"蒲忠全知道无法回避监狱领导间的矛盾，咕哝地抱怨。

胡玲玲笑道："我记得有个人在开赴青州之前还指点江山，高诵毛老人家什么诗，'数风流人物，还（huan）看今朝'……"

"别提啦，别提啦，现在我既不诵毛主席的诗，也不背毛主席语录啦。"蒲忠全连连摆手。

"噢，不会吧？不是说江山易改，本性难移吗？"胡玲玲奇怪地看着他。

蒲忠全情绪低落地说："几百号人的吃喝拉撒都把我搞得焦头烂额的……实话实说吧，春节收假将近半个月了，我的人现在找不到活儿做，你说我哪里还有心思指点江山。这就是现实，残酷的，活脱脱把我这样一个无产阶级革命青年磨砺成市井游民，你说可悲不可悲？"

胡玲玲咯咯地笑起来，以一种玩味的目光盯着他。

"喂，你这目光有点……有点……"蒲忠全迎着她的目光看她。

"有点什么？"她挑衅地问。

"有点色哟……"蒲忠全笑嘻嘻地盯着她。

她脸一下子红了，娇羞之态洋溢于眉宇之间，移开目光，呸了一声说："切！"

蒲忠全被她的神态所倾倒，痴迷迷地盯着她。

她愈发羞涩，慌乱之间抓起一份文件扔过去。

这时候，熊晓戈刚好走进来，随手接着那份文件，诧异地问："咦？你们俩是真打还是假打？"

彭家仲见马洪扣这个态度，一下子感到不再孤单，原本空落落的心又充满了力量，他马上拍板说："关于五监区的事，就这么定了，关闭煤矿，交给资产管理公司按程序拍卖。至于人员分流问题，民警工人由卫国同志来办，罪犯由怀远同志牵头办。"

郑怀远心里咯噔一下。

其他人也在揣摩彭家仲这句话，民警工人分流由顾卫国办，那意味着顾卫国可以拍板，而郑怀远却只是牵头，不能拍板。

委员们还在这个问题上纠结时，彭家仲又提出了一个令人不解的问题："至于这次事故的处理，我认为重点放在对死亡罪犯的补偿上，而对于当班民警和五监区班子应当采取避重就轻的原则。这不是放纵，也不是有意要包庇下属，因为，这次事故主要责任不在五监区。"

就连马洪扣都不解地看着他。

彭家仲接着说："我对介入的劳检院的同志说，责任主要在党委，不要为难我们的基层同志。为什么这么说呢？年初我就提出关闭煤矿，如果要追究责任，应该首先追究我的责任，如果我当初严格贯彻司法部的规定，坚持把煤矿关闭了，哪有今天的事故？对干部严格管理教育是没错，但实际的情况又是什么呢？去年 12 月底，二监区罪犯脱逃，因为是十年以上的重刑犯，劳检院介入，说我们的民警没有履职，要追究刑责。劳检院为什么这么说呢？按照监狱规定，带班民警 30 分钟必须点一次名，这位带班民警没有做到。按照这个说法，这位民警就得承担刑责。"

"我感到很纳闷的是，要被追究的这位民警连续两年被评为优秀公务员，还是二监区的后备干部，很多人评价说这人年轻有为。难道是我们组织部门错了？我和洪扣、卫国同志去了解情况，这个中队工作岗位很分散，要点名就得到每一个工作点去。我们按照正常速度把各个工作点走了一遍，结果实际情况让我们大吃一惊：整整要 35 分钟！我们又走了一遍，也许有意识加快了脚步，但还是用了 32 分钟。那就是说，我们的民警要不停地小跑，才不至于违反监狱的规定！"彭家仲说着说着，情绪有些激动起来。

彭家仲的话似乎像炸弹，又好像揭开了一个黑幕的盖子，很多党委成员脸上都流露出不可思议的表情，屋子里的气氛显得异常压抑，夹杂着窘迫的气息。

马洪扣插话说："我们去看望这名民警，他正在收拾东西，见到我们，眼泪一下子流出来了，给我们鞠躬，连声说'对不起，我给监狱抹黑了……'多好的同志啊！彭监狱长当即要我千方百计保住我们的同志，不能让我们基层的同志背黑锅。好在监狱在 24 小时内把罪犯抓回来了，定性为脱逃，要不然这事很难通融……"

"这么大的事，我怎么不知道？"王福全打断他的话，面带愠色地问。

马洪扣说："王书记，我当天就给你做了汇报，你说按照家仲同志的意见办。"

按照马洪扣的口碑，他说给王福全汇报了的，绝大多数人都会相信。

王福全一时无语，表情有些尴尬。

“你当时还指示重新研究监狱的规章制度，该健全的要健全，该规范的立即规范。”马洪扣接着说。

王福全心头松了一口气，似乎又找回了权威和自信，看着马洪扣问：“那这项工作做了没有？”

马洪扣说：“这不是我管辖范围，我不清楚，也没有听谁在党委会上汇报过。”

彭家仲说：“目前，政工、生产和生产安全、后勤等都已经完成，并在上个月党委会上通过。”说到这里，他突然把目光转向郑怀远，“怀远同志，已经过去两个多月了，你牵头梳理的监管制度进展如何？”

郑怀远含糊地应道：“他们正在做……”

“我们民警执法风险主要来自于监管改造，正在做？两个月了，我的同志！健全完善一项监管制度需要这么长的时间？”彭家仲一下子火了，敲着桌子质问，“我这个监狱长说的话你可以不听，但是王书记的话你总得要听吧？”

“这事儿是不能再拖了。”王福全在脑海里飞快地搜索了一遍，但是关于此事的一点点残痕都没有，他心里产生了浓浓的愧疚与不安，此时彭家仲给他脸上贴金，只好这般附和说。

“这是我的疏忽，我检讨。我下去马上落实，明天就上报党委审定……”郑怀远自知理亏，只好认错。

彭家仲似乎得理不饶人，继续发脾气：“是，我和王书记、马书记都没有任免权，奈何不了你们这些党委成员，但是，我可以提请党委向厅局党委打报告调整你们的分管工作，或者，我们以党委的名义打报告请求上级把你们调离双河监狱，这些权力我们是有的吧？”

“家仲同志，我是党委书记，我也应该承担一点责任，你呢，也消消火，只要把问题找出来了就好办，你说是不是？怀远同志，你这块工作是监狱最重的，也是监狱能不能稳定的关键，不仅要学会弹钢琴，还要学会种地。哪些地方该播种子，就得及时播种，错过季节就没有收成，播错地方了也没有收成。你们说是不是？”王福全安抚的语气中夹杂着对郑怀远委婉的批评，让会场的气氛一下子轻松了不少。

大家都笑着说：“王书记这个比喻很贴切。”

王福全继续说："我看这件事情可以定下来了，关闭煤矿，资产处置按照家仲同志的意见办；至于人员分流嘛，我看先分流，等找到适合监管的场地再开往青州市；至于对五监区这次事故责任人的责任追究，我完全同意家仲同志的意见，相信你们也没有什么意见吧？"

大家都说没有意见。

王福全心情大好，脸上也露出往日祥和、镇定地微笑："今天这会很重要，也很及时，会议取得了丰硕的成果，可以说是我们监狱的'十一届三中全会'。退出煤炭行业，是我狱产业结构的重大调整，必须尽快转换角色，确保监狱持续发展。好了，大家都累了，家仲、洪扣，今天的会议就开到这里？"

本来最重要的搬迁议题还没有提出来，但他这么一说，彭家仲也不得不同意。待其他人都离开后，他依旧坐在椅子上，眯着眼睛使劲地揉着太阳穴。

马洪扣本来已走到门口，见状又走回去，拍拍他的肩膀，苦笑说："别急，慢慢来……"

彭家仲站起来，也苦笑一下，收拾文件，默默地走了出去。

马洪扣望着他的背影消失在门口，心里有一种酸楚的感觉。

走道上突然传来的脚步声，紧接着就是党委成员们一个一个地从监狱办公室门口走过，让蒲忠全和胡玲玲不约而同地对视一下，表情都很困惑。

熊晓戈快步走了进来。

"如何？"蒲忠全模棱两可地问。

"什么如何？"熊晓戈不解地反问。

胡玲玲说："猪头！"

"我？"蒲忠全指着自己的鼻子问。

"不是你是谁？"

"怎么说？"

"你我都没有去汇报，原定程序都没有走完，你说有啥好消息？"胡玲玲一副不屑的神情。

熊晓戈说："也不能说一点成果都没有，至少党委决定退出煤炭行业……对了，老蒲，我不能陪你了，彭监要我今晚把会议纪要拿出来，明天早上就要发出去。"

他放下茶杯，匆匆忙忙地走了。

“这是哪门子事？兴师动众地把我喊回来，白白等了一个小时，现在我们监狱办事效率也太高了吧？谁给我报车票呀？”蒲忠全嚷嚷地抱怨。

这时，彭家仲出现在门口说：“胡玲玲，你到我办公室来一下。”

胡玲玲也走了，偌大的办公室只剩下蒲忠全一个。他坐了好一阵子，见胡玲玲还没有回来，便给熊晓戈打电话，要他派个车送他回青州，熊晓戈说老兄你又不是不知道，办公室的车要经过分管领导签字才能派出去，出县还得经过彭监呢，何况我只是个秘书，那些司机哪会听我的调遣？你找马文革，或者直接找彭监吧。好了，我得赶材料了。

马文革不见了踪影，给他打电话，关机。

窗外传来淅淅哗哗的雨声，办公室亮晃晃的灯光仿佛要被外边黑漆漆的夜色吞噬，风拍打着窗户，窸窸窣窣地，含混而模糊，让人感觉有什么幽灵在外墙上费劲地攀爬……

蒲忠全心头慢慢滋生一种莫名其妙的恐惧感，浑身似乎也起了鸡皮疙瘩，咕噜咕噜地猛喝开水，可心里的这种不爽的感觉却越来越旺盛，“妈的……闹鬼？老子是信仰毛主席的，怕你个傻 B？！”他暗暗咒骂。

咒骂并没有消减心里的恐惧感，“此处不留爷，自有爷去处！”他刚这样寻思，脚步就不由自主地迈开了，一路小跑，一路跌跌撞撞地下楼，一头扎出办公楼外。

蒲忠全孤零零地站在黑漆漆的夜雨中，也感到前所未有的渺小，这里曾经是他战斗过的地方，是他生活成长成熟起来的家，现在仿佛一下子成了局外人，变得无家可归。“我睡觉的地方究竟是在这里还是在青州？”他在心里问自己，机械地走。

他感到很委屈，需要他的时候，彭家仲亲自给他打电话，很亲切地嘱咐；郑怀远派马文革来接，郑志军盛情邀约他去放松放松……不需要他的时候，他似乎不存在一样，就连铁杆兄弟熊晓戈也没有顾及到他今晚住哪里，抑或派个车把他送回去……

一阵刺耳的喇叭，接着是强烈的、像探照灯一样的灯光射来，他惊慌地跳开，一辆汽车卷起泥水，溅到他脸上，飞驰而过。

他惊魂未定，那辆车嗤嗤啦啦地急停下来，司机从车上跳下来：“蒲老大，你咋一个人在这里晃荡？多危险，吓死我了……”

蒲忠全使劲瞅瞅，原来是经常给四监区拉煤炭的那个农用车司机。

在双河镇这种农用车经过改装，一吨的载重量可以拉七八吨，而且没有办理牌照，常常晚上为那些小煤矿和水泥厂运材料。开这种车的人，要么是当地村镇干部的亲属，要么就是交警的老表。前些年出过几起安全事故，县上市上派员督察整顿过，把肇事司机刑拘了，无牌无证的农用车一下子不见了踪影，可督察人员一走，公路上又满是飞奔的农用车。

蒲忠全看看四周，黑黝黝的景物很陌生，懵懵懂懂地问："这是哪里？"

"一道梁呀！"司机打量着他，疑惑地说。

"啊……"蒲忠全没想到自己不知不觉地朝四监区方向走了好一段路。

"你到哪里？我送送你吧。"司机说。

"我……我去哪里呢？喔，我回青州……"他犹豫地说。

"啊？"司机迟疑了，最后还是说，"上车吧，我送你一趟。"

蒲忠全说："你把我送到县城，我打个车回去吧，老兄，谢了。"

第二天一早，蒲忠全刚开机，马文革打来电话询问他在哪里。

蒲忠全没好气地说："蒲忠全死了。"

马文革道歉说："老弟别生气，这周我值班，一散会，王老爷子就叫我跟他去查监，你知道去监房不能开手机的。你也知道老爷子做事很磨人的，走了三个监区就耗费了 3 个多小时，回到监狱都 11 点过了。跟你联系，你关机，我还以为你跟郑志军在一起潇洒呢。你现在在哪里？要不要车子？"

听他这么一说，蒲忠全的郁闷一下子烟消云散，感激地说："谢了，老兄，我已经回到青州了。"

"哟？以后有什么事情需用我马文革的地方，说一声。"

蒲忠全听得出来，马文革是真诚的。

"老弟，外边好像又出事了，闹闹嚷嚷的，我去看看，不说了……"

蒲忠全听他语气急促，吃了一惊，刚刚轻松下来的心情又一下变得沉甸甸的。

"妈的，关老子屁事！"他骂了一句，似乎在发泄什么。

走出门，一阵风刮过，榆钱儿纷纷扬扬地落下，肮脏的公路上满是青绿色的小元宝，显得春色盎然。

"究竟又出啥事儿了呢？"蒲忠全长长地吁了一口气，心里还是放不下。

第十八章　洋相百出：老革命走出大山

清明过后，风一下子温柔起来，不论天色，总像一双芊芊素手抚摸着面颊，一场春雨之后，山色澄明起来，偶尔的一树樱桃花在墨绿的山弯里怒放，带来令人心跳的惊喜。杨柳早已展开嫩黄的新叶，摇曳着精灵灵的水珠，也摇曳着无数的遐想……

这几天彭家仲心情很好，好消息接二连三地传来，五监区人员分流并没有像有些人担心的那样出乱子，进行得异常顺利；蒲忠全和华文虎拿到了青州市电厂 11 万吨电煤合同，目前已经开始发运，七万多吨库存煤炭可望在丰水期来临之前销售出去；在省不良资产管理公司的运作下，煤矿以现金和土地置换的方式成功处置，监狱获得青州市郊区 80 亩土地和 3000 多万元的补偿，受到厅局领导的高度评价；水泥厂改制效果初显，产量大幅度提高，市场价格回暖，炼铁厂租赁合作良好，炼焦厂运行平稳，监狱一季度盈利 5 万元。盈利虽然不多，但这是监狱近 5 年来首次扭亏为盈，所以颇具象征意义；纪委和政治处联合就搬迁问题进行了大规模的调查，结果令人鼓舞，有 8 成以上的人支持；省厅多数领导和部门对监狱搬迁的态度已开始明朗化，还向司法部和省委打了专项报告；青州市将新一轮城市规划中甚至将双河监狱监管区用地也规划了进去……

早上一上班，彭家仲就来到王福全的办公室。

刚进去，郑怀远正在汇报工作。

郑怀远见他进来，便打住话题。

彭家仲说："你们谈，我等会儿再来。"

王福全连忙说："家仲，来来来，我们一起听听。"

彭家仲只好坐下。

郑怀远自从上次在会上被他点名批评后，这两个月来很少找他汇报工作，他也听到一些传闻说他俩之间的矛盾已经公开化、白热化，为此，他找过王福全交换意见，希望这位在双河监狱德高望重的老领导能从中调解一下。王福全却安慰他说，郑怀远这个人我是知道的，人本质没有什么问题，政治上品质还是过硬的，不必担心，你也不要把这事儿放在心上，放开手脚搞工作。

郑怀远对他笑笑，有些勉强，算是打招呼，然后说："彭监，你的事情重要，你们先谈，我一会儿再来找王书记。"

"怀远，这就是你不对了，班子之间成员有分歧很正常，但是如果把这种分歧情绪化，影响工作，影响团结，那就不好了。"王福全皱皱眉头，不客气地说。

郑怀远忙赔笑道："王书记批评的是……我对任何人特别是对彭监没有个人恩怨，你放心，我绝不会把分歧情绪化，这一点政治品质我还是有的，要不当年你就不会提拔我了，呵呵……"

"都是为了工作，为了监狱的发展大计，认准了这个出发点，什么分歧呀矛盾呀都可以化解，什么问题都可以解决，家仲，你说是不是？"王福全微笑着说。

彭家仲心里在想："好像是我彭家仲把矛盾情绪化了？"心里这么想，但嘴上却说："王书记说得是。"

王福全似乎对他们两个的态度很满意，起身亲自给彭家仲泡了一杯茶："怀远，你继续说。"

"其实，我刚才已汇报完了……那我再简单地说说？省局狱政处邢处长给我打电话，要我们接受一名罪犯，原青州市市中区副区长，叫谭振洋，这个人我是知道的，以前因工作关系还见过几次面；还有一件事情，县委一位领导想给他在我们这里服刑的侄子办个保外就医，你看报还是不报？还有就是上个月省局召开狱情分析会，会上通报我们监狱罪犯减刑幅度是最小的，有关领导要求加强与市检察院的联系，马上又要办理罪犯减刑了，请示一下两位领导，要沟通的话，要不要封红包？封多少？"郑怀远说。

王福全问彭家仲："你的意见呢？"

彭家仲没有直接回答，而是呷了一口茶水，啧啧嘴说：“这茶……”

王福全见他似乎话中有话，便问：“怎么？”

“清香无比，韵味无穷，嗯，这茶不错，好像是西湖龙井……王书记这是什么茶？”他问。

“呵呵，看来大机关来的是不一样，这是过年时郑志军送来的，说是西湖龙井。我喝了一辈子茶，就熟悉当地老鹰茶的味道，其他喝起来都一个味儿，没劲道。”王福全呵呵直笑。

“是啊，就是真的西湖龙井拿到你这里，你都觉得没有老鹰茶好，王书记，你这叫暴殄天物，哈哈……”彭家仲也笑起来。

“哈哈……”王福全也放声大笑，“我们党员领导干部，有时候还是要暴殄天物的，要不怎么保持艰苦朴素的革命传统？怎么筑牢拒腐防变的防线？对了，家仲，难道西湖龙井还有假的不成？”

彭家仲说：“据茶叶专业人士估计，市面上 80% 的龙井都是假的。真正的西湖龙井一年的产量就那么几十公斤。”

“那么少？那得多少钱一斤呀？”

“50 万左右吧。”彭家仲说。

王福全吃了一惊：“喔？要是我这茶是真货，那得多少钱？一两 5 万，我这有 2 两吧，那不就 10 万？”

接着，他沉吟：“要是真的，我这岂不是真的暴殄天物了吗？”

突然，他抬起头，目光灼灼，问彭家仲：“这是真龙井还是假龙井？”

彭家仲摊开双手，耸耸肩笑着说：“我不是茶叶专家，不敢下结论。”

郑怀远听他们的对话，如坐针毡，走也不是，不走也不是，手心微微冒汗。过年的时候，郑志军也给他送了两斤，他又分装成 4 袋，送给省局领导，自己一两都没有留。当时郑志军说要给王福全送一点，他还告诫他说老爷子不好这口，也不识货，送了等于白送，还不如给他弄几条麂子腿管用。如今被彭家仲一语道破，这台阶可不好下了，绝不能说是真的，但是也不能说是假的啊，给领导送点东西，还是假的，这领导面子上过不去，传出去也是他们郑家的笑话。

彭家仲接着说：“据说现在很多商家用上乘的茶叶假冒龙井，价格也就是几千块钱甚至几百元一斤。虽说不是真的龙井，茶叶的品质却还是一流的，所以从这个意义上讲，也不算假货，顶多就是冒牌货。我推测郑志军八成上当了，卖了这种冒牌货，来胡弄你。怀远，你说我说得对不对？呵呵……”

郑怀远不得不佩服这位监狱长心思技巧，又打又拉，运用自如，既做坏人又当好人，面不改色，眼目下还是尽快脱离这个话题为妙，于是赔笑说：“彭监分析得透彻，一个小小的中干，哪有能力去买真的西湖龙井？”他转移开话题，“对了，两位领导，别光顾着论茶道啊，我的事情你们还是给个指示吧。”

彭家仲说：“检察院方面情况你比王书记和我都熟悉，你酌情去办，其他的不是有法律规定吗，依法办理就是了。王书记，你看呢？”

傻子都知道前两件事情有不合法定条款的地方，郑怀远心头嘀咕，我之所以请示，就是怕独自承担责任，但是这个彭家仲却把这个皮球又踢给我，王福全原本就是谨小慎微的人，自然很乐意彭家仲把这个皮球给我，就算事儿没办成，有开罪省局领导和地方政府领导之处，他还有回旋余地。

但是，他还是抱着侥幸的心理看着王福全。

果不出他所料，王福全说：“家仲同志是监管改造第一责任人，就这么办吧。怀远呀，以后这方面的事多跟家仲同志沟通，最近有人说你们矛盾白热化公开化了，由此推断班子不团结，我不相信，家仲是厅局下派下来的，思想新，创新意识强，有开拓能力，你呢，是从基层一步步起来的，经验丰富，熟知双河监狱的情况，你们两个要是携起手来，那我们监狱的事儿就解决了一半。”

说到这里，他看着郑怀远问：“你说呢？”

“谣言，纯属谣言！”郑怀远站起来，语调昂扬，“要么就是别有用心，不就是前次党委会上彭监批评了我吗？有的人就大做文章，设个圈套让我们钻，我才不会上当呢。王书记你不是经常告诫我们党委成员，同志之间有分歧只要控制在党委会以内，那是正常的。彭监，我当着王书记表个态，我在工作上是支持你的，过去是，现在也是，将来还是。”

“嗯，你有这个态度就好嘛，坐坐坐……”王福全很满意地点点头。

彭家仲不能没有个态度，于是说：“有王书记坐阵，双河监狱的班子永远是团结的。怀远同志，正如王书记所说，这里的情况你比我要熟悉得多，你的基层工作经验比我强得多。按理，这监狱长应该由你来做，说实话，我至今都没有弄明白厅党委怎么会派我来……”

郑怀远忙说：“彭监……”

彭家仲摆摆手说：“都是班子成员，你我就不要客套了。但是我想既然我来了，就好好干，做一点成绩出来，就公对得起双河监狱的百姓，就私为我回省城打下一点资本。当然，也许在一些问题上我们沟通少了点，但至少我们不存在沟通上的障碍，对吧？只要班子团结，没有解决不了的问题，没有克服不了的困难。”

“家仲这些话严重了，不过确实是掏心窝子的话。”王福全微笑着说，“好了，我们就不再说这个了。对了，家仲，你有要紧的事儿吧？”

“那我先告辞了。”郑怀远说。

彭家仲说：“你也听听。王书记，通过拍卖程序和最后谈判，前几天我们和不良资产管理公司以及竞买者达成协议，煤矿资产转让我们得到了3000万和青州市郊区80亩土地，资金已于昨天到账，土地手续正在办理之中，预计本周即可完成交割。这80亩土地已闲置2年多，还有2个月就要被政府收回去了，我去市上的时候，书记、市长都提到这块土地的问题，要我们尽快拿出方案，我初步的想法是修建民警住宅，想听听你的意见。”

王福全眉头微皱，想了想说：“80亩能修建多少套住房？”

“初步测算，可以修建200套。”

“200套房子吧？家仲，我看这个事儿先放一放，200套房子，只卖给民警？那工人怎么办？我们总不能出文件说工人没有资格买吧？”王福全担忧地说。

200套房子确实只考虑到民警，但王福全这个担忧确实存在，彭家仲一时也为难起来。

“不可否认，搬迁和产业结构调整得到多数人的拥护，但我们党委的工作是不是可以就此开展？我看还是慎重一些好，就算有90%的人支持，如果忽略那10%，也是会出乱子的，前次老干部和工人闹事就是教训啊……”王福全说完，长长地吁了一口气。

王福全的语调很慢，也很沉重，彭家仲眉头紧锁，而郑怀远则目光从王福全脸上移开，似乎在躲闪着什么。

连续不断的群体性事件，令彭家仲有些力不从心，尽管这些事件不代表双河监狱大多数民警职工的意愿，万幸的是没有闹到省上去，但每当深夜醒来，想起来还是不由得冷汗淋漓。不过冷静地分析，却显得很蹊跷，就像最近这一次，头一天晚上党委会才决定关闭煤矿，第二天早上就有二十几个老干部来讨说法。他刚刚走到办公楼下，就被围住，老干部们七嘴八舌地质问他为什么要把他们辛辛苦苦打下来的江山卖掉。彭家仲请他们到会议室，他们说就在这里说。正闹得不可开交的时候，马文革、熊晓戈跑了过来，拿着烟一支一支地递，左一个大爷右一个大爷，点头哈腰地把他们劝到会议室。一会儿王福全、马洪扣、顾卫国都来了，令彭家仲惊讶的是连郑怀远都来了。

王福全沉脸严厉地说："你们都是老革命，最讲组织纪律性，关闭煤矿，是党委的决定，你们把彭家仲监狱长围住，这算什么？"

彭家仲又颇感意外，这不是王福全对待老干部的一贯风格。不过，彭家仲更多的是感到欣慰，也心存一丝感激。

老干部们似乎也第一次遇到他发火，也感到很是意外，刚才还叽叽喳喳的，这下都沉默了。

他继续说："今天我不讲，家仲和洪扣也不讲，让郑怀远副监狱长给你们讲讲。"

这又让所有人出乎意料。

彭家仲愈加纳闷，不经意地瞧瞧马洪扣，马洪扣面无表情，看不出有什么情绪。

郑怀远很不自在地扭动了一下身子，先读了一个司法部关于退出高风险行业的文件，然后从这次煤炭事故引申到以前的事故，详细算了直接经济损失，条理清晰，有理有据。

"还说个球？！"一个老干部站起来大声抱怨一句就往外走。

其他人都纷纷站起来。

这时候，郑怀远的父亲老红军郑三旺屁颠屁颠地走进来，径直走到熊晓戈跟前："把烟拿来抽一支。"

其他老干部见郑三旺进来，都驻足观看。

熊晓戈连忙递给他一支软玉溪。

郑三旺接过来低头辨认。

"老爷子，别看了，好烟，软玉溪，极品呢。"马文革笑着说。

"这烟，我抽过，贼贵，还没劲……我说你们这些当官的平常就拿这烟抽？我说彭家仲，你也太浪费了，太不注重节约，这烟，一年得花多少钱？想当年我们打仗的时候，连马尿都喝不上……"郑三旺看看王福全他们说。

熊晓戈把那支烟抢过来，连声说："拿错了，拿错了……这烟是我自己买的……”说着从衣袋里摸出一包蓝骄子，“老爷子，这才是公家的招待用烟。”

大家都没有料到熊晓戈会当着郑怀远的面这般对待他父亲，都冷眼观望。

郑三旺看看蓝骄子，又送到鼻子边闻闻，央求地说：“这烟没有那烟好，熊家二娃子，把你的烟给我一支吧……”

老干部们都哄笑起来。

郑怀远脸上青一阵红一阵，对郑三旺低声喝道：“你又来搅和什么？”

马文革连忙走过去挽住他的胳膊，边拉边说：“老爷子，你儿子正在主持开会呢，走走走，到我那坐坐。”

郑三旺嘟囔说：“就是开会嘛，我家二娃子叫我来的嘛……”

马文革吃了一惊，连拉带拽地出了门。

安顿好郑三旺，马文革来到厕所旁，给郑志军打电话：“老兄，你娃在玩火，你叫你家老爷子来掺和个啥？”

“他也是老干部嘛，怎么就不能去了？怎么样？你那里热闹吗？”

“热闹？是热闹，你知道今天的对话会是谁在主持吗？是你哥！”马文革说完便挂了电话，自言自语地说，“这么个整法，迟早要完蛋……”

“什么完蛋？”

马文革抬头见是彭家仲，大吃一惊，连忙说：“没啥，没啥……”说着，快步离开。

走了几步，他有一种想把刚才的事告诉彭家仲的念头，迟疑了一下，最终还是没有停下来，而是回到自己的办公室。

彭家仲上完厕所，来到马洪扣办公室。

“老马，你不觉得奇怪吗？”

“有啥好奇怪的，不就是他郑怀远一点小动作么？结果搬起石头砸自己的脚。”马洪扣说。

彭家仲说：“我很担忧，班子这么不团结，以后还能干什么事情啊？”

“这个嘛……我们也不必太担忧，王书记这个人这点好，无论亲疏，只要触及稳定这根红线，他就毫不客气，也毫不含糊。”

此时，郑怀远也正在王福全办公室做自我批评：“老书记，这事情是郑志军干的，事前我真不知道，但是我还是要做自我批评，我回去好生管教管教，要不给他个处分也行？”

“都是捕风捉影的事，处分能给吗？算啦算啦，回去好生批评批评，你要记住，双河监狱不容许任何人胡搞！”王福全依旧冷面冷语。

“是是是……老书记，你就不要再生气了，这样对你身体不好，我知道的，我知道的，今天还得感谢你，要不是你最后几句话，好像今儿的事就是我挑起来的。”

王福全听到有老干部来讨说法，心里就明白了几分，他给马洪扣打电话，叫他通知郑怀远主持对话会，并强调要他主讲。马洪扣立即明白，但他不好说破，只有用这招请君入瓮，给郑怀远敲敲警钟。而通过马洪扣出面去通知，表明没有商议的余地。郑怀远心里七上八下的，慌忙找马文革要资料，尽管老爹来出了丑，但还算顺利地把事件平息了。王福全最后讲话说明为什么叫分管改造的副监狱长郑怀远来主持今天的会议，那是因为要向双河监狱的民警职工们表明，监狱党委决定关闭煤矿是所有党委成员举手表决的，不是某个人的决策。尽管这个理由很牵强附会，但也算是给了郑怀远台阶下。

与王福全商议没有个结果，彭家仲闷闷不乐地回到办公室。

马文革走进来小心翼翼地问：“彭监，是不是修建民警小区出了点麻烦？”

彭家仲点点头：“你似乎有什么好的办法？”

“不知道行不行？”马文革没底气地说。

“说说看。”

“我们不妨换一种说法，就说给老干部修建的，先满足老干部购买，然后民警工人都可以买……”

马文革本来还想说现在这些老人基本上都跟儿女住在一起，老干部买了，就等于我们一部分民警买了，有几个子女的家庭，老爹老妈都住到那边了，加之监狱迟早要搬迁过去，他们还不考虑买？至于两口子都是工人的家庭，能有几个有这个经济能力？但他打住了，他深知上下级关系的微妙，任何事情要是说透了，有时候就显得喧宾夺主，领导会采纳你的意见，却不会给你好脸色看。

果然，彭家仲赞许地看看他，然后匆匆走了出去。

两天后，马文革被任命为老干部青州小区建设领导小组副组长，这虽然是个临时机构，组长是王福全和彭家仲，但是副组长只有他一个是科级，其他都是副处级，这在双河监狱历史上是第一次，这无疑提高了他的政治地位。

一个月之后，在这块土地距离被政府收回去只有 3 天，双河监狱老干部青州小区举行了盛大的开工仪式。在彭家仲和胡玲玲的斡旋下，青州市吴市长破天荒地出席了开工典礼，省局蔡复晨局长和厅里一位副厅长也如约而来。除郑怀远留守外，其余监狱领导都来了。

简短的仪式之后，吴市长说："我期待出席你们监管区的开工典礼。"

彭家仲说："我要把这个好消息带给我们的民警同志们。"

"这可不得了，你们的民警比我们市辖三区的公安民警还多。"市长乐呵呵地说。

"我还有个不情之请，吴市长能不能陪我的两位老领导去看看监管区那块地？"彭家仲趁机说。

市长问秘书接下来是什么安排，秘书说计划去高新技术开发区的一个服装厂调研，市长说那就往后押一押。

看了青州市划给的双河监狱监管区的土地后，蔡复晨突然问："吴市长，全国监狱布局调整工作即将进入试点阶段，我们也在全省摸了摸底，很多州市都对监狱搬迁到大中城市周边有所顾虑，你怎么看？"

"说一点都没有顾虑那是假的，我们也有常委持反对意见。就 GDP 而言，监狱的贡献确实没有那么大，但是从长远来看，一个城市要提升品味，首先就是文化的多元化，人员结构的多元化，这才是开放、文明城市。我们青州没有一所监狱，这不符合我们青州在不久将来成为特大城市的身份。来联系的也很多，我们最终同意双河监狱，是因为我们看到这个监狱的管理能力。人还是那些人，产业还是那些产业，但是班子一变，双河监狱就像换了一个人，不仅在短短半年扭亏为盈，而且在没有财政保障的情况下，积极思变，不等不靠，力图搬迁，实现历史性的大转移。"

吴市长说到这里，指指王福全和彭家仲强调："我们就缺这样的领导干部。"

王福全有点受宠若惊："市长言重了。"

双河监狱并不是青州市的辖区，但是他对这里的了解，比监狱管理局的领导都要深，这让所有人都感到吃惊，都觉得双河监狱选择青州市是正确的。

吴市长又寒暄几句，最后拉着蔡复晨和司法厅副厅长的手说："福全同志、家仲同志，两位省领导第一次到青州，中午给我个机会，让我进进地主之宜？"

这不仅让王福全、彭家仲大为困惑，而且蔡复晨他们也颇感意外，一般而言，地方政府一把手出面接待监狱管理局和司法厅的，除非以前在一起共过事有深厚的友谊，否则，你就是给钱都请不出来。

彭家仲忙说："还是我们做东，吴市长能参加，那是我们监狱莫大的荣幸……"

吴市长拍拍彭家仲低声说："说不定哪天我还得求你彭监狱长办点事呢？呵呵……何况，目前你们还没有正式搬迁到青州市，你们还是客人嘛。"

彭家仲有些愕然：难道市长有亲戚在我们监狱服刑？

午饭之后，蔡复晨临行时说："看来你们选择青州市是选对了的。"

待蔡复晨他们走后，彭家仲立即将情况给厅长刘德章汇报，刘德章只是淡淡地说了句我知道了。

刘德章的态度给彭家仲浇了一盆凉水，他百思不解，最后他给刘德章的秘书打电话，要他帮着留意或者探探厅长的态度。

王福全兴致却特别高，说了不坐 1 号车，要和大家一起坐那辆百泉车，还主动说了几段笑话。彭家仲也只好不坐 2 号车，陪着他坐百泉车。随行人员难得见领导这么高兴，也都使出浑身解数，素的荤的段子一个接着一个，一路上爆笑连连，好不热闹。

彭家仲却显得忧心忡忡，偶尔跟着大家一起勉强地笑。

马洪扣问："有心事？"

彭家仲便低声将刘德章的态度说了。

马洪扣沉思说："你也别太在意，万一你打电话的时候厅长还有更重要的事情要解决呢？"

一句话令彭家仲豁然开朗起来："咦，我怎么没有想到这一层呢？"

"你是对搬迁工作太上心了……不过……"马洪扣吞吞吐吐地说。

"你话中有话啊……"彭家仲看看他说。

马洪扣想了一下，慢慢说："最近我听到了一些传闻，说煤矿那么好的资源就这么便宜地处置了，而今煤炭价格一路上扬，眼睁睁地看着白花花的银子流到别人腰包，还有的说得更难听……"

"怎么说？没事，说吧。"彭家仲见他打住话，催促道。

"说你彭家仲是败家子，汉奸，卖国贼……"马洪扣淡淡一笑，试图淡化这些话的贬义色彩。

彭家仲陷入了沉思。

"当然这些话并不代表大多数人的意见……"马洪扣想安慰几句，却找不到更多的词语来，这几天，他就收到了几封实名举报信，要求纪委调查再处置煤矿资产中的腐败问题，矛头直指彭家仲。他在纪委工作这么多年，还真没有接到过监狱民警职工实名举报监狱领导的信件。他拿着信件找王福全，王福全也颇觉为难，不查吧，对方是实名举报；查吧，怎么对班子说呢？王福全思考了半天，最后说先压一压，抽个合适的机会与彭家仲沟通一下再说。

他觉得现在有必要告诉彭家仲，于是说："我收到几封关于你的举报信，反映你在处置煤矿资产中有腐败问题，你看查还是不查？"

彭家仲似乎没有听见，扭头看窗外的景致。

两个多小时的车程，在不经意间就过去了。望着不远处的监狱办公楼，很多人都有一种余兴未尽的感觉。

郑怀远在大门口站着，朝他们挥手。

车队停下来，郑怀远跑步到1号车前。

王福全打开车窗，伸出头问："怀远，什么事？"

郑怀远又跑过来，紧张地说："王书记，出事了……"

"又啥事儿？"王福全的兴致被打断，有些不满。

"你们刚走，一些老干部就要去青州市，声称要去请愿，我好说歹说，总算把他们拦下来了，现在在会议室……"

天气渐渐热了起来，在桃花和映山红烂漫之后，树叶日渐丰腴起来，所有的一切都像青苹果一样，有点酸涩，懵懵懂懂的，亦如那不知所措的风，忽东忽西地轻飞……

顾卫国走进来，把彭家仲一上任来闹事的人员名单交给他。

彭家仲飞速地看了一遍，然后提笔伏案圈点，过了好一会儿才说："你们看看这些人和哪个家族有关系？"

马洪扣只是瞟了一眼，顾卫国看都没有看。

"看来你俩都知道……"彭家仲心里有些添堵。

"我想你也知道……"马洪扣说。

顾卫国笑而不语。

"走，我们都去王书记那里……"彭家仲忧心忡忡地说。

王福全盯着名单看，眉头皱成一团，很久没说一句话，只是瞪着那些名字。

他慢慢抓起电话："郑怀远同志，你到我这里来一下……"

突然，他提高声音，生硬地说："我不管你开什么会，就是暴狱，你现在也得来！"

说完，他重重地放下电话，靠在椅子上眯着眼睛，但不停地摇晃着椅子。彭家仲他们也不好说走，于是只好默默地坐在那里等。于是屋子里很寂静，也很压抑。

几个中干找王福全签字，在门口发现屋子里气氛不对，也没敢进来。

郑怀远气吁吁地进来："呀，几大员都在？有厅局领导来检查？"

王福全把名单扔给他，敲着桌子说："这是怎么一回事？"

郑怀远拿起那份名单看了又看，愣愣地问："这……怎么了？"

"你还装？你就装吧！"王福全发怒了，"你不是天天在我面前讲如何如何保稳定，这些人反反复复的闹，都是你的亲戚，你究竟要干什么？！"

"王书记，我……我真还不知道……我一定好好做做他们的工作，好好沟通沟通，你知道的，我的亲戚是多，但好多我都没有来往了……"郑怀远一惊，慌乱间说话也结结巴巴的。

这种处理方式让彭家仲感到意外，但看到马洪扣和顾卫国神情自若的样子，心里明白也是王福全一贯的作风，也说明了他在原则问题上的态度，这让彭家仲心里有底，也有些欣慰。

"你回头好生教育一下这些人，我先吹吹风，要是再出问题，我拿你没法，但是这些中干我有办法。"王福全说到这里，语气放缓，"怀远同志，你是有大局意识的，家仲同志刚来的时候我就说过，你有能力，有魄力，政治品质过硬，年富力强，正是干事情的时候，如果因为家族几个不明事理的而耽误前程，得不偿失吧？"

"是是是，王书记批评的是，我马上去落实，落实……"郑怀远唯唯诺诺地说完就退了出去。

连续不断的大雨后，双河监狱流动着难得的清新，山色翠微，云淡风轻，只是，东西溪交汇的亮水凼变得混浊起来，站在监狱那条金光大道上望去，南溪像一条土黄色的绸带，在两山之间一摇一晃的，不知道是在兴奋地跳舞，还是喝醉了踉踉跄跄地走……

没有人再质疑五监区资产处置，没有人再质疑修建青州市老干部住宅小区，关于省厅局领导在资产处置中的暧昧的猜测的流言也似乎销声匿迹……

一切似乎又恢复了平静。

彭家仲也感觉推动搬迁的工作阻力明显减少，几次党委会讨论青州市老干部住宅小区的相关议题，质疑和反对的声音基本上没有了，包括工人在内的所有人都接受了所谓青州市老干部住宅小区实质上就是搬迁后民警生活小区这一事实。

然而，按照彭家仲预想的方案，在青州市的民警住宅楼的设计图纸出来后，监狱决定按照青州市目前的房价 600 元每平方米招标。对于民警购房，监狱不予补贴，先缴纳房价的 30%，其余以后监狱出面搞公积金贷款按揭。不料民警的积极性不高，400 多套房子两个多月来才预售了不到 150 套。

修建住宅小区的资金短缺的问题一下子凸显出来，前期资金都是监狱拿流动资金垫付的，财务科长郑宝团已经 3 次向他陈述厉害，其实彭家仲心里很清楚，在本已捉襟见肘的监狱流动资金中大量垫付小区工程款项，将会把监狱本部拖死。

这个工程可不能停下来，一旦停下来，彭家仲实在拿不准会出现怎样的情况。

马文革是老干部青州小区建设领导小组副组长，其他副组长都是副处，日常工作当然只有他这个科级副组长担当起来。彭家仲询问究竟是怎么一个情况，马文革把购房的名单拿给他看，指着花名册解释说："登记有意向要购房的有 450 多人，但到现在为止缴纳 30% 购房款的只有 147 人，也就是说还有 253 户尚没有卖出去。这其中，监狱级领导中有一人没有购买，科级干部中有 93 人没有购买。"

彭家仲目光在那些没有购房的中干名字上一一扫过，心里泛起星星点点的寒意，这些人竟然与监狱某些大家族有关，包括现任副监狱长郑怀远的郑家。

然而，郑怀远三兄弟都是购买了的，这意味着再拿他说事儿绝对没有道理的。

令彭家仲还感到困惑的是，熊晓戈、蒲忠全、胡玲玲都没有购买。

他有些恼怒地摆摆手，叫马文革离开。

马文革刚走，恰好胡玲玲来汇报在省发改委和财政厅活动情况。

彭家仲看了她一眼，打断她："你怎么没有买房子？"

语气很生硬。

胡玲玲似乎早就预料他会质问她，坦然一笑："我一个单身女子买房子做什么啊？何况我早在两年前为我老爸老妈在县城买了一套。我老爸是就业人员，住在那里吧，也不是不行，但多多少少有负面心理影响……"

彭家仲说："你继续说说发改委和财政厅的事。"

胡玲玲发现他压根儿没有在乎她的汇报，直到她汇报完毕，他只是简单地嗯了几声，一副心不在焉的样子。

从监狱长办公室出来，胡玲玲寻思了一阵子，把熊晓戈叫到一边问："你买房子没有？"

熊晓戈苦笑，没有说话。

"你俩还在闹？"

"一言难尽……"

"我想还是买一套？就算支持彭监的工作吧。"

"……"

"你心里究竟是咋想的嘛？"胡玲玲带着责备的口吻问，但马上觉得有些不妥，于是又以关切的口气说，"这段时间你一直萎靡不振的，究竟出啥事儿啦？"

"我怎么不想买？就算以后搬迁流产，我也想支持彭监的工作……但是……我没钱了啊。秦亚南背着我把房产证抵押给银行，贷了款，贷了好多，这些贷款究竟用在什么地方了，我一概不知，唉……我现在是 100% 的布尔什维克，裸奔的无产者。要不是还有这份工作，我连躺在大街上的乞丐都他妈的不如！"熊晓戈垂头丧气地说。

"没想到你俩搞成这样……购房的事，你看着办吧。"

"你借给我首付，我马上就订购。"熊晓戈很期盼地看着她。

胡玲玲迟疑了一会儿："那好吧，走，我们现在就去。"

胡玲玲一共付了 3 套房子的首付，一套是她自己的，一套是借给熊晓戈的，还有一套是给蒲忠全垫付的。

郑怀远本来想找几个贴心的下属去喝酒，权衡了又权衡，还是打消了这个念头。中午下班回家，闷闷不乐地坐在沙发上看央视 1 台新闻。直到 30 分钟的新闻播放完毕，徐文馨才回来。

他气恼地说："你一天到晚忙啥呢？"

徐文馨瞥了他一眼，就给民警食堂打电话，吩咐他们送两个人的饭菜来。

不一会儿，饭菜就送来了，四菜一汤，徐文馨问："多少钱？"

送饭菜的工人缩手缩脚地说："团长说他收账，不准我们摸钱。"

郑怀远拿了一瓶酒，独自一杯一杯地喝。徐文馨诧异地问："今儿个怎么的啦？工作上又出问题了？”

“什么又不又的，我的工作经常出问题？怎么说话的？难道我就这么没能力？”郑怀远哼哼道。

“切！说说，究竟啥事？”

郑怀远举杯一饮而尽，长叹一口气：“你老公的前途估计也就这个样子……”

“你呀，别做白日梦了，我说句公道话，人家彭家仲就是比你强，识大体顾大局，这不，昨天他还主动询问我为监狱寻找室内加工项目的事来呢。你就安安稳稳地做你的副监狱长，副监狱长还是监狱长呀，天大的事儿还有政委、监狱长撑着，有什么不好？何必跟自己过不去嘛？……”

“妇人之见，人家给你个糖，你就把别人当上帝？毛主席说过糖衣炮弹，啥叫糖衣炮弹？就是明里一套暗里又是一套，我看你脑子进了水。”郑怀远不屑地看看她说。

徐文馨警觉地问：“他背地里使坏？”

“这次全省监狱系统处级领导干部大调整，公推公选，新提拔 60 多个，其他监狱都有推荐候选人，就我们监狱一个都没有，要是没人从中作梗，怎么说也会给一个候选人的名额吧？谁有那么大的能量？除了他彭家仲还有谁？他这是把我往死里整，压着你，还囚着你。奶奶的，老子也不是好惹的……”郑怀远举杯猛喝，重重地将杯子放在桌子上。

“哦……”徐文馨沉思了一会儿，“要不再去活动活动？”

“算了算了，你说我们还送少了吗？可那些人就像喂不饱的狗，哼，他妈的还不如一条狗，狗嘛，你给它一根骨头，它还给你摇摇尾巴，可这些人呢，吃了你的，拿了你的，屁都不放一个，该唱高调的依旧唱，永远一副廉洁从政的样子，看着就不爽。既然不让我走，那老子就陪你玩玩，哼……”郑怀远连连冷哼。

“我说，适可而止哈，别到头来搬起石头砸了自己的脚……”

“所以女人永远就是女人，头发长见识短，你知道今天党委会决定了什么吗？从下月起，米面、食用油、肉开始招标采购，我看你那公司要倒闭了。”

徐文馨这才着急了：“他彭家仲不至于连局里领导面子都不给吧？”

“局里领导？他的后台是厅长，我的同志！何况局里领导会为你这些事儿给他打电话？你呀，就是瞎忙乎，忙到头自己得了多少？还不是为个别人打工，说不定人家还不领情……”

“你别得了好处还卖乖，要不是我，你能那么快提升为副监狱长？你在监狱系统最年轻的副监狱长这个名号上稳坐了好几年，难道你忘记了？名义上是王福全提拔你的，真正内幕你知我知，天知地知。”徐文馨反驳说。

她说完，放下筷子，匆匆走了。

郑怀远也没有食欲，倒在沙发上就睡。一觉醒来，看看时间，已是下午 4 点多，便夹起公文包，慢悠悠地朝办公楼走去。

他依然有些微醉，走路时而轻飘时而沉重，有些摇晃。一阵风扑面而来，他来不及掩面，尘土打在嘴唇上，用舌头一舔，涩涩的，连连吐口水，嘴巴里依旧是涩涩的感觉，只好用手使劲地抹抹嘴巴。

“妈的，啥都欺负我，老子就是那么好欺负的？”他心里乱骂，不得不躲着风头拐着弯走。

他没有到自己的办公室，而是径直去了王福全的办公室。

王福全正在看报。

“喝酒了？”王福全看看他问。

“心里闷，喝了点。”

“是不是为招标采购的事？小徐中午已找我说了。”王福全谈谈地说，并没有表明他的态度。

“我不关心这事……”他突然意识到这样说不妥，忙改口说，“我的意思是不全是……”

“噢？”王福全放下报纸。

“王书记，这次全省选任 60 多个领导干部，其中 10 多个监狱正职，其他监狱都分配的有候选人，我们监狱一个都没有，你觉得这其中没有文章吗？”

“噢？！”王福全加重了语气。

“在老书记面前，我承认我想再上一个格格，但从全局上讲，就算给我们监狱分配一个副职候选人指标也好，至少表明省厅局认可我们双河监狱工作嘛，认可我们双河监狱的班子嘛，而副职候选人都没有一个，这说明什么？这不是对以你为首的监狱党委的否定吗？”郑怀远一副愤愤不平的样子。

王福全坐直了身子，眉头皱了起来。

“我怀疑有人作梗……”

“什么意思？”王福全警惕地问。

这时，电话响了起来，王福全抓起电话不等对方说话就说你等会儿打来，便放下话筒。

“老书记，你想想，按照我们监狱的规模和人才储备量，没有理由一个都不给吧？否定监狱工作，就是否定监狱班子，否定监狱党委，班长是你，党委书记是你，司马昭之心啊。”

王福全沉思了一阵，突然问：“你对招标采购怎么看？”

郑怀远心里暗喜，这说明王福全把他刚才说的放在心上了，于是诚恳地说：“在党委、行政会上我不便发表意见，因为目前我老婆他们公司采购额比例很大，但在你面前，我实话实说，我对实行招标采购持保留意见，至少目前实行还不成熟。我们监狱所在地是一个镇，按照招标采购意见书上所规定有资质的就镇上粮站，最近的就是县城，也有十多公里，这样一来，肯定就是镇上粮站中标无疑。但目前粮食价格现实是，我们采购的比他们低，无疑会增加罪犯伙食费成本，实物量相应就会降低。加之各监区甚至中队都在罪犯食堂上做文章，到时候实物量怕是降得比我们想象的要低。”

王福全点头，隔了好一阵子才说：“这个罪犯食堂的规范问题……你得抓一下。”

“老实说，这个顽疾恐怕我们这一代都解决不了，就连外省一些监狱实行的是统一作业、统一配送，都还存在这些问题。我一个保定培训班的同学给我讲，招标采购、统一食堂都不能很好地彻底解决这里面的问题，比如说采购猪肉，只有养猪场才有资格投标，要是甲养猪场中标，监狱长可以叫这位中标者把指标原价卖给另外一家没有中标的养猪场，中标者如果不听，那么你提供的产品说不定很难经过监狱方的验收，当然堤内损失堤外补，监狱长会给这个养猪场谋一点其他活儿，于是就有搞电子产品的公司突然搞起了装修，搞装修的突然搞起了绿化，搞绿化的突然搞起了粮油副食，杂七杂八，无奇不有。”郑怀远侃侃而谈。

“嗯……你讲得很透彻，看来我们要加强学习了，学会适应形形色色的市场经济运作模式，增强防腐抗变的能力。”王福全由衷地说。

郑怀远心满意足地走了。

他刚走，王福全的电话又响起来：“现在忙过了吧？”

“啊？！是蔡局长啊，对不起对不起，刚才……”

“我是理解你的，客套话就不说了，我听说你们房子卖得不怎么样，怎么一回事？”

王福全意识到问题有些复杂和严重，于是说：“我们正采取措施……”

“解放思想是第一位的，思想不解放，什么工作都推不开，你们得在这方面做做文章嘛，让那些老同志出去走走看看，不要坐井观天嘛。”

“好好，我马上落实你的指示……”

“我希望这个工程能建成一个民心工程！那好吧，你也要保重身体啊！”

蔡局长挂了电话，王福全半天还是愣愣的。那么多头头脑脑参加了这个工程开工仪式，而直接会影响声誉的，就是蔡复晨，所以房子卖不出去，抑或工程停下来，都是大事。彭家仲提出让各阶层民警职工和老革命出去换换脑子，他没有同意，这个涉及面太大，更主要的是没有标准，谁去谁不去，说不定又是一个不稳定的因素。但是现在，他不得不同意了。

“这个彭家仲，有什么不好商议的？非得要搞得满城风雨的。”他心里嘀咕。

他立即叫马文革通知在家监狱领导到他这里来开会。

马文革疑惑地问：“不在会议室？”

王福全顿了顿，拍拍额头说：“那只叫彭监狱长和马书记来。”

在彭家仲的提议下，方案很快敲定，在职的由政治处根据去年的考核拟定 10 名中干、10 名普通民警、10 名工人，老干部 20 人由离退休管理科组织老干部民主投票产生。中干、普通民警和工人组合分成两队，分两批出去，老干部为一队。

末了，王福全问彭家仲：“这次省厅局选拔领导干部结束了？”

彭家仲问：“应该结束了吧？王书记有推荐人选？”

“没有。”王福全用简单又干瘪的口气说。

彭家仲三人出来，马洪扣边走边说：“这次省局这么大的干部调整，我们监狱连一个副职名额都没有，王书记恐怕为这事上心呢。”

说者无意，听者有心，回到办公室，彭家仲心里总觉得很沉，于是给厅里要好的同事打电话询问，对方说厅政治部的拟任名单中有双河监狱的马洪扣和郑怀远，而且马洪扣被拟任为省城周边的一所监狱任政委，但是到了党委会上，有人提出，双河监狱班子不团结，连续不断地出现群体性事件，这次就不考虑了。

彭家仲立即到马洪扣那里，把刚才打探的情况说了。

马洪扣说：“老郑这叫搬起石头砸自己的脚。”

“关键是把你也给耽误了……”彭家仲歉意地说。

“这倒没关系，就算这次我能上半格当个政委，难道还能当局长厅长？要是真把我调到省城周边，我连房子都买不起，那真叫流离失所了，哈哈……不过，我担心你和王书记之间会产生误会。”马洪扣说。

彭家仲说：“刚才他问我就表明误会已经产生了，所以请你在合适的时候把情况给他说说。”

四个考察组陆陆续续地出去了，分别由王福全、彭家仲、马洪扣和郑怀远带队。

马洪扣负责的是老干部考察组，顾卫国随同。计划在省城考察两个社区，一个是现代化高档社区，另一个是某政府部门为本系统修建的老干部小区。当晚在入住宾馆时，麻烦就来了。宾馆保安看到一个穿着黄色老式警服的老干部背了一个背篼，还有两个提着蛇皮口袋的，马上把他们拦下来。

几个老干部很生气：“凭什么不让我们进？”

保安说：“这是宾馆，高档场所，要捡垃圾到别处去。”

老干部一听，肺都气炸了：“老子打天下的时候，你小娃娃还在爪哇岛呢。”

旅游公司的导游连忙去说明情况，保安不屑地说：“他们是老干部？鬼吹灯都不信！”

顾卫国忙把大堂经理找来，说明情况后，大堂经理满脸困惑地把这群大多身着没有标志的黄色警服的老干部打量了半天，叫保安放他们进来。

保安咕哝说：“老干部？我爹也没有见过这样的老干部……”

原来，这位背背篼的老干部一直在偏远的五监区工作生活，最远也就到过县城，老婆是家属，没有工作，日子过得很拮据，把自家房子一面墙拆了，办了一个小卖部卖些零碎副食香烟以补贴家用，到县城进货经常背个背篼，这次免费考察，老人想要到省城，那里的货一定比县城还便宜，于是把背篼背上，想顺道带点货回去。老干科科长、顾卫国和马洪扣都给他做工作，他死活都要背上背篼。

胡玲玲负责安排老干部们的生活，她皱皱眉头：“怎么还有提蛇皮口袋的？”随后对马洪扣开玩笑说，“马书记，你看你的这只队伍，要是到市政广场一列队，绝对是一道靓丽的风景。”

“还靓丽个啥来？说不定保安、巡警都误认为是哪里的游击队来了呢。”老干科科长说。

马洪扣无可奈何地摇摇头，吩咐说："给那两个提蛇皮口袋的买一个旅行包吧，还有，包括我在内，现在开始处于一级战备状态，特别要注意的是，别让他们单个行动，出去迷路了回不来，那事儿可就大了。"

顾卫国说："马书记，只买两个旅行袋，其他人恐怕又有话说了。"

"那就一人一个。"马洪扣说。

"我建议以旧换新。"胡玲玲说。

大家都笑起来。

马洪扣说："告诉他们，新的是他们的，旧的也是他们的，我们只是暂时帮他们保管着。"

第二天来到一所高档社区，物管公司经理亲自接待，带领老干部们到处转悠。这小区环境真不错，小桥流水，亭台香榭，绿草茵茵，繁华似锦，宛如公园，但又比公园更加幽静安宁。

物管公司的经理边走边介绍，着重介绍了小区的功能，正说在兴头上，一位老干部突然问："我说你这绿化搞得不怎么样！"

经理错愕地看着他："我们这里可是全国生态工程之一呀，老先生有什么见教，我洗耳恭听。"

"这花花草草有啥好看的？现在国家耕地这么紧张，这么大块大块的土地你们就这么糟蹋？要是把这些地利用起来，种上葱子蒜苗、黄瓜丝瓜什么的多好，既绿化又实在。"这位老干部说。

还有一些老干部随声附和。

经理愣了好一会儿，认定是几位老干部开玩笑，随后笑着说："老先生真逗……呵呵……要是那样的话，我们这个小区到处都是脏乱差的，岂不跟农村一样，就没有什么品味了……"

"我说年轻人，什么品味不品味的？农村人就没有品味？你这思想要不得！毛主席说，艰苦奋斗，自力更生。我们继承发扬革命传统，品味就低了？"

经理这下真懵了，不知说什么好。

这时，一位衣着朴素但很干净、头发稀疏而花白的老人拄着拐棍走了过来，动作虽然缓慢，但目光炯炯有神，让人感觉到一种威严。

他把这几位老干部打量了一下，问对物管经理发难的那位老干部："你是哪个部队的？"

那位老干部说X军的。

胡玲玲介绍说："这位老革命曾是X军7师师长。"

有几个曾在7师干过的老干部立即立正，敬礼："首长好！"

"我现在就住在这里，你在我楼下栽蒜苗，我又在哪里栽呢？"

老干部尴尬地说："我不在首长楼下栽……"

"在这里哪个地方也不能栽！"首长说，"我听你们单位的人给我说，你们为党的事业奋斗一生，有的连飞机火车都没有坐过，我很感动，正是由于你们的无私奉献，我们国家才渐渐繁荣富强起来，我为你们感到骄傲。"

说到这里，他话锋一转："毛主席曾经讲过，进城是一门大学问，城里有城里的规矩，我们不能把在山沟沟里那一套搬过来，要是都像你们这样，省城大街小巷都栽蒜苗，北京也栽，中南海也栽？"

"首长，我们不栽了……"一个老干部低声说。

首长说："你们单位为你们在青州市专门修建小区，体现党和政府对老革命的关心，让我们老同志分享改革开放的成果，这样做很好嘛。但是听说你们中有一些同志想不通，这有什么想不通的呢？喜欢城市的，就搬过来，喜欢乡村的，依旧可以住在那里，有什么不好呢？我看，小平同志说的解放思想，不仅仅针对在岗在职的，对我们这些离开工作岗位的也有指导意义。"

一群老干部不再闹了，像小学生听老师讲课一样，规规矩矩地站在那里。

原来，胡玲玲给马洪扣建议，通过省老干局专门在所考察的两个小区各找了一位从军队退下来的高级干部，给双河监狱这些老干部们洗洗脑子。这一招还真管用，在随后的考察中，这些老革命们思想观念着实改变了不少，有些甚至打电话回去要家人到监狱办公室订购房子。

四路考察人马陆陆续续回来了，彭家仲叫他们都写出考察报告，原本期望通过这次考察学习，让他们实实在在地感受到双河监狱与外面的差距，真真实实地体验一下城市生活，并通过他们的宣传，让全狱民警更加认识到搬迁的重要性与必要性。然而，四个组形成的考察报告却和彭家仲和马洪扣是一个调子，但是王福全和郑怀远却是另外一个调子。王福全那个组的报告重点介绍的是监企分离和纯工人厂的管理经验，郑怀远则除了介绍其他监狱的狱政管理经验，还重点介绍了一所位于大山深处的监狱如何自力更生、艰苦创业、建成花园式生态监狱的历程。

直接的结果是房子的订购问题，马洪扣他们考察回来后，老干部买房子的多了一些，但是没有买房子的在职的民警包括那些还没有买房的中干们依旧没有什么动静。监狱只有继续垫付小区的建筑资金，关键是，要是修成了，入住率还不到二分之一，怎么向上级交代，又怎么向双河监狱的民警职工解释？

大风之后，暴雨铺天盖地而来，坐在办公室里，迎入耳鼓的是噼噼啪啪的雨声，时间似乎凝滞了，就算是白天，外边也好像是黄昏，灰蒙蒙的，反倒是办公室的灯光显得很明亮，照得人有些浑浑噩噩的。

整整一个下午，彭家仲脑子里全是房子的事，临近下班，他依然没有什么好的办法，一股无名涅火在心头滋生起来，来到王福全的办公室，气冲冲地把考察报告往他桌子上一甩，说："王书记，连你都不支持我的工作，我没法干了。"

王福全虽然在官场多年，但是监狱长这样和政委直接翻脸的还是头一回，他愣了几秒，马上反应过来，快步去把门掩上，招呼他坐，然后给他泡了一杯茶，自己端着杯子坐在他对面，一副交心谈心的架式。

"家仲同志，究竟怎么回事？"

"这次考察目的，事前我给你汇报了的，我们也是做了沟通的，你看看你和郑怀远同志这两个组的考察报告……"

"嗯？我看了，有什么问题吗？"王福全反问。

是呀，有什么问题吗？彭家仲沉吟。说有问题，那是基于他想统一搬迁工作的思想，但是如果他们出去看到的学到的真是报告里那些呢？何况报告里那些东西确实也是很先进的经验。

王福全见他迟疑不语，于是真诚地说："家仲，我们共事将近一年了吧，说实话，我们还真没交过心，今天我们有啥说啥，不怕说错，不怕尖锐，怎么样？"

彭家仲见他这样，点头说："那我就不客气了……我一直觉得你不仅不支持搬迁工作，还在其他工作上给我设置障碍，给我的工作带来很大的阻力。"

王福全说："比如呢……"

"我提出搬迁，你没有点过头，没有说过一句话。"

"但我也没有说过反对的话。"王福全看着他说。

"你是没有明确表示过反对，但是你不公开表态，就给很多人想象空间，他们明里暗里抵触甚至公然设置障碍，也没有得到你的批评，这样一来，搬迁工作的阻力只会越来越大。我也是这样理解的，你反对搬迁，但是碍于我是监狱长情面，抑或为了给我这里省里派来的干部台阶下，就让我折腾几次，等折腾出问题，自然要被调走。”彭家仲冷冷地说。

王福全仰头靠在沙发上，似乎在思考什么，过了好一会儿，才坐直身子说：“你的这种分析是错误的。对于你来我们监狱任职，我起初是有意见，还给厅长交换过。但我是一个党培养多年的老干部，我知道为政之道，作为党委书记、政委，我明白我应当干什么，所以我没有干预你的任何工作。搬迁？说实话，凭你和我是承受不起的……”

他顿了顿，继续说：“我这样说，并不是我就反对搬迁，相反，你提出搬迁，我从内心里表示赞同，在我离开这个岗位之前，能为双河监狱做这么大的事，那是光耀一生的大事啊……但是，监狱的首要工作是什么？稳定！搬迁不仅是个钱的问题，而且涉及方方面面，甚至是既成利益格局的重新调整。作为党委书记，我不得不从大局着想，全盘考虑……”

彭家仲对他的这种说法很不理解，打断他的话说：“搬迁就一定会影响稳定？如果抱着这种想法，再过 50 年，双河监狱也搬不出去。”

王福全心里有些不快：“家仲同志，你这个说法有待商榷，双河监狱还不至于无路可走了吧？”

“说到底，你就是反对搬迁。”彭家仲说。

“话不能这么说，我只是觉得饭要一口一口地吃，路要一步一步地走，稳妥一点有什么不好？”王福全继续解释说。

“所以你不表态，不同意也不反对，任由我和其他人争论，甚至斗争？！从行政上讲，我也是一把手，我一个一把手天天同副职争吵？而你呢，在旁边看，偶尔和和稀泥，这算什么？是，稳妥一点没什么不好，但是像你这么个稳妥法，那要到何年何月？就像中央说的，无限期维持现状就是台独。”彭家仲语气越加生硬，情绪有些波动。

“家仲同志，你别激动嘛。你可以这么理解，那是你的权力，但是作为党委书记，我考虑的角度不一样，必须权衡各方面的利益关系，要不然，我们双河监狱这点成绩将会毁于一旦，到那时，恐怕我们都会灰溜溜地离开，造成终生的遗憾。”王福全依旧坚持自己的主张，没有一点让步的意思。

这时，门突然被推开了，王亚敏站在门口，怔怔地看了看王福全，然后从门口消失。

女儿有一年没有来办公室了，王福全追到门口，王亚敏早已不见踪影。

他有些懊恼，怏怏地回来坐下。

沉默。

彭家仲摇摇头，知道多说也没有什么效果，打算起身告辞。

这时，他俩的手机几乎同时响起来。

“报告，四监区方向发生泥石流，与四监区联系中断……”

第十九章　大灾大难：人祸比天灾凶险

秦亚南找马文革，询问熊晓戈买房子的事。

马文革瞄了她一眼，惊讶地“咦”一声，目光在她的脸蛋和胸前乱扫。

秦亚南哂笑：“看啥子嘛看？有啥好看的？”

马文革嬉笑：“好看好看……”然后抹抹嘴巴，“看嘛，我口水都流出来了……人家那些女人跟老公闹矛盾，不出 3 天，水灵灵的花姑娘变成黄脸婆，你倒好，越闹越水灵灵的……噢，有没有时间，我请你喝茶？”

“有人说，马主任见不得女人，要不是这毛病，说不定早就是副监狱长了呢。我看这话说得恰如其分……”秦亚南咯咯地一阵乱笑。

她虽然穿的警服，但最上边一颗扣子是解开的，隐约可以看到雪白的乳罩，把马文革看得心神激荡，不由自主地把她搂在怀里，在她胸前上一阵乱摸。

“啊呀……你个瘦猴子，来真的呀？这是办公室，你不怕我老公拿菜刀来……”秦亚南半推半就，嗲声嗲气地叫骂。

马文革紧紧搂着她，往门边拖了几步，反锁上门，然后抱起她，把她重重地按在沙发上，喃喃地说：“这只能怪你……谁叫你长得漂亮又这么性感？他要来砍就砍呗……先快活了再说……”

一番云雨之后，两人整理好衣服，马文革把门打开，半掩着，坐在大班椅子上转了几个圈圈，问：“好事你不找我的，说吧，什么事？”

“呸！”秦亚南笑骂，“没良心的东西……”

“嘘……”马文革说，“美女，这是办公室！”

秦亚南哂笑：“那刚才那会儿也是办公室？切！我问你，熊晓戈是不是买了房子？”

“是呀，怎么？你不知道？！”

“我看看登记册。”

“那你等等。”

马文革出去，一会儿便把登记册拿来，翻了翻，指给她看：“在这里。”

“这个挨刀的……”秦亚南咒骂了一句，扭头走了出去。

马文革怔怔地看看登记册，然后坐在椅子上养神。

郑志军走进来。

马文革依旧闭着眼睛说：“啥事？”

“彭监叫你马上去他办公室。”郑志军装腔作势地说。

马文革习惯性地跳起来，见是郑志军，又坐下，瘫软软地靠在椅子上：“原来是你这小子……”

“瞧你这熊样，一提彭家仲就把你吓成这样？不至于吧？”郑志军挖苦说。

“你别跟我耍嘴皮子，你要是坐到他彭家仲那位置上，我马文革一样这么对待你。这是我的工作，知道不？”

郑志军到处瞅瞅，到处嗅嗅，眼珠子一转：“刚才那妞儿味道怎么样？”

马文革故作紧张地说：“兔子还不吃窝边草呢，你小子别胡说！”

“嘻嘻……”郑志军又使劲嗅嗅，“这屋子怎么有股骚味儿？你真不吃？那我去吃了哈……”

“我知道你娃胆儿比我大，不要撑破胆了哟。”

“说到胆子，你小子最近是小了很多了，彭家仲给你胡萝卜还是大棒了？”郑志军打量着他，试图从他脸上找到什么。

“老兄，你才知道我胆子小？我自从干了这破主任，胆子就慢慢变小了，唉……”马文革长长叹息。

郑志军没有看出什么，心有不甘，便套话说：“你小子现在是离群索居……是泡妞呢还是泡官呢？”

“这年头，我这办公室主任要钱没钱，要权没权，哪像你，整天莺歌燕舞的……”马文革连连叫苦。

郑志军把脸一沉：“你小子别不识好，不要以为彭家仲封你个什么破建设小组副组长，就是抬举你。哼，那是把你往火坑里推！你看看现在咋样了？动员了又动员，考察了又考察，结果呢？还不是没卖出去？要不是我哥拦着我，我早就来找你退房了。现在情形是啥呢？上不去下不来，上吧，钱呢？不上吧，总不能搞成个烂尾楼吧？硬着头皮上吧，万一入住率不到三成怎么办？”

说到这里，他意味深长地说：“老弟，上次，我哥在蔡局长面前谈起你，蔡局长说这个同志我是了解的。你是很有前途的人，不要自毁前程哟……”

马文革立即满脸堆笑：“还是郑监了解我。”

“这就对了嘛，晚上我把哥喊出来，我们去喝一杯？”郑志军满意地笑道。

看着郑志军走出办公室，马文革心里七上八下的，寻思了一会儿，自言自语地说：“这办公室主任不是人干的……要是真干好了，也他妈的不是人……”

蒲忠全奔波在几个外劳点上。

雨越下越大，中队长和分队长都要求把犯人收回去，他犹豫了半天，又打电话给 121 咨询天气情况，最后才勉强同意。

铺天盖地的雨，直线一般倾泻下来，时不时又被狂风卷起，打在人脸上生痛。青州市笼罩在一片白茫茫的水汽之中，到处是被风折断的大大小小的树枝。下水道漫灌涌出，大街上到处涌动着污水，汽车小心翼翼地在水中龟速前行，像一只只蠕动的甲壳虫。尽管行人都掩面试探而行，却比汽车快了许多。天色一下子暗黑起来，仿佛黄昏提前降临了，街灯亮了起来，能见度依然很低，不经意间，闪电撕裂灰蒙蒙的天空，猎猎地刺过眼睑，让人心惊肉跳。猛地一声巨雷在头顶上炸裂开来，那气势如五雷轰顶，惊魂夺魄，在人们错愕之间，第一感觉好像世界末日来临了……

蒲忠全一身泥水回到监区，熊晓戈也刚好赶来。

“咦？彭监来了？”蒲忠全问。

“我就不能来？”

蒲忠全发现他情绪很低落，连忙把他拉到办公室，一边换衣服，一边问：“你两口子又在闹？”

熊晓戈看看他：“你小子……怎么啥事都瞒不了你呢？”

“嘿嘿……你哪次来找我不是因为你两口子的事？”

“唉……偌大个监狱，泱泱大国，堂堂12亿人，怎么就只有你这个知己呢？所以，不找你我找谁啊？”熊晓戈感叹说。

蒲忠全笑道：“这次究竟为啥事闹？”

“她不是把双河监狱那边的房子抵押给银行贷了款嘛，所以我没钱买青州的房子，彭监为这事儿还不高兴呢……那天遇到胡玲玲，聊起这事，她借给我3万，我就交了首付。这事儿不知怎么被她知道了，跟我闹，说我登记买房子没写她的名字，要我补偿给她1万5……”熊晓戈怨气重重地说。

“你把她名字加上不就得了？”

“可她死活不干，就要钱。”

“有点不正常哦……”蒲忠全沉思着说，“她究竟想干什么？”

“鬼知道……”熊晓戈泄气地说，“一天到晚见面就闹，你说我这日子……”

蒲忠全看着他说：“房子抵押贷款是想套现，这次又非得要你1万5，我怀疑她是不是有了外遇，到时好走人……喂，还是离了吧。”

“……”熊晓戈没说话，耷拉着脑袋。

“都这个样子了，你还留恋她？”蒲忠全急了。

熊晓戈这才抬起头来，慢吞吞地说：“其实我早就想离了……但……老兄，你是我哥们，给你说实话吧，马上就要调整干部了，你说我这时候离婚，合适吗？你呢，正科级都一年了，我还是个副科，你我这种年纪，如果35岁之前没有混到正科，没有列为后备干部，就没指望了……”

蒲忠全突然明白了什么，其实他早就该想到这一层，熊晓戈就是熊晓戈，不是胡玲玲，也不是蒲忠全他自己。

“值得吗？”蒲忠全叹息一声。

“什么意思？”熊晓戈有些不解。

蒲忠全不想争论值不值得这个问题，于是岔开话题：“你有需要我的地方尽管说……”

“兄弟就是兄弟！”熊晓戈情绪一下子好转起来，但依旧有些犹豫。

“说吧，需要我做什么？”

“借点钱给我……这个是有点为难你……你的首付还是胡玲玲给你垫付的……但是我……实在想不出其他办法，我是想，你不是有财务权吗？把你监区的钱借我周转一下……”熊晓戈吞吞吐吐地说。

“胡玲玲？首付？房子？”这几个词在蒲忠全脑子里扑腾着。

“喂，你就那么为难？！”熊晓戈没想到蒲忠全是这种反应，很是懊恼。

蒲忠全回过神来说：“噢噢……监区的钱是不能借给你的，要是查出来就是个问题了，对你也不好。一万五是吧，我帮你想办法……”

“不借监区的钱那当然更好。”熊晓戈热切地说。

蒲忠全拨通一个电话：“我想借一万五周转一下……”

没说到三句话，蒲忠全便挂了电话，对熊晓戈说：“走，我们去取钱。”但马上又改口，“不不，你在这等，我去取钱。”

熊晓戈是开监狱小车来的，蒲忠全去取钱，理所当然他应该开车送他去，但他意识到什么，所以没有动。

不到一个小时，蒲忠全回来了，交给他一万五。

他打好借条，匆匆走了。

就在他开的警车旁边，停放着一辆蓝色小车，车里坐着一个人，影子绰约，似曾相识，他不敢多想，也不敢多看一眼，开着警车而去，心头有一丝慌张。

蒲忠全回到那辆蓝色小车上。

“是他找你借钱？”梅开蕊问。

“是的……不过……我……”蒲忠全不知道说什么好。

梅开蕊淡然一笑，没有说话。

蒲忠全以他的名义打了借条给她。

她看了看，随后撕成碎片，丢在窗外的风雨中。

“你就这么信任我？”

梅开蕊笑起来，笑得像春天的桃花：“连你都不信任，这世界真没有可以相信的人了。”

突然，一道强烈的闪电刺得人睁不开眼睛，紧接着就是一个剧烈的炸雷，吞没了一切声响，震得车身微微摇晃，蒲忠全似乎被这雷声震懵了，痴痴呆呆的。

梅开蕊回过神来，看到他这副模样，心里暗笑，推推他说：“你也怕打雷呀？”

蒲忠全一下惊醒过来，拿出手机就打，随后咕哝：“这小子怎么关机了呢？”

“怎么了？”梅开蕊关切地问。

蒲忠全忧郁地说：“这么大的雨……不知道山上情况怎么样？”

“山上？”

“哦……我这个监区有两块，这里搞外劳，还有一部分还在双河镇那边的山上……熊晓戈这小子，偏偏这个时候关机……”蒲忠全又侧头望望天空。

梅开蕊说：“我送你吧。”

“不行，这么恶劣的天气，那边路也不好走……”

梅开蕊已经发动了车子：“不相信我的技术？呵呵……你不是常说你那里有漫山遍野的杜鹃吗？我也想去看看呢。”

车子到了一道梁，蒲忠全说什么都不让梅开蕊继续往前开，说：“这鬼天气……杜鹃花是看不成了，改天吧，我一定陪你去山上看个够。”

说完，他打开车门，一头扎进风雨中。

梅开蕊看着他躬着身子顶风快步走，没走几步就摔在地上，没等她回过神来，他又爬起来，继续小跑……

她看见他身上的泥水在流淌，眼眶有些潮湿。

雨雾迅疾吞噬了他的背影，梅开蕊使劲地揉揉眼睛，眼前依旧是一片灰蒙蒙的色调，她突然感到有些害怕，调转车头就走，走了一段，又回头望望……

蒲忠全抵达监区，山上的民警像见到救星一样，都跑了过来。

他抹抹脸上的泥水，问：“监区后边的山体是个什么情况？”

在这里主持工作的副监区长焦急地说：“老大，我一直派人监测着，情况很不好，这雨要是继续这样下，说不准真要塌方，就算垮一块几吨重的巨石，监管区的损失也难以估量。电话打不出去了，与监狱的联系中断，手机无信号，我们怎么办？”

一位民警拿来干衣服，蒲忠全一推，说：“走，我们去后山看看。”

刚出门，一个民警带着两个犯人跑步过来，焦急地大喊：“后边山体好像要垮了……”

副监区长喝道：“别乱说，老大回来了，慌张什么？！”

“真的……地表松动，小块小块地掉落……蒲老大……”那位民警结结巴巴地说，喘息声中透露出焦急。

“马上把罪犯撤离到办公区！”蒲忠全立即下命令。

他又派出一个民警徒步回监狱报告情况，请求支援。

蒲忠全到后山看了看，情况确实相当危险，便小跑回来指挥撤离。

罪犯们似乎很不情愿，慢条斯理地整理着大大小小的东西，然后打捆，有的甚至打了三四个包裹，撤离速度非常缓慢。

蒲忠全大声说："只带必须的东西，其余全部留下！"

有罪犯说："我们本来就没有什么东西啊，都是必须的嘛。政府，你看看，这被褥、衣服、筷子碗……哪样不是生活必需品啊？"

民警们没法，只得由着他们。

本来只有四间办公室，连人带东西塞得满满的，民警们只好冒雨站在外边守卫。

抱怨声、吵闹声、一些病号的呻吟声……和着大雨打在瓦上的声音，交织在一起，空气中弥散着焦急、害怕和不满的气息。

民警们喊："大家安静，安静，我们已派人回监狱，一会儿就有人来接我们回监狱本部！"

突然一声沉闷的巨响，大地震动，房屋剧烈摇摆，瓦片噼噼啪啪地掉下一大片。

短暂地惊愣之后，犯人们开始涌出屋子，哭喊声此起彼伏，场面一片混乱。

"要死死在一块儿，慌什么？！"蒲忠全一声断喝，所有的罪犯都原地不动，愣愣地看着蒲忠全。

就在这时候，闪电和巨雷接二连三地在头顶上盘恒，之后，电断了，四监区陷入一片黑暗。

"生火！"蒲忠全命令道。

几个伙房罪犯在民警手电的指引下，摸索着从厨房抱来一些松针和木材，但是一出门就被大雨浇透，根本无法引燃。

"怎么办？"一位民警问。

"砸办公桌！"蒲忠全说。

火终于在屋檐下生起来，在狂暴的风雨中，火光显得很微弱。

清点人数，以分队为单位重新编排，重新安排警力，把厨房里能用的煤炭、木材等燃料能搬动的全部搬过来。

又过了大约 20 分钟，天完全黑了下来，山风呼啸，夹杂着闪电和雷声，宛如鬼泣狼嚎，让人不寒而栗。大多数罪犯的衣服都湿透了，瑟瑟发抖。

有罪犯要求回监舍，接着更多的罪犯也应和着。

一个病号嚎哭："让我回去躲躲雨吧，就是死了，穿的也是一身干衣服啊。"

"是啊，是啊……"

"每年都有这么大的雨，也没出啥事嘛。"

"我们不是病的就是残的，就这么待着，不死也就剩半条命了，呜呜……"

……

"都嚎个球！你们还他妈的烤着火，老子还站在雨里呢。"蒲忠全火了。

罪犯们都耷拉着脑袋，场面一下子安静下来。

东边突然传来轰隆隆的声音，震耳欲聋，低矮的房子又震动了几下。

借着强光电筒，几乎所有人都清楚地看见一块巨石从后山上滚下来，将两间监舍砸成一片瓦砾。

所有人都吓了一跳，暗自幸庆。

"应该要到了吧？"蒲忠全喃喃地说。

"来了，来了……"一个犯人叫起来，手指监房大门。

一个黑影倒在监区门口。

蒲忠全立即奔过去，扶起那人一看，原来是派出去向监狱求援的那位民警。

一丝不祥立即在蒲忠全心里涌动起来。

那位民警脸上头上有血，喘着气报告："老大，前面……塌方，没路了，下不去……"

蒲忠全把所有民警召集在一起，问："怎么办？"

"老大，你说咋办就咋办，我们都听你的。"副监区长说。

其他民警都应和。

"这里也不能说很安全，要是后山大面积垮塌，势必将波及这里。我的意见是撤，向西面山下尚庆镇撤。"蒲忠全果断地说。

"可是……那路也不好走……万一又遇到塌方怎么办？"副监区长说。

蒲忠全说："不走，我们危险，走呢，那路是不好走，但是这是我们唯一一条路，我们很可能会遇到意想不到的困难，但是我敢肯定地讲，彭监他们一定会从这个方向来接应我们！"

蒲忠全做了简短的动员，因为所有犯人目睹了刚才巨石砸毁监房，情绪倒显得很平静，都表示服从警官的指挥。

留守在这里的，老弱病残罪犯89人，最大年龄65岁，民警有14人，轮休4人，请事假1人，可用警力只有9个，其中还有两名女警，所有警察年龄都在45岁以上，最大的今年下半年就要退休。

这样的队伍要撤离，困难是不能用言语表达的。这些罪犯们舍不得丢掉被褥，都大包小包地背着、提着，还有一个哮喘病号，走几步都要弯着腰喘息一阵。

四只强光手电筒，十几支菜油和柴油火把，加上一些罪犯自己的手电筒，勉强能维持整个队伍行进所需要的光亮，但是队伍的移动速度实在太慢了，一个小时才走了将近两公里。

蒲忠全焦急地看看表："这样走是不行的，等电筒的电耗光了，那怎么办？"

蒲忠全叫停队伍，要大家把能扔的全部都扔了。

一些犯人扔了一些东西，但是每个人还是一大包。包袱里的被褥衣物早已湿透了，很沉，加之年老体弱，行进速度就更加慢了。

蒲忠全气恼地抓起一个罪犯包裹，扔到山下，气恼地说："传家宝？都扔，都他妈的扔掉！"

说完，他背起那个哮喘犯人就走。

其他罪犯不得已，都只好不情愿地扔掉。一些罪犯把包裹放在路边的草丛里，还做了个记号，等日后再来取。

二道梁附近发生泥石流！

双河监狱所有人都把心提到嗓子眼上，四监区就位于二道梁上，那里还有100多号人啊。

还涉及几十家农户，当地县委县府启动紧急救灾预案。

王福全、彭家仲等心急如焚，一边向厅局报告，一边请当地县委县府支援，旋即，由武警部队、公安和监狱组成的先遣队出动了，在当地老乡的带领下，一组试图强行攀登，第二组则沿着一道梁东侧小路上山。一个小时之后，第一组受阻，不得不撤回，两个小时之后，第二组用卫星电话报告说，已经到了四监区东侧，但四监区已经泥石流掩埋，成为一片废墟，实在无法继续前进。

"我一定要到四监区去！"彭家仲带着哭腔吼了一声，大步前行，不料脚底下一滑，摔倒在地。

马洪扣、马文革和熊晓戈等人连忙扶起他。

马文革说："彭监，通过尚庆镇可以绕行到四监区，我带路吧。"

彭家仲这才想起蒲忠全，问："蒲忠全呢？"

马洪扣说："蒲忠全在青州市吧？"

"这都啥时候了，他还在青州干什么？打电话，叫他立即回来！"

熊晓戈连忙拨打电话，接不通，又给青州外劳点一个副监区长打电话。

熊晓戈呜咽着对彭家仲说："彭监，青州外劳点说，蒲忠全……下午已经回到四监区山上。"

"啊？"彭家仲不由自主地惊叫一声。

沉默，抑或是肃静。

只有隆隆的雷声和哗哗的雨声，像是在悲泣。

"走，到四监区去。"彭家仲挥舞了一下拳头。

尽管都小心地呵护着菜油和柴油火把，不让它在风雨中熄灭，但是随着携带的菜油越来越少，十来支火把相继熄灭，四只强光手电筒根本无法使 100 多人正常前行，何况还是在陡峭的山路上。

还有一个情况是，这四只强光电筒最多也只能使用 4 个小时，目前已经过了将近两个小时，如果没有任何光亮，这伙人尽管都是老弱病残，但毕竟还是罪犯，谁也不知道会出什么意外。

两个小时的跋涉，最多就走了 3 公里路，所有人的衣服都湿透了，罪犯和民警的体力都达到了极限，风雨雷电一阵紧胜一阵，没有丝毫停下来的意思。

队伍不得不停下来，沿着弯弯曲曲的山道原地休息。

蒲忠全仰面望着黑漆漆的天空，他费力地睁开眼睛，但瓢泼大雨迫使他本能地又紧紧闭上。

他有些后悔，不该这么冒失地全部撤离，说不准压根儿就没有什么事情。

"老大，怎么办？"副监区长来来回回地巡查安排部署警力后，喘着粗气担忧地问，"这样下去可不是办法啊？"

"老大，老大……罪犯曾家名不行了。"一位民警在上边吆喝。

蒲忠全一惊，连跑带爬地上去。

曾家名就是那个患有哮喘病的犯人，今年 50 多岁了，就是在平常，看起来都像 70 多，要不是蒲忠全和民警们轮流背着他，根本走不到这里。

曾家名平卧在地上，两个犯人撑着一块塑料布挡雨，但是山路上的雨水依旧从他身子下面漫过。他脸色煞白，浑身不住得抖动。尽管罪犯和民警不停地呼喊他的名字，但是他过了好一阵子才有气无力地翻翻眼睑，马上又闭上。

“这里离尚庆镇还有多远？”蒲忠全对这条路再熟悉不过了，这个位置距离镇上还有4公里左右，离这里大约1公里处，有一条被当地人叫作机耕道的乡村公路，但是，此刻他还是感到前所未有的不自信，询问身边的人。

“最少还有3公里多……”一个民警说。

“我记得往下一点点就是公路，公路边有一家农户，我们去那里躲躲雨再说。把犯人分成三批，把所有的手电筒都集中起来，一批一批地下去。”蒲忠全说完，叫副监区长带着一名身体相对较好的罪犯背着曾家名先行。

副监区长说：“老大，你先走，我断后。”

“还啰唆个啥？”蒲忠全吼了一声，朝队伍的后边走去，指挥着罪犯尽量向前靠，收紧队伍，便于监控。

蒲忠全一路吆喝，但那些罪犯都坐在地上一动不动的。蒲忠全急了边走边用脚踢，可那些罪犯还是不动。

一个民警低声说：“老大，他们都没有体力了……”

“哪些人还可以站起来？能站起来的就站起来我看看。”蒲忠全直吼。

没有人站起来。

风声雨声中隐约着痛苦地呻吟声。

电筒光在他们脸上扫过，表情很复杂，木纳？绝望？抑或还有恐惧……

这时，前方传来呼喊声。

蒲忠全又折返回到队伍的前头，原来很多罪犯拒绝继续前进。

痛苦的呻吟声和嚎哭声此起彼伏，一些罪犯叫嚷起来：

“我走不动了，实在是走不动了……”

“呜呜……让我死在这里吧……”

“这么个折腾法儿，不死几个才怪呢。”

“我的老娘呀，儿子活不出来了……”

……

悲观、绝望、不满、躁动的情绪迅速蔓延开来，任凭民警们大声呵斥，罪犯就是不理睬。

“能站起来的，奖励回家一次！”蒲忠全吼道。

罪犯们一下安静下来，怔怔地看着他们的最高长官。

这时，有一个人慢慢站起来，接着，一个接着一个站起来，有几个想站起来，但是挣扎了几下，还是无力地坐下。

蒲忠全数了数，一共有 21 个。

“前面不远，有户农家，你们的副监区长已经过去生火，烧上七八堆大火，红堂堂的，像家里过年烧的那种火堆，我们就在那里休息，做饭，煮肉，睡觉，等待监狱的救援……”

一个民警带头鼓掌，接着传来窸窸窣窣的掌声，虽然显得有气无力，但在这样的黑夜里，给人一种力量。

“我的责任是把你们安全带出去！”蒲忠全话锋一转，语气异常凌厉，凶神恶煞地说，“谁他妈的不遵守规矩，要乱来，那你试试？你乱来，老子也乱来，你们都听好，要是谁想搞破坏，你们就当阶级敌人给我狠狠整，往死里整，死了算球了，你们整了，我还给你们记功减刑。这么大的灾难死个把人算个屌！”

气氛一下子紧张起来。

“你们把手上的东西全部扔掉，全部扔掉！等我们到了监狱本部，我给你们买新的，每人一套！”蒲忠全说着，抓起身边罪犯的一个小包裹，“你们看，这里面有牙膏、牙刷、毛巾、肥皂，还有一瓶宝宝霜……”

传来一阵轻微的笑声，气氛缓和下来。

一些罪犯感受到一股煞气，但一下子又消失了，怔怔地不知所以，脑海里变得一片苍白，刚才的痛苦也好像减轻了不少。

蒲忠全一样一样地扔，扔完了，说：“我都给你们买新的，还有棉被、衣服……”

接着，他指指那些站起来的人：“你们站起来的 21 个人，一个人带一个，不管用什么方法，背、拉、扶、拖，都可以，只要能向前走 1 公里，就是你们说的 2 里地，也就是两个 500 米，到达我们要躲雨那个农户家，我就给你们减两年刑。”蒲忠全大声说完，马上搀扶起地上一个腿部有伤残的老年犯人，“我也负责一个。”

这时候，又有十几个站起来，说他们也可以帮助一个人。

蒲忠全背起那个老残犯人，那位老犯想起他刚才讲话的表情，害怕地说：“监……监区长，我能走，我能走……”

“你狗日的想当阶级敌人？要不，老子把你扔下去？”蒲忠全嘿嘿笑道。

“我不能走，我不能走……”老犯惊慌地说。

周围的罪犯知道他在开刷这个老犯，一阵哄笑。不过，对于监区长这种行为，他们颇为感动，纷纷鼓足勇气，相互鼓励，摸索着艰难前行。

队伍借着微弱的光亮，甚至是闪电光亮，像蜗牛一般前行。

后边传来一片哗哗地声音，接着大地又抖动了几下，回头望去，就在刚才队伍歇息的地方又发生塌方了，巨石向下滚动的隆隆声应和着雷声，震撼着每个人的神经。

短暂的愣怔之后，所有人都加快了脚步，这里的坡度比较缓，犯人们干脆手拉着手直接朝下滑，很多人都滚跌在一起，蒲忠全和民警们大声安慰他们不要着急，不要害怕，一个一个的来，一个一个地接应。蒲忠全和民警们连忙检查看看有没有人受伤，万幸的是只有一些擦破皮的轻伤。

蒲忠全背着那位老犯随第二批罪犯到达农户家时，罪犯都蹲在屋檐下避雨，瑟瑟发抖。

蒲忠全发怒了：“怎么不生火？”

副监区长说：“这家里没人，门上了锁的……”

“砸开，生火！”蒲忠全命令道。

那些还有些力气的罪犯一声欢呼，三五两下把门砸开，不一会儿就生起一堆火来。

红通通的火苗把农家小院照亮了，给这个黑夜带来了希望。

山上艰难前行的罪犯看到火光，都来了力气，不由自主地加快了脚步。

“看看有没有煤油什么的，做成几个火把，去接应他们。”蒲忠全说完，又折返回去。

当最后一个罪犯达到时，已经是凌晨1点左右。

一种劫后余生的感受充盈在每个人的心间，大家不分警囚，都坐在一起，默默地烤火。

这难得的和谐马上又被打破，清点人数，发现少了一名罪犯。

蒲忠全心里咯噔一下，其他民警的心也都提起来。

他两眼喷火：“叫什么名字？几分队的？”

二分队分队长结结巴巴地说：“是我……我分队的……我马上去……去找……”

说完，他冲进风雨中，没跑几步，却一头栽倒在地上。

几个民警连忙把他扶起来坐到火堆边，又是掐人中，又是摸心口，好一会儿，他才醒过来，断断续续地说："老大……我对不住……大家……"

这时，一个犯人惊叫："曾家名不行了……"

大家又是一惊，都围过去看。

车子艰难行进到尚庆镇，镇政府领导找好了向导在等待，并说已经派出一组人向二道梁进发，但进山不久就联系不上他们了。

这时，武警派出的一个分队也赶到这里。

大家劝彭家仲就留在镇里等待，但彭家仲说什么都不干，劝急了，他扭头便朝山上走，一行人只好前后护着他，奋力前行。

虽然走的是一条进山公路，但是路况很差，山洪将很多地段冲毁，到处是小规模塌方，一个小时后，他们遇到先前进山的队伍，他们正在往回走。

他们说前方大规模塌方，根本无法上山。

彭家仲急了，问向导有没有其他的路。

向导想了想，使劲地摇头。

彭家仲没再说话，迈开步子朝前走。

其他人只好跟上。

到了塌方的地方，前面一个小山嘴整体垮塌下来，到处都是石块、泥浆，塞满了狭窄的乡间公路，武警战士试了好几次，差点跌下山去。

"必须清理掉才能通过。"武警中队长说。

彭家仲望着山上，心里愈加沉重，100多号人生死未卜啊……

想起蒲忠全，还有那些常年战斗在山上的民警，他感到绞心地痛，要是搬迁工作力度再大一点，就不会发生这样的事情了，想到这里，他心如潮涌……继而，一种深深的自责又萦绕在心间，这么大的雨，为什么只有蒲忠全一个人想到了呢？监狱其他人难道就把这个地方遗忘了么？包括他自己在内，都几乎遗忘了这个地方，要是稍微有点预见意识，也不至于造成这么大的伤亡……

愤怒、自责、悲伤、后悔……交织在一起，折磨着他，吞噬着他的灵魂。

马文革小心翼翼地问："彭监，我们怎么办？"

彭家仲似乎没有听见，依旧遥望着山上。

突然，他拨出手枪，连续朝天鸣了 3 枪。

众人都吓了一跳，都看着他。

不久，山上也传来 3 声枪响。

“是蒲忠全他们！”彭家仲惊喜地大叫。

武警中队长掏枪又鸣了一枪，接着，上山又传来一声枪响。

大家都欢呼起来。

紧接着，就在前面不远处的山弯里，有火光隐约闪动。接着，传来时断时续地声音：“彭监，我们在这里！”

彭家仲感觉眼眶潮湿，定定神，坚定地说：“我们一定要过去！”

三个小时之后，彭家仲他们终于与蒲忠全他们汇合。

蒲忠全报告：“监狱长同志，四监区山上留守的共 14 名民警、98 名服刑人员，在撤离途中罪犯死亡一人、失踪一人……”

他声音呜咽，最后变成嚎哭，撕心裂肺的，四监区所有人都哭了起来。

四监区被移为一片废墟，除了办公区尚能看见一些残痕外，监管区被泥石流彻底掩埋。厅长刘德章和局长蔡复晨都亲自上山视察，不约而同地问：“哪个是蒲忠全？”

灾害发生后几天，监狱给他申报了二等功。

蒲忠全又一次进入全监狱的视线。

有传闻说这放牛娃马上要被提拔了，就连消息灵通的胡玲玲也打来电话，说现在不仅仅厅里局里都知道蒲忠全这三个字，而且政法委都知道了，说不定连省委省政府的好多领导都知道你了。还说要是你当监狱领导了，她就回来投奔你，随便安置个职位，只要一个月能报几百块的什么费用就成。

厅长局长回去不久，他的二等功就批下来了。

王福全指示说不忙发奖金和荣誉证书，等其他诸如三等功的批下来，加上监狱评选的抗灾先进分子和先进集体，开个表彰会，隆重一点，在会上发证书和奖金。

这半个月来，蒲忠全没有回青州市，不是他不想回去，而是彭家仲不让他回去，一则要安置从四监区带回来的这些犯人，二则要协助狱政科处理在转移途中死亡那名罪犯和失踪的那名罪犯的善后事宜，更重要的是要他协助从省城来的专家对二道梁地质情况的测评。

蒲忠全又带人在被专家认为地质情况发生了变化的地区打孔，然后浇筑水泥桩，做上标记。专家看法是，这些地方很有可能发生二次灾害。专家走后，蒲忠全继续在那些专家认为是安全的地方继续做标记，结果，四监区四周都被标记上这样的水泥桩，并把桩涂成白色。

依照标记计算出的损失，直接呈报给了省厅局。最后，监狱管理局认定，双河监狱四监区直接经济损失达 982 万元，所在地区地质情况复杂，多处已经发生变化，很有可能发生二次灾害，不宜就地重建。

根据这个认定，双河监狱马上拟定了重建方案，胡玲玲每天穿梭在厅局领导办公室和各职能部门，灾害发生仅仅半个月后，省局第一批重建资金 400 多万就到了监狱的账上。

郑怀远这几天好像没事干一样，除了日常性的监管检查外，并没有参与重建工作。重建工作进展情况也没有在班子会议上详细通报过，他获取的消息要么是老婆徐文馨那里的，要么是狱政科长谢本川听到的小道消息。马文革来汇报协调工作时候，他含沙射影地问问，马文革就给他透露一点点，马文革不深说，他也不好深问。

他不是不想参加重建工作，其他监狱领导都围绕重建工作忙得不可开交，好像只有他才清闲，嘴上不说，心里头那个郁闷呀，对谁都不好说。

徐文馨也忙乎起来，重建可是块大蛋糕，她的公司只是经营粮油副食，根本与建筑不靠谱，她得找一家建筑公司，然后挂靠，取得建筑施工资格才行。她一边找建筑公司，一边从上到下展开游说。

找一家建筑公司很简单，但要找一家规模很大在社会有影响力的建筑公司并不是一件简单的事，在本地转悠一圈之后，她把目光瞄向了青州市。双河监狱并不在青州市的管辖区，所以那里的建筑公司几乎不知道有个双河监狱，对徐文馨也不感兴趣。就在这个时候，一家叫作正阳建筑公司却主动找上门来。这家公司经理神秘地说，我们的老板是省人大代表、青州市市中区副区长谭振洋。

徐文馨拿上资质证书之类证明材料找彭家仲，本来她盘算如果彭家仲不同意，她就抬出谭振洋，不料彭家仲很爽快地答应了。

她又一次觉得丈夫跟彭家仲对立有些过分了，和气才能生财，尽管她的公司有省厅局个别领导撑腰，加之现在靠着含金量很重的谭振洋这个地方大员，但彭家仲毕竟是监狱长，如果没有他的首肯，事情做起来总没有那么顺当。她从彭家仲办公室出来，便来到丈夫的办公室。

“怎么？还在为没有参与重建工作生闷气？”

郑怀远看了她一眼，没有说话。

“别为这事儿添堵了，彭家仲不让你参加，是给你减压……”

“彭家仲又给你开了空头支票了？”郑怀远打断她的话。

“什么空头支票？说真的，他对咱们还是可以的，这不，刚才我去找他，他爽快地就答应支持我修建主体工程……”

郑怀远冷笑：“那 400 万拨款大部分已支付给修建青州小区建筑商，你修主体工程，哪来的主体工程？”

“什么？！”徐文馨叫起来。

“他彭家仲压根儿就没打算重建四监区，明摆着糊弄你，你好像捡了个金娃娃，省省吧！”郑怀远鄙夷地说。

徐文馨恨恨地说：“我不信他彭家仲就敢动专项资金，哼，看我不向厅局和财政厅举报！”

“我说你们女人就是头发长见识短，举报？小区工程是局长蔡复晨剪的彩，他老婆又是省财政厅的，你这叫割了卵子敬神，得罪了神，也得罪了人。”

“那就让他胡来？哼，我找老爷子去。”徐文馨很不甘心，气呼呼地走了。

小道消息又开始在监狱流传起来，说四监区要被撤销了，民警都要分流到其他监区；蒲忠全弄虚作假，在山上乱栽桩欺骗厅局领导，诓骗上面的资金；彭家仲挪用专项资金，省纪委已派人调查，劳检院都介入了；双河监狱的班子要进行大调整……等等，说什么的都有。

王福全有些坐不住了，流言归流言，但不争的事实是，彭家仲不仅没有按照计划重建四监区，而且把 400 余万元专项资金支付到了青州小区。目前四监区撤离下来的 80 多个老弱病残犯人暂时关押在一监区，看管考核也由一监区负责，更大的问题还在于，这些罪犯历经劫难，心理上一时还调整不过来，情绪很不稳定，一些罪犯借口伙食问题闹情绪，一监区为了安抚罪犯的情绪，一个礼拜专门给他们安排两次小灶，但三天两头还是有拒绝吃饭的，弄得一监区叫苦连天。而彭家仲似乎根本没有把这事儿放在心上，郑怀远多次提出要研究个妥善的解决方案，彭家仲总说这事儿往后押一押。

王福全破天荒地主动来到彭家仲的办公室。

马洪扣、顾卫国正在那里讨论什么，一见王福全来，纷纷起来让座。

王福全说："你们继续谈……"

可他们却闭口不谈了，看着王福全。

王福全很不高兴："现在你们啥事都避开我，啥事都不给我讲……"

"王书记，这……从何说起……"彭家仲马上说，语气有点言不由衷，"我们在讨论下一步工作，想讨论成熟了，再向你汇报。"

"等你们拿定主意了，统一思想了，再给我说，我呢，不同意也得同意，是吧？这叫什么，逼宫？！"王福全很不客气地说。

马洪扣说："老书记，话可不能这么说嘛……"

"我现在还不老，还可以干几年！洪扣同志，你的工作是抓廉政建设。"王福全打断了他的话。

马洪扣愕然："谁又贪污腐败了？"

王福全也意识到他今天有点意气用事，态度有点失常，但事已至此，他也不好主动承认错误，便缄口不语。

这样的氛围很压抑，也不宜继续谈什么，彭家仲于是说："王书记，你来肯定有事情吩咐……"

王福全说："四监区这部分人怎么安置，你有什么想法？"

"撤销四监区，民警分流，罪犯就关押在一监区，刚才我们就讨论这事儿。"彭家仲说。

"噢……理由呢？"王福全眉头更加紧锁。

"王书记，说实话，重建只是一个幌子，主要是向上面多争取点资金。这些资金将全部用在搬迁上，先把民警小区搞起来，监管区的主体工程在今年内必须开工，计划用 3 年到 5 年时间，实现整体搬迁。"

"那传闻说蒲忠全打桩弄虚作假是真的了？"王福全虎着脸问。

"这……这不关蒲忠全的事，是我要他这样做的。"彭家仲说。

"这是你们讨论的意见？"王福全的目光一一从三人脸上扫过。

马洪扣说："老书……王书记，应该说这次灾害给我们敲响了警钟，现在回想起来，我都后怕，要是没有蒲忠全及时果断撤离，我们要遭受多大的损失？而关键的问题还不在这里，我们班子……"

他顿了一下，强调说："包括我们几个在内……"

这几个字咬得很重，王福全心里一下变得沉重。

"包括我们几个在内，哪个想到了四监区？如果死上100人，我们还会坐在这里吗？而蒲忠全在给上级领导汇报情况时说监狱班子都很重视四监区，对撤离工作都做了预见性的指示，我想我们都感觉背心冒汗吧……"

王福全脸色有些缓和，点点头。

马洪扣继续说："老书记，我们监狱所处的地理位置，本来就是灾害频发区，今天有四监区，明天说不定还有其他监区，我们必须调整思路，加快搬迁步伐。试想想，要是我们早些把四监区从山上撤下来，会发生这样的事吗？家仲利用这次机会，大力向上面要钱，我是支持的，既然要搬迁，重建四监区有什么必要呢？"

一提到撤销四监区的事，王福全还是有点耿耿于怀，这么大的事，不找他商议，而是几个人私下就定了，于是说："既然你们要这么办，那你们就办吧。不过我还是提醒你们，有些事，欲速则不达，注意政策界限，不要犯错误。"

说完，就走了出去。

古人说行军打仗，兵马未动粮草先行，现在这社会，往往是兵马未动，舆论先行。传闻抑或叫小道消息，虽然地位形同二奶，很尴尬，但怎么说也是舆论的一部分，传闻变成了现实，那就如同二奶转正了。四监区亦如小道消息说的那样，被撤销了编制，四监区在双河监狱历史上消失了，但是，在青州市的那部分，被改称为双河监狱外劳一监区。

有人说事了，这叫什么撤销？假的，就把四监区放在青州市不就得了嘛。马上有人嘲讽，你以为党委那几爷子像你那么猪脑子？双河监狱外劳一监区，有一监区，就会有二监区、三监区，是要向民警职工表明党委搬迁到青州市的决心，好让那些观望的人快点买房子。不管分析得对与否，买房子的人确实多了起来。

而蒲忠全呢，依旧任外劳一监区监区长。

不过，以前的小道消息还是猜中了一些，党委拟申报蒲忠全为监狱长助理。

"蒲二小"摇身一变成了"蒲助理"，名正言顺的"蒲监"，让多少人眼睛红红的，要是局里批下来，一年之后，蒲监区长就会变成蒲副监狱长，一个还没有结婚的残废男人，没有结婚，当然是半身不遂，当然是残废了，于是，监狱长助理还没有批下来，蒲忠全的第二个外号已经传开了："蒲残废"或者"蒲废"（铺费——方言，意思是床铺里找事做，而且精通房中术）。

外号归外号，人们见着他时，比平常多了几分恭敬，平日里的朋友们，就连熊晓戈似乎也故意疏远了一些，弄得蒲忠全很恼火。

更大的恼火事儿却在不该来的时候毫不留情地光顾了。

那天，监狱召开抗灾救灾表彰大会，蒲忠全在一片掌声中英雄般地领奖下来，李家兴就打来了电话，报告说一个犯人吊死在床头。

第二十章　私奔进城：不当警察，也要出去看看

在老百姓看来，生老病死，不过是个自然规律，没有什么值得大惊小怪的。可犯人死了情况就不大一样，就算无病无灾老死在监狱，犯人家属总是要闹，犯人家属一闹，检察院也就得闹，这倒不能责怪检察院，因为这是他们的工作。更何况犯人不是老死的，是吊死的，而且是用鞋带在床头吊死的。

当晚值班民警首当其中要受到处罚，其次是当晚监区值班领导，后面依次是分管改造的副监区长、监区长，监狱分管副监狱长，监狱长。

所以，有人说，在监狱做官，就像在海地维和，随时都可能遇到暗枪，唯有提高警惕，兢兢业业，如果遇到突发事件，那是你运气不好，官运不通，乖乖下台，本本分分做个百姓。看光头、等日头、睡炕头，循环往复，了此残生吧。

调子虽然有些灰色，但是确实是事实。

这个罪犯死在凌晨，头天晚上，由于没有完成挖土方定额，受到带班民警的处罚，勾一个小时，面壁一个小时。

勾，就是弯腰，不过大腿要伸直，手指要触及脚尖。面壁，不是对着墙就行了，而是鼻子肚子和脚尖要贴着墙壁。其实，这也是彭家仲来了规范执法行为之后，民警所采取的不得以的办法。

监狱搞外劳也受到质疑，苗头似乎一步一步指向监狱长彭家仲。

彭家仲顶住压力，在班子会上发火："外劳死个人就不搞外劳，是不是监狱本

部死个人就不办监狱了？！”

随后不久，监狱下发文件，要求清理违禁品，重点将过长的鞋带都列入其中，只要鞋带能绕过脖子一圈，就属于违禁品。

蒲忠全看了文件苦笑：“要是有犯人撞墙而死，估计要用海绵包墙了。”

蒲忠全受到警告处分，监狱长助理的事，也不了了之。

午后，白晃晃的太阳刺得人睁不开眼睛，歇斯底里的蝉鸣，愈加使人心烦意乱。犯人和民警都只有一个小时的吃饭时间，民警实在困了，就轮流在遮阳伞下面的椅子上睡觉。椅子是犯人制作的太师椅，可以放下来当床用，尽管如此，睡在上面稍不小心就会翻下来。但是犯人必须上工，只有完成定额后可以在指定的地点休息。

蒲忠全刚吃过午饭，罪犯大组长（监督岗）就在遮阳伞下面把太师椅放下来，然后把他的杯子里茶水倒掉，重新泡了一杯，接着就吆喝其他犯人上工。

蒲忠全躺在椅子上，不一会儿便睡得像死猪一般。

罪犯大组长看见一辆警车远远驶来，忙眯着眼睛看牌照，然后连蹦带跳地跑回去叫蒲忠全：“老大，老大，监狱查岗的来了……”

蒲忠全一咕噜爬起来，迷糊地问：“在哪？”

两个带班民警也都迎了上去，假装大声吆喝着犯人，给蒲忠全示警。

蒲忠全也迎了上去，看见熊晓戈从车里出来。

蒲忠全朝车里看看：“你一个人？”

“……”熊晓戈站着没动，嘴唇动了动，想说什么，却没有吐出一个字来。

蒲忠全看他表情有点怪异，就说：“走吧，我们找个地方聊。”

刚上车，蒲忠全就抱怨：“我说，你就离了吧，这么着那是人过的日子？你呀，就是把某些东西看得过重，就算你当了副监狱长又怎么样？成天提心吊胆的，还不如一个带班的逍遥呢……”

“完了完了……我是完了……”熊晓戈趴在方向盘上，喃喃地说。

“究竟啥事儿？”蒲忠全一惊。

熊晓戈抬起头：“秦亚南几天不见踪影……我猜测八成是跟人跑了……”

“什么？！跑了？跟谁？”蒲忠全大吃一惊。

“跟犯人……妈的！”

蒲忠全急了："别胡说！"

这时，蒲忠全的手机响起来，一看是胡玲玲的。

胡玲玲问："熊晓戈的事，你知道了么？"

"他啥事？"蒲忠全故意问。

"别给我装，我不信他不来找你。"

"他刚到我这里……要不，你……"蒲忠全想让她直接问熊晓戈。

胡玲玲立刻打断他的话："不了，我刚才接到消息，证实秦亚南的确跟一个叫姚远的满刑犯人私奔了。"

"消息可靠？"蒲忠全还有些不死心。

"消息绝对可靠！你好好劝劝他，啊！"说完，胡玲玲就挂机了。

熊晓戈竖起耳朵，隐约听了个大概，咬牙切齿地说："老子要是碰到，非把这对狗男女……"

"姚远……姚远是什么人？啊？那个被王书记和彭监抓过的脱管犯人？"蒲忠全记起来了，"这……这怎么可能呢？这唱的是哪出啊？"

"我哪知道啊？那死狗前几天满刑，随后秦亚南这贱人就不见了……"

"……"蒲忠全想说些安慰的话，但又找不到合适的词语，心里暗暗着急，大骂自己笨蛋。

沉默。

过了一会儿，蒲忠全说："今晚就不回去了，哥俩喝酒去。"

"现在就去，妈的……你找个妞儿来陪我。"熊晓戈揉揉眼睛，猛踩油门。

"要不，我把你先前那位叫出来？"蒲忠全指的是梅开蕊。

熊晓戈边开车边说："好马不吃回头草，不要。"

"那……好吧，我试试……喂喂，你开慢点……"蒲忠全无奈地说。

蒲忠全不好开口叫梅开蕊帮忙找一个小姐，只好到洗手间给杜萌打电话求助，杜萌说他马上来。

不一会儿，杜萌来了，看见蒲忠全还穿着警服，笑道："你小子真是色胆包天，泡小妹还穿这身皮皮？脱了脱了，人家小妹马上就到。"

蒲忠全刚脱下警服，一个矮矮胖胖的男人带来两个水灵灵的小妹，那男的满脸堆笑，对杜萌说："老弟，这可是我那里压轴的货色，还有什么吩咐，你给我电话。"然后对两个小姐说，"好生陪，不准乱来。"

一个小姐坐在熊晓戈身边，另外一个小姐连忙坐在杜萌身边。

“怎么着？嫌弃我兄弟不是？”杜萌斜睨着眼睛对坐在他身边的小姐说。

小姐看看蒲忠全，很不情愿站起来。

蒲忠全摇摇手：“别别……你就跟着这位帅哥吧，别浪费了指标。”

“你连女朋友都没，怎么会浪费指标？”杜萌坏坏地笑，把小姐推到他身边。

熊晓戈恨恨地说：“你们不要，都给老子！”

“好好好，今天你是主角，当当皇帝。”蒲忠全故作轻松地笑。

“皇帝？我这辈子算是到头了，皇锤子帝！”熊晓戈面无表情，发泄内心的怨气。

杜萌举杯：“两位，我们今儿个难得相聚，只谈风月，只谈风月。人生几何？醉酒当歌……来来，干！”

这时，熊晓戈的手机响起来，他看看号码，一下挂断：“我日，就不让人清净一下？”

一杯酒下肚，手机又嗷嗷直闹。

熊晓戈看看号码：“啥子事嘛？！”

紧接着，熊晓戈不耐烦的表情消失了：“好好……嗯……我马上回来。”

他很不情愿地说：“我得马上赶回去了，二小，这个就交给你了。”边说边把小姐推给蒲忠全，“还是你小子有福气，不想当皇帝也得当……”

说完，匆匆走了。

杜萌看着他背影：“这小子……”

蒲忠全拿出两张钞票，递给两小姐：“你们可以回去了。”

两小姐连连摇头：“我们不能收，不能收。”

“这位哥叫你们拿你们就拿着。”杜萌说。

“不不，要不老板会开除我们的。两位哥，我们去开房间吧，进了房间，我们就是你们的奴隶，你们想干什么就干什么，想要我们怎么做，我们就怎么做……”一个小姐搂着蒲忠全的胳膊，嗲声嗲气地说。

“你们拿着钱走吧，我们还要谈点事。”蒲忠全推开她说。

两位小姐你看看我我看看你，央求道：“这样回去，我们真不好向老板交代……要是二位看不上我们，我叫老板再……”

“我给你们老板打电话说明情况，你们走吧。”杜萌不耐烦地说。

两位小姐迟疑了一下，乖乖地走了出去。

“说我怕开除丢掉饭碗，还说得过去，她们干这行也怕开除？我真晕，这世道……女人就这么不值钱？”蒲忠全想起秦亚南，自言自语说。

杜萌拍拍他说：“什么东西只要一泛滥都不值钱……”

“是啊，我们都不得不面对，但是熊晓戈恐怕就难翻过这道坎儿了。”蒲忠全担忧地说。

杜萌说：“这小子在大学的时候都心比天高，现在呢，把自己的升迁看得比什么都重要，要是他自己看不破某些东西，我们说什么都是白搭，看看吧，或许只有时间，才能医治他这块心病。对了，你的那个啥监狱长助理真没戏了？”

“早就没戏了。”

“不是你的，再折腾都那样，是你的，躲都躲不开。”杜萌又拍拍他。

“在监狱做官，跟朱镕基总理评价中美关系一样：好也好不到哪里去。我呢，就算当个基层带班的民警，坏也坏不到哪里去。何必操那些心思呢？”蒲忠全淡淡地说。

“你这样想就对了，就像我，刚开始领导同事都瞧不上我，工作呢？自我评价也很一般，不好不坏吧，哈哈，也就像总理说的中美关系一样。可谈了个女朋友，哪知道她老爸是市中区副区长，还是个省人大代表，局长知道了，一句话，嗨，我就变成副所长了。你说这啥事儿？老子才不管啥副所长不副所长的，照旧，该干嘛就干嘛，不叛党不叛国，对得起工资，就成。”

“哈哈……英雄所见略同！”蒲忠全开怀大笑。

“你？我？英雄？”杜萌指指自己，再指指蒲忠全。

“那就群众呗，群众还是创造历史的真正主人呢。”

两人一起笑起来。

女警同满刑的犯人私奔，在双河监狱历史上，可谓是闻所未闻，有人说我们双河监狱的历史翻开了屈辱的一页。一时之间，不仅监狱上下议论纷纷，而且当地政府、省厅局都传得沸沸扬扬的。彭家仲先前的好多同事都打来电话，还有一些地方报纸的记者，也不断打电话到监狱办公室请求采访。

由于姚远是郑怀远家族里的一个远房亲戚，人们的议论中夹杂着对郑家的鄙夷，郑怀远坐不住了，想办法联系上姚远家里人，姚家人就让秦亚南给郑怀远解释。秦亚南说，私奔也罢，出走也罢，随便他们怎么说，反正我是不回那山沟沟了，至于离婚，我一年前就提出离婚，可熊晓戈不同意，我已经委托律师跟熊晓戈谈，如果他不同意，就到法院起诉。

不久，就有小道消息说秦亚南给了熊晓戈一大笔钱，怕是这一生都用不完。

有人说，这个姚远家是经商的，上千万的家底儿，难怪秦亚南那婆娘见利忘义，在姚远服刑期间就勾搭上了，还打过胎呢。

还有人说在姚远家所居住的那个城市遇到过秦亚南，人家现在不仅仅是小康了，一身名牌，珠光宝气的，比以前漂亮多了，开着宝马，我们王书记坐的车都没有她的高档呢。

又有人说徐文馨找了熊晓戈谈话，要熊晓戈离婚，只要他答应离婚，再给10万块钱。这个熊晓戈就是牛，死活不答应。人们开始同情熊晓戈，说就一个破鞋，能值10万，倒贴给我500，我都不要，离就离呗，白得那么多钱，按照他现在的条件，找个黄花闺女都成。

再后来的议论有些变调了，有人开始同情秦亚南，有人佩服她，有人羡慕她，一个劳改警察身份而已，值几个钱？不要也罢。

虽然监狱出文开除了秦亚南，但党委成员们都保持了沉默，没人在公共场合提及这事儿，不过不久，监狱进行了一次大的女警岗位调整，把直接能或者可能接触到犯人的女警调出来，代之以男性民警，并发文件要求所有的女性民警不得从事接触犯人的工作和临时性工作，如果非要接触到犯人，必须由男性民警陪同。

借这个事件，从监狱高层传出，机构改革势在必行。

跟熊晓戈一样最感到难堪的是王福全，出了这么一个丑闻，他这个党委书记怎么面对厅局领导和兄弟单位领导，然而，让他担心的是民警的议论，从批判秦亚南到同情羡慕她，这个舆论的转变，深深地刺痛他的心，难道一个人为了钱真的可以不顾身份不讲廉耻了吗？这样的队伍能做到“执法为民，立警为公”吗？还有战斗力吗？连日来食不甘味，夜不能寐，苦苦思索，企图找到一个解决方法，但是总觉得没有好的办法，像是走进了死胡同一般，甚至他固执地认为，现在处在这么个偏远的地方就发生这样的事，要是真搬迁到了城市，那里物欲更加横流，诱惑更加形形色色，还不知道会出啥爆炸性的事件来呢？

他有些力不从心，没精打采，苍老了不少。

彭家仲和马洪扣来到他办公室。

他正找顾卫国说事，见他们来，就说："你们来的正好，最近这个秦亚南事件，搞得我们在上上下下很被动，你们听到了一些议论了吧？很多人对秦亚南还很同情、佩服甚至羡慕，这样的队伍是很危险的，我正和卫国商议如何加强民警队伍建设，你们也发表一下看法。"

马洪扣问："卫国有什么好办法？"

顾卫国说："这事儿很敏感，道德上问题，还涉及郑监和熊晓戈，不能大张旗鼓地批判，也不能组织针对性的讨论，所以目前很难办。但是，我想我们是不是从建设监狱文化着手，比如组织讨论双河监狱精神，征集表述语，围绕监狱精神举办一些文体、绘画、摄影等弘扬主旋律的活动，寓教于乐，起到潜移默化的作用。"

"嗯，这个办法可行。"马洪扣说。

王福全似乎还不满意，问彭家仲："家仲，你看呢？"

彭家仲说："其实呢，这事儿很正常，也很自然，不必大惊小怪，也不必过分紧张，人嘛，虽然是高等动物，但还是动物，所以每个人都具有动物的本能，只是人在社会关系下，一些本能是潜在的，只有在一定条件下才能表现出来。回头想想自己的一生，多多少少都有一些吧。"

"那就听之任之？"王福全问。

彭家仲说："作为公务员，作为执法者，当然不能纵容一些有违道德或者法律的行为。我讲这些，是要明白一点，我们的民警也是人，他们会比较，与前后比，更侧重与横向比。都是公务员，为什么我们要艰苦？办公条件还不及镇政府公务员，收入也不及他们？这一比就出问题了，思变思走，人心不稳，有前者就有后继者，这样下去，这只队伍就垮了。谈何执法为民？谈何立警为公？"

王福全点点头："家仲分析很透彻啊。"

"从长远来看，卫国说得对，我们要加强监狱文化建设，就从监狱精神入手，我们监狱是全省历史最悠久的监狱，几代人的奋斗创业，才有今天的规模，可歌可泣，这段历史值得我们好好总结提炼。但当务之急，我们要让民警逐步建立起职业荣誉感，怎么建立？一要引导他们树立信心，二要拉近与地方公务员的收入差距，等我们的收入超过了地方，职业荣誉感就建立起来了。"彭家仲继续分析说。

马洪扣插话："就目前国家对监狱的政策来看，这恐怕很难。"

"是很难，并不是说就是幻想。如果我们加快搬迁步伐，加速产业调整，就完全有可能实现。我考察了省外其他几所搬迁转移的监狱，前次出去考察，有的领导和同志也到过其中几所监狱，他们体会很深。”彭家仲说。

马洪扣和顾卫国频频点头，王福全却在沉思。

王福全说：“你们来找我，有事？”

“我跟家仲反复讨论，觉得在监狱实行招标采购已经势在必行，不能再拖了，近段时间，罪犯闹伙食的问题又有所抬头，我实地去看了看，大米虽然是白花花的，但是煮出来的饭明显一股陈味，据监区反映，有时候还带有霉味。老书记，这几年监狱都发生罪犯闹伙食的事情，这不是偶然的，我们不从根本上解决这个问题，恐怕哪天真会出大事。”马洪扣说。

“噢……”王福全没有表态。

“招标采购，这是好事，也是大趋势，我坚信老书记绝对不会有利益关系，但你为什么一直反对呢？我很纳闷。”马洪扣单刀直入，把问题摆明了。

王福全被逼到死胡同，不说明不行了，他目光炯炯：“你是怀疑我卷入其中吧？我以党性担保，我王福全没有卷入任何利益格局！”

大家都不说话，看着他，

“你们不知道监狱这个采购系统复杂性……我们监狱的粮油、肉类、药品等大宗物资的供应商，不是局里某些领导的亲属，就是他们的委托人，你说我怎么办？我就要退休了，我怕什么？他局党委还不会把我怎么样！但是，我们如果来得过猛，触动了这些人的利益，后果则由你们这些年轻的来背，我于心何忍？我是想，只要不出大问题，还是容忍一些好。”王福全显得很无奈，也很无辜。

这时，电话响了起来。

他拿起话筒，继续说：“有些事情，不是你们和我能控制的，急不得。”

然后才对着电话问：“哪位？”

对方说：“老爷子，我只是一个供应商，就是说出名字，你也不认识。”

“有事找职能部门吧。”王福全说。

“别急，耽搁你1分钟，我只说几句话，有几张照片放在你门口，你看看……”

王福全起身，在门口发现一个信封。打开一看，他吃了一惊，快步走回来对着话筒厉声说：“你究竟要干什么？”

“老爷子别生气，我呢，只是想保住我供应商的份额，不管你们招标还是不招标，当然，我绝对保质保量，年底给你拜年。”对方说。

王福全啪地把话筒砸在座机上，信封扔给马洪扣，震怒地说：“你马上调查，严肃处理。”

接着他愤怒而鄙夷地说：“拿这个来要挟我，风风雨雨几十年了，啥没见过？哼！”

马洪扣把照片拿出来，几个人立即面面相觑。

原来是几张王亚敏和一个罪犯在拥抱的照片。

这两天蒲忠全又接了几个挖土方的活儿，对方都催得很紧，加上原有的还没有做完的活儿，只好把人分成七个小组，这样一来，警力就相当紧张。下午 4 点，其中一个工地活儿干完了，需要把罪犯调配到其他工地，分队长说：“老大，这 60 个人需要调配到三个工地，我们只有两个人，怎么办？”

蒲忠全对随同他来的王亚敏说：“你带 20 个，就带张景然他们那一组。”

魏德安忙说：“监狱刚发了文件，不准女民警带犯人，现在正在风头上，要是再出问题，恐怕……”

蒲忠全知道他是在担心自己的前程，淡然地说：“这不是非常时候吗？我现在首先考虑的是把我们自己养活，其他的嘛，顺其自然吧。”

分队长也劝：“蒲监，魏老爷子说得在理，我们还是小心一点。要不我先把一队带过去，回来再带一队。”

“这一来一往，还做不做事？”蒲忠全抱怨说，“你们在监狱待了这么多年，还不知道监狱是个啥情况？机关那些老爷们整天就知道出文件，把责任全部推到基层，出了事儿，翻开文件说我们是制定了管理措施的，于是乎，文件就越出越多，基层的压力就越来越大，犯人苦，民警也受罪……”

魏德安他们几个脸色突然变得严肃起来，王亚敏还不住地跟蒲忠全递眼色，蒲忠全以为王亚敏提醒他当着罪犯的面不要说这些，于是说：“不说了不说了，越说心里越添堵。你们也别说了，就这么办，亚敏你带 15 个人去李家兴那里。”

王亚敏连连摆手，动作幅度很小，蒲忠全这才意识到有问题，转身一看，原来是马洪扣站在自己身后。

原来，马洪扣早就走了过来，示意魏德安他们不要声张，蒲忠全的牢骚他听得一清二楚。

蒲忠全尴尬地笑：“马书记……”

“你小子越来越长见识了？”马洪扣面无表情，“跟我走。”

蒲忠全忐忑不安地上了车，车子开了一段，蒲忠全发现车子似乎直奔监区，心里更加惶恐，一些工作上违背监狱规定的片段飞速地在脑子里闪过，甚至连几年前偷羊的事儿都复制了出来，他还是不确定马洪扣来究竟为啥事而来，实在憋不住了，小心翼翼地问："马书记，我犯啥事了？"

"一会儿你就知道了。"

马洪扣的回答像一阵寒风在蒲忠全背脊上嗖嗖地刮过。

马洪扣直奔值班室，叫值班民警把最近半个月的出入监纪录拿出来，就坐在值班室慢慢地翻看，蒲忠全诚惶诚恐地站在外边等。

马洪扣亲自查，说明不仅出事儿了，而且事儿还很大。蒲忠全借上厕所，打电话询问熊晓戈。熊晓戈说他也不清楚，也没有听到什么议论。

半个小时后，马洪扣把其中一本出入监纪录装在公文包里，来到蒲忠全的办公室。

马洪扣拿出几张照片，递给蒲忠全，问："这是怎么一回事？"

蒲忠全一看，脑袋嗡地炸开了。

双河监狱一个女警刚刚跟满刑的犯人私奔了，紧接着又一个女警与一个尚在服刑的罪犯谈恋爱，而且，这个与罪犯关系暧昧的女警还是党委书记、政委的女儿，就像捅了马蜂窝一样，各种各样版本的小道消息不胫而走，肆无忌惮，如同瘟疫一样，侵扰着每个人的神经。监狱上下、地方和省厅局几乎在同一时间咀嚼着这两件事，如果说前一件事情只是一个偶然，就像古代那个孔雀东南飞一样，极端而又极端的个案，但是紧接着的这件事，难道还是偶然吗？论家庭，苗正根红；论地位，她父亲还是一个县处级一把手；论经济条件，再怎么廉政，也有个几十万百把万吧？

人们再一次困惑了，难道我们的女警察就这么不值钱？何况这两个女子，虽然算不上绝代佳人，但是穿上警服，那也是英姿飒爽。

领导考虑的角度就不一样了，两件事连在一起，那不亚于一个政治炸弹，在司法行政系统将引起轩然大波，甚至影响全省整个政法系统的形象。对于双河监狱的班子的两个一把手来讲，特别是对于王福全来讲，这事儿就是给他的政治生涯画上一个耻辱的句号，他以后将如何坐在主席台上对全狱民警职工开展道德教育？如何面对同行？又如何面对厅局领导？

刘德章要秘书卢川打电话，证实一下消息的真假，卢川就直接给王福全求证，王福全不客气地说："难道我女儿的私事也要通过组织向厅里汇报？"

卢川碰了一鼻子灰，但从王福全这句话中只能推测出有这回事，总不能给厅长汇报说这是推测吧？只好又给彭家仲打电话。彭家仲听了后大笑，随后带批评的口吻说："小卢呀，你怎么给他打电话？你这不是往他伤口上撒盐么？这是起码常识哟，要是犯这种低级的错误就不值得了……"

"师兄批评的是，我以后三思而后行……"卢川对彭家仲一直很恭敬，接着抱怨道，"厅长指示我问问有没有这事儿，也没说是他女儿嘛，我寻思政工工作嘛，该问问他，所以……算啦算啦，就当我今天倒霉吧，哎！师兄，究竟有没有这事儿，我好给厅长回话。"

彭家仲说："有这么一回事，你给厅长说，我随后给他汇报。"

马洪扣回到监狱，来到彭家仲办公室。

"事情很糟糕……"马洪扣一进门便说，他接了一杯水，喝了一大口，"这个罪犯叫张景然，青州市人，洗钱罪，七年，后年 8 月满刑。据王亚敏本人说，他们三年前就确定了恋爱关系。那天她带张景然出去买灯泡，然后两人就在滨江大道散步。不过，签带的出入监纪录齐全，从程序上没有违反什么。事发那天，监狱还没有出文件禁止女性民警签带罪犯。"

彭家仲问："王亚敏的态度呢？"

"很坚决，等张景然一满刑，她就辞职。"

"这个蒲忠全，难道他就不知道？"彭家仲带着责备的口吻问。

马洪扣欲言又止。

彭家仲看着他："还有情况？"

"蒲忠全只是说王亚敏是他的女朋友，这些照片一定是捏造的。"马洪扣说。

彭家仲心里暗暗叹息，这个蒲忠全，早知现在何必当初呢？现在想保全王福全父女的名声，为时已晚了，不过，他还是很感动，从另外一个角度看，蒲忠全要是保全了王福全父女的名誉，也就保全了监狱的名誉，当然，也就保全了他的名声。

"那怎么？"彭家仲忧郁地问。

"这个事儿没法变通，必须按照纪律严肃处理。"

彭家仲问："关键是，如何确认王亚敏和张景然是在谈恋爱？就凭那几张照片？”

马洪扣恍然大悟：“是啊，这样也不能确认王亚敏和张景然就是在谈恋爱嘛！”

彭家仲会意地笑笑，抓起电话，给刘德章厅长做了汇报。刘德章好像再给他说什么事情，彭家仲嗯了几声，脸色就变了。

放下电话，他沉默了一会儿才说：“王书记准备给厅党委打辞职报告！”

“啊？！”马洪扣轻轻地惊叫，随后用力地摇摇头。

“走，我们去王书记那里。”彭家仲说。

第二十一章　特殊囚犯：神秘的地方大员

当地县志是这样记录曾经的旱灾："赤地千里，草木尽枯，人畜饥疫，死耗大半。"自6月那场灾难性的暴雨之后，双河镇就没有下雨，尽管没有呈现历史上那种人畜饥疫、死耗大半的惨状，但是也是一派草木尽枯的萧条景象。

热，到处是一片热浪，天空的云很厚，像一个盖子，扣在双河监狱的头上，偶尔的一阵风，裹卷着尘土，飞扬跋扈地迎面扑来，满是汗水的脸上立即有一种涩涩的感觉。到处是一片蝉声，歇斯底里地叫，嘶哑而沉闷，把本已有点窒息的空气搅扰得浮躁起来。

彭家仲办公室是有空调的，监狱就两台空调，是前任监狱长汪庆书在任时购置的，另外一台在微机室。连王福全办公室都没有空调，他也就没有开。他看了一会儿半年工作会报告的稿子，尽管电扇径直对准他使劲地吹，但他脸上的汗水还是不停地冒，怎么也静不下心来。

王福全的确向厅里打了辞职报告。

那天，彭家仲和马洪扣赶到他办公室的时候，他正在写辞职报告。郑怀远在一旁不停地劝，说老书记你经历过的风浪比我们走的路还多，这点小事算什么呢？自从汪庆书下台之后，监狱到现在都还没有恢复元气，你要这么一走了之，往后谁还能掌舵？如果再来一个政委，再折腾几番，你创立的这点老底儿怕是要折腾个精光了，我们监狱再经不起折腾了……你实在要辞职，那我陪你，我也辞职算了……

王福全抬头发现彭家仲和马洪扣站在门口，就问："你们怎么来了？"

马洪扣说："我们来给你汇报王亚敏的事。"

王福全说："不用汇报，该怎么处理就怎么处理。"

说罢又埋头写。

彭家仲说："关键是我们找不到处理依据。"

王福全顿了一下，放下笔，看着他们，良久才说："你们不要顾及我，王亚敏虽然是我女儿，但是她首先是一名警察，这种风气不能滋长，必须坚决刹住，否则我们这只队伍就要垮了。"

马洪扣说："按照相关法律和厅局、监狱的有关规定，我们的确没有找到处理的依据。"

"怎么没有？民警不准与囚犯谈恋爱，司法部、监狱管理局和我们监狱都有相关规定！"王福全盯着马洪扣说。

马洪扣说："关键是，王亚敏和罪犯张景然在谈恋爱，怎么认定？就凭这几张照片？"

郑怀远忙说："马副书记说得对。"

王福全看看他们："那就不处理？"接着他责问，"秦亚男都处理了，王亚敏不做处理，你们这是什么意思？"

"两件事性质不一样，完全是两码事。王亚敏只能算是警囚不分，说得严重点，或者不好听一点，就是生活作风问题，又没有造成监管后果，顶多就是通报一下，批评教育。"马洪扣说。

"那不行，必须严肃处理。"王福全坚定地说。

马洪扣说："王书记，现在只能这么处理，我们是执法者，更要注重依法办事，不过……"

马洪扣打住了，很犹豫的样子，看来是在思考该说还是不该说或者该怎样说。

"有话就直说。"王福全说。

"但是……目前王亚敏的态度很坚决，等这名罪犯满刑的时候就打辞职报告，离开监狱。要是……要是真出现这种情况，处理起来就严厉了……"马洪扣低声对郑怀远说。

"这小妮子，在想什么呢？"郑怀远说，"我去找她谈谈，老书记，你放心，我一定让她打消这个念头。”

王福全面色愠怒，知道他们几个千方百计是在为王亚敏找理由开脱，为自己着想，多少保全他的一点颜面，也不好发作。继而表情变得很颓然，无力地挪动了一下身体，摆摆手，拿起笔，继续写辞职报告。

王亚敏这事儿一出之后，王福全不知给她打了多少次电话，叫她回家，可每次谈不上两句，父女俩就闹翻了，到后来，王亚敏看到是父亲的电话号码，干脆就挂断手机。王福全叫老伴去青州市做做女儿的工作，陪了几天，回来就埋怨他，说这一切都是他造成的，如果他早同意搬迁，也不至于出这档子丢人现眼的事情。女儿说她不想一辈子就这么待在这山沟沟里。

那一夜，王福全失眠了。

第二天，人们发现，他步履蹒跚，苍老了不少。

他思前想后，再三权衡，就给刘德章打了电话，将自己女儿王亚敏的事情汇报了，做了检讨，然后说我马上给你写辞职报告。

辞职报告是王福全派马文革专程递交给刘德章厅长的。

紧接着，谣言铺天盖地而来，说厅里批准了王福全的报告，彭家仲要兼任党委书记了；要从监狱现在班子成员中提拔一个任政委，不是马洪扣就是郑怀远，王福全推荐了郑怀远，但是彭家仲却倾向于马洪扣，还要把顾卫国提拔为纪委书记；还有消息说连同彭家仲都要下课，监狱班子要大换血；彭家仲一走，这搬迁又搁浅了，监狱前期花的那些钱都打水漂了；更有人说这是彭家仲的阴谋，就是要把王福全逼下台，自己好一手遮天。

……

虽然辞职报告递交了上去，但是一直没有音讯。

班子成员们这些天都显得很谨慎，小心翼翼地维系着和谐的局面，每个人心里虽然都在盘算、猜想结果会怎么样，也利用各种各样的关系打探厅里的消息，可嘴上却一个字都不提这事儿。大家都猜测彭家仲一定知道结果，但都没有去问。

还有一件事也搅扰着一些人的心，就是那封供应商写的匿名信，究竟与监狱内部某些人有没有关系。很多人认为与郑怀远的老婆徐文馨有关系，就是要千方百计地阻扰招标采购。但是很多人分析，郑怀远的老婆不太可能做这事儿，就是推行招标采购，以郑家的势力，怎么着都要中一些标，犯不着这样做，何况再怎么着他郑怀远还是王福全一手提拔起来的，在目前形势下，也犯不着冒险得罪王福全。一些人据此推理，这个自称供应商的一定是个冒牌货，是那些想把王福全赶下台的人的一种手段而已，那么谁最想把王福全赶下台呢？不言而喻，肯定就是彭家仲。

监狱上下，众说纷纭，莫是一衷，人们的心跟这酷热的天气一样，浮躁、猜疑、沉闷、脆弱。

不管是王福全辞职事件还是匿名信事件，矛头最后都指向了彭家仲。

恰好就在这个时候，青州市召开两会，一些代表在会上强烈批评双河监狱，说双河监狱的罪犯在市区劳动不仅有损青州市的形象，而且抢了农民和下岗工人的饭碗，不利于社会稳定；双河监狱民警警容不整，每天出没于建筑工地，皮肤黑黝，浑身泥浆，貌似假警察，但是老百姓难以分辨警种，误认为是青州市的公安民警，有损公安队伍形象。要求双河监狱把罪犯收监，不准他们在青州市打工。

消息很快在全监狱蔓延开来，人们一下子陷入了迷茫，尔后自然而然地滋生了一种自卑而失落的情绪，同样都是人民警察，为什么我们监狱警察就这么没有政治地位？为什么我们不能受到同等对待？这种情况在双河镇、在监狱所处的本县是不会发生的。与所在地公务员相比，尽管双河监狱的收入不算最高的，但也不是最低的，而当地都知道监狱是一个什么样的专政机关，除了一些不谙世事的农民偶尔胡闹一下，各级政府都对监狱礼让三分。多年前监狱设卡追逃，本县县长的车子不接受检查，守卡的民警拔枪朝车子射击，把轮胎打爆。事后，县长道歉，并处罚了司机。这件事情在当地震动很大，也一直是双河监狱所有人都感到自豪的，尽管事件过了很久很久了，但人们还时不时地翻出来，加点佐料，津津乐道一番。甚至传闻还说这位县长到邻县任县委书记时，在大会上告诫属下，以后有双河监狱在本县设卡追逃，一定要全力配合。

然而，在青州市，遭遇到的却是另外一种待遇。

几十年都过去了，现在再艰难，也没有当年建立监狱的时候艰难吧？为什么我们一定要去青州市当二等公民呢？

于是有人引导人们充分发挥想象，如果把那些投进搬迁的钱拿来就地搞建设，搞产业结构调整，监狱又会是怎样一番景象呢？

说到底，不仅王福全该辞职，彭家仲更应该辞职。

人心不稳，纪律也明显松懈起来，人浮于事，大家都浑浑噩噩地混天黑，监管纪律也有明显的滑坡迹象，郑怀远急了，要是这样下去，监管上首当其冲要出事，于是连日来奔波在基层，到每个监区每一个工作点视察，不仅苦口婆心地做工作安抚民警，还严厉要求监区领导加强管理，要是哪个监区在这个非常时期出事，就处理哪个监区的监区长。

郑怀远还在二监区与民警同吃同住，给人们留下深刻的印象，也给人们留下一种感觉，这段非常时期，要不是郑怀远撑着，监狱说不定会出什么事儿呢。

但在马洪扣看来，这只是某些别有用心的人误导的一种错觉，其他监狱领导哪个不也是三天两头在往基层跑？为什么人们把他这个三把手的声音不当一回事呢？马洪扣认为这是一种很不正常的现象，谣言应该是分散的、破碎的，换句话说是没有方向的，如果最后指向了与当事者没有关系的第三人，那就不是谣言了，而是有人蓄意引导了舆论，试图掌控民间话语权来达到某种不可告人的目的。也就是说，如果厅里批准了王福全的辞职，势必要对监狱班子进行考察调整充实，这些言论要是占了上风，影响了上面的决策，那么双河监狱又将陷入更大的内耗。

他来到王福全的办公室，开门见山地说："老书记，我也是你提拔的，你别偏心眼儿。"

王福全诧异地说："你这话中有话啊？"

"现在所有的矛头都指向了另外一个人，你知道么？"马洪扣问。

他面无表情，只是点点头，好像再思考什么，过了一会儿，他突然问："郑怀远这个人怎么样？我想听听你的意见。"

马洪扣彻底失望了，继而感到愤慨："王书记，我觉得你这辞职报告被某些人利用了，现在监狱正处在十字路口，你怎么不顾大局，这时候写什么辞职报告呢？说句不好听的话，你是为了自己的颜面而不惜牺牲整个双河监狱的利益。"

还没有人敢这么直截了当地批评他，王福全脸色微变，但努力保持着镇定和淡定。

马洪扣接着说："你反思过没有？亚敏走到今天这个地步，你有没有责任？又有多大的责任？我在青州以我人格担保说我们监狱一定会搬迁，她怎么说？就是现在马上搬迁，她也不想在监狱待了。我理解她，你都这么要面子，何况她还是个女孩呢？如果你与家仲同志一条心，如果你及时敲打一下某些人，会出现今天这种情况吗？你想保稳定保平安，维持到这一届满，好全身而退，给双河监狱的百姓，给省厅局领导留个好印象，结果呢？"

王福全认真地听着，没有插话，汗珠不停地从额头上冒出来，不时下意识地擦擦汗水，见马洪扣不说话了，便看着他问："说完了？"

马洪扣冷冷地说："没说完，只是不想说了。"

"那你就说完，我听着呢。"王福全微微一笑。

"我说了，不想说了，说了也白说。"

王福全沉默了一阵，说："我在辞职报告中推荐你做政委、党委副书记。"

马洪扣一愣，脑袋里纷纷扰扰的，不知道说什么好。

刘德章打开车门，一股夹带着灰尘的热浪迎面扑来，立即感觉有点头昏脑涨，他定定神，才从车子里出来。太阳如火，炙烤着皮肤隐隐生痛，秘书卢川连忙把伞撑开给他遮挡阳光。刚走几步，汗水便潺潺而出。

"这地方，怎么比重庆还闷热？"同行的厅政治部胡主任一边擦汗，一边抱怨说。

刘德章来到二楼，转悠了一圈，办公楼很安静，虽然门都是开着的，但是上班的人很少，每间办公室只有一两个人，或聊天，或打盹，都是一副无精打采的样子。监狱长办公室门口，一个电工模样的人正在抄电表，便走过去问："请问，今天人怎么这么少？"

电工说："都在开大会呢。"

"哦……"刘德章见他合上记录本要走，便问，"你们监狱长怎么样？好说话吗？"

"我不知道，我还没有机会跟他说上一句话呢。你们来办事的吧？下午上班时候再来吧，那时候好找彭监。"电工说。

"你们开什么大会？"胡主任皱皱眉头问。

"三级干部会。"

"三级干部会？"刘德章不解地问。

"是啊，你看嘛，监狱领导一级，机关科室和监区领导一级，还有股中队一级，就三级呗。"电工掰着手指头热心地说。

"哦？"刘德章向卢川要了一包烟，递给电工一支，"你们这种单位，工资很高吧？"

电工接过烟一看："高啥哟，勉强吃得起饭……哇，中华？极品哟，连我们彭监都抽不起……”

他把烟放在鼻子前使劲嗅嗅。

“不会吧，一个监狱长抽不起中华？你连话都没跟他说上一句，怎么知道他没抽中华？”刘德章连连摇头，故意以一种怀疑而轻视他的口吻问。

“你看嘛，这个空调。”电工指指左边那个电表，“这是空调的电表，彭监来了后，就没有走过。这个月这么热，也还是没有走一度，我都纳闷了，以为坏了，刚才检测了一下，是好的。”

电工看着刘德章反问：“抽得起中华，难道还开不起空调？”

刘德章和胡主任都笑了。

电工满足地走了。

“我们去会场看看？”刘德章说。

按照议程，王福全正在讲话。

可以容纳四五百人的会议室座无虚席，十几把吊扇呼啦啦地高速运转着，但是空气依旧很闷热，每个人的背心都被汗水浸湿了一大片。与会的人显然早已不耐烦了，交头接耳地抱怨或者说着小话，后几排一片嗡嗡声，几乎盖过了王福全的讲话声。

刘德章左右瞧瞧，找到一个空位置坐下。胡主任和卢川也只好各自找空位置，分散坐在人群里。

正巧胡玲玲上厕所出来，晃眼间看见卢川，大吃一惊，连忙躲在门口在人群里搜索，果然发现了刘德章，马上给熊晓戈打电话，叫他赶快出来。熊晓戈偷偷摸摸地接了电话后出来，问：“啥事儿？”

“赶快去告诉彭监，刘厅长来了……”

“在哪？怎么没有接到通知？”

“就坐在倒数第二排。”

熊晓戈吃了一惊，扭头去寻找。

胡玲玲打了他一下：“你看个鸟？”

熊晓戈嘿嘿一笑，朝主席台走去，快到主席台时，他脑子一转，到旁边找了一壶水提在手上，这才朝主席台走去。一个一个地倒水，轮到彭家仲时，熊晓戈俯身在彭家仲耳边说了几句。

彭家仲把目光投向后排，很快就找到了刘德章，继而还找到了政治部主任和秘书卢川。厅长和政治部主任一同出现，以彭家仲对刘德章的了解，也能猜到八九不离十，他们来多半是为王福全辞职的事，做做王福全的工作，顺便了解了解情况。

彭家仲观察王福全的表情，估摸着熊晓戈没有跟他说，此时，熊晓戈已经回到座位上，他只好给熊晓戈暗示，在确认熊晓戈注意到他的手势后，便指指王福全。

熊晓戈立即明白，又提了一壶水径直走向王福全。

哪知王福全见他走来，就冲他摇摇手说："满的满的。"

熊晓戈迟疑了一下，只好退回去。

王福全看看手表说："现在是 11 点 45 分，按照议程，我的讲话只有半个小时，应该结束了，但是我今天要耽搁大家一点时间，就目前监狱的热点问题谈谈我的看法。"

他这几句话的声音不是很大，但是会场一下安静下来。

"这段日子以来，我听到很多谣言，什么监狱班子要调整了，谁谁要下课了，哪个哪个要当政委监狱长了，我和彭家仲同志撕破脸了……如此等等，不一而足。"

王福全做领导以来，从未在大会上涉及不着边际的谣言，也从不涉及敏感话题，这次他开门见山，与会人员都很吃惊，会场变得寂静起来，几百双眼睛都紧紧地盯住他的脸。

"我从来对谣言嗤之以鼻，也从不信谣，谣言任何时候都存在，本来没有什么大不了的，但这次谣言来势汹汹，最后把矛头指向了与此事无关的彭家仲同志，大有淹没党委的声音，我感到震惊，这些人究竟要干什么？"王福全很震怒，语气严厉。

他停顿了一下，接着说："我不杀伯仁，伯仁却因我而死，这些谣言也许像某些同志认为的那样，是因我写辞职报告而起，所以，在今天，在这个监狱半年工作会上我要表明我的态度。我向厅党委写辞职报告，纯属我女儿的事无法向双河监狱广大民警职工交代，无法向厅局党委交代，一个监狱女警，而且还是监狱的党委书记、政委的女儿居然要跟一个犯人跑，这是什么光彩的事情吗？我是党委书记，是政委，主管政治思想工作的，连我女儿的思想工作都没有做好，我还能做其他人的思想工作吗？"

王福全说到这里，声音有些呜咽。

很多人听到他发自肺腑的语言，都不禁为之动容。

王福全停下来，努力平息自己的情绪，继续说："本来一个家的家丑，被某些人掺和到政治里，你们要我王福全身败名裂也就算了，把彭家仲同志拉进来干什么？彭家仲同志是怎么样一个人？我跟你们说，这是我遇到的最有理想、最有能力、最有魄力的监狱长！用政工语言来表述的话，那就是：彭家仲同志组织能力强，善于从宏观上分析和把握问题，工作思路清晰，重点突出；思想解放，开拓创新意识强，注重联系群众，关注民生；讲究领导艺术和工作方法，注重科学决策、民主决策，为人正派，谦虚谨慎，要求自己严格。”

彭家仲坐不住了，插话说：“王书记言重了……”

王福全摆摆手说：“作为党委书记，我认为我的评价是实事求是的，我们可以回想一下，自去年班子调整以来，我们的民警职工收入增加了多少，我们经济、监管和以前相比，是好了还是后退了，你们可以自己去算。有人说我反对招标采购、反对搬迁，那么我今天郑重告诉大家，我从来没有反对过。不管厅党委批准还是不批准我的辞职，不管我还担不担任党委书记，我们监狱不仅马上全面推行招标采购，而且还要着手实施迁建，这是大势所趋，这是大方向，这个方向是正确的，不会因班子调整而变化。今后，我们的中心工作就是搬迁，一切工作都要围绕中心工作展开。按照党委的部署，在 3 年到 5 年内，我们一定要完成整体搬迁，创建一所全省一流的、花园式的现代化监狱！”

彭家仲带头鼓掌，会场响起了经久不息的掌声。

等掌声停下来，彭家仲在王福全耳边说了几句，王福全脸色微变，立即对着话筒说：“现在，我们加一个议程，请司法厅领导到主席台就坐，请刘厅长讲话。”

短暂的惊讶之后，会场又响起了热烈地掌声。

刘德章他们不得不站起来，边鼓掌边走向主席台，坐定后，刘德章开玩笑地说：“我猫着腰偷偷摸进来，还是被你们发现了。”

下面一片轻笑声。

刘德章话锋一转：“这说明什么呢？说明双河监狱领导班子、民警职工眼睛是雪亮的，是团结的，并不是传闻说的那样的嘛。我今天来，没有给监狱打招呼，四处看了看，也到青州市老干部小区看了看，总体印象不错。刚才遇到一个抄表的电工，这个电工无意识之间给我说了个事儿，我觉得有必要给你们也说说。”

他扫视了一下会场，才慢慢地说：“去年彭家仲同志来双河监狱后，他办公室空调的电表度数一直就没有变过。”

所有人的目光都投向彭家仲，心里油然而生一种敬意，很多人不由自主地鼓掌，旋即，会场上响起响亮的掌声。

待掌声停息后，刘德章接着说："我的意思不是说不能用空调，这么热的天，不管是监狱领导还是普通民警工人，用用空调室应该的。但我讲的这个事情赢得了大家的掌声，掌声说明了一切，我不多说了。我这次和胡主任一起来，就一件事，那就是关于你们党委书记、政委王福全同志打辞职报告的事。我现在宣布厅党委的意见，不同意王福全同志辞职！"

招标工作结束了，徐文馨的公司因资质问题，在第一轮审查时候就被扫地出局。

公司虽然照常在运转，徐文馨却没事可做。

郑志军说："嫂子，要不我给你批点水泥，赚点差价……"

"去去去！我再倒霉，还不至于去干那……"徐文馨本来就窝了一肚子火没处发泄，咬牙切齿地说，"他彭家仲真够狠的，当面一套背后一套，你不仁，别怪我不义。"

"你要怎么着？你还能怎么着？"郑怀远抄着手坐在沙发上，冷眼看着她。

"我……"徐文馨一时语塞，气鼓鼓地瞪着郑怀远，"你风言风语算什么？我是没办法，你呢？高矮还是一个副监狱长，论资历，除了老爷子，哪个能跟你比？你干啥去了？哦，你老婆这么被人欺负，你就这么心平气和？"

郑志军说："哥，现在他断了咱家的财路，下一步就要对郑家这些中干们动手，他彭家仲看来真要对我们赶尽杀绝。我就不明白，我们又没有碍着他什么事儿，怎么就处处与我们过不去呢？嫂子说得对，我们不能坐以待毙，得想想办法，要不然，我们郑家真要垮了。"

"现在能怎么样？等等吧……"郑怀远面无表情地说。

"等，你就知道等，我可是一刻都等不及了，公司照样开着，可没事做，且不说经济上的损失，你说我这脸往哪里搁？我都没脸在双河监狱待下去了……"徐文馨继续唠唠叨叨地抱怨。

郑怀远怒道："你成天唠叨个啥？我不是早就提醒过你，不要对姓彭的抱有幻想，你不听，最后怎么着？被他牵着鼻子，当猴耍了吧？你不是给蔡局长他们打了电话了吗？连他都说等等，你要我怎么样？拿一把菜刀砍了他？哼……"

这时，徐文馨的电话响起来，她接听了几句，连声说好，接着，眉开眼笑地说："我就不信整不倒他彭家仲……志军，你给你哥弄点饭菜来，我要出去一下。"

说罢，闪身出门，轻盈地像一只蝴蝶。

郑怀远和郑志军对视一眼，纳闷而又有些怀疑。

直到深夜，徐文馨才满身酒气地回来，倒在床上就呼呼大睡。

第二天一早，郑怀远喊了她几声，看到她睡意朦胧的样子，也就没有问她昨晚的事儿。一到办公室就接到蔡复晨的电话，叫他马上到局里去一趟。

他小心翼翼地问："领导，究竟什么事情，能不能透露一点点？"

"没啥大事，就是来接个罪犯到你们监狱，就是我前次跟你说的那个谭振洋。"

谭振洋他是知道的，郑怀远心知肚明，于是叫马文革备车，匆匆忙忙地下楼，与彭家仲打了个对碰。

郑怀远说："彭监，蔡局长刚才打电话叫我去一趟省城，这不，正准备给你电话呢。"

"蔡局长说啥事儿没有？"彭家仲问。

郑怀远摇摇头。

彭家仲来到办公室坐了一会儿，他早就听闻徐文馨的公司业务与蔡局长有关，难道……其实，从内心上讲，他原本也想在招标采购中留点给徐文馨，但作为监狱长，他不能给市上的招标采购办打招呼，只有含沙射影地提醒徐文馨注意哪些问题，可这个徐文馨，就是不当一回事……越想越纳闷，越想越觉得有必要弄清楚这件事稳妥些，于是给胡玲玲打电话。

胡玲玲也不清楚局长召见郑怀远的原因，说她马上去打探一下，争取在郑怀远赶到省城之前把事情弄清楚。

郑怀远直奔省局，可蔡局长没有在办公室，他联系上局长，局长指示他直接到一个茶楼。

这下郑怀远纳闷了，自己带的几名特警怎么办？在哪里待命？他不好问，就叫他们把车停在茶楼下，自己去见蔡复晨。

在服务人员的引导下，左拐右拐，来来回回地迂回了好一段红地毯铺就的走廊，来到一个豪华大厅。郑怀远环顾了一下，其陈设让他有点手足无措。作为副监狱长，在出差时候也曾享受过总统套房，而眼前的陈设，其奢侈度远远超过那些总统套房，就茶几上摆放的那一个水晶烟缸，估计就超过他老婆这些年积攒下来的全部财产。更令他浑浑噩噩的是在客厅里站着 8 个毕恭毕敬的女子，面带微笑，清纯中夹杂一点妖媚，让人魂不守舍。

领路的服务员退下去，一个女子款款上楼，一会儿，局狱政处长和另外一个人走下楼来。

那人平头，红光满面，衣着光鲜，大腹便便，步履沉稳，俨然一副官态十足的样子。

处长说："坐坐，郑监，来，坐坐坐……我给你介绍一下，这位叫谭振洋，就是你今天要接的人。"

谭振洋略微弯腰，伸出手，满脸堆笑："早闻郑监大名，早闻大名，以后还请多多关照关照……"

郑怀远一下懵了，他就是要押解到双河监狱服刑的罪犯？

谭振洋一挥手，那几个女子鱼贯退场，不知道躲到哪里去了。

他拿出一个胀鼓鼓的口袋，恭恭敬敬地递给郑怀远："一点辛苦费，还请郑监不要嫌少。"

郑怀远脑袋还没有回过神来，又被这突如其来的口袋蜇了一下，越发懵了。

处长把口袋朝他那边再推了推，说："大家都是好兄弟，就别不好意思了。拿着吧，我知道你们辛苦，日子呢也挺清贫的。"

谭振洋看着这位副监狱长的表情，他很是满足，笑笑，随后又恢复到先前那副目空一切的官态。

郑怀远瞟了一眼口袋，至少在10万以上吧？他心头七上八下的，不知如何是好，接？这可是十多万，万一翻船，可是10年以上有期徒刑；不接，明摆着得罪领导。

处长说："老郑，你我多年兄弟，就不拐弯抹角了，这位不仅是我的兄弟，也是局长的兄弟，还是某些省领导的兄弟，我们找到你，就是对你很信任，你可得照顾好我这位兄弟。说穿了，所谓在你那地儿服刑，就是个名义上的，谭总想干嘛就干嘛，至少，不影响他的工作。"

"工作？"郑怀远随口问，被判处有期徒刑的罪犯还能有自己的工作？

处长说："谭总可管理着几千人的大公司哟。"

郑怀远冷静下来，小心试探："这真是局长的意思？"

"不是局长的意思，他会亲自给你打电话吗？"

郑怀远眼珠一转，说要上厕所。

谭振洋叫来一个女子引导他去，随后对处长说：“这个姓郑的心头好像还有点疙瘩哟。”

处长笑笑：“山里来的，没见过世面，历练历练就好了。我起初接触谭总还不一样有顾虑？”

谭振洋会意地笑笑。

郑怀远把自己关在厕所里，给蔡复晨电话：“局长，这罪犯太特殊了，我……”

“怎么？管不住还是管不好？”蔡复晨打着官腔。

“不是不是……我怕会出事……”郑怀远嗫嗫嚅嚅地说。

“正因为有挑战性，才找你嘛，这是局党委对你的信任！不过，话又说回来，这点事你都办不好，我以后还能让你办什么大事？好了，这事儿就这么定了，我还有个会。”蔡复晨带着责备的口吻说。

郑怀远硬着头皮回到客厅。

“老弟，这下宽心了吧？”处长看着他说，“说在官场混，谭总可以说是最成功的，他原来是利州市中区副区长，省人大代表哟，你看看他，在政界呼风唤雨，就是犯了事儿，照样叱咤风云，而且也就是个三五年。官做到这份儿上，那才叫官。我们做官，都是不进则退，退下来连条狗都不如，谁搭理你？可谭总呢？退，可守，腰缠万贯，谁能奈你何？”

“老弟过奖。”谭振洋说，“你我都是为官之人，说句良心话，严格按照刑法，你我谁能脱得了干系？平心而论，就是把县处级干部都拉出来枪毙，八成不是冤案。为官之道，一要为民，还是要办点实事好事；二要为己，合情合理地拿点，留点底子，要不以后日子怎么过？古语虽说清者自清，浊者自浊，但是既然你进入了这个圈子，你就得遵守这个圈子的游戏规则，否则就算你是不食人间烟火的神仙，都会落得一身的污垢，就像在妓院里的良家妇女，谁会相信她？到最后，害人害己不说，还会殃及子孙后代。”

“深刻，深刻……”处长说。

郑怀远也不得不承认谭振洋分析得很深刻，但是他对金钱却没有那么大的偏好，在他看来，就是把世界上所有的货币都给你，你又能怎么样？还不是一日三餐地过日子？这口袋钱风险太大，收了就埋下了炸弹，说不准猴年还是马月爆炸，区区十多万，而自己把身价名誉都赌上，太不划算了，何况自己也不缺钱，这些年老婆的公司赚了不少，于是陪着笑脸说：“处长，谭区长的心意我领了，你放心吧，我一定尽可能给谭区长创造一个很和谐的改造环境。"

说罢，他拉开口袋拉链，拿出一捆票子，装在公文包里，然后把口袋推给处长，讨好地说："剩下的，就算我孝敬处长的。"

处长有点难为情，说："这怎么好意思呢？"

"不瞒处长你说，我老婆开的公司每天都有白花花的银子进账呢。"郑怀远说。

"这……"处长有些心动，但还在犹豫。

郑怀远看着他说："以后呢，请处长多多关照我们双河监狱，多分点减刑指标，怀远就感激不尽了，何况，你和蔡局长交代的事儿，我还能收这个吗？这不打我郑怀远的耳光嘛……"

处长满心喜欢，拍拍郑怀远对谭振洋说："怀远做啥事都不忘工作，难得难得，我们双河监狱有这样的好干部，你就放心去吧。"

郑怀远一上高速公路，就给蒲忠全打电话，要他在准备一个单间，布置要跟得上一般的旅馆，床、席梦思、彩电、座机电话、沙发等都要一应俱全。蒲忠全很诧异，也很为难，说："郑监，我们民警都没席梦思、沙发……"

"叫你办，你办就是了，啰唆什么？"

"领导，可这钱……"蒲忠全说。

"我从狱政经费里给你拨。"

蒲忠全迟疑地问："郑监，这间房子用来做什么呢？是不是监狱要派领导来驻点啊？"

"哦哦……不妨先告诉你，我奉局里指示接一个特殊的罪犯来我们监狱服刑，就关押在你那里，好了，等我到了你那里再说吧。"郑怀远说完就挂了电话。

蒲忠全脑袋一下嗡嗡作响，思维像一团乱麻，怎么也理不出一个头绪来。过了好一会儿，才发现自己还拿着手机紧贴在耳朵上。特殊的罪犯？究竟什么人？既然是特殊身份，那就关押在特殊的监狱嘛，关在我这里做什么？在这里布置一个这样的房间，就像一个衣着光鲜的人站在贫民窟里，民警怎么想？其他罪犯怎么看？这监管秩序还怎么维持？他下意识地给彭家仲打电话，把刚才郑怀远吩咐他的要做的事情做了汇报，最后把自己的顾虑也说了。

彭家仲沉吟片刻，说："既然是罪犯，那就得按法律来办，不能搞特殊化，至多就是在法律许可的范围内给予一些关照。"

彭家仲放下电话，总感觉这事儿很蹊跷，一个罪犯在监狱里要住单间，而且要求布置陈设要赶得上宾馆，他郑怀远是分管监管的，应该知道这其中的厉害关系，但是他知道，郑怀远再晕，也不至于犯这种低级的错误，除非上头领导有明确的示意。那么，这个人究竟是什么背景？双河监狱正值布局调整阶段，省内很多监狱监管条件都比这里好，为什么非得要把这个人关到这里来？

他越想越觉得糊涂，于是自嘲地笑笑："一个罪犯而已，至于吗？等郑怀远回来问问不就得了？"

尽管这么安慰自己，控制自己不再去寻思这个问题，但他心里还是有一丝不详的预感，隐隐约约地感到有些不对劲，究竟有什么不对劲，他也说不上来。

蒲忠全得到彭家仲的指示，便给郑怀远打电话说我看了看，监区住房特别紧张，现在犯人都是打地铺呢，一间屋子都在10人以上，前几天狱政科来检查还扣了我的考核分呢。要是再腾出一间，那……

郑怀远说你蒲忠全别来忽悠我，一间屋子而已，能难的到你？不就是几个考核分吗？我给你要回来还不成？还有，添置的那些东西我可是要过目的，你小子别忽悠我，把100块当1000块来报账。

"你郑怀远就是拨钱把监管区给我装修一遍，老子也不愿意接你那个犯人，就算是毛主席的红毛犯，也不至于搞这么特殊嘛，这算啥事儿，这？说不定会折腾出啥事儿来呢？"蒲忠全心头嘀咕，骂骂咧咧地抱怨，"哼，多一事不如少一事，我就把他安排跟其他人住在一起，不满意？换个监区，我就省心了……"

这时，胡玲玲来电话："怎么，犯难还是在犯傻？"

蒲忠全心情一下放松下来："又犯难又犯傻呢，不过，你的电话一来，我就既不犯难也不犯傻啦，哈哈……"

"怎么说？"

"我的救星来了呗！"

胡玲玲一阵轻笑："晕晕的，那你怎么不给我打电话？"

"哎哎……正拨号呢，这不，你的电话就来了……"蒲忠全突然有点脸红的感觉，"说说，这犯人什么背景？"

"说起来，和你还有点渊源呢，这人叫谭振洋，明白了吧？"

"啊？怎么是他？他怎么犯事儿了啊？"

“别给我说你什么都不知道，他在青州市可是风云人物，出事了你不知道？”

蒲忠全说：“真不知道……杜萌这小子……”

“前些日子报纸上铺天盖地呢，你……你的偶像毛主席每到一个地方第一件事情就是看报纸，没有就派人去抢，这一点你怎么就没有学到呢？唉，我看你呀，也就是个监区长到顶点了……”胡玲玲挖苦地说。

“我现在不背他老人家的话了哈……嘿，监区穷嘛，不是没订报纸嘛……”蒲忠全揶揄地说。

“算了，懒得跟你说了，你打电话问问你同学，什么都清楚了。但是，我要提醒你，这个人的能量比我们想象的还要大，他现在把监狱管理局的关系梳理得相当顺，据说这次调换监狱，是蔡局长亲自过问的，所以，你得多长个心眼，万一以后出啥事儿你说不清道不明的，把自己陷进去，给某些领导当垫背的……”

蒲忠全感动地说：“狐狸，你好久回来，我想见你了……”

胡玲玲咯咯一阵笑：“是想我了，还是想见我？”

说完，就挂了电话。

蒲忠全一阵发呆，是呀，是想她还是想见她？晕呼呼，这不是一回事吗？这个狐狸，洗刷我呢？转念一想，也不完全是一回事，想她，就说明爱她，只是想见到她的话，那只是想跟她做爱而已。

他突然有一种无地自容的感觉，平常没有想起这个美丽的狐狸，怎么就在找个人做爱的时候满脑子都是她呢？他明显感觉的到，胡玲玲是真心实意喜欢他的，可自己就是总感觉有什么坎儿横在他们之间，说白了，一是她是二婚，二是她是就业人员的子女。要不是这个坎儿，蒲忠全怕是早就表白了。有时候又想，现在都什么年代了，这些都不算什么，可转念又想再过几年监狱就要搬迁到青州市，到那时候，兴许就不会像农民工一样风餐露宿了，能做个正儿八经的警察，说不定还能找到个跟她一样漂亮娴熟能干的黄花闺女呢，还是等等再说……哎，管他呢，还是先解决眼前的事儿吧。

他左想右想，觉得还是先不给杜萌打电话的好，不捅破这层窗户纸，让谭振洋从心理上过了身份意识关再说，要不，以后工作还真难做。

不过，蒲忠全还是赶回监区，亲自指挥犯人腾出一间屋子，又把自己办公室两个破沙发搬了进去。怎么给郑怀远交代，怎么给监区民警解释，又怎么给罪犯一个说法，寻思了又寻思，盘算了又盘算，觉得理由找得差不多了，心里才稍稍踏实一些。

蒲忠全在监区和几个老犯散吹一阵，看看时间差不多了，就起身去高速公路口接郑怀远和自己同学的老丈人。

刚到高速公路出口，李家兴打来电话："老大，公安要带走冉金旺几个人，怎么办？"

"咋回事？"

"刚才工地上来了一伙身份不明的人闹事，被我们的人赶了出去，后来派出所就来了，几个被打的指认了几个罪犯，公安就要带走，你快来吧，我们快顶不住了……"

第二十二章　山雨欲来：警察与囚犯的特殊关系

两辆轿车后面紧紧跟随着6辆清一色的宝马，鱼贯从高速公路出口出来，引得路人侧目，不知情者还以为是什么大领导又来青州市调研检查呢。

郑怀远下车，没有看见蒲忠全，很是恼怒。

“这个‘蒲二小’，放牛放懒散了？连郑监的话都当耳边风……郑监，怎么办？我们直接到监区？”谢本川问。

“你留下，其他人都回去。”郑怀远闷声闷气地说。

谭振洋没有下车，他的几个手下则围着郑怀远，闹嚷说原计划是给老板接风呢，市里很多领导都在等着呢。

说实话，关于接风，郑怀远实在觉得有点过分了，但是想到收别人一扎票子，可又不好明确拒绝，他之所以要蒲忠全来接，拿捏准了蒲忠全定会坚决拒绝，这时候自己再顺水推舟，委婉拒绝，对方也不好说什么了。

可现在，这个蒲忠全却不见影子。

“哟！谭老板辛苦了！”一个熟悉得不能再熟悉的声音迎入耳鼓，郑怀远条件反射地背心冒汗。

徐文馨正给谭振洋亲热地打招呼，那情形像是多年的老朋友。

郑怀远低声责备：“你怎么来了？到车里说话。”

郑怀远和徐文馨相继钻进车里，关上车门。

徐文馨对司机递眼色，司机很知趣地说："我上个厕所。"

等司机出去后，徐文馨说："老郑，谭老板你可不要怠慢呀，他可是我的合伙人。"

"什么合伙人？"郑怀远气恼地问。

"我不是组建了一个建筑公司吗？你说我那点家底儿，怎么能在青州市混？谭老板一句话，让我挂靠在他们的建筑公司，这不，我正准备给监管区的建筑项目投标呢。老郑，谭老板可是我们的救命恩人呢。"徐文馨兴致勃勃地说。

谭振洋干咳一声："徐总言重了，举手之劳而已。对了，你尽管去投标，其他几个投标的公司都是我控制的，不过是做做样子，让程序合法而已。所以，你100% 中标。"

郑怀远脑海里又掠过那扎票子，还有几个小时前在总统套房里那几个赤身裸体的小姐，"说不定，这个姓谭的还摄了像？"想到这里，不由得额头冒汗。

徐文馨说："老郑，你怎么不说话？"

"哦哦……嗯嗯，是的是的……"郑怀远心不在焉地说。

谭振洋说："郑监啊，你别担心，到了这地儿，就是市委书记也得卖我几分薄面。这不，今晚一些领导非要给我接风洗尘，我说我现在是戴罪之身，出席这些场合不合适。可市委书记说，我来不合适，等过几天我们私下见见面，我派秘书来。连他都这么说了，你说我还能推辞吗？郑监，我觉得你也该结识一下这些头头脑脑们，毕竟你们以后要在青州市落脚，多个朋友好办事嘛。"

他停顿了一下，接着说："你放心，我知道我现在的身份，我会拿捏好分寸，不会给你工作添乱，授人以口实，让你为难的……"接着，他压低声音，"我这人无才无能，但是跟我接触的人都知道，就一点，有天大的事儿都自己扛着，绝不拖累朋友。所以呀，即使我进了监狱，还是有这么多有头有脸的朋友。"

话说到这份儿上，郑怀远不同意也不成，于是说："谭区长，你们私下是朋友，但是在公共场合，我们还是要注意一些，这样对大家都好。"

"知道知道，我也在官场滚打出来的，你放心吧。"谭振洋不紧不慢地说，又是一副官气十足的语气。

这种语气虽然很傲慢，令人不爽，但却使郑怀远的心宽了许多。

一行人正准备出发到酒店，不料蒲忠全打来了电话，说有人劫狱。

郑怀远看看谭振洋，突然感到一种前所未有的压力，就在他要给彭家仲报告的时候，谭振洋说："不可能！"

他眉头紧锁，寻思半刻，然后坚定地对郑怀远说："郑监，在青州市这地面上，怎么可能还有人敢劫狱呢？"

"你敢肯定？"郑怀远热切地看着他，要是真出现劫狱这样重大的事件，恐怕他这个副监狱长是当不下去了。

谭振洋摇下车门，招手叫一个手下过来："你马上查一查有人闹事么？"然后对郑怀远说："给我 3 分钟时间。"

果然不到 3 分钟，那人过来，俯身说："老板，在燕景路，派出所跟双河监狱的人闹起来了……"说到这里，他在谭振洋耳边嘀咕。

郑怀远尖起耳朵听，也没听见他说什么。

谭振洋还没听完，就发怒道："你们怎么搞的，都是吃干饭的？你们叫我的脸往哪里搁？去去去，马上去给我摆平。"随后满脸堆笑，对郑怀远说："郑监，没事没事，原来是我公司几个不知深浅的人与你们的人有点误会，抱歉抱歉……我已经派人去了，你就放心吧。"

郑怀远悬着的心一下放下来，把谢本川叫过来说："走，我们去看看。"

郑怀远一行赶到工地时，一切都恢复了正常，罪犯们正井然有序地劳动。

蒲忠全看见郑怀远后面那几辆一模一样的高级轿车，很是疑惑。

"没事了？"郑怀远问。

"没事了，没事了，不知怎么地，那伙人风卷残云似的走了，派出所的同志态度也 180 度大转弯，一下变得客气起来，还给我们道了歉……"蒲忠全说，语气中透出浓浓地迷惑。

"噢……"郑怀远若有所思，"你过来一下。"

蒲忠全跟着郑怀远走，来到警车边，郑怀远指着谭振洋说："他就是我从省局转调的人，以后就在你那里服刑。"

蒲忠全吃惊地看了郑怀远一眼，然后打量了一下谭振洋，没说一个字。

"蒲监区长，幸会幸会，以后还请多多关照。"谭振洋热情地伸出手，要同他握手。

蒲忠全冷冷地说："法律面前人人平等，不过既然郑监都打了招呼，我们在法规许可的范围内，会酌情给予照顾。但是，这里毕竟是监狱，所以你要首先弄明白三个问题：这里是什么地方？你是什么人？你来这里干什么？”

谭振洋被浇了一头冷水，把手缩回去，尴尬地笑笑。

谭振洋的几个手下脸上立即流露出愠色，不屑地盯着蒲忠全。

场面也一下子紧张起来。

郑怀远干咳一声：“忠全啊……”

他想打破紧张的气氛，却不知道说什么好。

谢本川拉拉蒲忠全，低声说：“你小子说话注意点分寸……”

“郑监，你是在这里把他交给我呢？还是回监区？”蒲忠全问。

“到监区……”郑怀远说了一声，便钻进车里。

车队耀武扬威地走了，扬起呛人的灰尘，留下蒲忠全一个人站在那里。

蒲忠全仰面望着灰蒙蒙的天空，长长地吁了一口气，但心头还是感觉像搁置了一块犁头，沉甸甸的，压得他有些痛。

“要下雨了……”他自言自语地说。

一辆宝马车返回，说郑监要他坐这辆车回监区。

仅仅三个月，监狱工作格局发生了翻天覆地的变化。

彭家仲推行机构改革，实行竞争上岗。分管监管执法的副监狱长郑怀远兼任迁建工程指挥部常务副指挥长，政治处主任顾卫国兼任纯工人单位党总支书记。30名中干被撤职，50名被调整岗位，马文革出任迁建指挥部副指挥长，熊晓戈出任办公室主任，华文虎出任销售公司总经理。被撤职的大多数与郑怀远有姻亲关系，但是被提拔的也有与郑怀远有姻亲关系，郑宝团就是一个例子，在彭家仲的力主下，被提拔为总会计师，依然兼任财务科长。也正是由于郑怀远兼任指挥部常务副指挥长，同样属于郑家家族的郑宝团被提拔，大多数民警职工都认为这次人事调整很正常，彭家仲没要刻意打击郑家。

不过，郑家的家族势力被大大削弱，这倒是个不争的事实。

据说，彭家仲找郑怀远谈话，语气十分强硬。又有小道消息说，彭家仲原打算有意让郑怀远出任迁建工程指挥长。人们不知道这些小道消息的来源，也无从确认它的准确性，但从各种迹象上看，都感觉郑怀远他们那一大家子人，确实没有往日那种目中无人或者说趾高气扬的架势了。还有个别人给蒲忠全打电话，询问在他那里担任教导员的郑怀远的三弟郑永东是不是恹恹了？

迁建工程指挥长由彭家仲亲自兼任。

在青州市的监管区全面开工，监狱又调了两个监区进驻青州，同蒲忠全的监区一起在监管区夜以继日地干活。到现在，主体工程的地基已见雏形。办公大楼也在今天进行了奠基典礼，罪犯劳动改造用的厂房也进入招标阶段。

按照监狱党委的计划，最迟在明年夏天来临前，新监狱将形成关押能力，在明年年底，办公大楼全面竣工，后年，双河监狱就可以实现整体搬迁。

尽管依旧是风餐露宿，尽管还是住在江村，但是毕竟没有了吃了上顿没有下顿的日子，劳动场所的监管条件也大为改善，监管压力减轻了不少，工作也没有那么繁重。然而，蒲忠全却没有感受到一丁点儿轻松，他总是在无意之间预感到监区要出什么事儿，特别是近段时间，这种感觉越来越明显。

其实他知道这个折磨着他的感觉的来源，就是谭振洋。

就在谭振洋到达青州市的那天，蒲忠全坐上宝马车一同回到监区，谭振洋看了看房间，倒没有说什么，可他几个手下却叫嚷开来，说我们老板怎么能住这种狗窝？

郑怀远脸色有些难看，这倒不是给蒲忠全看的，而是觉得这帮人太嚣张。

蒲忠全冷冷地说："你们几个出去！"然后扭头就训值班民警，"怎么回事？谁让他们进来的？"

值班民警有口难言，都耷拉着脑袋不吭声。

"在我们这样的关押普通刑事犯的监狱，从监狱建立之日到现在，从来没有罪犯住单间的说法，你可是破了先例，我实话说了吧，要不是有上面领导打招呼，这绝对是不可能的！我想提醒你的是，住不住单间，都改变不了你现在的身份，你是一个正在服刑接受改造的罪犯！"蒲忠全看着谭振洋，语气很冷。

这几句话说得谭振洋心里很不是滋味，自从被抓进看守所，到后来送到省里专门关押县处级干部罪犯监狱，都没有受过这般鸟气，而在家乡这个监狱，一个小小的监区长居然在他面前居高临下地指手画脚，他愠怒但不好发作，只好求助地看着郑怀远。

郑怀远此时也正好在看他，两人目光相对，郑怀远朝他点点头，然后对蒲忠全说："蒲监区长，到你办公室坐坐，我还有事要说。"

刚进办公室，狱政科长谢本川就批评说："蒲监区长，你现在是一方诸侯，按照古话说，就是封疆大吏，不是放牛娃儿了，说话也得看看场合嘛，郑监常说，对罪犯的教育改造工作，是一个复杂的系统性工作，一定要摒弃以前那种粗暴的管理方式，否则，我们就有可能违纪违法，甚至犯罪……”

“你看我这里像封疆大吏吗？”蒲忠全哭笑不得，冷淡地打断他的话，把头扭向一边。

谢本川一时语塞，脑海里晃过在省城接过谭振洋手下送来的那个胀鼓鼓的红包，少说也有一两万吧？现在，那个红包就在自己警裤裤袋里，裤袋很深，也很宽大，就是再装进去一两万，也不成问题，但此时，他突然感觉很沉，压迫着他的大腿，压力似乎正在扩散，像瘟疫一样，一路感染着他每一个器官。他目光散乱，在屋子里各个角落游走，但所看到的，不是那张断腿的办公桌子，就是被水侵蚀得斑驳的墙体，他觉得窒息，于是深深地呼吸，努力平抑内心这种莫名其妙的念头……

“怎么？你是不是病了？”郑怀远见他脸色异样，关切地问。

谢本川似乎没有听见郑怀远的话，依旧一副愣怔痴呆的模样。

蒲忠全推推他：“嗨，郑监问你呢！喂喂，你是真病了，还是在想哪个相好的？”

“噢噢……”谢本川回过神来，但不知道郑怀远问他什么问题，依旧一副愣愣的表情。

蒲忠全自我批评地说：“郑监，谢科长批评我接受，也许我的观念确实该更新了，改造罪犯也确实要创新方式，但是……但是……”

蒲忠全似乎不好表达自己真实想法，颇为顾忌的样子。

“你是不是想说，我们是执法者，凡是要讲法律依据，是不是？我理解你的担忧，所以，你刚才对谭振洋讲的话很正确。关于罪犯的住宿，法律只是规定了至少不少于多大面积，也就是说在单间的问题上，法律没有明文禁止吧？只要法律没有禁止的，我们都可以探索，对吧？谭振洋是一个很特殊的罪犯，或许这样做对他的改造真的有帮助呢？”

本来，蒲忠全早已做好了被郑怀远骂得狗血淋头的思想准备，出乎意料的是，他不仅没有骂，反而还肯定了他的做法。这让谢本川大惑不解，而让蒲忠全佩服得五体投地，也让他心里有了底儿，说明谭振洋调换监狱与郑怀远没有瓜葛，只是上面的意思，郑怀远指示给谭振洋特殊的关照，那也是上头的意思。在蒲忠全看来，是上头的意思就好办，现官不如现管，就是得罪了局长厅长他又能怎样？可是开罪了监狱领导，那就不好说了。其实呢，就是郑怀远不说，他也要关照谭振洋的，毕竟，这个人还是自己的同学杜萌的准老丈人。

楼上突然骚动起来，夹杂着谩骂声。

有人打架。

蒲忠全觉得自己很没面子，这些王八羔子竟然在分管监管执法的副监狱长来监区的时候打架！

他一个箭步冲出去，高声喝道："都他妈的干啥？"

值班民警在二楼上报告说冉金旺与那个新来的打起来了。

蒲忠全一怔，正寻思着怎么给郑怀远交代。

谭振洋几个手下一下子围过来，朝楼上嚣张地叫嚷起来说，我们老大就是在看守所和省城监狱，谁都不敢动他一根汗毛，你们吃豹子胆了？谁打的？有胆给老子站出来，哼哼，老子让你缺胳膊少腿地爬出青州……

冉金旺在二楼上用力拍打着胸口，挑衅地说："是老子打的，怎么着？凭啥他住单间，还有电视看？有本事给我们每个监舍都买台电视机，老子就不去他那里看。"

几个人被冉金旺气得直吹胡子，指着他威胁说："有种就报上名字来……"

"老子坐不改名行不改姓，你爷爷叫冉金旺。别他妈的狐假虎威，也不看看这啥地儿，监狱，你知道不？实话告诉你们几个狗崽子，老子跑江湖的时候，你们的老爹老娘还没睡在一起呢，就是老子出了监狱这道门，爷爷我也不怕你，哼，也许政府官员怕你们，公安怕你们，可你爷爷我不怕，大不了同归于尽，弄死一个扯平，弄死两个还赚一个，哈哈……"冉金旺豪气冲天，感染了一些人的情绪，都大声地应和着。

其中一个人对蒲忠全说："蒲监区长，你说这事儿怎么了结？你要是不给个说法……"

蒲忠全瞄了他一眼，轻蔑地说："怎么着？还想带人来打？"

几个人无可奈何，只好进办公室去找郑怀远。

郑怀远在办公室当然明白发生了什么事，对蒲忠全说："你调查一下，报个处理意见来。"

郑怀远说完，起身就走。

谭振洋几个手下也悻悻而去。

一行人刚走，杜萌带着谭振洋的女儿谭小婕又来了。

第二天，谢本川打来电话，明确指示要他至少要关冉金旺禁闭。蒲忠全没法，亲自赶回监狱，找郑怀远陈述利害关系，终于说服他同意只是给冉金旺扣改造分5分的处罚。蒲忠全又给谭振洋做工作，每天晚上让3个分队完成生产任务的罪犯看两个小时电视，他的工作就是管理电视。

其实呢，所谓电视管理员，就是掌握遥控板，锁定中央一台，不让其他罪犯随意切换频道。按理，这样的工作应该是监狱里最自在最轻松的工作了，但是没过多久，监狱给蒲忠全的监区派了一个教导员来。教导员职位在前任监狱长时候被废除，全部改任正科级副监区长，那么也就是说，监狱目前只有蒲忠全的监区设立了教导员，而且这个教导员还不是一般人，而是郑怀远的三弟郑永东，明确分管政工和监管执法。

郑永东上任后，谭振洋就隔三差五地请假，起初时还有民警陪同，一般晚上尚能归监。有时候警力紧张，郑永东就陪同，后来每次请假，就由郑永东陪着了。再后来，郑永东似乎成了谭振洋的专职陪护或者保镖，而且也不按期归监，在外边住一晚上，第二天才回来。蒲忠全听到其他罪犯和民警反映，查了一下，这个教导员上任不到一个月，就给谭振洋批了16次假。蒲忠全跟他交换意见，郑永东说："我都请示了狱政科的。"

谭振洋属于后勤中队，具体管理后勤的是魏德安，因为魏德安是这个监区的老监区长，所以蒲忠全就没设后勤中队中队长，大家按惯例还是叫他老监区长或者魏老爷。起初的时候，魏德安还担忧这样搞法说不定哪天会出监管安全事故，所以谭振洋有任何动向他都给蒲忠全说，可过了一段时间，魏德安什么也不说了。就在昨天，这个谭振洋居然在附近租了一套房子，打算就在那里接受法律处罚，接受改造。

这确实令蒲忠全很震惊，这么大的事情，郑永东居然没有同他商议。他给郑怀远打电话，郑怀远轻描淡写地说这事儿我知道，先暂时就这么办吧。蒲忠全想，既然你郑怀远都这么说，出了事有他郑永东兜着，关我屁事……

想了一阵，他觉得还是跟彭家仲汇报一下比较妥当，于是给彭家仲打电话。彭家仲问："郑监是什么意见？"

"郑监只是说这事儿他知道，暂时就这么办吧。"

"那就按郑监的意见办。"

“彭监，我真担心出事儿。要是谁给纪委、检察院一举报，就算他青州市纪委、检察院不理会，万一省纪委、省检察院知道了呢？谁能保证万无一失？”蒲忠全急急地说。

“哦……”彭家仲沉吟。

其实，彭家仲也密切关注着这事儿，作为监狱长，他清楚地意识到这件事隐藏着的危险性和危害性。但是，就在谭振洋要转入双河监狱改造之前，青州市吴市长就给他打了电话，介绍了谭振洋的一些情况，强调说他从关心一个犯错误的下级角度出发，请彭家仲给予照顾。随后又询问在迁建中有什么困难没有，还说以后有啥需要同地方协调的，可以直接去找他。

彭家仲猛然想起吴市长在老干部青州小区开工仪式后对他说的那句话，恰好就在那时候前不久，谭振洋被判 12 年有期徒刑，“难道谭振洋早有计划转到双河监狱服刑？正是因为有所求，所以才那么隆重地宴请司法系统的领导？”

想到这里，彭家仲的担忧陡然加深了，市委市府的主要领导插手谭振洋的改造，有些同志恐怕就会超越法律许可的范围给予特别的照顾，也就很容易触犯刑法。

另外，双河监狱虽然现在不受青州市委市府直接管辖，但监狱毕竟要搬迁到他们的地盘上，而且迁建工程才刚刚开始，很多事情还需要得到他们的支持，所以还是要考虑市长的意见。

“彭监……彭监……”蒲忠全见彭家仲不说话也不挂断电话，心头纳闷，便小心翼翼地喊。

“哦哦……”彭家仲回过神来说，“嗯……绝对不允许在外边租房子，罪犯要是搬到监狱外居住，实质上就是放弃监管权，那是触犯刑法的！”

蒲忠全立即把郑永东找来，把彭监的意见转告给他，要求他立即将谭振洋收监。

然而，郑永东走后没几分钟，蒲忠全就接到郑怀远的电话，郑怀远很生气，说你蒲忠全以后要给其他人汇报，就不要给我汇报，你当我郑怀远说的话是空气？

这下蒲忠全左右为难了，这时候，杜萌又打来电话，也质问：“我以前说过，我和谭小婕绝不会把你往火坑里推，但是有人想法设法要往火坑里跳，你就别在那里碍手碍脚的，何况，你能阻止他们吗？”

蒲忠全默然，是啊，他能阻止这些人吗？还是等等吧，等彭监再提起这事儿再说，哪怕是挨一顿批评。

但是，此后没人再提起这事儿，蒲忠全也嗅到其中的一些味儿，也就不再提，也不过问谭振洋的改造情况，就由他郑永东去鼓捣。

然而，蒲忠全还是担忧魏德安，他再过几年就要退休了，要是在这个时候弄出点什么事情，那他就愧对这位在他人生中有重大影响的老领导了。在蒲忠全看来，魏德安一定也是收了谭振洋的好处，要不然，按照他的资历，郑永东又怎能奈何得了他？又怎能绕过他这个监区长那么出格地关照谭振洋？

杜萌与她的女朋友谭小婕那天晚上来的时候，谭小婕大大咧咧地拿出一个胀鼓鼓的信封，放在他办公桌子上。蒲忠全看着杜萌，杜萌期期艾艾地不说话，目光散乱，不敢看蒲忠全。

“关照一下我父亲。”谭小婕说。

“都住单间了，还要怎么照顾？”蒲忠全心头感受到强烈的侮辱，不客气地反问。

“你一个月工资是多少？我每月付给你 10 倍的工资，把我父亲照顾好……”谭小婕依然是一副目中无人的样子。

“小婕……”杜萌打断了她的话，迟疑了一下，慢吞吞地说，“老蒲，话我也不多说了……钱我们收回，你看着办……”

蒲忠全这才笑起来：“我们之间本来就无须这么多废话嘛，他是你准岳父，我知道该怎么办。我可以不安排他做事，我保证没人敢欺负他，记功减刑我也可以做做工作，难道这还不够吗？”

“不够！”谭小婕说，“我父亲还要打理公司呢，没有电话、手机怎么联系？有时候难免要出去一下会会客人什么的，还有，你这里条件实在是太差了，能不能把他住的那间房子装修一下，当然，费用我们自己出……”

蒲忠全很诧异地看着杜萌：“换你来，你敢吗？”

杜萌低着头，一言不发。

“小婕，你就是给我 100 万，我也不敢超越法律许可的范围，否则，我也会脱下警服穿上囚服。你说我要是也进来了，要这 100 万有什么用？我劝你不要再在这个问题上枉费心机了，我相信其他民警同样会算这笔账的，至于那些领导，我想他们比我们更明白这其中的利害关系……”蒲忠全苦口婆心地说。

“你不敢做，那为什么其他人敢？算了，你跟杜萌一样的死脑筋，懒得跟你说了，你不敢做，我找其他人，哼，省城那个监狱都能办到，我不信你们这里就办不到……”说完，谭小婕扭头便走。

杜萌拍拍蒲忠全的肩膀，无可奈何地笑笑，低声说：“我还是那句老话，我可不敢把你往火坑里推，但是，如果其他人非要往火坑跳，你可别拦着啊！”

蒲忠全当然明白他的意思。

但是，令蒲忠全没有想到的是，这些非要往火坑跳的人中，有一个竟然是他最尊重的老领导。

今年冬天的第一场雪也许是来得很早的缘故，夹着雨点，直直地落下，大地没有积雪，洁净的街面上抹上了一层浅浅的湿润，清新而灵巧，掩盖了这座城市的躁动的浮尘。嘉陵江变得清澈起来，平静的江面像一块淡绿色的玻璃，飞舞的雪花在江面上突然泯灭，江水愈发显得宁静而悠远。对对情侣在大街小巷漫游，小孩在人行道上追逐着雪花，几只流浪狗在滨江大道上嬉戏……

这个初冬，格外温暖。

监狱要求保障罪犯和民警的休息时间，不准超时超体力劳动，但迁建指挥部又有工期限制，所有的监区都只好一班三倒地干，罪犯得以休息，可民警只好加班。连续几个月没日没夜地奋战，蒲忠全身心疲惫，所有的民警都感觉比外劳还辛苦。然而，令蒲忠全担忧的是，民警的收入却不如从事外劳，民警的思想波动很大。

蒲忠全是理解的，就算资历最长的魏德安的工资也不过1300元，他的工资才900多元，一般民警大多都在600元到900元，仅仅拿这个工资来养家糊口，不捉襟见肘才怪呢。在外劳打开局面后，监狱本部很多民警通过各种各样的关系千方百计地想调来，现在呢？很多人都有再调回去的想法。

当然，蒲忠全本人收入上也受到很大的影响。

彭家仲当时为了撞击双河监狱各阶层的思想，也是为了减轻监狱的经济负担，给蒲忠全的政策是自主分配，不向监狱上交一分钱。监区没有完善的财务机构，工程的估价都是蒲忠全说了算，结算也是他说了算，王亚敏既是会计又是出纳，具体分配也是蒲忠全和魏德安说了算，所以外劳原本就是一本糊涂账。

孟子在几千年前都总结出中国官场潜规则：“劳心者治人，劳力者治于人。”就是在当今我们伟大的党领导下的政府，有些领导干部尽管在各种场所、各种会议上都大讲特讲关注民生什么的，一旦到分配问题上，都是自己先拿掉一部分，然后再来讨论分配方案，看似民主公开公正，实际上道貌岸然，有点“又当婊子又立牌坊”的意味。蒲忠全逃不出这个潜规则，也无法逃出这个潜规则，如果不把几个副职、监狱职能部门和个别监狱领导摆平，就算你有三头六臂，你的工作都会搞得像一团乱麻。

而还有一个现实的问题是，究竟给民警发多少？他吸取到青州市第一年分完分尽而带来的负面影响的教训，认为必须还得参照监狱本部的收入状况，要是高出很多也要起副作用，所以蒲忠全和魏德安讨论了又讨论，顶多高出 1 倍至 2 倍。那么剩下的钱怎么办？总得找个理由花掉，结果蒲忠全就心安理得地花钱，该请客就请客，该报账就报账，该买东西就买东西，这一切就只有王亚敏略知一二，其他人被他的公正蒙得一愣一愣的，一方面给他大唱赞歌，另一方面更加积极主动地投入到外劳大挣钱工作中。

就这么着，蒲忠全很快帮家里还清了欠款，父母亲皱巴巴的脸上终于流露出幸福的笑。

然而，蒲忠全的收入的大部分并不是合乎情理地多报几次招待费，重头还在工程结算上。这是个无底洞，在这个洞里，黑漆漆的，拿了钱就走，谁也见不着谁，谁也不认识谁，连影子都没有留下。然而，蒲忠全依旧很低调地生活着，穿的永远是一双刚从外劳工地回来的泥泞斑斑的皮鞋，一身被七月火热的太阳炙烤过发白的警服。就连监狱在青州修建民警住房的时候，他还宣称自己根本买不起，还是胡玲玲帮他垫支的首付。而实际上，蒲忠全当时以他父母的名义已经在青州买了一套房子。

迁建工程展开后，他的监区又开始吃“皇粮”，一切又回到原点。尽管很不适应，但那种糊里糊涂地拿钱而在心里时常涌动的惴惴不安反倒消失了，常在河边走，哪能不湿鞋？把那段不太光彩的人生埋葬，做回稳稳当当的公务员，任风云变幻，而衣食无忧，何乐而不为呢？这样一盘算，也就释怀了。

只不过，数着花花绿绿票子的那些光景，时不时依然会莫名其妙地浮现出来，带来一丝丝快感，还夹杂着一袭不安……

日子就这么过着，忙碌、单调、失落、期望，还有患得患失的心情里裹着一丝丝焦虑……

两年之后，又一个冬天。

蒲忠全浑身泥泞，站在楼顶的架子上，长长地吁了一口气。放眼望去，一字排开的十六幢监区开始封顶了，一座整齐的监狱已成雏形，尽管在这里还显得有些孤单，但透过雨雪，与市区高耸的电梯公寓遥相呼应，给这片不毛之地带来繁荣的希望和遐想。

由于搬迁资金问题，工程时断时续，但毕竟还是缓慢地向前推进，如今，办公楼主体工程已经完成，成为这里最高的建筑，也是青州市城南标志性建筑。

这也许是他们这些像建筑工地的农民工一样的民警们的动力所在。很多在身体和精神上吃不了这个苦的民警看到这一排排监房，在蒲忠全他们的说服下，也打消了回监狱本部的念头。

之前信誓旦旦要离开监狱跟张景然走的王亚敏也放弃了这个念头，打算安安心心地就在监狱工作。

“哦……”蒲忠全突然想起今天是张景然满刑的日子。

早晨，他把张景然送出监房大门，握住他的手说：“王亚敏是我同学，你得好好待她，你小子要是敢欺负她，我可要带上几百人来讨说法。”

张景然连连鞠躬，热泪盈眶：“老大，你放心吧，我张景然不混出个人样，我对不起你，更对不起亚敏……”

手机响起来，是王亚敏打来的，说今晚张景然全家请他吃饭。蒲忠全应诺了一声，看看天色，便往楼下走。

李家兴他们几个民警正围坐在火堆边烤火，见蒲忠全下来，都站起来。

李家兴已经被提拔为副监区长，分管监管执法工作。

蒲忠全李家兴问：“张景然请你了吗？”

李家兴说：“请了，原四监区的他都请了，我正想给你汇报，今天是不是早点收工……”

“收吧。”蒲忠全坐下来，伸手烤火。一阵风盘旋而来，青烟四处乱窜，呛得他无法呼吸，连忙站起来，退了几步，背过身，一阵猛咳。

他突然想起了什么，便问李家兴：“谭振洋收监了吗？”

“还没……”李家兴说。

“怎么回事？”蒲忠全一下子火了。

“郑教导员说再等几天就收回来……”李家兴低声说。

蒲忠全火气更大："你听我的还是教导员的？"

"……"李家兴想说什么，犹豫了一下，把他拉到一边，才说，"老大，我当然听你的，可……郑怀远亲自给我打电话，要求推迟几天收监，说什么下个礼拜谭振洋他老母亲过生日，等过了这个生日就收监……老大，你我都知道，这郑怀远、郑永东他们跟谭振洋扯不清道不明，我们也犯不着为一个犯人得罪他们吧？都拖了两年了，不在乎这一时半会的，是吧？"

"不得罪他们就得罪了彭监，这次彭监可是动了真格……"

"就几天时间，彭监要是问起来，就实话实说，把责任推到郑怀远身上，我想他们也不会撕破脸皮的。"李家兴胸有成竹地说。

蒲忠全赞赏地看看他："你小子有长进了，前途光明……"

"老大，这说哪里话呢？我再长也没你长得快，我也就是个副科级的料，哪能跟你比？我听人家说这次要提拔两个副监狱长，大家都在议论，你这次十拿九稳哟。"李家兴巴结地说。

"所以，你赶快把谭振洋收监，免得有人拿这事儿做文章。"

"为了老大的前程，我就是得罪郑怀远，也得把这事儿办了，明天一早我就把他押回来！"李家兴信誓旦旦地说。

其实，把谭振洋收监，也不全是为了自己的前途，早在两年前，彭家仲就明确指示必须收监，后来他没有过问，蒲忠全碍于郑怀远的情面，更主要是碍于杜萌的情面，也就没有再追问。昨天彭家仲来检查工作，突然问起这事儿，语气凌厉。蒲忠全当着郑永东的面不好说，只好一个劲的认错，并保证立即收监。

等彭家仲走后，他立即跟杜萌联系，要他配合做一下谭振洋的工作。杜萌没有什么意见，表示理解。

没有下雨了，雪花变得完整起来，晶莹剔透的，大片大片的，纷纷扬扬的，交织成无边无际的帘，在暮色苍茫的黄昏里，尤显得轻巧而文静，仿佛在静静地期待什么……

一辆猩红的轿车停在离工地不远处的大道上，格外抢眼。

蒲忠全远远看见，心里无端揣测这究竟是谁的车？探监的？还是梅开蕊？难道是胡玲玲？

将近一年没见着梅开蕊了，打电话总是关机，发信息也没有回。偶尔不自觉地想起这个人，蒲忠全回过头来想想，也觉得奇怪，怎么就无缘无故地想起她这个风尘女子呢？寻思一阵，“也许是工作上需要她帮忙吧？”他最后总是解脱地摇头。

当蒲忠全靠近车子时，车门突然打开，一个女子探出头来，对他喊：“‘二小’……”

果真是胡玲玲！

蒲忠全心里掠过一丝慌乱，迟疑了一下，加快脚步走了过去，站在车窗前看着她：“你怎么回来了？”

胡玲玲打开车门，努努嘴：“上来呀……”

犹豫了一下，蒲忠全还是钻进车子，阵阵暖风迎面扑来，说不出的舒坦。

胡玲玲开着车，靠着人行道像蜗牛一般缓缓行进。两人都不说话，气氛很是沉闷。

“你考虑得怎么样了？”最终还是胡玲玲打破了沉寂。

其实，胡玲玲突然到来，蒲忠全颇觉意外，但似乎又在意料之中。上个礼拜，胡玲玲突然给他打电话，问他喜不喜欢她？如果喜欢就嫁给他。蒲忠全哼哼哈哈一阵，说了一大堆不着边际的话，也许是搪塞，也许是需要权衡。过了两天，胡玲玲又打来电话，直截了当地说你跟我结婚吧！蒲忠全吓了一跳，意识到胡玲玲一定是出了什么状况，问她，她又不说。就在昨天晚上，她再一次打来电话说你必须跟我结婚，哪怕是假结婚也罢。

蒲忠全越发一头雾水。

对于这个胡玲玲，蒲忠全总是觉得像一根爱情鸡肋，弃之可惜，食之呢？担心以后会像一根鱼刺卡在喉管里。他知道症结所在，那就是胡玲玲是个二婚。如果不是二婚，他一定拼死拼活地追到手。有时候他也抱怨自己，这都啥时代了，还在乎那些？自己还不是也睡了几个女人！“赤裸裸的、落后的、愚昧的、万恶的封建思想！”他时常这样咒骂自己。但还是下不了决心，看来这封建思想是基因，是遗传，是浸透在骨子里面的，既然这般，那就再走走看看……

“究竟出了什么事？”蒲忠全看着她关切地问。

“你只管告诉我，愿意不愿意。”胡玲玲看起来情绪很低落，但语气却显得很生硬。

蒲忠全不知道如何回答，干脆保持沉默，气氛顿时陷入窘迫，这在胡玲玲和蒲忠全之间从认识的那一天开始就不曾出现过，正因为如此，蒲忠全感觉特别压抑和难受。他想打破这种气氛，但脑袋里一片混乱。手机响了起来，蒲忠全暗暗吁了一口气，心里感谢这个打电话的人。

是张景然的电话。

蒲忠全对胡玲玲说："今晚王亚敏和她男朋友……噢噢，就是那个叫张景然的罪犯，今天满刑……他们请客，要不一起去？"

胡玲玲突然将刹车踩死，尽管车速很慢，但蒲忠全整个身子还是朝前冲，差点撞在挡风玻璃上。

胡玲玲双手把着方向盘，把脸靠在上面，身子剧烈地起伏……

时间似乎真的凝止了，蒲忠全不知如何是好，嗫嗫嚅嚅地说："啊？……狐狸……你怎么……我我……到底咋了……"

"没咋了，没事没事。"胡玲玲突然抬起头，又发动车子，跟先前一样缓缓地开着车，语气镇静，好像刚才什么也没有发生一般，"我呢，就是想找你帮个忙，还彭监一个清白。如果你不乐意帮这个忙，我能理解，就当什么事都没有，我们依旧跟以前一样，同志朋友加兄弟……你到哪里去？是去参加王亚敏的聚会吧，在哪里？我送你过去。"

"还彭监一个清白。"蒲忠全心里重复着这句话，纷乱的心又变得沉重起来，难道有人利用那些传闻大做文章，抑或是那些传闻被证实是真的，已经影响到彭家仲的政治生命？

第二十三章　离奇车祸：就是要监狱长死

先是细细密密的雨雪，把悬浮在双河监狱上空的粉尘荡涤得无影无踪，继而雨停了，鹅毛般的大雪铺天盖地而来，一夜之间，掩埋了随处可见的垃圾，也湮灭了监狱破破烂烂的色调，一切的一切陡然变得圣洁起来，静谧而悠远……

彭家仲今天的日程被办公室主任熊晓戈安排得满满的，上午去青州民警生活小区（以前叫老干部小区，迁建工程在省发改委立项后，就更名为民警生活小区）现场办公；检查两个老红军房子的装修情况；去迁建工地看看；下午找市委市府协调给民警小区安装水电气问题，然后赶回监狱参加一个由省局部署的专项活动动员会。

彭家仲听完熊晓戈的汇报，就说那个专题会有王书记参加，我就不参加了。熊晓戈迟疑了一下，说我起初也是这么想的，可郑怀远副监狱长亲自跑来说没有你彭监参加，这专项活动搞起来就有阻力，所以……

此时，郑怀远正好走进来，以请示和讨好的口吻说："是啊，我可不想给彭监抹黑，这专项活动怎么着也得走在全省监狱系统的前列吧，所以，请你务必抽时间参加一下，哪怕是来坐坐，讲几句就走也成。"

彭家仲很欣赏他的这种态度，于是说："那好吧，我来讲几句。"

郑怀远满足地走了，走之前还道了一声"谢谢"。

熊晓戈望着他的背影说："真是此一时彼一时啊，想当初，彭监你何其艰难，调一个罪犯都不成……彭监，郑家的家族势力土崩瓦解，现在我们监狱是政通人和，政令畅通……”

彭家仲摆摆手，笑道：“罢了罢了，我都是拍马屁出身的，你还来这一套？何况你这拍马屁的功夫也太差劲。”

熊晓戈不好意思地笑：“我不会说话，见笑见笑……彭监，就这么着，我先去喊司机，在门口等你？”

不过话又说回来，能压制住郑怀远这股家族势力，彭家仲认为这是他在双河监狱所做的一件大事，以前，就连前任监狱长汪庆书也只有采取提防加怀柔策略，而王福全呢，则一味采用拉拢与和稀泥的方法，根本撼不动郑家这盘根错节的势力网。自从机构改革以来，彭家仲明显感觉到工作上的阻力减少了，到现在，大事小事，基本上他说了就能作数。在班子里，唯一能跟他唱几句反调的也只有马洪扣。不过，他心里很清楚，马洪扣本质上是站在他这边的，无论怎么样，他的出发点是好的，所以沟通起来也很容易和顺畅。

彭家仲正准备出门，马洪扣走了进来。

“老彭，我问你个事儿……”

“怎么啦？语气这么严肃？”彭家仲笑笑。

“你得给我说实话！”马洪扣沉重的语气中夹杂着关切。

彭家仲估摸着又出什么事情，而且这事儿跟他本人有关，于是说：“你问吧。”

“你跟胡玲玲是不是好上了？”

彭家仲吃了一惊，盯着他发脾气：“这些人一天到晚正经事儿不干，磨磨唧唧干什么呢？”

马洪扣低头沉默了一会儿，站起来就走。

“老马，事情很严重吗？”彭家仲连忙拦住他。

“我不知道……不过，你最好打电话给你老婆，问问……”马洪扣欲言又止，走了出去。

彭家仲拨通妻子王卿的电话，却不知道如何询问此事，于是改口询问女儿的学习状况。

王卿冷笑：“你还记得起你还有个女儿？”

彭家仲这才问：“怎么了？出什么事了吗？”

“出没出事你自己最清楚。”说完便挂了电话。

他又拨电话，王卿却不接了。他看看话筒，自言自语地抱怨："这啥跟啥呢？无理取闹嘛。"随手抓起公文包，匆匆朝楼下走去。

按照监狱计划，民警小区收尾工程在本月完工，很多民警期盼着今年在青州市过春节，所以必须在下月初交付，而青州市这两年经营城市，大规模拓展城市区域，大规模建房，需要安装水电气小区很多，排队都排到明年 4 月，如果按照正常排队，民警小区要在春节后才能安装，迁建工程副指挥长马文革上上下下跑了个遍，该交的钱都交了，该送的红包都送了，市府分管城建的领导终于松口，需要彭家仲出面最后协调，同时还需要跟水电气公司的主管领导磋商具体安装日期。彭家仲倒不太在意这些，这些工作好办，一则双河监狱搬迁毕竟是青州市的重点工程，二则就是有些难度，不外乎请请客送点红包就可以办到。

他更关心的是专门给何德才和郑三旺两个老红军的房子装修的问题，这个马虎不得。

在监狱即将铺开搬迁工作之前，彭家仲跟何德才聊了一个上午，终于把他给说动了，监狱不收他一分钱，在那栋坐北朝南的一楼给他留一套房子，门前圈一小块地，权且算作自留地，至于种花还是种菜，由他自己决定。当然也给郑三旺留一套房子，紧挨着何德才那一套。郑三旺是郑怀远的父亲，起初成天找彭家仲闹，说什么也不去青州市，要彭家仲把那套房子折算成钱给他。郑怀远来劝，他脱下鞋就追着郑怀远打，其他两个儿子郑志军、郑永东根本不敢靠近，弄得彭家仲办公室乌烟瘴气的。还是何德才来解了围，把郑三旺训斥一顿。

何德才老红军心气顺了，老干部的思想工作就好做得多，老干部工作好做了，监狱开展任何工作就顺畅得多。

昨天他去红军院，跟何德才又聊了一上午，征求他的装修意见，更主要的是找他聊聊天，虽然有两个女儿一个儿子都在身边，但老人还是需要监狱领导级别的人陪。彭家仲几乎每个月都要抽出半天时间陪他，每次彭家仲一来，他高兴得像小孩一样，反反复复地跟彭家仲讲过去那些还残留在脑海里的往事。

车子刚出监狱大门不远，彭家仲看见何德才在大雪覆盖的公路上艰难地走，连忙叫司机把车停在他身边，下车扶住他说："何老，你这是上哪里去？你怎么不给我打个电话？我好派车送你啊。这么大的雪，多危险……"

何德才乐呵呵地说："这有啥危险的？枪子儿我都不怕，还怕大雪不成？"

"来，我扶你上车，到哪里去，我送你。"

“不中不中，我可不能耽误你的工作，你忙你的去吧。这雪啊，下了 4 天半了，在屋子里闷得慌，我出来随便走走。”何德才说完就要走。

熊晓戈很了解他的脾气，于是说：“彭监今天专门去看看为你装修的房子呢，要不你跟我们一起去看看？”

“会不会给你们添麻烦？”老人有些犹豫。

彭家仲也正有此意，忙说：“哪会呢？”

蒲忠全颇为意外的是马文革也在，站在那里跟王亚敏、张景然忙着招呼客人。看样子客人很多，陆陆续续不停地来。

马文革看到了蒲忠全，朝蒲忠全这边瞄了一眼，走过来热情地打招呼：“我说你老弟咋还没来呢？原来去接监狱第一美女去了……玲玲，请请请，你这一来，这个聚会规格就高了一个档次……”

胡玲玲尽管对这个副指挥长没什么好感，但他那献媚的言辞依旧讨人爽心，于是嫣然一笑：“我是送蒲忠全来的，我还有事，先走一步。”

马文革凑过来说：“罗姨（王福全的老婆）也在这里，还是去吧。”

蒲忠全惊讶地反问：“罗姨也在？”

“你 OUT 了吧？”马文革拍拍他说。

胡玲玲嘲笑道：“我说堂堂迁建指挥部副指挥长怎么在这里当店小二呢？”

“我这人嘛，只有给像你这样的美人儿和领导跑堂，你要是召唤我，我随时给你提包包，嘿……蒲忠全要是当了副监狱长，我一样鞍前马后地伺候。”马文革丝毫没有被嘲笑的那种尴尬或者不快，乐呵呵地对她说。

胡玲玲伸出大拇指比划：“马哥不愧是马哥，蒲忠全，你小子这点上可得跟马哥好好修炼，要不你这一辈子就是个监区长的命。”

这时，王亚敏出来看到胡玲玲，惊喜连连，拉着她的手激动得眼泪哗哗的。胡玲玲理解她的心情，拍拍她的头，安抚地说：“你认为值得就成，姐支持你。”

“你说什么？！”蒲忠全惊恐而发颤的声音让所有人的目光全部齐聚到他的脸上。

他正把手机紧贴在耳朵上，手也在微微发抖。

他接完电话，看看了在场的人，把马文革和胡玲玲拉到一边，低声说：“彭监出车祸了……电话是熊晓戈打来的，断断续续地说他们在武关垭出了车祸，看样子受伤不轻。马指挥长，你说怎么办吧？”

“马上去救援，还怎么办？我车就在下面，赶快走呀。”胡玲玲焦急地说。

马文革习惯性地推推眼镜，略微一沉思，说：“别急，我看这样，玲玲就留在青州，马上给监狱报告，请监狱马上派人救援。我们这离武关垭近一些，我和蒲忠全带领这里所有的民警赶往出事地点。”

雪停了，夕照点点，风掠过荒芜寂寥的山谷，积雪纷纷扬扬地落下，沙沙的声音穿透胸膛，凛冽的寒意便直入肌肤，让人不敢留恋这黄昏中白雪皑皑的画卷，龟缩在屋子里不愿出来……

今夜，将特别寒冷。

郑怀远拖着疲倦的身子刚回家，徐文馨和郑志刚、郑永东都站起来望着他。

“听说……何德才死了？真的还是……假的？”郑志刚很小声地问，声音有些含混，所以又像是自言自语。

郑怀远心头掠过一丝不安，坐在沙发上闭目养神。

“嗨！你倒是说话呀？”徐文馨坐在他身边，抓住他的肩用力摇晃了几下。

郑怀远被他们吵得愈加心烦意乱，霍地站起来冲着徐文馨发脾气：“你一天到晚瞎折腾个啥？你怎么不问问我累不累？吃没吃饭？”

“哟？！你郑副监狱长啥时候缺吃缺喝的了？你掰手指算算，一年有几天在家里吃饭？你冲我发什么脾气？哼……”徐文馨反唇相讥，一点也不让步。

郑志刚连忙把郑怀远拉到另外一个沙发上坐下，对郑永东说：“永东，打个电话叫人送点菜来，大哥心情不好，我们哥儿俩陪他喝几口。”

“不吃了不吃了。”郑怀远然后盯着郑志刚问，“你老老实实地告诉我，这事儿与你有没有关系？”

郑志刚一怔，但立即说：“没有，怎么会与我有关系呢？你是知道的，我平常就只是抱怨抱怨，口无遮拦，说些狠话而已嘛，大哥……”

“究竟有还是没有？”郑怀远声色俱厉，把徐文馨都吓了一跳。

郑志刚迟疑了一下，然后说：“没有……”

郑怀远长长地吁了一口气，喃喃地说：“没有关系就好，没有关系就好……”

“事情很严重吗？”徐文馨问。

“司机死亡，彭家仲和熊晓戈重伤，你说严重不严重？”

“那何德才呢？”

“这老红军……外表看只是一点擦伤，不过现在都没有醒来，看来凶多吉少……”郑怀远深深叹息。

“那肇事车的司机呢？”郑志军紧接着问。

“出事地点就他们几个人，说明那肇事司机没有受伤或者受伤不严重，跑了。”

郑志军突然喜笑颜开地说：“这下可好了，彭家仲既然重伤，一时半会怕是好不了，要是落得个什么残疾，也不适合再当监狱长了，现在又处于迁建的关键时期，哥你是常务副指挥长，除了你，谁还能做我们监狱的监狱长？”

郑怀远当然明白这其间的厉害关系，但现在这个眼骨节上，处处要低调小心为好，于是严肃地说：“都啥时候了，还想着这些乱七八糟的事？你就没点同情心吗？你们都给我记住，我无意当什么监狱长，就是厅里有这个意思，我也不干！”

徐文馨知道丈夫的心思，便说：“你哥说得对，不就一个监狱长么？就是请我们家老郑干，也不干。你们哪，也别再外面胡扯什么，啊！”

郑志军想说什么，可话到嘴边又硬生生地咽了回去，心不在焉地走了。徐文馨把郑永东也打发走了。

“老郑，这事儿蹊跷……”

“一切等交警队的报告，你可别乱说。”郑怀远瞪着她说。

徐文馨点点头，若有所思。

“你想什么呢？”郑怀远见她一副魂不守舍的样子，不安地问。

“老郑，我担心军子卷入这事儿中……我看呐……这事儿你不上心也得多长个心眼儿……”

郑怀远隐忧的事情终于还是被捅破了，彭家仲推行机构改革，郑志军被撤职，从以前掌管监狱销售、供应两大块的一把手，一下子被降为普通民警，心理落差可想而知。这小子在很多场合扬言要报复彭家仲，前不久，还试探性征求过他的意见。

作为长兄，他既对彭家仲怀恨在心，但又不希望弟弟走向极端，所以只有开导和规劝。郑志军固执地说：“大哥，你想想，只要彭家仲在双河监狱，我就永无翻身之日。我不信他就是圣人？圣人还要搞婆娘呢，我不信就抓不到他的把柄。何况，想整死彭家仲的不只我一人，一招呼保准黑压压一大片，我自有分寸，哥你就放心吧。”

郑怀远不安地沉思："难道他真的参与了这件事？要真是这样，那是刑事案件，问题就大了……"

"你说，老二要是真搅和进去了，我能去过问？这不是自己给自己揽祸事吗？"郑怀远无可奈何地叹息，咬牙切齿地说，"听天由命吧！"

彭家仲先陪何德才去民警小区看了看正在给他装修的房子，吩咐熊晓戈按照老人的意见与装修公司交涉，他则带领马文革去找市府分管领导协商小区安装水电气等事项。下午，在回监狱的途中要到武关垭的时候，何德才提出去看看监狱定点帮扶村的那几位儿女都在外打工的老人。上半年彭家仲去看望他们的时候，把何德才也请去了。彭家仲给郑怀远打电话说下午他就不参加动员会了，叫熊晓戈在路边一家商店买了一些大米、菜籽油什么的，冒着大雪进山了。乡亲们知道年逾 80 的老红军何德才在这么恶劣的天气里来了，都感动得直流泪。而何德才老人呢？多年没有体验到这种鱼水之情，当然兴致盎然，跟老乡们聊起来就没完没了。天色渐渐黄昏，在彭家仲和熊晓戈的催促下，他才同乡亲们依依不舍地道别。

车祸就发生在从山上下来的路上，一辆车子从前面一段公路的高坡上冲下来，将彭家仲他们乘坐的小车撞飞出去。万幸的是，在距离乡间公路 10 来米的山坡上有一个 3 米到 4 米的平台，平台下就是看不到底的山谷。正是这个平台救了彭家仲他们，车子就落在这个平台的边缘，要是被撞入山谷，怕是真要粉身碎骨了。

然而，司机当场死亡，彭家仲和熊晓戈重伤，万幸的是何德才虽然也昏迷了，但只是受到了轻微的擦伤。

最先醒来的是熊晓戈，他双腿剧烈地疼痛，下半身被卡死，不能动弹，上半身还勉强可以活动。其他几个人浑身都是血，他将每个人的名字喊了几声，没有回应，便艰难地摸出手机，给蒲忠全拨了电话。

马洪扣接到电话时，厅局纪委三个人正在他办公室同他商议如何调查彭家仲和胡玲玲暧昧关系的事情。当天刚上班，他就接到局纪委打来的电话，马洪扣问真有那么严重，需要你们出马？局纪委说很严重，有影像证据。厅局同志到达监狱后，给他出示了部分照片，从照片上看，彭家仲和胡玲玲确实关系暧昧，有些照片不堪入目，相当不雅。厅纪委同志说这次调查时厅长亲自部署的，除了这件事情外，还有其他几件事情一并调查，一是双河监狱处置煤矿资产存在侵占问题；二是青州市一些地方人大代表反映双河监狱民警不像民警，罪犯不像罪犯，监狱不像监狱，有损青州市整体形象，有悖于国家法律制度；三是彭家仲滥用职权，任人唯亲，买官卖官，无端撤销或调整监狱100多名中层领导干部。

马洪扣说，关于他和胡玲玲的事情我不清楚，但这几件事我是清楚的，监狱处置煤矿资产存在侵占问题不是已经调查过并作出结论了吗？青州市所谓人大代表反映的问题，实际上就是我们一个监区长带上几个罪犯去收款，欠钱的那位就是地方人大代表，言语之间有些冲突而已，这件事我们党委也作出了处理，也向市委市府市人大做了汇报；至于说彭家仲同志滥用职权，任人唯亲，买官卖官，简直是无中生有，机构调整方案是上报了省局，党委集体研究决定的嘛。

厅局纪委同志说，老马，你是我们纪委的，不要先入为主，你一开始就有抵触情绪，这还怎么查？彭家仲曾经也是我们的同事，在一个院儿里上班，抬头不见低头见的，我们也不想查。但是如果他真没什么问题，害怕查吗？调查正好还他一个清白，更能提高他在双河监狱的威信嘛。

正说着，王福全来电话说彭家仲出了车祸，监狱马上组织营救。

马洪扣问："调查还要继续吗？"

纪委同志说："这得请示刘厅长。"

马洪扣说："那你们先请示，我去救人了。"

说完撂下他们就跑了出去。

一死三伤，而且事故发生在去对口帮扶的路上，经司法厅向省委省府汇报，引起省有关领导和部门的高度重视，分管政法的省委副书记、副省长，省委政法委书记等相继探望在省城最好医院接受治疗的彭家仲、何德才和熊晓戈。监狱管理局和省扶贫办派出要员出席司机的葬礼，地方市县两级党委政府也率领相关部门出席葬礼。

司机被追认为烈士。

省委政法委要求公安机关加紧调查，缉拿肇事司机归案。几天之后，刘德章又陪同分管政法的副省长来监狱现场办公，当即表态支持司法厅把双河监狱建设成全省一流监狱，马上落实省级配套资金。财政厅领导也当即表态回去就下拨专项资金。

紧接着，监狱管理局外宣中心要求双河监狱马上组织专业班子撰写彭家仲等四人的先进事迹材料。省监狱管理局、司法厅、省扶贫办、省委政法委、省政府的简报随即下发，要求全省各级政府、公务员，向彭家仲等四人学习，向双河监狱学习。省委组织部把双河监狱党建工作列为示范窗口，省纪委把双河监狱列为警示教育基地，省扶贫办把双河监狱列为示范单位，团省委把双河监狱列为青少年革命传统教育基地……

荣誉像雪片一样飞至双河监狱，更重要的是解决了困扰监狱两年多的省市两级配套资金问题，这意味着迁建工程即将提速。

司法厅政治部宣布，在彭家仲同志治疗期间，由分管监管执法的副监狱长、迁建工程指挥部常务副指挥长郑怀远履行监狱长职权，主抓迁建工作。郑怀远更加平易近人，每天穿梭在基层各监区现场办公，更多的时间则是泡在迁建工地，事无巨细地亲力亲为。每天晚上他都给彭家仲电话汇报当天的工作，然后亲自到王福全家里汇报请示，偶尔还主动到马洪扣那里坐坐，通报一下各项工作进展。在双河监狱，只要他们四个人意见统一，就代表班子意见统一。在他的督办下，监狱各项工作，特别是迁建工程有条不紊地推进，明显加快了速度。

然而，厅纪委那四个专门来调查彭家仲的人却没有走，悄悄地住在青州市一所普普通通的旅馆里。

待双河监狱稍稍平静了一些，他们把马洪扣叫去说："我们的调查要继续。"

马洪扣问："这是厅长的意思？"

"是的。"

"我实在不明白，不就一个生活作风问题吗？就为这个而毁掉他亲手树立起来的典型？就算他彭家仲跟胡玲玲是情妇，那又怎么样？这个问题在相关纪律条文中写的确实很严重，但这些年实际办案中又是怎么操作的呢？你们比我更清楚吧？"马洪扣很不理解也很不满意地说。

"要是没有这些影像证据，厅长会指示调查吗？如果确有其事而我们又没有采取措施，要是举报人把这些资料公之于众，后果会怎么样？"

马洪扣沉思了一会儿说："在这个节骨眼儿上，那怎么调查？"

"这个……我们今天找你来，就是商议这个的。厅长指示调查要继续，但是要注意方法。我们……"

"这可就难办了……我看……先找胡玲玲了解一下情况，做做笔录……然后嘛，等吧，拖拖吧，可就辛苦你们了……你们生活上有什么需要，我来安排，包括洗洗脚呀保健按摩呀什么的。”马洪扣慢吞吞地说。

“哈哈……厅长说马洪扣有办法，果不其然。看来你老兄前途无量，祝贺祝贺。洗脚按摩什么的就免了吧，待在这里我们也快待疯了，有什么风景点带我们去逛逛就行了。”

很多中层领导、普通民警和老干部想法设法地去省城看望彭家仲，送红包的、送昂贵营养品的，甚至还有送土鸡新米红薯的，来了一拨又一拨，弄得彭家仲身心疲惫。于是给王福全打电话，请他召开一个中层会议，转达他的意见，谁要是再去看他，就撤掉谁的职务。监狱中层没人来了，但是普通民警、老干部还有一些工人依然还是去探望，来人都多多少少提了些礼品，就算他坚决不收，但他们一般是说上三两句话，放下东西就跑，于是黑芝麻糊呀核桃粉呀什么杂七杂八的东西堆成了一小山。

胡玲玲没有去探视，不是心里有鬼，也不是不想去，而是怕与彭家仲的老婆王卿撞见。就是王卿拿着那些照片去找刘德章的，尽管胡玲玲不知道那些照片究竟是什么内容，假的也罢，这个时候谁能说清楚？这些天她拼命地跑省上相关部门，终于把副省长表态的配套资金落实了，心里也稍稍安稳了一些。但一想到调查组的人还住在青州市，心里总不是个滋味。她担心的事儿终于还是发生了，马洪扣叫她回青州市。

何德才经过治疗，一个月后出院，回到双河监狱。

熊晓戈伤势也较轻，三个月后出院。

而彭家仲两根肋骨、右小腿骨折，伤势严重，作为妻子，王卿暂时忘记了那些照片，没日没夜地守护在他的身边。随着彭家仲病情稳定，脱离危险，转入慢慢养护和恢复期，那些照片不时从脑海深处冒出来，搅扰得她心神不宁。偶尔看到彭家仲有说有笑地跟监狱那边通电话，心里便滋生出不可名状的厌恶。唯有女儿依偎在他的床边撒娇打闹的时候，才感觉这曾经是一家人。很多时候，她想跟彭家仲摊牌，要么调回省城，要么离婚。但看到他浑身的绷带，话到嘴边又忍住了。

几天的小雨，灰蒙蒙的色调把整个城市笼罩起来，整个世界仿佛变成一位啜泣的流浪汉，寂寥、清冷，无休止地压迫，牵引起心中那一丝丝若有若无的痛，让人想起几千年前某个在冷风冷雨中踽踽独行的书生，一副失魂落魄的模样……

夜色迷离，王卿的心跟这城市一样晦暗，她拖着疲倦的身子回到家里，把提包随手一扔，摸索着倒在沙发上。她没有开灯，也不想开灯，只想一个人在黑暗中静静地躺着，不工作也不需要吃饭，不思索也不需要应酬，没有丈夫、女儿，更没有同事、领导，让一切的一切包括那些受到这个世俗社会感染而留下的记忆残片，都烟消云散，从头再做一个赤条条了无牵挂的人……自从彭家仲住院后，女儿被送到外婆家，偌大的房子就剩下她一个人。她就这般躺着，躺着……她突然感觉像躺在坟墓里，行尸走肉一般……

窗外零散灯光摇摇晃晃地照射进来，不停地扰乱她的心绪，她站起来，想歇斯底里地吼，但理智却迫使吼声在嗓眼上消散了，她卷缩在沙发上，抱着头，拼命地想驱赶脑海里那些纷沓而至的烦扰，可那些照片一张一张地清晰地在她面前闪过……

“必须调回来，明天就去找他摊牌！”她痛苦地呻吟。

手机响了起来，她漠然地听着在客厅某处手提包里手机发出的尖叫。连续叫了三遍，她才寻声而去拿手机。

“请问你是王卿吧？”一个陌生男子的声音。

“我是王卿。”

“照片收到了吧？”

她一下子清醒：“你是谁？”

“我们希望彭家仲先生能调回省城，你劝劝他，这样的话，我们会把底片寄给你，否则，我们将把那些照片放在网上晒晒。我们也是为你和彭家仲先生着想，你好好想想吧。”那位男子很有礼貌，声音充满磁性，像绅士一般，让人丝毫没有感觉对方是在要挟。

“……”王卿想说什么，但对方已经挂掉了电话。

很明显，这是用公用电话打来的，王卿翻看号码，居然是省城的号码。

几乎就在同一个时段，胡玲玲正在青州市一个宾馆里看马洪扣他们出示的不雅照片。

“这些照片你怎么解释？”厅纪委同志问。

“有的是真的，有些是假的……”胡玲玲说。

“喔？那么……哪些是真的，哪些又是假的？”

胡玲玲把图片重新分类，把假照片放在一边说：“这些是假的，至于那些真的照片，是彭监和我在协调省上有些部门时喝醉了酒，我扶他上车或者进宾馆房间休息时候被人拍下来的，所有的场景我都可以一一说出来，还可以找到证人。”

“所有的场景你都能一一说出来？”纪委同志显然有些怀疑。

“是的。”胡玲玲坚定地说，“因为，我们宴请领导的地点只有两个地方，狮子楼和红牌房。”

“那么……”马洪扣迟疑地问，“怎么才能证明其他的照片是假的呢？”

胡玲玲知道他是在明知故问，于是说：“我请求厅纪委对所有的照片做鉴定……听说还有其他影像资料，也一并做鉴定。”

“胡主任，谢谢你的合作，我们会调查的。”纪委同志说。

马洪扣说：“已经很晚了，你就在这里住下吧。”

胡玲玲说：“谢谢马书记，我想回去看看父亲。”

胡玲玲给她的父母在青州市买了一套房子，去年夏天一家人就搬了过来。

“那好，路上注意安全。”马洪扣吩咐说。

月华如水，轻轻柔柔地洒下来，被明亮的路灯吞噬，只是在某些阴暗处留下一片片残影，诡异而泛出一丝丝寒意……

胡玲玲心里有了底气，往日沉重的心情一扫而光，步伐也变得轻巧。

“今夜，可以睡个安稳觉了……”她反反复复地想。

手机响起来，她说：“你好……”

一个男性声音：“你好，请问是胡玲玲主任吗？嗯，收到那些照片了吧？我们可以给你胶片，但你得帮我们做一件事，劝你们彭监调回省城……”

胡玲玲一惊，停下脚步机警地问：“你能告诉我为什么吗？”

“这个嘛，你不必问，我只能遗憾地告诉你，如果你不合作，我们会把你们那些艳照公布在网上……”

胡玲玲立即返回马洪扣他们的住处，把这个情况告诉给他们。

纪委同志问：“有录音吗？”

胡玲玲有些沮丧，失望地走了。

“老马？你怎么看？”纪委同志问。

马洪扣说：“我相信她不会撒谎。”

“那……这个情况值得注意……”纪委同志说，“你心里有线索了吗？”

马洪扣想了想，摇摇头。

其实，马洪扣依旧在费力地思考："要把彭监赶出双河监狱，一般民警和中层？不太可能，没有直接的利害关系嘛；罪犯？更没有直接利害关系；班子成员？最有可能的利害关系的……郑怀远……不会，不会，这个人我还是了解的，尽管有这样那样的毛病，但是这点党性还是有的，何况他根本犯不着嘛，王书记明年到点，彭家仲也顶多再干两年这一届就满了，明摆着就是我和他接班，而且厅局某些领导早就放出这样的风声，他犯不着这么冒险嘛？"

他理不出个头绪，但是他坚信胡玲玲不可能撒谎。

那么，那么究竟是谁呢？……

"车祸与照片事件有关联吗？……"他自言自语地说。

"嗯，你这个想法很独到。"纪委同志说。

"下一步怎么办？"马洪扣问。

"我想我们该回去了。"

马洪扣点点头："我等你们消息，我希望你们能尽快查清楚这件事，双河监狱正处在布局调整的关键时期，经不起闹腾啊。"

一阵风猛烈地刮过窗户，掀起窗帘猎猎地响。

"看样子又要下大雪了，但愿不是暴风雪……"他忧心忡忡地想。

然而，胡玲玲担忧的不是究竟是谁在威胁她，而是对方扬言要把那些有真有假的照片放在网上。对于网络的舆论主导力和杀伤力，包括马洪扣在内的绝大多数监狱领导都没有认识到。他们这一代领导对网络还没有一点基本的认识，不仅如此，绝大多数领导连录入汉字能力都没有。要是对方铤而走险，那就不亚于在光环照耀下的双河监狱扔一颗重磅炸弹，也将引发全省司法行政系统强烈的地震，说不定她和彭家仲为此而身败名裂！

她越想越害怕，就给马洪扣电话，表达了自己的担忧。

马洪扣显然觉得她的担忧有点过了："网络？那玩意儿有我们纪委大？就算是造成了一定影响，最后还有我们纪委澄清事实嘛。"

等到纪委出面澄清事实，早就在老百姓心中烙下了阴影，这阴影是驱散不了的，胡玲玲彻底绝望了，凛冽的北风掠过，吹乱了她的思绪，也搅乱了她的担忧，懵懵懂懂地走着，深一脚浅一脚的，好像行走在深渊上，摇摇欲坠的恐惧感充斥着她的心脉，思维也变得迟钝起来，分不清东南西北，就在头顶上的朦胧的灯光一下子遥远起来，仿佛是从外层空间投射下来的一点点萤光，弥散着鬼魅的气息……

“怎么办？”她喃喃地追问。

“这是哪里？”她环顾四周。

“胡主任？”一个声音从前面传来，吓了她一跳。

原来，她漫无目的地走，不知不觉来到了四监区的外劳驻地，遇到了夜间巡逻的值班民警。

“我去叫蒲老大。”民警说。

“哦哦……”胡玲玲有些慌乱，“不用了，不用了……我只是路过，路过……”

说完，疾步而去。

值班民警疑惑地望着她，随即远远地跟着，直到看着她走到街面上拦下一辆出租车，才返回监区。

纷纷扬扬地雪一夜之间又铺满了大街小巷，天色微亮，罪犯起床的哨声把蒲忠全唤醒，他坐起来望了一眼，然后又卷缩在被窝里。被子有几个月没有洗了，生硬生硬的，还散发出一股潮湿的霉味。寒风不时穿过窗户，搅动着屋子里的潮气，似乎要抽走所有的温暖……

蒲忠全把被子裹了又裹，依旧感觉寒意连连。

“要是有个女人突然钻进来……”他开始想入非非，把认识的女人都在脑海里调出来，一个一个地意淫，甚至连擦鞋的、卖火烧馍的、菜市场卖猪肉的都不放过。

“尽是些异想天开的事……”他咒骂一句，内心负罪感压迫着他，很是窒息。

他想起马文革的口头禅，自嘲地笑，刚才的负罪感也一扫而光。

值班民警敲门：“老大，你什么时候吃饭？”

“你叫中队长们先组织人去工地。”蒲忠全说完，又把被子紧了紧。

“还有一件事情……”

“哪里那么多事！”蒲忠全骂骂咧咧地说。

“不是……是……胡主任……”值班民警有点慌了，说话也结巴起来。

蒲忠全一咕噜坐起来：“什么？”

“胡主任昨晚来过……”

蒲忠全一惊：“哪个胡主任？胡玲玲？”

"嗯啊，就是胡主任。"

他跳下床，打开门问："怎么回事？"

"她不让我叫你，然后就走了。"值班民警说。

"哈哈……"不远处传来一阵放肆的大笑。

蒲忠全抬头一看，原来是马文革来了。

"哟……领导，稀客稀客……"蒲忠全笑嘻嘻地说，还往外走了一步。

马文革笑道："你小子亮膘呢？有火力，嘿嘿……"

蒲忠全这才意识到自己只穿了一个内裤，赶紧逃回屋子里，三五两下把裤子套上，转身说："难得领导起来这么早，必定有啥大事……"

"你就别再涮我了，马上你就是我领导，到时候我还得鞍前马后呢。"马文革掩着鼻子，"你这屋子怎么这么个味儿？"

"怎么？嗅出女人味儿了？"

"女人味？哪个女人敢来你这地儿？"马文革邹着眉头，然后对值班民警说，"你今天找两人，把你们老大的房间整理整理。"

"别别……习惯了，习惯了。犯人整理的房间，阳气太重，晚上睡觉会做噩梦。"蒲忠全说。

"那你去找两个小姐来整理整理。"马文革又对值班民警说，然后坏坏地笑。

蒲忠全也跟着笑："马指挥长不会是来请我嫖娼的吧？"

"嘿，就是请你去，你小子恐怕也没这个胆量！"马文革说，"言归正传，省局成立了规划处，专门管理全省布局调整的，今天处长要来，估计会提出看看你们这里，郑监要求我来通知，上午出工前把环境内务卫生彻彻底底地打扫一下。"

"别别，你老兄千万不要带他们来我这里，这地方你就是用洗衣粉刷一次，也就那个样子，照样给监狱抹黑。我们今天工地任务还重得很呢。"蒲忠全连连摇头。

马文革劝道："你还是认真落实吧，现在郑监要求比彭监都还高，我们监狱处在布局调整的关键时期，而你呢？又处在提拔的关键时期，要是栽在这上面，得不偿失吧。"

这时候，郑怀远又亲自打来电话，布置打扫清洁卫生的事，然后又叫马文革接电话。

马文革接完电话，耸耸肩说："你看……郑监说，要我在这里蹲点督促。赶快布置吧，别留几个老弱病残忽悠我。"

蒲忠全无奈地说："你说这啥事儿……郑监又不是不知道这里的情况……唉，扫吧扫吧，那我留一个分队的人交给你，你说怎么打扫就怎么打扫，怎么样？"

"想溜号？你小子想得美，我是蹲点的，别来诳我。"马文革使劲摇头。

蒲忠全笑道："有你在，我哪敢跑？"

他把李家兴、魏德安和值班民警叫来，布置打扫卫生。

等他们出去后，蒲忠全说："对了，我问你个事儿，彭监没事吧？"

"什么意思？"马文革不解地看着他。

"噢噢……我的意思是……哎，不瞒你老兄，我听值班民警说，昨晚胡玲玲来过，可又不让值班民警叫我……传闻说，省局纪委还在青州市调查彭监跟胡玲玲的事情，不知道是真是假。现在嘛，你瞧目前监狱这个态势，我担心……"

"杞人忧天！"马文革不假思索地说，"你听说过有领导因为男女关系下课的没有？"

"那我们前任监狱长……"

"那是两码事，性质都不一样。"马文革说到这里，脸上流露出忧虑的神情，"我倒是担心有些人，这么个搞法，恐怕最后是搬起石头砸自己的脚……"

"嗯？"蒲忠全诧异地看着他，其实他知道马文革所指的有些人，就是郑怀远他们。

"你小子，别在我面前装嫩。"马文革不满地说。

"老哥，你不提醒，我真没看出这其中的端倪，现在想想，还真有些门道……难道……车祸与艳照门有关联？但是……"

"噢？"马文革压低声音。

"你看我这张嘴，尽胡说……"蒲忠全打了一下自己的嘴巴。

"你我兄弟，在这个屋子说的话，出门我就忘记了，没事，说说你的看法？"

蒲忠全低头沉默起来，过了好一阵子，连连摇头："如果这两件事真有关联，那事儿可就大了……不可能不可能！"

"这世上没有绝对的事，万般皆不可能，万般也皆有可能。"马文革意味深长地说。

"他们的目的不外乎就是整倒彭监，按理，艳照门应该先行，如果不成再采取极端手段，何况，也没有必要采取极端手段嘛。"

"那不一定，也许这正是他们的高明之处。先来极端的，残了死了就一了百了，没残没死那就打出艳照门，让你身心俱碎，知难而退。”

“那不是欲盖弥彰吗？这也太不符合逻辑了吧？”蒲忠全依旧很怀疑。

马文革说：“欲盖弥彰的事情往往不合乎逻辑，所以更有欺骗性。”

蒲忠全点点头，沉思道：“胡玲玲来找我，而又没有见我，是不是说明那帮人在给她施加压力？而且这个压力几乎是她不可承受的，但是又难以启齿，所以才没有见我……”

“你打个电话问问吧。”马文革建议说。

蒲忠全迟疑说：“合适吗？”

“那就看你是不是怜香惜玉了？”马文革努努嘴，一脸坏笑。

这时，马文革手机响了，他看了一眼号码，大吃一惊，摘下眼镜，习惯性擦擦镜片，又揉揉眼睛，戴上眼镜再看。

“是胡玲玲……”他对蒲忠全说。

“快接呀！”蒲忠全催促道。

“马哥，你说我怎么办？”胡玲玲说。

胡玲玲从来都是对他横眉冷眼的，今天一开口就叫一声马哥，马文革一下崩溃了，痴痴呆呆地愣在那里。

“哎哎……你咋回事？是不是出事了？”蒲忠全使劲地推推他，大声说。

“哦哦……没事没事……”马文革跳起来，仿佛一下子醒了过来，然后，对着手机说，“胡主任，有啥事你说，我马文革就 90 几斤，全部豁出去了。”

“蒲忠全也在？”胡玲玲问。

“嗯呢，我把电话给他？”

“不用。”胡玲玲说，“现在他们威胁我，要我劝彭监主动要求调回省城，否则，他们就要把那些照片公布在网上。你说，我该怎么办？”

“强盗，比强盗都还强盗！阴谋，赤裸裸的阴谋！妈的，连婊子都不如……”马文革突然骂起来，“这算什么？不就一个监狱长吗？那要是当了省长，那还不闹独立？要是让这种人得逞，我们能有安稳日子过？那是共产党的耻辱！”

等情绪稍微平静了一些，他才说：“胡主任，刚才我还跟蒲忠全分析呢，看来我们猜测得没错，车祸与所谓的照片事件一定有关联，我们得向上级反映。”

从马文革的反应看，蒲忠全证实自己揣测没错，心里泛起一阵愤懑，抢过手机说：“玲玲，我们结婚吧。”

手机里一片寂静，好一会儿，才传来胡玲玲的声音："谢谢……我想，不用了，刚才马哥说得对，绝不能让这些人得逞，哪怕是身败名裂！"

胡玲玲挂了电话。

蒲忠全脑袋里一片茫然。

王卿迷迷糊糊地睁开眼睛，周身被寒气包裹着，浑身说不出的疼痛，她才意识到在沙发上躺了一晚上。她想坐起来，但感觉似乎没有一点力气，脑袋依旧是浑浑噩噩的，还嗡嗡地响……

座机响起来，她没有力气去接，也不想去接。

座机不停地响，就像一个在十八层地狱里无辜的鬼魂。

她挣扎着起身去接电话。

是女儿打来的："妈妈，你怎么了？你说的，今天下午放学来接我，我想去看爸爸，你可别忘了哦。"

王卿心里隐隐作痛，又呆坐了一会儿，便直奔医院。

彭家仲躺在床上正在电话指示双河监狱的工作，见她进来，示意她坐，继续他的谈话，又讲了好一阵子，什么考评、人员调整、技改、小区绿化、看望生病的老干部等，一揽子杂七杂八的事，不过看上去他兴致盎然。

"今天怎么来这么早？我现在没事了，你还是回去上班吧，年底事儿都很多。对了，女儿怎么样？住在外婆家习惯吗？今天是礼拜五，下午别忘了把她接过来。"彭家仲说。

王卿面无表情，似乎没有听见他说的话。

这时，又有双河监狱的电话打来，彭家仲又说了好一阵子。

"你怎么就不能消停消停？你现在是病人，管那么多闲事干吗呢？"王卿火气噌噌地往上窜，"不就是个监狱长吗？就算是国家总理，也不至于像你这样吧？你说说，自从你当了那个破监狱长以来，我们好好聊过没有？我们家有清闲日子过没有？……"

彭家仲等她发泄完，说："你今儿有事要对我说。"

"我问你，你究竟多久回来？"

"这个……你知道，这个事又不是我能左右的……"彭家仲支吾说。

"你现在伤势那么重，医生说至少要修养大半年，现在只要向厅长提出回来，百分之百会批准。这是个千载难逢的良机，你那边的工作也可以画上一个圆满的句号，老彭，见好就收吧，别窝在那里了。”王卿努力平抑情绪，尽量以委婉的口吻说。

彭家仲说：“我理解你的用心，我也知道你这几年很辛苦，家里家外都是你一个人撑着。你再给我一年时间，我想看到一所现代化的新监狱，真的很想。”

“我跟你说，彭家仲，你必须回来，最迟在年底回来，你不好意思跟组织上说，我去找厅长！有些事，我们彼此心照不宣就行了，如果撕破脸皮，对大家都不好。”王卿再也抑制不住心里的愤懑，语气一下子蛮横起来。

“什么有些事？什么撕破脸皮？你得说清楚！”彭家仲听出她话中有话。

“我说清楚？我能说清楚吗？不是我不说清楚，而是有人要你说不清楚，有人要和你撕破脸皮！”

彭家仲越听越糊涂：“什么？谁？！”

“鬼知道是谁？”

“究竟咋回事？”彭家仲有些焦急了。

王卿啪地一下把一叠照片摔在他床上：“你自己看，非要把自己搞得身败名裂，非要把这个家拆散才甘心？”

说完，就怒气冲冲地走了。

彭家仲一张一张仔细地看，越看心情越沉重。

从厅纪委传回来消息，立即将照片送检，但上级暂时不同意把车祸和艳照门并案处理，马洪扣的心里愈加沉重起来。他理解上级，如果并案，不仅事情变得异常复杂起来，而且还会引发全省政法系统地震，何况现在的证据也不足以证明这两件事情有关联，是啊，按照常理，怎么可能先将彭家仲至于死地然后才在名节上做文章呢？那不是本末倒置了吗？

正在苦苦寻思的时候，王福全走了进来，他浑然不觉。

王福全关心地问：“你怎么了？”

“哦哦……王书记，请坐……”

“案子很复杂吗？”

马洪扣点点头。

“说说吧。”王福全顿了一下，补充说，“当然，不该我知道的就不要说。”

“王书记，我怀疑车祸与照片事件有关联，建议上级纪委并案处理，但是上级没有同意。对此我有保留意见，正想给你汇报，我跑一趟厅里，看能不能以监狱党委的名义做个专题汇报。”

王福全也吃惊不小，过了好一会儿才说：“上级有他们的考量和难处，我们得体谅，也不要妄加揣度。老马，有些事，很复杂，能看得简单一些或许更好。”

“老书记……”马洪扣情绪有些激动。

王福全打断他的话：“老马，上帝要你灭亡，必先让你疯狂。就让这些人再表演表演，他们表演得越精彩，对我们越有利。”

马洪扣心情一下子轻松起来：“还是老书记看得深。”

“不过，我还是希望你的判断是错的。”王福全忧心忡忡地说。

“但愿吧，我何尝又不是这样想的呢？”

马洪扣晃眼看见马文革在门口探头，便招手叫他进来。

“蒲监区长也来了？”马洪扣说。

蒲忠全听马洪扣称他职务，诚惶诚恐地说：“蒲忠全，蒲忠全，‘蒲二小’也成……”

“王二小是送信的抗日英雄，难道我们的蒲二小也是送好消息来了？”马洪扣笑道。

蒲忠全尴尬地笑笑，不知道怎么开口。

马文革说：“老书记、马书记，我们怀疑车祸与艳照门有关联……”

“什么艳照门？”王福全问。

“就是那些不雅照片的事情……”蒲忠全解释说。

王福全与马洪扣对视一眼。

马洪扣问：“基层民警怎么看？”

蒲忠全说：“这个……我只能说说我的看法，我个人认为那些人目的只有一个，就是想方设法地排挤走彭监。车祸是蓄意的，照片事件也是蓄意的。刚出车祸时，民警们都很担忧彭监的伤势，更担忧他不能继续担任我们的监狱长，目前民警们尚不清楚这其中的关联，如果知道了，对他们的思想肯定有影响，但影响有多大，会不会导致一些不寻常的行为，我不敢预测，也无法预测。”

王福全说：“是不是有关联，你们要相信监狱党委，要相信上级组织，你们不仅不能在民警中散布这样的言论，而且还要辟谣，以免引起混乱。”

“王书记，马书记，胡玲玲接到了恐吓电话，说明这事儿已经很严重了，如果我们不采取措施，恐怕……”马文革说。

“这事儿我们清楚。”马洪扣说。

“但是……万一对方真把那些照片发布在网上，同样会引发我们监狱，乃至于全省监狱系统地震。”马文革显得有些焦虑。

马洪扣很仔细地审视他，然后才说：“地震？网络真有那么大的影响力，还要我们纪委干啥？你们别太多虑，安心本职工作，按照王书记的指示，做好民警的思想工作。”

马文革知道再说下去也没有什么结果，想了想说：“我们按照两位书记的指示去做……不过，我还是建议，是不是跟公安通报一下，一则拓展一下侦破车祸的思路也未尝不是好事，二则他们可以加强网络监控，那些人真想借助网络造事，也可以查到来源。”

马洪扣点点头：“这个有必要。”

尽管马洪扣认为胡玲玲、马文革和蒲忠全他们对于网络的作用有点夸大其词，但心里还是隐隐担忧。一个月过去了，车祸的肇事司机依然没有消息，案子毫无进展；不雅照片鉴定结果出来了，正如胡玲玲说的那样，有些照片是真的，有些是假的。即使是那些真的照片，看起来也很不雅，如果按照胡玲玲的说法，那些是彭家仲喝醉了酒她扶着他进宾馆时候被人偷拍的，那么也就不算什么，上面说还要做进一步核实，如果核实了胡玲玲说的话，那么究竟是什么人在捣鬼，也需要做调查，所以这件事恐怕还需要时间才能搞清楚。他相信胡玲玲说的，所以可以初步肯定那些所谓的照片事件纯属子虚乌有。更让他欣慰的是，照片并没有流入到网络上，一切都风平浪静，他悬着的心逐渐安定下来。

“也许，再过一段时间，照片风波会淡出人们的视线。”他想。

监管区十六幢大楼外墙已经贴好了瓷砖，三纵四横的宽大的水泥路首尾相连，把监管区宽阔的绿化用地划成很规则的方块，尽管还没有绿化，但站在监狱二大门朝里面望去，使人眼神一亮，视野开朗，气势恢宏。民警小区正式交付使用，监狱还专门研究决定给每个民警家庭 20 天装修假期，轮流安排装修房子。个别只是进行了简单装修的民警已经入住。坐北朝南的那栋楼的一楼，监狱无偿提供给仅有的两个老红军（何德才和郑三旺）的房子都装修一新，家具家电一应俱全，还在门口围了一大块地，地也平整好了，连土都是从郊外农田运回来的，其中一块地上已经种上了莴苣、香葱等，另一块地还荒芜着，黄褐色的土地与周围已经绿化了的相比，显得格外瞩目。

那块还没有种蔬菜的土地是给何德才的，他没有搬进来。

礼拜六，监狱党委决定举行一个隆重的仪式，欢迎两位老红军搬家，安居青州市。然而，去接何德才的时候，何德才左看右看，然后问："小彭呢？他现在恢复得怎么样？"

"正在康复中，现在可以下地了。"王福全说。

"小王呀，等他养好伤回来，我再搬家。"

王福全知道他的脾气，只好说了几句歉意的话，检查了一下红军院的水电、取暖情况，并责成老干科和后勤科落实整改，就走了。

郑三旺听何德才不搬了，也就不愿意搬。

党委几大要员特别是郑怀远本来兴致勃勃的，结果郁闷而归。

郑怀远心里很不是滋味，原本想借何德才搬家给监狱给自己造造势，提高一下他在百姓心目中的地位，没想到却是这么个结局。

"看来，彭家仲不走，我真没有出头之日……"他心不在焉地想。

马文革指着他父亲郑三旺那块地小心翼翼地说："老大，这莴苣……我找个人在何德才那块地上也栽些莴苣吧？"

郑怀远拍拍他的肩膀："嗯……好！唉，要是监狱里的人都像你这般有觉悟，那工作就好搞多了。"

"老大，你看我这副模样，走在大街上，哪个都敢骑在我头上撒野。"马文革恭维地说。

"你别在我面前装穷卖富的，谁不知道你马文革？双河监狱哪个敢欺负你？"

马文革苦笑："老大，其他人说这话，我还可理解，但你说这话，我心头屈啊，你说我好好地办公室主任，怎么就换来个鬼模鬼样的副指挥长呢？表面上看是受到了重用，而实际上呢？我的滋润日子，没了！"

"说得也是……"郑怀远沉思说，"在这一点上，我也觉得老彭考虑欠妥。对了，最近我听说老彭想调回省城，你听说没有？"

"听说了，传闻很凶。"

"你怎么看？"郑怀远试探性地问。

“有可能，明年彭监这一届也满了，他也算是功德圆满，这时候提出回省城，再升一格半格的，水到渠成。”马文革说到这里，话锋一转，“但这只是我的想法，具体情况谁也说不准。”

郑怀远心情大好：“哈哈……我也还是那句老话，我要是上去了，你就是我的助手。”

马文革乐颠颠地说：“当你助手不敢，不过到时候你把我调到一个很实惠的岗位上，一个月可以报销几次招待费，我就满足了。老大你知道的，我马文革啥不图，就图个女人什么的，弄点经费，要不靠这几个死工资，我只有干瞪眼流口水的份儿，生不如死啊。”

郑怀远笑道：“你这小子啥都好，就是这点不好，没政治前途。”

“我这副模样，就是当个副监狱长，坐在主席台也有损党的形象，还是实惠点好，嘿嘿……郑监，今晚我们去乐呵乐呵？”

这时，郑怀远和马文革远远看见蒲忠全飞快跑过来。

蒲忠全上气不接下气地说：“郑监，出事了……”

第二十四章　空穴来风：监狱长的绯闻

难得的几天艳阳，云淡淡，风轻轻，像春天。冬日里遇上这样的好天气，容易让人走两个极端，要么激情飞扬，要么倦怠忧伤。

彭家仲出车祸之后，在省里领导的干预下，双河监狱的迁建资金很快得到解决，而党委书记王福全和代理监狱长职权的副监狱长郑怀远很少到省城来，王福全一贯作风是不开会则不来，就是来了，散会就走，基本上不在省城停留。郑怀远呢，也许来过，也许没有，反正没有找过胡玲玲安排接待事宜。于是，她这个办公室副主任兼驻省城办事处主任一下子清闲起来，整日里竟然无所事事。没事干就会感到失落，甚至空虚无聊。加之艳照门风波，尽管身正不怕影子斜，毕竟还有些负面影响；尽管她做好了最坏的心理准备，但是谁也不能意料照片要是传播到网络上究竟有多大的杀伤力……

她只有被动地等待，等待厅里的调查结论，等待对方是不是要扩散照片。她第一次感受到被别人掌握命运的痛苦和悲哀，感觉自己像一只待宰的小羊羔。她心力交瘁，蜷缩在省城繁华的高楼里，整日不是睡觉就是上网，对外边的阳光熟视无睹，只是偶尔走到阳台上望望天空，看看高楼下状如蚂蚁般川流不息的车辆，目光冷漠而空洞。

今天是礼拜六，傍晚。

夕照如血，从窗户斜照进来，美丽而有几分凄凉。终于，那个电话在这一刻打进了胡玲玲的手机："有图有真相：一个监狱长的糜烂生活！"

她尽管之前有过充分的心理准备，甚至还模拟了接这样电话的情景，但这一刻，她依然懵了，等她反应过来时，那个人早已挂断了电话。她手忙脚乱地在电脑上搜索，一下跳入眼睑的就是那些真真假假的照片。

然而，这一刻她变得异常冷静，全然没有了刚才的慌乱：先给党委书记王福全和纪委书记马洪扣报告情况，再给马文革通报一下，然后找到彭家仲的妻子王卿，两人一起去找厅长。

她想："厅长那里怕也是一团乱麻了……"

给王福全、马洪扣打电话，她很奇怪的是，两人的手机一直处于通话状态；给马文革打电话，他手机关机。想了想，还是给蒲忠全打了电话，让他找到马文革。

给蒲忠全通完电话，王福全和马洪扣的手机还是在通话中。

"不管了，先找到王卿再说。"她胡乱抓了一件外套，就往外狂奔。跑了几步，她迟疑了一下，内心深处涌动着一阵又一阵的刺痛，自己仿佛从一个深渊沦陷到另外一个深渊，依旧是一片暗黑的绝望，不可自拔。她靠在墙上，深深地呼吸，等平抑了情绪之后，才慢步朝楼下走去，继而，脚步加快，虽然不在奔跑，却坚定而有节奏。

王福全接到厅长亲自打来的电话，要他和马洪扣火速赶到省城。马洪扣尚在距监狱几十公里以外的五监区，这个煤矿虽然已经卖给了一家煤业公司，但是监狱一些退养人员依然住在那里，近日与煤业公司因水电涨价问题闹纠纷，马洪扣正在那里协调处理问题。马洪扣接到王福全电话后，立即往回赶，一边打电话给厅纪委，了解情况，然后又给王福全报告所了解的情况。山路崎岖，信号因山势时断时续，两人都很着急，所以双方就不停地拨对方手机，以至于胡玲玲无法打通他们的电话。

于此同时，省政法委、省纪委、省委省府相关值班电话都接到一些电话，询问甚至质问事件的真相始末。一时之间，全省政法系统一下子被激起轩然大波，省纪委、省政法委和分管政法的省委副书记、副省长都给厅长刘德章打电话询问。一些省外同行、省内同事和地市单位与他关系较好的人，都纷纷打来电话，刘德章手机来的电话一个接一个，而办公桌上的两部座机还不停地响。

尽管已经到了下班时间，但很多人都还逗留办公室，浏览那些照片，三三两两地到处打听和议论，还有些人接到熟人询问网址的电话，事件像瘟疫一样继续在社会上扩散。

厅里几大要员都积聚在刘德章的办公室，面色凝重。

过了好一阵子，刘德章的电话渐渐少了，他颓然地瘫坐在椅子上，使劲地揉着太阳穴，问："卢秘书，跟网站联系了没有？"

卢川说："联系了，他们说可以删帖，主帖 1 万，跟帖 100 元一帖。"

"叫他们立即删。"刘德章说。

"这个……"卢川迟疑地说。

刘德章突然站起来，盯着他责问："没听明白吗？！"

"不是……这……"卢川紧张地说，"厅长，跟帖 100 元一帖，刚才我统计了一下，有 8000 多帖了，就是 80 多万，现在不止这个数目，恐怕 1 万多帖了，而且，其他各大网站都以新闻形式转发了……"

"啊？"刘德章大为意外。

"这么快？看来这事儿真闹大了。"一位副厅长说。

"那倒也未必，这都是网站那些'水务公司'在捣鬼，他们专门从全国甚至世界各地雇佣一些人，集中对某个事件进行炒作，一则吸引大众眼球，二则作为和要求删帖的进行谈判的筹码。"卢川说。

"哦……"刘德章若有所思，然后问，"那还有其他办法吗？"

"唯一的办法向部里报告情况，请他们协调文化部进行行政干预。"卢川说。

"省公安、文化厅不行吗？"

"也可以，但是网站不一定会立即删除，会拖到他们的主管部门干预，那也是几天之后的事了。"卢川说。

刘德章说："这事儿我们纪委书记最清楚，你去跟部里汇报，请求他们出面干预，我马上跟省上领导汇报，双管齐下，尽量控制事态扩散。"

蒲忠全还没有开口，郑怀远就接到王福全的电话，接完电话后对马文革说："这里就交给你了，到各处看一看，盯紧点，别再给我捅出什么娄子来。"

马文革望着远去的车子，看看蒲忠全："啥事呢？"

"胡玲玲出事了……不不不，是彭监出事了……也不是，是照片的事……"蒲忠全不知道怎么了，居然表述这么不准确。

“啊?！明白了，估计厅里紧急召见王书记和马书记，所以王书记叫郑监回本部镇守。”马文革说。

蒲忠全点点头，说：“胡玲玲说你手机关机，叫我找到你。马哥，我们该怎么办?”

马文革叹息一声，无可奈何地说：“我不知道……唉，老弟，有好戏看咯。走，我们找个网吧，看看情况再说吧。对了，老弟，你可要把你那里的人看好。”

“好，我这就布置，叫他们提前一个小时收工。”

马文革很快就找到了网页，看了看，又在其他各大网站转悠了一圈，问蒲忠全：“身上带钱没有?”

“有。”

“有多少?”

蒲忠全纳闷地看着他：“你要多少?”

“我不知道，去了就知道了。”他站起来就走。

“去哪里?”蒲忠全紧紧跟上问。

“找一家网络公司。”

司法部监狱管理局来电话，转达司法部监狱管理局局长的指示：“网络事件不能堵，只能疏导。”

刘德章眉头紧缩，一言不发。

疏导?怎么疏导?不外乎就是紧急约见媒体，召开新闻发布会，向民众公布事情真相。可是，在场的人都明白，照片虽然已经做了鉴定，虽然大部分是假的，但是毕竟还有一些照片是真的，这些真的照片尽管没有那些假的那么露骨，但看起来还是很不雅观。胡玲玲解释说，她扶喝醉酒的彭家仲回宾馆休息时，因为彭家仲太重，没有扶住而倒在了她的身上。她还说当时门是打开的，宾馆服务员还帮她一起扶的。可是，胡玲玲又不能指认究竟是哪一个服务员，也没有服务员主动承认。宾馆方介绍说，也可能是因为宾馆服务员变动了。纪委按照宾馆方提供的离职服务员的信息查找，但到目前为止，一个都没有联系上。这些事儿没弄清楚，怎么向媒体交代?怎么能说服民众?

又一个更坏的消息从公安厅传来，据他们网警侦查，首帖来源的IP地址显示在美洲某个国家。

堵又不能堵，疏又没法说清楚，怎么办？如果拖延，那么网民又有什么反应？迫于舆论，省高检可能会介入，那么双河监狱班子调整还是不调整？对正处在迁建关键时期的双河监狱究竟有多大影响？整个监狱系统又会面临怎么的质疑和责问？……

“通知福全、洪扣同志，不用来了。”刘德章吩咐卢川。

“连厅里都解决不了，他们来又能起什么作用呢？还不如让他们回去做好稳定工作。”卢川想，接着他小心翼翼地提醒说，“厅长，都已经 11 点了……”

“是啊，11 点了……”刘德章长长吁了一口气说。

宣传处处长疾步走进来，声音有些激动：“厅长，网上出现了大量不同意见的声音，说明很多民众还是理智的。”

“噢？”刘德章一下子来精神了。

宣传处长打开网页，指着这解释：“你看，这些……还有这些……特别是这一帖，把那些 P 过的图片的结合点全部圈点了出来，一目了然啊，网民们开始怀疑这些帖子的真伪了。”

刘德章总算感到些许的欣慰，于是说：“看来情况并不是我们想象的那样糟糕，这样吧，是不是召开媒体发布会，我们党组成员集体表决。”

没人举手，除了他本人之外。

刚刚缓和了的气氛一下子又变得凝重起来。

正在进退维谷的时候，胡玲玲和王卿一同走了进来。

王卿说：“厅长，我和玲玲找你有点事，能不能借一步说话？”

刘德章点点头。

卢川忙说：“那请各位领导到党组会议室坐坐。”

等其他人都出去后，王卿看了看胡玲玲，说：“还是我说吧……”她停顿了一下，“厅长，我相信老彭和胡玲玲是清白的，你看看这个……”

这是一份医院的体检报告。

刘德章的目光停留在这份报告上，久久没有移开。

“厅长，如果这个还不够的话，我愿意以当事人的身份约见媒体，澄清这件事。”胡玲玲咬咬牙，坚定地说。

刘德章站起来，走到胡玲玲面前，双手把报告单递给她，动情地说：“小胡，谢谢你信任我！这份报告给你，我们不会牺牲一个女孩子的个人隐私来平息这件事，也更不会让你站在风口浪尖。”

胡玲玲泪眼汪汪，感动而低声啜泣。

刘德章来到党组会议室，郑重地命令：“卢秘书，紧急约见媒体，明天9点召开媒体约见会，给他们说，我亲自到会。”

天色微亮，蒲忠全伸伸懒腰，打了一个长长地哈欠，看见马文革正裹着大衣卷缩在沙发里酣睡，便来到阳台上。

太阳还没有露脸，但猩红的光印染了整个天际，阳光的末端，红的色调渐渐变淡，被丝丝落落的云撕碎，宛如三月桃花，弥天飞舞，顿时，整个天空都醒过来，整个城市都灵动起来，巍巍楼宇间，一群鸽子在飞翔，霞光中留下一串串扑朔迷离的碎影……

蒲忠全被眼前的景色震撼，痴痴呆呆地望着天空。

昨天晚上，他和马文革找到青州市最大的网络公司，以5万元的价格谈妥，要他们动员一切人力和采用一切技术手段，对艳照门事件从正面角度进行引导。面对潮水般的“水帖”，开始效果并不理想，网络公司立即联络在全国各地的网络公司，价码也随之提高到8万，终于在晚上12点左右，网络上开始出现自发性质疑帖子，导向也由此发生了一些转化。这个时候，一个网民爆料，说司法厅要在第二天上午9点召开媒体发布会，网络公司通过马文革他们证实并利用这个新闻，因势利导，并承诺对媒体发布会进行现场网络报道，引起了广大网民的兴趣，虽然没能控制了网络舆论，但是质疑声音不时见于各大网络，这也是蒲忠全他们所希望的。

媒体发布会上，刘德章以一级组织的名义，坚定地否定了不雅照片事件，并认为这是一起严重的诽谤事件，是一起刑事犯罪，公安机关正全力侦破，司法机关将依法追究犯罪分子的刑事责任。更让媒体没有想到的是，他自己提出了大众关注的种种疑问，并一一做了解答，同时，欢迎民众特别是网友自发组织去调查，欢迎媒体对整个事件进行追踪报道。

司法厅的态度得到了媒体的理解，第二天，很多媒体都以正面态度报道了此事，舆论一下子转向有利的方面。

刘德章很清醒，如果公安机关一天不破案，那么这件事就不可能彻底给民众说清楚，依然是一颗定时炸弹，随时有可能爆炸。然而，从公安机关那里传来的消息很不乐观，车祸肇事司机仍在潜逃中，依旧没有一点线索；而不雅照片事件因首发帖的 IP 在国外，更无头绪。眼看春节将近，维稳被刻意提上各级领导的桌面上，省委省府省纪委的领导多次叮嘱要司法厅妥善处理善后事宜，而一些媒体不时打电话到厅办公室询问事件的进展。

刘德章食不甘味，夜不能眠。

司法厅举行媒体发布会后，蒲忠全松了一口气，欢欣鼓舞之后，拿着自己垫付了 8 万元的网络公司的费用的收据发愁，不知道该不该告诉彭家仲和胡玲玲，也不知道这笔钱能否报销，马文革没提钱的事儿，他便也不好意思问。冷静下来寻思，他们这次行动究竟在处理这件事件上起了多大的作用，自己也说不清楚，自己都说不清楚的事儿，可以拿到桌面上来说吗？说不准彭家仲还以为自己那个什么什么啥呢，要是自己垫付这 8 万元，那可就冤大了……

想来想去，还是留一手的好，好在监区在搞外劳时候还有一笔将近 12 万元的工程款还没有收到，对方答应在春节前给付，于是跑去见这个老板，叫他将这笔款处理成一笔死账，作为回报，蒲忠全让 4 万，只收 8 万。老板当即拿出 8 万交给他，而蒲忠全则把对方的欠条还给了对方。

回到监区后，蒲忠全问王亚敏，欠条丢了，怎么办？王亚敏说丢了就丢了呗，我把这笔款子列为呆死账。

蒲忠全想，要是彭监给报销，我得给王亚敏 4 万。

这一夜，他早早睡下，心安理得地进入梦境……

手机响了三次，终于把他吵醒，他看是个陌生的号码，有气无力地问：“哪位啊？”

“蒲哥，是我，梅开蕊……”

蒲忠全一下坐起来，急急地问：“开蕊？噢……你在哪里？”

晚上 9 点左右，马文革接到胡玲玲的电话，心头一阵阵狂喜。

胡玲玲告诉他，尽管彭监尚在进行站立和行走康复性训练阶段，但是今天下午他坚持到刘德章那里，把他和蒲忠全在青州市利用网络反击的事情做了汇报，刘德章很是高兴，说双河监狱有这样优秀的干部，是我们监狱系统的福气。彭监趁机建议把马文革也作为这次提拔的考察对象，刘德章当即就同意了，并马上叫政治部安排。

他自言自语地告诫自己，这段时间一定要低调做人，团结同志，谦虚谨慎，兢兢业业，拒腐反腐，作风正派，做一段时间真正的共产党人。可他实在是太兴奋了。为了转移注意力，他就在屋子里原地跑步，最后大汗淋漓，筋疲力尽。他倒在床上，心里乐颠颠地想："这下该好了吧？就这么坚持着，副监狱长到手咯……嘿嘿……"

可是，不一会儿，他又躁动起来，他自嘲地笑，随即拨通了梁小红的手机。

"哟，是马哥呀，你个死鬼，好几天没来了，这么晚怎么想起我了呀？你好久来，我好准备准备。"梁小红嗲声嗲气地说。

"是不是才接过客？"

"看你马哥说的，自打认识你后，我都守身如玉呢……"

马文革哈哈直笑："该赚钱还是要赚钱，我又不在乎这个，你经验越丰富，我越喜欢，嘿嘿……"

"我呸！天下嫖客都一个样，都是禽兽，没一个人模人样的……"

"哈哈，你才知道啊？所以呀，你该宰就狠狠地宰……"

梁小红抓住他的话，追问："那今晚我就好好宰下你，嘿嘿。"

"那看你的本领咯……"马文革坏坏地笑。

"哼，我再找个姐妹，你等着！"

"好了好了，春宵一刻，你去老地方等，我马上来。"

"马哥，这几天老板不准我们出去……"

马文革大咧咧地说："没事儿，哥都不怕你怕啥？我给五娃子打电话。"

马文革到大酒店开了房，等了好一阵子，梁小红才姗姗而来。

他有些愠怒："怎么这么晚？"

梁小红立即上去抱住他，气咻咻地说："马哥，这不能怪我……是老板耽误了时间，过了很久才通知我……"

马文革被她撩拨起热情来，顺势把她按倒在床上。刚刚进入正题，手机昂昂地响起来。他翻身倒在床上，把她放在身上……"

"老蒲，你小子打电话真会挑时候……"

蒲忠全急急地说："我接到消息，音皇歌城有个叫梁小红的小姐知道内情……"

“啥？谁？你再说一次？！”马文革大吃一惊，不敢相信自己的耳朵。

“有个叫梁小红的小姐……”蒲忠全放慢了语速。

马文革看看梁小红，说：“你来青州大酒店，7楼206号房间……”

梁小红突然停止，喘息问：“马哥，谁呀？”

“我给你介绍个有钱的帅哥，一会儿你尽管狮子大开口，嘿嘿……”

梁小红犹豫了一下，说：“马哥……这……不太好吧……我可是你的人……”

“现实点，有好的客户就接，有钱就赚，再过几年，看那些在城里打零工的愿不愿意要你……”

两人正在酣战，蒲忠全就敲门了。

马文革很不情愿地推开她说：“你的客户来了……”

马文革裸着上身来开门。

蒲忠全朝里面望望：“要不，我去那边抽半包烟再来？”

“进来嘛，嘿嘿……”说完，一把他拖了进来。

梁小红正手慌脚乱地穿衣服。

蒲忠全有些尴尬地站在那里。

马文革递给他一支中华烟，慢条斯理地说：“她就是梁小红。”

蒲忠全惊讶地“啊”了一声，目光不停地在她身上扫来扫去。

梁小红被他看得心慌，结结巴巴地说：“马哥……这位哥是……”

“还好，你的良知尚未泯灭。”马文革说了一句不着边际的话。

梁小红不解地看着他。

“怎么说？”蒲忠全也不解。

“直说呗。”马文革吸了一口烟，徐徐吐出来。

“噢？我不是这个意思……”蒲忠全说。

“我知道你啥意思，你瞧，这个小妹还知道羞耻，说明她还有良知，所以，我们的事情给她直说，”

梁小红更加不解：“你们？什么事情呀？”

蒲忠全说：“我们是双河监狱的，前段时间，我们监狱监狱长被车子撞了，我想这事儿你知道，你把你知道的给我们说说。”

梁小红一下慌张起来：“这个……这个……我不知道……”

马文革说：“亲爱的，你出来混不就为了钱吗？你说个数。”

梁小红不语。

“你不说，我帮你说个数，5 万，怎么样？”马文革说。

“马哥……不是我不说，说了我就没命了。”梁小红迟疑地说。

马文革安抚道：“这事儿就我俩知道，我是嫖客，说出去我要丢工作的。你不说出去，我还能说出去？”

“可是……”梁小红还在犹豫。

“8 万。”蒲忠全说。

梁小红咬咬牙：“给钱！”

蒲忠全坏坏地说：“你先说给我们听，难道你还怕不给钱吗？不给钱，你就找我们监狱长告他强奸你。”

马文革和蒲忠全听了梁小红叙述后，商议为了安全起见，用监狱警车连夜把她送到司法厅。可迁建指挥部的车子因公外出，只有调监狱本部车子。蒲忠全跟熊晓戈联系，熊晓戈说现在是郑监主持工作，车子走那么远，要他点头才行，加之你现在是监区长，没有特别重要的公事，恐怕很难出行。蒲忠全说我私人求你不成吗？熊晓戈为难地说那你去打个车，回头我想办法给报销。

蒲忠全听他这么说，就挂了电话，对马文革说：“要不，我们直接跟王书记说？”

马文革摇摇头：“怎么说？说提供线索的是个妓女？王书记会相信吗？”

“那怎么办？”

“给马书记汇报！”马文革想了想说。

“马书记？他……”蒲忠全怀疑地说。

马文革说：“其实你不了解我们这位纪委书记，他还是很开明的，何况还参与过前任监狱长事件的调查……”

他说到这里，心里像被荆棘扎了一下。

蒲忠全没有注意他情绪的变化，就说：“那好，我马上给马书记请示。”

马洪扣还没听完就说：“你们在哪里？我马上过来。”

一个半小时后，马洪扣与他们会合。

蒲忠全叫梁小红把知道的再说一遍，梁小红已经拿到了蒲忠全的钱，很爽快地又说了一遍，而且还说了几个先前没有说的情节。

案情重大，马洪扣立即跟厅纪委联系，鉴于音皇娱乐城的背景，建议把当事人送往省公安厅取证。厅纪委书记请示刘德章厅长后，叫他们连夜送当事人到省城。

马洪扣叫蒲忠全陪他一起送梁小红去省城，马文革在青州市迁建基地留守。

临近出发时候，马文革接到音皇娱乐城老板五娃子电话，追问梁小红在什么地方。马文革说："我跟你说好了的，包夜，你问那么多干吗？"

五娃子说："包夜就好好包你的夜嘛，把我的人弄到警车上，你啥意思？老哥，你我兄弟，话不多说，马上把人给我送回来，我就当啥事都没发生过，你我照样还是兄弟，否则……"

马文革听出了对方威胁的口气，知道他们已经被跟踪了，一下子也来气了，生硬地说："否则？哼，否则怎么样？举报我？叫公安来抓我嘛。"

"老哥，实话跟你说了吧，这是总老板的意思，总老板还让我转告你，你和我们这里的马子（小姐）干那事都有录像……老哥，你看着办。"五娃子说完就挂了电话。

马文革面色死灰，就像被雷击了一半，痴傻地站在那里，僵硬得像一尊雕塑。

马洪扣和蒲忠全都注意到他表情的变化，都吃了一惊。

马洪扣问："什么事？"

马文革好像没有听到一般。

马洪扣提高了声音："马副指挥长，究竟怎么一回事？"

马文革还是似乎没有听见一样。

蒲忠全连忙下车，抓住他肩膀使劲摇摇，马文革一下惊醒过来，整个身体像一团棉花，瘫软下去。蒲忠全连忙用力扶住他，关切地问："你怎么了？是不是病了？"

豆点大的汗珠从他额头上滚落下来，他趴在蒲忠全肩上喘息了一会儿，推开蒲忠全，双手伏在车窗上，依旧喘息，语无伦次地说："马……马书记……马书记，等你回来，我我……向你交代……我的问题……"

马洪扣立即下车，凝视着他，好一会儿之后，用力拍拍他的肩膀，才上车，用力地对驾驶员说："走！"

刚走不远，马洪扣又接到马文革的电话："马书记，我们被跟踪了，你们要小心。"

马洪扣暗暗吃惊，不动声色地对驾驶员说："我们走江东大道，再返回市政广场，从南面上高速。”

连续来的艳阳高照，所有的一切都变得倦怠的样子，所有人的心都暖和起来，心无旁骛地沐浴着难得的阳光，沉浮而长满浮尘的心渐渐空灵娟秀起来，像一面镜子，能看到自己的灵魂。于是，在每个人的心里，都留下了关于这个冬季最美好最温暖的记忆。

就在这个有无数亮晶晶星星的夜晚，一队全副武装的特警悄悄地出现在双河监狱老基地，来得迅猛，去得也快，从侧门而进，亦从侧门而出，连警笛都没有拉，就像一粒小石头投入大湖泊里，只是激起细微的波澜，旋即又恢复了平静。

第二天，省司法厅、省公安厅还有省检察院组成的联合调查组在双河监狱宣布：副监狱长郑怀远、四监区教导员郑永东、民警郑志军涉嫌腐败，郑怀远被双规，其他两人被逮捕。罪犯谭振洋立即收监，并调往其他监狱接受审查。

彭家仲本来还在康复期，不得不提前回监狱履职。

半个月之后，肇事司机被缉拿归案，网络不雅照发帖的幕后策划者也一一归案，蒲忠全的老领导魏德安、监狱狱政科长谢本川、直接管理谭振洋的分队长和两名民警也一并被拘捕，一连串事件的真相渐渐浮出水面。

鹅毛般的大雪席卷整个青州市，入夜，路灯在纷纷扬扬的雪中变得卑微起来，点点的光亮像散落在空中杂乱无章的萤火虫，既看不清前方的路，也辨不出方向，整个空间一下子渺小起来，但是在这个渺小的空间里，每走一步都让人胆寒，因为，实在是分辨不出前面究竟有没有暗坑或者石块之类的绊脚石……

今天是大年初十，大街小巷依然不时响起鞭炮声。

蒲忠全和他所在的监区民警罪犯大年三十都没有休息，加班加点地铺设办公楼的地板砖，严重睡眠不足，使他眼睛布满了血丝。

彭家仲决定在春节最迟大年十五要把监狱办公楼装修好，然后请省市相关部门验收，力争在 5 月挂牌，实现监狱整体搬迁。

已经晚上 10 点了，就剩下 1 楼约四分之一没有铺好。

副监区长李家兴过来说：“老大，今天天气恶劣，你看是不是早点收队？”

“彭监刚刚才走，我们就收队？就剩下这么一点点，加把劲，做完了再收队。”

蒲忠全说完，开始检查已经铺好的地砖，发现问题立即叫人重新铺设。

等罪犯把一楼铺好，已经是深夜1点，蒲忠全把所有的灯都打开，又仔细检查了一遍，才叫李家兴把罪犯带回监区。

灯光下，尽管处处还散落着裹着水泥浆的锯末，乳白色的地砖显得特别华丽，再过几天，这里将变得窗明几净，一尘不染，阳光将从各个角度照射进来，而只要稍微走几步，目光会自由地透过各个角度，远山近水，一览无余。

“我，能在这里上班吗？”不经意间，蒲忠全心底里冒出这个问号，他有些焦虑。

自从监区教导员郑永东、老领导魏德安和直接管理谭振洋的几个民警被拘捕后，有流言就直接指向了他，还有传言说，要不是彭家仲、王福全和马洪扣力保，恐怕他早已进去了。

他时不时想起谭振洋女婿、自己的同学杜萌的话：“我和谭小婕绝不会把你往火坑里推，但是有人想方设法要往火坑里跳，你就别在那里碍手碍脚的，何况，你能阻止他们吗？”是啊，他能阻止他们吗？不能，但是自己阻止了吗？没有！这不就是玩忽职守吗？

他去问过马洪扣，马书记叫他安心工作，组织上会区别对待的。

他去问过彭家仲，彭家仲说别东想西想的，有我在，你不会有事的。

他去问过律师，律师说可以定性为玩忽职守，不过，这个罪可大可小，就看谁办案了，如果有人替你讲话，可以大事化小。

“咦？！你小子还在加班？”

一个声音打断了蒲忠全的沉思，他一看，是马文革。

“这不，刚做完呢。怎么，值班？”

“嗯哪，去监区看了看，唉，这鬼天气……你大功告成，提前完成任务，不庆贺庆贺？走，我们去潇洒潇洒。”马文革哈着气说。

“马大指挥长，你还敢潇洒？”

谭振洋一伙为了报复马文革，把他在音皇娱乐城跟小姐厮混的录像提供给了省局纪委，纪委在立案中。

“哎呀……”马文革像被扎破了的气球，一下病恹恹的，“你老弟也是，怎么这么打击人呢？”接着，他豪气地说，“管他呢，天要下雨，娘要嫁人，老子就是老子，老子就是马文革，马文革就是被开除了，也改不了这个癖好了，你说，这么冷的天，要是抱个妞在怀里，多舒服！嘿嘿……”

“还是回去抱你老婆吧。”蒲忠全说。

“老婆有啥好抱的？喂，真怕了？”

蒲忠全忧郁地说：“你我的事儿还没了呢……”

“其他我不敢说，但是有彭监和马书记在，我相信你会没事的。”

“嗯……”蒲忠全心不在焉地点头，扭头走进风雪中。

马文革望着他的背影，摇摇头叹道：“可怜的监区长……”

四月，谷雨。

法院判决下来了，谭振洋一干人因筹划谋杀彭家仲，被判死缓到有期徒刑不等；双河监狱销售公司总经理郑志军系筹划谋杀彭家仲的主谋，被判死缓，又因筹划网络诽谤，构成诽谤罪，被判处有期徒刑 6 年，接受谭振洋的贿赂，犯受贿罪，被判处有期徒刑 7 年，合并执行死刑缓期两年执行；四监区教导员郑永东收受谭振洋贿赂，犯受贿罪，判处有期徒刑 5 年；魏德安收受谭振洋贿赂，犯受贿罪，将监管罪犯的权力移交给他人，犯玩忽职守罪，判处有期徒刑 4 年和 3 年，合并执行 5 年；其他几名民警都犯受贿罪，分别判处有期徒刑缓期执行。

而前副监狱长郑怀远则只犯受贿罪，判处有期徒刑 3 年缓期 4 年执行。

至此，案情基本明了，郑永东不满职务被撤，说服谭振洋制造车祸，企图把彭家仲撞死或者撞成重伤，好让其哥哥郑怀远接任监狱长；因目的没有达到，就利用网络诽谤，企图迫使彭家仲回省城；谭振洋被押往双河监狱服刑之后，大肆贿赂各级警员，获取不正当的待遇。

新监狱被命名叫青州监狱，挂牌筹备工作被提到议事日程。

老基地罪犯基本都转移到了新监狱，机关大部分科室也已经搬到了新监狱。蒲忠全被任命为筹备小组成员，监区日常工作就交给副监区长李家兴，胡玲玲也被叫了回来，担任筹备小组 9 个副组长之一。

整个监狱都在为挂牌做准备。

彭家仲开玩笑地对蒲忠全说：“你也该找个媳妇了，这次我向厅政治部推荐你的时候，胡主任跟我开玩笑，省监狱系统副处级干部有离婚的，可还没有未婚的。”

说罢，他看看胡玲玲，又看看蒲忠全。

胡玲玲把目光挪开，心事重重的样子。

蒲忠全尴尬地笑笑，也不说话。

等胡玲玲和蒲忠全出去后，熊晓戈试探性地问："彭监，挂牌之后，你看我能不能调整一下工作啊？我搞文秘工作已经4年了，唉，头发都白了不少，也掉了不少……"

彭家仲笑笑，直截了当地说："那就下监区去锻炼锻炼吧。"

熊晓戈知道提拔没戏了，失望地出来，心里很不是滋味，在办公室呆坐了一会儿，一个念头突然在脑子里闪烁……

司法厅厅长刘德章把省监狱管理局局长蔡复晨和厅纪委书记叫到自己的办公室，问："最近省纪委又收到十几封关于双河监狱案件的举报信，你们怎么看？"

蔡复晨说："我听局纪委书记说过，但我没有看过信件，因此具体内容我不清楚。"

厅纪委书记说："这些举报信主要反映还有案件当事人没有得到处理，现在依旧在双河监狱任职，影响很坏。其实呢，就是一个任监区长的蒲忠全，还有一个任迁建指挥部副指挥长的马文革，两人都是正科级。蒲忠全主要问题是谭振洋就关押在他的监区，他是监区长，应当承担责任；而马文革主要问题是生活作风问题。"

"这两个人我是了解一些的，很干练，但必须依法处理，不要让群众失望。"刘德章说。

"这……"纪委书记面露难色。

"有阻力？说说看。"

"这两人在侦破车祸案件和谭振洋案件中都功不可没，就连以公正清廉著称的马洪扣都极力反对处理二人，加之彭家仲还在那里任监狱长，恐怕难度很大。"纪委书记说。

刘德章问："我想知道厅纪委的意见，这两人有没有责任？该不该处理？"

"应该追究相应责任……昨天公安厅也收到类似举报，还打电话给我，征求我们厅纪委意见……"纪委书记说到这里，惋惜地叹息，"据我们调查，这两个同志都不错，特别是那个蒲忠全同志，在谭振洋案件中，他都没有掺和，难能可贵，可是，他是监区长，监管事故第一责任人……"

刘德章沉思了很久，终于下了决心：“我还是那句话，几起案件不仅必须依法公正处理，而且必须彻底处理，不要留尾巴，我们司法系统已经名誉扫地，再也不能出什么差错，特别是我们自己坚决不能给自己抹黑了。”

“可是，如果彭家仲和马洪扣不签字，恐怕不太好办，我们总不能直接就处理了吧。”纪委书记说。

风，蕴含着谈谈的花香，柔柔的，拨弄着所有生命的神经，让人昏昏然想入睡……

马洪扣匆匆来到彭家仲的办公室。

“老彭，刚才厅政治部胡主任给我电话，要我去另外一所监狱任政委……”

“……”彭家仲情绪没有任何变化，只是有些忧郁。

“难道……你提前知道？”马洪扣问。

彭家仲摇摇头，良久才说：“老马，我不知道，只是预感……不仅你，或许就连我都要被调整。”

“啊？”马洪扣颇感意外。

“前几天厅纪委书记给我说，厅纪委决定要依法处理蒲忠全和马文革，我没有同意；第二天，刘厅长就给我打电话，我表达了同样的意见，厅长发怒了，批评我没有大局意识……”彭家仲说。

“噢？原来……”马洪扣明白了，看来上面是下了决心，调他走，八成也是为了这个。

彭家仲继续说：“就是调整我，我还是那个态度，不是不依法办事，具体问题具体对待嘛，你说给个处分什么的，我都能接受，要蒲忠全承担谭振洋案件的责任，甚至追究他的刑事责任，这，公正吗？如果要承担，我第一个就应当承担。”

“看来，你我只有做到问心无愧了……”

马洪扣沉重地说，然后走了出去。刚才他对政治部胡主任表达了同样的意思，不是不想去担任政委，毕竟上了半格，而且那所监狱地理环境也不错，处于省内比较大的一个二级城市。但是他有苦衷，这几年全省房价飞速上涨，青州市平均房价都在 3500 元，那么其他城市也不会低于这个价，去担任政委，单位可以帮你租房子，但是凭他现在的工资收入，这辈子都买不起一套房子，到退休了，还得回到这里，何必那么折腾呢？

从窗子望下去，蒲忠全正指挥罪犯清洗办公楼前的道路。

东边的天际开始暗下来，隐约可见一团一团的乌云。

“看样子，要下雨了……”马洪扣若有所思。

就在挂牌准备工作一切就绪之际，厅局突然到双河监狱宣布班子调整，免去王福全党委书记、政委职务，改任调研员；彭家仲调到另外一所监狱担任党委书记、监狱长；免去杨志刚副监狱长职务，改任调研员；而从另外一所监狱一下就调了三个人来，其中一个任党委书记、监狱长，另外两人任副监狱长。

就在宣布班子的当天下午，蒲忠全被公安局以涉嫌玩忽职守罪收审，马文革被厅纪委带走。

三个月之后，蒲忠全被法院判决，犯玩忽职守罪，判处有期徒刑 2 年，缓刑 3 年。马文革被记大过、行政降级处分。

一场大雨之后，夕阳灿烂的余光染红了半边天际，几片白云宛如镶了金边，像流动音符。几只燕子矫健地划过天空，消失在余辉里，留下一串串呢喃。一只流浪狗，迎风而立，昂头望着前方，似乎在追寻什么？

蒲忠全站在监狱南面那条小河对岸，久久地凝视着这所不知流下多少汗水、不知奋战了多少个夜晚的新监狱，说不清心头是什么滋味：遗憾，辛酸，后悔，甚至怨恨……

现在，从警察变成一个缓刑的罪犯，什么都没有了，什么都不是了，孑然一身，整个身心就像被掏空了一般，茫然无措，不知道走向哪里？

他突然很怀念在四监区那山上放牛的日子，留念山上那一片一片的杜鹃花……

“还是放牛好……”他笑起来，天真地，像回到了童年。

“魏德安比我还惨，我还年轻，可以从头再来，而他呢？还有两年就退休了，现在呢，什么都没有了……”想到这，他心里一下释然了。

“对，我得先去看看他。”他自言自语地说。

一辆乳白色地轿车缓缓地停在他身后。

他回头看，车窗徐徐降下来。

蒲忠全一脸惊喜，随后坐到副驾驶位置上。

车子像白色精灵一般，轻盈地消失在苍茫的暮色中。

马洪扣到处找蒲忠全，没有找到。

彭家仲、胡玲玲、马文革也在找，也没有找到。

他们甚至到他老家找，老家没人，房屋破败不堪，老乡们只知道这家人不久前搬走了，究竟搬到了哪里？众说纷纭。

后来，听魏德安家人说，蒲忠全从看守所出来那几天，去看过魏德安，之后就一直没有他的讯息。

一年之后，蒲忠全突然带着一个老妇人和一个20来岁的姑娘回到监狱找马文革，说是要探视罪犯冉金旺。马文革惊喜连连，连蹦带跳地带他去见熊晓戈，熊晓戈已升任副监狱长，分管改造。而马文革呢，则是在狱政科当办事员，依旧那么瘦，依旧挂着金丝眼镜，依旧那副见人就点头哈腰的样子。冉金旺在禁闭室关着，而这两个自称是他老婆和女儿的人又拿不出任何证明，熊晓戈特批同意会见，并叮嘱马文革全程陪同。马文革给马洪扣打电话，给胡玲玲、彭家仲打电话，马洪扣在省城开会，胡玲玲调到彭家仲任职的那所监狱任办公室主任，都相约晚上相见，各自赶过来。

他们都相继跟蒲忠全通了电话，蒲忠全满口答应。

冉金旺目光呆滞，好半天才认出蒲忠全，拼命拍打着玻璃，想说什么，可就是说不出来，只是失声痛哭。

蒲忠全费了好大的劲儿才向他说明白，眼前这个老妇人就是当年不辞而别的妻子，而这位姑娘就是他的亲骨肉。冉金旺呆愣了好半天，不住地打量他们，突然，他跪在地上，不住地朝蒲忠全磕头，民警拉都拉不住，额头都磕出了血。

在场的人都为之动容，马文革请示熊晓戈，熊晓戈又请示新任监狱长，新监狱长亲自来看望冉金旺他们，特许他们亲情会餐。并指示要大力宣传，树立监狱新形象。监狱办公室闻讯而动，通知当地电视台、报纸记者。

在一排热闹非凡的气氛中，蒲忠全悄悄离开现场。

马文革跟了过来："老弟，你不会溜了吧？"

蒲忠全苦笑："我不习惯待在那种场合……"随后纳闷地问，"怎么办公楼又在重新装修？难道质量出了问题？应该不会呀，是我带人铺设的地砖……"

"唉，现在新一届领导班子提出要创建什么全国有特色的现代化文明监狱……"马文革突然打住话题，自嘲地笑笑，"对了，你也真上心，离开了监狱，还这么关心罪犯？”

“彭监曾交代过，一定要找到冉金旺的妻子和孩子，以利他的改造。我是无意之间遇到的，所以就带来了。”蒲忠全淡淡地说，“我转悠一下，你去忙吧。”

等马文革走后，他又看了看那所正在重新装修的办公大楼，扭头走了，这一次，他没有回头，心里也没有了一丝一毫的留恋和遗憾，步履坚定。

第二十五章　残阳如血：当个农民也不错

三年之后，早春，中午。

河水清清，水草依依，几棵桃树怒放，倒影在水中，染红了一汪清流。片片花瓣慢悠悠地跌落在镜子一般的河面上，整个小河顿时灵动起来，像一首舒缓悠扬的小夜曲，跳跃着甜美闲适气息。小河岸边，几间青瓦房掩映在一片绿色之中，门前花圃里繁花似锦，一看就知道是个很大的花卉基地。在河边弯弯曲曲的小路上，一个黑黝黝地汉子扛着锄头，牵着一个小男孩，汉子高声念一句，孩子咿咿呀呀地学一句：

“西风烈，长空雁叫霜晨月。霜晨月，马蹄声碎，喇叭声咽。雄关漫道真如铁，而今迈步从头越。从头越，苍山如海，残阳如血。”

汉子声音苍劲，孩子童声稚嫩，此起彼伏，一扬一和，在山沟里回响，让人不禁想起陶渊明笔下的桃花源。

平房后面的公路上，一行人静静地伫立，望着这一大一小。

“没错，就是他！”一个人惊喜地喊了一句，随即，高声颂起毛主席另外一首诗：

"东方欲晓，莫道君行早。踏遍青山人未老，风景这边独好。"

那汉子一愣，立即撇下孩子，飞奔而来。

孩子立即哭闹起来。

那汉子没有理会孩子，边跑边高声叫道："可是马哥？"

一个女人从屋里出来，跑去把孩子抱在怀里安抚。

马文革也跑过去，两人相互抱起，甩来甩去，差点跌倒。马文革好不容易推开他，蹲在地上抱着肚子喘气，朝后面指指。

彭家仲、马洪扣、顾卫国、胡玲玲笑吟吟地站在那里，他连忙走过去，一一握手寒暄。

女人抱着孩子也走了过来。

蒲忠全说："彭监，你还认识她么？"

彭家仲打量了又打量，然后哈哈大笑："记起来了，记起来了，'摽有梅，其实七兮。求我庶士，迨其吉兮！'如果我没有记错，这是你另外一个同学介绍时说的吧？梅开蕊，对吧？"

梅开蕊笑靥如花："难得领导还记得我。"

胡玲玲走过去，把孩子抱过来，说："乖，叫干妈。"

孩子怕生，又哭闹起来。胡玲玲急忙哄他说："乖，别哭，干妈给你糖吃。"

孩子不哭了，黑溜溜的眼珠盯着她。

她浑身上下摸了个遍，没有找到糖果，孩子又哇地哭起来。

胡玲玲无奈，把脖子上的金项链摘了下来，说："这个给你玩，等会儿干妈带你买糖糖。"

孩子不哭了，乐哈哈地玩起了项链。

"真实际，跟蒲忠全一个样。"胡玲玲说。

一行人哈哈笑起来。

蒲忠全带他们到院子里坐下来。

马洪扣说："嗯，不错，真是个世外桃源。现在过得怎么样？"

"谢马书记关心，这个花圃呢，生意不好也不坏，养活我们一家人没有问题，还行吧。"蒲忠全说。

彭家仲说："现在马书记已经出任青州监狱监狱长了，顾主任任政委。"

“恭喜恭喜……”蒲忠全连声说。

“彭监狱长马上到省局履新，任副局长，我呢，又成了办公室主任，嘿嘿。”马文革笑道，“老蒲，你也真不够意思，那次你悄悄溜掉后，我们向冉金旺打听，他就是不说……我们好辛苦才打听到你。这次我们来，主要是来看看你。知道你在经营花卉园艺，我们两家监狱给你带来了两份合同，你看看。”

他把合同交给蒲忠全。

蒲忠全草草地看了一遍，两份合同一份是民警小区绿化，一个是监管区园艺设计和绿化，总价值大约在200万。他略微思索，推却说：“这……恐怕我能力不足……”

彭家仲呵呵笑起来：“你战天斗地的勇气不会没有了吧？不过，我们是有条件的，就是价格一定要比其他公司的低。马主任和胡主任那里有资料，等我们走后，你慢慢研究。现在，你带我们参观一下你的花圃吧。”

这时，冉金旺局促不安地走过来。

“彭监，马书记，他是冉金旺，现在在我这里做事。”蒲忠全介绍说。

冉金旺给彭家仲、马洪扣鞠躬，激动得喃喃自语。

彭家仲上前握住他的手：“现在过得怎么样？还有什么困难没有？”

冉金旺一副受宠若惊的样子，连声说：“好……好好……感谢领导关……关心……在蒲监区长这里，挺好……”

蒲忠全瞪了他一眼：“跟你说了好多次，我现在不是监区长了。”

冉金旺憨憨地笑：“习惯了，习惯了……”

“你是怎么找到他老婆和女儿的？”彭家仲问蒲忠全。

冉金旺的老婆在滨江大道拉客的情景在他脑海里一闪而过，他笑笑：“这地方叫五道口梁子，冉金旺跟小梅是老乡，那年大年三十，就是小梅送我来这里探望冉金旺母亲的，也许是机缘，冉金旺他老婆和女儿在外漂流多年，辗转来到青州市，后来实在过不下去了，就到冉金旺老家来找他，哪知道冉金旺母亲去世，虽然还有个妹妹，但一家人在外打工，恰好我们花圃当时正需要人手，小梅就把她们母女俩领回来了……”

彭家仲朝梅开蕊伸出大拇指，赞赏地说：“你也是被梅小姐领回来的吧？”

蒲忠全深情地看着梅开蕊说：“是啊，我走出看守所那天，站在新监狱南边那条小河对岸，真不知道下一步应该去哪里，她就来了。我们先去看望老领导魏德安，然后我们就来到了这里。没有她，我现在不知道还在哪里流浪呢……”

梅开蕊有些不好意思，脸上泛起红晕，扯扯蒲忠全的衣服：“说啥呢？又不怕领导笑话……”

马洪扣歉意地说：“你出看守所的日子我们是知道的，我和马文革来接你，可惜的是，我们晚到了一步。”

蒲忠全眼睛里闪动着泪花，朝马洪扣深深鞠躬。

“你小子，连个招呼都不打消失了，也不到单位办理手续，还是我代办的呢，你那几大件东西还在我那里呢。”马文革说。

“扔了吧，扔了吧，就我那些破玩意儿，不要也罢。”蒲忠全说，“不过还是得感谢你。”

“扔了？那将近一箱子罪犯给你的信也扔了？”马文革问。

“一箱子信？”马洪扣有些疑惑。

“哦，是这样的，马监，我当时清点他的东西，发现了这些信，都是满刑了的罪犯给他写的信，我觉得有价值，就帮他保存着。”马文革解释说。

彭家仲与马洪扣不约而同地对视，心里都沉甸甸的。

这时，蒲忠全的儿子牵着胡玲玲的手，一蹦一跳地走过来，小子一口一个干妈，那亲热劲儿就像一对母子。

蒲忠全问：“玲玲，你孩子多大了？”

胡玲玲把脸一沉：“我没孩子。”

马文革拉拉他，低声说：“她还没结婚呢。”

蒲忠全真诚地对胡玲玲说：“你应该结婚生子了。”

彭家仲连忙说：“忠全，我们去那边看看。”

胡玲玲坦然一笑：“彭监，没关系了，经历了这么多，我早就淡定了。”她转身对蒲忠全说，“‘二小’，我有病，先天的，医学上叫月经通道阻塞，俗话叫石女，不能结婚，就是结了婚，也不能生育。”

“也正是有这个医学证明，刘厅长才坚信不雅照片是诽谤，才敢于召开媒体发布会。”彭家仲补充说。

就连马洪扣也都是第一次听到，所以大家面色肃然，也替她惋惜。

胡玲玲灿烂一笑，拉着梅开蕊的手说：“不过我有儿子了！”

梅开蕊激动地拥抱她，泪水涟涟。

胡玲玲对蒲忠全说：“既然我是他干妈，我有个要求，教孩子背毛主席诗词可以，可别教他背毛主席语录！”

一行人大笑。

蒲忠全说：“放心，我现在都不背了……”

“哼，还说呢，时不时还冒那么一句出来。”梅开蕊说。

这时候，蒲忠全的儿子正拿着小树枝打一个毛毛虫，边打边念：“人不犯我，我不犯人，人不犯我，我不犯人……”

众人相视，都看着蒲忠全，又哈哈大笑起来。

笑声在山沟里久久回荡……